MON

MONSTROS REAIS **CRIME SCENE**®

DAH

JEFFRE
DAHME

DANIEL CRUZ

MONSTROS REAIS **CRIME SCENE**®

Case No. ________ Inventory # ________

Type of offense

Description of evidence

JEFF DAHMER

CRIME SCENE®
DARKSIDE

Originalmente editado e publicado como *Jeff: Na Trilha da Loucura*, em 2023, de forma independente.

Diretor Editorial
Christiano Menezes

Diretor de Novos Negócios
Chico de Assis

Diretor de Planejamento
Marcel Souto Maior

Diretor Comercial
Gilberto Capelo

Diretora de Estratégia Editorial
Raquel Moritz

Gerente de Marca
Arthur Moraes

Editora
Jéssica Reinaldo

Capa e Projeto Gráfico
Retina 78

Coordenador de Diagramação
Sergio Chaves

Designer Assistente
Jefferson Cortinove

Preparação
Retina Conteúdo

Revisão
Débora Zacharias
Maximo Ribera
Retina Conteúdo

Finalização
Sandro Tagliamento

Marketing Estratégico
Ag. Mandíbula

Impressão e Acabamento
Braspor

DADOS INTERNACIONAIS DE CATALOGAÇÃO NA PUBLICAÇÃO (CIP)
Jéssica de Oliveira Molinari - CRB-8/9852

Cruz, Daniel
Jeffrey Dahmer: Canibal Americano / Daniel Cruz. — 1 ed. — Rio de Janeiro : DarkSide Books, 2025.
640 p.

ISBN: 978-65-5598-522-1
Título original: Jeff: Na Trilha da Loucura

1. Dahmer, Jeffrey Lionel, 1960-1994 2. Assassinos em série
I. Título

25-0607 CDD 364.152

Índice para catálogo sistemático:
1. Dahmer, Jeffrey Lionel, 1960-1994

[2025]

DarkSide® *Entretenimento* LTDA.
Rua General Roca, 935/504 — Tijuca
20521-071 — Rio de Janeiro — RJ — Brasil
www.darksidebooks.com

D A N I E L   C R U Z

Arquivo

Case No. ________ Inventory # ________
Type of offense ________
Description of evidence ________

MONSTROS REAIS **CRIME SCENE®**

JEFFREY DAHMER

C A N I B A L   A M E R I C A N O

D A R K S I D E

fantasia; drogas; crânio no armário; canibalismo; impulsos sexuais; perfuração; zumbis; necrofilia; transtornos; parafilia; vídeos; ovos de peixes; álcool; família disfuncional; templo; tomar banho com cadáveres; ocultismo; delírios; cantar, balançar; animais atropelados; obsessão; assassinato; lobotomias; esfolamento; masturbar nas vísceras; manequim; cemitério; ligar para o taxidermista; casa funerária; lentes de contato amarelas; fotografias de cadáveres; masturbação; serrar; ácido.

"O mais importante não é o
que fazem conosco,
mas o que fazemos com aquilo
que fazem conosco."
Jean Paul-Sartre

SUMÁRIO

MONSTROS REAIS **CRIME SCENE®**

JEFFREY DAHMER

CANIBAL AMERICANO

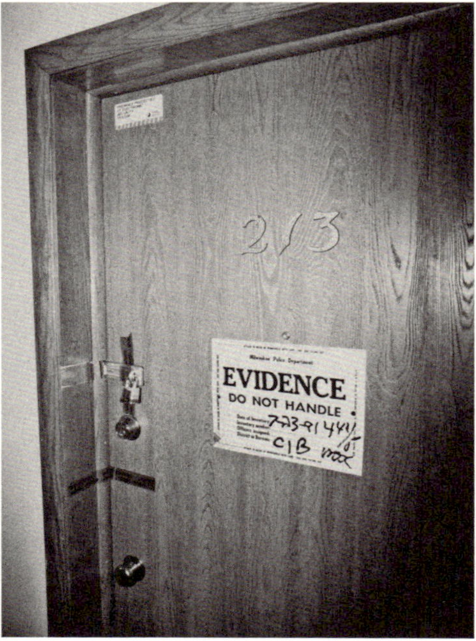

213 Apartamentos Oxford.
Rua Vigésima Quinta Norte.
Número 924, 53233
Milwaukee, WI, Estados Unidos

NOTA DO AUTOR

Muitas vezes um escritor é como um arqueólogo escavando a terra em busca de artefatos que lhe ajudarão a reconstruir uma determinada história. Ao encontrar os restos de uma cidade ou assentamento extinto há centenas ou milhares de anos, o arqueólogo pode reconstruir o modo de vida dos habitantes e o funcionamento do lugar. Mas a questão é que, por mais minucioso que seja o trabalho do arqueólogo, a *real verdade* permanecerá para sempre um grande mistério. Simplesmente não há como saber, a não ser que o homem invente uma máquina do tempo para bisbilhotar o passado. Da mesma forma, um escritor de não ficção constrói o seu trabalho a partir da informação disponível, esteja onde ela estiver — jornais, revistas, livros, documentários, inquéritos policiais/judiciais, entrevistas com os personagens reais da história a ser contada etc.

Então, temos um grande aprendizado: ao pesquisar sobre uma história qualquer, muito do que chega até nós não condiz com o que, de fato, aconteceu. Indo além, até mesmo livros e documentários que, por natureza, descrevem a realidade, podem não estar compartilhando a verdade, não por má-fé do escritor/documentarista, mas por inverdades ou inconsistências da própria fonte. Mesmo ao entrevistar alguém diretamente ligado à história, qual a garantia de que essa pessoa contou a verdade? Há uma tendência nas pessoas em esconder suas falhas, suavizar seus erros, até mesmo mentir para se proteger. Também, relembrar e recontar coisas que aconteceram no passado pode ser um exercício complicado, pois estamos lidando com a memória, e não raras vezes ela nos trai. E por falar nos mistérios da mente, o que dizer de falsas memórias que se formam a partir de uma sugestão implantada pelo ambiente externo? O Direito reconhece a fragilidade da memória humana e de como ela é sugestiva. Em outras palavras, alguém pode ser influenciado por alguma coisa que leu ou ouviu e misturar tal informação com suas próprias experiências, criando, assim, uma falsa memória, e o indivíduo pode contar tal situação como se aquilo, de fato, tivesse realmente acontecido. Veja, ele não está mentindo deliberadamente, mas apenas sendo enganado pela própria mente. Quando nos deparamos com indivíduos psicologicamente deformados, a coisa só piora. Como confiar cem por cento nas palavras de alguém limítrofe, cujos intrincados mecanismos psíquicos são um mistério para a ciência de nosso tempo? E um indivíduo que, além dos visíveis problemas mentais, vive o tempo inteiro embriagado? Mesmo que ele pareça super sincero e com uma vontade genuína de contar seus segredos doentios e sombrios, o quanto de sua realidade não foi distorcida por sua mente doente? Ela não poderia tê-lo traído de algum modo?

Escrevi inúmeros textos sobre Jeffrey Dahmer para o meu projeto na internet *OAV Crime*, e não raras vezes houve comentários como: “Mas não foi isso o que o Autor A falou no livro dele”, “A Fulana de Tal disse outra coisa no documentário X”, “Beltrana afirmou com convicção num programa de televisão que aconteceu isso”.

Deixe-me explicar uma coisa. Em primeiro lugar, escritores e documentaristas não são os donos da verdade porque nós simplesmente não estávamos lá quando tudo aconteceu — como os arqueólogos, dependemos de informações que estão guardadas em algum lugar ou foram ditas/escritas em algum momento. Mesmo se estivéssemos, teríamos que ser uma consciência onipresente paralela para testemunhar ao vivo e a cores tudo que o indivíduo fez, e assim trazer a verdade absoluta. Segundo, confiar cegamente no que diz uma testemunha ou suposta testemunha não é a melhor estratégia, e o caso Dahmer, particularmente, é rico em contradições, testemunhos falsos e invenções — muitas invenções. Lidar com versões diferentes para a mesma história é um desafio, e, dependendo de quem a escreve, pode ir de um lado a outro. Não quero dizer que o leitor deve duvidar de tudo que lê ou assiste, estou apenas apontando que, para determinadas situações dentro de uma história, a real verdade pode não ser a que está sendo apresentada.

Quando mergulhamos em uma história para contá-la, as contradições logo se tornam evidentes, e é responsabilidade de quem a narra ser o mais próximo possível da realidade. Para este livro, dentre inúmeras fontes, consultei arquivos oficiais, as confissões de Jeff e de testemunhas, e dei prioridade para a história que foi contada em seu julgamento, pois o tribunal é um lugar onde se espera que a verdade seja dita. (Mas a prática nos mostra que não é bem assim. Como vocês lerão, alguns testemunhos causaram desconforto por supostamente não trazerem a verdade ou, pior, tentarem escondê-la. A verdade, ou o que seria próximo dela, por estranho que pareça, foi evitada.)

Muito já foi dito sobre Jeff. Este indivíduo de nosso tempo tem sido sistematicamente investigado desde que saiu do anonimato. Agora é a minha vez de fazê-lo, e convido o leitor a embarcar comigo nesta jornada sombria, angustiante e difícil, mas necessária, afinal, conhecer e entender o funcionamento do mal é importante, ainda mais quando ele não é nada parecido com aquilo que o senso comum nos ensina.

INTRODUÇÃO

MUNDO SOMBRIO

Fantasias sexuais bizarras, horríveis cenas de crimes, o mal encarnado. Há poucos interesses aparentemente mais lascivos do que a estranha obsessão das pessoas por assassinos em série.

A atração por essas criaturas parece saciar nossa curiosidade natural sobre qualquer indivíduo que se comporta com audácia e inteligência, mas que radicalmente se desvia da conduta comum. Nascemos e somos ensinados, desde pequenos, a respeitar a vida e praticar o bem e a caridade, sermos bondosos, empáticos e piedosos. Talvez por isso não possamos compreender o funcionamento de uma mente que rapta, tortura, estupra, mata, às vezes mutila, ou, literalmente, come outro ser humano. Assassinos em série provocam um fascínio mórbido; muitas pessoas passam mal apenas ao escutar o início de uma história, mas muitas outras não. Essas são compelidas a entender o porquê desses indivíduos fazerem coisas tão horríveis com um semelhante. O que há de diferente neles e por que agem assim?

Muitos de nós gostamos de conhecer o espetáculo sangrento de um assassino em série, recebemos uma carga de adrenalina ao saber ou ler suas histórias. Mas muitas vezes nos sentimos culpados por esses bizarros atos nos enraizarem uma inapropriada emoção. Assassinos em série parecem apelar para o nosso mais básico e poderoso instinto: a sobrevivência. Eles têm um apelo visceral que é alimentado por nossa adrenalina, um hormônio que tem um poderoso, eufórico e até mesmo viciante efeito em nosso cérebro.

Por isso não é surpresa que eles tenham se tornado um padrão tão rentável na indústria do entretenimento. Nossa fascinação por eles é inconscientemente alimentada pela enorme atenção que a mídia lhes dá. Nos Estados Unidos, essa cultura ganhou *status* célebre nos anos 1970. Assassinatos ocorridos em Nova York, em 1977, fizeram a imprensa chamar o assassino em série de "O Filho de Sam". A mídia cobriu os acontecimentos de forma sensacionalista durante todo aquele verão, que ficou conhecido como "O Verão de Sam", e virou até filme, por sinal excelente, nas mãos do talentoso Spike Lee. Similarmente, assassinos em série da ficção foram glorificados, endeusados e mitificados em personagens como Hannibal "O Canibal" Lecter, de *O Silêncio dos Inocentes*, John Doe de *Seven: Os Sete Pecados Capitais* e, mais recentemente, Dexter, da popular série *Dexter* — sem contar as inúmeras séries que tratam de criminologia como *CSI*, *Bones*, *Criminal Minds*, *Law & Order* etc., séries que, vira e mexe, aparecem com um episódio de um assassino em série inteligente e macabro.

Assassinos em série são indivíduos puramente predatórios e sem nenhum pingo de empatia, mas que instigam um especial interesse nas pessoas comuns. Embora representem menos de um por cento dos assassinos conhecidos, eles recebem um nível anormal de atenção da mídia, muito devido à incompreensível selvageria de seus crimes. Em uma sociedade superficial, consumista e baseada na aparência, se o transgressor tiver a capa fenotípica da quase perfeição — sendo este um conceito subjetivo e vulgar, mas que toda sociedade, em seu próprio tempo, tem —, seu nome e história estarão por décadas garantidos no mainstream. Que o digam Ted Bundy e aquele cuja história está contada neste livro.

Talvez alguns dos leitores estejam caindo neste mundo sombrio agora, então, enquanto vocês leem as minhas palavras sobre estes assassinos, podem estar se perguntando: o que é um assassino em série?

Jack, o Estripador, e seus crimes na Londres do século XIX, inaugurou a curiosidade moderna sobre este tipo de homicida, mas assassinos em série só foram realmente levados a sério a partir de 1972, quando agentes da polícia federal dos Estados Unidos, o FBI, criaram a Unidade de Ciências Comportamentais (BSU, na sigla em inglês). A maior parte do aprendizado que temos hoje sobre esse tipo de criminoso veio das pesquisas — teóricas e práticas — da BSU.

Inicialmente liderada pelos agentes Howard Teten e Patrick Mullany, a equipe da BSU evoluiu com a chegada de Robert Ressler, John Douglas e Roy Hazelwood, que aperfeiçoaram as inovadoras técnicas dos pioneiros Teten e Mullany, dois especialistas em traçar perfis criminais e avaliar cenas de crimes. Uma amostra do que esses agentes faziam e de como os seus trabalhos evoluíram para a compreensão moderna dos assassinos em série pode ser vista através de um caso ocorrido no início de 1978.

Em janeiro daquele ano, Terry Wallin, de 22 anos, grávida de três meses, foi encontrada morta e terrivelmente mutilada em sua casa, em Sacramento, na Califórnia. O assassino removera os órgãos internos e colocara as fezes do cachorro da vítima em sua boca. Um copo de iogurte encontrado perto do cadáver indicava que o assassino havia bebido o sangue da mulher. Assustados e perdidos com a investigação e acreditando que o assassino poderia ser o autor de outros crimes semelhantes, a polícia da Califórnia resolveu pedir ajuda ao FBI e a até então desconhecida Unidade de Ciências Comportamentais. Com informações recebidas por teletipo, o agente e psicólogo Robert Ressler estudou o caso e elaborou um perfil preliminar sobre o assassino.

Um trecho do perfil dizia:

> "Homem branco, entre 25 e 27 anos; magro, aparência pouco chamativa. Evidências do crime serão encontradas na sua residência, que deve ser suja e mal-arrumada. Histórico de doença mental, envolvimento no uso de drogas. Um solitário sem relações com homens ou mulheres e, provavelmente, passa muito tempo em casa, onde vive sozinho. Desempregado, possivelmente recebe algum auxílio por invalidez. (...) Sem passagem pelas forças armadas; abandonou ensino médio ou faculdade sem se formar. É provavel que sofra de uma ou mais formas de psicose paranoica."

Em sua autobiografia de 1992, *Whoever Fights Monsters* (publicado como o primeiro volume da coleção *Mindhunter Profile*, pela DarkSide), Ressler explicou o raciocínio por trás do perfil. Ele supôs que o assassino, tal como a vítima, fosse branco, porque o homicídio em série é *geralmente* intrarracial, ou seja, brancos costumam matar brancos, negros costumam matar negros e assim por diante — os casos estudados por Ressler e seus colegas apontavam para essa direção. Ressler também sabia que assassinatos sádicos e brutais, dos quais o homicídio de Wallin era um exemplo, são quase sempre cometidos por homens na casa dos vinte ou trinta anos.

O psicólogo restringiu a idade presumida do suspeito para a faixa de 25 a 27 anos porque a extrema brutalidade do assassinato sugeria que o autor estava em um estágio avançado de psicose.

> "O tipo de loucura que levou aquele homem a estraçalhar o corpo de Terry Wallin não surge do dia para a noite. São necessários de oito a dez anos para desenvolver o nível de psicose que vem à tona nesse tipo de ato de matança aparentemente tão sem sentido. A esquizofrenia paranoide, em geral, se manifesta primeiro na adolescência. Acrescentar dez anos a partir da primeira incidência da doença, que começou depois dos 15 anos de idade, nos deixaria com um assassino na faixa dos vinte e poucos."

O restante do perfil derivava logicamente da inferência de que o assassino sofria de um quadro violento de psicose. Como relata no livro, Ressler pensou que o homicida devia ser magro, até mesmo esquelético, porque indivíduos introvertidos e esquizofrênicos não comem bem, não se preocupam com a alimentação e tendem a pular refeições. Da mesma forma, eles são negligentes com a aparência e pouco se importam com o asseio ou com a organização. Ninguém gostaria de viver com uma pessoa assim, então o assassino deveria ser solteiro.

> "Esse tipo de raciocínio também me permitiu supor que seu domicílio fosse bagunçado, e também que nunca servira às forças armadas, já que alguém com esse nível de desorganização pessoal não seria aceito no corpo militar. (...) Caso tivesse um emprego, seria trabalho braçal, como faxineiro ou varredor de rua e parques públicos, era introvertido demais até para ser capaz de cumprir as funções normais de entregador. Era mais provável que fosse um recluso que se mantinha com a ajuda de um auxílio social por invalidez."

Tempos depois a polícia da Califórnia prendeu o assassino de Terry Wallin e de várias outras pessoas em Sacramento. Ele era Richard Trenton Chase, tinha 27 anos, era esquelético, sofria de esquizofrenia paranoide, morava sozinho e vivia de uma pensão do estado.

Após o sucesso na elaboração desse e de vários outros perfis criminais, os perfiladores comportamentais do FBI saíram pelos Estados Unidos oferecendo seus conhecimentos às agências estaduais. Ressler e seus companheiros treinavam policiais na psicologia criminal. Eventualmente, eles concluíram que era preciso mais do que livros para dar exemplos aos alunos, então decidiram, por conta própria, frequentar prisões de segurança máxima para entrevistar alguns dos mais notórios e assustadores assassinos dos Estados Unidos.

O programa inicial de entrevistas envolveu 36 assassinos confessos, a maioria de múltiplas pessoas. No decorrer dessas entrevistas, em discussões com seus colegas, Ressler cunhou o termo que hoje é usado no mundo inteiro para designar assassinos que matam de forma serial. Em sua autobiografia, ele conta que, no início dos anos 1970, quando participava de uma conferência na academia britânica de polícia, ouviu um colega fazer alusão a "crimes em série", no sentido de uma série de estupros, roubos, incêndios criminosos ou homicídios.

De acordo com Ressler, não foi a partir de um caso específico que a criação do termo ocorreu. Durante os assassinatos de Bekowitz, por exemplo, era comum que esses assassinos fossem chamados de "assassinos de estranhos", mas não era um termo apropriado. Como havia frequentado a palestra na polícia britânica e ouvido o termo, passou a se referir a esses assassinos como "assassinos em série" em suas aulas em Quantico e em outros lugares. Outro fator importante na criação da nomenclatura foram as aventuras seriadas que passavam nos cinemas quando era jovem, e os episódios terminavam com um gancho de enredo: "Em termos dramáticos, não era um final satisfatório, porque intensificava a tensão, em vez de aliviá-la. O ato de matar funciona da mesma forma para o assassino, porque nunca é perfeito como na fantasia".

Como relatado pelo FBI, nas décadas seguintes, várias definições de *assassinatos em série* (e dos seus autores, os *assassinos em série*) foram criadas por "agências da lei, academia, especialistas e pesquisadores.

Embora essas definições compartilhem vários pontos comuns, elas diferem em requisitos específicos, como o número de homicídios envolvidos, os tipos de motivação e os aspectos temporais dos crimes". Em 2005, o FBI organizou um simpósio de cinco dias para discutir o tema *assassinato em série*, e um dos tópicos abordados foi a criação de uma definição única para o termo. Participaram do simpósio 135 especialistas de dez países diferentes, das mais diversas áreas, todos profundos conhecedores do assunto.

Para muitos, o tema pode não parecer tão complexo, mas é, e, após inúmeras discussões, os participantes do simpósio chegaram a uma definição bastante simples e genérica: "Assassinato em Série: o assassinato ilegal de duas ou mais vítimas pelo(s) mesmo(s) infrator(es), em eventos separados".

Isso quer dizer que (de acordo com essa definição) *assassino em série* é aquele indivíduo (ou indivíduos — eles podem agir em dupla e até em família, apesar de ser raro) que ceifa a vida de duas ou mais pessoas com um *intervalo de tempo* entre os assassinatos. Esse intervalo de tempo é a característica mais importante e muitos especialistas o definem como período de "resfriamento emocional" ou período de "reflexão". Essa característica é essencial, por exemplo, para diferenciar matadores de aluguel de assassinos em série. Se levarmos ao pé da letra a definição de 2005 saída do simpósio do FBI sobre o assassinato em série, os matadores de aluguel se encaixam perfeitamente.

Mas há diferenças, e essas diferenças nos ensinam sobre os assassinos em série. Nos casos em que eles estão envolvidos, a simbologia do crime é completamente diferente, desde o padrão vitimológico ao *modus operandi* e assinatura, com uma individualização dos crimes. Assassinos em série selecionam suas próprias vítimas, já os alvos dos matadores de aluguel são cuidadosamente escolhidos pelas pessoas que os contratam. Matadores de aluguel não cometem crimes para preencher uma necessidade emocional ou psicológica individual. Já assassinos em série são levados a matar por fantasias e necessidades emocionais poderosas, como luxúria e excitação. Mas é o período de reflexão ou resfriamento emocional entre os assassinatos a diferença mais importante. Este é o período no qual os assassinos em série voltam para suas vidas aparentemente normais. Em contraste, matadores de aluguel não experimentam ou requerem tal período entre seus assassinatos devido à natureza pragmática e crua dos seus crimes. Se o matador de aluguel tiver uma encomenda todos os dias, ele irá matar todos os dias. Assassinos em série não são assim. O assassinato de uma pessoa preenche uma necessidade psicológica que o faz passar dias, meses e até anos sem matar novamente.

Durante o período de resfriamento emocional, em que um assassino em série desaparece, é quando ele volta para sua rotina. A vida de um assassino em série durante o período de resfriamento emocional — especialmente se ele for um assassino psicopata como Israel Keyes,* ou seja, patologicamente desprovido de emoção ou empatia — é completamente normal aos olhos dos que estão à sua volta.

Assassinos em série ressurgem de um período de resfriamento emocional quando a urgência homicida se torna irresistível. Um assassino em série não pode entender a sua compulsão em matar, e é perda de tempo para ele lutar contra seus impulsos interiores. Surendra Koli,† confessando à polícia indiana, em 2007, sobre os seus crimes, afirmou nunca ter entendido direito o que se passava em sua cabeça. Já o americano Arthur Shawcross‡ deu a ideia de colocarem um eletrodo em sua cabeça para "parar a minha estupidez". Seu conterrâneo, Dennis Rader, disse que nunca soube quando "este monstro entrou no meu cérebro"; ele simplesmente não podia parar. Em contraste, matadores de aluguel não têm essa compulsão e entendem muito bem por que matam: é o seu ganha-pão. É um trabalho, uma profissão. Eles não lutam contra seus demônios internos, muito menos gastam tempo tentando entender quem são e por que matam. O assassinato é um ato cru e não envolve muitos dos comportamentos que vemos em assassinos em série — mutilação, desmembramento, sadismo, necrofilia, vampirismo, canibalismo, dentre outros.

* Assassino em série norte-americano capturado em 2012. Ele cometeu suicídio na prisão antes de ser julgado. Acredita-se que Keyes tenha tirado a vida de até onze pessoas.

† A polícia indiana apontou que entre 2005 e 2006, Surendra Koli assassinou dezenas de crianças na cidade de Noida. Em 2023, mais de dez anos após ser condenado à morte, Koli foi inocentado pela justiça, que sugeriu que a investigação tinha sido malfeita.

‡ Condenado pelo assassinato de duas crianças em 1972, Arthur Shawcross foi solto da prisão após cumprir 14 anos de reclusão. Uma vez em liberdade, assassinou 11 mulheres em um período de quase dois anos.

O tempo de resfriamento entre os assassinatos é altamente subjetivo, imprevisível e varia, em termos de duração, de um assassino em série para outro, podendo ser de dias ou semanas, meses e até anos. Por exemplo, Dennis Rader, conhecido como BTK (iniciais de "Bind, Torture, Kill", ou, em português, "Amarrar, Torturar, Matar"), após ser capturado em 2005, confessou dez assassinatos ao longo de um período de 31 anos (1974-2005). Entre os seus homicídios, Rader vivia uma vida comum, morando com sua esposa e dois filhos. O psicopata era visto como um dos pilares de sua comunidade em Park City, estado do Kansas — era presidente de sua igreja, funcionário público e líder escoteiro. No entanto, ele secretamente estrangulava mulheres para realizar sua fantasia sexual: com as vítimas mortas, ele as amarrava em poses *bondage* e se masturbava olhando para a cena que havia criado. Mas Rader foi capaz de se controlar. Sua última vítima foi assassinada em 1991. Até sua prisão, em 2005, foram catorze longos anos sem matar, uma eternidade quando comparamos à cronologia homicida da maioria dos assassinos em série conhecidos. (Não nos esqueçamos de que existem casos onde o homicida em série simplesmente para de matar, como o nova-iorquino Joseph DeAngelo).

No caso Rader, isso só foi possível porque ele satisfazia suas necessidades sexuais — consequentemente atrasava sua compulsão em matar — através de fantasias autoeróticas, nas quais revivia seus homicídios. Para ajudar no processo, ele usava troféus retirados de suas vítimas: artigos de vestuário, identidades e joias. Rader gostava de tirar fotos de si mesmo usando peças de roupas de suas vítimas enquanto colocava em prática suas fantasias sexuais envolvendo asfixia — ele colocava uma corda em volta do pescoço, com a ponta presa à maçaneta de uma porta, então amarrava suas próprias mãos e pés e fingia ser estrangulado.

Como resultado dessa prática de autogratificação, a duração do período de resfriamento emocional entre os assassinatos foi bastante variável e, muitas vezes, durou muito mais tempo do que o da maioria dos assassinos em série conhecidos. Sua habilidade em controlar a necessidade compulsiva de matar através das fantasias autoeróticas é altamente incomum entre assassinos em série.

• • •

A definição do FBI é simplória e há muitas outras por aí menos generalistas, mas, em essência, assassinos em série são homicidas que matam duas ou mais pessoas, com um intervalo de tempo entre os crimes; comumente há um perfil de vítima específico e o assassinato é cometido devido a uma patológica e distorcida necessidade psicológica. Diferentemente de psicóticos como Richard Chase ou Herbert Mullin, a maioria trabalha indetectável por muito tempo, alguns nem sequer são pegos e permanecem como exemplos "de sucesso" no imaginário popular, aqueles que cometeram o "crime perfeito" e saíram impunes — como Jack, o Estripador, o Maníaco do Machado de New Orleans, o Monstro de Florença, o Zodíaco ou o Estrangulador de Guarulhos. Em muitos casos, nem sequer há um corpo e a vítima permanece como alguém que, um belo dia, simplesmente desapareceu.

Este é o caso de Steven Mark Hicks.

Em uma manhã quente de junho de 1978, Hicks, de 18 anos, deixou sua casa no nordeste do estado americano de Ohio para ir a um show de rock perto de um parque no Lago Chippewa.

Hicks, um recém-graduado da Coventry High School, não voltou para casa naquela noite. Ele era conhecido por dar umas esticadas em suas saídas, mas, mesmo assim, seus pais ficaram preocupados. Aquele dia era o aniversário do seu pai e a família havia combinado de se reunir à noite para realizar uma comemoração. Hicks desapareceu no dia do aniversário do pai.

Seis dias depois, repetidas chamadas a hospitais e a amigos não resultaram em nada. Seus pais, Richard e Martha, então, foram até a delegacia relatar o desaparecimento.

Nos dias seguintes, um detetive designado para o caso começou o que o Departamento do Condado de Summit chamou de "desaparecimento padrão". Ele questionou familiares e amigos de Hicks, refez o percurso de 56 quilômetros até o Lago Chippewa e checou com autoridades de condados vizinhos se algum corpo havia sido encontrado, cadastrando o nome de Hicks, sua data de nascimento e descrição, em uma rede computacional que fazia combinações de informações de desaparecidos.

Vários meses depois, quando pistas de Steven Hicks falharam em aparecer, a busca foi classificada como ativa, mas fria. O misterioso desaparecimento de Steven Mark Hicks se tornou o único sem solução de todo o condado, e a investigação eventualmente foi interrompida.

Quando relatos de corpos não identificados semelhantes ao do adolescente eram encontrados em qualquer lugar do país, os detetives do Condado de Summit reabriam o caso, enviando os registros dentários e raios X para os departamentos de polícia locais. Eles também seguiam dicas, como a de moradores da região, que certa vez disseram ter visto um jovem parecido com ele trabalhando em um mercado local. Muitas vezes, porém, era apenas quando a mãe de Hicks aparecia com alguma nova pista de seu filho mais velho que a polícia desengavetava os arquivos. Martha era incansável e nunca desistiu de encontrar o primogênito.

Frustrados com o ritmo da investigação, os pais de Hicks ofereceram uma recompensa de 2.500 dólares por informações que levassem ao filho. Eles contrataram um detetive particular que, por 300 dólares, prometeu encontrar Steven. Eles até apelaram para o sobrenatural, consultando uma pessoa que se ofereceu para ajudar através de meios psíquicos. Richard e Martha estavam desesperados e apelariam a qualquer coisa para encontrar o filho amado.

A angústia do casal nunca terminou, e só piorou quando, muitos anos depois, eles souberam que o dia em que seu filho desapareceu foi o mesmo dia no qual um homem, que morou na cidade vizinha, Bath, começou sua "carreira" como um assassino em série.

Uma das coisas que fazem os assassinos em série serem tão assustadores é o fato de matarem durante anos e anos sem serem detectados. Em muitos casos, não há corpos, somente pessoas desaparecidas, e ninguém imagina que podem ter sido vítimas de um predador de pessoas. Para muitos, a sequência homicida só termina quando algum erro é cometido, quando uma vítima consegue escapar, por exemplo, e então os assassinos são finalmente desmascarados. O estrago, porém, já foi feito, e não existe nada mais a se fazer, a não ser se perguntar: como isso aconteceu?

• • •

A história a seguir é um conto de horror sobre a vida do assassino de Steven Mark Hicks.

Hicks foi a sua primeira vítima, e, após matá-lo, este assassino atravessou um longo período de resfriamento emocional — nove anos, cinco meses e quatro dias para ser exato — até atacar novamente. Como o citado Dennis Rader, à sua maneira, este homem tentou secretamente satisfazer suas necessidades sexuais adotando estratégias de compensação. Para espantar seus horrendos pensamentos que envolviam sexo, assassinato e estripamento, começou a beber compulsivamente e, já na adolescência, era alcoólatra. O álcool e suas técnicas de autogratificação, entretanto, não funcionariam como planejado e ele entraria em períodos de resfriamentos emocionais cada vez menores; uma urgência descontrolada em matar que culminou em uma escalada homicida assustadora e pouco vista na história do crime. Sua melhor definição vem do seu próprio advogado.

> "Crânios no armário, canibalismo, desvios sexuais, abrir cabeças com brocas, criar zumbis, necrofilia, beber o tempo todo, tentar criar um santuário, lobotomias, descarnar pessoas, empalar animais, masturbação... Este é o [...], um trem desgovernado na trilha da loucura, um rolo compressor, uma máquina de matar."

Esta é a história de um homem que o próprio pai disse ter nascido vazio, oco — sem a consciência.

Esta é a história de um homem que acreditou pertencer a um povo antigo, retrógrado, cuja essência repousava na brutalidade.

Esta é a história de um homem que chocou a sociedade de seu tempo.

Esta é a história de um homem que ainda hoje é um enigma psiquiátrico.

Esta é a história de um neto, de um filho, de um irmão, de um colega de trabalho, de um vizinho, de um assassino em série.

Esta é a história de Jeff.

1

DEMÔNIOS DE OLHOS AMARELOS

Em 1983, chegou aos cinemas do mundo inteiro o terceiro filme da super saga *Guerra nas Estrelas: Episódio VI – O Retorno de Jedi*. O filme era parte de uma das obras audiovisuais de maior impacto na cultura pop ocidental. Não foi uma mudança apenas cultural, *Guerra nas Estrelas* impactou o cinema de um modo geral. Os filmes de ficção científica não seriam mais os mesmos depois do lançamento do primeiro filme, em 1977. Já viram *E.T. - O Extraterrestre*? E *O Parque dos Dinossauros*? *Matrix*? *Avatar*? Esses filmes só existem porque, em 1977, *Guerra nas Estrelas* tatuou de vez o termo "arrasa-quarteirão", solidificando a era dos *blockbusters* de verão inaugurada com *Tubarão*, dois anos antes. Pomposidade e marketing agressivo seriam as palavras-chave para os novos filmes de ficção científica, além, é claro, de muita inovação, criatividade e investimento em tecnologias audiovisuais. Antes de *Guerras nas Estrelas*, os efeitos especiais estavam praticamente estagnados desde os anos 1950; a partir dele, o cinema experimentou uma revolução. A cada novo *blockbuster*, novas técnicas eram inventadas e usadas, levando os espectadores a mergulharem em um mundo de entretenimento sem limites. Até mesmo as narrativas e as estéticas dos filmes hollywoodianos mudaram a partir de *Guerra nas Estrelas*.

Mas, voltando a 1983, o terceiro filme da saga encheu os cinemas do mundo inteiro e nada mais interessante em *Guerra nas Estrelas* do que o vilão. Para muitos cinéfilos, o melhor dos filmes são os vilões. O que seria dos mocinhos sem os vilões? Dividir o mundo na premissa básica entre o bem e o mal é simplista e rudimentar, mas é extremamente eficaz, tanto que até hoje a ideia é usada na indústria do audiovisual com sucesso, de desenhos animados a novelas, séries e filmes. E *Guerra nas Estrelas* tem um dos vilões mais conhecidos da história do cinema: Imperador Palpatine, o todo-poderoso governante do Império Galáctico, um ser maligno e de assustadores olhos amarelos.

E por falar em olhos amarelos, sete anos depois da estreia de *O Retorno de Jedi*, outro personagem de olhar dourado chamou a atenção na grande tela.

Em 1990, uma esperada sequência de um filme de terror — e com cenas horripilantes — invadiu as salas dos cinemas: era *O Exorcista III*. O filme é uma continuação do filme original de 1973 e se passa quinze anos após os acontecimentos em Georgetown.

Em *O Exorcista III*, uma onda de assassinatos em série assola Georgetown — o bairro onde morava Regan, a garotinha possuída pelo demônio no primeiro filme. Os crimes parecem ter motivação satânica e as evidências e o *modus operandi* levam a apenas um homem: o Assassino de Gêmeos, um homicida serial executado quinze anos antes, no mesmo dia em que o padre Damien Karras exorcizou Regan. O rastro de evidências leva o detetive do caso até a ala psiquiátrica de um hospital. Lá, encontra um homem que aparenta ser um amigo de longa data: padre Karras — que no primeiro filme morre na famosa cena em que pula da janela e rola escadaria abaixo. Pode ser o corpo de Karras, mas a alma é de um espírito maligno que parece saber tudo sobre os homicídios e, de alguma forma, pode ser o responsável pelos crimes.

Dois filmes opostos em suas temáticas e no sucesso que fizeram, *O Retorno de Jedi* e *O Exorcista III* se unem em um ponto: os seus vilões. Mas o que esses dois personagens, o Imperador Palpatine e o Assassino de Gêmeos, teriam em comum? Os olhos amarelos, a princípio. Eles também representam o mal, a corrupção, o poder, o controle. Ambos usam de poderes especiais para controlar aqueles que estão à sua volta. O Imperador tem o poder de dominar pessoas manipulando-as com sua voz, sua calma e sua natural posição; já o Assassino de Gêmeos possui a habilidade de criar ilusões, fazendo as pessoas sofrerem tormentos terríveis e inimagináveis.

Um ano depois de o Assassino de Gêmeos aterrorizar plateias com sua voz assustadora e olhos amarelos, outro vilão da ficção surgiria para provocar calafrios nos amantes da sétima arte. Em fevereiro de 1991, o cinema foi tomado por um misto de assombro e admiração ao testemunhar a chegada de um assassino em série destinado a entrar para a história. Frio, persuasivo e letal, ele não precisava de armas para destruir suas vítimas — apenas palavras. Com um intelecto brilhante e uma aura hipnotizante, era capaz de fazer alguém engolir a própria língua ou se autoflagelar até a morte, tudo apenas pelo poder da conversa. Alguns leitores já devem saber de quem estou falando: o dr. Hannibal "O Canibal" Lecter.

> **Mas o que esses dois personagens, o Imperador Palpatine e o Assassino dos Gêmeos, teriam em comum? [...] [Eles] representam o mal, a corrupção, o poder, o controle. Ambos usam de poderes especiais para controlar aqueles que estão à sua volta.**

A inesquecível performance de Anthony Hopkins em *O Silêncio dos Inocentes* transformou o vilão em um ícone pop. O personagem de Hopkins, Lecter, é o típico psicopata assassino que o cinema gosta de mostrar: inteligente, articulado e manipulador, mas que esconde uma personalidade amalucada que comete atrocidades que muitos não acreditariam existir; no caso de Lecter, cozinhando e consumindo partes dos corpos de suas vítimas. Como um bom psicopata, ele usava uma máscara para se camuflar na sociedade. Lecter era visto como um cavalheiro, um homem fino, gentil, erudito e refinado, de origem aristocrata e que sempre convidava a alta sociedade da cidade de Baltimore para jantares de gala em sua bela mansão. O que os convidados não sabiam era que os pratos principais continham pedaços dos órgãos de suas vítimas. Em uma ocasião, Lecter serviu o fígado de um flautista da Orquestra Filarmônica de Baltimore em um jantar para os diretores da sinfônica. Para acompanhar a iguaria, um belo vinho italiano Chianti.

Naquele fevereiro de 1991, Hollywood e o mundo ficaram fascinados por um filme ao mesmo tempo repulsivo e brilhante. Para a maioria das pessoas, uma história como aquela só poderia existir no cinema. Um assassino que mata e devora suas vítimas? Pura ficção, certo? Errado. Naquele mesmo mês, enquanto *O Silêncio dos Inocentes* sacudia os espectadores e entrava para a história, uma narrativa sombria se desenrolava na vida real. A poucos quilômetros de uma sala de cinema, um evento invisível aos olhos do público criaria, meses depois, uma conexão perturbadora com o nome do dr. Hannibal Lecter.

Quatro dias após a estreia nacional do filme, em Milwaukee, Wisconsin, um adolescente desapareceu sem deixar vestígios. Desesperada, sua mãe procurou a polícia, exibiu fotos do filho nas emissoras de TV, mas seus apelos foram em vão. Assim como na ficção, o desfecho do caso de Curtis Durrell Straughter chocaria o mundo. Mas, ao contrário do filme, onde o horror era conduzido com maestria cinematográfica, a história de Curtis revelaria um pesadelo real — um horror que muitos acreditavam pertencer apenas à tela grande.

O responsável pelo desaparecimento de Curtis era o mesmo homem que, treze anos antes, tirara a vida de Steven Hicks. Curiosamente, ele não sentia prazer no ato de matar; o homicídio era apenas um meio para atingir seus desejos mais sombrios. Como tantos outros assassinos em série, sua captura aconteceu por acaso, resultado de um erro seu. Ele lembrava os vilões do cinema, como o Imperador Palpatine e o Assassino de Gêmeos. Assim como eles, não nasceu com olhos amarelos — essa cor surgia apenas quando a maldade o consumia, anunciando sua prontidão para agir. Palpatine, por exemplo, viera ao mundo com olhos azuis. O mesmo acontecia com o assassino de Hicks e de Straughter: seus olhos, normalmente azuis, adquiririam um tom amarelado à noite, quando saía em busca de alimento.

Diferentemente do filme *O Silêncio dos Inocentes*, os crimes praticados por ele aterrorizaram e ao mesmo tempo intrigaram o mundo inteiro por um simples fato: eles não eram fantasia, eram reais. Muito reais.

MILWAUKEE

Milwaukee é a maior cidade do estado norte-americano do Wisconsin, considerado a "Terra do Leite", um estado ainda rural, onde predominam plantações e fazendas de criação de gado. Nas últimas décadas, entretanto, Wisconsin viu crescer as indústrias da manufatura, tecnologia da informação e saúde. Um vilarejo esquecido do Wisconsin chamado Plainfield tem muita história para contar, mas deixemos isso para outra hora.

Em 1920, a região de Milwaukee serviu de abrigo para Al Capone, o notório gângster de Chicago, que se beneficiou da proximidade entre as duas cidades e comprou uma casa no subúrbio de Brookfield, perto de Wauwatosa e West Allis, dois lugares muito importantes, e que o leitor tomará conhecimento no decorrer deste livro.

Devido ao grande povoamento de imigrantes alemães e escandinavos a partir de 1850, Milwaukee se transformou na capital da cerveja dos Estados Unidos e chegou a ter as quatro maiores cervejarias do mundo: Schlitz, Blatz, Pabst e Miller. Esse desenvolvimento abriu milhares de postos de trabalho na cidade, que experimentou um progresso muito grande na primeira metade do século XX. Mas não foi apenas a indústria da cerveja que cresceu. Banhada pelo Lago Michigan, Milwaukee historicamente viu florescer uma imensa indústria que ia desde a fabricação de navios até o plantio, do processamento à exportação de trigo e cevada. Uma das mais icônicas fabricantes de motos do mundo, a Harley-Davidson tem sua sede na cidade.

Assim como Cleveland, em Ohio, Milwaukee é abençoada por ser banhada por um dos grandes lagos da América do Norte, o Lago Michigan, o que oferece à cidade a oportunidade de ser visitada por milhares de turistas durante o ano para prática de windsurfe e outras modalidades aquáticas, sendo o turismo outra grande fonte de recursos para a economia local.

A cidade também respira cultura com seus museus e espetáculos de artes, dança e música. Um dos maiores festivais de música acontece todos os anos na cidade e atrai milhares de turistas do mundo inteiro. O Summerfest ocorre durante dezesseis dias no verão norte-americano e é bastante eclético, com diversos tipos de atrações musicais que vão da música gospel ao heavy metal. Realizado à beira do Lago Michigan, em um lugar nobre, caro e seletivo, a localização contrasta com outros lugares da cidade, em especial, um bairro que historicamente abrigou a classe trabalhadora imigrante.

WALKER'S POINT

Nascido em Lynchburg, no estado da Virginia, George Walker chegou em 1833 à região que viria a ser Milwaukee em busca de oportunidades de crescimento profissional. No ano seguinte, ele se instalou ao sul do Rio Milwaukee e atuou como comerciante de peles de animais, fazendo negócios e atraindo pessoas para aquela região, que ficou conhecida como Walker's Point (O Ponto do Walker, em tradução literal). Em 1835, Walker's Point já era um assentamento com um número considerável de habitantes, competindo em tamanho e importância econômica com os vilarejos adjacentes de Juneau e Kilbourn, fundados anos antes por Solomon Juneau e Byron Kilbourn. Em 1846, os três homens — Walker, Juneau e Kilbourn — chegaram à conclusão de que separados eram fortes, mas juntos, imbatíveis. Os três tinham grandes visões para aquela região, enxergando-a como um excelente ponto comercial, então, decidiram juntar os três vilarejos em um só, e assim foi fundada a cidade de Milwaukee.

Empresário influente e rico, e um dos fundadores de Milwaukee, George Walker automaticamente se tornou um líder político na região. Sua influência cresceu a ponto de ser eleito prefeito da cidade em duas ocasiões (1851 e 1853).

No início do século XX, Walker's Point deixou de ser um centro comercial e se transformou em um bairro operário, abrigando aqueles que estavam à margem do crescimento da cidade. A região passou a ser ocupada principalmente por imigrantes africanos e asiáticos e seus descendentes, que chegavam aos Estados Unidos em busca de uma vida melhor. No entanto, a promessa de oportunidades logo se dissipou, e Walker's Point se tornou um lugar pobre, violento e negligenciado, um território esquecido que muitos preferiam evitar. Nesse cenário de exclusão, uma subcultura começou a florescer — um refúgio para aqueles que, por diversas razões, eram forçados a viver nas sombras: a comunidade homossexual.

Nas décadas de 1950 e 1960, Walker's Point tornou-se o epicentro da cena gay em Milwaukee. Casas noturnas e saunas começaram a surgir, criando um refúgio vibrante para homossexuais, drag queens e travestis. Mas foi nos anos 1970 que a comunidade viveu seu auge—boates lotadas, shows de strippers masculinos, concursos de beleza e performances inesquecíveis de drag queens transformaram o bairro em um reduto efervescente de liberdade e celebração. A vida gay em Walker's Point nunca esteve tão intensa.

A partir da década de 1990, o movimento gay em Walker's Point entrou em declínio. A intensa atividade de boates e bares foi perdendo seu brilho, principalmente devido à especulação imobiliária. Grandes condomínios familiares e prédios de galerias de arte surgiram, tornando o local bastante populoso. Essa nova vizinhança contrastava com o ar boêmio e gay do lugar e, com o passar dos anos, os frequentadores foram desaparecendo até fazer com que a maioria das boates fechassem suas portas.

Walker's Point hoje, apesar de ainda possuir vários estabelecimentos LGBTQIAP+, em nada lembra a alegria brilhante de décadas atrás; é um bairro calmo e que respira culinária e arte através de suas inúmeras galerias, onde artistas expõem suas pinturas, esculturas e outros trabalhos.

Enquanto a vida noturna LGBTQIAP+ era uma atração constante e várias boates reinaram em Walker's Point, uma das mais famosas foi o Club 219.

O Club 219 foi originalmente inaugurado com o nome de Gary, depois renomeado Circus Circus e, em fevereiro de 1981, batizado de Club 219. Imediatamente, tornou-se a casa mais explosiva e famosa de Walker's Point. A reputação estelar da casa foi construída com uma combinação de música alta, luzes brilhantes e exageradas, e muita, mas muita energia, dança e festa. Era a boate preferida do público queer para as festas de Réveillon nos anos 1980, com performances regulares de drag queens e strippers masculinos.

O Club 219 ostentou sua fama de melhor boate gay até 1984, quando foi aberto o La Cage, que tomou de assalto a cena gay de Walker's Point, deixando o Club 219 como segunda melhor opção da área. Com a abertura do La Cage, a região (cerca de oito quarteirões) tornou-se parada obrigatória para o público LGBTQIAP+ de Milwaukee e turistas.

No decorrer dos anos 1990, o Club 219 foi sendo engolido por novos e inovadores bares que surgiram na região. Como tudo na vida tem um fim, o Club 219 encerrou suas atividades em outubro de 2005. A popularidade de décadas antes não existia mais, e nem mesmo as promoções feitas nas noites de sábado poderiam ajudar o estabelecimento. O Club 219 ficou apenas na memória do público — de maioria masculina — que frequentou um dos melhores e mais alternativos points gays do Wisconsin.

Outra popular casa de Walker's Point era a The Phoenix, que ficava em uma quadra com dezenas de boates gays, entre elas o Club 219, o C'est La Vie e o BallGame. A The Phoenix possuía uma ativa pista de dança com um repertório baseado na alegria da disco, uma herança que vinha desde os anos 1970, e uma atmosfera muito festiva onde gays, lésbicas e drag queens extravasavam suas energias sem pudor ou preconceito algum. Era uma das mais populares boates gays da área, e os frequentadores se revezavam indo e vindo entre o Club 219 e a The Phoenix.

A The Phoenix sobreviveu mais de trinta anos e fechou suas portas em março de 1993. Dois bares lésbicos, Déjà-Vu e Dish, o sucederam, mas também fecharam suas portas.

O ano de 1988 marcou o momento da retirada das tropas soviéticas do Afeganistão após anos de guerra e destruição. No Panamá, o general ditador e senhor das drogas Manuel Noriega reinava absoluto torturando e matando quem se atrevesse a cruzar seu caminho. Já Israel continuou a fazer jus à sua reputação de estado bélico ao planejar e executar o homicídio extrajudicial do líder palestino Khalil al-Wazir, na capital da Tunísia. Naquele ano, houve também o massacre de camponeses plantadores de coca por policiais bolivianos em Villa Tunari, o assassinato em massa de 290 civis pelo navio norte-americano USS Vincennes, o sequestro e execução do procurador-geral colombiano Carlos Mauro Hoyos Jiménez, o assassinato do líder seringueiro Chico Mendes e a fundação do grupo terrorista Al Qaeda. Outros acontecimentos aparentemente menos danosos preencheram todo o ano; a maioria foi esquecida, completamente sepultada pelo tempo, já outros, futuramente, se provariam tão notáveis a ponto de ainda serem lembrados e comentados mais de trinta anos depois.

Na cidade norte-americana de Milwaukee, por exemplo, um adolescente chamado James Doxtator desapareceu em janeiro. O garoto nunca teve uma vida tranquila, sofreu abusos na infância ao crescer dentro de um lar desfigurado e até teve problemas com a polícia em idade precoce. Ainda assim, quando ele saiu de casa em um dia de janeiro de 1988 e nunca mais voltou, sua mãe sentiu que aquilo era preocupante. Dois meses depois, outro jovem, Richard Guerrero, também sumiu após sair para se divertir na noite.

Pessoas desaparecendo em grandes centros urbanos não são novidade. Doxtator e Guerrero sumiram enquanto perambulavam por uma região de Milwaukee cheia de luzes e música. Apesar da criminalidade nos arredores, não era um lugar para se temer, pois a maioria das pessoas que ali frequentavam estavam em busca de diversão.

Bom, talvez nem todas.

Ao longo da esquecida Walker's Point, as linhas de bares e boates gays iluminavam a noite da South 2nd Street. Sinais de néon vermelhos estendiam seus convites para homens em busca de bebidas, diversão, paquera ou sexo casual. Mais uma noite alegre e divertida se iniciava ali em uma sexta-feira de fevereiro de 1988. Bebidas, conversas e risos; paqueras, beijos e sexo. Qualquer uma dessas combinações era o combo perfeito para muitos que caminhavam por aquele bairro.

A The Phoenix abria suas portas com a alegria de sempre, e Josie Carter — uma famosa drag queen da época — era uma atração à parte, sempre sorridente ao cumprimentar a todos. Os frequentadores logo ocupavam a pista de dança, alguns espalhafatosos, outros discretos, uns com cigarros e bebidas, outros apenas sentados observando o movimento. Um dos frequentadores da casa, Bobby Duane Simpson, um jovem negro de 27 anos, bebia sua Budweiser observando o movimento no local. Alguns dançavam na pista de dança enquanto outros bebiam no bar. Em dado momento, perto do fechamento, Bobby viu se aproximar um jovem alto, loiro e que chamou sua atenção. O homem veio em sua direção e puxou assunto. Bobby aceitou a abordagem e ambos trocaram algumas palavras enquanto bebiam, cercados por luz e música. Bobby se sentiu atraído por ele, por sua calma e conversa agradável. Não muito depois da abordagem, o homem loiro foi direto e perguntou a Bobby se ele não gostaria de esticar a noite, convidando-o para ir até a sua casa. Bobby não pensou duas vezes.

Os dois homens saíram da The Phoenix e, como nenhum deles tinha carro, pegaram um ônibus em direção a West Allis, no subúrbio de Milwaukee, uma viagem de cerca de trinta minutos. Eles entraram na casa, foram para a sala de estar e o homem sussurrou para Bobby: "Silêncio, minha avó está dormindo". Então, se aproximaram um do outro e se beijaram. Bobby estava adorando aquele momento, pois o homem, além de bonito, era muito educado. Após o beijo, ele disse para Bobby permanecer na sala, pois ele iria até a cozinha preparar um delicioso café irlandês para que os dois pudessem tomar juntos. A noite estava só começando. Poucos minutos depois, o dono da casa veio caminhando em direção a Bobby segurando duas xícaras de café. Bobby tomou dois goles.

Pessoas desaparecendo em grandes centros urbanos não são novidade. Doxtator e Guerrero sumiram enquanto perambulavam por uma região de Milwaukee cheia de luzes e música.

Bobby estava confuso e grogue, abrindo os olhos lentamente. O que estava acontecendo? Quando seus sentidos lhe permitiram processar o que se passava, percebeu que estava numa espécie de porão. Ao olhar para a frente, um homem esguio e totalmente nu estava em pé, em frente a ele. Bobby se assustou e deu um jeito de sair correndo daquele lugar. Quando recuperou o fôlego, na rua, e com a consciência restabelecida, olhou no relógio e viu que eram onze horas da manhã. Aquilo o pegou em cheio; Bobby percebeu que estivera inconsciente por horas. Tudo parecia muito claro, aquele homem loiro que ele conheceu na The Phoenix colocou alguma coisa no seu café e ele apagou. Pior, Bobby sabia que acontecera algo terrível após isso: abuso sexual. Mas apesar do crime evidente, ele não deu queixa na polícia. Ele era homossexual e não queria se expor, além do mais, esse era o tipo de coisa que as autoridades não se importavam. Nem um pouco. Bobby sabia disso e sabia também que se entrasse em uma delegacia e contasse sua história o máximo que ganharia era um olhar de desprezo, como se o detetive quisesse informar com os olhos que tinha mais o que fazer do que investigar um encontro de bichas que deu errado.

Dias depois, Bobby voltou a The Phoenix, sentou no bar e conversou com o bartender e um dos sócios, Michelle, contando toda a história do que havia acontecido no dia anterior. Enquanto conversava com Michelle, um homem que estava sentado ao seu lado o interrompeu e perguntou: "Ele drogou você também?".

Abril de 1988

A noite fervilhava em Walker's Point. O movimento era intenso nas portas das boates gays que povoavam a região. Dentro delas, festa, bebidas, shows de strippers masculinos, drag queens, beijos e diversão. Fora delas, um homem negro chamado Ronald Douglas Flowers Jr. tentava dar partida no seu carro, que mais uma vez o deixava na mão.

Irritado com a porcaria do automóvel que não ligava, decidiu abrir o capô e tentar consertar a lata velha. Não conseguiu. Flowers tentou ligar para amigos, mas nenhum deles atendeu aos seus telefonemas. Entrou novamente no carro e girou a chave tantas vezes até um ponto em que a bateria descarregou. O que fazer? Ele estava no meio da rua, de madrugada e com um carro enguiçado. Aquela noite não estava terminando bem, e parecia que nada podia ser pior do que aquilo.

Em dado momento, enquanto ele pensava no que fazer, um homem branco, loiro e esguio apareceu e ofereceu ajuda. "Olá, algum problema com a máquina?", perguntou. "Sim, não consigo fazê-lo pegar", respondeu Ronald. "Essas coisas acontecem nas piores horas", disse o homem.

Ronald não deu muita atenção a ele, que agora estava apenas querendo conversa fiada, perguntando onde morava e trabalhava, se o trabalho o pagava bem. Flowers desconversou um pouco até o momento em que o homem trouxe uma solução para o seu problema. Disse que estava nas imediações, bebendo em uma boate e, quando bebia, não gostava de dirigir, por isso deixou o seu carro em casa. Se Flowers quisesse, eles poderiam ir de táxi até a sua casa, pegar o seu carro e voltar para fazer uma ligação direta.

Pela primeira vez Ronald prestou atenção no homem. Ele estava com um problema e o indivíduo veio com uma solução. Pensou duas vezes, pois não queria ir na casa de um estranho, mas o rapaz parecia muito educado, apresentável e estava sendo gentil em querer ajudá-lo. A única coisa que pareceu estranha a Flowers foi o fato de ele desviar o olhar quando Flowers o olhava nos olhos. No fim, Ronald aceitou a ajuda do desconhecido e eles pegaram um táxi em direção a West Allis.

Quando os dois chegaram no destino, Ronald disse que o esperaria do lado de fora da casa. "Faço questão que você entre, só vai levar um minuto", disse o jovem simpático e prestativo.

Eles entraram e o rapaz se propôs a fazer um quente e delicioso café irlandês para sua visita. Ronald agradeceu a hospitalidade, mas não, ele só estava lá para acompanhá-lo e pegar as chaves do carro. Ele não estava a fim de conversas ou bebidas, o combinado era eles pegarem o carro e voltarem até o estacionamento em Walker's Point, onde o carro de Flowers estava parado. Realmente, disse o homem, mas Ronald não faria essa desfeita, pois ele estava sendo tão solícito. Incomodado com a insistência do sujeito e querendo sair da casa o mais rápido possível, Ronald decidiu tomar o café para ambos seguirem com o combinado. Ele virou a xícara em um só gole. "Vamos lá!", exclamou Flowers após tomar a bebida. "Só um minuto", disse o homem, pela primeira vez encarando-o fixamente. Ronald achou aquilo medonho. Por que aquele cara o olhava daquele jeito?

Ronald tentava abrir os olhos, mas não conseguia. Ele estava tonto e confuso. Quando finalmente conseguiu recuperar sua consciência, percebeu que estava deitado em uma cama de hospital. *Que diabos é isso?* Ele não fazia a mínima ideia do que havia acontecido ou de como foi parar naquele quarto de hospital. Seu corpo possuía hematomas, principalmente no pescoço. Havia, porém, coisas mais estranhas; sua cueca, por exemplo, estava vestida do avesso e o dinheiro da sua carteira havia sumido. Nada, entretanto, foi mais chocante do que a descoberta de um único fio de cabelo loiro que repousava misturado aos seus pelos pubianos. Flowers ficou furioso.

No mesmo dia, um domingo, Ronald se dirigiu até uma delegacia para prestar queixa. Ele contou que possivelmente fora drogado pelo homem que conhecera na noite anterior. Os policiais o aconselharam a realizar um teste laboratorial no hospital para comprovar a presença de drogas em seu organismo, assim sua história seria confirmada e a polícia teria um bom motivo para dar continuidade à investigação. Entretanto, os testes laboratoriais não indicaram a presença de nenhuma droga em seu corpo. Sem provas de que ele fora realmente drogado, a polícia não deu prosseguimento à queixa, e a história ficou por isso mesmo.

AVENUES WEST

Avenues West é um bairro a oeste do centro de Milwaukee, perto de Walker's Point — os dois bairros são separados pelo Rio Menomonee e pela Wisconsin Veterans Memorial Highway, uma autoestrada que corta meio estado, iniciando na capital Madison e terminando em Milwaukee. Essa área da cidade, nas décadas de 1980 e 1990, ficou conhecida por abrigar pessoas das classes sociais mais baixas, sendo o local de moradia de, principalmente, afro-americanos; uma grande transformação, pois no século XIX, a Avenues West tinha sido o local escolhido pela elite de Milwaukee para construir seus casarões e viver com todas as mordomias que a riqueza da época podia oferecer. Mas, mais de cem anos depois, Avenues West era um antro de furtos, prostituição e tráfico de drogas, consequentemente, a alta taxa de criminalidade fazia a polícia ter muito trabalho nas ruas que um dia habitaram madames acompanhadas de suas damas de companhias e cavalheiros fumando cachimbos e usando chapéus e bengalas. Um grande contraste.

A discrepância mais visível em Avenues West era a presença da Universidade Marquette, a maior universidade privada do estado do Wisconsin e uma das maiores universidades jesuítas dos Estados Unidos, fundada pela Sociedade de Jesus, em 1881, e frequentada majoritariamente por filhos de pessoas abonadas. Sua presença contrastava com o ar decadente e violento de Avenues West, segregando indiretamente os moradores daquela região, que viviam em um universo muito diferente. Para atestar que a Marquette era um mundo à parte, a universidade tinha a sua própria delegacia de polícia, que cuidava de todo o campus e patrulhava as imediações numa tentativa de coibir assaltos e roubos a alunos. A universidade frequentada pelos filhos da elite estava protegida, já o bairro que a abrigava, não.

Em um dia no verão de 1990, um dos inúmeros aprendizes de criminosos de Avenues West desfilava pelas ruas desse bairro de Milwaukee à procura de ação. Fumar maconha e crack e comprar e revender pequenas porções de drogas era o que muitos jovens nascidos de famílias pobres e desestruturadas daquela região faziam para se divertir e ganhar alguns trocados, para novamente gastarem com drogas, bebidas ou prostitutas.

Luis Pinet, de 15 anos, era um desses jovens perdidos. Desocupado, aprendiz de traficante e usuário de maconha, sua ambição de vida era apenas viver o dia e tentar sobreviver naquela selva urbana. Seu estilo de vida era o resultado de sua própria existência. Criado em lares adotivos, largado e negligenciado pelos adultos, Luis não tinha estrutura ou orientação para sair daquele destino óbvio que lhe foi apontado. Novo na idade, mas conhecedor do funcionamento da rua, o garoto sabia de onde podia vir o dinheiro e não raras vezes ele cruzava Avenues West rumo ao sul, até Walker's Point, para frequentar os bares e boates gays daquele canto da cidade. Um garoto novo como ele não tinha dificuldades para chamar a atenção de homens mais velhos.

Fumar maconha e crack e comprar e revender pequenas porções de drogas era o que muitos jovens nascidos de famílias pobres e desestruturadas daquela região faziam para se divertir e ganhar alguns trocados, para novamente gastarem com drogas, bebidas ou prostitutas.

Por isso, não foi difícil para ele aceitar logo de cara a oferta de um homem loiro e esguio que o abordou dentro da boate The Phoenix no início de julho de 1990. O homem se aproximou de Luis e se apresentou como um fotógrafo à procura de garotos bonitos como ele para tirar algumas fotografias. O homem ofereceu uma grana muito boa, 200 dólares para que Luis servisse de modelo para ele. Era uma oferta irrecusável e o garoto topou na hora.

Acostumado a ter apenas centavos ou notas de pequeno valor no bolso, Luis sentiu que finalmente a vida sorrira para ele. O garoto ficou muito animado e seguiu o homem até os Apartamentos Oxford, um prédio que ficava em Avenues West, no número 924 da North 25th Street. Eles caminharam, seguiram pela entrada principal, subiram até o segundo andar e entraram no apartamento do "fotógrafo", de número 213.

Uma vez lá dentro, o homem pegou sua máquina Polaroid e começou a fotografar o garoto. Ele pediu que Luis ficasse em várias poses, algumas até esquisitas, mas duzentas pratas são duzentas pratas, e o menino faria o que fosse necessário para pegar aquela grana. Em dado momento, o homem parou de fotografá-lo, ligou a televisão e colocou vídeos pornográficos homossexuais em seu videocassete. Então, pediu que Luis tirasse a roupa, pois ele tinha interesse em tirar fotografias do corpo do rapaz. Luis sentiu vergonha, mas aceitou. A noite transcorreu sem maiores problemas e os dois combinaram de se encontrar novamente no dia seguinte.

No segundo encontro, entretanto, as coisas se transformaram radicalmente. Depois de tirar mais fotos, o calmo, gentil e educado homem mudou seu comportamento para um tipo perverso. Luis ficou em choque, paralisado de medo quando o fotógrafo começou a agir de maneira esquisita; o homem, do nada, o atacou e o amarrou. Luis fez menção de gritar, e o morador do 213 o amordaçou com um pedaço de pano.

Luis não podia se mexer nem gritar, um medo paralisante congelou seu corpo. Ele viu quando o homem loiro veio em sua direção com um martelo de borracha na mão. Nesse momento, Luis, aterrorizado, começou a chorar. O homem martelou a sua cabeça e seu pescoço, iniciando o que seriam três longas horas de tortura. Ao final, o homem desamarrou Luis e disse: "Se você contar qualquer coisa para qualquer pessoa eu mato você e sua família". O garoto não precisou ouvir mais nada.

Luis saiu do apartamento, correu pela rua, chorando e em pânico. Nunca antes em sua vida pensou que passaria por aquilo. O cara era muitíssimo estranho, quem sabe um maníaco torturador ou outra coisa pior. Luis viu a morte de perto e ficou durante algum tempo pensando no ocorrido. Numa atitude precipitada e ingênua, ele resolveu voltar até o apartamento do homem; ele estava sozinho, na rua e no meio da noite, com os bolsos vazios e desesperado. Ele pensou em voltar ao apartamento e pedir um dinheiro ao homem para que pudesse pegar um táxi e voltar para casa. O homem havia sido tão legal no dia anterior, então quem sabe pudesse ajudá-lo. O homem loiro ficou surpreso ao ver Luis novamente, e, de forma simpática, o convidou a entrar.

Eles ficaram o resto da madrugada conversando, mas antes, o homem tentou matar Luis aplicando-lhe uma martelada na cabeça. Definitivamente foi uma péssima ideia voltar ao apartamento do tal fotógrafo. Quando o uso do martelo não funcionou, o maldoso homem tentou estrangular Luis, também sem sucesso. Eles rolaram no chão em uma briga feia, e fosse lá qual fosse o escudo protetor que envolvia Luis, era forte o suficiente para protegê-lo. Percebendo que o garoto tinha o corpo fechado, e também cansado pelo esforço físico, o homem loiro simplesmente interrompeu suas investidas e passou a conversar com Luis, como se nada tivesse acontecido. De manhã, Luis foi embora. Foi uma experiência traumatizante e que marcou o menino.

Contra os conselhos do seu algoz, o adolescente resolveu ir à polícia. Um jovem negro, aprendiz de traficante e usuário de drogas, ir a um distrito policial cheio de policiais brancos conservadores e fazer uma denúncia não era uma situação que parecia que funcionaria. Os policiais não deram ouvidos a Luis. Afinal, qual o crime? Luis tinha provas? A polícia tinha mais o que fazer do que investigar um suposto fotógrafo branco que martelava negros em seu apartamento. De qualquer forma, Luis foi convincente e dois detetives foram até os Apartamentos Oxford averiguar. Ao chegarem lá, não encontraram o morador do apartamento 213. Se perguntando o que diabos eles estavam fazendo ali, decidiram ir embora antes de averiguarem mais a fundo a denúncia do rapaz.

A história de Luis Pinet foi ignorada e o registro de sua denúncia arquivado em um armário de metal para nunca mais ser tocado. Pelo menos era isso o que acontecia com a maioria das denúncias do tipo recebidas pelo Departamento de Polícia de Milwaukee. No caso Pinet, porém, uma reviravolta digna de filmes (de terror) aconteceria pouco mais de um ano depois, o que faria com que a sua denúncia fosse tirada do armário e, pela primeira vez, levada a sério.

APARTAMENTOS OXFORD

924 North 25th Street

Os Apartamentos Oxford eram um condomínio localizado em Avenues West no endereço de número 924 na North 25th Street, em Milwaukee. Uma rua pacata, mas que apresentava seus perigos devido à criminalidade. Em uma região povoada por pessoas de baixa renda, os Apartamentos Oxford eram uma boa opção para quem quisesse pagar por um aluguel barato. Os apartamentos eram pequenos, mas aconchegantes e funcionais, com sala, área de cozinha, quarto e banheiro. Os moradores eram pessoas pobres — irmãos e amigos que moravam juntos, casais, famílias e alguns homens e mulheres solteiros. Nos anos de 1990 e 1991, só havia um homem branco morando lá, sendo o restante pessoas da etnia negra.

Os Apartamentos Oxford não estavam protegidos da aura daquele bairro, até porque ele era habitado pela classe social marginalizada de Avenues West, portanto, misturados a trabalhadores e famílias que tiravam seus sustentos honestamente, havia traficantes, cafetões, profissionais do sexo, ladrões e outros pequenos criminosos. O lugar podia parecer um covil de transgressores da lei, mas, tirando um ou outro episódio mais grave, como o de um homem encontrado estrangulado no terceiro andar no início de 1991, no geral, era um prédio sossegado, com vizinhos que se conheciam, pelo menos de vista. Uma coisa, entretanto, incomodava os moradores dos Apartamentos Oxford: um cheiro insuportável de carniça que começou a ser sentido em meados de 1990. O cheiro era tão forte e horrível que gatos esfomeados eram vistos rondando os apartamentos, muitos deles provavelmente atraídos pelo cheiro pútrido que impregnava o ar. Por muito tempo a origem do mau cheiro foi um completo mistério. O síndico do prédio chegou a pensar que alguém pudesse ter morrido em algum apartamento e o cadáver ficado lá, sem que ninguém descobrisse. Ele bateu de porta em porta e verificou que estava tudo bem. Mas havia um apartamento vago, o 207, e quem sabe poderia ter alguma coisa lá dentro, em decomposição. Ele chamou a polícia e os policiais arrombaram o lugar, mas não encontraram nada que pudesse ser a origem do cheiro.

Certo dia, o odor estava tão insuportável que a moradora do apartamento 214, Pamela Bass, que morava com seu marido Vernell, decidiu investigar de onde diabos vinha aquele fedor. Ela começou revirando o seu apartamento, olhou na geladeira, debaixo da cama, revirou tudo. *Será que tem um bicho morto dentro da minha casa e eu não sei? Talvez um rato apodrecendo no encanamento.* Ela não encontrou nada que pudesse ser a origem do mau cheiro. Pamela, então, abriu sua porta e farejou o corredor. Como um animal curioso, ela foi de porta em porta, farejando as casas dos vizinhos. Incomodada, bateu na porta do seu vizinho da frente, o único branco do prédio, um rapaz simpático e que aparentava ser solitário. O número do seu apartamento era 213.

O vizinho atendeu à porta e Pamela perguntou se ele não estava sentindo o cheiro horrível. Realmente estava um cheiro muito ruim, concordou o vizinho, que diabos poderia ser? Os dois, então, saíram pelo prédio tentando encontrar a origem do odor. Eles esquadrinharam o térreo e os andares, examinando minimamente cada canto do lugar, mas não conseguiram descobrir.

Tempos depois descobriu-se a origem do cheiro, e ele vinha justamente do apartamento 213. Ao síndico, o morador disse que esqueceu de ligar o seu freezer e toda a carne havia estragado, após ele passar dois dias fora. Ele pediu desculpas pelo incômodo que estava causando e prometeu resolver rapidamente o problema. Mas não resolveu.

O mau cheiro persistia e as reclamações dos vizinhos aumentavam. O síndico, sem saber mais o que fazer, estava perdendo a paciência com o morador do 213. Um dia, Vernell ouviu uma discussão no corredor e foi verificar. Sua esposa, Pamela, o síndico e o vizinho do 213 discutiam sobre o odor vindo do apartamento e um freezer supostamente defeituoso. Nervosa, Pamela foi acalmada por Vernell, que garantiu que o vizinho já havia limpado o apartamento. Para ele, o problema estava resolvido.

Mas o cheiro não sumia. Vernell sugeriu emprestar seu ventilador para o vizinho colocá-lo na janela. O homem aceitou, e Pamela entrou no apartamento para buscá-lo. Enquanto isso, o síndico, frustrado, advertiu o morador do 213 que, se não consertasse ou trocasse o freezer, deveria procurar outro lugar para morar. Era seu último aviso.

Irritada, Pamela voltou com o ventilador, e o vizinho o colocou no apartamento. Constrangido, tirou vinte dólares da carteira, entregou a Pamela como um gesto simbólico pelo empréstimo e pediu desculpas. Agradeceu a todos, entrou em casa e fechou a porta.

Vernell, Pamela e o síndico continuaram conversando no apartamento do casal por vários minutos. O síndico estava estressado com o problema, com todas as reclamações, com o cheiro insuportável e com a incapacidade do morador do 213 em resolver a situação. Ele disse a Vernell e Pamela que emitiria uma ordem de despejo contra ele. A situação já passara dos limites e a única solução parecia ser se livrar do residente.

Por muito tempo a origem do mau cheiro foi um completo mistério. O síndico do prédio chegou a pensar que alguém pudesse ter morrido em algum apartamento e o cadáver ficado lá, sem que ninguém descobrisse. Ele bateu de porta em porta e verificou que estava tudo bem. Mas havia um apartamento vago, o 207, e quem sabe poderia ter alguma coisa lá dentro, em decomposição. Ele chamou a polícia e os policiais arrombaram o lugar, mas não encontraram nada que pudesse ser a origem do cheiro.

No dia seguinte, o vizinho do 213 devolveu o ventilador à Pamela. No fim de semana que se seguiu, o casal do 214 ficou sabendo de algo, no mínimo, incomum: o vizinho contratou uma empresa especializada em limpeza para limpar o seu carpete. Isso encucou Vernell porque ninguém pagava para ter o seu carpete limpo. Naquele mundo de pessoas que estavam sempre com pouco dinheiro, era o tipo de gasto que não existia.

De qualquer forma, o morador do 214 ficou curioso em saber quanto era o serviço e conversou com os dois rapazes que fizeram a limpeza no carpete do vizinho. Os trabalhadores estavam frustrados. Na verdade, explicaram a Vernell, eles não foram lá para limpar, mas para remover várias manchas no carpete do quarto. Eles passaram muito tempo trabalhando no carpete do homem, e mesmo assim não conseguiram remover as manchas, cuja cor era vermelho-escura. Era a primeira vez que aquilo acontecia.

E não era apenas o cheiro de carne em putrefação que incomodava os moradores dos Apartamentos Oxford. Outro fato que chamava a atenção e às vezes irritava os vizinhos era o contínuo "choro" de uma serra elétrica que varava os dias e, nos fins de semana, as madrugadas. E o barulho vinha... do apartamento 213.

E, como em todo edifício, quando você liga um som alto quem é o primeiro a reclamar? O vizinho ao lado, é claro. O marido de Pamela, Vernell, começou a se perguntar o que diabos o vizinho do 213 tanto fazia com aquela serra. Era provável que ele estivesse construindo alguma coisa, pensou. Pamela achou que ele poderia estar reformando o armário ou construindo um novo. O fato é que o barulho incomodava. Certa vez, Vernell chegou do trabalho e lá estava seu inquieto vizinho com sua serra elétrica ligada. De repente, o barulho cessou, e Vernell escutou em alto e bom som:

> "SEU FILHO DA PUTA! EU TE DISSE! ESSA MERDA É TODA CULPA SUA! OLHA O QUE VOCÊ ME FEZ FAZER, PORRA!"

Vernell achou aquilo estranho, ainda mais porque não escutou ninguém respondendo. Depois de escutar o vizinho gritando daquele jeito, ele é que não ia lá pedir para ele maneirar no barulho.

Primavera de 1991

A pista de dança estava bombando no Club 219. Era sábado e o point gay da região fervilhava como um vulcão prestes a entrar em erupção. Com cerveja e uísque nos corpos, homens sentavam-se nos colos uns dos outros e beijavam-se sem vergonha nenhuma. Diversão, romance, bebidas e sexo era o que muitos que estavam ali procuravam. No palco, modelos de corpos esculturais dançavam e esbanjavam testosterona para uma plateia animada e eufórica. O fim de semana estava só começando.

No meio da pista de dança estava Alex,* um jovem alto e atlético, com a pele ligeiramente escura iluminada pelas luzes enlouquecidas do strobo. Dançava ao som da disco dos anos 1970 e, de repente, encontrou-se trocando olhares com um homem loiro que vestia jeans e uma camiseta preta de náilon.

* Nome fictício, apenas a inicial "A" foi divulgada.

O homem era um velho conhecido de alguns frequentadores do local e dos funcionários da casa. Não que eles fossem amigos dele, só o viam mesmo por ali. Na verdade, ele nunca interagia com ninguém, nem mesmo dava atenção quando o bartender tentava puxar uma conversa. Era o seu jeito. Ele sempre era visto por lá nos fins de semana. De vez em quando o cara aparecia com os olhos amarelos e ficava lá sentado, fumando um cigarro e bebendo, enquanto não tirava os olhos dos dançarinos do palco.

A boate já estava quase fechando quando Alex o chamou com os olhos, e o homem não o decepcionou. "Oi, o meu nome é Jeff. Eu gosto do jeito que você dança", disse ele.

Alex percebeu pelo hálito e pelo comportamento do homem que ele estava alcoolizado, mas mesmo assim continuou a conversa. "Sou de Chicago, trabalho como eletricista... Sabe, estou cansado de ficar sozinho", disse Jeff.

Alex se sentiu atraído pelo homem bonito, sensível e carente. Jeff o convidou para ir até o apartamento onde estava hospedado, mas Alex recusou. "Sabe, eu só quero conversar. Sou muito sozinho. Você é o cara mais legal que eu conheci em Milwaukee. Te dou 100 dólares só pra ter a sua companhia em uma conversa", disse o homem.

Após muita insistência, Alex cedeu e marcou um encontro no estacionamento ao lado do prédio onde Jeff estava, os Apartamentos Oxford, em Avenues West. Às três da manhã, Alex foi ao encontro de Jeff, que o aguardava no local com uma cerveja na mão e um cigarro na outra.

"Oh, eu estou tão feliz que você veio, a maioria dos caras nunca vêm", disse um alegre Jeff — de fato, ele não conseguiu esconder seu contentamento.

Os dois subiram as escadas em direção ao apartamento 213.

O lugar estava bastante arrumado, a sala tinha quadros na parede, um sofá e estava iluminada por uma brilhante lâmpada de lava. Um pequeno freezer branco repousava na cozinha e uma garrafa de desinfetante da marca Pine Sol descansava em cima da pia.

Alex tinha um bigode bem aparado, e, provavelmente, confundindo-o com um latino, Jeff disse: "Sabe, tenho a foto de um porto-riquenho nu que é bem dotado. Mas não estou preparado para te mostrar agora".

Alex achou aquela conversa estranha e ficou sem graça. Os dois continuaram conversando por algum tempo sobre mágoas e ressentimentos. Alex era uma pessoa sentimental e, à medida que eles iam se aprofundando na conversa, percebeu o quão solitário era aquele homem. Eles conversaram sobre a avó doente de Jeff, sobre a morte da mãe de Alex e outras coisas.

O tempo foi passando e então Alex decidiu ir embora. Quando ele se levantou dizendo que já era hora, a voz calma do homem cresceu em pânico. Jeff levantou-se, parecendo estar fora de si. Resmungando, ele caminhou até o quarto dizendo que pegaria mais dinheiro para que Alex não o deixasse. Alex foi atrás dele, e quando Jeff acendeu a luz do quarto, Alex percebeu o que parecia ser uma mancha de sangue no colchão, e viu uma faca de cabo azul. O morador notou que a sua visita vira a mancha e a faca. Eles se entreolharam e Alex disse: "Então, estou morrendo de vontade de ver a foto do porto-riquenho".

Eles retornaram para a sala, onde Alex continuou a dar atenção ao homem. Jeff, então, pediu que ele tirasse suas roupas e deitasse sobre seu corpo. Ele se esfregou nas costas de Alex, murmurando que a pele dele era "como manteiga". Aquela situação já estava indo longe demais; Jeff era um cara esquisito e Alex estava vulnerável em um ambiente desagradável. Quando ele tentou se levantar para ir embora, Jeff apertou seu braço. Alex olhou seu rosto e viu naquele momento que aquele homem já não era mais o mesmo que ele havia conhecido. Seus olhos, apesar de azuis, tinham escurecido, estavam vidrados e brilhando de uma forma esquisita. Nesse momento, Alex simplesmente entrou em pânico e fez o que todo animal encurralado faz quando está ameaçado — ele gritou, esperneou, correu até a porta e a esmurrou.

Ele conseguiu abri-la e saiu como um foguete de dentro do apartamento. Ao olhar para trás, ele viu o homem em frente à porta, no corredor, parado e olhando para ele — os braços retos esticados, o rosto abatido, como se tivesse perdido alguma coisa.

Uma visão que Alex achou sinistra e estranha.

O CARA ASIÁTICO

27 de maio de 1991

Dirigindo pela Avenida 25th State, em Avenues West, na madrugada de 27 de maio de 1991, um grupo de jovens se deparou com uma cena estranha. A adolescente Nicole Childress, de 17 anos, foi a primeira a notar e pediu ao primo, que dirigia, para parar o carro. Do outro lado da avenida deserta, viu alguém nu, cambaleando de forma desordenada, como um zumbi. Ela desceu do carro, atravessou a avenida e, ao se aproximar, percebeu que era um garoto que mal conseguia ficar em pé e não podia falar.

Naquela noite, o serviço de emergência da cidade de Milwaukee recebeu a chamada de Nicole. Um trecho do registro do telefonema é reproduzido nas linhas abaixo:

> **Operador 71:** "Emergência de Milwaukee. Operador 71."
>
> **Chamada:** "Oi, eu estou na 25th State e tem esse garoto. Ele está pelado. Ele foi espancado. Ele está muito machucado. Ele não consegue ficar em pé. Ele nem consegue ver direito. Ele está todo pelado. Ele não tem roupas. Ele está realmente machucado. Eu não tenho nenhum casaco. Eu apenas o vi. Ele precisa de ajuda."
>
> **Operador 71:** "Onde ele está?"
>
> **Chamada:** "25th State. A esquina da 25th State."

O operador 71 do serviço de emergência imediatamente contatou os bombeiros e o Departamento de Polícia de Milwaukee (MPD, na sigla em inglês) para verificarem uma situação na qual um "homem baixo, espancado e sem roupas" foi encontrado na rua. No MPD, assim que recebeu a chamada do serviço de emergência, o policial responsável comunicou pelo rádio a situação e pediu que viaturas em ronda perto do local averiguassem. Os policiais John Balcerzak e Joseph Gabrish estavam na área e atenderam a ocorrência.

Ao chegarem, Balcerzak e Gabrish se depararam com um conflito: Nicole Childress e sua prima Sandra Smith, ambas de 17 anos, discutiam calorosamente com um homem loiro. Ao lado deles estava um rapaz asiático, que se encontrava nu, sangrando e aparentemente desorientado. Os bombeiros chegaram antes dos policiais e cobriram o rapaz confuso com um cobertor.

Balcerzak e Gabrish interromperam a discussão e tentaram ouvir a versão do rapaz asiático, mas não entenderam uma palavra sequer do que ele disse. O menino falava em uma língua incompreensível para eles, às vezes apenas balbuciava alguma coisa. Ao mesmo tempo, as meninas começaram a falar e o homem loiro não deixou por menos, reiniciando a discussão. Os policiais novamente os interromperam e deram a palavra ao homem, que mostrou os seus documentos e se apresentou como:

Jeff.

Segundo Jeff, o rapaz era um amigo de 19 anos que havia bebido muito, por isso não falava coisa com coisa. Ambos tiveram uma briga e, bêbado, o garoto saiu pelado pela rua. Mas não havia problema nenhum porque tudo se resolveria. Não era a primeira vez que o amigo fazia aquele tipo de coisa e não havia necessidade de todo aquele drama. Ele estava tentando explicar isso às garotas quando os policiais chegaram, mas elas estavam alteradas sem motivo e tudo o que ele queria era levar seu amigo embora.

O rapaz asiático estava totalmente incoerente, não conseguia formar frases e não dizia aos policiais a sua versão dos fatos, ele realmente parecia estar bastante intoxicado. Nesse meio tempo, outra viatura apareceu e o policial Richard Porubcan se juntou aos seus colegas Balcerzak e Gabrish. Os dois últimos não pareceram duvidar das palavras coerentes e precisas de Jeff; o tipo era articulado e convincente — e o único branco naquela bagunça. Apesar de alguma rispidez com Nicole e Sandra, Jeff se apresentava como a melhor voz na discussão. As garotas ficaram inconformadas com a leniência de Balcerzak e Gabrish. Antes deles chegarem, elas viram o rapaz asiático resistir com horror a Jeff quando este chegou. Mas os policiais brancos ignoraram as adolescentes negras. Pensando ser uma briga de amigos, eles decidiram acompanhar os dois homens até o apartamento de Jeff, que ficava nas proximidades.

"Estou muito feliz que vocês apareceram, sabem, este bairro é muito perigoso", agradeceu Jeff aos policiais dentro da viatura. De fato, aquela região não era um bom lugar para se viver devido à criminalidade, muito menos uma localidade onde se podia caminhar sozinho com tranquilidade à noite. O bairro tinha muitos negros, disse Jeff, e ele sempre via viaturas naquelas ruas fazendo rondas. Eles realmente chegaram numa boa hora.

Jeff os levou até os Apartamentos Oxford. Todos desceram da viatura e Jeff os guiou até o apartamento de número:

213.

O lugar cheirava mal, mas estava bastante limpo e arrumado. As roupas do rapaz asiático estavam cuidadosamente dobradas em cima do sofá. Enquanto conversavam, um dos policiais notou algumas fotografias e reconheceu o garoto embriagado nas imagens. Ele estava vestido apenas de cueca, em posições sensuais, deitado no sofá e em pé. Seria mesmo o asiático apenas um amigo? Jeff, então, revelou a verdade: eles eram namorados. Ele estava bastante chateado com a situação e, envergonhado e reservado em relação à sua sexualidade, não disse nada antes sobre o garoto ser seu amante. Mas como os próprios policiais podiam ver pelas fotografias, o garoto morava ali com ele e o casal gostava de tirar fotos picantes um do outro.

Segundo Jeff, o rapaz era um amigo de 19 anos que havia bebido muito, por isso não falava coisa com coisa. Ambos tiveram uma briga e, bêbado, o garoto saiu pelado pela rua. Mas não havia problema nenhum porque tudo se resolveria. Não era a primeira vez que o amigo fazia aquele tipo de coisa [...] Ele estava tentando explicar isso às garotas quando os policiais chegaram, mas elas estavam alteradas sem motivo e tudo o que ele queria era levar seu amigo embora.

O rapaz asiático, sentado silenciosamente no sofá, não conseguia conversar normalmente e os policiais não sabiam ao menos se ele podia compreender o que diziam, mas eles não duvidaram do morador do apartamento 213. O homem tinha fotos do seu namorado naquela casa, as roupas dele estavam dobradas no sofá e, além do mais, por que Jeff se daria a todo aquele trabalho de resgate se o rapaz asiático realmente não fosse alguém importante para ele? Jeff se desculpou por seu amante ter causado tantos problemas e prometeu que aquilo não ocorreria novamente. Mais uma vez, explicou que o amante gostava de uma garrafa de álcool e não raras vezes causava problemas. Balcerzak, Gabrish e Porubcan acreditaram. Pensando se tratar de uma briga conjugal potencializada pelo álcool, os policiais deixaram o apartamento com o jovem ainda quieto, sentado no sofá. Eles saíram fazendo piadinhas sobre o casalzinho gay. Para John Balcerzak e Joseph Gabrish, naquele bairro, infestado por traficantes negros, poderiam existir eventos mais perigosos do que um simples desentendimento entre duas bichas.

Já do lado de fora dos Apartamentos Oxford, um dos policiais pegou o seu rádio na viatura e deu o retorno para a central sobre o incidente:

> "36... o intoxicado macho asiático nu [risos ao fundo da chamada] foi devolvido para o seu namorado sóbrio [mais risos ao fundo], e nós estamos 10-8 [código para em serviço, disponível para atender uma chamada]."

O rapaz asiático nunca mais foi visto.

O CARA DAS ALGEMAS

22 de julho de 1991

Era perto da meia-noite em Milwaukee, mas o calor pegajoso e escaldante do dia parecia fazer com que as pessoas quisessem continuar nas ruas. Aquela segunda-feira estava terminando terrivelmente amarga. Até mesmo policiais preferiam fazer rondas, deixando o vento bater em seus rostos, a ficarem quietos e suados dentro das delegacias.

Dois desses policiais, Robert Rauth e Rolf Mueller, faziam uma patrulha de rotina no degradado lado oeste da cidade, uma área com criminalidade elevada, em torno da Universidade Marquette, em Avenues West. O calor estava intenso e a umidade insuportável. O cheiro do bairro era uma mistura do calor com o lixo das ruas e as fezes e urina deixadas pelas pessoas sem abrigo.

Cruzando uma rua, perto da North 25th Street, eles tiveram uma visão estranha. Um deles apenas resmungou: "MAS QUE DIABOS?".

Rauth e Mueller viram um homem negro, baixo, magro, atordoado, correndo e olhando para trás, como se estivesse fugindo de alguma coisa. Em um dos seus pulsos havia uma algema pendurada. Imediatamente eles pensaram que aquele homem havia escapado de algum outro policial, empreendendo fuga. A dupla ligou a sirene da viatura, acelerou e parou fritando os pneus ao lado do homem. Um dos policiais desceu rapidamente do carro, como se estivesse caçando um animal.

O homem parou na hora. Enquanto um policial o revistava, o outro apontava sua pistola para o suspeito abordado. Nesse meio tempo, perceberam algo estranho: o homem tremia e tinha um olhar de terror em seu rosto. Os policiais perguntaram o que havia acontecido e por que diabos ele estava correndo no meio da noite com uma algema pendurada em um dos punhos. Ele, então, contou uma história estranha. Em sua fala, o aterrorizado homem disse que um "cara louco" havia posto as algemas nele e o tentara matar.

O homem se identificou como Tracy Edwards, de 32 anos. "Ele disse que era fotógrafo e me ofereceu dinheiro para que pudesse tirar fotos minhas. Fui até o seu apartamento e ele tentou me matar com uma faca", contou Tracy.

Os policiais brancos olharam um para o outro, duvidando da história. Um bairro perigoso, infestado de traficantes e criminosos, um homem negro com uma algema no punho e correndo? Aquele era o tipo de situação que qualquer policial, seja em Milwaukee ou outra cidade, faria a mesma coisa: colocaria o suposto meliante na viatura e o levaria para explicar a história ao delegado.

Mas Tracy Edwards tinha algo diferente. Os policiais perceberam um sinistro pavor em seu rosto, seus olhos eram o reflexo de uma alma atormentada. Aquele homem, por mais estranho que parecesse, aparentava dizer a verdade. Ainda assim, Rauth e Mueller minimizaram a situação. Quando o rádio retornou com a informação de que não havia nenhum fugitivo e a cidade era calmaria pura, eles tentaram usar as suas chaves para tirar as algemas do punho de Edwards, mas não conseguiram. Azar o de Edwards. Rauth e Mueller tinham mais o que fazer do que se preocupar com alguém que brincou de colocar algemas em um negro. Mas Tracy não queria ficar com aquilo pendurado e insistiu para os policiais o acompanharem até a casa do louco, para que o amalucado tirasse as algemas, pois certamente ele tinha as chaves para aquele modelo. De jeito nenhum ele voltaria para casa com aquela coisa presa. Os policiais, então, decidiram acompanhar Edwards. Segundo o homem das algemas, o maluco morava ali perto, no número 924 da North 25th Street, em um condomínio chamado Apartamentos Oxford. Edwards levou os policiais até o apartamento do homem que supostamente o tentara matar. Ele ficava no segundo andar e o número era:

213.

O corredor era estreito e o apartamento ficava quase ao final, perto de uma saída de emergência cuja porta dava para uma escadaria externa. Enquanto caminhavam, Tracy, morrendo de medo, ia atrás dos dois policiais brutamontes, advertindo que o morador do local era esquisito e violento. Rauth e Mueller, entretanto, já tinham visto de tudo nas ruas, e de homens esquisitos e violentos, eles já estavam vacinados. Não havia nada que pudesse assustá-los, muito menos um sujeito que aparentemente ameaçou outro com uma faca. Devia ser apenas mais algum pervertido ou alguém que se torna agressivo após beber demais. O que era de costume nas ruas.

Rauth e Mueller bateram na porta do apartamento 213. "Polícia de Milwaukee, abra a porta!", um deles gritou. Não demorou e o morador do recinto abriu a porta; era um homem loiro que usava óculos de grau. Apesar da cara de quem havia tomado todas, o sujeito estava calmo e foi educado. Ele se apresentou como:

Jeff.

Robert Rauth e Rolf Mueller não sabiam, mas eles estavam frente a frente com um dos piores e mais doentios assassinos em série do século XX.

Um fedor horrível agrediu seus narizes quando a porta do apartamento foi aberta. Olhando para dentro, os policiais não viram nada suspeito. O lugar era comum e, apesar de algumas caixas de papelão no chão e várias latas de cerveja ao lado do sofá, parecia arrumado, com peixinhos de estimação nadando em um grande aquário. Calmo e cordial, o homem com hálito cheirando a cerveja educadamente disse que sim, realmente havia posto as algemas em Tracy, mas tudo não passou de uma brincadeira. Ele se dispôs a pegar as chaves das algemas enquanto os policiais e Tracy aguardavam do lado de fora. Passou-se um tempo e o morador do 213 não conseguiu encontrar as chaves. O homem estava embriagado e aéreo e os policiais, sem muita paciência. Então, depois de algum tempo, todos entraram, ao mesmo tempo em que Tracy advertia Rauth e Mueller que o cara tinha uma faca no quarto. Os policiais já não aguentavam mais Edwards. Quanto exagero! O tal Jeff só parecia meio bêbado e até deixou todo mundo entrar em seu apartamento. Que mal ele poderia fazer? O cara usava óculos, tinha cara de nerd e até se sentou no sofá e ficou lá prostrado.

Mueller decidiu ele mesmo ir até o quarto pegar as chaves das algemas, porque o morador informou que elas deviam estar no cômodo, provavelmente em cima de uma cômoda. Jeff foi orientado a ficar na sala e calmamente sentou-se no sofá. Enquanto Rauth ficou vigiando os dois homens, Mueller entrou no quarto e notou uma câmera fotográfica Polaroid em cima da cama. Ele também descobriu uma faca que parecia bastante afiada debaixo dela. Até aí, nada de mais, quantas pessoas não possuem facas assim em casa? No canto do quarto havia um grande barril industrial de cor azul, um objeto estranho para se ter numa casa, ainda mais num lugar pequeno como aquele. Ao lado do objeto havia um grande armário de aço, daqueles de arquivo, com duas gavetas grandes. Certamente o morador guardava documentos e papéis dentro, pelo menos era pra isso que aquele tipo de armário servia.

Quadros na parede apresentavam homens sem camisa e atléticos em poses sensuais. No carpete, manchas escuras contrastavam com a cor original. Ao se dirigir até a cômoda, Mueller percebeu que a primeira gaveta estava aberta, provavelmente pelo próprio morador quando procurava as chaves. Curioso, o policial decidiu dar uma olhada. Ele notou dezenas de fotografias tiradas com uma máquina Polaroid. Pegou algumas, e um olhar mais aguçado revelou um pesadelo tão horroroso que espantaria não apenas Mueller, como o mundo inteiro. Para sempre.

Mueller pegou as fotos uma a uma e logo estava com um monte delas nas mãos. As fotografias o chocaram. Elas mostravam homens em vários estágios de nudez, alguns acordados, mas a maioria parecia estar dormindo; já outras eram piores e mostravam corpos e mais corpos — esfolados, decapitados, esquartejados, eviscerados.

Uma foto mostrava a cabeça de um homem com a carne ainda intacta, repousando sobre a pia. Outra mostrava uma vítima aberta do pescoço até a virilha, massacrada como um animal de caça; os cortes eram tão precisos que era possível ver claramente os ossos pélvicos, já a cavidade abdominal estava vazia. Outra apresentava um esqueleto esbranquiçado pendurado no armário, aquele mesmo de duas gavetas ao lado do barril azul — as carnes da cabeça, mãos e pés foram deixadas perfeitamente intactas, dando um ar assustadoramente sinistro. Outra imagem mostrava dois corpos massacrados e sem as cabeças, um em cima do outro, na banheira. Eles estavam em estágios diferentes de desmembramento e era possível ver que a carne das pernas, braços e tronco foi removida e os ossos das cartilagens brilhavam à vista. Fotos de cabeças e de corpos dependurados por uma cinta no chuveiro, em vários estágios de desmembramento, completavam a macabra coleção fotográfica. Que diabos era aquilo?

Muitos corpos estavam dispostos em várias posições na cama e em cima de uma mesa preta. Uma foto mostrava mãos e pênis decepados dentro de uma grande panela de alumínio, já outra apresentava uma cabeça — pele e cabelos intactos e a face perfeitamente visível — sobre uma toalha branca. Ao lado esquerdo da cabeça jazia um pênis e o saco escrotal, e, no lado direito, mãos decepadas. Puro horror.

Dezenas de outras fotografias mostravam crânios em pratos ao lado de condimentos, e homens, vivos, em uma variedade de posições sensuais e sexualmente explícitas, alguns usando algemas, e um deles, um garoto asiático, apenas de cueca preta, fazendo pose de fisiculturista. Em outra fotografia, o mesmo garoto asiático jazia deitado no sofá com seu peitoral a mostra.

Em choque, Rolf Mueller percebeu que aquelas fotografias haviam sido tiradas naquele mesmo apartamento. Ele mostrou as fotografias a seu parceiro. "Essas fotos são reais", disse. Enquanto Rauth olhava perplexo uma por uma, o morador do local jazia sentado, parecendo estar alheio a tudo o que estava acontecendo. Esquisito. Parecia um zumbi.

Mas o estado letárgico duraria poucos segundos. Quando Mueller se dirigiu à cozinha, caminhando a passos largos até a geladeira, o calmo e educado Jeff, inesperadamente, pulou do sofá e gritou como um animal aterrorizado.

"NÃOOOOOOOOOO!"

Foi um grito tão ensurdecedor que acordou vários vizinhos. "Um uivo alto, estridente, não humano", relembraria a vizinha da frente, anos depois. Ela se assustou tanto que cobriu o rosto com a coberta que estava usando na cama.

"PONHA AS ALGEMAS NELE!", gritou Mueller a seu parceiro.

Jeff e Rauth entraram em luta corporal. Mueller foi ajudar o parceiro e os três viraram a casa do avesso, enquanto Tracy se encolhia como um animal apavorado no canto da sala. O morador do 213 estava com o diabo no corpo. Ele era grande e magro, e lutou ferozmente com os grandalhões Rauth e Mueller. Finalmente, após uma luta violenta, os dois policiais conseguiram dominá-lo. Enquanto Rauth algemava o homem, com o joelho em suas costas, Mueller foi até a cozinha.

"TEM A PORRA DE UMA CABEÇA NA GELADEIRA!", ele gritou apavorado.

DESVENDANDO O HORROR

Pamela e seu marido Vernell já tinham escutado a barulheira que parecia vir do vizinho da frente. Jeff era um sujeito legal e discreto, mas o rapaz solteiro causava problemas. Tinha a questão do mau cheiro que se descobriu emanar do seu apartamento. Ele também, às vezes, se engajava numa barulheira sem fim com a sua serra elétrica. O homem levava amigos para o apartamento nos fins de semana e eles ficavam até tarde da noite com o som ligado. Mas, dessa vez, a coisa parecia mais séria.

Por volta da 1h45 da madrugada, o casal Bass foi surpreendido por fortes batidas na porta.

"Abra, polícia!"

"Só um minuto", gritou Vernell.

"Que diabos está acontecendo?", perguntou Pamela.

Quando o seu marido abriu a porta, foi cumprimentado por três policiais do MPD. Uma olhada rápida e Vernell notou oito ou nove policiais no corredor e dentro do apartamento 213, cuja porta estava aberta.

"O que está acontecendo? Jeff está bem?", perguntou.

"Sim, aquele filho da puta está bem... Senhor, quem está no apartamento com você?"

"Minha esposa. Algum problema, oficial?"

O policial explicou a Vernell que eles iriam remover alguns materiais tóxicos do apartamento 213 e era necessário que ele e sua esposa saíssem para a própria segurança deles.

Assustados, Vernell e Pamela saíram, mas ficaram à distância no corredor junto de outros moradores, observando o trabalho dos policiais e sem saber o que era tudo aquilo.

"Cara, o que está acontecendo?", perguntou Vernell ao morador do 209.

"Você não ouviu?"

"Ouvi o quê?"

"O seu camarada matou algumas pessoas no apartamento dele."

Vernell não acreditou. *O Jeff? Conta outra.* O cara era seu vizinho e Vernell entrara várias vezes em seu apartamento. Da mesma forma, Jeff frequentara o 214. Ele bebeu algumas vezes com Pamela e Vernell e o casal até atuou como cupido uma vez quando uma amiga de Pamela achou Jeff bonito. O rapaz tinha problemas com o mau cheiro do seu apartamento, e era só. O casal Bass esteve lá e nunca viu nada de errado.

"Ei, policial, é verdade que o Jeff matou alguém?", perguntou Vernell quando um dos policiais veio em sua direção.

Por alguns longos segundos o policial olhou para Vernell, como se pensasse qual seria a melhor resposta para aquela situação. "Sim, até agora nós encontramos partes de corpos de pelo menos oito, nove ou dez pessoas diferentes e ainda estamos encontrando mais."

Não demorou para que vizinhos, curiosos, bombeiros, policiais e homens vestidos com roupas especiais se amontoassem no local. Algum policial vazou a descoberta macabra para a imprensa e os carros de TV chegaram em questão de minutos. Os moradores foram colocados para fora do prédio e, nas horas seguintes, como em uma procissão sombria, homens usando máscaras de oxigênio e roupas especiais retiraram caixas e mais caixas de dentro do apartamento. O que poderia haver dentro delas?

Um dos primeiros canais de notícias de Milwaukee a chegar no local foi o TMJ4. Eles fizeram as primeiras reportagens e entrevistas ainda na madrugada do dia 23 de julho de 1991. O policial que chefiava a operação falou à reportagem:

> "Nós estamos investigando um homicídio. Temos um suspeito sob custódia e existe a possibilidade de que este suspeito esteja envolvido em múltiplos homicídios. Retiramos várias evidências de dentro do apartamento, entre elas um barril contendo uma substância desconhecida; estamos considerando uma cabeça neste momento. Sentimos que este indivíduo está envolvido em vários assassinatos. Um indivíduo foi parado pela polícia e os policiais acabaram indo até o apartamento. Os policiais notaram itens duvidosos e prenderam o suspeito."

Um dos moradores dos Apartamentos Oxford também concedeu uma entrevista enquanto assistia do lado de fora o trabalho da polícia e perícia. Ele disse não conhecer o morador do 213, mas estava familiarizado com o cheiro horrível que o prédio emanava:

> "Quando eu acordei tudo o que vi foi a polícia lá dentro e ouvi conversas sobre um homem branco. Eu realmente não sei muita coisa sobre ele. Sei que é um cara solteiro, trabalha todos os dias e que é sozinho. E a última coisa que eu ouvi foi que a polícia abriu a sua geladeira e encontrou um corpo lá dentro. Havia um odor forte, sim, eu até reclamei com o síndico a respeito do cheiro. Sua geladeira quebrou uma vez e o síndico o ajudou a limpar, e agora parece que havia um corpo lá dentro, é terrível."

A primeira reportagem televisionada, ainda na madrugada do dia 23 de julho de 1991, do jornal *Today's TMJ4*, foi conduzida pelo repórter Jeff Fleming e transmitida em um plantão:

> "Policiais estão saindo com caixas e mais caixas cheias de pedaços de corpos, evidências do que parece ser de um psicopata assassino em massa. Autoridades retiraram também um barril azul no qual eles acreditam conter ácido. A polícia procura saber ao certo quantas vítimas foram feitas, e, segundo algumas fontes, o número pode passar de uma dúzia. Vizinhos disseram que o morador do apartamento 213 era estranho e que um forte odor saía de lá. Policiais estão questionando pessoas no prédio e tudo o que se sabe sobre o suspeito, por enquanto, é que ele tem 31 anos."

Enquanto a excitação do lado de fora só crescia, dentro do apartamento 213 o clima era de espanto e perplexidade — mas também houve tempo para piadas e risadas. Ninguém nunca havia visto algo como aquilo. Policiais olhavam para facas e ferramentas — como um serrote e um martelo —, além de uma furadeira e uma serra elétrica, com um frio na espinha. Isso porque os objetos provavelmente foram usados em pessoas. Havia esqueletos e crânios humanos limpos e raspados, alguns pareciam ter sido pintados. Partes de corpos estavam espalhados pelo apartamento, incluindo ossos, mãos e pênis desidratados. Dentro de um pequeno freezer branco, jaziam cabeças e órgãos humanos congelados. Dentro do barril industrial azul no quarto, alguma coisa se mexia quando o objeto era balançado. Dado que no apartamento foram encontradas substâncias ácidas, o médico legista não quis abrir o barril no local, mas havia alguma coisa pesada dentro e todos suspeitaram ser corpos humanos mergulhados no ácido.

Como relatado por uma policial a Vernell Bass, aquela seria uma longa noite, a mais extensa até hoje da história do MPD.

> **"Sim, até agora nós encontramos partes de corpos de pelo menos oito, nove ou dez pessoas diferentes e ainda estamos encontrando mais."**

A assustadora carnificina encontrada no apartamento 213, na passagem de 22 para 23 de julho de 1991, lembrou os assassinatos em série dramatizados no ganhador do Oscar daquele ano, *O Silêncio dos Inocentes*. Mas, diferentemente da ficção, a cena encontrada no apartamento 213 era real, e mesmo que aquele espetáculo *gore* tivesse assustado o mais frio e experiente dos policiais, não era nada comparado ao que viria a seguir.

2

NASCE UM ENIGMA

Em 21 de maio de 1960, um lindo bebezinho nasceu em um hospital da cidade de Milwaukee. Ele era tão pequenino e frágil que seu pai ficou com medo de pegá-lo. Olhando para ele, quem poderia imaginar que aquele serzinho tão fofo, vulnerável e indefeso se tornaria um dos maiores enigmas psiquiátricos da história da humanidade? Ninguém pode olhar para um bebê e enxergar o mal. É simplesmente impossível. Bebês são bonitinhos e suas aparências agem como chaves de destranque do nosso instinto de proteção e sentimentos de amor e afeto. Por outro lado, bebês são seres humanos e sabemos muito bem do que seres humanos são capazes. O bebezinho que nasceu em 21 de maio de 1960, em Milwaukee, podia se esconder *sob a pele* da doçura e da inofensividade, mas suas ações futuras provariam ser ele um agente do caos, da dor e da morte.

Seu nome era Jeffrey Lionel Dahmer. Jeff, para os íntimos.

Nem todos os assassinos em série apanharam ou foram molestados sexualmente na infância. Jeffrey Dahmer possuía uma família comum e viveu uma boa infância, mas tornou-se um dos mais notórios e doentios assassinos sexuais do século XX. A primeira coisa que fazemos quando começamos a procurar por respostas do porquê de determinado criminoso sórdido fazer o que fez é voltar no tempo e analisar o ambiente em que o agressor cresceu. De fato, muitos assassinos em série tiveram infâncias terríveis e traumáticas, mas no caso de Jeffrey Dahmer não há nada grave que possamos apontar como um bom motivo para suas ações futuras. Mesmo se tivesse, seria inútil usá-lo numa tentativa de explicação final. O conhecimento atual ainda está muito longe de explicar de forma definitiva a complexa equação que leva alguns seres humanos a se engajarem em comportamentos aberrantes e antinaturais. Mas é natural que nós tentemos. Na verdade, esse exercício do tentar entender é muito importante e acaba sendo a semente do conhecimento final. O que seria de Nicolau Copérnico e sua teoria heliocêntrica, que revolucionou o conhecimento astronômico, se milhares de anos antes babilônios, gregos, chineses, assírios e egípcios não tivessem olhado para o céu e se perguntado como as estrelas funcionavam? No caso dos assassinos em série, ainda estamos na fase embrionária do saber, somos como os babilônios do passado se perguntando como o comportamento criminoso funciona e dando os nossos palpites baseados no que sabemos hoje. É valoroso especular. E foi o que fez Lionel, o pai de Jeffrey Dahmer.

Em seu livro autobiográfico, *Meu Filho Dahmer*, Lionel Dahmer buscou por respostas que pudessem explicar o comportamento monstruoso do seu filho. Lionel, um "pensador analítico", como ele mesmo se descreveu, acreditava que a histeria da mãe de Jeffrey e sua doença psicossomática durante a gravidez foram os responsáveis — ou pelo menos tiveram influência — no comportamento doentio do filho do casal.

Lionel e sua esposa, Joyce, se casaram ainda jovens. Ele, descendente de imigrantes alemães, e ela, de noruegueses. Ambos tinham 23 anos quando se uniram no matrimônio, em 1959. Eles mal tinham começado a vida juntos quando foram pegos de surpresa pela gravidez de Joyce, apenas dois meses após o casamento. A gestação não estava nos planos, mas foi muito bem-vinda. Lionel apontou sua mulher como portadora de uma gravidez difícil, marcada por vômitos, como se seu corpo estivesse doente pelo que estava germinando; uma rejeição biológica. Enquanto estava grávida de Jeffrey, Joyce desenvolveu uma estranha rigidez: "Às vezes, as pernas dela se fechavam, travando no mesmo lugar, e todo seu corpo se enrijecia e começava a tremer. A mandíbula dela se estirava para a direita e assumia um retesamento apavorante. Durante esses estranhos ataques, seus olhos costumavam se arregalar como os de um animal assustado, e ela salivava em profusão, literalmente espumando pela boca", diz Lionel no livro. Durante esses ataques, a única coisa que podia fazê-la relaxar eram os barbitúricos e morfina. Médicos foram incapazes de diagnosticar a origem de tal problema, mas desconfiaram que a paciente estivesse padecendo de algum tipo de sofrimento mental agudo que acabava refletindo em seu corpo.

Em seu relato, Lionel conta como a gravidez de sua esposa impactou seu relacionamento. Ele, por outro lado, reconheceu suas falhas como marido e futuro pai, admitindo o quão distante estava de sua esposa, sempre isolado e focado em sua carreira de pesquisador — na época, Lionel fazia mestrado em química analítica e passava o dia fora. E enquanto ele mergulhava em suas pesquisas científicas, Joyce travava uma guerra biológica com sua gestação se automedicando. Psicologicamente instável, a futura mamãe viveu meses extremamente difíceis, tendo de lidar ao mesmo tempo com sua gravidez complicada e sua mente terrivelmente doente. Ela chegou a tomar 27 pílulas de drogas por dia, incluindo antidepressivos, hormônios de crescimento e progesterona.

Médicos foram incapazes de diagnosticar a origem de tal problema, mas desconfiaram que a paciente estivesse padecendo de algum tipo de sofrimento mental agudo que acabava refletindo em seu corpo.

Mulheres grávidas podem experimentar uma gama de emoções, em ambos os espectros — irritação, ansiedade, medo e carência afetiva são sentimentos bastante comuns; risos e choros podem vibrar na mesma frequência com as oscilações de humor —, e se pudermos representar matematicamente, é como a aparência de uma onda senoidal. O aumento da sensibilidade, não apenas emocional, também se faz sentir. Sentidos como o olfato, paladar e audição mudam de repente, podendo ter efeitos antagônicos: do prazer em saborear um alimento que antes nunca pareceu tão delicioso ao insuportável cheiro do mesmo alimento. O efeito dependerá da mulher. Em um ponto, Joyce ficou muito irritada com os barulhos e odores que vinham do apartamento vizinho. O barulho e o cheiro de comida que ela sentia se tornaram insuportáveis e, irritadiça, exigiu que Lionel fosse até o vizinho pedir para a família maneirar na barulheira e acabar com os temperos.

Pacífico e um homem que nunca gostou de confrontos, Lionel se negou a fazer tal coisa. Para ele, tudo não passava de exageros de sua esposa. Ela estava tendo uma gravidez difícil, era verdade, mas isso era um problema do casal e os vizinhos não tinham nada a ver com isso. Lionel não os importunaria.

Na casa dos Dahmer, de um lado havia Lionel, que se negava a atender aos pedidos da esposa, era distante e possuía uma natural inabilidade emocional e social. Do outro estava Joyce, uma mulher temperamental, portadora de enfermidades mentais, sensível e grávida. A espera de um filho é, na maioria das vezes, o momento mais aguardado da união entre duas pessoas, um acontecimento que vem para estreitar ainda mais a harmonia, o respeito e o amor entre os cônjuges e as famílias, mas para o casal Lionel e Joyce a gravidez teve um efeito contrário, sendo motivo de brigas, discussões e sofrimento, um tipo de veneno para o casamento dos dois, que nunca mais seria o mesmo.

E ao mesmo tempo em que Joyce soltava os cachorros sobre tudo, saindo de casa a pé e sem rumo no meio do inverno congelante após discussões, e cada vez mais afundando no lado sombrio e doente de sua mente, ela demonstrava toda a sua carência e necessidade de atenção ao perguntar constantemente ao marido se ele a amava.

> "Agora, quando penso nesses momentos, reflito sobre a necessidade que minha esposa tinha de se sentir amada e de minha incapacidade de demonstrar esse amor de uma forma que fosse significativa para ela. Eu mostrava meu amor trabalhando, me empenhando, satisfazendo todas as suas necessidades físicas, caminhando em direção ao futuro que esperava compartilhar com ela. Não era disso que ela precisava, é claro, mas era tudo o que eu podia dar. Analisando friamente, que é a maneira como costumo agir, vejo-me como um marido dedicado, um provedor de tudo que é essencial — comida, vestimentas, abrigo —, o tipo de homem que foi meu pai, meu único modelo de como deveria ser um marido."

Em retrospectiva, Joyce estava doente, não em razão da gravidez; a gravidez certamente piorou o seu estado mental, mas a sua doença estava na mente, e uma pessoa com uma doença mental, como era o seu caso, muitas vezes pode sair do controle por qualquer motivo. Incapaz de compreender a situação da esposa, pois as coisas das quais ela reclamava não passavam de ordinárias para ele, e sendo uma pessoa passiva, dada a evitar enfrentamentos e resolvendo eventuais problemas com racionalidade e calma, Lionel se refugiou na segurança e pacificidade dos números e cálculos de suas pesquisas. Em março de 1960, o casal se mudou para West Allis, subúrbio de Milwaukee, e se alojou na casa dos pais de Lionel. Nessa época, ele se tornou cada vez mais distante da esposa, deixando-a aos cuidados de sua mãe Catherine e seu pai Herbert.

Joyce viveu uma gravidez alienada e sofrida, se entupiu de drogas e nada nunca parecia bom o suficiente. Catherine fazia o melhor que podia e todos imaginavam que tudo melhoraria quando Joyce finalmente desse à luz.

> "Por que ela estava tão chateada o tempo todo? O que ela achava assim tão terrível? Como descobri depois, era impossível que eu compreendesse a situação de Joyce. O emocional dela se constituía de forma totalmente diferente do meu. Era marcado por picos e vales, altos e baixos. O meu, como recentemente descobri, era, e assim permanece, uma planície achatada. [...] Então, depois de todo aquele longo sofrimento, o meu filho nasceu."

Para Lionel, a carnificina encontrada no apartamento de Jeffrey, em 1991, teve origem no ventre drogado de sua esposa. Mas enquanto acusou Joyce como a responsável biologicamente pelo comportamento doentio do filho, ele próprio admitiu que alguns dos seus genes pudessem ter influenciado. Quando criança, Lionel era fascinado pelo fogo e chegou a criar algumas bombas.

Pensamentos estranhos também fizeram parte da criança que um dia Lionel foi. Na infância, ele tinha um medo extremo de abandono, um medo que o filho Jeff também compartilharia e que seria um dos principais gatilhos para sua onda assassina. Lionel afirma que esse medo o fez ter "comportamentos inexplicáveis". Numa reflexão intrigante, ele escreveu: "Ao ser confrontado pelas fantasias de infância de Jeff, por exemplo, percebi que eram muito parecidas com as minhas". A criança Lionel tinha fantasias recorrentes sobre ter assassinado alguém.

Uma vez ele tentou hipnotizar uma menininha e fez uma armadilha com fios no sofá de sua casa para que qualquer um que se sentasse levasse um choque elétrico. Ele também tinha uma fascinação doentia por fogo. No ensino médio, ele progrediu do fogo para as bombas e uma vez quase explodiu a garagem de um vizinho.

Quando tinha por volta dos 12, 13 anos, Lionel construiu um pequeno laboratório químico no porão, e de alguma forma descobriu uma mistura com três componentes. Ele enrolava um tubo de papelão e colava em um fundo áspero, em seguida despejava pó químico e colocava tampas de pólvora por cima. Isso gerava a força. Então, ele dobrava e jogava. O garoto gostava do estrondo e da explosão visual, mas, vez ou outra, ele jogou em crianças que passavam de bicicletas. "Quando criança, um escuro caminho foi cavado em meu cérebro."

Felizmente, Lionel não se perdeu nesse caminho escuro, mas poderia, pois sua fascinação por fogo, se misturado com a sexualidade naqueles tempos infantis e adolescentes, poderia tê-lo levado para um mundo de transgressão, sofrimento e horror. Se algo o protegeu, o mesmo não aconteceu com o seu filho.

O pequeno Jeffrey, por sua vez, não aparentava ter nenhum tipo de obsessão perigosa ou diferente. Mas aos 2 anos de idade, um episódio, que na época não chamou a atenção de Lionel, o fez refletir sobre um tipo de força maligna que poderia ter se apossado do pequeno Jeff, enquanto ele ainda era uma criança pequena. Ao olhar para trás, e assombrado pelas ações do filho, Lionel pode ter enxergado fantasmas e vultos inexistentes, mas cujos contornos fizeram sentido décadas depois, enquanto ele buscava por respostas.

Morando com a família em Ames, Iowa, para o seu doutorado, Lionel sentiu um cheiro muito ruim que parecia vir de debaixo da casa. Acreditando ser um animal morto, ele pegou uma lanterna e um balde de plástico e se esgueirou pelo espaço abaixo da casa até encontrar uma grande pilha de ossos. Era o que havia restado de pequenos roedores que provavelmente foram mortos por civetas, um parente do gambá que povoa aquela região. O cheiro não era de um animal em putrefação, mas dos civetas, que cheiravam bem mal e usavam o espaço escuro para caçar ratos e outros animais pequenos à noite.

Eles comiam os pequenos animais por completo, removendo toda a carne e limpando completamente os ossos.

Após colocar os esqueletos dentro do balde, Lionel deu meia volta e encontrou Joyce e Jeff do lado de fora. Enquanto Lionel conversava com a esposa, Jeff aproveitou para brincar com os ossos. Maravilhado, ele pegou um por um, olhando fixamente, o barulho dos ossinhos quebrando parecia fasciná-lo.

> "Ele parecia estranhamente excitado com o som que faziam [...] Não consigo mais enxergar esse episódio como uma brincadeira infantil, uma fascinação passageira. Claro, pode não ter sido nada além disso, mas agora preciso ver as coisas de outra maneira, sob uma luz mais macabra e sinistra. Antes, era nada mais que uma doce lembrança do meu menino, mas agora parece um prenúncio de sua ruína; uma lembrança que sempre vem acompanhada de um leve arrepio. Essa mesma sensação de algo sombrio e tenebroso, de uma força maléfica se apossando de meu filho, colore quase todas as lembranças que tenho de sua infância."

Jeff era sorridente e brincalhão, adorava seus coelhinhos de pelúcia e sempre mexia em pedaços de madeira em volta da casa. Energia não faltava ao garotinho. Ele também tinha um cão chamado Frisky, seu amado bichinho de estimação dado por seu pai, gostava de brincar com Legos, era fascinado por dinossauros e assistia aos programas *A Ilha dos Birutas* e *Jornada nas Estrelas*. A energia interminável da criança podia ser vista quando ele se sentava em seu triciclo e pedalava numa rapidez que faria Bobby Generic* comer poeira se estivessem brincando juntos. Ele também gostava muito de brincar sozinho, se esconder atrás de árvores e arbustos, como se estivesse espreitando alguma coisa. A criança Jeff nunca gostou de brincadeiras físicas ou que envolvessem algum tipo de competição. Ele preferia a solidão do seu próprio mundo de fantasia infantil a estar envolvido em brincadeiras com outras crianças, mas isso não quer dizer que ele não brincasse com elas ou não tivesse amiguinhos. Jeff não era um completo alienado.

Apesar de um grande número de infecções de ouvido e de garganta, Jeff cresceu feliz, como qualquer outra criança cujo mundo infantil está protegido das más influências do mundo exterior. Nunca houve nada

* Personagem principal do desenho animado *O Fantástico Mundo de Bobby*, sucesso na década de 1990 na TV aberta do Brasil. Bobby tem quatro anos e é conhecido pelo público pelas estripulias que fazia com seu triciclo na abertura do desenho.

que indicasse que aquela criança fosse diferente de qualquer outra no mundo. Seu pai lembra-se de uma ocasião em que cuidaram de um pássaro doente e dias depois o libertaram para a natureza.

> "[...] Aninhei o pássaro em minhas mãos em concha, levantei-as para o céu, então abri as mãos e o libertei. No momento em que o bacurau abriu as asas e se ergueu no ar, nós, todos nós — Joyce, Jeff e eu — sentimos um maravilhoso deleite. Os olhos de Jeff, muito abertos, brilhavam. Deve ter sido o momento mais especial, mais feliz da vida dele."

Dentro de casa, as coisas iam de mal a pior. A instabilidade emocional de Joyce e sua aspereza e gritaria cresceram ao ponto do inimaginável: Lionel começou a revidar. Ele encarou a esposa, levantando a voz e agindo nervosamente. Ela gritava e ele gritava de volta. Ela jogava coisas em Lionel e ele jogava de volta. Em várias ocasiões, Joyce chegou a pegar uma faca e apontar para o marido, brandindo o objeto num movimento que mostrava a Lionel que ela estava pronta para esfaqueá-lo. Nesses momentos, Lionel virava as costas e ia para um quarto ou saía de casa. Um refúgio era o seu laboratório na Universidade Estadual de Iowa, onde podia mergulhar na exatidão da ciência química e trabalhar em seu doutorado. Lá ele ficava sozinho por horas e horas a fio, um lugar tedioso para muitos, mas não para Lionel. Ele preferia o silêncio do laboratório à sua família ruidosa em casa.

Apesar daqueles que o conheceram afirmarem que Lionel tinha um grande intelecto, ele nunca se considerou um estudante de primeiro nível. Enquanto alguns aprendiam rapidamente, ele levava muito mais tempo. Não era criativo, brilhante ou possuía *insights* para ajudá-lo na carreira acadêmica, ele tinha apenas o poder da sua força de vontade e isso significava tempo, muito tempo completamente absorto em sua pesquisa. Sabemos o quão complexo e estressante pode ser um doutorado, é preciso abdicar, muitas vezes, de todo o resto para conseguir chegar até o fim. Não são raras as vezes em que estudantes atingem o esgotamento físico e mental, com muitos tendo problemas de saúde. Esse, entretanto, não parecia ser o destino de Lionel; ele era frio e mecânico demais para deixar que tal pressão o afetasse, mas, ainda assim, ele abdicou de todo o resto e o seu doutorado se tornou a sua vida, um tipo de obsessão, ele não podia pensar em mais nada, nem mesmo em sua família. Sua casa, Joyce e Jeff se tornaram secundários e Lionel só saía do seu mundo acadêmico quando o filho ficava doente.

Aos 4 anos, Jeff começou a reclamar de uma dor que surgiu na região da virilha. A dor continuou e seus pais perceberam um pequeno caroço na região do escroto. Lionel e Joyce o levaram imediatamente ao médico, que diagnosticou uma hérnia dupla, resultado de um "defeito de nascença". Na semana seguinte, Jeff foi operado e ficou vários dias internado, se recuperando no hospital. Tal acontecimento não fez bem à cabecinha de Jeff, ele ficou introspectivo e sofreu com dores. Mesmo após receber alta continuou vulnerável e nunca mais pareceu recuperar seu entusiasmo, energia e dinamismo. Em sua mente infantil, algo muito ruim havia acontecido.

> "Quando despertou, é claro, estava sentindo muitas dores. Tanta dor, descobri depois, que Jeff havia perguntando a Joyce se os médicos haviam cortado fora seu pênis."

Lionel acreditou que essa experiência (uma criança que em sua fantasia imaginava que os médicos haviam tirado o seu pênis) o afetou profundamente. Sobre esse estresse, é interessante um breve comentário. O *complexo de castração* é uma das primeiras teorias psicanalíticas do médico checo Sigmund Freud, e é definida pelo medo de que alguma coisa aconteça com o órgão sexual, mais especificamente, que ele seja cortado ou danificado por uma figura de autoridade; tal ansiedade surgiria ainda na infância e acompanharia o indivíduo por toda a vida. No modelo de desenvolvimento psicossexual de Freud, as fantasias de castração evoluem a partir da descoberta da diferença sexual entre as crianças e, por fim, tornam-se os alicerces para a formação da identidade de gênero. Na psicanálise, a castração e a decapitação estão associadas, e é interessante perceber como os conceitos estão ligados à patologia de Jeffrey Dahmer. Como veremos em mais detalhes adiante, Jeff castrava e decapitava suas vítimas, guardando as cabeças e as genitálias (daqueles mais bonitos) como troféus. Ele também tinha problemas com a identificação sexual. Para Freud, "o horror à cabeça decepada é o horror de ser castrado, esse símbolo desperta medo, está ligado aos complexos infantis e à teoria infantil do menino".

A cirurgia pareceu marcar uma espécie de linha divisória para o pequeno Jeff. De acordo com seu pai, ele não era o mesmo de antes e a passagem dos dias só piorou a sua aura, tanto que aos 6 anos, o menino, nas palavras do próprio Lionel, começou a "escurecer".

> "[...] Essa estranha e sutil escuridão interior começou a aparecer de forma física. O cabelo de Jeff, que antes havia sido tão claro, escureceu progressivamente; assim como seus olhos. Mais do que qualquer coisa, ele parecia ter se fechado; era capaz de ficar sentado em silêncio por longos períodos, quase sem se mover, o rosto estranhamente imóvel."

As palavras de Lionel causam arrepios, pois informam sobre o traço que mais espantou as pessoas quando seu filho foi finalmente preso e apareceu em público. Tanto em sua primeira aparição pública, três dias após ser preso, quanto nas seguintes e durante o seu julgamento, seis meses depois, o que mais chamou a atenção de todo mundo foi a ausência de vida em seu rosto. Jeffrey Dahmer basicamente pareceu alguém sem alma. Em seu doutorado sobre assassinos em série, a perfiladora e psicóloga sul-africana Micki Pistorius analisou o caso Dahmer e citou essa falta de expressão facial como uma característica de embotamento afetivo presente em pessoas esquizoides. Lionel nunca desconfiou da impassividade física e facial do filho, acreditando que Jeff era daquele jeito mesmo, um comportamento normal. O próprio Lionel fora uma criança retraída, mas muitos anos depois, quando ele rebobinou a fita da sua vida na tentativa de entender as ações do filho, se lembrou de como Jeff carregava a inexpressividade desde muito pequeno.

Em outubro de 1966, Lionel recebeu o título de doutor e conseguiu um trabalho como pesquisador numa grande empresa na cidade de Akron, no estado de Ohio. Jeffrey tinha 6 anos e sua mãe Joyce estava grávida do segundo filho. A gravidez, assim como a de Jeff, foi problemática, e Joyce passou pelos mesmos problemas anteriores: insônia, irritação, ataques nervosos e sensibilidade emocional e física. Para ajudar a melhorar o seu quadro, ela começou tomando dois comprimidos diários de meprobamato — um agente ansiolítico indicado para diminuição ou cessão da ansiedade —, dosagem que no final da gravidez já estava em cinco. Mas droga nenhuma nunca ajudou Joyce, e a mulher, por nove meses, teve novamente o seu calvário, enquanto Lionel, fugindo do caos doméstico, se refugiava no trabalho.

Morando numa vila a cerca de trinta minutos de Akron, chamada Doylestown, a família Dahmer residia agora em uma ótima e espaçosa casa, e a distância do trabalho fazia de Lionel um homem cada vez mais ausente. Mas era quando ele estava fora do seio familiar que o homem encontrava a paz que tanto gostava, e ele aproveitou cada segundo ao lado da ciência química, a sua paixão. Quem não gostava nem um pouco de sair de casa era o pequeno Jeff. Matriculado na Escola Primária Hazel Harvey, em Doylestown, o rapazinho mostrou todo o seu medo e angústia ao enfrentar o seu primeiro dia de aula na nova escola. Ele estava assustado e nervoso, com uma expressão de terror em seu rosto. Jeff literalmente estava em pânico. A criança alegre e brincalhona não existia mais, e um mês depois Lionel teve a confirmação de que seu filho era uma nova pessoa.

O menino era terrivelmente tímido e recluso, disse a professora de Jeff após as semanas iniciais na escola. Ele participava das atividades, mas tinha a marca da infelicidade em seu rosto e demonstrava um total desinteresse nas aulas. Ele também não interagia e nem conversava com outras crianças, o garoto nem sequer respondia às abordagens dos coleguinhas. No recreio, no início, permanecia imóvel, mas, com o passar das semanas, evoluiu para andar sem rumo pelo pátio, fazendo "nada". A professora acreditava que aquele comportamento era preocupante e assegurou a Lionel que faria tudo que pudesse para acolher Jeff e enturmá-lo.

A timidez exagerada não é incomum e muitas pessoas a experimentam na infância e na vida adulta. Lionel enxergava a conduta do filho como algo passageiro, o menino era tímido e acabara de chegar a uma nova escola e a uma nova casa, então era preciso dar tempo a ele. Além disso, Lionel passou pelas mesmas experiências na infância e enxergava em Jeff a criança que um dia havia sido. Em sua autobiografia, Lionel se descreveu como uma criança "horrivelmente tímida", "estranha" e "insegura", que temia até mesmo as passagens de ano escolar. Mesmo estudando na mesma escola e com as mesmas crianças, Lionel não conseguia lidar com mudanças sem se sentir apavorado e acuado. "Era como se eu não conseguisse entender bem as conexões sociais que outras pessoas pareciam compreender tão fácil. As sutilezas da vida social estavam além do meu alcance", escreveu.

"Eu já havia me familiarizado com esse medo, ele tinha se tornado menos terrível, e, ao longo dos anos, pude criar uma vida que funcionava mais ou menos como a de todo o mundo. Consegui estudar. Tive uma família e mantive um emprego. Apesar do medo, dos sentimentos de inferioridade, da timidez incapacitante, de todas as inseguranças que me afligiram quando eu era apenas um garoto — e que ainda me acompanharam na vida adulta—, eu estava vivendo uma vida normal. Por isso, quando observei essas mesmas características em Jeff, elas não me pareceram particularmente perigosas ou assustadoras. Afinal, eu já havia sido atormentado pelos mesmos sentimentos que o torturavam, mas tinha aprendido a lidar com eles, e, finalmente, a superá-los. Já que, ao longo dos anos, eu tinha aprendido a conviver com isso, não havia motivo para que meu filho não conseguisse a mesma proeza. Hoje sei o quanto estava errado."

Lionel pensou que o comportamento de Jeffrey poderia melhorar se ele se sentisse importante e estimulado dentro do seio familiar. Lionel e sua esposa, então, deixaram que Jeff escolhesse o nome do seu irmãozinho, e ele escolheu o nome David. David nasceu em dezembro de 1966 e, diferentemente de Jeff, deu bastante trabalho nos primeiros meses. O bebê tinha muitas cólicas e passava noites em claro chorando. Lionel e sua esposa simplesmente não conseguiam dormir e isso piorou ainda mais o estado mental de Joyce. A mulher, além da constante irritação, se afundou numa depressão que não a deixava sair da cama. Lionel teve que assumir na marra os afazeres domésticos e, pela primeira vez, passou mais tempo em casa e com Jeff.

Quatro meses após o nascimento de David, a família se mudou novamente, dessa vez para a cidade vizinha, Barberton. Lá, Jeff fez um amigo chamado Lee. No Dia das Bruxas de 1967, Jeff e Lee, vestidos com seus trajes assustadores, como manda o figurino da data, bateram de porta em porta pedindo doces aos moradores. Mas antes de saírem, Joyce tirou uma fotografia dos dois. Essa fotografia é facilmente encontrada na internet e mostra duas crianças felizes, prontas para aprontar suas traquinagens. Jeff em nada parece a criança obscura e introvertida descrita por Lionel e a professora da escola em Doylestown. Seu sorriso não é tão arteiro quanto o do seu amigo Lee, mas é verdadeiro. O rapazinho de 7 anos tem a beleza da infância e não há nada de estranho ou diferente na imagem, a não ser suas mãos. Elas estão entrelaçadas num tipo de pegada diferente e estranha, como se Jeff estivesse com algum tipo de tensão. É uma pegada que não se vê ninguém fazendo. Pode ser que tenha sido apenas o clique do momento. Entretanto, uma coisa que todos sempre notaram em Jeff, principalmente após a puberdade, era o comprimento e disposição dos seus braços e mãos. Era, no mínimo, diferente. Seus colegas de escola no ensino médio achavam estranho, assim como muitos que o conheceram depois (e o próprio mundo, após ele ficar famoso). Seus braços desproporcionais e colados ao corpo chamaram a atenção logo de cara quando ele apareceu ao vivo na WISN-TV. Sua pegada pode ser não mais do que um reflexo da sua estrutura física diferente, mas não deixa de chamar a atenção.

Uma coisa verdadeira sobre Jeffrey Dahmer diz respeito à sua incapacidade de se aproximar intimamente das pessoas, seja amorosamente ou para amizades, mas nem sempre foi assim. Na infância, ele teve uma relação de afetividade com uma professora que conheceu quando estudou na Escola Primária U.L. Light, em Barberton. O pequeno Jeff gostava dela e seus pais nunca souberam o porquê. Anos depois, intrigado, pois o filho nunca aparecia com amigos ou uma namorada em casa, Lionel perguntou a Jeff o porquê de ele ter gostado tanto da mulher. “Ela era legal comigo, eu acho”, limitou-se a dizer. Sempre monótono e sem expressão, era assim que Jeff conversava e seu pai já estava acostumado com as faltas de palavras do filho. Jeff não se lembrava do nome dela e nem de nada relacionado às atividades escolares da época. Como todas as pessoas que passaram por sua vida, a professora foi um vulto que sumiu sem representar nada. Entretanto, representou alguma coisa para o Jeff Dahmer de 7 anos, tanto que ele até a presenteou.

Lionel costumava levar Jeff, aos sábados, às vezes, após o trabalho, para jogar beisebol atrás da escola, e lá o menino descobriu girinos que nadavam num canal. Com uma tigela, Jeff pegou alguns e os levou para casa. Em um gesto de afeição pela professora, Jeff a presenteou com os animais. Para Jeff fazer isso, ele deveria gostar muito dessa mulher.

Dias depois, Jeff ficou sabendo que a mesma professora dera os pequenos animais ao seu vizinho e amigo Lee. Sorrateiramente, Jeff serpenteou até a garagem da família Lee, encontrou a tigela de girinos e derramou óleo de motor na água, matando os animais.

Aos 7 anos de idade, Jeff Dahmer matou os girinos que pertenciam ao seu amiguinho Lee em um evidente ato de crueldade. Seria essa a primeira manifestação prática da sua mente doentia e diabólica? Acredito que não. Estamos falando de uma criança de 7 anos, que, pelo que a história indica, matou os girinos durante um ato de ciúmes, inveja e raiva. Crianças são assim, agem por impulso e fazem coisas estúpidas e sem sentido. Elas estão na idade de experimentar sentimentos e aprender com eles. É verdade que existem crianças cruéis e que demonstram tendências desviantes e malignas desde cedo, mas, no caso de Jeff, a morte dos girinos foi um evento isolado (até onde sabemos), motivado por uma ação externa — o ser humano em seu estado puro de inveja e vingança. De qualquer forma, o ato dá um frio na espinha quando sabemos que tipo de homem se tornou Jeffrey Dahmer — um solitário patológico que buscou companhias das formas mais sinistras que se possa imaginar. Seu medo inconsciente de ser abandonado foi um dos motivos que o levou a matar. Teria sido a sua vingança contra o vizinho Lee um ato de retaliação pelo garotinho supostamente ter roubado a atenção da professora que ele tanto adorava?

Os girinos foram um prelúdio e o comportamento de Jeff pioraria ainda mais em uma das fases mais complicadas do ser humano: a adolescência.

JEFF, O ADOLESCENTE

Jeff cresceu passivo e isolado. Lee foi um dos poucos amiguinhos que fez em sua vida e a amizade entre os dois acabou quando a família Dahmer se mudou novamente, dessa vez para uma estilosa, bucólica e espaçosa casa no endereço de número 4480 da West Bath Road, em Bath Township, no Condado de Summit, Ohio. Ao fincar os pés na isolada residência cercada por uma densa floresta — um sonho de consumo para muitos —, os Dahmer sossegariam. Era a melhor casa que a família já havia morado e uma conquista e tanto vinda através das horas e horas de trabalho duro de Lionel.

A casa era conhecida na região. Construída em 1952 por Robert Arens e sua esposa, a residência foi tema de reportagem um ano depois no *Akron Beacon Journal* por seu estilo moderno, esquema aberto e janelas do chão ao teto que proporcionavam vistas da bonita floresta que a cercava.

> "A longa e baixa casa contemporânea é o produto de muito olhar, muita leitura, além da coragem de enfrentar um trabalho de design em larga escala sem um arquiteto. O sr. e a sra. Arens visitaram todas as casas modernas em que puderam entrar, leram pilhas de revistas de casas e depois sentaram-se para mapear os planos. Com a ajuda de um construtor, a casa ficou elegante e funcional. Construída em uma encosta arborizada, a 800 metros da Bath School, a casa possui sala de estar, sala de jantar, cozinha, dois quartos, uma sala de música e uma garagem. Do chão ao teto, janelas nas áreas de estar e jantar fazem o vale arborizado do lado de fora parte do esquema de decoração. Nenhum centímetro do espaço é desperdiçado." (*The Akron Beacon Journal*, 12 de abril de 1953)

Seria nessa casa que Jeff cresceria e, também, o local onde cometeria o seu primeiro homicídio. A casa é simbólica para sua história e hoje conhecida no mundo inteiro. Quando ele pisou nesta casa, Jeff tinha 8 anos e só sairia dela dez anos depois, aos 18.

Na 4480 West Bath Road, Jeffrey Dahmer cresceu tenso e cada vez mais tímido. Ele tinha pavor de relacionamentos e não conversava ou interagia com as pessoas. Mais e mais ele permanecia em casa, sozinho em seu quarto ou sentado em frente à TV. Seu rosto era pálido, o reflexo de um garoto que não parecia ter propósito na vida; um vegetal. Seu pai aponta que dos 10 aos 15 anos Jeff mudou radicalmente, se tornando ainda mais introvertido; inflexível e robotizado; o corpo rígido e muito reto parecia uma resposta ou efeito colateral do seu interior gelado e perdido.

Ele não gostava de nada que os garotos da sua idade gostavam. Apesar de ter se aproximado de um vizinho chamado Greg, era incapaz de fazer amizades — seja na escola ou na vizinhança onde morava — e passava os dias a vagar pela casa. Enxergando a ociosidade e inércia do filho, Lionel tentou despertar algum interesse o instruindo a fazer o que muitos garotos da sua idade gostavam de fazer: praticar esportes. Quando Jeff tinha 12 anos, Lionel o colocou para praticar futebol e tênis, mas não demorou para ele perceber que o filho não tinha interesse nenhum nos esportes. Quem sabe o seu perfil não se encaixasse em um passatempo solitário? Lionel, então, comprou um arco e flecha profissional e, todo empolgado, deu de presente a Jeff. Pai e filho começaram a praticar tiro ao alvo nas árvores que cercavam a casa da família, mas logo o objeto foi esquecido por Jeff em um canto do seu quarto. Tempos depois, Lionel teve outra ideia: musculação. Tímido e introvertido na adolescência, Lionel teve uma boa dose de autoestima quando começou a levantar pesos. Seu físico melhorou, e o garoto que caminhava de cabeça baixa passou a andar pelos corredores da escola com mais confiança e segurança. Talvez essa estratégia também pudesse funcionar para Jeff.

Lionel comentou com o filho sobre a ideia e Jeff se interessou de imediato. Dias depois, o pai apareceu com um *bullworker* — aparelho em formato de arco para realização de exercícios isométricos — e ensinou a Jeff como usar. O rapaz ficou interessado e, pelas semanas seguintes, usou o aparelho diariamente. Seu pai ficou surpreso, pela primeira vez Jeff demonstrara interesse em alguma coisa, o que instigou Lionel a comprar mais pesos, como halteres e barras. Nessa época, Jeff tinha 15 anos e se engajou nos exercícios de força e musculação por cerca de um ano, até, para tristeza de Lionel, abandonar o seu hábito saudável.

Aos olhos de seu pai, Jeffrey não tinha interesse em absolutamente nada. O menino não gostava de esportes, de música, de ler ou de artes e, pior, não gostava ou não tinha interesse em outras pessoas. Lionel, entretanto, estava errado. Ele não foi capaz de enxergar o seu filho, mas quem seria? Até hoje o ser humano não conseguiu a proeza de ler mentes, e tudo o que podemos dizer do outro é aquilo que vemos por fora e processamos através da nossa limitada capacidade de enxergar a complexidade das pessoas e do mundo a nossa volta. Para Lionel, seu filho era um garoto diferente demais e que não gostava de nada, mas Jeff tinha um interesse que faziam seus olhos brilharem e ele não contou a ninguém sobre isso.

ANIMAIS ATROPELADOS: UM HOBBY PECULIAR

Por volta dos 13 anos, Jeff começou a praticar um hobby diferente: coletar animais atropelados em estradas da vizinhança. Munido de sacos de lixo, ele montava em sua bicicleta e pedalava pelas ruas e estradas até encontrar algum animal morto e esbagaçado no chão. Tinha tanto interesse no hobby que costumava andar com saquinhos de lixo no bolso, sempre preparado, caso encontrasse algum animal. Ele pegava as carcaças, levava para a floresta, dissecava e dissolvia a carne com ácido para poder estudar seus ossos. Lionel não sabia, mas o filho tinha fascinação por ossos e pelo interior dos animais. Jeff usava um kit introdutório de substâncias químicas dado por seu pai para seus experimentos com animais mortos e até chegou a ter um cemitério particular com inúmeros exemplares. Seus pais nunca souberam de nada.

Em 1975, um vizinho chamado Jim Klippel, de 16 anos, estava andando na floresta atrás da casa dos Dahmer quando se deparou com a carcaça de um cachorro mutilado. A cabeça estava espetada em uma estaca ao lado de uma cruz de madeira. O corpo, totalmente esfolado e eviscerado, foi pregado em uma árvore próxima.

> "Alguém passou bastante tempo brincando com aquele cão, se é disso que posso chamar. Estava esfolado e estripado. E, a cerca de noventa metros de distância, havia uma grande fogueira e treze

> pequenas fogueiras em volta. Parecia um tipo de culto de adoração satanista, e aquilo nos assustou pra cacete. Eu ouvi histórias na região sobre ele andando por lá e fazendo coisas com animais. Eu não sei se ele fez... Ele parecia um menino tão legal... Ele coletava esses animais, os desmembrava, separava-os pelos pedaços do corpo e os colocava em jarros... Ele era muito interessado na anatomia da coisa toda... Ele tinha mais interesse em uns do que outros. Ele amava crânios. Ele sempre guardava os crânios. Ele parecia fascinado pela decomposição." (Jim Klippel)

A fala de Klippel não apenas informa sobre o comportamento do seu vizinho com animais mortos, como também introduz um outro passatempo de Jeff daqueles tempos adolescentes: o ocultismo.

A década de 1970 nos Estados Unidos foi particularmente prolífica em casos de cultos assassinos e homicídios vinculados à prática de adoração ao diabo. Não apenas isso, assassinos em série e atentados — raciais, políticos ou de puro ódio — se multiplicaram ano após ano numa contagem assustadora. Os crimes cometidos por Charles Manson ecoaram por toda aquela década e ficou uma nuvem escura e carregada no ar, impossível de se dissipar. Os Estados Unidos estavam com medo, assustados, e houve uma enxurrada de violência macabra transmitida quase que ao vivo pelas estações de TV. Não caberia em uma coleção de livros tudo de ruim que aconteceu naquela década no país, e estou falando apenas de uma listagem sobre os casos que obtiveram notoriedade.

É possível que o adolescente Jeff Dahmer tenha se influenciado pelo ar putrefato dos cultos satanistas daquela década e decidido ele próprio brincar com seus animais mortos, realizando um tipo de ritual ocultista com as treze fogueiras circulando uma maior — uma brincadeira macabra, diga-se de passagem. O que isso realmente significava em sua mente, não sabemos, mas percebe-se que o adolescente estava longe de ser um vegetal desinteressado pelo mundo à sua volta.

Outro vizinho também descobriu o seu cemitério de animais.

> "Ele tinha um pequeno cemitério com animais enterrados lá. Havia crânios colocados em cima de pequenas cruzes. Ele tinha uma verdadeira coleção de esqueletos." (Eric Tyson, vizinho)

Coletar animais atropelados, descarná-los e enterrá-los em rituais estranhos foi a primeira manifestação prática de uma obsessão que se tornaria compulsiva: a fixação com a morte e com cadáveres. O cão citado por Klippel era da raça Beagle, encontrado já morto por Jeff. O adolescente o viu e sentiu a necessidade de fazer algo "chocante", como ele mesmo afirmaria anos depois, então o decapitou e espetou a sua cabeça descarnada num pau, deixando à mostra para qualquer um que atravessasse aquela floresta. (Alguém fotografou o animal e a imagem hoje pode ser encontrada na internet.) Como em qualquer cidade interiorana, a história do cão cuja cabeça espetada em um pau jazia na floresta assustou a todos, e até a polícia foi chamada, mas ninguém nunca descobriu o que de fato era aquilo. O mistério só seria resolvido dezesseis anos depois.

> "Os mortos e sua rigidez cadavérica se tornariam os principais objetos de seu desejo sexual. Cada vez mais, enquanto adolescente, sua inabilidade de falar sobre essas ideias estranhas e inquietantes romperiam todas as conexões com o mundo fora dele mesmo. [...] Dada a natureza inominável das visões e dos desejos que passaram a dominá-lo naquela época, Jeff deve ter passado a se enxergar como alguém excluído da comunidade humana, fora de tudo o que é normal e aceitável, do que poderia ser aceito." (Lionel Dahmer)

Os pensamentos a que Lionel se refere são as fantasias sexuais que brotaram na mente do seu filho quando ele atingiu a adolescência. Numa época em que o desejo sexual é desperto gradualmente, é mais que natural uma série de dúvidas e curiosidades levarem os jovens a experimentar. Experiências mundanas ou descobertas aleatórias podem influenciar o comportamento sexual, ou pelo menos se misturar com suas fantasias masturbatórias. No caso de Dahmer, faz-se importante lembrar que o nascimento da sua sexualidade coincidiu e se desenvolveu com o seu interesse pela coleta de corpos mutilados e despedaçados de animais mortos e suas entranhas. Ele era simplesmente fascinado pelo interior dos bichos e não demorou também para ser seduzido pela anatomia humana; na mesma época em que estava descarnando e desmembrando animais, o ato de se masturbar começou. Anos depois, em entrevistas para psiquiatras, Jeff afirmaria que "as coisas" tiveram início por volta dos seus 14, 15 anos: "Começou com pensamentos obsessivos sobre violência, sexo e morte. E, a partir daí, as coisas ficaram piores... Eu não falava sobre aquilo com ninguém, ficava comigo".

Tais pensamentos obsessivos foram um dos motivos pelos quais o adolescente era tão quieto e calado, e Lionel sugeriu que tais fantasias o desconectaram totalmente da humanidade, o que faz todo sentido. Sem se abrir com ninguém, e mantendo consigo mesmo aquelas imagens horríveis que segundo após segundo explodiam em sua mente, o adolescente sucumbiria ao horror. Seu sofrimento psíquico teria sido ainda maior se ele não tivesse cruzado a linha que separa a fantasia da realidade, se engajando em ações reais que, uma vez feitas, não poderiam mais ser consertadas. Jeff Dahmer estava sendo direcionado para o caminho da selvageria, um caminho de mão única, cujo retorno não existia.

Quando a família Dahmer se mudou para Bath, em 1968, Jeff foi matriculado em uma escola primária local e posteriormente cursou o ginásio na Eastview Junior High School. O adolescente era praticamente invisível na escola, não tinha amigos e vagava sozinho durante todo o tempo. Mesmo participando da banda musical tocando trompete e da equipe de tênis, Jeff não se enturmou, muito menos demonstrou interesse em tais atividades. Ele só participava pela obrigação — como sabemos, seu interesse era na anatomia humana e animal. Em uma época em que deveria ser fácil fazer amigos, Jeff foi incapaz de se misturar. De acordo com um estudante que o conheceu, Dahmer era "o cara mais solitário que eu já tinha visto". Em sala de aula, ele era um bom aluno, realizava as atividades normalmente e interagia quando havia algum trabalho em grupo ou em dupla. Mas, uma vez fora da sala, era como um fantasma andando pelos corredores, invisível. Ninguém sabia quem era Jeff Dahmer. Ninguém nunca o notou.

Mas isso mudaria.

Como em toda história estranha e surpreendente, uma reviravolta aconteceu. Era 1975 e Jeff cursava o ensino médio na Revere High School. Dentro do universo adolescente, Jeff, aos 15 anos, pela primeira vez conseguiu fazer amigos. Alguns leitores podem puxar pela memória a forma como fizeram amigos na época da escola, para tentar imaginar a forma como Jeff fizera os seus. Quando estamos no primário, ginásio ou ensino médio, muitas vezes as amizades surgem do nada. Uma troca de olhar, um cumprimento, o pedido de uma borracha emprestada, um trabalho em dupla ou em grupo, os minutos na fila do lanche no recreio, uma atividade esportiva, as idas e vindas na van escolar. Há muitas formas de uma amizade começar e todas essas citadas são naturais e comuns. Com Jeffrey Dahmer, entretanto, foi bem diferente.

Sua forma de se fazer visível e se enturmar foi tudo, menos natural. Na verdade, foi estranha e bem esquisita. John Backderf, um dos colegas de escola de Dahmer na época, e que posteriormente escreveu uma obra* em quadrinhos contando os tempos de escola e de amizade com Jeff, escreveu sobre como ele e seus amigos notaram e se aproximaram de Dahmer: "Eu e meus amigos ficamos fascinados pelo carinha estranho que fingia ataque epilético e imitava a fala arrastada e as convulsões de gente com paralisia cerebral".

Do nada, do dia para a noite, Jeff começou a fingir ataques epiléticos no meio de todo mundo. Ele também imitava pessoas com paralisia cerebral e suas conversas eram em formas de grunhidos. O comportamento pode parecer bizarro, e realmente é, mas a questão é que aquilo foi o máximo para um grupo de adolescentes — do qual Backderf fazia parte —, que acabou aceitando Jeff entre eles.

É interessante notar a forma como Jeff Dahmer pensou em se fazer notar. Sem um oi, sem um bilhete, sem uma aproximação normal, mas berrando como uma ovelha, se arrastando como se sofresse uma deficiência mental ou se contorcendo no chão imitando uma convulsão. "Ele tinha um senso de humor bizarro. Eu não me lembro de ter uma conversa normal com ele. Ele ficava imitando sons de ovelhas e frequentemente fingia ataques epiléticos nos corredores do colégio. Às vezes ele dava gritos do nada, sem motivo aparente", relatou Backderf.

Em retrospectiva, suas brincadeiras bizarras foram uma tentativa de se enquadrar em um mundo ao qual não pertencia. Como bem relatou certa vez a autora Ann Rule, "viver em nosso mundo, com pensamentos e ações sempre contrárias ao fluxo dos semelhantes, deve ser desvantagem

* *My Friend Dahmer* foi um projeto em quadrinhos que começou em 1994. Em 2017, a obra foi publicada em português pela editora DarkSide Books sob o nome *Meu Amigo Dahmer*.

tremenda. Não há diretriz inata para seguir", e quem sabe indivíduos como Jeff não sejam como "visitantes de outro planeta, se esforçando para imitar os sentimentos daqueles que encontram".

> "O que mais me impressionava no Dahmer era a máscara de pedra que ele tinha no rosto, desprovida de emoção... Não me lembro de ouvir sua voz enquanto estávamos no ensino fundamental, mas quando ele entrou para o ensino médio... No ensino médio ele começou a ter uma fala arrastada, fazendo mímicas e movimentos espasmódicos, imitando pessoas que tinham paralisia cerebral. Soa doente agora, mas nós achávamos aquilo hilário. Eu e alguns amigos o instigávamos a fazer aquilo... e ele chamava toda a atenção. Foi a primeira vez que ele foi notado no colégio. Nós até formamos um fã-clube, o Dahmer Fan Club.* Eu era o presidente!" (John Backderf)

Antes desconhecido, Jeff agora era o centro das atenções, e ele aproveitou os holofotes. Dahmer desenvolveu uma caminhada ritualística para entrar no ônibus da escola: quatro passos para a frente, dois para trás, quatro para a frente e um para trás. Ele nunca deixou de fazer seu ritual. Todos riam daquele nerd de óculos esquisito e engraçado. Uma vez, coletou dinheiro para que ele e seus amigos participassem de uma apresentação musical em um shopping. Quando eles chegaram lá, havia uma mulher distribuindo amostras de sementes de girassol e Jeff pegou uma após a outra e, de repente, surtou do nada e saiu correndo do lugar gritando: "Eu sou alérgico, eu sou alérgico!". Outra vez, os alunos escutaram uma gritaria pelo corredor e, quando foram ver, era Jeff correndo e gritando com seus braços abertos: "Furacão, furacão, todo mundo se esconda!". Em outra ocasião, uma turma de garotos foi até o shopping da região e pagou Dahmer para ele realizar suas bizarrices dahmerianas. Durante duas horas, todos seguiram Jeff enquanto ele assustava clientes, desarrumava mesas de pessoas que estavam comendo, gritava e cometia outras impropriedades.

* Em sua base, o Fã-Clube Dahmer era composto por quatro amigos: John Backderf, Michael "Mike" Kukral, Neil e Kent. O grupo chegou a ter dez membros.

Jeff, entretanto, dava demonstrações de que não era apenas um bobalhão esquisito que não se devia levar a sério. Certa vez, a classe fez uma viagem até a capital do país, Washington, e lá Jeff teve uma ideia mirabolante: conhecer o vice-presidente dos Estados Unidos, Walter Mondale. *Tá certo, Jeff, conta outra*, pensaram seus amigos. Todo mundo riu dele, mas o garoto falava sério. Jeff conseguiu o telefone do escritório da vice-presidência na lista telefônica e, de um telefone público, ligou para lá. Ele explicou à pessoa que estava do outro lado da linha que ele e seus amigos eram estudantes do ensino médio de Ohio e estavam trabalhando no jornal da escola, e seria incrível se eles pudessem falar com alguém de lá. E Jeff conseguiu. Ele e seus colegas foram convidados a conhecer o prédio da vice-presidência executiva dos Estados Unidos e, mais do que isso, conheceram o vice-presidente norte-americano.

Nessa época, muitos enxergavam Dahmer como um garoto qualquer, diferente, mas simpático, engraçado e esquisito (no bom sentido). Ele era muito educado, respeitoso com os professores e vestia-se muito bem. Suas respostas aos adultos eram sempre de maneira respeitosa: "sim, senhor", "não, senhor". Muitas vezes era elogiado por seus trabalhos em classe, outras vezes ele desaparecia da sala e não demonstrava interesse nenhum. Não havia nada, porém, que pudesse ligar o sinal de alerta. Pelo menos era isso o que a maioria pensava. Alguns colegas, entretanto, notaram um comportamento preocupante e crônico: o alcoolismo.

> "Na época eu achava que aquilo poderia ser explicado como um típico comportamento adolescente, mas mesmo assim achava estranho. Todas as manhãs antes das aulas ele bebia um pacote inteiro com seis cervejas, praticamente engolindo as latas, uma após a outra. Ele tinha 15 anos e eu sentia que aquilo era diferente." (John Backderf)

Em um documentário sobre o caso, uma colega de Dahmer, Marty Schmidt, lembrou de um episódio ocorrido durante uma das aulas no colégio: "Eram umas oito horas da manhã e estávamos na aula de história. Estava sentada ao lado dele. Ele estava com uma garrafa de uísque. Me lembro de ter perguntado para ele: 'Jeff, o que é isso?'. Ele levou a cabeça para trás, fazendo uns movimentos e respondeu: 'Isso é o meu remédio'".

A chegada da adolescência, aliada ao despertar sexual, foi o começo da ruína para Jeffrey Dahmer. Olhar para a sua juventude é adentrar em um enigma medonho, desafiador e aparentemente indecifrável. O que aconteceu com Jeff? Ele não foi abusado fisicamente, ele não foi abusado sexualmente. Diferentemente de, por exemplo, Richard Ramirez,* ele não foi exposto à pornografia ou a atrocidades que poderiam ser associadas à excitação física — alguns, entretanto, podem sugerir o seu hobby com animais como elo de ligação. Diferentemente de John Wayne Gacy,† ele não apanhava e nem foi ridicularizado pelo pai. Apesar de sua mãe sofrer de graves problemas psicológicos, ela passava longe de ser uma Vesta Cole.‡ "Eu não sei de onde vieram", diria ele mais tarde a despeito dos seus macabros pensamentos homicidas. O que é assustador sobre Jeffrey Dahmer é que ele era um garoto como qualquer outro, não era infrator, tinha uma família que, apesar dos seus problemas, era comum, frequentava normalmente a escola e saía para se divertir com os colegas. Mas, ainda assim, alguma coisa parou de funcionar no meio do caminho. Sem ter o que dizer ou o que citar sobre os primeiros anos de vida de Jeffrey Dahmer, o que nos resta é apelar para a natureza e sua imperfeição. Nunca saberemos se as drogas tomadas por Joyce de fato tiveram influência no comportamento aberrante de Jeff, como teorizou seu pai, mas acredito que ninguém deva discordar que

* Assassino em série que nos anos de 1984 e 1985 fez quinze vítimas na Califórnia. Quando adolescente, Ramirez foi exposto às atrocidades de seu primo Mike, que serviu no Vietnã. Mike estuprou, assassinou e tirou fotos dos cadáveres de suas vítimas do sexo feminino. Em um momento em que desenvolvia o seu caráter, é possível que as fotos acabaram por ser associadas à excitação física, tornando-se erotizadas, e parte das fantasias de Ramirez.

† Assassino em série que, entre 1972 e 1978, assassinou 33 adolescentes e os enterrou debaixo da sua casa. Alcoólatra e abusivo, o pai de Gacy nutria apenas desprezo pelo filho, chegando a chamá-lo de nomes pejorativos — "menininho da mamãe" e "bicha". Apesar de maltratado, Gacy cresceu amando o seu pai, mas a negligência e o abuso paterno acabaram por desempenhar papéis fundamentais em sua patologia assassina.

‡ Mãe do assassino em série Carroll Cole, Vesta foi uma mulher má para o seu filho, sujeitando-o a espancamentos, abusos e situações constrangedoras e humilhantes. Carroll Cole cresceu com tanto ódio da mãe que, ao se tornar adulto, começou a matar mulheres. Ao matá-las (cerca de quinze), era como se ele matasse a própria mãe.

Jeffrey foi um ser humano que nasceu com a mente doente. Sem se abrir com ninguém e sem ajuda especializada, ele não seria capaz de lidar sozinho com tamanha depravação.

Externamente, Jeff era uma piada sem graça. Na escola, a maioria das pessoas o ignorava e ridicularizava. Alguns o achavam estranho e nem passavam perto dele. Já outros o aceitavam porque ele representava o papel de palhaço do grupo — um papel que teve graça e despertou interesse no começo, se esfarelando com o passar do tempo. Ao final do ensino médio, Jeff se encontraria na mesma posição do início: sozinho, sem amigos e cada vez mais perdido. Sobrou apenas um "amigo" de conveniência, um garoto barra-pesada, brigão, inconveniente e delinquente, de quem ninguém gostava. Esse garoto vendia a maconha que Dahmer fumava e, para seus colegas, os dois eram os alunos mais caricatos e sem futuro. Alguns os viam andando juntos, enchendo a cara de bebidas e usando maconha.

Internamente, tudo era muito pior. Jeff se descobriu homossexual, um reconhecimento que o afetaria pelo resto da vida. Misturados à sua inadequação sexual estavam seus pensamentos sobre sexo, violência e morte que o traumatizaram a ponto de ele buscar na bebida a sua válvula de escape. Ele bebia com o objetivo de espantar os pensamentos horríveis que explodiam em sua cabeça, e já aos 15 anos era alcoólatra.[§] Seu comportamento destrutivo o fez jogar fora os poucos amigos que ainda restavam. Backderf cita em *Meu Amigo Dahmer* que um dos motivos que o fizeram se afastar de Jeff foi uma vez que levou o amigo até um shopping e no caminho, de forma assustadora, Jeff entornou de uma só vez seis latas de cerveja, uma atrás da outra, sem parar.

> "Eu nunca tinha visto alguém beber daquele jeito. Virando uma lata atrás da outra. Minha pele formigou enquanto eu via. A aura de perdição que cercava Dahmer finalmente entrou em foco, com uma nitidez de dar medo."

• • •

§ Em entrevista para o FBI, Dahmer afirmou que começou a beber no primeiro ano do ensino médio.

O que podemos esperar de um adolescente que abriga em sua mente fantasias de sexo e morte? O que os pais poderiam ter feito? Isso certamente seria considerado um problema e ele seria tratado — sem que isso fosse garantia alguma de que ele não se tornasse um homicida, vide Igor Elizarov.* Mas as macabras fantasias de Jeff ficavam com ele. Ele não se abria e, se os pais cometeram um erro, foi o de pensar que estava tudo certo, que aquele comportamento introvertido era apenas o resultado de um adolescente tímido e inseguro. Joyce e Lionel, cada um à sua maneira, foram negligentes, mas eles não podemos culpá-los. Eles estavam lidando com seus próprios problemas enquanto casal, e Joyce, especificamente, era um antro de depressão e outros problemas mentais. A adolescência é uma fase complicada e ninguém em sã consciência imagina que o seu filho adolescente tem vontade de fazer sexo com um cadáver ou de abri-lo para ver como é a aparência do seu interior. Casos como o de Jeff são tão raros que é mais fácil ganhar várias vezes na loteria do que ter um filho assim. A maioria dos adolescentes que crescem introvertidos e/ou revoltados mudam e amadurecem com o passar da idade, deixando para trás as angústias, medos e comportamentos antissociais muitas vezes presentes na juventude. Mesmo aqueles que continuam introvertidos, isso não chega a ser uma falha ou problema, mas apenas uma característica normal da personalidade do indivíduo.

O conhecido autor e professor de criminologia dr. James Alan Fox, que se especializou no estudo de assassinos em série, escreveu um livro em que comentou sobre o caso Dahmer. De acordo com o dr. Fox, "Não havia nada que pudesse ser feito para prever isso antes do tempo, não importa o quão bizarro tenha sido o seu comportamento. Desde Sigmund Freud, nós culpamos os pais por tudo de ruim que as crianças fazem. Os culpados não são seus pais, não é sua família, não é a polícia. O culpado é Dahmer".

* Assassino em série necrófilo russo que matou três pessoas no começo dos anos 2000. Na adolescência, antes de começar a matar, Elizarov foi tratado na clínica do psiquiatra Alexander Bukhanovsky, um dos maiores especialistas em assassinos em série do século XX. Sob tratamento, Elizarov teve os seus sintomas amenizados, mas uma vez solto no mundo e sem supervisão, acabou se voltando para sua natureza homicida.

Longe de ser um adolescente rebelde, Dahmer nunca discutia com seus pais pelo simples fato de nada parecer importar para ele. Ele não falava e cada vez mais se tornava isolado e incomunicável. Jeff era brincalhão na escola e o oposto dentro de casa — furtivo, fazia tudo às escondidas. Seu pai, Lionel, só ficou sabendo da sua coleção e cemitério de animais no julgamento do filho, ocorrido em 1992. Ele também não fazia a mínima ideia do problema de alcoolismo de Jeff ou de que ele fumava maconha e andava com um tipo barra-pesada. Ainda assim, Jeff, pelo que todos que o conheceram nessa época informam, dava indícios de que alguma coisa não estava certa. Seu rosto tinha uma "máscara de pedra", afirmou Backderf, e essa expressão morta, aliada com sua introspecção, deveria ter chamado mais a atenção dos adultos em sua volta.

> "Eu já tinha aceitado o muro que me separava do meu filho. Tinha até mesmo chegado a enxergá-lo não como um muro, mas como um escudo do qual ambos precisávamos para que nossa comunicação fosse possível. [...] Só podíamos discutir sobre as trivialidades da vida, deixando as questões mais profundas e problemáticas de fora. [...] No mundo fora de sua mente, tudo lhe parecia monótono e plano, seus diálogos se resumindo a respostas monossilábicas que, muitas vezes, mal podiam ser ouvidas. [...] [Ele] já estava à deriva, em um mundo de pesadelos povoado de fantasias inimagináveis. Nos anos que viriam, essas fantasias passariam a consumi-lo." (Lionel Dahmer)

Jeff jamais se interessou por mulheres, mas ele teve a companhia de uma garota no baile de formatura.

Jeff, então aos 18 anos, não era o sonho de consumo das garotas da classe para o baile de formatura da turma de 1978 da Revere High School, mas, apesar do seu comportamento insólito, ele conseguiu uma companhia para o baile — feito que nem seus amigos Backderf e Kent conseguiram. Ela era Bridget Geiger, de 16 anos, amiga de uma garota que saía com um conhecido de Dahmer. A união dos dois foi um arranjamento. A amiga de Geiger queria a companhia dela no baile, e a moça, mais nova, também tinha interesse no evento adolescente mais importante do ano. Mas como manda a tradição, no evento só entravam casais, então, era necessário arranjar um par para Geiger. O namorado da amiga de Geiger conhecia Dahmer e o elo de ligação foi ele. Dahmer não convidou Geiger, ele não seria capaz de tal proeza, sendo o convite e as conversas intermediadas pelo seu amigo. Geiger aceitou; porém, ela e a amiga avisaram que não queriam o Dahmer bizarro da escola, o personagem caricato deveria ficar do lado de fora da festa. Jeff ficou sabendo da condição e aceitou.

Por que Dahmer participou do baile de formatura é uma questão em aberto. Ele não costumava frequentar festas e nem tinha vida social noturna com os colegas da Revere. É bem provável que seus pais, principalmente Lionel, o tenham instigado a ir e feito perguntas sobre o evento, o pai curioso para saber se o filho sairia com uma garota. Se tal arranjo não tivesse sido feito, Jeff teria se juntado aos rejeitados e passado a noite em casa assistindo à TV. O baile de formatura é um evento tradicional e, acredito eu, as situações conspiraram para Jeff comparecer, então ele apenas seguiu o rito padrão, mesmo não tendo interesse nenhum na festa. Nada de anormal nisso, muitos de nós muitas vezes comparecemos a lugares ou a eventos que não nos interessam apenas para nos mostrarmos presentes e encaixados aos olhos dos outros, nos padrões impostos pela sociedade.

Mas, o principal aqui é que Jeff tinha interesse em homens, e não mulheres. Se vivêssemos em um mundo em que aparências não existissem, ele nunca teria ido ao baile porque ele simplesmente não gostava de garotas e não desejava ter a companhia delas.

No sábado, 27 de maio de 1978, Jeff foi buscar a sua acompanhante. Ele evitou o tradicional *smoking* e vestiu calças escuras, um colete e uma gravata borboleta estilo ocidental, uma vestimenta um tanto antiquada em comparação com seus colegas. Como manda a tradição, Dahmer apareceu com um buquê, mas, aterrorizado e nervoso, não conseguiu colocar as flores no vestido da moça com o alfinete, tarefa que acabou nas mãos da mãe de Geiger. Para registrar aquele momento importante da vida dos adolescentes, a mãe de Geiger tirou uma foto dos dois no jardim da casa da família. Em sua mão direita, Dahmer segura a sua flor de lapela. Ambos têm as expressões tranquilas e Jeff não aparenta estar nervoso, mas estava. Após as formalidades iniciais, ambos partiram para o baile.

Dahmer, Geiger e o outro casal de amigos chegaram no baile e logo se ajeitaram em uma mesa. Mas aquele ambiente não pertencia a Jeff Dahmer. Ele era alguém que gostava de viver nas sombras, escondido na floresta, observando a todos atrás das cortinas. Ele se sentiu vulnerável, não estava no controle da situação e, principalmente, havia pessoas com as quais ele, no mínimo, deveria tentar socializar. Tão logo entrou, saiu. Jeff disse qualquer coisa e simplesmente desapareceu da festa. Enquanto Geiger e o casal de amigos se perguntavam onde ele estava, Dahmer comia sanduíche atrás de sanduíche em um McDonald's nas proximidades. O chão do seu carro ficou repleto de embalagens; então, após horas, voltou para o baile no momento em que Geiger e os outros estavam indo embora. Ele se desculpou e disse que estava com fome, por isso saiu para comer quatro ou cinco cheeseburgers. A noite foi um fiasco e Geiger relembraria tempos depois que Jeff "não trocou duas palavras comigo a noite inteira".

O comportamento de Dahmer em 27 de maio de 1978 revela que ele cedeu à pressão interna. Ele suportou os dias anteriores ao baile — preparativos, escolha da roupa, negociações por um par —, mas ao entrar no evento, percebeu que havia alcançado seu limite. Participar daquele ritual social era demais. Anos depois, Geiger afirmou acreditar que Jeff temia que ela tentasse beijá-lo. É possível que ele estivesse apavorado com o que poderia acontecer. Embora conseguisse imitar o comportamento esperado de um jovem, cruzar essa linha era impossível. Na adolescência, conversas sobre namoros e beijos são comuns, e o baile é muitas vezes o cenário do primeiro contato íntimo. Jeff provavelmente ouviu amigos comentando sobre isso, mas, sem se sentir parte daquele mundo, ficou aterrorizado. As circunstâncias o colocaram ao lado de Geiger, mas ele não conseguiria dançar com ela, tocar sua cintura ou encostar o corpo. E se ela o beijasse? Ele teria que retribuir, como era esperado dos casais no baile?

Não é que o adolescente Jeffrey Dahmer não tivesse interesses amorosos e sexuais, a questão é que a sua fantasia amorosa e sexual era muito diferente da dos seus amigos. Ela não incluía mulheres, muito menos pessoas vivas.

E Jeff estava prestes a colocar em prática suas fantasias violentas e lascivas.

A MORTE DE STEVEN HICKS

18 de junho de 1978

Por volta dos 14 anos, Jeffrey Dahmer ficou obcecado com um homem que praticava corrida pela região. Ele era bonitão, jovem, magro, atlético e vestia roupas que o deixavam sexy. Por meses observou esse homem, e Jeff o via com frequência. Às vezes ele estava dentro do ônibus escolar e o via correndo. Outras vezes Jeff o via enquanto estava de carona com algum colega. O homem também passava em frente à sua casa. Na verdade, o corredor passava na frente do número 4480 da Bath Road quase todos os dias, e Jeff criou o hábito de se posicionar em um local privilegiado e esperar a sua passagem, de forma que pudesse ter a melhor vista do atraente corredor. Aquele homem mais velho se tornou a sua paixão secreta e ele fantasiava sobre ter uma relação íntima com ele — beijá-lo, acariciá-lo, quem sabe até masturbá-lo.

O problema na fantasia de Jeff é que para ele se engajar em tais atos o parceiro deveria estar numa posição de passividade completa, como se ele fosse um cadáver, imóvel, parado, inconsciente. Ele não fantasiava sobre como poderia abordar o homem, iniciar uma conversa ou fazer um convite. Ao contrário, suas fantasias de como ele poderia ter uma relação íntima com o corredor eram medonhas. Talvez o homem pudesse ser atropelado por um carro, gerando a oportunidade de Jeff recolher o seu cadáver, assim poderia se engajar em atos sexuais com aquele indivíduo atraente, ter o corpo dele só para ele, da mesma forma como ocorria com os animais. Quem sabe ele mesmo não pudesse atropelar o corredor? Após meses imerso em suas fantasias sexuais adolescentes, Jeffrey não conseguiu mais se segurar e resolveu cruzar a linha que separa fantasia da realidade. Ele queria aquele homem bonitão para si e tomou a iniciativa para tal.

A solução para o impasse estava nivelada de acordo com a sua mente perturbada. Jeff pegou um taco de beisebol, montou em sua bicicleta e pedalou até uma parte da Bath Road, a qual ele já mapeara antes, um local sem casas por perto e isolado o suficiente para ele ter a sua diversão com o corredor. Seu plano era se esconder atrás de algumas árvores e acertar a cabeça do corredor com o taco de beisebol quando o homem passasse, então arrastaria o seu corpo para a floresta e deitaria ao lado dele para tocá-lo enquanto se masturbava. Ele não queria matar o corredor, só queria que ele estivesse inconsciente para realizar sua fantasia sexual. Obviamente que, dependendo da força, um golpe na cabeça com um taco de beisebol poderia levar o indivíduo a óbito ou colocá-lo em coma, com sérios riscos de não se recuperar.

Por horas Jeff ficou de tocaia, em vão. Felizmente o corredor não passou naquele dia. Resignado, ele e seu taco de beisebol voltaram para casa em sua bicicleta. Estranhamente, Jeff nunca mais viu o corredor. E com o desaparecimento da sua paixão, desapareceu também o seu desejo distorcido. Como grande parte dos assassinos em série, Jeff ia atrás de um tipo muito particular de vítima. Suas vítimas futuras seriam homens que ele considerava bonitos e atraentes — magros, esguios e atléticos. Ele não tinha interesse nenhum em homens fora do seu padrão de beleza. A identidade do corredor é desconhecida (Backderf, em seu livro, diz ser um médico da região), mas é muito provável que ele se encaixasse no ideal físico de Dahmer. Assassinos em série não costumam matar familiares, amigos ou conhecidos, e isso valia para Jeffrey Dahmer. O corredor acabou por se encaixar milimetricamente em tudo: era alguém desconhecido, se encaixava no seu ideal físico e ficava dando sopa correndo pra lá e pra cá na rodovia deserta em frente à sua casa. Quando o garoto falhou nessa tentativa, ele se recolheu como se tivesse existido o que chamamos de *reflexão* ou *resfriamento emocional*.

Sabemos naquele ponto que o adolescente Jeff não era um assassino em série, mas sabemos também que ele se tornou um. Ele tinha por volta de 14 anos, era um menino, uma espécie de filhote de algum animal predador que sai à caça pela primeira vez. Quem sabe a adrenalina da situação não tenha fornecido a Dahmer o mesmo alívio psicológico encontrado no ato de matar, então ele se aquietou. É bem verdade também que o ambiente não era nada favorável a ele. Jeff ainda estava na toca dos pais, protegido, sem a mínima noção de como era o mundo lá fora ou de como ele poderia proporcionar prazeres indescritíveis. As pessoas que ele conhecia eram próximas, então, sem chances de qualquer atitude estúpida. De qualquer forma, é chocante e assustador que um garoto nessa idade apresente tal comportamento. Seu futuro não parecia nada promissor.

Tempos depois, Jeff teve que lidar com uma situação nada boa e que o afetou profundamente: a separação de seus pais.

Durante anos, a casa dos Dahmer foi um antro de discussões e brigas intermináveis. A raiz dos problemas era Joyce. Ela não era uma mulher ruim ou má, longe disso, sua enfermidade vinha da mente e ela sofreu terrivelmente com a sua condição, que médico nenhum conseguiu resolver. Lionel acreditava que tinha alguma coisa a ver com o pai dela, um trauma ou algo do tipo. Ela o odiava e, certa vez, durante uma terapia de grupo, entrou em surto ao enxergar o rosto do pai sobreposto na face do terapeuta. Ela quis agredi-lo.

Nessa época, Joyce tomava altas doses de meprobamato, Valium, laxantes e pílulas para dormir. Os remédios eram o suporte para lidar com seus diversos problemas, um deles era o que a família chamou de "tremedeira". Quando acontecia, era como se ela estivesse sofrendo um ataque epilético; Joyce tremia e se sacudia de forma violenta e incontrolável até finalmente colapsar no sofá, cama ou no próprio chão, permanecendo acamada por horas, até dias. Há quem afirme que as imitações de Jeff na escola de pessoas com problemas mentais eram, na verdade, imitações da própria mãe.

Durante a década de 1970, Joyce foi internada algumas vezes na ala psiquiátrica do Hospital Geral de Akron e participou de vários grupos de terapia. Tinha altos e baixos e nunca ficava estável por muito tempo. Seus problemas de saúde se acumulavam, ela ganhou peso devido a um problema na tireoide e passou muito tempo reclusa. Eventualmente, ela melhorou e se matriculou na Universidade de Akron. A tensão entre ela e Lionel, porém, nunca foi embora e os dois comumente estavam "nos pescoços um do outro", Jeff diria mais tarde. Enquanto Lionel e Joyce travavam uma guerra particular, o filho primogênito se perdia cada vez mais dentro do seu mundo patológico de pensamentos luxuriosos e malignos. Ele sumia dentro da floresta no entorno da casa da família, local onde vez ou outra era visto por vizinhos batendo em árvores com paus, como se estivesse descarregando alguma coisa. Seu irmão David também presenciou tais cenas e contou para Lionel.

Em 18 de agosto de 1977, Floyd Flint, pai de Joyce, faleceu no Wisconsin. Ver o pai no caixão pode ter cicatrizado os demônios de Joyce. O que quer que tenha acontecido entre pai e filha no passado estava agora enterrado. Ao voltar do velório, ela não titubeou e relatou a Lionel que o relacionamento dos dois também estava morto. A morte do seu pai sepultou o seu casamento.

Ainda em agosto, Lionel saiu de casa, indo morar em um hotel de beira de estrada — o Ohio Motel, não muito longe da casa da família. Foi uma separação extremamente raivosa, com trocas de acusações e uma briga pela guarda do filho mais novo, David, na época com 11 anos. Lionel acusou Joyce de adultério e de não ter a mínima condição mental de criar o filho. De fato, Joyce era uma mulher que estava sempre afundada na depressão, era viciada em medicamentos, instável e sofria de terríveis convulsões que a deixavam esticada no chão. As alegações de Lionel, entretanto, não foram suficientes e Joyce terminou ganhando a guarda de David, sendo permitido a Lionel visitar o filho nos fins de semana. Pelo acordo, Joyce venderia a sua parte da casa ao ex-marido. O processo do divórcio, entretanto, não seria finalizado em menos de um ano, época em que Joyce continuou morando na casa com David e Jeff. O contato de Lionel com os filhos se resumiria a telefonemas, principalmente para David.

Sem o pai em casa, com uma mãe problemática que não o enxergava direito e, para piorar, pai e mãe brigando pelo irmão mais novo, sendo ele colocado para escanteio, Jeff se sentiu abandonado pelos dois. A separação dos pais causou um impacto emocional incalculável em Jeff. Não bastasse os pavorosos pensamentos que lhe consumiam e as dúvidas sobre a sua sexualidade que o atormentavam, Jeff teve que lidar com a batalha cruel daqueles que deviam dar exemplo, demonstrar controle e estar disponíveis para ajudar e aconselhar — não que isso fosse resolver alguma coisa no caso do filho mais velho, mas o fato é que Jeff ficou completamente sozinho em seu fantasioso mundo mórbido, descendo cada vez mais no abismo de sua loucura. Perdido e perturbado, as coisas só piorariam para Jeffrey Lionel Dahmer.

• • •

O ano de 1978 marcou o início do fim para Jeff Dahmer.

Perdido e sozinho, o garoto de 18 anos se tornou praticamente um fantasma de si mesmo. No final do semestre letivo (mês de maio nas escolas do hemisfério norte), colegas lembrariam dele vagando pela Revere. Numa época em que quase ninguém mais ia à escola, Jeff estava lá todos os dias. Chegava cedo e só ia embora à noite. Mesmo que suas amizades estivessem minguadas e sem absolutamente nada para fazer na escola, aquele era o ambiente que ele estava acostumado, se sentia bem e podia estar cercado de gente. Além disso, ele poderia se esconder nas proximidades e beber o dia inteiro sem ser incomodado. Passar o dia em casa estava fora de cogitação. O lugar era um completo tédio; Jeff nunca gostou do seu irmão David, e sua mãe Joyce lidava com os próprios demônios.

Aquele final de semestre e início de verão, entretanto, guardariam um macabro acontecimento.

O baile de formatura para Bridget Geiger foi um completo desastre. Menos mal que aquele ano não era o seu ano de graduação, mas não é nada bom ser abandonada pelo seu par, principalmente numa idade em que qualquer experiência minimamente negativa pode se transformar em um evento traumático. Oito dias depois do baile, em 4 de junho, Jeff Dahmer recebeu o canudo de graduado. Uma fotografia do momento entre pai e filho foi tirada e apresentada anos depois em um documentário sobre Jeff. Ela mostra o graduando numa bonita beca azul, gravata e chapéu. Ao seu lado está Lionel, elegante num terno e gravata escuros. Nota-se na expressão facial dos dois que eles estão felizes.

A felicidade para Jeff, se é que existiu, durou pouco. O divórcio dos seus pais estava prestes a sair e sua mãe Joyce começou a planejar sua vida, e ela não incluía o filho mais velho. Naquele mesmo mês de junho de 1978, Joyce simplesmente saiu da casa com David para nunca mais voltar.

Joyce pegou o caçula e rumou para a cidade de sua família, Chippewa Falls, no Wisconsin, a mais de mil e cem quilômetros de distância. Joyce fez tudo na surdina. Pelo que estava sendo acordado no divórcio, ela não poderia deixar o estado de Ohio com David, mas o fez mesmo assim. Cegada pelos próprios problemas e indiferente ao filho mais velho, Joyce deixou para trás uma de suas crias sem ao menos se atentar para o impacto que aquele abandono poderia ter em Jeff. Ela fez o filho mais velho prometer que não ia contar nada a Lionel, e assim Jeff o fez.

Há informações conflitantes sobre esse episódio. De um lado, histórias de Dahmer ter sido abandonado sem nem mesmo um litro de leite dentro da geladeira. Ele nunca gostou de comentar sobre isso, mas, muitos anos depois, após finalmente ser preso, Jeff afirmou a um psiquiatra que a saída de sua mãe e David da casa foi conversada. Joyce deixou o carro para o filho e possivelmente viajou de ônibus. Ele logo iria entrar na universidade, então era bom que ele ficasse em Ohio. Lionel só descobriria tudo mais de um mês depois,* e posteriormente ele e sua nova esposa afirmariam que Jeff foi largado em casa sem dinheiro algum.

Jeff ficou para trás e se sentiu rejeitado e desamparado. Não bastasse suas doentias fantasias sexuais, agora seu pesadelo havia se completado: ele estava sozinho e cada vez mais isolado. Ele começou a ter fortes pensamentos sobre abandono e odiava dormir sozinho. Durante o dia, sem ter o que fazer, bebia e dava voltas de carro pelas redondezas. E foi em uma dessas saídas que sua vida tomaria um rumo horroroso, cujo final todos nós sabemos — o apartamento 213.

Jeffrey Dahmer foi abandonado por sua mãe poucos dias após a desastrosa noite do baile de formatura e depois de pegar o canudo do ensino médio. Era a primeira vez que ele ficava sozinho em sua vida; ele tinha 18 anos recém-completados. Enquanto seus colegas de classe estavam preocupados com suas carreiras, escolhendo universidades e planejando o futuro, Jeff preocupava-se com outras coisas. Um dos últimos amigos a vê-lo nessa época, Mike Kukral — ex-integrante do Fã-Clube Dahmer —, estava dirigindo quando viu Jeff andando sozinho no meio da noite. Aquilo era muito estranho, mas, vindo de Dahmer, não parecia tão anormal. Ele ofereceu carona a ele e os dois rumaram para a casa de Jeff. Tudo estava assustadoramente escuro quando eles chegaram lá e Mike perguntou a Dahmer sobre os seus pais. Ele respondeu que

* Na entrevista que deu para Robert Ressler, Jeff diz que seu pai ia até a casa para ver como estavam as coisas. Mas ele não informa a data dessas aparições. No geral, esse episódio é muito mal explicado.

não havia ninguém na casa e que estava morando sozinho. Após alguns minutos de conversa, Mike foi embora. Mais de uma década depois, Mike se lembraria desse episódio com um ar de gelar a espinha. Isso porque seu amigo Jeffrey Dahmer não estava de todo sozinho na casa.

> "Eu terminei sozinho. Eu odiei. Eu não gostava de dormir sozinho naquela casa grande, me deu ódio. Eu comecei a ter pensamentos passageiros de matar alguém. Eu não sei de onde vinham, mas eu tinha. Eles eram sempre entrelaçados: sexo e assassinato. Eu tentei tirá-los da minha cabeça, mas a fantasia sexual era poderosa e eu me masturbava por horas pensando a respeito. A fantasia era sempre a mesma. Eu conhecia um homem bonito, o levava para casa, fazia sexo com ele e o matava." (Jeffrey Dahmer)

"Você nunca esquece o primeiro", disse Jeffrey Dahmer para o detetive Richard Munsey, em 1991.

Jeff tinha 18 anos, e assim como todo adolescente de sua idade, tinha fantasias sexuais. Mas as fantasias de Jeff se desviavam do normal; elas incluíam cadáveres e violência. Ele imaginava um parceiro inerte para que pudesse tocá-lo. Jeff desejava cadáveres e também imaginava como seria dissecar o seu parceiro sexual. Uma de suas fantasias sexuais era dar carona a um adolescente ou jovem homem atlético, sem camisa, que estivesse no acostamento de uma estrada, pedindo carona. Ele imaginava como seria dar carona a um homem assim, e a carona terminar com os dois fazendo sexo. Sua estadia a sós na casa da família acabaria dando a ele a oportunidade de colocar em prática essa fantasia. Mas o seu primeiro homicídio não foi algo planejado. Como mostra a história de muitos assassinos em série, o primeiro homicídio foi um crime de oportunidade, impulsivo. Jeff não acordou naquele dia e planejou matar, ao contrário, a oportunidade fez o assassino. Tudo se encaixou perfeitamente.

Em edição do dia 17 de junho de 1978, um sábado, o jornal *The Akron Beacon Journal* escreveu o que de mais interessante aconteceria naquele final de semana na região:

"A Michael Stanley Band encabeça a lista de seis grupos que irão se apresentar no domingo, no Dia de Apreciação do Festival de Música de Ohio no Parque do Lago Chippewa, no Condado de Medina. Breathless, Salem-Witchcraft, The Cris Michaels Band, Pegasus e Jim Ballard serão as outras atrações deste festival que durará o dia todo. Os portões serão abertos às dez da manhã. Ingressos custam três dólares e estão disponíveis em todas as lojas Ticketron e nas bilheterias. O Parque do Lago Chippewa fica nos arredores da Ohio 224, perto da parada de caminhão da I-71."

No domingo, 18 de junho, sozinho, sem nada para fazer em casa e morrendo de tédio, Jeff bebeu algumas latas de cerveja, pegou o carro e saiu dirigindo pela região. Sem destino aparente, Jeff optou por um caminho bastante comum aos adolescentes daquela época, e que ele mesmo já havia feito várias vezes, indo em direção ao Summit Mall, um shopping onde a juventude de Bath e a molecada da Revere gostava de ir. Em algum ponto perto do Summit Mall, no final da tarde, Dahmer viu algo que o fez suspirar: um jovem pedindo carona. Ele era Steven Mark Hicks, de 18 anos, que estava voltando para casa após ir até o festival de música do Lago Chippewa.

"Hicks, bonito e magro, com cabelos compridos e a camiseta enrolada na cintura, era o ideal sexual de Dahmer. Ele contou que fazia anos que tinha a fantasia de pegar um caroneiro sem camisa, levá-lo para casa e ter 'domínio total' sobre a pessoa." (John Backderf, *Meu Amigo Dahmer*)

Jeff parou o seu carro e por alguns segundos pensou se devia ou não dar carona ao rapaz. Ele decidiu que sim. Hicks abriu a porta do carro e entrou. Eles eram dois rapazes na flor da idade. Ambos tinham 18 anos, um era loiro e o outro tinha cabelos escuros. Dahmer e Hicks refletiam a beleza da juventude, e aquela cena, em plena luz do dia, não significou nada aos transeuntes que passavam. Era mais um adolescente dando carona a outro da mesma idade. E predadores em série são assim. Eles não podem ser identificados porque operam dentro da normalidade cotidiana da sociedade.

Dentro do carro, Dahmer mal podia acreditar no que estava acontecendo. Hicks era perfeito — jovem, bonito, com o peitoral e abdômen definidos à mostra, a poucos centímetros dos seus olhos. Hicks era como um inseto que fica preso na teia da aranha. E que belo inseto! Mas, ainda assim, era necessário levá-lo para um local mais "adequado". Se Jeff pensava em matá-lo, não se sabe, mas, provavelmente, ideias de fazer com Hicks o que ele imaginou com o corredor devem ter vindo em sua mente.

No caminho, Jeff convidou o caronista para ir até a sua casa conversar, beber cerveja e fumar maconha. Hicks topou. Fazia parte do espírito jovem da época pedir carona, fazer novos amigos, beber e se divertir. Grande parte daquela juventude não recusava ficar chapada. Eram os anos 1970, pós-contracultura; além disso, seria indelicado da parte de Hicks recusar o convite, afinal Dahmer se dispôs a levá-lo até a sua casa, que ficava em Coventry, uma cidadezinha ao sul de Bath — o Summit Mall fica entre Bath e Coventry, então acredita-se que Hicks conseguira uma carona antes, que o deixou no Summit Mall, e ele tenha ficado por ali à espera de uma nova carona que pudesse deixá-lo em sua casa.

Hicks ficou na casa de Dahmer por uma ou duas horas. Eles conversaram, beberam cerveja e fumaram maconha no quarto de Jeff. Hicks falava de garotas e de uma namorada, e isso provavelmente foi uma ducha de água fria para Dahmer, que achava até então que ele era gay. Em dado momento, Hicks decidiu que já era hora de partir, pois ele prometera aos pais que estaria em casa para o jantar. Aquele domingo era aniversário de seu pai e ele não podia se atrasar. Jeff entrou em pânico. Ele não suportou a ideia de ser abandonado novamente. Em um curto espaço de tempo ele fora abandonado pelo pai, pela mãe, pelos amigos da Revere e agora era a vez de Hicks. Aquilo não podia estar acontecendo. Ele só queria uma companhia.

Acredita-se que Dahmer tenha inventado uma desculpa e saído do quarto, deixando Hicks sentado em uma cadeira. Ele voltou minutos depois e, pelas costas, acertou a cabeça de Hicks com um haltere* — o mesmo objeto de musculação que Lionel comprara na esperança de despertar algum interesse no filho. Existem versões conflitantes sobre o que aconteceu a seguir. Em entrevistas, o próprio Dahmer contou histórias diferentes sobre Hicks ter caído inconsciente; já em outras ocasiões, ele afirmou que foi necessário um segundo golpe na cabeça da vítima, após ela reagir e entrar em luta corporal. Certo mesmo é que, após Hicks cair desacordado no chão, Dahmer o estrangulou até a morte com o mesmo objeto. "Não sabia o que fazer para não deixar que ele fosse embora", disse Dahmer, em tom de lamentação, em uma entrevista para Robert Ressler, em 1993.

Jeffrey Lionel Dahmer, 18 anos, era agora um assassino. Assustado com o que havia feito, ele perambulou em choque pela casa até o momento em que as coisas deram uma esfriada. Ao mesmo tempo, Jeff estava excitado.

Naquele momento, Jeff percebeu que poderia exercer controle e poder sobre outro ser humano. Finalmente, a sua fantasia era realidade, o caronista boa-pinta e atlético era agora um corpo inerte completamente passivo e à mercê das suas vontades. Hicks era o seu prisioneiro e Jeff poderia fazer o que desejasse.

Dahmer acariciou o tórax e abdômen definidos de Hicks e se masturbou em frente a ele várias vezes. Após se deleitar sexualmente, e temendo que alguém aparecesse, ele escondeu o corpo do lado de fora, em um espaço debaixo da casa, sob o alpendre, mas não conseguiu dormir naquela noite. A adrenalina era demais.

Tendo satisfeito parcialmente a sua fantasia, na manhã seguinte, pensando no que fazer com o corpo, Jeff foi até uma loja e comprou uma faca de caça, arrastou o cadáver de Hicks no espaço sob o alpendre, mais ao fundo, e, durante a noite, o esquartejou. Mas antes de cortar a vítima em pedaços, Jeff o tocou e o acariciou pela última vez,

* Dahmer afirma que usou um "barbell" para matar Hicks. Nos Estados Unidos, o barbell pode ser tanto um haltere quanto uma barra de ferro maior para prender anilhas nas extremidades. Então, é possível que, em vez do haltere, ele tenha usado apenas a barra de ferro para golpear Hicks e estrangulá-lo em seguida.

mais uma vez deleitando-se com o tórax e abdômen de Hicks, e também acariciando o pênis da vítima. Então abriu o tórax para ver como Hicks era por dentro. Ele ficou maravilhado com os órgãos internos e se masturbou durante o processo. As cores eram muito bonitas e vivas. A visão das vísceras o excitou. Ele, então, cortou os braços e as pernas, sempre se masturbando quando a vontade aparecia. O comportamento masturbatório continuou em cima dos pedaços do corpo. O cadáver desmembrado e picado de Steven Hicks foi colocado em sacos plásticos — "triplamente ensacados", como diria Jeff mais tarde — para descarte.

Treze anos depois, quando policiais e peritos foram até a cena do crime, após Jeff finalmente ser preso, eles ainda encontraram sangue seco por toda a parte — chão, paredes, teto.

Jeff podia estar mergulhado em suas fantasias doentias e bizarras, mas estava são o suficiente para entender que cometera um crime hediondo. Ele estava na casa dos seus pais e precisava se livrar dos pedaços de Steven Hicks o mais rápido possível. Além do mais, o corpo desmembrado já começava a apresentar mau cheiro. Jeff manteve o cadáver picado na casa da família até o dia 21 de junho e naquela noite planejou descartar os sacos em uma área afastada. O melhor horário para ele fazer isso era a madrugada, então, nesse horário, Jeff colocou os sacos plásticos contendo os pedaços de Hicks no banco traseiro do carro e saiu dirigindo pelas estradas de Ohio, buscando um lugar adequado para jogá-los fora.

E foi aí que algo aconteceu.

Era madrugada e ele dirigia de forma estranha, cruzando para lá e para cá a linha que divide a pista. Ele estava nervoso e aéreo, e isso o fez dirigir de forma errática. Coincidentemente, uma patrulha de polícia fazia a sua ronda noturna quando cruzou o seu caminho com o carro de Jeff. Ao perceber a forma com que o motorista do carro guiava, o policial ligou a sirene e pediu reforço pelo rádio. Minutos depois, um segundo policial chegou no local e viu seu parceiro parado conversando com um adolescente. O garoto abordado, aparentemente, havia cometido algum tipo de infração, e seu parceiro o estava questionando.

Em uma sorte espantosa, Jeff não havia bebido nas horas que antecederam a abordagem e ele passou no teste de embriaguez — é provável que ele estivesse tão excitado e relaxado com o ato homicida que durante aqueles dias não precisou usar a sua tradicional válvula de escape. Mas ele estava aterrorizado. A adrenalina da situação em si era muito grande, ele tinha um corpo desmembrado dentro de sacos de lixo no banco traseiro e procurava um local para jogar tudo fora, e agora uma viatura policial ligara sua sirene e o mandara parar. Fora do carro, dois policiais de caras fechadas pediam explicações enquanto bisbilhotavam com suas lanternas o carro em uma estrada deserta. O que dizer? O que fazer? Ele estava à beira de um colapso nervoso, mas como toda pessoa fria e calculista que se preze, Jeff foi capaz de se manter calmo — ou pelo menos não deixar que o seu medo transparecesse em seu rosto — e ter um diálogo normal com os oficiais.

Aos policiais, ele disse estar abalado pela separação dos seus pais e por isso não conseguia dormir, então, para espairecer um pouco, decidiu se desfazer de alguns objetos pessoais que traziam lembranças ruins de sua vida. Ele também tinha dentro do carro lixo acumulado de sua casa e pensou em jogar tudo fora com as lembranças. Jeff se desculpou com os policiais pelo transtorno, ele não estava bem da cabeça, mas tudo ia ficar bem. As lanternas dos policiais iluminaram os sacos de lixo que exalavam um odor ruim no banco de trás, cheiro dos restos mortais em decomposição de Steven Hicks. Jeff, entretanto, foi convincente, e os policiais o deixaram ir, mas não sem antes aplicarem uma multa. Jeff Dahmer se safou.

Em retrospectiva, é surreal que policiais não tenham ao menos desconfiado da situação, especialmente pelo cheiro característico de carne putrefata. Teria sido a boa aparência de Jeffrey Dahmer? Sua cor? Lábia? Poder de convencimento? Todas as anteriores? Seja qual for o motivo, essa foi a primeira de muitas ocasiões em que autoridades poderiam ter interrompido sua "carreira" de assassino, mas não o fizeram. Era como se Dahmer continuasse recebendo permissão para matar.

Terrivelmente assustado com a abordagem policial na madrugada, Jeff retornou para casa e colocou os sacos com os restos de Steven Hicks no sótão. E como estava ali mesmo, por que não o contemplar novamente? A companhia de Hicks era agradabilíssima e Dahmer a adorava. Jeff, então, abriu um dos sacos e tirou a cabeça da vítima, lavou-a no banheiro, colocou-a no chão e se masturbou olhando para ela. Desde criança Dahmer tinha fascinação por cabeças, primeiro de animais, agora de homens.

Antes de entrar na casa, ele se masturbou em cima dos sacos. Na manhã seguinte, ele colocou os restos mortais de Hicks dentro de um largo cano desativado na floresta atrás da sua casa, encheu de pedras a entrada do cano e jogou terra por cima. Ele guardou um pouco mais a cabeça de Hicks, mas logo a decomposição fez o seu trabalho e ele teve que se desfazer dela. A faca usada no esquartejamento foi jogada em um rio e as roupas e documentos pessoais de Hicks, queimados.

Como em várias culturas com rituais de passagem para a vida adulta, o dia 18 de junho de 1978 foi a transição de Jeffrey Dahmer. Naquele dia, morria o dissecador de animais e nascia o assassino necrófilo. Tendo experimentado o ato sem consequências imediatas e com prazer sexual, era possível que ele repetisse a experiência no futuro. Ainda assim, Dahmer tentou esquecer o crime e levar uma vida normal, mas, como afirmaria anos depois, atos assim não podem ser esquecidos ou enterrados. Para Richard e Martha Hicks, a dor do desaparecimento do filho durou treze anos, marcados por um ciclo de desespero e falsas esperanças.

Em todas as entrevistas que deu após finalmente ser desmascarado — e cujas perguntas citavam o episódio Steven Hicks —, Jeff Dahmer afirmou que o assassinato do jovem caronista o assombrou terrivelmente. Por mais que ele fosse um indivíduo perturbado e maligno, Jeff era, obviamente, um ser humano. E humano que era, ele devia guardar algum resquício de sensibilidade e compreensão do mundo à sua volta. E por mais que tivesse realizado a sua fantasia, a experiência, por natureza, foi brutalmente traumática. Aquilo tudo era horroroso e o próprio Jeff tinha consciência disso. Foi um ato hediondo e macabro, feio demais até para ser lembrado. O horror do ato, profundo e duradouro, se sobrepôs ao prazer, superficial e instantâneo. Isso é tão verdade que logo depois ele se afundaria no álcool e, mais revelador, Jeff entraria em um longuíssimo período de resfriamento emocional, época em que tentou de tudo: álcool, religião, um manequim e a aplicação de "boa noite, Cinderela".

"Naquela noite, lá em Ohio, naquela noite impulsiva. Desde então, nada foi normal. Esse tipo de coisa permanece pela vida inteira. Depois do que aconteceu, pensei que ia tentar viver da forma mais normal possível, deixar aquilo enterrado. Mas coisas assim não ficam debaixo da terra." (Jeffrey Dahmer, 1991)

A MADRASTA

Três meses antes do divórcio finalmente sair, Lionel conheceu uma mulher chamada Shari Jordan. Eles eram pessoas completamente diferentes. Ela expansiva, ele, introspectivo. Ela não levava desaforo para casa, ele preferia evitar confrontos. Ela era social, ele, antissocial. Ela era sentimental e sensível às emoções, já ele, indiferente e frio como o gelo. Ela se impunha em qualquer situação, ele preferia sair de fininho. Por mais que fossem como a água e o vinho, esses dois indivíduos discrepantes juntaram as escovas e se tornaram unha e carne. O sucesso do relacionamento muitas vezes passa pela aceitação do outro como ele é. Se há amor, há também tolerância e acolhimento com as individualidades e (supostas) falhas do outro. Shari se tornou Shari Dahmer e aceitou Lionel e seus problemas como se fossem dela — e olha que os transtornos se acumulariam como em um vulcão até a sua assustadora erupção. Ela, entretanto, nunca o abandonou.

Em agosto de 1978, os telefonemas que Lionel fazia para os filhos pararam de ser atendidos. Preocupado, ele começou a ligar diariamente, e durante uma semana inteira ninguém atendeu. Ele tinha uma ordem da justiça para se manter longe da casa, e por isso ponderou bastante se devia ou não dar uma passada por lá. Mas ele não tinha escolha. Por três dias passou de carro em frente à casa e tudo o que ele pôde ver foi o carro da ex-esposa. A casa não tinha sinal de vida. Sem alternativas, ele finalmente decidiu bater à porta para ver o que se passava.

Naquele dia, Shari foi com ele e ficou dentro do carro, enquanto Lionel batia à porta. Não demorou, e Jeff abriu. A expressão do filho foi de surpresa e Jeff não respondeu a nenhuma das perguntas do pai. "Onde está sua mãe?" "Onde está David?"

Lionel percebeu que Jeff não estava sozinho em casa. Havia outros adolescentes e Jeff liberara a casa para encontros. Os adolescentes que estavam lá faziam parte do grupo de amigos de Bridget Geiger. Aparentemente, Jeff estava organizando encontros desde junho, e isso contrasta com suas confissões posteriores de isolamento total após o abandono da mãe. Em 1991, Geiger deu uma entrevista e revelou que participou de uma festa na casa de Dahmer em junho de 1978. Participaram cerca de sete adolescentes, e a "festa" foi bem ao estilo perturbado de Jeff — sem música, comida ou bebida. Em dado momento, Jeff e um dos garotos disse que era hora de contatar os mortos e organizaram um tipo de sessão espiritual. Quando todos se sentaram em seus devidos lugares, um dos rapazes clamou: "Vamos invocar Lúcifer!". A "festa" assustou Geiger e a garota nunca mais se aproximou de Dahmer.

Quando Lionel chegou em sua casa naquele mês de agosto de 1978 e notou o que se passava, pediu para a meninada sair e interrogou Jeff.

"Onde está David e sua mãe?", perguntou firme. "Se foram. Eles mudaram", respondeu Jeff. "Mudaram para onde?"

"Eu não sei."

"Você quer dizer que ela não vai voltar?"

Jeff apenas resmungou e continuou não dizendo nada com nada.

Lionel não conseguiu nada do filho além do "eles mudaram".

Enquanto Lionel tentava saber de Jeff o que havia acontecido, Shari apareceu e começou a andar pela casa. Ela logo chamou Lionel para ver uma coisa: um pentagrama desenhado com giz em uma mesa de madeira, produto da noite de invocação ao Belzebu.

Após tomar partido da situação, Lionel se mudou novamente para a casa com Shari, e Jeff aceitou muito bem a madrasta. Com o passar do tempo, Shari trataria Jeff e David como os filhos que nunca teve. Ela sabia o seu lugar na família e nunca teve a pretensão de assumir a posição da mãe biológica, mas aquela agora era a sua família e ela os ajudaria em tudo que fosse necessário — dadas as devidas limitações de uma madrasta. Shari se tornaria o ponto de equilíbrio e bom senso em uma casa preenchida por homens frios e amadores nas questões sentimentais e cegos para os problemas uns dos outros.

Um exemplo foi a descoberta de que Jeff bebia até cair. Shari foi a primeira a notar tal comportamento. O garoto bebia havia anos e nem Joyce ou Lionel nunca sequer suspeitaram. Shari, em poucas semanas, já sabia de tudo e avisou Lionel. "Eu não acredito nisso. Eu simplesmente não acredito!", exclamou Lionel quando chegou em casa a pedido de Shari e encontrou Jeff bêbado e esparramado na cama do quarto. O garoto deu de ombros aos questionamentos do pai e, como era sua característica há anos, resmungou respostas monossilábicas e deu a entender que estava bebendo porque vivia no tédio e não tinha nada para fazer.

Na verdade, Jeff estava passando por um sofrimento mental pelo assassinato de Hicks e o seu único remédio era a bebida. Ele bebia para tentar esquecer o que havia feito. Se antes já era difícil lidar apenas com suas fantasias, agora ele também tinha de lidar com as memórias horrorosas do homicídio. Ao mesmo tempo, a tensão em saber que o seu pai e madrasta estavam a alguns metros do que restou da vítima dava um ar ainda mais tenebroso e limítrofe. Ele estava no fio da navalha e cada vez mais causava problemas a Lionel.

Um desses problemas foi o furto de dois anéis caros de Shari. O primeiro, ela achou que havia colocado em algum lugar e não lembrava. Mas quando o segundo sumiu, o sinal de alerta acendeu. Jeff foi colocado contra a parede e negou ter pegado as joias. Ele se sentiu insultado pela desconfiança do pai e da madrasta. A polícia foi chamada e o furto recaiu sobre um amigo de Dahmer. Sabemos como Jeff era hábil para se safar de problemas, mas como ninguém nunca descobriu quem foi o autor dos furtos, ele merece o benefício da dúvida.

Aquelas semanas de agosto foram terríveis para Lionel. Ele não sabia mais o que fazer com Jeff, o garoto parecia problemático, não tinha interesse em qualquer coisa e nem sequer sabia que rumo seguir na vida. A universidade parecia o caminho mais natural, mas Jeff não tinha interesse em nada, em nenhum curso e em nenhuma profissão. Ele dava de ombros às conversas com o pai sobre ir para a universidade e os dias na casa se tornaram um círculo vicioso de diálogos inúteis. Fora os problemas com o filho mais velho, Lionel estava desesperado atrás de David. Joyce sumira levando o menino e Lionel não tinha a mínima ideia de onde eles estavam. Ela não podia ter feito aquilo, ele tinha direitos e não existia a possibilidade de ficar longe do caçula. Durante um mês inteiro ele trabalhou como um detetive, tentando descobrir o paradeiro do menino até eventualmente encontrá-lo matriculado em uma escola de Chippewa Falls. Seguiram-se mais brigas na justiça e aquele ano de 1978 provaria ser um dos piores da vida de Lionel.

Cansada do vai não vai, Shari entrou em cena e usou de sua sensibilidade feminina para dar uma animada em Jeff. Enquanto Lionel cuidava da parte burocrática — matrícula, papelada, pagamento —, Shari fez tudo que pôde na tentativa de alimentar o espírito de Jeff com boas vibrações, comentando sobre como seria empolgante aquela nova etapa em sua vida. Ela o levou ao shopping, comprou roupas novas e sempre tentava colocá-lo para cima. Eventualmente, e mesmo a contragosto, Jeff aceitou o seu destino e foi levado por Lionel e Shari até Columbus, onde ficava o campus da Universidade Estadual de Ohio (OSU, na sigla em inglês), uma viagem de carro de cerca de duas horas. O ano letivo nos Estados Unidos e Europa começa em setembro, e, no início de setembro de 1978, Jeff foi deixado no dormitório Ross House para iniciar a construção do seu futuro. A estadia do jovem na OSU, entretanto, seria um completo desastre.

Em 17 de setembro, a polícia do campus da universidade recebeu a denúncia de furto no quarto 541 do dormitório dos estudantes. Havia quatro moradores no quarto, e um deles era Jeffrey Dahmer.

O garoto deu de ombros aos questionamentos do pai e, como era sua característica havia anos, resmungou respostas monossilábicas e deu a entender que estava bebendo porque vivia no tédio e não tinha nada para fazer.

Desde o início, os universitários Craig Chweiger, Michael Prochaska e Jeffrey Gerderick acharam o xará de Gerderick esquisito. O garoto Dahmer passava o dia inteiro deitado no beliche de cima, com um fone no ouvido escutando Beatles, e o rapaz cantava alto, como se não houvesse mais ninguém no quarto. Além disso, ele bebia como um gambá. Quando um relógio, um rádio e dinheiro sumiram do quarto, as suspeitas logo recaíram em cima de Dahmer. Seis semanas depois, Jeff foi incluído no relatório da polícia como potencial suspeito nos roubos. Os investigadores chegaram até o seu nome pela boca dos próprios colegas de quarto, que suspeitavam do companheiro alcoólatra.

Investigando Dahmer, em outubro, a polícia concluiu que ele era um alcoólatra que bebia diariamente uma quantidade exagerada de licor. Ele era responsável por vários atos de vandalismo no quarto — bêbado, quebrou a porta do banheiro, espatifou pizzas pelas paredes e virou o quarto do avesso inúmeras vezes.

Michael Prochaska, que teve o relógio roubado, revelou posteriormente que Dahmer levava garrafas de bebidas para a sala de aula, gravava as aulas com um gravador e voltava para o quarto. Enquanto escutava as fitas, entornava várias garrafas de bebida alcoólica. Quando Lionel limitou a mesada, enviando apenas o necessário para o filho, Jeff passou a ir aos bancos de sangue da universidade para doar em troca de dinheiro. O jovem era tão assíduo que os laboratórios tiraram suas digitais para ele não doar mais do que uma vez por semana. Certa vez, de tão bêbado, caiu estirado ao chão na calçada em frente a um bar e lá ficou, sendo reconhecido por sua colega da Revere, Marty Schmidt. A garota tentou acordar Jeff, mas não conseguiu. Tempos depois, ela se lembraria do episódio como o momento em que percebeu que o seu colega de ensino médio era um caso perdido.

Jeff bebeu durante todos os três meses que durou na universidade, e apesar de Lionel ter pagado adiantado, Jeff voltou para Bath em dezembro de 1978. Lutando contra o monstro que se desenvolvia dentro de si, ele adentrou o fundo do poço. Quando Lionel foi até o seu quarto pegar suas coisas, ficou chocado ao contar 32 garrafas vazias de licor e vinho em cima de sua mesa. Ao conversar com os estudantes que moravam no quarto, Lionel, pela primeira vez, percebeu o quão sério era o problema que seu filho enfrentava.

O pai fez de tudo para ajudar. "Jeff, as portas estão se fechando", dizia ele. Cansado da falta de atitude, Lionel deu um ultimato: ou ele arrumava um emprego ou deveria se juntar ao Exército. Jeff negou-se a trabalhar e continuou bebendo durante todo o tempo.

Após deixar Jeff no Summit Mall para se inscrever no serviço de emprego do estado ou buscar trabalho no shopping, Lionel voltou para buscá-lo e o encontrou completamente embriagado. Recusou-se a levá-lo para casa até que estivesse sóbrio, pedindo que Jeff ligasse para ele quando isso acontecesse. A ligação nunca veio. Por volta das dez da noite, Lionel retornou ao shopping, já fechado e deserto. Logo descobriu que Jeff estava preso por embriaguez e conduta desordeira. Lionel pagou a fiança e Jeff voltou para casa.

Incapaz de se encaixar no mundo em sua volta, Jeff estava desmoronando rapidamente e não existia mais lugar para ele. Na verdade, havia apenas um único lugar que Lionel imaginou para o filho: o Exército. Um ambiente totalmente diferente, restrito e disciplinador talvez fosse o único remédio para colocar o primogênito nos trilhos.

Lionel conversou antecipadamente com um sargento antes de levar o filho, contra a sua vontade, até o Escritório de Alistamento Militar no final de dezembro. Rapidamente Jeff estava alistado e Lionel respirou aliviado, imaginando que aquela experiência poderia, finalmente, endireitar o rapaz. O mundo que Lionel conhecia não estava funcionando para Jeff, então, quem sabe o universo militar tivesse melhor sorte.

Longe da influência e apoio do pai sempre que precisava, Jeff foi despachado para San Antonio, no Texas, onde teve treinamento médico, o que o deixou feliz, pois aprendeu bastante sobre anatomia humana. Pela primeira vez na vida ele parecia excitado com o que fazia. Após seis meses no Exército, sua aparência melhorou, sua pele ficou mais corada e seu corpo, mais forte. O garoto tímido e recluso agora saía e até sorria. Quando voltou para Bath após seis meses, durante algumas semanas de dispensa, Lionel mal acreditou no que estava vendo.

> "Quando o vi novamente, a transformação era inacreditável [...] Pela primeira vez na vida, ele parecia feliz de poder ajudar. Ajudou a cortar e estocar lenha. Varreu as folhas e recolheu os galhos caídos. Quando não estávamos trabalhando, jogávamos tênis ou cozinhávamos ao ar livre. Ele grelhava hambúrgueres ou bifes na churrasqueira. Ao longo de todo esse tempo, Jeff manteve um sorriso autoconfiante e feliz. Porém, não muito longe de nós, no alto de uma colina, o corpo desmembrado da primeira vítima de Jeff jazia em um cano de escoamento subterrâneo, sem nunca ter sido descoberto. Enquanto isso, não havia qualquer sinal do jovem brutal que havia cometido esse assassinato no rapaz

bem-arrumado e alegre que se sentava diante de mim na mesa de jantar, gabando-se, cheio de orgulho, de sua experiência no Exército." (Lionel Dahmer)

Mas essa mudança de comportamento foi temporária. Jeff voltou às trevas quando foi convocado para servir em Baumholder, Alemanha Ocidental. Era 13 de julho de 1979 quando ele foi alistado como ajudante médico no Segundo Batalhão, 68º Regimento Blindado, 8ª Divisão de Infantaria, e enviado para a base militar de Baumholder.

No início, ele pareceu ter se ajustado à vida de soldado na Alemanha, mas, em dado momento, ele mais uma vez voltou a beber. Seu comportamento era solitário, mas tranquilo, exceto durante as bebedeiras, onde se tornava mal-humorado e desafiava seus superiores. Deitado na cama, fones de ouvido quase explodiam ao som de Black Sabbath e outras bandas de rock pesado. Não eram raras as vezes em que desmaiava de tão bêbado.

Nos últimos dois meses de sua breve carreira militar, Dahmer estava sóbrio porque se tornou um prisioneiro do Exército — confinado ao seu quarto em Baumholder, sem permissão para sair sem escolta. O comandante da base ordenou que as roupas de civis dele fossem confiscadas, de forma que pudesse vestir apenas o seu uniforme. Era permitido a ele usar o banheiro, e três vezes ao dia era levado até o refeitório para comer.

Duas vezes por semana, Dahmer era escoltado até a loja militar para comprar sopa, desodorante e pasta de dente. Chicletes e revistas não eram permitidos.

Esse tratamento sufocante era o resultado do seu alcoolismo fora de controle e da sua determinação em deixar o Exército. Seis meses antes do Exército finalmente desistir dele, Dahmer foi colocado em um programa de reabilitação para alcoólatras, mas seus dias na terapia não surtiram efeito algum. Devido ao seu abuso crônico de álcool e após inúmeras tentativas dos militares em ajudá-lo, Dahmer, afinal, foi considerado inapto para o serviço militar e dispensado após dois anos, dois meses e 15 dias de serviço.

Após a descoberta dos seus crimes, colegas e seus superiores no Exército foram entrevistados em diversos jornais e revistas, e ofereceram suas percepções sobre os meses e anos que conviveram com Jeff no serviço militar. Nessas entrevistas fica claro que:

- Jeffrey Dahmer era solitário e não tinha amigos íntimos. Frequentemente deixava a base militar em um táxi na sexta-feira e não era visto até sábado ou domingo.*

- Não houve problemas com álcool em seu primeiro ano na Alemanha, mas, após o final do seu primeiro ano, aparentemente se aborreceu do serviço militar e quis sair, não importando o que tivesse que fazer.

- Diferentemente de outros jovens que se cercavam de retratos e lembranças da família e de casa, Jeff não tinha nada. Seu quarto era extremamente arrumado, à moda militar, e ele não tinha fotografias dos pais, do irmão ou da sua casa. Colegas militares não lembram dele sequer recebendo qualquer carta da família.†

- Dahmer mal falava da família. Aos colegas da base, mencionou apenas o seu pai, mãe e avó. A única coisa que ele comentou sobre Lionel e Joyce foi em relação ao recente divórcio que eles tiveram e que não se sentia bem-vindo nas casas deles, por isso preferia ficar com a avó.

- Jeff não comentava sobre namoradas e nem mesmo sobre sexo, por isso era visto como sexualmente ingênuo.

- Ocasionalmente, ele lia livros e revistas, era inteligente e podia ter uma conversa longa e esclarecida sobre qualquer assunto.

- Seu abuso de álcool teve início perto do final de 1980, quando começou a beber por dias a fio, sem parar. O comportamento prejudicou o seu trabalho no Exército e havia dias em que ele simplesmente não aparecia, sendo encontrado desacordado e esticado em sua

* Baumholder em si era uma cidadezinha tipicamente interiorana, sem absolutamente nada para fazer. Em suas folgas, os soldados costumavam viajar até Kaiserslautern ou Frankfurt.

† Shari enviou várias cartas para Jeff, mas recebeu uma ou outra de volta.

cama (uma foto dele dessa época pode ser encontrada na internet. Jeff, apagado em sua cama com uma garrafa de bebida ao lado esquerdo do corpo).

- Outros soldados lembraram de como ele caía de bêbado, e, depois de horas desacordado, se levantava apenas para começar a beber novamente.
- Em seu último ano, seus colegas soldados começaram a fazer piadas do seu comportamento porque ele simplesmente estava bêbado a maior parte do tempo. Os colegas diziam coisas cruéis, mas Dahmer nunca atacou fisicamente nenhum deles. Ele ficava em sua cama bebendo e contando piadas.

Seu superior imediato, David Goss, revelou que em suas conversas com Dahmer, o jovem se ressentia de sua família, de seus problemas com pai e mãe e de como não podia lidar com nenhum deles, mas havia algo sobre o qual Dahmer "não podia conversar a respeito". Quando conversava, Jeff era aberto sobre tudo, mas Goss, um homem mais velho, sentiu que por trás do comportamento destrutivo daquele rapaz, se escondia algo que o perturbava e, provavelmente, era o motivo da sua conduta desviante. De seu tempo na Alemanha, Goss relembra que Dahmer foi o único garoto que guardava um segredo a sete chaves. Ele até tentou fazer com que Jeff se abrisse com ele, mas recebeu como resposta apenas um "eu não posso discutir isso com você". Em retrospectiva, para Goss, eram as imagens horrendas e o sentimento de culpa que carregava pelo brutal assassinato de Steven Hicks que assombravam Jeffrey Dahmer.

Enquanto esteve na Alemanha, Jeff mal interagiu com sua família, apesar de várias cartas enviadas por Shari. Uma ou outra vez ele ligou para casa e ainda assim mal trocava duas palavras. Contanto que Jeff estivesse evoluindo em sua carreira militar, o comportamento não incomodava Lionel. E era isso o que o pai de Jeff almejava. Seu filho estava vivendo a sua vida dentro de um ambiente no qual podia fincar seus pés e progredir, "construir um futuro decente para ele mesmo", como acreditava. "Sempre que pensava nele, visualizava-o de uniforme, passando a enxergar aquele uniforme, e tudo o que representava, como a sua salvação." O que Lionel não sabia era que a estadia de seu filho nas forças armadas estava no fim e Jeff logo estaria de volta ao seu país natal.

Após dispensá-lo, o Exército comprou uma passagem de volta para os Estados Unidos e foi o próprio Goss quem levou Dahmer até o aeroporto. "Algum dia você irá ouvir sobre mim novamente", disse Dahmer no meio do caminho para o seu superior. Goss imaginou que o garoto estivesse envergonhado pelo comportamento e por sair pelas portas dos fundos, e que a partir daquele momento lutaria para endireitar a vida, se tornando um homem de sucesso. Mas a realidade é que aquela fala de Jeff tinha outro significado.

Jeff voltou para os Estados Unidos em um voo para a Carolina do Sul, onde finalizou os trâmites burocráticos de sua dispensa do Exército e depois recebeu um bilhete livre para voar para qualquer parte do país. Cansado do frio de Ohio e da Alemanha, Jeff escolheu o calor da Flórida para começar uma nova vida. Ele se estabeleceu em Miami, um lugar longe o suficiente dos pesadelos da 4480 Bath Road. É bastante óbvio que ele voou para Miami não apenas devido à temperatura, mas também porque queria se manter distante das lembranças horrorosas que Ohio lhe proporcionava. Sua infância e adolescência na 4480 Bath Road foi dolorosa e macabra, não havia nada de bom lá. Sozinho em um lugar novo e agradável, ele teria a sua privacidade e estaria longe das cobranças de seu pai. Ele queria viver a vida do seu jeito e nem sequer contou para Lionel que havia sido dispensado antes da hora. O pai descobriu seu paradeiro somente tempos depois, quando Jeff telefonou.

Enquanto esteve na Alemanha, Jeff mal interagiu com sua família [...] Uma ou outra vez ele ligou para casa [...] Contanto que Jeff estivesse evoluindo em sua carreira militar, o comportamento não incomodava Lionel.

O homem se surpreendeu ao ouvir do filho de 21 anos que ele estava trabalhando e se adaptando bem à agitada Miami. Sozinho, Jeff conseguiu rapidamente um emprego como garçom e cozinheiro na pizzaria Sunshine Sub Shop. O trabalho era pesado, o salário baixo, e ele morava em um quarto de motel. Jeff não deu muitos detalhes, e Lionel evitou aprofundar a conversa. O fato de o filho estar bem, trabalhando e vivendo por conta própria, parecia um bom sinal. A distância poderia ajudá-lo a amadurecer e o manter longe de problemas, pois não teria tempo ocioso. Mas, se algo acontecesse, Lionel não estaria lá para ajudá-lo, o que o preocupou brevemente.

Enquanto trabalhou na Sunshine Sub Shop, Jeff fez amizade com uma colega de trabalho, uma inglesa que morava ilegalmente nos Estados Unidos. Essa jovem mulher acabaria por ser um dos únicos seres humanos do sexo feminino em toda a vida de Jeff a qual ele se aproximaria a ponto de desenvolver um tipo de amizade — ele também se aproximou de Pamela Bass, mas Pamela era mais uma vizinha do que amiga. Jeff chegou a morar com essa colega de trabalho e os dois se davam muito bem. Tinha um namorado, que também estava ilegalmente no país, e os três certa vez viajaram de carro até uma praia da Flórida. Em um telefonema posterior a Lionel, Jeff contou sobre a tentadora oferta que a amiga lhe fez: ela queria se casar com ele para obter a cidadania americana. Em troca, ela lhe pagaria uma boa grana. Lionel implorou para o filho não cometer esse erro e acabou o dissuadindo da ideia.

Na Flórida, aos 21 anos, Jeff não conseguiu se afastar do álcool. Apesar de trabalhar quase todos os dias, não conseguia deixar de lado seus pensamentos mórbidos e as lembranças de Hicks. Afundou-se na bebida, chegando a dormir por semanas na praia, gastando o dinheiro do quarto em garrafas. Levando uma vida errante, dormindo nas ruas e bebendo cada vez mais, foi demitido da Sunshine Sub por faltas e quase esfaqueado por moradores de rua que suspeitavam que ele os roubava. Sem dinheiro e sem saída, ligou para o pai pedindo ajuda. Shari atendeu e recusou enviar dinheiro, oferecendo apenas uma passagem de volta para Ohio. Sem opções, Jeff voltou para o lugar que assombrava seus piores pesadelos. Mas apesar do vazio escuro, sombrio e assustador que o número 4480 da Bath Road representava, Jeff Dahmer tinha algo importantíssimo a fazer naquela casa.

3

LUTANDO CONTRA A ESSÊNCIA

Em setembro de 1981, após quase três anos longe, Jeffrey Dahmer pisou novamente no solo de Ohio ao desembarcar no Aeroporto Internacional de Cleveland Hopkins. Seu pai e madrasta foram buscá-lo. Para surpresa de Lionel, que imaginava encontrar um homem com a expressão derrotada e humilhada, Jeff deu um largo e bonito sorriso de longe ao ver o pai. A alegria de Lionel, porém, durou pouco. Quando seu filho se aproximou, ele pôde sentir o terrível cheiro de álcool que exalava de sua boca. Jeff estava meio bêbado e, percebendo a frustração do pai, não pôde fazer nada, a não ser pedir desculpas — um comportamento padrão que o seguiria pelo resto da vida. "Desculpe, pai. Eu acho que exagerei no avião", disse.

Nos primeiros dias em casa, Jeff parecia diferente e ativo. Ajudou o pai com arrumações na casa e, com a iminente chegada do inverno, trabalhou na proteção dos canos externos. Quando Lionel quis se arrastar até o espaço debaixo da casa para vedar alguns canos, Jeff o interrompeu e disse que aquilo era tarefa para ele. Ele era mais novo e aquele lugar, apertado demais para o pai ficar se contorcendo. Lionel não se importou, e Jeff fez o que tinha que fazer no mesmo espaço onde três anos antes havia massacrado Steven Hicks. E por falar em Steven Hicks, era hora de realizar uma tarefa que há muito tempo incomodava Jeff.

Aproveitando-se de um dia em que Lionel e Shari estavam fora, Jeff entrou na floresta em direção ao cano de escoamento desativado, onde havia colocado os sacos de lixo com o corpo esquartejado de Hicks. Saber que Hicks repousava naquele lugar sempre incomodou Jeff e era hora de pulverizar as evidências e fazer a vítima desaparecer de uma vez por todas. "Dar um fim a isso", como ele revelaria mais tarde. Quando tirou os sacos de lixo do lugar e os abriu, só havia ossos. A carne desaparecera. Hicks era apenas um amontoado de vértebras, espinha e outros ossos. Jeff, então, quebrou os ossos em pequenos pedaços e espalhou pela mata. Hicks se misturou à terra, e se tornou parte da própria floresta que um dia viu nascer o mal e que por tanto tempo o escondeu e o alimentou. Foi na penumbra e solidão do bosque que circulava sombriamente a sua casa que o Jeff assassino se criou. Ele próprio se incorporou àquela vegetação como se realmente fizesse parte da vida que ali existia. Durante anos as pessoas só puderam enxergar o resultado de sua energia: as cruzes, a cabeça do cão espetada em um pau, animais pregados em árvores, círculos estranhos no chão... Ninguém nunca soube o que era, mas as conversas davam conta da existência de algo negativo naquele lugar. E agora, mais uma vez, a floresta o acobertava, absorvendo e desaparecendo com a sua primeira vítima. Somente Jeff, a fonte do mal, poderia fazer a floresta expelir Hicks de volta. Isso eventualmente aconteceria, mas levaria muitos e muitos anos.

Morando novamente com o pai e a madrasta, Jeff Dahmer teve um início animador, mas sua aparente normalidade não durou quase nada. As conversas sobre o que ele planejava fazer da vida começaram e as cobranças de seu pai mais uma vez o deixaram no limbo. Lionel levava o filho até o Summit Mall para ele dar uma olhada nas vagas de emprego, outras vezes deixava o carro com Jeff para ele mesmo sair e procurar emprego. Mas uma vez deixado sozinho, tudo o que ele não fazia era procurar por uma direção. Várias vezes Jeff chegou em casa completamente bêbado. Não foram raras as vezes também em que apareceu em casa sabe-se lá como, sem o carro do pai, que havia perdido em algum lugar. Ele não fazia a mínima ideia de onde estava, então Lionel e Shari saíam por Bath à procura do automóvel.

Durante todo aquele final de 1981, Lionel tentou ajudar o filho com sua dependência química, e isso se tornou uma luta ainda maior quando Jeff foi preso por conduta inapropriada, intoxicação pública (embriaguez) e resistência à prisão. Nessa época, Jeff era uma alma completamente perdida que vagava por bares e bebia até as portas fecharem, muitas vezes sendo expulso desses estabelecimentos a pancadas. Em algumas ocasiões, chegou em casa com arranhões no rosto e hematomas, para desespero de Lionel, que não sabia mais o que fazer.

Essa segunda prisão aconteceu em 7 de outubro de 1981, às 20h36. Bebendo em um hotel, o Ramada Inn, Dahmer se tornou inconveniente e foi orientado pela administração que se retirasse do local. Ele se recusou e fez toda uma cena. Com muito custo, saiu do estabelecimento. Mas como todo bêbado chato que se preze, ficou do lado de fora, entornando uma garrafa de licor enquanto andava para lá e para cá ameaçando entrar novamente. A polícia foi chamada e Jeff continuou com seu comportamento desafiador até ser algemado à força. Ele resistiu à prisão e uma briga física se seguiu até ele finalmente ser dominado e colocado na viatura.

Essa não seria a última prisão de Jeff e, nessa, como nas outras, lá

Morando novamente com o pai e a madrasta, Jeff Dahmer teve um início animador, mas sua aparente normalidade não durou quase nada. As conversas sobre o que ele planejava fazer da vida começaram e as cobranças de seu pai mais uma vez o deixaram no limbo [...] Várias vezes Jeff chegou em casa completamente bêbado.

estava o seu pai Lionel cuidando dos trâmites burocráticos ou pagando advogados, na esperança de que seu filho se endireitasse após nova vergonha moral. A vida para Lionel seria uma montanha-russa dali pra frente, com altos e baixos. Insistia com o filho para que ele fizesse tratamentos e cruzava os dedos para que tudo desse certo. Obrigou Jeff a entrar em grupos de alcoólicos anônimos e o encorajou a conseguir um emprego. Mal ele sabia que nada disso poderia ajudar o filho. A vida como Lionel enxergava não chegava nem perto do mundo obscuro e doente do qual Jeff fazia parte. Jeff Dahmer era um caso perdido.

> "Ao longo das semanas, recebi vários telefonemas. Eles vinham de Jeff, de algum dono de bar, ou até da polícia; todos me avisando que meu filho estava bêbado e incapaz de dirigir, por isso eu deveria buscá-lo." (Lionel Dahmer)

O que fazer com o filho rebelde era a pergunta de um milhão de dólares para Lionel Dahmer. No final daquele ano, ele pagou duas semanas de estadia no Ohio Motel e enviou Jeff até lá para que ele "pudesse repensar a sua vida". Enquanto isso, ele e Shari quebraram a cabeça, e uma coisa pareceu clara: ele devia ficar longe da influência paterna. Parecia que quando ele estava perto de Lionel e tinha todo o suporte do pai, não conseguia fazer nada além de beber, pois todo o resto estava garantido a ele. O garoto não durou no Exército ou na Flórida, mas por algum tempo foi capaz de evoluir nesses lugares. Antes de ir para a Alemanha, parecia outra pessoa; na Flórida, ele conseguiu um emprego rapidamente ao chegar. Quem sabe, então, Lionel e Shari pudessem se mudar, deixando Jeff sozinho na 4480 West Bath Road, para que ele pudesse ter um lugar seu? Seu pai poderia bancá-lo por algum tempo até ele conseguir um emprego e ter o seu próprio dinheiro. A ideia, porém, logo foi rechaçada. A casa era grande e sombria demais para deixá-lo lá, à mercê do seu comportamento destrutivo. Aquele local fechado, cercado por árvores e isolado, se encaixava mais no perfil de um casal como Lionel e Shari do que de um jovem solteiro e cheio de vida como Jeff. Além do mais, Lionel teria que liberar o carro para o filho sair e procurar emprego, e isso não era uma boa ideia, pois Jeff era instável e podia causar uma tragédia ao dirigir embriagado.

Todas as portas para Jeff estavam fechadas. Ele não durou um semestre na universidade, foi dispensado antes do tempo pelo Exército, falhou em viver sozinho na Flórida e era incapaz de procurar emprego em Bath. Após muito pensar, Lionel e Shari decidiram que uma alternativa boa para Jeff seria ele ir passar um tempo com a sua avó Catherine, mãe de Lionel. Catherine morava em West Allis, subúrbio de Milwaukee. Dahmer adorava sua avó, uma senhora amável, que vivia seus dias de forma pacata. Quem sabe a influência da matriarca dos Dahmer não pudesse incutir um sentimento de mudança no rapaz problemático? E assim foi feito.

Quando Lionel levou o filho até a rodoviária para pegar o ônibus em direção a Wisconsin — uma viagem terrível para ser feita de ônibus, com mais de dezesseis horas de duração —, Jeff estava resignado mais uma vez. Ele tinha o mesmo jeito passivo e derrotado, o rosto sem emoção de quando Lionel o deixou no dormitório da universidade, o entregou ao Exército ou de quando o deixou no Ohio Motel. Talvez ele estivesse se sentindo rejeitado, novamente abandonado por seu pai. Ou quem sabe ele não estivesse sentindo nada, sendo a sua expressão morta o reflexo do seu interior. Lionel o abraçou, beijou e desejou boa sorte. Jeff entrou no ônibus e rumou para uma nova vida, longe do pai e daquele pedaço de mundo de tantas lembranças ruins.

O jovem Jeffrey Lionel Dahmer estava prestes a iniciar um novo ciclo em sua vida. Ao desembarcar em Milwaukee e pegar outro ônibus até West Allis, descendo no gelado inverno daquela parte do país e caminhando até a casa da sua avó, Jeff era como um jovem qualquer para o observador que por ventura cruzasse o seu caminho. Se alguém que o conhecesse o visse passando com suas malas, internamente poderia se perguntar se aquele perturbado rapaz conseguiria finalmente encontrar alguma paz e estabilidade.

Ao mesmo tempo, um pensamento conflitante poderia surgir: tal arranjo seria possível para Jeff Dahmer?

A INFLUÊNCIA DA AVÓ

A South 57th Street em West Allis é uma rua tão pacata, bonita e cheia de árvores que dá vontade de morar lá imediatamente. Gramados verdes impecavelmente cortados alinham-se um do lado do outro em frente às casas de arquitetura estilo colonial. Uma delas, no número 2357, destaca-se por sua construção minimalista. Ainda hoje, a casa de telhado e janelas avermelhadas conserva a fachada e estrutura de outrora. Nada mudou. Parece até mesmo uma casinha de criança. Somente parece. O que a maioria dos seres humanos enxerga, seja em pessoas ou coisas, é o que está por fora, apenas isso — a fachada, a casca, a pele, a máscara. Por fora, a casa é bonitinha, mas por dentro ela não tem nada de inocente. Quem hoje passa em frente a essa residência insuspeita não imagina a história de horror extremo que ela tem para contar. Isso porque durante seis anos um homem morou nela, também insuspeito, mas assustadoramente maligno. Esse homem foi Jeffrey Lionel Dahmer.

A avó de Dahmer, Catherine, já morava na casa havia mais de quarenta anos, e ficou mais do que feliz em receber o neto. Sem dúvidas, se existiu alguém na família Dahmer simpático e amável, foi Catherine. Ela morava sozinha havia muito tempo, desde a morte de seu marido Herbert, dez anos antes. Sua vida, como a de muitos idosos, era monótona, mas tranquila e feliz. Ela ficava em casa a maior parte do tempo na companhia de sua bonita gata de estimação, cuidava das suas flores no jardim, fazia o seu crochê, assistia à TV e ia às missas no domingo. Ter a companhia de um membro da família, um neto, era mais que bem-vindo para a mulher de 77 anos.

E o novo ambiente provou-se positivo. Do dia para a noite, Jeff diminuiu o consumo de álcool e até conseguiu um emprego de flebotomista[*] no Milwaukee Blood Plasma Inc., um banco de sangue onde pessoas podiam fazer doações. Sua capacidade de rapidamente conseguir um emprego na nova casa mostrava que, sob determinadas circunstâncias,

[*] É estranho imaginar Jeff como um flebotomista. É possível que ele tenha passado por um treinamento dentro da empresa para exercer a função. Mas é mais possível que ele tenha aprendido as técnicas no Exército, quando serviu como assistente oficial médico. Dentre as funções do cargo estão a coleta de sangue com o uso de agulhas e outros equipamentos.

Jeff podia se encaixar dentro da sociedade e seguir um caminho honesto. Um grande problema para ele era o alcoolismo. Quanto mais longe da bebida, mais ele se aproximava da normalidade como a conhecemos.

Não muito tempo depois de Jeff chegar, em março de 1982, Lionel e Shari foram visitá-lo em West Allis, e Jeff disse que não tinha vontade nenhuma de voltar para Ohio. A vida em West Allis e Milwaukee estava boa e ele se dava muito bem com sua avó. De fato, neto e avó se complementavam em suas necessidades e tinham uma proximidade genuína. Catherine fazia comida para Jeff, lavava suas roupas e cuidava para que tudo estivesse em ordem. Do seu lado, Jeff se responsabilizava pela casa e pelo jardim, limpava a neve e fazia compras. Lionel e Shari ficaram extremamente felizes com o progresso de Jeff, e Catherine até fofocou sobre uma bonita moça da igreja que estaria interessada no neto. "Você devia ligar para ela, Jeff ", comentou Lionel com um sorriso malandro no rosto. "É, eu deveria. Mas eu não tive tempo", desconversou Jeff.

Lionel e Shari voltaram esperançosos para Ohio, mas como de costume, a ilusão não demorou a ser quebrada.

Um belo dia, Catherine descobriu uma arma debaixo da cama do neto. A visão a assustou e ela ligou para Lionel. Jeff disse ao pai que se tratava de uma arma qualquer que ele adquiriu para a prática de tiro ao alvo, mas quando Lionel apareceu em West Allis para tirar a história a limpo, descobriu que a "arma qualquer" era uma pistola Colt Lawman .357 Magnum, pronta para ser usada. Dá para imaginar o espanto de Lionel ao descobrir a pistola. Ele, um sujeito pacato, que corria de confusões e confrontos, segurando um objeto cuja finalidade era a de tirar a vida de um ser vivo. Sem pensar duas vezes, Lionel sumiu com a arma — ele deu a um amigo e pediu para o homem vendê-la, retornando o dinheiro da venda a Jeff.

Mas coisas muito piores estavam por vir.

Em 8 de agosto de 1982, pela terceira vez em sua vida, Jeff Dahmer foi preso. Ele foi acusado de "abaixar as calças na presença de aproximadamente 25 pessoas, incluindo mulheres e crianças" em uma feira de Milwaukee. Jeff estava alcoolizado quando cometeu tal ato exibicionista e foi liberado após pagar uma mísera multa de 50 dólares. Ele continuou a beber nas ruas — nunca na presença da sua avó — e pouco tempo depois foi demitido do seu emprego na Milwaukee Blood Plasma por sucessivas faltas ao trabalho. Mais uma vez estava perdendo o controle sobre si mesmo.

Então algo aconteceu.

Essa nova descida ao fundo do poço poderia representar uma perda de direção rumo ao caos, mas não foi bem assim. Após ser preso e perder o emprego, Jeff Dahmer decidiu que as coisas em sua vida deveriam ser diferentes. Era hora de endireitar tudo e viver de acordo com os preceitos da sociedade e da igreja. Ele também estava envergonhado. O que pensariam sua avó e seu pai se descobrissem que ele havia sido preso por mostrar a genitália para mulheres e crianças? O álcool o estava destruindo e o episódio foi a gota d'água — era hora de cortar o mal pela raiz, antes que as coisas piorassem.

Jeff disse ao pai que se tratava de uma arma qualquer que ele adquiriu para a prática de tiro ao alvo, mas quando Lionel apareceu em West Allis para tirar a história a limpo, descobriu que a "arma qualquer" era uma pistola Colt Lawman .357 Magnum, pronta para ser usada [...]. Sem pensar duas vezes, Lionel sumiu com a arma [...] Mas coisas muito piores estavam por vir.

Surpreendentemente, pelos dois anos seguintes, Jeff conseguiu manter sua vida no lugar. Ele começou a frequentar um grupo dos Alcoólicos Anônimos, parou de beber e se tornou religioso. Todos os domingos ele ia à missa com sua avó e em casa lia bastante a bíblia. Catherine costumava comentar sobre o poder de Deus, e de como o Senhor poderia orientar qualquer filho na terra que estivesse à procura de salvação. E Jeff era um deles. Somente Deus poderia salvá-lo, e Dahmer abriu suas portas para o divino.

Lutar contra seus pensamentos não foi fácil, e quanto mais ele adentrava no mundo religioso e espiritual, mais ele percebia o quão desviado estava. Seus pensamentos de sexo homossexual durante a masturbação eram pecados terríveis, pois a Bíblia ensinava quão pecaminosa era a homossexualidade, pelo menos essa era a interpretação dos representantes da Igreja, e Jeff acreditava nas palavras daqueles homens que falavam por Deus. Dahmer sempre teve problemas de aceitação em relação à sua sexualidade, e os sentimentos ficavam piores com a interpretação bíblica. Aquilo estava errado e ele tinha de encontrar meios para se purificar. Assim, ele foi capaz de diminuir suas masturbações diárias para apenas uma vez por semana e cada vez mais realizava boas ações, como dar dinheiro a pedintes nas ruas ou doar pequenas quantias a entidades de missionários. Em 24 de novembro de 1983, no feriado do Dia de Ação de Graças, Jeff e sua mãe Joyce se juntaram à mesa para agradecer a Deus. Era a primeira vez em cinco anos que mãe e filho estavam juntos — eles não se viam desde o traumático rompimento em 1978, quando Joyce deixou Jeff sozinho, levando David consigo. A reunião transcorreu sem grandes novidades e, tão logo acabou, Jeff voltou para West Allis.

Apesar dos esforços da sua avó e de integrantes da igreja que frequentava, Jeff não conseguiu emprego. Ele tinha 23, 24 anos e passou esses dois anos sem trabalhar, vivendo à custa do seguro-desemprego e do dinheiro que sua avó lhe dava. A vida profissional estava em baixa, mas isso seria apenas uma questão de tempo, certamente uma hora ou outra alguma empresa lhe abriria as portas. O que importava mesmo era que ele estava indo bem e, de certa forma, em paz consigo mesmo. As imagens apavorantes do homicídio de Steven Hicks já não o assombravam mais, sua luxúria estava sob controle e ele não bebia fazia tempo. Mas existia algo que não havia mudado em Jeff, e isso era o seu habitual desinteresse e falta de motivação para entrar e se encaixar no sistema.

Mais uma vez tentando ajudar o filho, Lionel foi até West Allis e conversou sobre o que ele, de fato, gostava de fazer. Se não gostava de nada, que tipo de coisa poderia interessá-lo, mesmo que minimamente? Ideias foram colocadas na mesa por Lionel. Como Jeff cuidava tão bem das plantas e flores da avó, quem sabe um curso de jardinagem? Na casa em Bath, ele também mexera no jardim e parecia sempre animado. Uma posição de consultor da Amway ou algum curso profissionalizante também pareciam boas ideias. Se nada disso fizesse sentido, que tal ir até uma instituição de ensino dar uma olhada nos cursos ofertados? Às vezes, Jeff podia encontrar alguma coisa que não pensara antes. Enquanto Lionel oferecia opções, Jeff respondia com a sua tradicional maneira morosa e apática: "parece razoável", "pode ser uma possibilidade", limitava-se a dizer.

Para o bom observador que visse aquela cena, era óbvio que aquilo não daria em nada. Enquanto Lionel parecia animado com a conversa, sua esposa Shari balançava a cabeça negativamente, antevendo o que aconteceria. A cara e o ânimo de Jeff forneciam respostas mais do que claras sobre o que ele pensava a respeito. Mas Lionel não viu dessa forma. Não que o homem fosse ingênuo a ponto de não ter percebido o desânimo do filho, mas é que aquele garoto era o seu garoto, e desde criança Jeff foi daquele jeito: monótono, sem expressão, passivo e desinteressado. Era o seu jeito. Lionel acreditava que, uma hora ou outra, algo presente no mundo como conhecemos poderia instigar o seu filho e fazê-lo perseguir aquele interesse, de forma que ele pudesse ganhar a vida e viver honestamente. O que ele não imaginava era que Jeff não tinha interesse em absolutamente nada. Em 24 anos de vida, a única coisa na qual Jeff realmente se interessou foi na coleta de animais mortos para consequente análise de suas entranhas. Desossar os bichos, guardar seus crânios ou seus corpos em potes de vidro, criar um cemitério de animais e pregar carcaças em árvores foi uma tarefa bastante prazerosa e interessante, que o prendia por horas. Tal interesse custou dois anos de sua vida. E foi só. Muitos anos depois, ao psicólogo do MPD, dr. Kenneth Smail, Jeff confessaria que "eu nunca me interessei pelo que parece [interessar a] 99% da população mundial".

Novamente citando Ann Rule, Jeff Dahmer poderia ser como um extraterrestre, um ser de outro planeta que por algum motivo nasceu na Terra e se viu perdido em meio a outra raça muito diferente, lutando para compreender sua existência.

Após algum tempo de conversa analisando as possibilidades, Lionel acabou levando Jeff até a Milwaukee Area Technical College, uma faculdade pública que oferece cursos técnicos com duração de dois anos, e o ajudou a escolher dois cursos de seu gosto, pagando a matrícula e outras taxas antes de voltar esperançoso para Ohio. Quem sabe dessa vez não desse tudo certo, pensou ele.

Semanas depois ele descobriu que Jeff nunca pisou na faculdade. Até aquele dia, não havia frequentado uma única aula e a administração do curso já o considerava uma carta fora do baralho.

Lionel não podia acreditar. Depois de todo esforço, tempo e dinheiro gastos, seu filho simplesmente desprezou a situação e nem sequer lhe comunicou sobre o não interesse em frequentar as aulas. Se ele não queria pisar na faculdade ou não tinha interesse nos cursos, por que não disse antes? Lionel ficou chateado e irritado. Pareceu para o homem que Jeff simplesmente não dava a mínima para ele ou para os seus esforços. O garoto era diferente, desobediente e um tipo rebelde passivo, mas havia limites.

Parecia que todas as vezes que seu pai tentava ajudá-lo, Jeff dava de ombros e jogava tudo fora. Foi assim na Universidade Estadual de Ohio, quando Lionel pagou tudo adiantado e ele mal frequentou as aulas. Foi assim quando Lionel o orientou a dar uma olhada nos empregos disponíveis na agência do estado no Summit Mall e Jeff não o fez. Foi assim novamente quando ele voltou da Flórida e seu pai liberou o carro para ele procurar emprego. E, novamente, aconteceu a mesma coisa na Faculdade Técnica de Milwaukee. Como fizera em 1978, Lionel outra vez pegara na mão do filho e o guiara para o caminho da luz. A sua parte como pai estava sendo cumprida, vez após outra, mas Jeff teimava em não contribuir. Nada do que Lionel dizia ou fazia era levado a sério por ele. Por outro lado, era só o seu pai sair de cena que as coisas melhoravam um pouco. Foi assim quando esteve longe das asas paternas e conseguiu um emprego na Flórida logo ao chegar, e também em Milwaukee, após adentrar na casa da avó. E a história se repetiria com seu próximo emprego.

Jeff não seguiu nenhum conselho paterno ao ser contratado pela Fábrica de Chocolates Ambrosia, em janeiro de 1985. Após mais de dois anos desempregado e sem rumo, ele finalmente encontrou uma posição como misturador de ingredientes na fábrica que ficava no centro de Milwaukee. Sua função laboral era tão simples quanto o nome sugere: ele misturava ingredientes que viravam chocolates e outros doces. Seu contrato de trabalho estipulava uma carga semanal de seis dias, folgando aos sábados. Seu salário era de 8,75 dólares a hora e o seu turno era o da madrugada — das 23h às 7h. Da casa da sua avó até a Ambrosia, ele levava por volta de quarenta, cinquenta minutos usando o transporte público. A viagem era cansativa. Qualquer que fosse a rota, ele tinha que pegar dois ônibus. Uma das rotas, das linhas 53 e 80, cruzava por Walker's Point, a esquecida e falida região evitada pela elite de Milwaukee, mas que abrigava (ou escondia) uma subcultura alegre e divertida, composta majoritariamente por homens gays.

Não há dúvidas de que Jeff entrou na Ambrosia por obrigação e não interesse. A contragosto e por pressão da família — e dele próprio —, ele procurava se encaixar. E o que as pessoas faziam era trabalhar, então era necessário que ele também o fizesse, até porque o mundo girava em torno do dinheiro e era através do trabalho que ele conseguiria o seu. Ser contratado foi a sua maior conquista e ninguém poderia esperar mais nada dele. Ele já estava fazendo um esforço enorme ao se encaixar nos padrões da sociedade, e uma vez conquistado o objetivo maior, chega de mais encaixes.

Ele entrava na Ambrosia, fazia o que tinha que fazer e ia embora, muitas vezes sem trocar nenhuma palavra com seus colegas de trabalho. Uma prova de que ele não almejava nada além da função de misturador, e dos 8,75 dólares por hora que resultavam do que a sua função proporcionava, veio quando, certa vez, ele teve problemas na empresa. Tentando entender melhor o perfil do funcionário, o departamento de recursos humanos pediu que Jeff preenchesse um questionário que perguntava, dentre outras coisas, sobre suas habilidades no trabalho. "Eu sei como misturar chocolate. Só isso", ele respondeu. Simples e direto. Sem mais nem menos. Ponto final.

O ano de 1985 representou outro ponto de virada para Jeff Dahmer. Ele iniciou o ano com um emprego e estava atravessando o tempo sem maiores complicações. De fato, ele estava evoluindo, adentrando no terceiro ano sem grandes contratempos. Ao observador desavisado, ele poderia se parecer com o neto perfeito: não bebia, não usava drogas, não vagabundeava pelas ruas, frequentava a igreja com a avó, cuidava do jardim, da grama e da casa, fazia as compras e alimentava a gata de estimação de Catherine. Estar desempregado ou ter o comportamento passivo e morto pareciam preocupações insignificantes diante de seu passado beberrão. Ter cortado o consumo de álcool e domado seus pensamentos pavorosos foi sem dúvidas um exercício de autocontrole hercúleo. O problema é que, para algumas pessoas, somente a força de vontade não é o suficiente para a estabilidade. Elas vivem no limbo, se equilibrando entre os polos negativo e positivo, tentando fincar os pés no lado positivo enquanto são dragadas para o negativo. E mesmo que estejam em uma posição confortável, uma fagulha qualquer pode ser capaz de acender o rastro de gasolina que leva até o barril de pólvora.

Sabemos o final dessa história e temos uma posição privilegiada em relação aos personagens até aqui apresentados. Para eles, o grande problema de Jeff era a falta de direção na vida, mas nós sabemos que o rapaz tinha problemas muito piores e mais sérios. Ele era um assassino que escapou impune, um jovem que ceifou a vida de outra pessoa de forma brutal e por nada. O quão egoísta e sórdido é o ato de matar outra pessoa porque você não quer que ela vá embora da sua casa ou porque você quer tocar o seu corpo? Não nos esqueçamos da monstruosidade cruel e covarde cometida pelo adolescente de 18 anos, e de como Steven Hicks terminou: aos pedaços, dispersados como sementes em uma área de cultivo.

Nesse ponto da vida de Jeff, a pergunta que se fazia era a seguinte: o que poderia acontecer a este jovem para ele se desvirtuar do seu aparente caminho em direção à normalidade?

Essa resposta nós iremos encontrar em uma biblioteca do Wisconsin.

O INCIDENTE EM WAUWATOSA

No segundo episódio da terceira temporada de *Criminal Minds*, os agentes vão até a cidade de Milwaukee investigar uma série de mortes de mulheres. "Todas foram sequestradas na região de Wauwatosa", diz um dos agentes.

Assim como West Allis, Wauwatosa é uma cidade que integra a área metropolitana de Milwaukee. Ela faz divisa com West Allis ao sul e tem a graça de ser atravessada pelo calmo Rio Menomonee, muito usado por pescadores que desejam fisgar uma truta-arco-íris no verão.

Não muito longe das águas do rio, mais especificamente no número 7635 da West North Avenue, fica a Biblioteca Pública de Wauwatosa, uma biblioteca com mais de 160 anos de história e uma das principais de todo Condado de Milwaukee. Em seu site oficial, a administração afirma em tom de orgulho que a biblioteca é "vibrante" e "dinâmica" e atende a "uma população diversificada".

Por mais difícil que seja imaginar, a Biblioteca Pública de Wauwatosa um dia foi o refúgio de Jeffrey Lionel Dahmer.

Da Ambrosia até a biblioteca, e usando o transporte público, levava-se de trinta a quarenta minutos — com uma parte do caminho podendo ser vencida a pé, caso o viajante não deseje pegar mais do que um ônibus. E foi provavelmente esse caminho — do trabalho à biblioteca — que Jeff Dahmer passou a fazer em algum ponto de 1985.

O ambiente silencioso e nerd contrastava com a mente ruidosa e caótica de Jeff. Quem sabe o que de fato Dahmer ia fazer lá? Passar o tempo? Ver pessoas? Se sentir parte de algo? Estudar algum assunto? A leitura nunca foi sua amiga, e agora ele estava frequentando uma biblioteca. Mas, por mais que alguns possam imaginar que o rapaz estivesse com segundas intenções, o fato é que Jeff poderia gastar o seu tempo em qualquer outro lugar e as ruas ofereciam prazeres imediatos para jovens na flor da idade como ele, e, ainda assim, ele estava frequentando uma biblioteca. Seja lá o que ele estivesse lendo, isso aponta para o seu esforço em se endireitar. A questão é que o desvio está onde menos se espera, e isso é um problema muito maior nos assassinos em série porque qualquer coisa que aconteça a eles, por mais ridícula que seja, pode gerar consequências inimagináveis e catastróficas em suas mentes. Eles interpretam situações cotidianas triviais das mais diversas formas — eles fantasiam sobre elas, distorcem ou até mesmo, em alguns casos, acreditam ser um ataque pessoal. Por exemplo: certa vez, um funcionário de uma empresa russa chamada Rostovnerud foi alvo de uma brincadeira de colegas que viviam imaginando o porquê de ele nunca sair sem carregar sua maleta junto. Se ele fosse almoçar, ao banheiro ou descansar uns quinze minutos do lado de fora, lá estava a maleta ao seu lado. Em um dia, aproveitando que ele estava distraído durante uma reunião, um dos seus colegas embrulhou um tijolo em um jornal, abriu a maleta e colocou dentro. Foi tudo tão rápido que ele nem viu o que tinha no interior. No dia seguinte, todos no escritório ficaram agitados na expectativa de que o dono da maleta dissesse alguma coisa para eles rirem e revelarem a pegadinha. Mas o homem não disse absolutamente nada. Como fazia todos os dias, ele chegou, colocou a maleta ao seu lado, pegou uma caneta e começou a rabiscar alguns papéis, sem nem mesmo dizer bom dia. Ele obviamente percebeu a brincadeira e, desarranjado que era, a interpretou como mais uma "humilhação" que a sociedade lhe infligia. Ele era assim. Se entrasse em uma sala e duas pessoas estivessem conversando e uma delas o olhasse e sorrisse, ele já achava que as duas pessoas estavam falando ou caçoando dele. O nome desse sujeito era Andrei Romanovich Chikatilo, e nos anos seguintes após a brincadeira do tijolo, ele se tornaria um dos piores assassinos em série da história russa.

Tal situação cotidiana seria motivo de risadas e promessas de troco para 99,99% das pessoas ao redor do planeta, mas não para Andrei. O episódio funcionou como uma peça do seu motor homicida em construção, encaixando-se tão perfeitamente quanto uma peça de Lego. Da mesma forma, Jeffrey Dahmer estava na Biblioteca Pública de Wauwatosa quando algo aconteceu.

Um belo dia, Jeff estava lendo em uma mesa da biblioteca quando um homem passou e jogou um bilhete em cima dele. Curioso, ele abriu o papel e mal acreditou no que estava escrito: "Se você quiser um boquete, me encontre no banheiro masculino no segundo andar, cinco minutos". Como qualquer outra pessoa em seu lugar, Jeff ficou espantado, desconcertado e sem graça. Ele leu e releu o bilhete. Ele definitivamente não esperava por algo do tipo e simplesmente ficou sem ação.

Aquelas palavras soavam patéticas e agressivas, mas ao mesmo tempo estimulantes. Ele nunca se levantou da cadeira, tampouco conseguiu se concentrar novamente na leitura. Aquele bilhete o pegou de surpresa.

Aos 25 anos, Jeffrey Dahmer era um homem virgem. Até aquele ponto de sua vida, nunca tivera um encontro amoroso, nunca fizera sexo consensual com outra pessoa, nem mesmo se engajara no ato de paquerar alguém. Ele trocou carícias com um vizinho quando criança* e tocou o corpo sem vida de Steven Hicks, se masturbando no cadáver e durante o desmembramento.

Nada além dessas experiências infantis e não naturais. Era provável também que a abordagem do rapaz da biblioteca tenha sido uma das poucas vezes que alguém lhe propôs algo. Isso mexeu com ele.

Tentações e provocações aparecem o tempo todo e cabe a nós trabalhá-las. Podemos aceitá-las, bani-las ou encontrar um meio-termo. Jeff recusou a oferta de um desconhecido oferecendo sexo oral, mas aquele bilhete foi mais um ponto-chave em sua vida. Após o episódio da biblioteca, Jeff decidiu que deixaria suas convicções religiosas e internas de lado e começaria a pôr em prática sua vontade de se relacionar com alguém. Ele era um rapaz de 25 anos, no auge da sua juventude, mas que tinha um problema com a sua sexualidade. Ele não se sentia confortável em ser gay. Jeff cresceu em um lugar onde o assunto homossexualidade era tabu e ele mesmo nunca conheceu outro gay. Religiosos apontavam o quanto era errado ser gay perante os olhos de Deus, entretanto, o homem do bilhete na biblioteca mostrava que Jeff não estava sozinho e, melhor, os homens podiam se interessar por ele.

Outro problema era que Jeff não se interessava em ter uma relação amorosa normal; ele fantasiava sobre corpos inertes, passivos, cadáveres. Certo, o sexo oral deveria ser bom, mas abrir corpos e observar suas entranhas também fazia parte das suas fantasias, e era muito bom quando ele se masturbava pensando em corpos masculinos definidos e seus órgãos internos — reforçando, na época pré-homem-do-bilhete, Jeff foi capaz de controlar

* Morando em Bath, por volta dos 10, 11 anos, Jeff teria tido alguns encontros amorosos com um vizinho. Autores citam esse vizinho como sendo Eric Tyson.

os principais aspectos negativos que o perseguiam: o álcool e a masturbação compulsiva aliada às fantasias macabras; ele cortou o álcool e diminuiu a masturbação para uma vez (apenas) por semana.

Imergir na religião não funcionou. Talvez houvesse influências malignas agindo sobre ele. Jeff ponderou muito sobre essa questão e cada vez mais acreditava que o diabo ou algo do tipo estivesse presente em sua vida. Talvez sua vida pertencesse ao reino das trevas e era aos seus desejos obscuros que ele devia obedecer. Por dois anos ele jogou o jogo da sociedade, deu chances à religião e ficou longe do álcool. Seus pensamentos, entretanto, não iam embora. Sua luxúria crescia cada vez mais rápida e, fora isso, provocações como a do rapaz da Wauwatosa pareciam vir do nada para tentá-lo. Só podia ser coisa de espíritos malignos. Se vendo impotente diante do desconhecido poder que emanava do abismo e que parecia querer lhe mostrar o caminho, Jeff Dahmer dobrou-se de joelhos.

> "Isso [episódio da biblioteca] foi quando eu decidi ceder ao lado sombrio. O jeito da vovó não estava funcionando; eu era miserável e solitário, então eu decidi ceder à minha luxúria sexual e fantasias." (Jeffrey Dahmer)

Jeffrey podia estar trabalhando, frequentando a igreja e tentando dar um rumo à sua vida, mas é muito difícil lutar contra a própria mente, ainda mais quando ela é poderosa demais para ser domada. Quando isso acontece, é necessário buscar ajuda. Mas a mente de Dahmer era pra lá de doentia e suja o suficiente para ele manter seus pensamentos e segredos consigo mesmo, e isso foi a sua ruína — bem, nesse ponto ele já era um indivíduo completamente arruinado, um assassino, mas, de qualquer forma, nunca é tarde demais, e como citado no Talmude,[†] "Quem salva uma vida, salva o mundo inteiro".

Após dois anos de estabilidade e tentado pelo episódio na biblioteca, Jeff cedeu.

• • •

† Coletânea de livros sagrados do Judaísmo.

Os dias e semanas que se seguiram serviram para ele se perder de vez em seus pensamentos sobre violência, sexo e assassinato. Tudo ficou pior. Especificamente, suas profundas fantasias sexuais limitavam-se a apenas um desejo: alguém que fosse submisso o suficiente para satisfazer suas necessidades sexuais sem que tivesse que retribuir. Jeff queria satisfazer apenas a si mesmo. Ele não era do tipo interessado em passar pelo processo do flerte até o momento de levar seu amante para a cama. Talvez Jeff nem tivesse consciência sobre isso. Seu conceito de se relacionar era conhecer alguém e, no momento seguinte, ter essa pessoa na cama. Jeff começou a consumir revistas pornográficas e a comprar vídeos, e não demorou para procurar uma experiência real. Mas Dahmer não pensou em matar. Ele não tinha nenhum interesse em passar pela mesma experiência de anos antes, quando assassinou Steven Hicks. Aquilo foi traumático demais e, principalmente, matar era errado. Jeff, então, pensou em um parceiro sexual submisso perfeito e que poderia satisfazer suas necessidades. Ele pensou, pensou e pensou, e chegou à conclusão de que esse parceiro seria um manequim masculino. Ele se escondeu em uma loja de departamento e conseguiu roubar um manequim, levando-o para a casa da avó e escondendo-o no seu armário. Com o manequim, Jeff pôde colocar em prática o controle total sobre "alguém".

> "Eu queria encontrar uma maneira de satisfazer a mim mesmo sem machucar ninguém. Foi quando eu comecei a usar o manequim. Eu tinha um grande saco de dormir. Eu o coloquei dentro, fechei o zíper e carreguei para fora da loja. Eu apenas vivi várias fantasias sexuais com ele, fingindo que era uma pessoa real, fazendo sexo com ele, me masturbando e tirando a roupa. Me satisfez por um período curto, mas nunca me levou ao desejo final e total satisfação que só poderia ser preenchida, eu acho, tendo controle sobre alguém." (Jeffrey Dahmer)

Por algumas semanas, Jeff se divertiu com o manequim que ele vestia com shorts e camisetas esportivas, o que fornecia uma lembrança gostosa dos tempos em que ele desejava o corredor de Bath. A diversão terminou quando sua avó descobriu o boneco e contou para Shari. "Até então, aquela havia sido a história mais estranha que já tinham me contado sobre Jeff", diria seu pai tempos depois. "Mamãe contou a Shari que havia encontrado um manequim de loja dentro do armário de Jeff. [...] Liguei para o meu filho. Disse a ele que sabia sobre o manequim e exigi que me contasse a origem daquilo e por que o objeto estava escondido no armário. [...] Ele respondeu que havia pegado o manequim em uma loja apenas na intenção de provar para si mesmo que podia fazer isso". Ao pai, por telefone, Jeff disse que tudo não passou de uma brincadeira. Ele viu o manequim e, num momento de maluquice, se impôs o desafio de roubá-lo apenas para provar a si mesmo que poderia fazê-lo. Lionel não acreditou no que ouviu e ordenou que ele devolvesse o objeto imediatamente, aquilo era um roubo e ele poderia ser preso. Jeff minimizou o ocorrido e respondeu ao pai que já havia se livrado do objeto, jogando o boneco no lixo. Lionel ficou estupefato e mal sabia o que dizer ou fazer.

No fim, Lionel concluiu que aquele foi apenas mais um ato impulsivo de seu filho. "Queria uma coisa e, por isso, a pegou. Simples assim." Mas a esposa Shari não engoliu facilmente a história. Roubar um manequim? Quem faria isso? O que um rapaz de 25 anos iria querer com um manequim? Se foi um ato impulsivo, por que ele estava guardando o objeto em seu quarto? "Tem algo muito estranho nessa história. Não sei o que é, mas tem algo muito errado", disse Shari ao marido.

Após o incidente em Wauwatosa, Jeff voltou a beber. Era 1985, ele tinha 25 anos e agora já não havia mais volta. Ele abriu a porta para uma escada espiral que só descia e não existia a possibilidade de subir novamente. Cada degrau que ele descia fazia o de cima esfarelar. Ele jogou a toalha. Jeff, agora, jogaria o seu jogo. Nada de igreja ou de reprimir os seus desejos. Ele era jovem e chegara a hora de aproveitar a vida. E, para ele, aproveitar tinha duas palavras: homens e sexo.

Em 8 de setembro de 1986, Jeff voltou a ser preso por exibicionismo, mas dessa vez ele adicionou um componente mais grave ao comportamento: além de baixar as calças, ele se masturbou na frente de dois garotos de 12 anos nas proximidades do Rio Kinnickinnic, em Milwaukee. No registro do caso, foi descrito que "o cliente possui comportamentos sexual, emocional, alcoólico e financeiro problemáticos".

O policial que o prendeu, o tenente do MPD Thomas Christopher, revelou que Dahmer confessou ter feito a mesma coisa em cinco outras ocasiões, desde o mês de agosto, e que ele não sabia o que o instigara a ter esse comportamento. O que Dahmer sabia é que ele tinha um problema e precisava de ajuda.

Mais uma vez, Jeff lidou sozinho com essa prisão, não contando nada a ninguém, nem à sua avó e nem ao seu pai. Ele foi considerado culpado por exposição indecente e colocado em liberdade condicional por um ano.

Em 6 de abril de 1987, ele teve o primeiro encontro com sua agente de condicional, Cinthya Sartin. E o que Jeff contou a ela foi diferente do que afirmou a Thomas Christopher: ele estava bebendo sozinho em uma área de mata afastada, e, após virar algumas latas de cerveja, teve

Em 8 de setembro de 1986, Jeff voltou a ser preso por exibicionismo [...] O policial que o prendeu, o tenente do MPD Thomas Christopher, revelou que Dahmer confessou ter feito a mesma coisa em cinco outras ocasiões, desde o mês de agosto, e que ele não sabia o que o instigara a ter esse comportamento. O que Dahmer sabia é que ele tinha um problema e precisava de ajuda.

a necessidade de urinar. Ele foi atrás de algumas árvores e se certificou de que não havia ninguém por perto. Quando começou a urinar, dois garotos apareceram e o viram, chamando a polícia a seguir. Para Cinthya, Dahmer ainda afirmou que a verdadeira vítima daquela situação era ele, porque ele perdeu um bom dinheiro com aquele mal-entendido. Jeff, obviamente, estava mentindo.

Perguntado se tinha algo que poderia deixá-lo deprimido, Dahmer não pensou duas vezes: "Ser preso e perder a minha liberdade", respondeu. Cinthya também perguntou qual era o maior problema na vida dele, tirando o fato de estar em liberdade condicional. Dahmer não titubeou: "Falta de dinheiro". Ele ainda afirmou à agente que nunca teve um relacionamento sério, apenas encontros casuais, que desejava um emprego que pagasse bem e não tinha interesse em casamento. As respostas de Dahmer revelam dois pontos que o assombrariam pelos anos seguintes: a falta de dinheiro e o medo de perder a sua liberdade.

Durante as avaliações feitas no período em que ficou sob liberdade condicional, Dahmer revelou à Cinthya que sua mãe era extrovertida, uma mulher aficionada por sua carreira e uma boa mãe. Já seu pai era inteligente, não excessivamente exigente e também um bom pai. Ele não tinha nada de mal para falar dos dois.

Os registros mostram também uma das principais cicatrizes da alma de Jeffrey Dahmer. Ele disse que sua infância foi um pouco complicada devido às brigas dos seus pais, e que se ele pudesse mudar alguma coisa em sua infância, seria fazer os pais se darem bem. Outra coisa que confessou foi a sua interminável sede por álcool. Cerveja era o que ele mais bebia, "às vezes doze engradados nos fins de semana".

Mas foram os encontros obrigatórios com duas psicólogas, Evelyn Rosen e Kathy Boese, que desnudaram um pouco a intricada personalidade de Jeff Dahmer. Pela primeira vez alguém conseguiu enxergar para além da casca, e o que estava lá não era nada bonito.

Para ajudar em seu diagnóstico, Rosen aplicou dois testes em Jeff, o MCMI (Inventário Clínico Multiaxial de Millon) e o FSSCT (Forer Structured Sentence Completion Test — Teste de conclusão de frase estruturada de Forer). O primeiro, um questionário que avalia a personalidade do indivíduo, bem como o seu ajustamento emocional, é composto por 175 itens de leitura que o paciente deve marcar verdadeiro (caso se aplique a ele) ou falso (se não). Jeff assinalou que a maioria das sentenças não se encaixava no que ele sentia, já outras sim. Dessas, algumas chamam a atenção:

- "Ultimamente, eu comecei a me sentir sozinho e vazio."
- "Ideias continuam girando e girando em minha mente e não vão embora."
- "Fiquei muito desanimado e triste com a vida recentemente."
- "Olhando para trás, eu sei que fiz os outros sofrerem tanto quanto eu."
- "Eu continuo tendo pensamentos estranhos dos quais gostaria de me livrar."
- "Eu sei que sou uma pessoa superior, então eu não me importo sobre o que as pessoas pensam."

O segundo teste (FSSCT) consistia em completar frases cujos finais estavam em branco. Não podemos esperar que Jeff tenha sido honesto ou levado o teste a sério, mas algumas sentenças podem tê-lo impactado a ponto de ele expressar o que sentia. Segue algumas delas — as respostas de Dahmer estão em itálico:

- "Meu pai sempre *trabalhava duro*."
- "Minha memória mais antiga do meu pai é *quando ele foi para o trabalho*."
- "Quando meu pai vinha para casa *eu era feliz*."
- "Quando minha mãe vinha para casa *eu assistia* à *TV*."

As sessões com a psicóloga foram desastrosas devido ao fato de Jeff se negar a cooperar; ele foi monossilábico, mal-educado e constantemente ficava nervoso com as tentativas de Rosen em descobrir mais sobre ele, sobre seu passado e sobre o crime pelo qual foi acusado. Ele chegou a afirmar que preferia passar o seu tempo na prisão do que na frente dela. Ainda assim, Rosen foi capaz de apontar no paciente um cinismo cansativo, sendo ele um homem relutante em se ajustar a qualquer padrão estabelecido pela sociedade; Jeff não acreditava no casamento, era isolado, introspectivo e desconectado. Quando estava de bom humor, Rosen o achou inteligente, um rapaz que poderia muito bem almejar posições melhores na vida do que trabalhar misturando ingredientes de chocolate.

A mesma opinião teve Kathy Boese. Apesar de ouvir mentiras de Jeff — como ele ter tido uma namorada no ensino médio e sair com prostitutas —, ela teve mais sucesso em sua relação com ele. Jeff comentou sobre seu pai ser muito ocupado e sobre não ter interesse nenhum em ficar escrevendo cartas para familiares. Ficou claro que ele era alguém sem amigos e sem interesses. Testes aplicados pela psicóloga mostraram um indivíduo com baixa tolerância à frustração e com muito mais potencial do que o seu estado passivo sugeria. "Seus objetivos neste mundo, no que ele espera alcançar, não são congruentes com a realidade", escreveu Boese. O mais impressionante, porém, foi a conclusão final da psicóloga: "[Ele] pode se tornar um psicopata desviado (sociopata), com tendências esquizoides. Seu comportamento desviante continuará de alguma forma, se não for exacerbado... Sem algum tipo de intervenção de apoio, suas defesas provavelmente serão inadequadas e ele poderá gravitar em direção ao abuso de outras substâncias, com possível aumento subsequente de masoquismo ou tendências e comportamentos sádicos".

Da mesma forma, a conclusão de sua colega Rosen arrepia pelas palavras usadas. As letras garrafais são da própria psicóloga:

> "[Não existem] dúvidas neste momento de que ele possui um Transtorno de Personalidade Esquizoide que pode apresentar tendências paranoicas. Definitivamente, ele é ASSUSTADOR!"

As perturbações interiores de Jeffrey Dahmer continuaram desenvolvendo-se e escorrendo tão rapidamente quanto o leito de um rio. Quando ele perdeu seu manequim, decidiu que era hora de colocar para fora aqueles fortes e reprimidos sentimentos. Chega de objetos humanoides ou de se masturbar em público, Dahmer estava com seus hormônios à flor da pele e queria uma relação amorosa, seja lá o que isso representasse para ele. Jeff, então, passou a explorar o submundo gay de Milwaukee em busca de parceiros reais. Internamente, Jeff não aceitava o fato de sentir atração por pessoas do mesmo sexo. Para um dos oficiais que o acompanhou durante o seu período de liberdade condicional, Dahmer disse que estava pensando em se matar, afirmando ser "apenas uma questão de tempo".

Mas não foi isso o que aconteceu. Se Dahmer tinha pensamentos suicidas, ele os colocou de lado. Isso porque o seu eu maligno, após muitos e muitos anos adormecido, despertaria com sede, muita sede.

DROGAS & SEXO *LIGHT*

Jeff não teve dificuldades em conseguir parceiros como teve para conseguir empregos. No fim, tudo parecia se resumir a *interesse*. Interessado em contatos amorosos reais após a decepcionante experiência com o manequim, Dahmer foi capaz de rapidamente descobrir onde homens com os mesmos objetivos que ele se encontravam em Milwaukee para seguirem em frente com seus desejos. Ao comprar revistas pornográficas, ele leu sobre as saunas e, quando viu, já estava completamente inserido nesse ambiente, descobrindo os prazeres e desprazeres do sexo com homens (vivos); interagindo e socializando; se frustrando e se encantando.

Na fábrica de chocolates Ambrosia, Dahmer fez alguns amigos, mas não socializava com eles. Sua vida se resumia em trabalhar nas madrugadas durante a semana e ir a saunas gays em busca de parceiros sexuais nos fins de semana (e durante a semana, quando não estava no trabalho), tanto em Milwaukee quanto em Chicago — uma viagem de trem entre as duas cidades leva cerca de 1h30. Jeff nunca era o parceiro passivo, sempre o ativo. Foi duas vezes o parceiro passivo e não gostou. Passivamente, ele gostava apenas de praticar sexo oral. Nessa época ele começou um fascínio mórbido por filmes de terror e ficção científica como *Sexta-Feira 13*, *A Hora do Pesadelo* e *Guerra nas Estrelas Episódio VI: O Retorno de Jedi*. Esses filmes teriam um impacto profundo na mente perturbada de Jeff.

No verão de 1986, Jeff entrou para o Bath Club Milwaukee, uma popular casa de encontro homossexual no número 704 da West Wisconsin Avenue, não muito longe de Avenues West. Ele pagou uma mensalidade que dava direito a seis meses de frequentação. A casa possuía mais de cem membros na época, que se reuniam na sala de musculação, de TV, sauna ou chuveiros, lugares onde podiam conversar, ter relações sexuais ou ir para um dos 38 quartos privados. Jeff costumava alugar um quarto de sete dólares, onde ele oferecia bebidas para os seus acompanhantes.

A maioria dos homens que frequentava a sauna não interessava a Dahmer, apenas uma pequena porcentagem o atraía — os jovens, bonitos, magros e atléticos. Esse perfil de homem não se aproximava dele para puxar conversa, essa tarefa cabia a Jeff. Introvertido e antissocial, ele foi capaz de colocar suas inibições de lado para abordar os homens que o interessavam.

Uma vez que o gelo foi quebrado e ele começou uma abordagem, viu que se aproximar deles não era um bicho de sete cabeças, principalmente quando ele oferecia um presente — dinheiro — em troca. Alguns concordavam em fazer sexo com Dahmer, outros não. Um ponto interessante aqui é que Dahmer não se sentia mal por ser rejeitado por aqueles que se negavam a ir com ele para algum quarto, isso era algo esperado, e Dahmer tinha essa noção e respeitava a decisão deles, então partia para o próximo alvo. O problema ocorria apenas quando o parceiro era "fisgado" e levado para o quarto. Aparentemente, nesse momento, ele sentia que o homem era *seu*, e não gostava quando ele ia embora.

Outro ponto é que Dahmer não se sentia triste ou frustrado por não ter um namorado, um relacionamento sério. Ele preferia a superficialidade do sexo casual. Naquele ambiente, a maioria dos homens buscava apenas o prazer rápido e fácil, voltando para suas vidas logo em seguida; muitos levavam uma vida dupla, sendo discretos e evitando que o relacionamento se alongasse além do contato físico.

Ainda que gostasse do sexo casual, como outros frequentadores, Jeff não ficou nada satisfeito com seus encontros, e para atingir completamente a satisfação sexual que desejava, passou a drogar seus parceiros.

Mesmo trabalhando nas madrugadas na Ambrosia, Dahmer tinha muita dificuldade para dormir durante o dia. Uma vez, folheando um jornal, ele leu sobre uma nova droga que o presidente dos Estados Unidos George Bush estava fazendo uso. A droga se chamava Halcion e estava ajudando o chefe da nação a dormir em meio às tensões proporcionadas pela Guerra do Golfo. Jeff foi até um médico e o convenceu a lhe fornecer uma receita da droga. Chegando em casa, tomou algumas pílulas e imediatamente caiu duro, em um sono profundo. Conhecendo o eficaz efeito da droga e desejando um parceiro sexual imóvel, não demorou para que Jeff fizesse a associação entre o Halcion e seus desejos sexuais. (Existe uma inconsistência nessa história. Em suas confissões, Jeff revelou como descobriu o Halcion após ler sobre George Bush, que fazia uso da droga. Acontece que Bush começou a governar em 1989 e a Guerra do Golfo teve início em agosto de 1990, portanto, muito tempo depois de Dahmer começar a drogar homens nas saunas — em junho de 1986; antes de sair qualquer notícia sobre Bush e o Halcion, Jeff já usava o medicamento. Acredito que neste caso — assim como em outros — Jeff misturou suas experiências e foi traído por suas memórias, fornecendo uma falsa confissão. Por outro lado, é possível que ele tenha contado a verdade. Então ele poderia ter usado outro tipo de medicamento para drogar os homens nas saunas e, anos depois, leu sobre Bush e o Halcion, e optou por experimentar esta droga. Mas isso é apenas suposição; tal inconsistência não é algo grave ou que mude alguma coisa na história. Com ou sem Halcion, o fato é que as vítimas dormiam profundamente.)

Jeff, então, entrou na fase de drogar homens. Se um parceiro quisesse penetrá-lo analmente, ele o drogaria, a fim de evitar ter de satisfazer essa vontade. Ele teve muitas experiências de conseguir atrair homens bonitos e atléticos, mas quando chegavam no quarto, eles queriam fazer sexo anal, e como Dahmer negava, eles iam embora, deixando-o sozinho. Já outros até ficavam com ele e faziam coisas que ele gostava, como beijar, abraçar e se masturbarem mutuamente, mas depois de duas ou três horas os homens iam embora. Jeff queria que eles ficassem mais tempo.

Jeff gostava de um tipo de relação que desinteressava a imensa maioria dos homens. Drogá-los foi a maneira de mantê-los longe dos próprios desejos e abrir a porta para os seus. Virou uma rotina para Jeff. Dopados, eles podiam ficar com Jeff a noite inteira. Quando eles dormiam, Jeff esfregava seu corpo no deles, os beijava, tocava e fazia sexo oral. Anos depois, ele confessaria: "A maioria dos homens que eu estive queriam fazer sexo anal comigo. Eu adorava todos os toques e beijos. Eu amo dar e receber sexo oral, mas sexo anal é desconfortável e machuca. Eu sei que soa egoísta, mas eu pensei que se eu pudesse deixá-los inconscientes, eu poderia passar horas de prazer próprio e não ter que retribuir... Eu não tinha que fazer coisas que eu não queria fazer".

> "Sua atividade favorita foi o que ele chamou de sexo *light*, que consistia em beijos, toques, abraços; troca de carícias comuns entre adultos e que ele fantasiava com suas vítimas. Ele descreve uma dificuldade em encontrar parceiros que quisessem apenas isso. A maioria dos homens queria mais do que aquilo, a maioria queria realizar o sexo propriamente dito, sexo anal com ele, e ele não gostava de sexo anal. Teve algumas experiências e descobriu que não queria ficar naquela posição. Os parceiros também tinham que ir embora e não passavam o tempo que ele gostaria que passassem

> realizando essas atividades descritas como sexo *light*. Ele apenas queria realizar essas atividades de beijar, abraçar, tocar, masturbar. Na tentativa de encontrar uma maneira de manter uma pessoa para isso, ele começou a drogar suas vítimas." (Park Dietz, psiquiatra)

Jeff misturava até cinco pílulas de Halcion nas bebidas, fazendo com que os homens ficassem desacordados por até oito horas. Quando eles ficavam inconscientes, Dahmer dava início ao seu ritual de satisfação sexual. Ele colocava o ouvido no peito dos parceiros e sentia prazer em escutar os batimentos do coração, o calor que o corpo exalava. Aquilo lhe causava uma ereção. Ele tocava os corpos, lembrava de suas aulas de anatomia no Exército e imaginava como seria ver novamente o estômago, pulmão e outros órgãos do corpo; beijava, tocava, deitava e abraçava o seu parceiro desacordado.

Dahmer ficava horas com o parceiro e chegava a se masturbar três vezes durante o período. Quando a vítima dormia, Jeff podia exercer um controle completo e fazer o que desejasse. Ele não teria que entreter a pessoa ou realizar atos sexuais indesejados e poderia deixar o quarto a hora que desejasse. Esse comportamento, entretanto, estava com os dias contados. A reputação de Dahmer na casa ficou abalada quando cinco homens que estiveram com ele queixaram-se com a administração depois de se sentirem mal. Muitos acordavam com fortes dores de cabeça, e quando um dos frequentadores da casa, um homem da cidade de Madison, tropeçou e desmaiou ao sair do lugar, uma ambulância foi chamada e ele teve que ser internado. O gerente da sauna, Bradley Babush, expulsou Dahmer. "Falei para ele sobre as regras da casa, certo. Havia outros lugares."

Esses outros lugares seriam as boates gays de Walker's Point, o playground de Jeff Dahmer nos quatro anos seguintes.

> "Uma pessoa de Madison estava inconsciente e nós não conseguimos acordar ele. Nós chamamos os paramédicos e eles o levaram até o hospital. Ele ficou no hospital por mais de uma semana. A polícia também veio e conversou com Dahmer e nossos funcionários. Mas após o questionamento, a polícia não continuou. Nenhuma das vítimas quis prestar queixa." (Bradley Babush. *In Step*, 1991)

A MORTE DE STEVEN TUOMI

20 de novembro de 1987

Acostumado com a privacidade dos quartos do Club Milwaukee e já viciado em ter homens completamente passivos para exercer suas vontades, Dahmer encontrou um substituto após o seu banimento. Ele sairia da casa da avó na sexta-feira à noite, alugaria um quarto de hotel barato na região perto da Ambrosia, o abasteceria com pacotes de cerveja e sairia para as boates, bares e ruas à procura de homens. Os que aceitavam sua companhia acabavam adormecendo ao tomar bebidas misturadas com Halcion.

O esquema funcionou muito bem e acabou sendo a semente para o que viria a seguir. A "infraestrutura" que ele precisava era básica: um lugar privado, bebida e Halcion. Jeff passava as noites de sexta-feira e sábado dominando sexualmente homens que ele pegava e drogava, indo embora na manhã seguinte, antes de eles acordarem. Isso evitava ter que lidar com vítimas aborrecidas ou eventuais esclarecimentos à polícia.

Aos 27 anos, Jeffrey Dahmer reduziu o seu relacionamento com homens a um patético e criminoso ato de atraí-los, drogá-los, abusá-los e descartá-los. Ele não tinha interesse em conversar, paquerar ou conhecer o outro. Sua meta era unicamente ter o corpo de um homem à disposição para a prática do sexo *light*. Quando Jeff os abordava e perguntava seus nomes, o que faziam, onde moravam etc., tais perguntas não eram curiosidades de alguém interessado, mas parte do processo necessário que predadores como ele usam para atrair as presas. Ele pouco se importava com o nome deles ou de onde eles vinham. No mundo humano, Jeff aprendeu que iniciar uma conversa era o primeiro passo para seduzir ou convencer o outro. Tal etapa do seu *modus operandi* era tão mecânica que ele ouvia a resposta da vítima e, no segundo seguinte, não podia dizer o nome dela. Ele chegava no quarto de hotel com a vítima e de imediato iniciava o preparo da bebida. Quanto mais cedo a vítima apagasse, mais rápido ele poderia dar início ao seu ritual sexual, e mais tempo poderia passar com o corpo.

Tal comportamento nocivo traz um questionamento inquietante. Sabemos do que Jeff é capaz e, principalmente, sabemos no que ele se tornou. Pelo bem ou pelo mal, os inúmeros homens que ele drogou e abusou nas saunas e nos quartos de hotéis entre 1986 e 1987 acordaram para continuar suas vidas. Ele afirmaria mais tarde que, após decidir buscar por experiências reais, imaginou alternativas de se satisfazer sem machucar ninguém. Ele veio com a ideia do manequim, que posteriormente foi melhorada — e muito — com o uso do Halcion; usando a droga ele tinha parceiros reais. Já haviam se passado nove anos desde o assassinato de Steven Hicks e a morte brutal e horrenda do caronista era coisa do passado, uma lembrança distante. Ao olharmos como espectadores de um reality show, notamos que Jeff empreendeu um tremendo esforço mental ao tentar encontrar maneiras de satisfazer suas fantasias sem ter que matar.

No mundo dos assassinos em série hedonistas, porém, autocontrole é uma palavra de constituição fragilizada. Não existe técnica que dure para sempre e que substitua a fantasia real.

No fim, a pergunta não é se o indivíduo será capaz de matar novamente, mas *quando* ele o fará.

Na segunda-feira, 16 de novembro de 1987, Jeff teve mais um de seus encontros obrigatórios com a psicóloga Evelyn Rosen. Ele odiava a terapia e a psicóloga, mas, às vezes, tentava agradá-la, dando respostas que acreditava beneficiá-lo e satisfazê-la, e aparecendo bem-vestido e barbeado. Em sua mente, Jeff acreditava que ela, em seus relatórios, poderia comprar suas palavras e aparência e livrar a sua barra. Mero engano. Rosen e Boese fizeram muito bem o seu trabalho. Mas elas eram apenas peças de um sistema, esse sim, falho e indiferente. No fim, foi essa engrenagem defeituosa que permitiu Jeff Dahmer andar nas ruas.

Quatro dias depois do seu compromisso chato, Dahmer estava animado. Era sexta-feira, 20 de novembro, o primeiro grande dia do final de semana. Como sempre fazia, Jeff saiu à procura de um homem jovem, bonito e atlético, após a cansativa semana de trabalho. Dahmer adorava os finais de semana e os dele começavam já na sexta-feira. Ele nunca sabia que tipo poderia encontrar na noite, e só de pensar no belo espécime masculino esperando-o em algum lugar para ser fisgado, já se excitava e ficava animado. Não era só o ato sexual que lhe agradava, mas todo o processo de caça. O homem nu deitado desacordado em uma cama no final da noite era apenas o prêmio final de uma corrida igualmente prazerosa.

Naquela noite, ele foi até o Club 219 e mais uma vez sentou-se sozinho no bar, calado, bebendo e observando o movimento. A poucos metros de distância dele, um outro jovem, também sozinho, olhava para os frequentadores segurando uma bebida. Ele era bonito, loiro e vigoroso. Seu nome era Steven Walter Tuomi.

Tuomi tinha 24 anos e era originário de uma cidade chamada Ontonagon, no estado do Michigan. Ele se mudou para Milwaukee em meados da década de 1980 e lá conseguiu um emprego em um restaurante da cadeia George Webb, no centro da cidade.

Rapaz interiorano, Tuomi vinha de uma família de seis irmãos e tinha grande facilidade em aprender coisas relacionadas à mecânica e eletrônica. Ele também tinha um lado artístico aflorado e gostava de fazer esculturas em madeira e gesso. Após se graduar no ensino médio, teve uma série de trabalhos braçais, e sem perspectivas e querendo uma vida melhor, deixou a minúscula cidade natal em direção a Milwaukee, onde sonhava cursar faculdade de engenharia. Em Milwaukee, ele conseguiu uma moradia na North Cass Street, longe de Walker's Point e mais ao centro da cidade, e começou a trabalhar no George Webb da Wells Street. De acordo com a confissão de Dahmer, eles se conheceram no Club 219 e, depois de algumas bebidas, ambos foram passar a noite juntos em um quarto do Hotel Ambassador, no número 2308 da West Wisconsin Avenue, em Avenues West.

Chegando ao hotel, Dahmer pagou por um quarto e assinou o seu nome. Então ele e Tuomi entraram no elevador e subiram em direção ao quarto. Quando Jeff trancou a porta, nem ele ou Tuomi sabiam do horror que os aguardava. Este horror, entretanto, foi bem diferente para cada um deles.

O que exatamente aconteceu a partir do fechamento da porta ainda hoje é desconhecido. O resultado final, porém, é tão claro, brutal e doído quanto um soco no estômago.

Jeff e Tuomi trocaram carícias, se beijaram, se tocaram e se masturbaram ao mesmo tempo. Tuomi era lindo e Jeff queria a sua companhia por tempo indeterminado. Mais do que isso, Jeff queria que as coisas fossem do seu jeito e, para isso acontecer, era necessário que Tuomi adormecesse, assim ele poderia seguir com seu ritual de satisfação sexual. Jeff, então, preparou uma bebida para o rapaz e colocou algumas pílulas de Halcion. Ele simplesmente seguiu o rito que vinha fazendo desde a expulsão do Club Milwaukee. Jeff já estava experiente na coisa. Tuomi era apenas mais um inseto que caía em sua teia.

Apesar do frio congelante daquela época do ano, o dia 21 de novembro nasceu bonito e convidativo para um bom café regado a torradas e patê. Acompanhar seus parceiros no café da manhã nos hotéis, porém, não era um ato praticado por Jeffrey Dahmer. E nem ele, provavelmente, fazia uso desse serviço. Quanto antes sumisse de vista, melhor.

Naquela manhã, ele acordou com o brilho do sol iluminando o quarto. Foi difícil abrir os olhos, e ele ficou ainda mais alguns minutos naquele estado de sonolência. Quando a sua consciência finalmente estava carregada, percebeu o que tinha se passado, então entrou em alerta imediatamente. Ele não costumava fazer aquilo: dormir. Na verdade, e devido ao que fazia com seus parceiros, ele não podia dormir. Ele simplesmente apagou na noite anterior, e isso era um problema. Mas ele se tranquilizou quando olhou para o lado e viu que Steven Tuomi ainda permanecia na cama, esticado e apagado como se tivesse acabado de dormir. Menos mal. Jeff podia ir embora antes que o rapaz acordasse com um humor não muito bom.

Mas a tranquilidade de Dahmer só durou o tempo de ele se levantar da cama. Ao se movimentar, sentiu muitas dores, principalmente nos braços, que estavam horrivelmente machucados. O que era aquilo? Quando ele fixou seu olhar em Tuomi, porém, percebeu que suas dores e machucados eram os menores dos seus problemas. Seguem suas próprias palavras:

> "Ele era um cara bonito. Nós bebemos, nós tiramos a roupa... e eu o achei tão atraente que quis mantê-lo comigo. Então eu apenas preparei a bebida, e foi isso... Coloquei algumas pílulas de dormir em sua bebida. Ele ficou inconsciente. Eu queria passar a noite com ele. E a próxima coisa que eu me lembro é de acordar de manhã e vê-lo deitado na outra ponta da cama. Seus braços e seu peito estavam machucados, escorria sangue de sua boca. Não me lembrava de absolutamente de nada. Eu fiquei completamente em choque. Eu não conseguia acreditar que tinha acontecido aquilo de novo

> depois de todos aqueles anos. Eu não sei o que estava se passando em minha cabeça... É quase como se eu temporariamente perdesse o controle de mim mesmo." (Jeffrey Dahmer)

Anos depois, quando Dahmer foi avaliado pelo psiquiatra Frederick Berlin, Jeff confessou ao médico que era possível que ele tivesse bebido por engano a bebida preparada para Tuomi, por isso adormeceu. Como ele nunca se lembrou de absolutamente nada dos acontecimentos daquela noite, nós nunca saberemos o que de fato aconteceu. O que nós temos é que tanto Dahmer quanto Tuomi tinham hematomas pelo corpo e isso sugere uma violenta luta corporal entre os dois homens, com Tuomi levando a pior, sendo brutalmente morto a pancadas por Jeff — seu tórax estava arrebentado, as costelas quebradas, sangue escorria por sua boca. O que aconteceu para os dois brigarem depois de namorarem no quarto do Hotel Ambassador? Tuomi viu alguma coisa? Dahmer falou algo macabro que o assustou? Quem sabe Jeff tenha entrado em um estado de transe homicida e iniciado um comportamento assustador que fez Tuomi reagir? Nunca saberemos.

É possível que, influenciado pelo álcool, Dahmer tenha assassinado Tuomi e adormecido. A intoxicação alcoólica sozinha, porém, não explica o homicídio. Alguma coisa despertou o instinto assassino de Jeff naquela noite, e ninguém sabe o que foi.

> "Eu não me lembro de nada. Eu juro, quando eu acordei, ele estava morto. Havia machucados por todo o rosto dele e peito. Meus braços estavam todos doloridos, pretos e azuis. Eu devo ter espancado ele até a morte em um apagão alcoólico... eu não sei. Tudo o que sei é que ele estava morto." (Jeffrey Dahmer)

Não é incomum assassinos em série alcoólatras e mentalmente instáveis cometerem atrocidades sob efeito do álcool e não se lembrarem de nada. Um exemplo parecido aconteceu com o assassino em série Carroll Cole que, assim como Dahmer, abusou do álcool numa tentativa de lidar com seus pensamentos medonhos e homicidas. Em 1977, na cidade de Oklahoma, Cole conheceu uma mulher em um bar de striptease e os dois foram passar a noite juntos. Cole não se lembra de nada do que aconteceu. Segundo sua confissão, ele simplesmente acordou no dia seguinte e, ao entrar no banheiro, viu a mulher morta, sem os pés e o braço esquerdo. No fogão, havia uma frigideira com um pedaço de carne frita, que ele descobriu ser das nádegas da vítima. Ao perceber o que havia feito, e agora com a lucidez necessária, Cole terminou de esquartejar o corpo, colocou os pedaços em sacos plásticos e os descartou no lixão da cidade.

Com Jeffrey Dahmer, a mesma dinâmica aconteceu, com a diferença de que matar Tuomi trouxe memórias obscuras de nove anos antes, quando ele assassinou outro Steven. Aquilo não estava nos planos, ele não queria matar Tuomi. O negócio era apenas drogá-lo e aproveitar o seu corpo enquanto ele estivesse desacordado. E agora?

Como Cole, quando o choque inicial passou, Jeff começou a pensar em como se livrar do corpo. Ele estava dentro de um quarto de hotel com um cadáver em cima da cama. Não dava para simplesmente ir embora. Ele deixara seu nome na recepção e não demoraria para ser considerado o principal suspeito. Bastava o policial ler o livro de registro. As testemunhas do hotel terminariam o serviço.

Então, Jeff ajeitou o corpo de Steven Tuomi dentro do armário do hotel, colocou uma placa de *não perturbe* na porta, pegou um táxi e se dirigiu até o shopping Grand Avenue Mall,* onde comprou a maior mala que encontrou, por 35 dólares. Ele voltou para o hotel, colocou o corpo de Tuomi dentro da mala e esperou o dia inteiro no quarto, pagando uma segunda estadia. À uma hora da manhã do dia 22, chamou um táxi que o levou até West Allis. Na porta do hotel, o taxista ajudou Dahmer a colocar a imensa e pesada mala no porta-malas do carro.

Sinistramente, a família de Jeff estava na casa da avó para o feriado do Dia de Ação de Graças — seu pai Lionel, sua madrasta Shari e seu irmão David. Todos dormiam quando ele chegou. Uma vez dentro de casa, Jeff levou a mala para o porão e a escondeu. Naquele domingo, todos almoçaram e jantaram sem ter a mínima noção de que um cadáver jazia no porão; uma vítima de assassinato, morta por um membro da família — Jeff.

* Atualmente, sob o nome de The Avenue MKE. Endereço: 275 West Wisconsin Avenue, Milwaukee.

O corpo de Steven Tuomi permaneceu no porão por nove dias. Era novembro e o frio ajudou a conservá-lo. Em um dia em que sua avó foi até a igreja, ele sabia que teria algumas horas sozinho na casa, então tirou o cadáver da mala e se masturbou em cima dele. Apesar de um longo intervalo de nove anos desde o incidente com Steven Hicks, Jeff não parecia nem um pouco enferrujado. Na verdade, se ele era bom em alguma coisa, era em massacrar corpos de seres vivos, animais ou humanos, e sumir com eles. "Tudo veio de forma rápida. Como quando eu era criança", diria ele, anos depois, em sua confissão. Com uma faca, Jeff abriu o tórax com um corte do pescoço até a virilha e removeu a carne dos ossos, mas antes examinou maravilhado as vísceras. Excitado, masturbou-se algumas vezes. Após desmembrar e desossar o cadáver de Tuomi, Jeff colocou a carne em sacos de lixo — triplamente ensacadas — e os ossos em um lençol velho, embrulhados.

Em seguida, com uma marreta, Dahmer golpeou-os, assim como havia feito com os ossos de Hicks, esmagando-os dentro do pano. Na manhã do dia seguinte, uma segunda-feira, ele jogou o lençol com os ossos quebrados de Steven Tuomi na lixeira da rua, assim como os sacos com a carne. A cabeça de Tuomi foi guardada por Dahmer. Ele a ferveu em uma solução de água quente e detergente industrial e, quando a carne estava toda separada, usou alvejante para limpar o crânio. Por cerca de uma semana, guardou-o no porão e se masturbou em frente a ele sempre que a vontade surgia. Quando o crânio começou a se deteriorar, muito provavelmente devido ao alvejante usado, Jeff o quebrou em pedaços com a marreta e jogou fora os ossos. A mala usada no transporte do corpo do hotel para West Allis também foi jogada no lixo.

Os restos mortais de Steven Tuomi jamais foram encontrados.

> "Foi muito fácil. Os lixeiros vieram e levaram toda a evidência embora, nada jamais foi dito, ninguém nunca soube, eu me safei de assassinato pela segunda vez." (Jeffrey Dahmer)

Tuomi se comunicava frequentemente com sua família no Michigan, e, após semanas sem notícias, seus pais foram até a polícia reportar seu desaparecimento. Seu pai, Walter Tuomi, viajou até Milwaukee e agiu como um detetive particular, procurando pelo filho na cidade, questionando seus amigos, colegas de trabalho e pregando fotografias de Tuomi em postes e paredes. Se Dahmer contou a verdade e eles se conheceram no Club 219, isso indica que Tuomi era homossexual. Se sim, sua família sabia sobre sua sexualidade ou Tuomi a escondia? Se Tuomi não era aberto em relação a isso, a investigação particular do seu pai provavelmente chegou num beco sem saída rapidamente, isso porque, sem saber da homossexualidade do filho, ele passou longe de Walker's Point e das várias casas noturnas destinadas à comunidade LGBTQIAP+. Ele poderia ter ido lá e perambulado pelas boates com uma foto do filho se soubesse, o que poderia ter lhe fornecido alguma pista.

Após nove anos, Jeffrey Dahmer voltou a matar. Inicialmente, a morte de Steven Tuomi lhe causou um choque, que se dissipou rapidamente. A maioria das pessoas nessa situação entraria em pânico. Não Jeff. Numa frieza de gelar a espinha, ele racionalmente resolveu a situação e ainda sorriu e rezou com sua família na mesa de jantar, enquanto o cadáver de um homem repousava escondido em um dos cômodos.

Para provar o quão distorcido e macabro era, manteve o corpo por nove dias, tempo em que abusou sexualmente dele quando a vontade aparecia. Tuomi, agora, era o parceiro perfeito: sem alma ou espírito, apenas a carne necessária para o exercício de controle e poder. Eventualmente, teve que se livrar do cadáver. Não por vontade, mas por necessidade. A cabeça foi guardada, a carne e o cérebro derretidos, o crânio cuidado e mantido como um troféu, e usado para liberação do gozo. Uma prova do seu poder e diabolismo.

Hicks e Tuomi não foram acidentes. Jeff era, de fato, uma criatura insólita, anômala, deformada.

A morte era a sua essência.

4

NASCE UM ASSASSINO EM SÉRIE

A experiência com Steven Tuomi provocou três mudanças significativas na vida de Jeffrey Dahmer. A primeira, foi a percepção do quanto era complicado e arriscado fazer o transporte de um corpo de um quarto de hotel. Ao frequentar hotéis, ele estava em um ambiente com dezenas de outras pessoas e era muito fácil alguma coisa dar errado. Apesar de sair na madrugada, quantas pessoas não o viram puxando a enorme e pesada mala pelos corredores, saguão e rua? E se aquilo rasgasse e expusesse o cadáver? E se uma camareira desatenta entrasse no quarto e desse de cara com um homem sem vida dentro do armário? E se qualquer pessoa desconfiasse? Um taxista, por exemplo? "O que tem aí dentro, um corpo?", teria brincado o taxista com Jeff, ao ajudá-lo a colocar a pesada mala com o cadáver de Steven Tuomi no porta-malas. Entrar acompanhado e ir embora sozinho também poderia chamar a atenção. Com a lição aprendida, Jeff nunca mais levou homens para esses lugares.

A segunda, foi a noção de que o porão da casa de sua avó fornecia toda a discrição e privacidade de que ele precisava. Ele foi capaz de manter um corpo escondido lá com a família inteira dentro da casa, sem levantar suspeitas. Morando apenas com a avó, uma senhora de idade, a experiência poderia ser repetida. A mulher não descia até lá e, além disso, todo domingo ele teria algumas horas sozinho, pois Catherine, religiosamente, saía para ir até a igreja. Então, ele poderia se deleitar ao abrir e picar um ser humano, examinando suas entranhas e alimentando sua curiosidade natural sobre o funcionamento do corpo, aprendendo na prática sobre a anatomia humana, assim como fizera com animais na adolescência. (O quão doentio, assustador e surreal é isso? Apenas tentem imaginar um jovem familiar, que todos acreditam ser tranquilo e bonzinho, esperando a avó sair de casa para transformar o porão da residência em um açougue especializado em destroçar corpos humanos.)

Sem mais freios morais, a vida de Jeff a partir de 20 de novembro de 1987 tornou-se uma obsessão apenas: a busca implacável pela satisfação sexual. Até aquele momento, o homicida serial estava adormecido em uma longa e sofrida hibernação de nove anos e cinco meses. Uma vez acordada, sua natureza destrutiva cresceria esfomeada e descontrolada.

A terceira, e mais importante, Jeff Dahmer decidiu que não tentaria mais controlar seus desejos macabros. Anos depois, ao psiquiatra Park Dietz, Jeff confessaria que "após aquele incidente [com Tuomi], pareceu que não havia maneira de tentar resistir à urgência e à compulsão que me levavam a fazer aquilo... Parecia que aquele momento de bater em uma pessoa e controlá-la era tão forte e significativo que saía do meu controle". Ao se deparar com o cadáver de Tuomi, Jeff teve a chance de alimentar sua fantasia. Ele não queria matá-lo, mas o fez, e, quando se deparou com o corpo imóvel do belo rapaz, o levou para casa, pois além de ser um ambiente mais adequado, ele podia escondê-lo para usá-lo sexualmente quando quisesse. Tuomi foi seu namorado por mais de uma semana e Jeff amou cada dia junto ao cadáver — Tuomi não reclamava, não tinha necessidades e não precisava ir embora, estava ali disposto 24 horas por dia para atender Jeff em suas vontades. Tal experiência pode ter representado a virada de chave da mente dahmeriana. Se era aquele tipo de experiência que ele buscava, para quê, então, todo o trabalho logístico de levar alguém para um quarto de hotel apenas para ter algumas miseráveis horas de prazer e ter que ir embora às pressas na manhã seguinte se ele podia matar o amante e passar mais horas ou dias com seu corpo e, no final, incorporá-lo e mantê-lo consigo para sempre ao ficar com alguma parte, como fez com o crânio de Tuomi?

Sem mais freios morais, a vida de Jeff a partir de 20 de novembro de 1987 tornou-se uma obsessão apenas: a busca implacável pela satisfação sexual. Até aquele momento, o homicida serial estava adormecido em uma longa e sofrida hibernação de nove anos e cinco meses. Uma vez acordada, sua natureza destrutiva cresceria esfomeada e descontrolada. O desejo por companhia, o apetite sexual insaciável e o seu mundo completamente distorcido e pervertido, alimentado por uma mente doente e bizarra, fariam Jeff se perder nos "trilhos da loucura", percorrendo caminhos tão sombrios que seu nome se tornaria perpétuo, impresso na infâmia.

Milwaukee nunca mais seria a mesma.

> "A partir daí, foi um desejo, fome... Eu só ia fazendo, fazendo e fazendo, sempre que a oportunidade se apresentava... Era um desejo incessante e sem fim de ter alguém custe o que custasse, alguém bonito. Isso apenas preenchia meus pensamentos o dia todo, aumentando em intensidade ao longo dos anos e eu estava morando com a vovó." (Jeffrey Dahmer)

A MORTE DE JAMES DOXTATOR

18 de janeiro de 1988

Antes da chegada do homem branco, o pedaço de terra que hoje compreende o estado do Wisconsin foi historicamente dominado e povoado por indígenas. Por centenas de gerações, tribos antigas, como as dos povos Chippewa e Menominee, tiveram em Wisconsin uma rica região para viver e explorar, se aproveitando de um sem número de rios que proporcionavam algo valoroso: peixes. A herança dos indígenas se faz presente até os dias de hoje em todo território através de nomes de rios e cidades, como a própria Milwaukee — cujo significado ainda é motivo de debates. Uma teoria diz que a palavra tem origem na língua Potawatomi, "Meneawkee" ou "Mahnawaukee" e significa "uma linda e rica terra".

Se os cientistas estiverem certos e o povoamento do continente americano se deu através da passagem pelo Estreito de Bering, a região que hoje é o Alasca recebeu os primeiros seres humanos, que, nos milhares de anos seguintes, rumaram para o sul, em direção ao Canadá e aos Estados Unidos, povoando o continente, espalhando suas culturas e fundando cidades. Uma delas, Shawano, literalmente, significa "para o Sul", e foi lá que em março de 1973 nasceu aquela que se tornaria a vítima de número três de Jeffrey Dahmer.

Nascido em Shawano, cidade ao norte de Milwaukee, James Edward Doxtator vivia com a mãe, os irmãos e o padrasto em uma casa em West Allis. Descendente dos primeiros povos dos Estados Unidos, Doxtator tinha apenas 14 anos, mas era um garoto de espírito livre e rebelde, um reflexo de sua infância turbulenta. Ele gostava de ficar nas ruas, e isso o fez ter problemas na escola. Problemático, a mãe mal podia endireitá-lo e o seu padrasto não tinha muita paciência, o que ocasionava brigas em casa. Em um ponto, James parou de frequentar a escola, e, solto nas ruas, arranjou problemas. Foi preso pelo menos uma vez pela polícia de Milwaukee e, no dia 16 de janeiro de 1988, após mais uma briga com o padrasto, James saiu de casa. Foi a última vez que sua família o viu. Acredita-se que dois dias depois James Doxtator cruzou o seu caminho com o assassino em série Jeffrey Lionel Dahmer.

Dois meses após matar Steven Tuomi no Hotel Ambassador, Dahmer viu Doxtator perambulando pelas ruas enquanto caminhava para casa após sair do Club 219. O garoto era atraente e magro. Ele o abordou e ofereceu 50 dólares para o menino ir com ele até West Allis. Cinquenta pratas por algumas fotografias do seu corpo parecia um bom negócio para o rapaz, e os dois rumaram em direção à casa da avó de Dahmer.

James Doxtator foi a terceira vítima de Jeffrey Dahmer, e um ponto importante a se citar é que, naquela noite, Jeff não saiu com a intenção de matar. Na verdade, até aqui, todos os seus crimes foram de oportunidade e não planejados. Hicks foi assim e Doxtator também. Já Tuomi, ele nem se lembrava. Sua vida homicida foi uma escalada e chegaria um ponto em que ele realmente se tornaria uma máquina de matar, mas, durante seu tempo de diversão na noite gay de Milwaukee e Chicago, muitas vezes ele só queria relaxar e ter bons momentos. Ele não vivia diariamente preenchido com pensamentos sobre violência e morte, e ele não saía todas as vezes pensando sobre isso. No caso Doxtator, tudo o que ele queria era se sentar no Club 219, beber e assistir ao show de striptease masculino que estava programado para aquela noite. Ele queria observar e fantasiar sobre os homens atléticos que fariam o show. Apesar de não conversar com ninguém, não dançar e ficar praticamente parado a noite toda, ele adorava o ambiente das boates e adorava observar e fazer parte daquilo. Infelizmente, para Doxtator, ele era bonito e atraente demais aos olhos de Jeff. Quando o homem mais velho o viu sozinho e vulnerável na rua, não pôde deixar de fazer uma oferta para um fim de noite perfeito.

De acordo com a confissão de Jeff, ele e Doxtator praticaram sexo *light* — carícias, abraços, beijos, masturbação —, e após isso Jeff ofereceu um refrigerante com Halcion para o garoto, que bebeu e dormiu. Com a vítima desacordada, Dahmer abusou sexualmente do corpo, mas ficou muito frustrado porque não conseguiu fazer com que Doxtator tivesse uma ereção enquanto praticava sexo oral nele. Mesmo desacordadas, era possível que as vítimas tivessem ereções através de estímulos no órgão sexual, e isso foi algo que Dahmer descobriu através da sua experiência ao drogar homens, e ele gostava disso. Na verdade, para ele era perfeito. Mas provavelmente ele exagerou na dose de Halcion com James.

Insatisfeito, Jeff estrangulou Doxtator com as próprias mãos enquanto o garoto ainda estava desacordado.

Com James Doxtator, e sem o peso da consciência que antes o perseguia, Jeff colocou em prática suas fantasias luxuriosas. Ele manteve o cadáver por uma semana no porão para que pudesse fazer sexo a hora que desejasse. Ele se masturbou várias vezes em cima do corpo, beijou-o, abraçou-o e fez sexo anal sempre que a vontade surgia. Quando o cadáver começou a se decompor, Dahmer o esquartejou e removeu a carne dos ossos, da mesma maneira que havia feito com Steven Tuomi. Então esmagou os ossos com uma marreta, colocou-os junto à carne em sacos de lixo e descartou tudo na lixeira da casa da sua avó. Como Doxtator era muito bonito, ele decidiu ficar com o crânio, então ferveu a cabeça para retirar a carne. Ele guardou o crânio por algum tempo e o contemplava sempre que desejava, se masturbando em frente a ele. Sem ter um lugar seguro para mantê-lo, e com medo de que fosse descoberto, Dahmer o destruiu posteriormente com a marreta, jogando fora os pedaços em sacos de lixo.

> "Após aquilo [matar Doxtator], eu senti que era estupidez tentar controlar meus desejos. Parecia que a vida estava conspirando para permitir minha luxúria. Não houve consequências. Tudo o que sei é que após aquilo eu me desconectei da minha consciência. Eu não sentia mais qualquer sentimento de remorso." (Jeffrey Dahmer)

Um mês depois de matar Doxtator, foi a vez de Bobby Duane Simpson ter um encontro bastante desagradável com Jeff Dahmer. Bobby foi um dos poucos a escapar do assassino.

Em fevereiro de 1988, Dahmer conheceu Bobby na boate The Phoenix. Eles começaram uma conversa e Dahmer o convidou para ir até a sua casa. Eles foram de ônibus até West Allis e entraram na casa de forma sorrateira. Nesse momento, Dahmer sussurrou para Bobby que sua avó provavelmente estava dormindo. Eles se beijaram e Dahmer foi para a cozinha fazer um café irlandês para os dois. Bobby tomou dois goles e desmaiou. Ele acordou no porão da casa, grogue e confuso. Dahmer estava nu, em pé sobre ele. De alguma forma, Bobby conseguiu se soltar e sair da casa. Ao comentar a experiência na boate dias depois, um homem que estava sentado ao seu lado perguntou: "Ele drogou você também?".

A mesma sorte não teve Richard Guerrero, de 22 anos. Um mês depois de Bobby conseguir escapar, Jeff fez sua quarta vítima.

Em 26 de março de 1988, ele novamente saiu para se divertir na The Phoenix e lá se encantou com um bonito jovem de origem mexicana, que atendia pelo nome de Richard Guerrero.

Dahmer bebeu a noite inteira na boate e, como se tornaria um padrão em seu *modus operandi*, abordou Guerrero no fim da festa. Jeff estava indo embora quando viu o rapaz na entrada da boate. Richard caiu na lábia de Dahmer e aceitou seu convite para ir até West Allis ver filmes, beber e fazer sexo. Eles foram de táxi e Dahmer parou a duas quadras da casa da avó. Não parar em frente de onde morava era uma estratégia de Jeff; caso alguma coisa acontecesse, o motorista de táxi não saberia o real endereço.

Guerrero era bonito demais e Dahmer sabia que iria matá-lo. Não podia deixar um homem tão atraente ir embora. Dentro da casa, subiram discretamente até o quarto de Jeff e namoraram em silêncio para não acordar Catherine. Eles se beijaram, abraçaram, trocaram carícias e fizeram sexo oral um no outro ao mesmo tempo, antes que o Halcion fizesse efeito. Quando isso aconteceu, Jeff fez sexo anal e oral em Guerrero novamente. Jeff o manteve vivo até a manhã, adormecendo nu abraçado ao corpo. Na manhã de domingo, 27 de março, ao escutar sua avó descendo as escadas, Jeff se assustou e estrangulou Guerrero com as próprias mãos antes de descer para o café. Diferente de Doxtator, ele desmembrou Guerrero no mesmo dia, enquanto Catherine estava na igreja. Manter o cadáver da vítima na casa da avó era arriscado demais. Guardar o corpo de Doxtator por vários dias foi psicologicamente estressante, e, se deixasse Guerrero no porão, só poderia desmembrá-lo no domingo seguinte. Seu medo era de que Guerrero fosse descoberto. Era arriscado, então ele achou melhor sumir logo com o cadáver.

Ele desceu o corpo de Guerrero até o porão e, em poucas horas, desmembrou e descarnou a vítima, separando a carne dos ossos e colocando tudo em três sacos de lixo — os restos mortais eram sempre triplamente ensacados. Antes de picá-lo, porém, Jeff tocou no corpo e se masturbou. Na manhã de segunda-feira, Dahmer colocou os sacos de lixo na lixeira pouco antes do caminhão de lixo aparecer. Quando os garis chegaram, Dahmer os observou de longe pegando tudo e jogando no caminhão de coleta.

Como as duas vítimas anteriores, Tuomi e Doxtator, os restos mortais de Richard Guerrero desapareceram para nunca mais serem encontrados, terminando misturados às toneladas de lixo de Milwaukee e região em algum aterro sanitário. Em um piscar de olhos, uma vida se transformou em pedaços de carne picados e ensacados, fazendo a sua última e derradeira viagem em um caminhão de lixo.

Repetindo o que fizera com Tuomi e Doxtator, Jeff se presenteou com a cabeça do belo Guerrero; a ferveu na panela até a carne amolecer, retirou-a juntamente com o cérebro pastoso e ficou com o crânio. Mais experiente, ele foi capaz de cuidar do seu troféu por vários meses.

> "Eu perguntei ao Dahmer por que ele começou a guardar as cabeças. Ele disse que era uma vergonha passar por todo o processo de conhecer eles, levá-los até a casa, matá-los e desmembrá-los apenas para jogar tudo fora. Ele queria manter alguma parte deles com ele. Além disso, ele poderia pegar os crânios depois e se masturbar enquanto pensava nas horas que passou com o indivíduo." (Patrick Kennedy, detetive)

UMA VÍTIMA CONSEGUE ESCAPAR

Abril de 1988

Jeff Dahmer sucumbiu rapidamente às tentações bárbaras do seu lado sombrio. Após o incidente com Steven Tuomi no Hotel Ambassador, ele matou dois homens em três meses e atacou um terceiro. Aos 27 anos, o homem insuspeito que passava a semana trabalhando em uma fábrica de chocolates e morava com a avó já havia assassinado quatro pessoas. Não havia remorso. Não havia pensamentos conflituosos. Matar era da sua natureza. Ele só queria mais.

Poucas semanas depois de desmembrar Richard Guerrero, Jeff Dahmer atraiu outra presa para o seu matadouro.

"Ele olhava em meus olhos, mas quando eu olhava nos dele, ele desviava o olhar. Parecia que ele não queria ter contato olho no olho", disse Ronald Flowers Jr., que foi uma testemunha da promotoria durante o julgamento de Dahmer, em 1992.

Naquela noite de abril de 1988, Flowers combinou de se encontrar com alguns amigos no Club 219. Ele morava em Racine, uma cidade ao sul de Milwaukee, cerca de quarenta minutos de carro, e chegou à boate por volta das 23 horas. Ele e seus amigos conversaram e se divertiram, e decidiram ir embora quando a boate estava fechando. Durante todo o tempo em que esteve dentro do Club 219, Flowers não viu Dahmer. Uma vez fora do estabelecimento, Flowers acompanhou seus amigos até seus carros, eles conversaram mais um pouco e seus companheiros foram embora, deixando-o sozinho. Flowers estava com seu próprio carro, um Oldsmobile 1978, e caminhou em sua direção. Dentro dele, o homem tentou por vários minutos dar partida, mas o carro não pegou de jeito nenhum. Ele tentou tantas vezes que a bateria descarregou. Agora estava Flowers ali, sozinho, no meio da madrugada, com um carro enguiçado e sem saber o que fazer.

Após algum tempo pensando, Ronald atravessou a rua e foi em direção a um telefone público. Sua intenção era ligar para algum dos seus amigos e fazê-los voltar para eles tentarem uma ligação direta entre os carros. Enquanto cerca de quatro pessoas esperavam meio impacientes em fila atrás de Flowers a sua vez de usar o telefone, o rapaz discava para cada um dos seus amigos, sem sucesso. Era provável que eles ainda estivessem a caminho de suas casas e por isso Flowers não conseguiu contato com nenhum deles. Após várias tentativas, ele desistiu e ficou perambulando por ali, pensando no que fazer. A noite não estava nada boa para ele.

Foi aí, então, que Jeffrey Dahmer apareceu. Voltando da balada em alguma das boates da região, Jeff viu o rapaz negro sozinho na rua e resolveu tentar a sorte. Jeff era assim: oportunista. Além disso, Ronald era o seu tipo: 25 anos, magro, atlético e exalando testosterona. Ele se aproximou e puxou conversa com Flowers, mas o homem não deu assunto. Ele estava chateado com a situação e tudo o que queria era resolver aquilo. Flowers tinha que ir embora, pois tinha coisas para fazer naquele dia e precisava sair dali o mais rápido possível. Ele não morava em Milwaukee e, definitivamente, não queria passar a noite na rua. Jeff continuou falando e falando, e quanto mais ele falava mais Flowers o ignorava e imaginava o que poderia fazer para o seu carro funcionar. Em dado momento, Flowers balbuciou que estava com um problema no automóvel e Dahmer disse que podia ajudá-lo.

Aquele homem que apareceu no meio da noite disse que estava por ali bebendo nos bares e por isso não estava com seu carro, afinal, ele não sabia se iria beber demais naquela noite, então achou mais prudente usar um táxi. Ele poderia ajudar. Bastava Flowers ir com ele até a sua casa para os dois voltarem com o seu carro e, assim, fazerem a ligação direta. Pela primeira vez, Flowers prestou atenção em Dahmer. Antes conversando fiado, agora tinha uma solução para o seu problema.

Flowers, então, lhe deu atenção. Jeff disse a ele que havia se mudado recentemente para Milwaukee vindo de Ohio e fez várias perguntas — se Flowers era da cidade, o que estava fazendo ali, no que trabalhava, se gostava do seu trabalho, se ganhava muito dinheiro... Flowers disse que não era de Milwaukee e estava visitando amigos. Naquela noite, ele esteve no Club 219 e Dahmer comentou quão boa era a boate. Ele também gostava do Club 219, mas naquela noite se divertira na The Phoenix. Muito desconfiado, Flowers percebeu o hálito de álcool naquele sujeito, mas Jeff não estava embriagado. Outra coisa que chamou sua atenção foram os olhos de Dahmer — ele desviava o olhar quando Flowers o encarava.

Durante a conversa, Dahmer disse que já havia chamado um táxi e que Flowers podia ir com ele até a sua casa para pegar o seu carro. Suspeitando das intenções de Jeff, Flowers deixou claro que só estava interessado na ajuda oferecida por Dahmer, ou seja, eles iriam até a casa dele pegar o carro e voltar. Nada mais. Flowers não tinha interesse em sexo, em conversar, em fazer companhia a Dahmer, em nada disso; ele só queria o seu Oldsmobile funcionando. Ele foi bastante enfático, perguntando duas vezes a Dahmer se ele havia entendido e Jeff disse: "Sem problemas".

Uma vez dentro do táxi, o comportamento de Dahmer mudou radicalmente. Antes animado, falante e prestativo, agora nem sequer olhava para Flowers, abrindo a boca apenas para dar direções ao taxista. *Vire aqui, entre ali, a próxima à esquerda, pare o carro.* Fora do táxi, Flowers andou algumas quadras a pé e Dahmer revelou que morava com sua avó e, como era tarde, ele não queria acordá-la com o barulho do carro parando em frente à casa.

"Eu vou te esperar aqui fora", disse Flowers.

"Não, eu faço questão que você entre, só levará um minuto para pegar as chaves", respondeu Dahmer.

Dentro da casa, Flowers viu o morador subindo as escadas e escutou a voz de uma senhora idosa. "Jeff, é você?", perguntou a mulher. "Sim, vó, eu só estou fazendo um café", respondeu Dahmer.

Flowers disse que não tinha tempo para café. "Eu realmente tenho que ir embora, tenho coisas para fazer", disse o homem, visivelmente incomodado em estar dentro da casa de um estranho em uma madrugada.

Jeff ignorou Flowers e foi até a cozinha preparar a bebida. Flowers podia ver apenas as costas de Jeff enquanto ele mexia nos ingredientes e no copo. Enquanto Flowers continuava falando que precisava ir embora, Jeff manteve seu tom de voz calmo e frio, tentando convencê-lo a tomar o café. *Não tenha pressa, já estou terminando e pegarei as chaves.* Chegou ao ponto em que Flowers imaginou que era melhor ele tomar logo o maldito café e acabar com aquela situação. Aparentemente, Jeff pegaria as chaves apenas após ele tomar a bebida e Flowers decidiu que tomaria rapidamente. Quando Flowers engoliu goela abaixo o café, pela primeira vez Dahmer o encarou, olhando-o fixamente, como se esperasse por algo. Flowers achou aquilo estranho. Por que ele o estava olhando daquele jeito? O que ele esperava acontecer? Que cara estranho!

"Nós caminhamos pelo caminho até o lado da casa. A primeira coisa que ele fez quando entramos lá foi pegar uma garrafa de álcool e perguntou: 'Você quer beber?'. Eu estava um pouco chateado e respondi: 'Eu já te disse, estou aqui por causa do meu carro, e é isso'. Ele respondeu: 'Tá certo, eu entendo, mas vou fazer um café'. Eu bebi o café de forma rápida e quando terminei, falei: 'Vamos lá!', e ele respondeu: 'Só um minuto'. Ele ficou me encarando de uma maneira assustadora. Era como se ele estivesse esperando por alguma coisa. Eu sei que tomei o café bem rápido, pois o que eu queria mesmo era sair de lá. Eu fiquei bastante confuso e fui para a frente. A última coisa que eu vi foi o chão e os sapatos dele." (Ronald Flowers)

Ronald recobrou a consciência no hospital. Todos os seus músculos doíam e havia uma marca de ligadura em seu pescoço. Ele não tinha a mínima ideia de como foi parar lá. Fora a sua situação lamentável, ele ainda perdeu o dinheiro que estava em sua carteira, um bracelete e uma corrente de ouro. A descoberta seguinte foi muito pior e desesperadora. Ao olhar para baixo, Ronald notou que a sua cueca estava vestida ao contrário. Aquela imagem o levou à loucura, mas o seu pesadelo só estava começando. Uma olhada mais profunda e Flowers viu brilhar um único fio de cabelo loiro dentro da cueca. Ele tirou horrorizado, pois aquele fio, ficou claro, pertencia à cabeça de alguém. Só podia ser da cabeça do homem que lhe ofereceu ajuda na noite anterior.

Naquele mesmo dia, ele se dirigiu até o Departamento de Polícia de West Allis e tentou entrar com uma queixa contra Dahmer, mas não foi em frente; primeiro, porque testes laboratoriais não mostraram vestígios de drogas em seu organismo — Halcion, a pílula de dormir que Dahmer usava para drogar suas vítimas, dissipa-se rapidamente, não deixando vestígios; segundo, porque a polícia não deu muita importância para a queixa do homem negro.

Um dos detetives que atendeu Flowers foi o tenente Donald Yockey. Flowers contou a ele a história de que havia sido drogado e abusado sexualmente. Os dois foram até a região de West Allis, onde tudo aconteceu, na tentativa de identificar a casa e o suspeito. Identificada a casa, dias depois, Yockey encontrou Dahmer e o questionou sobre o ocorrido. Como sempre fazia quando era desmascarado, Jeff mentiu, misturando realidade com inverdades. E ele era bom em fazer as pessoas acreditarem em suas palavras. Ele admitiu tudo o que Flowers contara, exceto o fato de pegar o seu dinheiro, bracelete, corrente de ouro e drogá-lo.

Jeff afirmou que ele e Flowers tinham meio que um relacionamento e, na noite do suposto incidente, beberam a noite inteira e ficaram ambos muito bêbados. Na manhã seguinte, por volta das nove horas, Dahmer acordou e ajudou Flowers a embarcar em um ônibus. Ele não queria que sua avó visse o homem dentro da casa, e como seu amante ainda continuava muito embriagado e não podia andar, o ajudou a entrar no ônibus que o levaria até a sua casa.

Após a revelação de Dahmer, a polícia começou a duvidar de Flowers e minimizou o episódio acreditando ser um encontro de homens gays que deu errado. Indignado, Flowers disse que nunca havia visto Dahmer antes e, apesar do histórico criminal de Jeff, era a palavra dele contra a de Flowers e a polícia deu de ombros para a história do homem negro. Eles acreditaram no homem branco já fichado por conduta sexual inapropriada.

Posteriormente, Yockey testemunhou que a polícia até tentou saber como Ronald Flowers saiu da casa da avó de Dahmer e chegou até o Milwaukee County Hospital, mas não descobriram.

Uma pergunta pertinente no caso Flowers é por que Dahmer, a esse ponto, um assassino em série, não o matou. Essa resposta foi dada aos detetives Dennis Murphy e Patrick Kennedy, em 1991, após Jeff ser preso e interrogado nas dependências do MPD.

> "Não o matei porque minha avó nos viu juntos."
> (Jeffrey Dahmer)

Em sua confissão, dada anos depois, Dahmer revelou que Flowers era bonito demais para deixá-lo ir embora, mas o homem acabou acordando antes do esperado. Ainda assim, Dahmer tentou estrangulá-lo, Flowers lutou e gritou. A gritaria acordou Catherine, que pegou o neto e o homem negro nus em flagrante e não gostou nem um pouco do que viu. Jeff deu uma desculpa qualquer para a avó, vestiu Flowers e o ajudou a sair da casa, colocando-o em um ponto de ônibus nas proximidades. Flowers só recobrou a consciência no hospital, sem se lembrar de nada que havia acontecido nas últimas horas.

> "O sr. Dahmer disse para mim que drogou o homem [Ronald Flowers] e o levou para o porão. De manhã, o homem acordou após o sr. Dahmer fazer sexo *light* com ele. O sr. Dahmer deu oito dólares para ele e o viu subindo em um ônibus. O sr. Dahmer disse que o homem estava muito drogado e aparentemente recobrou os sentidos em algum hospital. Perguntei se ele sentia que poderia ser pego por esse incidente e ele disse que não, pois não o havia machucado. Eu disse: 'Mas você o drogou e tirou seu dinheiro, certo?'. Ele respondeu: 'Certo, mas imaginei que ele pensaria que havia perdido o dinheiro depois de beber'." (Park Dietz)

Ronald Flowers Jr. se sentiu traído pelo mundo. Ele confiou em alguém na rua e esse alguém violou a sua confiança e a sua intimidade. Ele buscou ajuda nas autoridades e tudo o que elas fizeram foram rir dele. Transtornado e cheio de ódio, Flowers passou a vagar na noite de Walker's Point atrás de Dahmer. Ele não sabia ao certo o que faria se o visse novamente, mas estava tão indignado e preenchido de cólera que uma cegueira tomou conta de si. Eventualmente, com o passar do tempo, tal sentimento foi se dissipando. Entretanto, frequentando aquele ambiente de boates, era questão de tempo até ele novamente ter um desagradável encontro com Jeff Dahmer. E isso aconteceu cerca de um ano depois.

Mais uma vez com amigos no Club 219, Flowers estava indo embora quando se virou e, olhando para o chão, viu algo estarrecedor: um par de sapatos engraçados que só podia pertencer a uma pessoa. Flowers se lembrava muito bem daquele par de sapatos. Foi a última coisa que ele viu na pior noite de sua vida, cerca de um ano antes. Ao levantar a cabeça para descobrir quem o calçava, reconheceu imediatamente o dono.

"Você se lembra de mim?", perguntou Flowers.

"Não, eu não lembro. Olá, meu nome é Jeff", respondeu Dahmer, estendendo a sua mão logo em seguida.

"Você sabe quem eu sou, porra", respondeu Flowers, não apertando a mão de Dahmer.

"Eu realmente não sei quem é você, mas quem sabe nós podemos tomar um café e conversar a respeito."

Aquilo pareceu surreal a Flowers. O homem que o havia drogado e abusado do seu corpo, que mentiu para a polícia, dizendo que os dois beberam até cair, estava ali, agora, agindo como se nada tivesse acontecido e o convidando novamente para tomar um café?

Fora de si, Flowers começou a gritar e a xingar Dahmer. Ambos os homens tomaram o caminho da saída e Flowers continuou a proferir palavrões contra Jeff do lado de fora, sendo contido pelos amigos. Jeff simplesmente não reagiu; mudo, foi embora caminhando, como se nada estivesse acontecendo.

Minutos depois, Flowers estava descendo a rua com seus amigos, quando novamente avistou Dahmer. O homem loiro estava conversando com um homem negro, e Flowers, mais uma vez, começou a xingar Dahmer. Aquela imagem o deixou transtornado e tudo o que ele queria era agredir Jeff. Logo, um táxi chegou e Dahmer e o homem negro caminharam em sua direção. Ronald continuou insultando Dahmer dos piores nomes possíveis e gritou para o homem negro não entrar no táxi. "Esse cara é louco, não vá com ele!", gritava. Sem entender o que se passava, o homem negro olhou para Dahmer, olhou para Flowers, olhou para Dahmer novamente e decidiu não entrar no táxi, indo embora em seguida.

Jeff, então, entrou sozinho no carro e foi embora.

Essa não seria a última vez que Ronald Flowers Jr. ficaria frente a frente com Jeffrey Dahmer. A próxima, entretanto, seria em um local bem diferente.

Bobby e Ronald escaparam no exato momento em que Dahmer construía sua escalada homicida. Três homens foram mortos em um curto período, sendo dois estrangulados dentro da casa da própria avó, outros escaparam, e quantos outros provavelmente declinaram ao pedido de Dahmer em boates ou na rua.

• • •

Jeffrey Dahmer perdeu o controle de si mesmo no ano de 1988. Aos 18 anos, Jeff cometeu o seu primeiro assassinato e, de alguma forma, conseguiu segurar e lutar contra sua vontade interior de matar pessoas por longos nove anos. Mas, aos 27 anos, ele fez sua segunda vítima. Dahmer diz não se lembrar de como matou Steven Tuomi no Hotel Ambassador, no fim de 1987, mas essa morte foi o ponto de partida, a fagulha que a sua mente perturbada precisava para ligar o motor, cuja rotação foi aumentando rapidamente. A partir daquele crime, decidiu que faria a "sua fantasia de vida mais poderosa do que a sua vida real".

O açougue de Jeff era o porão da casa da sua avó, e é surreal pensar que ele desossou e desmembrou três pessoas ali sem que ninguém levantasse qualquer tipo de suspeita. O fato de Jeff morar apenas com sua avó, uma mulher de idade, contribuiu para o seu sucesso. Mas o comportamento estranho do neto, aliado às suas atividades noturnas e ao cheiro podre que vinha do porão, começou a incomodar Catherine. Inicialmente, ela reclamou com Jeff, depois avisou o seu filho Lionel. "Eu gosto de usar ácido para descarnar animais mortos", disse Dahmer para sua madrasta Shari na época, quando Lionel e Shari conversaram com ele. A fala de Jeff pareceu estranha para Lionel e a estadia dele na casa da avó estava com os dias contados.

Se, de um lado, a avó de Dahmer não tinha a mínima ideia do que acontecia no porão de sua casa, do outro, ela estava completamente consciente do barulho e das bebedeiras que Jeffrey realizava com seus "amigos" noturnos. Chegou um ponto em que Lionel decidiu que era hora de o filho ter um lugar para si mesmo.

> "Minha mãe me disse sobre Jeff levar alguns homens estranhos até a casa. Minha mãe disse que ela viu essa pessoa [Flowers] tropeçando ao sair da casa. Isso era preocupante. Eu não queria nada acontecendo à minha mãe." (Lionel Dahmer)

Então, em 25 de setembro de 1988, Jeff mudou-se para um apartamento na North 24th Street, número 808, em Avenues West. Ele agora tinha o seu próprio lar para fazer o que bem entendesse. Seria o ambiente ideal para ele continuar levando homens, drogá-los, abusá-los e matá-los.

Mas um dia após se mudar para a sua nova residência, Jeffrey Dahmer se deu mal, muito mal.

SOMSACK SINTHASOMPHONE

26 de setembro de 1988

Konerak Sinthasomphone foi o garoto asiático que lutou por sua vida na noite do dia 27 de maio de 1991. Ele corria do assassino em série Jeffrey Dahmer, que o drogou em seu apartamento. O final da história vocês já sabem: ele foi devolvido pela polícia para Dahmer, que o matou na mesma noite. Mas a relação de Jeff com os Sinthasomphone vinha desde 1988, e isso soa como história de filme. Para os Sinthasomphone, porém, Dahmer é um homem que está longe de ser ficção.

Os Sinthasomphone eram imigrantes vindos do Laos, um pequeno país asiático localizado na Indochina e que faz fronteira com China, Vietnã, Mianmar, Tailândia e Camboja. Eles chegaram em Milwaukee em 1980, atraídos pela esperança de ter uma vida melhor nos Estados Unidos. Nos anos 1970, a cidade de Milwaukee tornou-se o ponto final de imigrantes vindos daquele país, e vários amigos e parentes dos Sinthasomphone já viviam por lá, o que contribuiu para que eles fossem para a cidade, na tentativa de recomeçar a vida após anos de dificuldades em seu país natal.

A família deixou Laos em março de 1979 devido às ameaças do governo de tomar a fazenda de arroz que possuíam, em uma vila perto da capital Vientiane. Na época, o país dependia quase que exclusivamente da ajuda da então União Soviética, após anos de guerras e bombardeios, principalmente dos Estados Unidos, que deixaram o país destruído e com diversas cicatrizes. "A Tailândia ofereceu refúgio para os laosianos e cambojanos que fugiam de regimes repressivos. A Tailândia ficava do outro lado do Rio Mekong, o sr. Sinthasomphone construiu uma canoa e enviou toda a sua família pelo rio, de madrugada, com as crianças pequenas drogadas com pílulas para dormir, para que não chorassem, e, assim, não atraíssem a atenção dos soldados que patrulhavam o rio", comentou Kongpheth Vongphasouk, casado com Thaeone Sinthasomphone, filha mais velha do patriarca da família Sinthasomphone, em uma reportagem publicada no *New York Times* em 31 de julho de 1991.

Poucos dias depois, o patriarca, Sounthone Sinthasomphone, atravessou o Rio Mekong a nado e se reuniu com o resto de sua família em um campo de refugiados, onde viveram por um ano. No acampamento, a família fez contato com representantes de programas norte-americanos que tinham como objetivo realocar famílias fugidas de guerras. Com a ajuda do programa e apoio da arquidiocese católica de Milwaukee, a família, finalmente, se mudou para a cidade em 1980.

Os Sinthasomphone tiveram um período de difícil adaptação em sua nova casa; outra cultura, outra língua, foi um impacto muito grande. As crianças tiveram menos problemas e se adaptaram muito bem, alguns aprendendo a língua inglesa rapidamente. Os mais velhos conseguiram empregos como soldadores, operadores de máquinas e trabalhadores de linha de montagem, fazendo parte da grande massa de mão de obra barata das indústrias.

As vidas dos Sinthasomphone e de Jeffrey Dahmer cruzaram-se pela primeira vez no dia 26 de setembro de 1988. Um dia após se mudar para o seu novo apartamento, Jeff ofereceu 50 dólares a um garoto de origem asiática, de 13 anos, que viu perambulando na rua, para que ele posasse para fotos. O garoto confiou no homem "legal" e aceitou a oferta.

Seu nome era Somsack Sinthasomphone, irmão mais velho de Konerak. Jeff se mudou no domingo e na segunda-feira já estava na "ativa". De tão animado, nem sequer esperou chegar o fim de semana. Somsack caminhava por volta das 15h ou 16h daquela segunda-feira na North 25th Street quando, na esquina com a Wells Street, a uma quadra de distância da nova moradia de Jeff, foi abordado por ele. Jeff revelou que havia comprado uma câmera Polaroid e queria experimentá-la. Se Somsack quisesse fazer uma grana fácil era só ele o acompanhar até o seu apartamento que ficava ali perto para ele servir de modelo para algumas fotografias. Somsack perguntou se ele era um profissional da fotografia e Jeff respondeu que não, era apenas um hobby.

O inocente garoto aceitou a oferta e ambos caminharam mais alguns passos em direção ao prédio.

Dentro do apartamento, Jeff perguntou se Somsack gostaria de posar vestido ou sem camisa, o menino respondeu: "Vestido, é claro". Jeff, então, o levou para o quarto, pediu para ele se deitar na cama e tirou uma fotografia do garoto. "Sabe, seria muito bom se você tirasse a camiseta", comentou Dahmer. Antes que Somsack pudesse responder, Jeff se aproximou dele e levantou a sua roupa até o pescoço, se maravilhando com o tórax e abdômen do rapaz, então tirou uma nova foto.

Os dois, então, foram até a sala de estar para Jeff preparar um delicioso café com creme na cozinha, pois ele não gostava de tratar mal suas visitas.

Somsack bebeu um pouco do líquido e Jeff comentou como seria interessante se o menino desabotoasse a sua calça e abaixasse o zíper. O garoto ficou sem graça e disse não. "Por que você não bebe o resto?", perguntou Dahmer ao ver que Somsack bebera apenas a metade do café. O menino tomou rapidamente o resto da bebida e, sem graça, desabotoou a sua calça e desceu o zíper até a metade. Impaciente, Dahmer se aproximou do garoto para mostrar como ele o queria — Jeff abaixou a calça de Somsack juntamente com a cueca para chegar ao ponto desejado: o pênis. Ele agarrou o pênis de Somsack e comentou que tirar fotos daquela maneira ficaria mais sexy. Assustado, o menino tirou a mão de Dahmer do seu órgão genital e subiu a sua cueca. Aquela situação já tinha ido longe demais. "Tenho que ir embora", disse Somsack. Claro, respondeu Jeff, mas antes de ir, seria muito bom se Somsack se sentasse ao lado dele no sofá. É que ele gostava de ouvir o estômago das pessoas e adoraria ouvir o dele. O garoto não sabia o que fazer, e, quando viu, Jeff estava levantando a sua camiseta novamente. O morador do apartamento colocou o ouvido na altura do estômago de Somsack, raspou a sua orelha na pele do garoto e começou a beijar e a lamber a região do umbigo, descendo até onde conseguia.

Realmente, aquilo tudo não dava mais para Somsack e o garoto desceu a camiseta, pegou a sua mochila e caminhou em direção à porta. "Ei, não se esqueça do seu dinheiro. E não diga a ninguém que estou fazendo isso", disse Dahmer, antes de dar uma nota de 50 dólares ao menino. Somsack Sinthasomphone foi embora sem que Dahmer o impedisse ou machucasse. Ao sair do apartamento, o menino se sentiu meio tonto e grogue, mas conseguiu chegar em casa, onde caiu duro na cama. Sua família percebeu que algo estava errado e o levou para o Sinai Samaritan Hospital. Lá, médicos confirmaram que ele havia sido drogado. A rápida ação dos pais de Somsack foi crucial para que os exames laboratoriais comprovassem que ele fora intoxicado. Diferentemente de Ronald Flowers, que foi drogado por Dahmer e só muito tempo depois fez o exame no hospital, os exames em Sinthasomphone foram realizados poucas horas depois, provando a ação delituosa.

Os pais de Somsack ligaram para a polícia, e o policial Gary Temp, cuja região de patrulha era a área de moradia dos Sinthasomphone, atendeu a ocorrência. Após tomar conhecimento do caso, Temp, Somsack e um familiar do garoto foram até o número 808 da North 24th Street tentar identificar o agressor. O garoto Sinthasomphone apontou qual era o apartamento, mas o morador não estava lá. Temp, então, encontrou o síndico do prédio, que indicou o morador do apartamento como sendo um homem chamado Jeffrey L. Dahmer.

Para fazer o registro da queixa, Temp levou Somsack até o MPD e quem os atendeu foi o detetive tenente Scott Schaefer. Com o nome do suposto agressor em mãos, Schaefer, inicialmente, procurou nos arquivos da polícia, para saber se o suspeito já havia sido fichado. A busca foi positiva. Dois anos antes, Jeffrey L. Dahmer foi preso por se masturbar na frente de dois garotos. Schaefer pegou a foto de Dahmer, misturou a outras fotos, e mostrou-as a Somsack, pedindo para que ele identificasse quem o havia atraído até o apartamento, drogado e tocado sexualmente. Somsack apontou seu dedo diretamente para a foto de Jeff. O MPD sabia agora quem era o indivíduo e onde ele morava. Eles também tinham informações de que Dahmer trabalhava na fábrica de chocolates Ambrosia, no centro de Milwaukee.

Na manhã do dia seguinte, Schaefer e Temp foram até a Ambrosia realizar a prisão de Dahmer. Os detetives conversaram com os gestores da empresa e Jeff foi chamado até o térreo.

"Você é Jeffrey Dahmer?", perguntou Schaefer.

"Sim", respondeu Jeff.

"Senhor Dahmer, o senhor está preso."

Schaefer algemou Dahmer na frente dos presentes e o levou para fora. Jeff ficou nervoso e chateado por ter sido preso em seu local de trabalho. Além da exposição e vergonha, ele poderia perder o emprego. Incomodado e preocupado, Dahmer perguntou a Schaefer se o policial dissera aos seus chefes da Ambrosia o motivo da prisão. O policial disse que não. Interrogado no MPD por Schaefer, Dahmer confessou ter oferecido 50 dólares à vítima para tirar fotografias dela. Jeff disse não ter imaginado que o garoto era menor de idade e isso era algo que o surpreendia — anos depois, Somsack revelaria em um tribunal que, quando Dahmer o abordou, ele perguntou sua idade e Somsack respondeu ter 13 anos. A idade do garoto, portanto, não impediu Jeff de continuar seu plano. Como sempre fazia nessas situações, ora Dahmer falava a verdade, ora mentia. Perguntado por Schaefer se ele perguntara à vítima se ela era virgem, Jeff disse não se lembrar. Ele ainda revelou que não teve intenção nenhuma em drogar Somsack e até apresentou uma explicação para o "acidente". Segundo Dahmer, ele e Somsack compartilharam o mesmo copo de café, e como ele tinha problemas de insônia, usava aquele mesmo copo para tomar suas pílulas de dormir. Então, se havia resquícios da droga no organismo de Somsack, isso era porque ele não percebeu existir resíduos de Halcion no copo por não tê-lo lavado adequadamente.

Sobre ter beijado o estômago e agarrado o pênis da vítima, Jeff negou completamente que isso tivesse ocorrido. Ele apenas queria tirar fotos do menino, tudo foi um grande mal-entendido, disse Dahmer. Ele compartilhou seu copo de café com a vítima, tirou fotos dela e pagou a Somsack o prometido. Ele nem mesmo foi violento ou algo do tipo.

A situação de Jeff não estava boa, e ficaria pior, porque os policiais conseguiram um mandado de busca e apreensão para o seu apartamento. Schaefer e companhia queriam tirar a história a limpo, ter as evidências em mãos, e isso incluía as fotografias tiradas por Dahmer, o tal copo que ele preparou o café, eventuais medicamentos que ele pudesse ter usado para drogar Somsack e demais itens pertinentes à investigação. O problema para Dahmer não era a polícia encontrar e apreender as fotografias de Somsack ou as pílulas de Halcion, a real questão que assombrou Dahmer e o deixou quase em pânico era que dentro do apartamento jazia o crânio de sua última vítima fatal, Richard Guerrero. Seu troféu estava guardado, é verdade, mas poderia ser encontrado se Schaefer, Temp e os outros policiais que participariam da busca remexessem o lugar.

Dahmer se dispôs a abrir o apartamento e a orientar os policiais sobre tudo o que eles queriam encontrar, então foi autorizado a acompanhá-los. Uma vez dentro do apartamento, Schaefer e Temp não podiam imaginar que estavam realizando uma busca no local onde morava aquele que se tornaria um dos mais famosos e macabros assassinos em série de todos os tempos. Pior do que isso, repousando dentro de uma caixa estava a única coisa que sobrou de uma de suas vítimas: um crânio perfeitamente descarnado, liso e acinzentado.

Nervoso, Dahmer podia ser desmascarado a qualquer momento e Schaefer notou a sua agitação, mas não deu muita bola, pois era esperado aquele tipo de inquietação por parte do suspeito. O mandado de busca e apreensão compreendia apenas alguns itens e nada mais. A polícia não estava lá para fazer um pente-fino no apartamento, mas apenas para identificar e recolher tais itens. No fim, foram apreendidas as fotografias, a câmera Polaroid, um copo marrom, uma garrafa de licor irlandês da marca Dunphys (do rótulo verde e usada por Dahmer para fazer o creme do café), Halcion, revistas pornográficas, e algumas outras coisas.

Naquele mesmo dia, 27 de setembro, Dahmer sentou-se diante de um promotor de Milwaukee acusado de dois crimes: agressão sexual em segundo grau e sedução de criança para propósitos imorais. A pena máxima para cada um dos crimes era de dez anos.

Sem a presença de um advogado, Jeff foi avisado dos seus direitos constitucionais e disse entender e querer colaborar. Ao promotor, Jeff mudou de versão. Ele afirmou que queria tirar fotografias do pênis do garoto, apenas fotografias. Ele negou querer pegar e apertar o genital da vítima. A questão, apontou Dahmer, é que quando ele abaixou a cueca de Somsack, o seu pênis "saiu para fora", mas ele não o tocou. Pressionado, e questionado sobre o beijo que teria dado na barriga da vítima, Jeff acabou confessando que sim, tinha algum interesse sexual em Somsack, mas em nenhum momento ele pressionou o menino. Sem pensar, e de forma estúpida, ele acabou beijando mesmo o local. Um ato imprudente.

Dahmer se declarou culpado das duas acusações.

Uma dúvida pertinente que pode surgir é por que Jeffrey Dahmer não matou Somsack Sinthasomphone em 26 de setembro de 1988. Jeff poderia tê-lo matado se assim o desejasse, mas não, Dahmer deixou o garoto sair do seu apartamento. De acordo com a confissão de Dahmer anos depois, ele não se interessava por meninos novos como Somsack Sinthasomphone. Seu ideal masculino eram rapazes viris, cheios de hormônios, cujas idades variavam entre 19 e 22 anos, homens jovens e no auge de sua sexualidade. Como Jeff não tinha nada para fazer, viu Somsack por ali e resolveu se divertir. Talvez ele estivesse embriagado, levou Somsack até o seu apartamento e, com o passar do tempo, passado o efeito do álcool, ele tenha concluído que o menino não lhe interessava muito. Essa versão, porém, não é nem um pouco confiável. Pra começar, se Jeff não "se interessava por meninos novos", por que ele agarrou o pênis dele? Se Somsack não tivesse resistido, é muito provável que Dahmer tivesse feito muito mais do que apenas abaixar sua cueca e tocar o seu órgão genital com a mão. Além disso, Somsack testemunharia, anos depois, que Jeff perguntara a sua idade na rua, então o homem loiro sabia que ele era menor de idade. Isso prova que, ao contrário do que muita gente pensa, Jeffrey Dahmer não foi de todo sincero em suas confissões e inventou histórias para amenizar suas ações.

> "Nós bebemos rum e Coca-Cola e eu tirei algumas fotos, mas ele era muito novo e não desenvolvido sexualmente, então eu não matei ele." (Jeffrey Dahmer)

Ao psiquiatra Park Dietz, por exemplo, Jeff mencionou que trabalharia naquela noite e, portanto, não teria tempo hábil para matar o garoto.

Ao ser preso, Jeff Dahmer foi parcialmente desmascarado. Para o mundo exterior, Jeff não era mais um bêbado exibicionista que abaixava suas calças na rua, coisa que, alguns podem pensar, bêbados normalmente fazem. Preso por pedofilia, seu destino poderia ser bem pior do que pagar míseros 50 dólares de multa, como na vez em que foi preso por abaixar as calças em uma feira de Milwaukee. Não apenas isso, Jeff poderia ficar encarcerado por um bom tempo. As duas penas somadas poderiam chegar a vinte anos de reclusão. Além disso, até o juiz decidir se ele deveria aguardar o julgamento em liberdade, ele continuaria atrás das grades. Dessa vez, Jeff realmente se encrencou.

Pela primeira vez na vida, Lionel percebeu que os esforços feitos por ele durante toda a sua vida foram em vão. Ele acreditava que seu filho estava no caminho do bem, pois desde que se mudou para West Allis ele nunca mais tinha se metido em encrencas — na verdade tinha, mas isso era desconhecido de Lionel. Tal acusação era gravíssima e seu filho estava totalmente fora de controle, e não parecia existir nada capaz de colocá-lo nos trilhos. Além disso, pela primeira vez, Lionel teve a confirmação de que o filho era homossexual e, pior, molestador de crianças.

"Ele me perguntou se eu era gay e eu disse que sim; ele aceitou muito bem. Ele não ficou chateado nem nada disso. Ele apenas ficou surpreso e me perguntou por que eu nunca disse a ele, e eu disse que nunca contei a ele porque eu tinha vergonha", comentou Jeff, anos depois, a um psiquiatra sobre o momento em que seu pai, após chegar a Milwaukee ao tomar conhecimento da nova prisão do filho, lhe perguntou sobre a sua orientação sexual.

> "Nunca mais seria nada além daquilo — um mentiroso, um alcóolatra, um ladrão, um exibicionista, um molestador de crianças. Eu não conseguia entender como tinha se tornado uma alma tão arruinada [...] De repente, e pela primeira vez, deixei de acreditar que meus esforços e recursos seriam suficientes para salvar o meu filho. Enxerguei um jovem ao qual algo de essencial estava faltando. Vi um jovem a quem faltava o elemento fundamental da força de vontade que permite a um ser humano tomar as rédeas da própria vida." (Lionel Dahmer)

Após seis dias preso, Dahmer foi libertado sob fiança em dinheiro de 2,5 mil dólares. Imediatamente, ele se dirigiu até o apartamento e destruiu o crânio de Richard Guerrero e, então, voltou a morar com sua avó em West Allis. Seu pai contratou um advogado chamado Gerald Boyle para representar o filho e, em janeiro de 1989, aconselhado por Boyle, Jeff se declarou culpado perante o juiz e o julgamento foi marcado para maio do mesmo ano.

Mas antes, algo estranho aconteceu. Em 4 de novembro de 1988, o policial Gary Temp teve um novo encontro com Jeffrey Dahmer. Temp recebeu uma chamada a respeito de um homem ferido e dirigiu a sua viatura até o endereço citado. Ao adentrar no local, Temp viu um homem magro e loiro sangrando pela cabeça. Ele estava bem machucado. Um olhar mais aguçado e Temp reconheceu aquele homem: era Jeffrey Dahmer, o rapaz que pouco mais de um mês antes ele havia prendido na Ambrosia e participado das buscas em seu apartamento.

A história contada a Temp foi a de que Dahmer estava andando por West Allis quando foi atacado de surpresa por um homem, que lhe aplicou uma pancada na cabeça com algum objeto e o espancou na rua. Jeff não fazia a mínima ideia de quem era. Ele não viu nada, simplesmente sentiu uma pancada na cabeça e, quando voltou a si, estava machucado e sangrando. Ele caminhou até um escritório de advocacia nas proximidades e a polícia foi chamada.

Quando Temp começou a fazer perguntas, Dahmer ficou extremamente nervoso. "O que importa a você sobre o que aconteceu comigo? Você só está tentando me incriminar!", disse ele ao policial. Temp não entendeu nada e continuou em sua tentativa de descobrir o que havia acontecido. Chegou um ponto que Dahmer simplesmente ignorou o policial, se tornando não cooperativo e indiferente à presença do homem. Quando a ambulância chegou, Dahmer entrou e foi levado até a emergência do West Allis Memorial Hospital para tratamento.

Esse incidente nunca foi esclarecido. Dahmer não apresentou queixa e o caso morreu antes de nascer. Jeff nunca comentou sobre o episódio (e ninguém também nunca perguntou). Ninguém ataca outra pessoa com tamanha violência na rua do nada. Teria sido Ronald Flowers? Ou quem sabe outro homem vítima das ações de Dahmer?

Pego em flagrante molestando um menor de idade, atacado violentamente na rua por um desconhecido e com o destino nas mãos de um juiz, muitos poderiam imaginar que Jeff repousaria recluso em seu mundo, esperando a poeira baixar, mas não foi isso o que aconteceu. Incapaz de resistir aos seus impulsos lascivos, uma vez livre, Jeff retornou para a movimentada noite de Walker's Point. E foi lá que, um mês antes do seu julgamento, ele conheceu a sua quinta vítima.

A MORTE DE ANTHONY SEARS

25 de março de 1989

Em 25 de março de 1989, Jeffrey Dahmer conheceu Anthony Lee Sears, de 24 anos. Dahmer adorou o corpo do negro atlético no La Cage, e Sears, o bonito homem loiro. Anthony estava na companhia de outros dois amigos. Jeff e os três homens saíram juntos da boate e um amigo de Anthony deixou-os em West Allis, nas proximidades da casa da avó de Dahmer.

Naquela noite, horas antes, Anthony Sears estava em seu apartamento quando seu amigo Jeffrey Connor chegou. Era sábado e os amigos queriam se divertir. Eles saíram no carro de Connor em direção aos bares gays de Walker's Point, e decidiram por entrar no La Cage.

Perto da hora de fechar, Sears conheceu um belo rapaz chamado Richard e o apresentou a seu amigo Connor. Richard, na verdade, era Jeffrey Dahmer. Posteriormente, em uma entrevista para Robert Ressler, Jeff afirmou que foi Sears quem o abordou e começou a conversar, algo "incomum", nas palavras do próprio Dahmer. (O fato de alguém abordá-lo era incomum. Na maioria das vezes, era ele quem tomava a iniciativa de abordar os homens.)

Dahmer estava tendo a sua noite no La Cage e não passava por sua cabeça nada relacionado a assassinato. Mas quando ele estava indo embora, Sears se aproximou dele, e a partir daquele momento Jeff soube que iria matar novamente — Sears se encaixava milimetricamente em seu perfil. "Eu estava caminhando em direção à entrada, eu não planejava encontrar ninguém ou sair com ninguém, e este negro bonito começou a falar comigo, do nada." As chances de alguém conhecer um assassino em série na noite são tão remotas que se aproximam do nulo. Sendo esse alguém a abordar o assassino em série, então, soa como algo saído da mente de um roteirista de cinema. Mas foi isso o que aconteceu. Infelizmente para Sears, a máscara de Dahmer era demasiadamente bela para o rapaz de 24 anos resistir.

Quando a boate fechou, Sears, Dahmer, Connor e um outro rapaz chamado Bob saíram e decidiram dar mais uma volta pela região em busca de lugares para beber. Todos entraram no carro de Connor à procura de mais diversão. Em dado momento, Bob desceu do veículo e Connor levou Sears até West Allis, local onde morava a avó de Dahmer. No meio do caminho, dentro do carro em movimento, Sears desabotoou a calça de Jeff e desceu o zíper, e fez sexo oral ali mesmo, para surpresa de Dahmer. Como sempre fazia quando tinha companhia e testemunhas, Dahmer pediu para o motorista parar algumas quadras antes da casa, e assim Connor o fez. Jeff e Sears desceram e Connor viu seu amigo caminhando com aquele desconhecido na madrugada, sendo esta a última visão que alguém teria de Anthony Sears.

Desde o momento em que viu Sears no La Cage, Dahmer sabia que iria matá-lo. Era assim que ele funcionava. Jeff sabia de antemão aqueles que iria matar ou, pelo menos, os que tinham grandes chances de nunca mais saírem dos seus aposentos. Sears era o seu tipo, e ainda ostentava uma cabeleira oitentista que estava na moda na época — muito bonito e sexy para Dahmer deixá-lo ir embora. Sempre precavido, pela primeira vez, Jeff se arriscou a ponto de entrar em um carro com um amigo da vítima. Ele nunca fazia isso. Sua preferência era por homens sozinhos, os quais ele poderia colocar dentro de um táxi ou ônibus. Mais do que isso, foi o próprio amigo de Sears que os levou até West Allis. Belo demais, Anthony Sears valia qualquer risco, e isso mostra o quanto Dahmer estava gamado nele. Ele faria qualquer coisa para tê-lo, mesmo que isso significasse passar por cima de algumas de suas regras.

Jeffrey Dahmer não matou todo mundo que levou para a casa de sua avó nas madrugadas, e Sears é um exemplo do porquê isso (o homicídio) podia ocorrer ou não. Como ele fazia essa escolha? Como ele decidia quem seria morto e quem não seria?

A explicação é simples. Os que sobreviveram a um encontro com Jeffrey Dahmer na casa de sua avó não eram bonitos e atraentes o suficiente. Embriagado, muitas vezes Jeff levava homens para West Allis e, quando o efeito do álcool passava e ele ficava sóbrio, percebia o quanto aqueles homens não o interessavam sexualmente, então ele os deixava ir embora. O homem, para Dahmer, devia ser como Sears: magro, esguio, atlético, com o rosto afinado, masculinizado.

A aparência era muito importante para Jeff. Ele só se sentia atraído por um tipo específico de físico, então, muitas vezes, ele se via com homens na casa de sua avó e até fazia sexo com eles, mas não sentia a necessidade de mantê-los, e, assim, os deixava ir. Os sobreviventes eram homens que simplesmente não se encaixavam no perfil físico que ele gostava. Essa preferência sexual o acompanhou por toda vida. Da mesma forma, em todos os lugares que por ventura viria a morar, o mesmo comportamento se repetiu: ele matava os bonitos e atléticos e deixava ir embora os que não eram esteticamente interessantes. Tudo girava em torno de suas belezas.

Com Anthony Sears, Dahmer deu início a um ritual macabro, enraizado em suas mais profundas e doentias fantasias. Após subirem até o quarto e fazerem sexo, Jeff dopou sua vítima com seu café irlandês, então o estrangulou e dormiu nu abraçado ao corpo. Foi um momento de muito prazer para Jeff, a vítima totalmente passiva, seu corpo magro e atlético ainda quente, a pele lisa e macia; ele pôde se esfregar à vontade, roçando seu corpo no da vítima, beijando-a e passando a língua em toda parte.

De manhã, Jeff tomou café da manhã com sua avó, e quando Catherine saiu para ir à igreja, ele subiu até o quarto e fez sexo *light* (e *hard* — penetração anal) com o cadáver. Diferentemente das vítimas anteriores — Tuomi, Doxtator e Guerrero —, Jeff levou o corpo de Sears para a banheira, imaginando que o seu sangue seria melhor drenado lá do que no porão. Pela primeira vez, e como Sears era maravilhoso, ele tentou esfolá-lo, mas percebeu que daria muito trabalho, e tempo era o que ele não tinha. Jeff decapitou a vítima e o castrou, colocando a genitália em um saco separado. Sears era o mais bonito até agora e Jeff mostrou o amor que sentia por ele guardando sua cabeça, pênis e saco escrotal. Se o rapaz não podia fazer companhia para ele em vida, o faria, então, na morte, através de partes do seu corpo.

O restante do corpo de Sears foi descartado como de costume: um corte do pescoço à virilha para admiração e remoção dos órgãos internos, desossamento, desmembramento, corte da carne em pedaços e esmagamento dos ossos com a marreta. Na segunda-feira, pouco antes do caminhão de lixo passar, ele descartou os sacos e ficou observando até os garis os jogarem no caminhão. Naquele mesmo dia, Jeff fez algumas ligações até encontrar um especialista em taxidermia e perguntou a ele qual seria o melhor processo para conservar os restos de um animal. Eles conversaram e o homem disse para Jeff usar acetona.

Em uma ferragista de West Allis, Jeff comprou a substância e um grande balde plástico, encheu de acetona e mergulhou a cabeça e a genitália de Sears, então guardou o balde dentro do armário do seu quarto e deixou lá por uma semana. Após sete dias, ele tirou a cabeça e a genitália do balde e percebeu o quão conservados estavam. A dica do taxidermista realmente foi de encontro ao que ele almejava. Para o pênis e o escroto não perderem a cor, Jeff comprou maquiagem e os maquiou. Apaixonado por Sears, Jeff usou a sua cabeça em várias oportunidades para se masturbar. Ele a segurava com uma das mãos e se masturbava com a outra enquanto a olhava fixamente, fantasiando e relembrando os bons momentos que viveram juntos. Ele também a usou para a prática do sexo oral, inserindo o seu pênis na boca e movimentando a cabeça. Com o passar dos dias, a cabeça foi encolhendo, ficando com um aspecto mumificado, o que desapontou Jeff. Como Sears tinha um *look* da moda (ele usava um penteado conhecido como *cacho Jheri*), Jeff tirou o seu escalpo e guardou-o juntamente com a cabeça e a genitália em uma caixa de metal com duas trancas.

> "Eu o conhecia [Anthony Sears] havia aproximadamente três anos. Naquele sábado fomos juntos ao La Cage, uma boate gay em Milwaukee. Fomos no meu carro. Conheci ele [Jeff Dahmer] perto do horário em que a boate fechava, umas 2h15. Quando a boate fechou fomos eu, Anthony, Jeffrey Dahmer e outro amigo nosso para fora. Entramos no meu carro, Jeffrey Dahmer e Anthony sentaram-se no banco de trás. Deixei os dois em West Allis... Claro que eu sabia que os dois fariam alguma coisa. Eu e o Anthony combinamos que eu o pegaria na manhã seguinte, mas ele não ligou e nunca mais o vi." (Jeffrey Connor)*

* Amigo de Anthony Sears, em depoimento prestado durante o julgamento de Jeffrey Dahmer, em 1992.

Terrivelmente absorto em sua mente doentia e repugnante, e acreditando ele mesmo ser algum tipo de entidade maligna, Jeffrey Dahmer formulou um plano para construir o que chamou de "templo" ou "santuário" da morte. A ideia surgiu após o homicídio de Sears, e ele, de fato, trabalhou ativamente em seu projeto pessoal. Como um engenheiro ou projetista, ele desenhou um diagrama sobre o que pensava ser o templo.

O diagrama que ele desenhou continha dez crânios em cima de uma mesa preta, com incensos queimando em ambos os lados. Dois esqueletos inteiros seriam montados ao lado da mesa. Lâmpadas azuis seriam dispostas acima da mesa e, no meio, uma imagem de Satã. Na frente do santuário, uma cadeira preta seria colocada para que ele pudesse se sentar e admirar, como um mestre, a sua fonte de energia. Na mente perturbada de Jeff, tal arranjo seria capaz de torná-lo uma força espiritual muito poderosa.

Jeff Dahmer tinha uma necessidade patológica de manter o controle sobre os seus amantes de acordo com seus próprios termos. Além de lhe fornecer poderes mágicos, que poderiam ser usados para benefício próprio quando estivesse em sociedade, o templo também era uma maneira para ele, "O Mestre", exercer controle e poder total sobre todos os homens que matou. Diante do templo, poderia contemplar ou comandar seus súditos, sentando na cadeira ou masturbando-se em frente a eles, todos imóveis, quietos, passivos, servindo única e exclusivamente aos desejos do Mestre.

Mas para que esse plano desse certo, ele teria que continuar matando. Ele só tinha uma cabeça, a de Sears, então, precisaria de mais nove para finalizar o seu desejo. Seu altar macabro tornou-se um projeto de vida, uma ambição.

O desaparecimento de Anthony Sears levou angústia à sua família. Sears trabalhava em uma padaria e recentemente conseguira uma promoção. As coisas estavam indo bem para ele. Quando dois dias se passaram sem notícias, sua irmã, Antoinette, foi até a polícia de West Allis, região onde Sears foi visto pela última vez por seu amigo Jeffrey Connor, e registrou o seu desaparecimento. Outro irmão de Sears, Martin, conversou com Connor, que deu o endereço de onde havia deixado Sears e o homem loiro chamado Richard. Connor já havia perambulado por West Allis anteriormente, quando seu amigo falhou em ligar pra ele, mas não sabia que casa poderia ser a de Richard. Com muito custo, a família de Sears convenceu a polícia de West Allis a ir até o endereço, mas quando os policiais chegaram lá, encontraram apenas um lote baldio. "Não existe nada lá", disseram os investigadores à família. Para Connor, aquele era o endereço, mas ele não se lembrava direito. O lote baldio ficava a apenas dois quarteirões da casa da avó de Dahmer, e por pouco o matadouro de Jeff não foi rastreado. Sem mais pistas e com pouco (ou nenhum) interesse em investigar o sumiço de Anthony Sears, seu desaparecimento virou apenas mais uma estatística nos arquivos policiais.

E enquanto a família de Sears sofria com seu desaparecimento, Jeff se divertia com o que sobrou de sua vítima numa orgia maníaca. Seguem suas próprias palavras:

> "Funcionou* muito bem, como você [Pat] pode ver pelas fotos [de Polaroid]. Após secar eu poderia vestir o escalpo. Me ajudava a fantasiar e lembrar da noite em que eu estava com ele. Eu podia chupar o pênis [decepado] e me masturbar." (Jeffrey Dahmer)

* Contextualizando, aqui Jeff explicava para o detetive Patrick Kennedy como usou acetona para preservar o escalpo e a genitália de Sears.

O JULGAMENTO POR MOLESTAMENTO INFANTIL

Milwaukee, 23 de maio de 1989

Jeff foi avaliado por dois psicólogos diferentes entre outubro de 1988 e maio de 1989. Ao se sentar com o primeiro, Charles Lodl, pouco depois da sua prisão pelo abuso de Sinthasomphone, Jeff, surpreendentemente, foi parcialmente franco. Ele disse estar com "estresse psicológico significativo", também estava "ansioso, tenso e depressivo", além de ter "profundos sentimentos de alienação". Tal confissão acendeu o alerta no psicólogo, que percebeu estar frente a uma pessoa com um tremendo sofrimento mental. Em seu relatório, Lodl escreveu que Jeff era um "homem muito problemático psicologicamente... Não há dúvidas de que o sr. Dahmer precisa de um tratamento psicológico de longo prazo".

Já com o segundo, Norman Goldfarb, Jeff não estava mais cooperativo e o psicólogo notou tal comportamento ao afirmar que ele era "resistente e evasivo", respondendo às perguntas monossilabicamente; Jeff estava agitado e irritadiço, "suspeitando dos motivos dos outros", um sintoma de paranoia — ele agiu da mesma forma com Evelyn Rosen, acusando-a de conluio com o Estado para prejudicá-lo. O psicólogo achou significativo o fato de ele não ter um amigo sequer, além de ser impulsivo, manipulador e egocêntrico, tinha baixa tolerância a frustrações e estava extremamente infeliz por não ter atingido nada de importante na vida.

Jeff era calculista e traiçoeiro, ele "não mostraria aos outros a profundidade, severidade ou extensão da sua patologia... Os outros podem não levar seus comportamentos tão a sério quanto deveriam", escreveu o psicólogo, que o diagnosticou com transtorno de personalidade mista. "É um jovem seriamente perturbado... Ele deve ser considerado perigoso e impulsivo."

É interessante notar como dois especialistas, Rosen e Goldfarb, enxergaram a (quase) real dimensão dos tormentos de Jeffrey Dahmer. Lodl também percebeu o quão perturbado era Jeff. Para bom entendedor, meia palavra basta, mas, no caso Dahmer, o importante trabalho dos psicólogos, definitivamente, foi jogado para debaixo do tapete e ficou a impressão de que não importava o que eles dissessem, Jeffrey Dahmer continuava a ser ignorado.

Em 23 de maio de 1989, Jeffrey Dahmer sentou-se no banco dos réus para o seu julgamento no caso Somsack Sinthasomphone. Gerald Boyle e a promotora Gale Shelton apresentaram seus argumentos ao juiz William Gardner. A promotora queria uma sentença para Dahmer de no mínimo cinco anos de prisão.

> "Em meu julgamento está absolutamente claro que o prognóstico de tratamento para o sr. Dahmer dentro da comunidade é extremamente sombrio... Sua percepção do que ele fez de errado foi a de que ele escolheu uma vítima muito jovem... Ele parece ser cooperativo e receptivo, mas nada do que vejo por fora indica que ele pode lidar com sua raiva e seus profundos problemas psicológicos." (Gale Shelton)

Gloria Anderson, a oficial de condicional que acompanhou Dahmer nos meses antes do julgamento, apoiada pelos diagnósticos dos psicólogos e dos relatórios anteriores de Evelyn Rosen e Kathy Boese, apontou que a hospitalização e o tratamento intensivo seriam o mais indicado ao réu. "Tem existido muita instabilidade emocional nesta família... muita confusão e isolamento entre os membros da família. Jeff cresceu em uma atmosfera turva por turbulências, problemas de saúde mental, infelicidade, confusão e rejeição, levando a um colapso na estrutura familiar", disse Gloria. A agente também citou o diagnóstico realizado anos antes por Evelyn Rosen, afirmando que o réu sofria de uma personalidade esquizoide com características paranoicas. Com o relatório de Rosen em mãos, Anderson leu as palavras da psicóloga: "Jeff não é psicótico, mas não é preciso de muito para empurrá-lo, e o álcool serve a esse propósito".

O advogado de Dahmer concordou com Gloria e argumentou que o seu cliente era doente e que precisava de tratamento, e não de prisão. Gerald Boyle enfatizou o fato de seu cliente ter um trabalho.

> "Nós não temos um infrator múltiplo aqui. Eu acredito que ele foi pego antes do ponto que poderia ser pior, o que acredito ser uma bênção disfarçada." (Gerard Boyle)

Nota-se, pela fala de Boyle, que o advogado tinha uma noção do quão longe Dahmer podia chegar; se em sua mente isso envolvia assassinato, não se sabe; provavelmente, não. De qualquer forma, é surreal e impactante olharmos para essa situação sabendo o que Boyle, Shelton, Lionel e todos aqueles que circundavam Dahmer não sabiam. A fala de Boyle chama muito a atenção. Mal ele sabia que *o ponto* já havia sido ultrapassado, e de forma grotescamente inimaginável, há muito, muito tempo.

Dahmer falou em sua própria defesa, e culpou o alcoolismo por seu comportamento. Ele foi articulado e convincente (e manipulador, falso e mentiroso, tudo ao mesmo tempo).

> "O que eu fiz foi muito sério. Eu nunca estive nessa posição antes. Nada é mais terrível. Isto é um pesadelo tornando-se uma realidade para mim. Isso chocou a mim mesmo. A única coisa que eu tenho em minha mente, e que é estável, e que me dá uma fonte de orgulho, é o meu trabalho. Eu estive muito perto de perdê-lo por causa dos meus atos, dos quais eu admito total responsabilidade... Tudo o que eu posso fazer é implorar para que você, por favor, poupe o meu trabalho. Por favor, me dê uma chance de mostrar que eu posso, que eu posso trilhar meu caminho e não me envolver mais em nenhuma situação como essa... Seduzir uma criança foi o clímax da minha idiotice... Eu quero poder ajudar. Eu quero poder transformar minha vida." (Jeffrey Dahmer)

Uma das características vistas em assassinos em série como Dahmer é a capacidade ilimitada de mentir para se proteger da sociedade e livrar a própria pele. John Wayne Gacy e Ted Bundy foram outros cujas carreiras homicidas se apoiaram em uma vida de mentiras. A diferença entre os três é que Dahmer foi o único que abandonou a manipulação e a mentira, mas isso apenas no momento em que, finalmente, foi desmascarado, alguns anos depois. Gacy e Bundy, ao contrário, mantiveram até as últimas horas de suas vidas a empáfia, cuja base era solidamente sustentada na mentira e na manipulação. Assassinos em série, em sua maioria, talvez por viverem uma vida de mentiras desde a adolescência (e, logicamente, por possuírem patologias anormais), quase nunca conseguem se desprender do seu *eu homicida e mentiroso*; é como se a mentira se cristalizasse em suas mentes, tornando parte de si mesmos. Eles levam uma vida dupla, e para que eles tenham sucesso nas duas vidas, é necessário que a mentira e a manipulação se tornem dois comportamentos tão intrínsecos, que, com o passar das décadas, acabam se fundindo à própria existência do indivíduo. Mesmo após serem pegos, eles não se separam do *eu mentiroso e enganador* porque essas características já são partes coladas e indivisíveis de suas personalidades. Assassinos em série como Jeffrey Dahmer e Edmund Kemper* acabam sendo pontos fora da curva nesse sentido porque, após suas prisões, eles despiram (provavelmente não completamente) suas carapaças e foram assustadoramente francos e diretos sobre o que realmente se passava em suas mentes. Do dia para a noite, a mentira e a enganação já não faziam mais parte deles, e essa capacidade de remover a máscara não deixa de ser intrigante, mostrando que a linha que separa a normalidade da loucura é mais tênue do que parece.

As palavras de Dahmer comoveram o juiz e Gardner o sentenciou a cinco anos de liberdade condicional e um ano de prisão, a ser cumprido na Casa de Correção do Condado de Milwaukee, em Franklin; entretanto, o juiz permitiu a Dahmer manter seu trabalho na Ambrosia, de forma que ele pudesse trabalhar diariamente e voltar para a Casa de Correção quando sua jornada laboral acabasse. Ele também não podia se aproximar de crianças e deveria frequentar um grupo de terapia para viciados em álcool.

O assassino em série escapou de ficar enjaulado por cinco anos.

Após ser preso pelo abuso de Somsack Sinthasomphone, diante da família, um envergonhado Jeff mais uma vez fez a única coisa que aprendera a fazer: pedir desculpas, timidamente. Lionel fazia muito bem o seu papel de pai quando o problema envolvia dinheiro — pagar universidade ou cursos, apoiar o filho pagando advogados ou fianças —, mas ele não se saía bem nas questões emocionais. Ele não sabia conversar

* Assassinou dez pessoas entre 1964 e 1973, incluindo os avós e a mãe. Após sua prisão, não teve problemas em se abrir e contar detalhes dos seus crimes, além das suas inadequações e frustrações pessoais. As confissões de Kemper foram fundamentais no estudo da mente dos assassinos em série realizado por agentes do FBI, na década de 1970.

sobre essas coisas, e como Jeff era pior do que ele, nunca existiu uma conversa franca entre pai e filho sobre os problemas internos de Jeff. Lionel, à sua maneira, até tentava, mas como seu filho não externalizava nada, tal proximidade nunca existiu. Se Jeff fosse filho de Shari, é muito provável que a história fosse diferente. Mas Shari sabia o seu lugar na família e ela se impunha esse limite. Em sua autobiografia, Lionel revela que "No período em que passamos juntos antes de sua sentença, não consegui extrair de Jeff nada além de um envergonhado 'Desculpe, pai'. Visitei-o algumas vezes depois disso, e ele me telefonou em alguns momentos, mas qualquer proximidade maior entre nós parecia impossível. Nunca falamos sobre o que ele fez. Ele nunca mencionou o jovenzinho que molestou. [...] Hoje sei que mantínhamos uma parede entre nós, cada um montando guarda de um lado, com determinação equivalente".

Um episódio interessante aconteceu um dia antes do juiz proferir a sentença a Dahmer. No dia anterior à audiência, Lionel viajou até West Allis para acompanhar o filho no tribunal, e enquanto eles estavam recolhendo alguns objetos no quarto de Jeff, Lionel descobriu uma caixa de madeira lacrada. Suspeitando que Jeff estivesse acumulando revistas pornográficas, Lionel pediu para Jeff abri-la.

"O que tem aqui?", perguntou Lionel.

"Nada", respondeu Jeff.

"Abra a caixa, Jeff", ordenou o pai.

Jeff não se moveu. Lionel percebeu que o filho ficou agitado, mas de forma calculista e cuidadosa, manteve o controle. Apenas com o olhar, Lionel deixou claro para Jeff que queria aquela caixa aberta.

"Mas por que, pai? Não tem nada dentro."

"Só abra"

"Não posso ter nem um metro quadrado de privacidade? Você precisa fuçar em tudo?", disse Jeff, já perdendo o controle.

"O que tem dentro da caixa, Jeff?", perguntou mais uma vez, firme, Lionel.

"Nem um metro quadrado?"

"Eu quero saber o que tem dentro desta caixa, Jeff."

Jeff não se mexeu para abri-la.

Lionel, então, caminhou em direção ao porão para pegar alguma ferramenta que pudesse abrir a caixa. Nesse momento, Jeff bloqueou o pai, pegou um cheque de aniversário que Lionel dera a ele e rasgou em sua frente.

"Se você não é capaz de me dar nem um metro quadrado de privacidade, então eu não quero isto aqui", esbravejou Jeff.

Já sem paciência, e respirando fundo para a situação não ficar pior, Lionel simplesmente olhou o filho nos olhos, encarando-o silenciosamente e com cara de poucos amigos. Jeff, então, abaixou a cabeça.

"Você tem razão, pai. São revistas, pornografia, esse tipo de coisas. Mas deixa pra lá, tá bom? A vovó vai ficar chateada. Eu abro a caixa para você amanhã de manhã, eu prometo." Com a caixa debaixo do braço, Jeff caminhou até a cozinha e depois desapareceu no porão.

Na manhã seguinte, Jeff apareceu com a caixa, tirou uma chave do bolso e abriu. "Tá vendo?", disse ele, olhando para o pai. Lionel deu uma olhada e lá estavam revistas pornográficas.

"Jogue isso fora antes que sua avó veja", ordenou Lionel. "Tá bom, pai", respondeu um obediente Jeff.

A caixa, na verdade, guardava a cabeça, o escalpo e o pênis de uma de suas vítimas preferidas: Anthony Sears.

E por falar em Sears, Jeff não podia jogar fora o belo Anthony, mas também não podia ficar com tais lembranças em West Allis. Ele iria morar em uma prisão por pelo menos um ano, e, após muito pensar, decidiu comprar uma necessaire para guardar os restos mortais da vítima. Mas onde deixar? A solução encontrada foi o seu armário particular na Ambrosia. O local seria o repouso de Sears pelos vários meses seguintes.

5

RUMO AO ABISMO

Durante todo o resto do ano de 1989, Jeffrey Dahmer cumpriu normalmente sua sentença. Ele trabalhava nas madrugadas na Ambrosia e passava os dias na Casa de Correção.

Na Casa de Correção, ninguém nunca suspeitou de Jeff. Ele era um cara comum, como qualquer outra pessoa que cumpria sua pena. Para a maioria das pessoas, não há maneira de ver além da aparência, e Jeff sabia como ninguém manter seu lado sombrio no compartimento correto — lacrado e inviolado. Claro, ele tinha muita experiência nisso, pois, desde a sua adolescência, agiu para aparentar uma normalidade insuspeita. Ele podia ser diferente e estranho às vezes, mas nada além disso. Com exceção de Evelyn Rosen, ninguém que o conheceu em uma situação social corriqueira teve medo dele. Jeff era só mais um na multidão.

Condenado e cumprindo a sua pena, Jeff sabia que aquela experiência era passageira, algo que logo se tornaria passado. Ele teve muita sorte. Foi sentenciado a uma pena mínima e ainda podia sair da prisão para trabalhar. Ele era um assassino e tinha consciência de sua vantagem, era só seguir as regras que rapidamente estaria livre novamente para buscar os prazeres das ruas. As tentações do mundo, entretanto, eram um problema. Para muitas pessoas, o prazer age como uma droga e, uma vez experimentado, é praticamente impossível ficar longe.

Muitos podem imaginar que Jeff se encolheria e permaneceria na linha honesta e direita da vida, passando longe de problemas ou de lugares que poderiam lhe desvirtuar.

Talvez outra pessoa tomasse essa atitude, não Jeffrey Dahmer.

Na quinta-feira, 23 de novembro de 1989, Dia de Ação de Graças, o juiz concedeu doze horas para que Jeff pudesse passar a data com a sua família. Envergonhado de encarar os familiares, e querendo mais agitação do que a morosidade de uma reunião familiar sem sentido para ele, Jeff saiu da casa da avó após o jantar, onde todos estavam reunidos, e se dirigiu até um bar nas imediações, onde bebeu até ficar embriagado. Ele estava trancafiado havia oito meses e a necessidade de uma noitada devia estar lhe consumindo vorazmente. Intoxicado e interessado na efervescência das discotecas e na visão de espécimes masculinos que há tempos ele não tinha a oportunidade de assistir, Dahmer perambulou até a área gay de Milwaukee e, possivelmente, entrou em uma das mais animadas casas da área: o Club 219. Em sua confissão, ele diz não se lembrar exatamente qual boate era, mas sentia ser o Club 219. O que Dahmer não sabia era que ele não era o único caçador de homens a vagar à noite por aqueles estabelecimentos de Walker's Point. Acostumado a ser o caçador, dessa vez, Jeffrey Dahmer se tornou a caça.

Muitos podem imaginar que Jeff se encolheria e permaneceria na linha honesta e direita da vida, passando longe de problemas ou de lugares que poderiam lhe desvirtuar. Talvez outra pessoa tomasse essa atitude, não Jeffrey Dahmer.

Caindo de bêbado, Jeff conheceu um homem branco no Club 219, e a próxima coisa que ele se lembrava é de estar em um apartamento desconhecido com as mãos amarradas para trás. Suas pernas estavam amarradas pelos calcanhares e suspensas por ganchos no teto, afastadas uma da outra. Quando ele se deu conta do que estava acontecendo, Jeff não teve dúvidas, ele estava na posição de suas vítimas: a de abate. A sorte de Dahmer é que o homem branco do Club 219 não era um assassino em série como ele — bom, pelo menos não até onde sabemos.

Com uma vela de cores listradas, o homem havia sodomizado Dahmer enquanto ele estivera inconsciente. Acordado, Jeff gritou e proferiu xingamentos quando percebeu toda a situação. O predador se tornara presa. Com todo aquele aparato de tortura em seu apartamento, conclui-se que o "pervertido da vela listrada" já usara sua parafernália em outros desavisados e gostava de aplicar lições de moral nos pecadores que viviam o pecado da carne. Dahmer provou um pouco do seu veneno e, após se divertir com Jeff, o homem o libertou. Havia se passado cinco horas desde o horário estipulado para Dahmer voltar para a Casa de Correção e ele, apesar de querer acertar as contas com o pervertido, não o fez, e saiu correndo em direção à prisão.

Anos depois, Jeff relembraria o episódio com um sentimento de compreensão do porquê aquilo ter acontecido: "Esse é o preço que você paga por viver uma vida de alto risco".

Jeff voltaria a ter um encontro com o pervertido da vela listrada, mas de uma forma diferente.

MUDANDO PARA AVENUES WEST

Apartamentos Oxford,
924 North 25th Street

Após dez meses do cumprimento de sua sentença, o juiz concedeu a Jeff Dahmer a liberdade antecipada.

Enquanto esteve preso, uma carta escrita por Jeff pode ter convencido o juiz a liberá-lo do "castigo" mais cedo. Em uma carta endereçada ao juiz do caso, Dahmer pediu que sua pena fosse reduzida. "Eu sempre acreditei que um homem deve estar disposto a assumir a responsabilidade pelos erros que comete na vida. O que fiz foi deplorável. O mundo já tem miséria suficiente sem que eu acrescente mais", escreveu.

Mas existia alguém que não confiava nem um pouco em sua redenção, e esse alguém era seu pai. Lionel acreditava que a justiça estava cometendo um grave erro ao soltar o seu filho. O homem ficou indignado quando descobriu que, durante todo o tempo em que esteve preso, Jeff não passou pelos tratamentos — psicológico e contra o alcoolismo — impostos pelo juiz como obrigatórios durante a sentença. Jeff até frequentou as sessões de uma psicóloga, mas tudo pareceu ser apenas um cumprimento burocrático do dever de cada um dos lados perante o sistema. A profissional atendia Jeff como parte de sua obrigação laboral, e Jeff dizia o que todos queriam ouvir. Os agentes de justiça não se importaram nem um pouco com seu caso — e Jeff era apenas um grão de areia da praia. No papel, tudo funciona muito bem, mas a realidade destoa por completo do mundo de fantasia pintado pelas autoridades.

Sem ver mais a luz no fim do túnel e temendo pelo futuro do filho, Lionel escreveu e enviou uma carta carregada de emoção ao juiz William Gardner e praticamente implorou para que ele não soltasse Jeff até que ele pudesse receber um tratamento adequado.

"Prezado Juiz Gardner:

Estou escrevendo a respeito do meu filho, Jeff Dahmer, que está programado para ser solto da Casa de Correção na Décima Rua na primeira parte de março de 1990. O motivo pelo qual estou escrevendo é pedir se a Vossa Excelência poderia fazer o que está ao seu alcance para definir e maximizar o tratamento estabelecido no registro da corte em 24 de maio de 1989.

Desde o dia 24 de maio de 1989, quando eu estive com Jeff e falei em seu tribunal, tenho passado por um período extremamente frustrante ao tentar incitar o início de algum tipo de tratamento. Somente quase em dezembro de 1989 que G. Boyle me disse que inexiste coordenação de ação entre a sua área, a área dele e a área da liberdade condicional. A minha maior preocupação quando Jeff for solto, na primeira parte deste mês, é a possibilidade de ocorrer a mesma situação que ocorreu em uma condenação anterior por exposição indecente enquanto embriagado (aproximadamente 1986 ou 1987). Foi ordenado a Jeff receber terapia por um ano com a dra. Rosen, uma psicóloga clínica mulher. Nove meses após o início do tratamento, quando finalmente soube desse tratamento por Jeff, eu fiz uma visita à dra. Rosen. Eu descobri que ela não era especialista no tratamento do alcoolismo e que não havia avaliações críticas ou respostas para o tribunal ou para o pessoal da condicional por não existir progresso em suas sessões, para que mudanças pudessem ser realizadas. Com base nisso, e em várias conversas com os oficiais da condicional dos casos anteriores, eu tenho enormes ressalvas em relação às chances de Jeff quando ele for para as ruas.

Para encerrar, no caso de Jeff, todos os incidentes, incluindo a condenação mais recente por crime sexual, foram associados e iniciados por álcool. Espero sinceramente que o senhor possa intervir de alguma forma para ajudar meu filho, a quem amo muito e para quem desejo uma vida melhor. Para garantir meu relacionamento com Jeff, acho melhor que ninguém lhe diga sobre os meus esforços para obter um tratamento eficaz. Eu sinto, porém, que esta pode ser a nossa última chance de instituir algo duradouro, e a decisão está em suas mãos.

Sinceramente, Lionel Dahmer, 1 de março de 1990."

A carta de Lionel não surtiu efeito algum, se é que foi lida, e no dia seguinte, 2 de março, o juiz Gardner autorizou a soltura de Jeff Dahmer. Após um cumprimento de sentença burocrático, onde praticamente nenhuma das obrigações do sistema judicial foi devidamente cumprida, o perigoso e implacável Jeff foi solto nas ruas.

Ele voltou para a casa da sua avó, mas por um breve período. Jeff sabia que precisava do seu lugar. Depois de tudo o que aconteceu, da prisão, das histórias dele levando homens tarde da noite para a casa de Catherine, alguns mal conseguindo sair de lá em pé, do manequim, do cheiro horrível que impregnava a casa, e que a família sabia ter a ver com as esquisitices de Jeff, não havia mais espaço para ele com sua avó.

Trabalhando continuamente na Ambrosia e fazendo muitas horas extras, Jeff estava fazendo um dinheiro até razoável, e saiu à procura de um apartamento barato, e, de preferência, perto do local de trabalho. Há anos morando em West Allis, a viagem de ida e volta era extremamente cansativa — pior foi o último ano, em que ele teve que sair da Casa de Correção em Franklin, uma distância ainda maior; então, morar em um lugar relativamente perto do trabalho e com fácil acesso ao transporte público era essencial.

E enquanto procurava um lugar para morar, Jeff não podia deixar de se divertir. Ele passou quase um ano privado dos prazeres carnais e da diversão das ruas. Prestes a completar 30 anos, ele estava mais do que animado e excitado para perambular novamente pela noite, cruzando os bares e boates de Walker's Point. Mas ele não ficou restrito a Milwaukee. Em Chicago, no estado vizinho do Illinois, ele se sentia muito mais à vontade e encontrava homens mais bonitos e que lhe agradavam sexualmente. Chicago era uma cidade muito mais atraente para o público gay, com uma população homossexual mais diversificada e ativa. Antes de se mudar da casa da sua avó, ele viajou até lá pelo menos cinco vezes, frequentando principalmente a Unicorn Bath Club, uma das melhores saunas da cidade.

Em Milwaukee, Jeff rapidamente encontrou um lugar que se encaixava em suas expectativas e no seu orçamento. Havia um apartamento vago nos Apartamentos Oxford, um edifício em Avenues West, e Dahmer não pensou duas vezes em ocupá-lo. O lugar ficava a uma quadra e meia do apartamento que ele havia alugado anteriormente e onde abusou de Somsack. Por 300 dólares, tinha um ótimo espaço para uma pessoa solteira, além de linhas de ônibus a poucos metros de distância, com a Universidade Marquette na vizinhança. Ele ficou extremamente animado com a mudança e fantasiou o momento em que colocaria em prática novamente as suas fantasias. Ele aprendeu com Somsack Sinthasomphone e não cometeria o mesmo erro novamente — pelo menos era o que pensava em sua mente perturbada.

Em 14 de maio de 1990, Dahmer mudou-se para o prédio dos Apartamentos Oxford, no número 924 da North 25th Street. A região era majoritariamente povoada por pessoas pobres e negras, Dahmer era o único morador branco dos Apartamentos Oxford e, provavelmente, o único do quarteirão inteiro. Ele pareceu não se importar com isso e nem com o fato de o lugar ser um dos mais barras-pesadas de Milwaukee, com ocorrências policiais e barulhos de tiros diários, além de gritos e um clima de degradação total. Havia criminosos, vagabundos e gente sem rumo por toda parte. Pessoas que o conheceram perguntaram o que diabos ele fazia ali e por que não se mudava para outro lugar, o que é irônico, pois se existia alguém realmente perigoso e a se temer naquele bairro, esse era o único homem branco que passou a morar no apartamento 213 dos Apartamentos Oxford.

Uma das primeiras coisas que Jeff fez ao se ver livre da casa de correção foi abrir o seu armário e pegar a necessaire contendo os restos mortais de Anthony Sears. Ao abri-la na casa de sua avó, Jeff percebeu o quão bem preservado estava o pênis, mas ficou desapontado com o estado da cabeça do seu amante — ela estava mofada e, definitivamente, desagradável. Aquele não era o belo Anthony que Jeff havia cuidado com tanto carinho. Sem alternativas e com o plano de construção do seu altar vivo em sua mente, Dahmer uniu o útil ao agradável. Ele ferveu a cabeça de Sears para ficar com o crânio. Como descobriu através da experiência, mais ou menos uma hora era o tempo necessário para ele passar à próxima etapa. No cozimento, os olhos simplesmente pulavam para fora das órbitas e a carne ficava tão derretida que podia ser removida facilmente. Após o cozimento, ele tirou a pele, a carne e o cérebro e pintou o seu troféu com uma tinta spray cinza. Agora faltavam mais nove crânios para Jeff completar seu santuário.

Uma vez tendo o seu próprio canto para morar, Dahmer entraria em uma espiral descendente pouco vista na história da criminologia. Ele praticamente enlouqueceria dentro do seu mundo de horror, cavando cada vez mais fundo no abismo da loucura e adentrando em domínios homicidas nunca antes vistos. Mas, apesar da aparente insanidade que rondava seus crimes, um Dahmer bastante consciente era muito evidente, este enganador, falso e sem rumo, como destacaria a agente da condicional que passou a acompanhá-lo. Seus crimes tinham a assinatura de um louco varrido, mas para cometê-los e, principalmente, não ser pego por isso, existia um homem racional, que sabia como agir quando não estava bêbado ou dominado por seus desejos lascivos.

Por exemplo, alguns dias depois de ter se mudado para os Apartamentos Oxford, Jeff levou um homem até o lugar com o objetivo de matá-lo, mas acabou bebendo a bebida que preparou para a vítima (é provável que estivesse bêbado a ponto de confundir os copos ou, então, a vítima foi esperta o suficiente para trocá-los — mas o mais provável é que a primeira opção tenha ocorrido). Ele acordou no dia seguinte e percebeu que havia sido roubado na quantia do aluguel, além de um relógio e peças de roupa. Era muito dinheiro, principalmente para alguém como

Jeff, mas ele não deu queixa na polícia. Como o episódio envolvendo o pervertido da vela listrada, aquele tipo de coisa era o que podia acontecer com pessoas como ele. Ir à polícia não era uma opção. Ele não iria se expor dessa maneira. Ele sabia o que era: um homem maligno com um passado sombrio demais, até mesmo para ele. O roubo era um efeito colateral previsível. Vida que segue.

Apenas seis dias depois de ter se mudado, Jeff conheceu Raymond Lamont Smith, de 32 anos, mais conhecido por Ricky Beeks, e o convidou para ir até o seu apartamento. Beeks nasceu e cresceu em Rockford, no estado vizinho do Illinois, e tinha uma filha de 10 anos. Ele vivia uma vida delinquente, já havia sido preso por roubo e a família nem se importava mais com ele. Beeks passava longos períodos fora de casa e todos de sua família já estavam acostumados com esse comportamento. Sua vida o fez receber o apelido de Cash D, que ele orgulhosamente tatuou no peito. Em maio de 1990, ele foi até Milwaukee visitar familiares, e, em algum ponto de Walker's Point, cruzou o seu caminho com Jeffrey Dahmer. Beeks não era homossexual, mas topava qualquer coisa por uma boa grana, inclusive sexo. A oferta de algumas notas verdes em troca de fotografias* pareceu muito boa para Beeks e ele caminhou com seu futuro assassino até os Apartamentos Oxford.

Jeff tinha planos para Beeks ao estrear seu novo apê, e isso envolvia colocá-lo inerte em cima de uma mesa preta recém-adquirida, a mesma que ele imaginava usar em seu altar, e contemplá-lo em posições que lhe agradavam. Após apagar ao beber o café com creme feito por Dahmer, Beeks foi estrangulado e Jeff fez sexo oral nele. No dia seguinte, após comprar uma câmera Polaroid, Dahmer tirou várias fotografias do cadáver, arranjando-o em posições sexuais que o agradavam, incluindo fotos em cima da mesa, então decidiu desmembrá-lo.

O apartamento pequeno não oferecia comodidade e o local mais apropriado para realizar a tarefa parecia ser o banheiro, usando a banheira, um lugar fácil de limpar e que não deixaria vestígios visíveis. Jeff não tinha mais a tensão de ser pego em flagrante, pois estava em sua própria casa, então pôde massacrar Beeks tranquilamente.

* Ao médico psiquiatra dr. Frederick Fosdal, entretanto, Dahmer afirmou que Smith era um prostituto. "Sem dinheiro, sem sexo", disse, supostamente, Smith a Dahmer.

Ele carregou o cadáver da vítima e o desmembrou na banheira, fez sexo com as entranhas e cozinhou a cabeça, pernas, braços e pélvis para remover a carne dos ossos. Após cerca de uma hora e meia, os ossos foram retirados da panela e enxaguados na pia da cozinha, com Jeff retirando à mão os pedaços de carne que ainda resistiam. Ele planejava ficar com o esqueleto inteiro de Beeks, mas não soube direito como conservá-lo e, principalmente, como ligar os ossos de forma a dar o aspecto humano. Sem tecido unindo-os, eram apenas ossos amontoados no chão.

Ainda influenciado por seus assassinatos anteriores, os quais, executados nas casas de sua família, tinha que rapidamente destruir as evidências, Jeff pensou em como poderia se livrar dos ossos. Usar uma marreta como fez com Hicks, Tuomi, Doxtator, Guerrero e Sears estava fora de cogitação. Era preciso muita força e um chão firme e, além disso, a barulheira chamaria atenção, portanto, nada de empunhar o objeto novamente.

Ele decidiu comprar um enorme recipiente de lixo, encheu-o com ácido e mergulhou os ossos — exceto o crânio. Ele deixou os ossos de molho por cerca de duas semanas, e quando abriu novamente o recipiente, tudo o que existia era um imenso "lodo preto". Com uma colher especial, ele retirou pouco a pouco a substância viscosa, jogando-a na privada e dando descarga. Rapidamente, a maior parte do que um dia foi Raymond Lamont Smith desapareceu. Sobrou apenas o crânio, que foi pintado com spray e colocado ao lado do crânio de Anthony Sears em uma estante.

A cabeça era a parte do corpo da vítima mais importante para Jeffrey Dahmer. Desde a morte da sua segunda vítima, Steven Tuomi, Dahmer começou a guardá-las, retirando a carne para ficar com o crânio. Durante seu frenesi assassino em 1991, ele manteve algumas congeladas no freezer para posterior descarne. A princípio, podemos imaginar que a cabeça representaria uma espécie de prêmio para Jeffrey Dahmer, como um grande troféu de caça. De fato, caçadores de animais ficam com as cabeças de suas presas e as emolduram na parede, como símbolo final do seu poder. Da mesma forma, é comum no mundo dos assassinos em série a coleta de troféus e souvenirs. Cortar a cabeça da presa e guardar o seu crânio para decoração e lembrança evoca o comportamento primitivo humano visto desde o início dos tempos, mas é claro que um assassino em série como Dahmer o faz por motivos particulares e distorcidos.

A questão é que Jeff não considerava as cabeças e os crânios troféus, não no sentido literal, mas elas eram, sim, troféus para ele, Jeff apenas não conseguia enxergar dessa forma. Em sua mente, o crânio representava a verdadeira essência do homem. Ele queria guardá-los e sentia que, mantendo-os consigo, suas mortes não teriam sido em vão. Os crânios eram o que as vítimas tinham de maior valor e eles ficariam para sempre com Jeff; em outras palavras, se apoderando daquilo que ele acreditava ser a natureza fundamental do homem, ele nada mais estava do que se apoderando da vítima, era uma conquista, portanto, um troféu.

Um mês depois de matar Beeks, Jeff cruzou o seu caminho com o de Edward Warren Smith, de 27 anos, na The Phoenix. Algumas fontes citam que Smith e Dahmer já se conheciam da noite. Em seu livro, o autor Brian Masters observa que Smith até apresentou Dahmer a um irmão dele, Henry, que achou o loiro "muito quieto e introvertido. Sem estilo". Smith, entretanto, supostamente achava Jeff um "fofo". Se Dahmer realmente o conhecia, é possível que Edward não fizesse muito o seu tipo. Jeff não era de se *socializar* ou fazer amigos. O seu socializar era uma abordagem no fim da noite, com poucas palavras. Se a resposta fosse *não,* ele virava as costas e ia embora. Quando estava sóbrio, ele abordava somente homens que se encaixavam em seu perfil físico ou pelo menos com um físico que o fazia se interessar. Por outro lado, não sabemos se Edward Smith dificultou as coisas para Dahmer a um ponto em que Jeff teve que encontrá-lo algumas vezes na noite até convencê-lo a dar uma esticada no apartamento 213. Para mim isso é bastante improvável, porque Jeff simplesmente não deixava as pessoas se aproximarem dele e não era do tipo insistente. Pode ser que ele tenha se contentado com alguém que não era exatamente o seu tipo. Smith era afeminado e fotos dele mostram um jovem com início de calvície — daí o seu apelido, "Sheik", pois ele usava uma bandana para disfarçar a falta de cabelo — e rosto arredondado.

Mas a realidade é que Edward Warren Smith aceitou o convite de Dahmer para esticar a noite em seu apartamento, onde foi drogado e estrangulado. Jeff repetiu o mesmo processo feito com Beeks e, na tentativa de conservar o esqueleto da vítima, o colocou em um freezer por vários meses. A partir de Beeks, e agora morando sozinho, Jeff podia manter seus amantes com ele e decidiu que era isso o que faria, guardando seus esqueletos inteiros. Além da questão do templo, quanto mais "inteiros" estivessem seus amantes, melhor Jeff poderia sentir suas presenças. Ele tentou branquear o esqueleto de Beeks, mas os ossos ficaram quebradiços e ele os acidificou e descartou. Na segunda vez, com Smith, o congelamento também não surtiu o efeito desejado e os ossos foram novamente destruídos com ácido. Mas Dahmer ainda tinha o crânio do jovem negro e aquele troféu faria companhia para Sears e Beeks. Pelo menos, era esse o seu objetivo.

Como o crânio estava com camadas de gelo por ter ficado no freezer por muito tempo, Dahmer o colocou no forno para secá-lo mais rapidamente. Mas o crânio acabou explodindo e Dahmer ficou sem absolutamente nada para guardar de Smith. Terrivelmente frustrado, Jeff não teria mais a companhia do seu novo namorado; como consequência, Edward Smith entrou na lista de vítimas cujos corpos, ou pelo menos alguma parte do corpo, jamais foram encontrados — os outros integrantes dessa lista eram Steven Tuomi, James Doxtator e Richard Guerrero.

Antes de Smith desaparecer por inteiro, Jeff executou seu ritual fotográfico e se engajou na realização dos seus distorcidos desejos sexuais. Tirar fotografias de seus amantes o excitava e lhe conferia uma sensação de grande poder. Seguem suas próprias palavras sobre as ações cometidas contra o corpo de Edward Smith:

> "Eu queria uma foto das suas entranhas, então eu coloquei ele na banheira e abri ele. Eu tirei os órgãos internos do corpo com as minhas mãos. A visão e o toque me deram um prazer inacreditável e eu me masturbei e fiz amor com ele colocando meu pênis dentro [da cavidade abdominal aberta] como se estivesse em uma relação sexual." (Jeffrey Dahmer)

Com vítimas abundantes, lentidão e indiferença das autoridades, e ninguém na comunidade gay enviando um alerta sobre desaparecimentos, Dahmer podia agir impunemente. Dá-se muita ênfase aos assassinatos dele, mas quantos adolescentes ou homens não sobreviveram a um encontro com Jeff? Ele não era um monstro insano que dependia de carne humana para sobreviver; em outras palavras, Dahmer não era um cão raivoso incurável, cuja única solução para lidar com ele seria sacrificá-lo, sua patologia é complexa demais e o pêndulo do seu relógio mental definitivamente caía para a maldade extrema, mas posso afirmar que ele oscilava entre os extremos de alguém normal e um assassino descontrolado. Nesse espectro, ele podia ir de um encontro normal com um homem ao mais medonho dos assassinatos. E dentro dessa faixa com várias tonalidades diferentes, ele deslizava sobre cada uma, não necessariamente tendo que parar sempre na ponta verde (encontro normal) ou na extremidade oposta vermelha (assassinato). Mas como Dahmer entrou para a história da humanidade no rol dos assassinos aberrantes, a narrativa de interesse em torno dele é sempre a do domínio da violência por ele praticada. As faixas de cores mais amenas são praticamente inexistentes nas inúmeras fontes sobre ele, mas, à medida que elas vão se aquecendo nas cores amarela, laranja e a terrível vermelha, temos uma enxurrada de informações.

Por exemplo, Jeff podia ter um encontro violento o suficiente para causar traumas psicológicos em seus amantes, e ainda assim deixá-los ir embora. Já outras vezes, ele "apenas" molestava a vítima, como no caso do garoto de 13 anos da família Sinthasomphone. "Ei, espere, não esqueça o seu dinheiro. E não diga a ninguém que eu estou fazendo isso", disse Jeff ao garoto após deixá-lo ir embora. Dahmer não o agrediu fisicamente (mas sexualmente ao tocar o seu órgão sexual). Já o adolescente Luis Pinet passou por uma experiência mais grave. O garoto conheceu Dahmer na The Phoenix e Jeff ofereceu 200 dólares para que ele posasse para fotos. Era dinheiro demais para Pinet e ele acompanhou Dahmer até o seu apartamento. Lá, fizeram "sexo *light*" e os dois combinaram de se encontrar no dia seguinte, ao meio-dia. O que era desconhecido de Pinet era que Dahmer marcou um segundo encontro porque decidiu matá-lo. Como Jeff não tinha suas pílulas de dormir para misturar na bebida que ofereceria a Pinet, ele comprou um martelo de borracha em uma ferragista para realizar o trabalho. Mas Pinet nunca apareceu.

Naquela noite, Dahmer foi até a The Phoenix e lá encontrou o garoto. Luis disse que entendeu que o encontro estava marcado para meia-noite e não meio-dia. Mas não importava, esclarecido o mal-entendido, Luis acompanhou Dahmer novamente até o seu apartamento. Mais uma sessão de fotos se seguiu antes de Dahmer começar a torturá-lo com o martelo. Por algum motivo, Jeff não o matou e deixou o garoto ir embora, mas não sem antes ameaçá-lo. Dez minutos depois, Luis reapareceu no apartamento de Dahmer e pediu dinheiro para pegar um táxi. Dessa vez, Jeff o atacou com fúria, desferindo uma martelada em sua cabeça, e depois tentou estrangulá-lo. Os dois lutaram no chão, e o que quer que protegesse Luis Pinet devia ser terrivelmente forte, porque Dahmer, apesar de já ser um impiedoso assassino e bem mais forte fisicamente que o adolescente magro, não conseguiu de forma nenhuma abatê-lo. Ele tentou, mas parecia faltar forças. Exaustos após uma briga prolongada, os dois pararam e Pinet apenas gritava: "Por que você está fazendo isso?". Dahmer tentou acalmá-lo, dizendo que ele estava com medo de Pinet roubá-lo, caso dormisse, pois estava muito bêbado. Depois do entrevero, os dois passaram o resto da noite conversando.

Antes de deixar Luis ir embora, Jeff advertiu novamente que seria ruim demais para o garoto se ele fosse na polícia. "Eu apenas não tive a habilidade de fazer qualquer mal a ele, eu não sei por que", diria Dahmer mais tarde. Sua frase carrega uma dose de incoerência, pois ele torturou e tentou matar Luis, mas algo além da sua compreensão o impediu de terminar o seu plano. Dahmer, em outra oportunidade, daria um motivo de por que poupou a vida do garoto.

Ao passar a noite conversando com o garoto, à medida que ia ficando sóbrio, Jeff foi enxergando em Luis um ser humano, e não apenas um corpo. O garoto era uma pessoa com sentimentos, aspirações, dificuldades, e tinha uma história de vida difícil. O monstro que habitava Jeff foi desarmado ao ser exposto ao ser humano que residia naquele corpo.

> "Nós não nos envolvemos mais em nenhuma atividade sexual [após a briga], apenas conversamos por toda a noite. É engraçado porque, enquanto conversávamos, eu comecei a ficar sóbrio. Eu sei que o meu plano era matá-lo, mas após eu começar a conhecê-lo pessoalmente, eu perdi o desejo de fazer. Nos encontramos várias outras vezes na rua e no shopping e ele sempre vinha falar comigo, uma vez até mesmo me apresentou um amigo dele. Eu não sei, mas após aquilo, ele não me atraía mais e eu apenas dizia 'oi' quando nos encontrávamos. Eu nunca mais convidei ele para o meu apartamento." (Jeffrey Dahmer)

Até julho de 1990, Jeffrey Dahmer já havia assassinado sete homens, sendo seis na grande Milwaukee. Ninguém percebeu que havia um assassino em série na cidade. Dahmer não deixava rastros, desaparecia de forma eficiente com os corpos, além disso, as vítimas eram pobres, do tipo que apenas a família se importava, às vezes nem isso, como no caso Beeks. É interessante o fato de como Dahmer conseguiu serpentear pela vida sem ser demasiadamente incomodado. Ele se escondeu e enganou a família, pessoas próximas e, principalmente, as autoridades. Em nossa sociedade, são as autoridades que têm o dever de identificar e retirar do convívio social pessoas potencialmente perigosas, acolhê-las, cuidá-las e tratá-las. Já um assassino em série, Jeff se descuidou e mostrou uma de suas facetas, sendo pego por isso. Ele ficou quase um ano à disposição da justiça na casa de correção e ninguém foi capaz de ligar os pontos. Vários psicólogos alertaram em seus diagnósticos sobre ele ser um homem perigoso, que necessitava de tratamentos de longo prazo e, pior, reincidir era questão de tempo. Mas, se houve suspeitas, elas foram arquivadas em algum armário de metal. Solto antes de cumprir toda a sua sentença, Jeff foi acompanhado por uma agente da condicional durante todo o tempo em que morou e cometeu atrocidades inimagináveis nos Apartamentos Oxford.

Essa capacidade de transgredir a lei cometendo o pior dos crimes, vez após outra, empilhando corpos debaixo dos narizes de todos, demonstra duas coisas: 1) a habilidade de Jeff em enganar e ser duas pessoas diferentes, e 2) a incompetência das autoridades que sequer suspeitaram que ele pudesse estar envolvido em algo mais grave do que molestar uma criança. Na verdade, eu corrijo as minhas próprias palavras: Jeff nunca enganou as autoridades, pois, desde Rosen e Boese, agentes públicos (incluindo o juiz William Gardner) sabiam do risco que ele representava para as pessoas nas ruas, e, mesmo assim, deram de ombros. Foram, no mínimo, negligentes.

O caso Dahmer exemplifica como um assassino em série pode agir impunemente devido a falhas do sistema — seja por negligência de agentes públicos, burocracia, erros humanos ou outros fatores. Esse problema não é exclusivo de um país. Na União Soviética, Andrei Chikatilo matou mais de cinquenta pessoas, protegido pela incompetência, preconceito e autoritarismo estatal. Enquanto as autoridades buscavam bodes expiatórios — como doentes mentais ou homossexuais — Chikatilo, homem hétero, pai de família e membro do partido comunista, matava impunemente. No Canadá, Robert Pickton assassinou dezenas de mulheres, facilitado por uma investigação policial cheia de erros e preconceitos. O detetive Kim Rossmo foi demitido após alertar publicamente sobre um serial killer em Vancouver. No Brasil, em 2009, mesmo com diagnóstico de psicopatia e sadismo, Adimar Jesus da Silva foi solto em regime semiaberto e, em menos de um mês, matou seis adolescentes em Luziânia (GO). Em Goiânia, Tiago da Rocha começou a assassinar pessoas em situação de rua e transsexuais em 2011, mas a comoção pública só veio após ele matar a filha de um promotor em um bairro nobre, quando já havia feito cerca de quarenta vítimas.

Enquanto Tiago estava matando pessoas que a sociedade julga dispensáveis, não houve um real interesse na solução dos crimes. E aqui há uma diferença muito mais horrenda, pois, diferentemente do caso Dahmer, corpos jaziam nas ruas para contar suas histórias, e, não raras vezes, Tiago foi gravado por câmeras de videovigilância executando suas ações homicidas. Cerca de um ano antes de ele ser preso, eu escrevi um artigo* para o *OAV Crime* questionando se não havia um assassino em série nas ruas de Goiânia tirando as vidas das pessoas sem abrigo.

JEFF, O CANIBAL

Ernest Marquez Miller, de 22 anos, tornou-se a oitava vítima de Jeff Dahmer. Era por volta das três horas da madrugada quando Dahmer cruzou com Miller no início de setembro de 1990, na frente de uma livraria† na North 27th Street em Walker's Point, e ofereceu a ele 150 dólares por algumas fotografias e sexo. Dahmer costumava frequentar a livraria (uma espécie de banca de revistas) para comprar revistas pornográficas e filmes VHS de sexo homossexual. Ele ficou extremamente impressionado com

* "101 Crimes Notórios e Horripilantes de 2013" (Crime 91: Extermínio no Centro-Oeste).

† "Livraria de jornais e revistas pornográficas que atendia a uma multidão desprezível tarde da noite. Ficava no meio de distribuidoras [de bebidas]. Era um ponto de encontro noturno para vagabundos, prostitutos de ambos os sexos, drogados e bêbados. A área era frequentada à noite por caras brancos suburbanos à procura de um boquete rápido." (Kennedy, P. *Dahmer Detective: The Interrogation and Investigation That Shocked the World*, Poison Berry Press. 2016)

o físico de Miller, um jovem negro corpulento e de grande beleza. Como Jeff acreditava que ele não era gay, ofereceu uma quantia em dinheiro irrecusável. Se Miller aceitasse a oferta, ele não sairia vivo de jeito nenhum do seu apartamento.

> "Eu estava voltando para casa uma noite, depois de não encontrar ninguém que achasse interessante, quando eu vi esse cara negro em frente à livraria na 27th Street. Esse cara era grande, forte e corpulento. Eu disse a ele que lhe daria cinquenta pratas* se ele deixasse eu fazer sexo oral nele e tirar algumas fotos. Eu não acho que ele era gay, mas ele realmente era bonito e seu corpo era magro e atraente. Um dos mais bonitos caras que eu já havia conhecido." (Jeffrey Dahmer)

Dentro do apartamento, Miller tirou suas roupas e, quando Jeff se abaixou, o homem negro deixou claro que não era uma "bicha"; se não recebesse a grana prometida, quebraria Dahmer ao meio e ainda levaria o que ele tivesse de valor. Pareceu justo para Jeff. Na verdade, Dahmer não estava nem um pouco com medo porque Miller já havia tomado o tradicional café irlandês com Halcion e era questão de minutos até ele apagar e ser seu. Todo seu.

Quando isso aconteceu, Dahmer teve provavelmente a melhor noite de sexo de sua vida. Ele definitivamente ficou apaixonado por aquele corpo magro e atlético, e agora que ele era só seu, Jeff poderia buscar o prazer que tanto desejava. Ele tocou, acariciou e olhou para o corpo com completa paixão. Ele beijou, lambeu e se esfregou em Miller, abraçando-o e se masturbando, de modo que a mão tocasse o corpo ao mesmo tempo, como se Miller estivesse participando daquele sexo *light*. Ele fez isso várias vezes e, durante os intervalos, bebia uma cerveja olhando para o corpo perfeito que estava ali apenas esperando por ele, quase que o chamando novamente para mais prazer; completamente à disposição, disponível a qualquer momento para o seu dono Jeffrey Dahmer.

* O real valor oferecido foi corrigido por Dahmer em confissões posteriores.

> "Após ele dormir, eu fiz amor com ele por horas. Eu gostei dele demais e o mantive vivo um pouco mais do que o usual." (Jeffrey Dahmer)

O problema é que naquela noite Jeff tinha apenas duas[†] pílulas de dormir e elas não fariam Miller ficar desacordado por muito tempo. Durante as horas de prazer intenso, Dahmer ficou tão empolgado que não viu o tempo passar; em dado momento o corpo de Miller começou a dar sinais de que estava prestes a acordar. Miller era um espécime dos mais perfeitos do sexo masculino que ele já tinha visto, e Jeff não poderia deixar de ter a sua companhia sempre que quisesse, e isso significava ter o seu crânio, esqueleto e pênis. Dahmer tinha de matá-lo.

Enquanto o corpo de Miller dava sinais de estar voltando do sono profundo, Dahmer percebeu que era hora de agir e começou a estrangulá-lo com as próprias mãos. E foi aí que algo aconteceu.

De repente, Miller acordou, ainda sonolento, e começou a lutar pela vida. Mesmo não estando com a consciência plena, Miller era forte demais e Jeff entrou em pânico ao notar que não seria páreo para ele. A alternativa encontrada por Dahmer naquele momento foi brutal e sangrenta, consistindo no uso de uma grande faca, a mesma que ele usava para abrir e dissecar suas vítimas. De forma rápida, ele pegou a faca na cozinha e Miller simplesmente não teve tempo de perceber o que estava acontecendo. Ele foi pego com um violentíssimo golpe diretamente na sua artéria carótida, que o fez sangrar profusamente, vindo a falecer rapidamente.

> "Foi uma completa sujeira e eu nunca realmente consegui limpar tudo." (Jeffrey Dahmer)

O grotesco assassinato de Miller desfaz alguns mitos que muitos aplicam a Jeffrey Dahmer, e um deles é o de que ele seria um assassino "humanizado". Jeff sempre disse em entrevistas que não tinha prazer no ato de matar, que o homicídio era apenas um meio para ele atingir um fim, e esse fim era um cadáver, um corpo sem alma para que ele

† Nas confissões separadas que deu a psiquiatras e psicólogos, Dahmer se contradisse afirmando ter disponível apenas duas pílulas e, outras vezes, afirmando ter apenas três.

pudesse exercer controle e poder, esse era o seu desejo. Então, como o ato de assassinar supostamente seria desprazeroso para ele, Dahmer bebia para ficar desinibido e ter "coragem", e optou por uma maneira mais "humana" de despachar suas vítimas: aplicar o "boa noite, Cinderela" e estrangulá-las enquanto estivessem desacordadas, assim, elas não sentiriam dor ou sofreriam. Mas o fato é que Jeff matou bêbado e sóbrio, "humanizando" e "não humanizando". Sua afirmação é bastante questionável, pois as vítimas, não importando o método usado, tinham todas o mesmo destino: a morte. Soa terrivelmente ridículo um homicida falar em "homicídio humanizado", mais ainda é a sociedade comprar tal discurso, e isso nos mostra o quanto assassinos em série são bons em persuadir e convencer. É bastante óbvio que ele encontrou um *modus operandi* particular, que consistia em drogar e matar homens enquanto eles dormiam. É difícil acreditar cem por cento nas palavras de um assassino em série que passou a vida adulta enganando e matando pessoas. Ele definitivamente foi sincero em relatar a sua história após ser preso, mas o quanto disso é a *real* verdade? O seu *humanizar* pode apenas ter sido uma forma que ele encontrou de suavizar os seus crimes, o que é até comum e natural — quando desmascarados, a maioria dos assassinos, por mais deformados psicologicamente que sejam, entendem o impacto de suas ações, e, uma vez expostos, tentam diminuir a repercussão negativa, seja dos seus atos como um todo ou de alguma especificidade dentro do seu arcabouço homicida. Eles sabem que os detalhes de seus crimes irão chocar. No caso Dahmer, o "eles não sofreram" é sempre uma tônica quando sua história é contada e foi uma tônica na época. Mas em seus dezessete assassinatos, Dahmer provou que podia ir de uma ponta a outra. Ele arrebentou a cabeça de Steven Hicks com um haltere e depois o esganou enquanto o garoto agonizava. Ele espancou brutalmente Steven Tuomi e provocou um espetáculo *gore* horroroso ao esfaquear o pescoço de Ernest Miller com uma enorme faca. Apenas tentem imaginar essa cena. Luis Pinet foi torturado com um martelo de borracha por horas, levou uma terrível martelada na cabeça e depois foi esganado, e o garoto estava mais do que consciente nesse momento. Da mesma forma, Ronald Flowers Jr. não estava desacordado quando Jeff começou a estrangulá-lo.

Dahmer podia ter o seu *modus operandi* padrão, mas se por algum motivo ele não tivesse as ferramentas necessárias para levá-lo adiante, não mediria esforços para aniquilar sua presa, mesmo que isso significasse uma morte horrenda, dolorosa e agonizante como a que teve Ernest Miller. (E ainda não chegamos ao estágio dos "zumbis", que veremos adiante.)

O próprio ato de estrangular muitas vezes representa a ação de um indivíduo sádico. Estrangulamento é o método final de assassinos que têm prazer em demonstrar poder sobre a vítima. Enrolar uma tira no pescoço de alguém ou apertar com as próprias mãos é de uma violência primitiva absurda, e representa o ápice do poder e controle que muitos assassinos procuram.

> "Em minha fantasia, eu sempre os estrangulo enquanto eles dormem. Eu não sei por que, mas me parece a maneira mais humana."
> (Jeffrey Dahmer)

Após observar Ernest Miller sangrar até a morte, Dahmer teve que lidar com a enorme sujeira que tomou conta do seu quarto. Era sangue para todos os lados, a evidência definitiva para algum perito portando luminol que adentrasse naquele quarto. De acordo com a confissão que Dahmer deu posteriormente ao psiquiatra dr. Frederick Fosdal, ele manteve o corpo de Miller por três dias, tempo que o usou sexualmente; tirou inúmeras fotos do cadáver em posições sexualmente excitantes em cima da mesa preta e, então, colocou-o na banheira para desmembramento — a famigerada mesa preta ficava na sala de estar do apartamento e pode ser vista em várias fotografias publicadas na internet. (É a mesa onde, posteriormente, ele colocou o aquário com seus peixinhos de estimação.)

Após decapitar o cadáver, Jeff pegou a cabeça, a beijou e conversou com ela, se desculpando por estar fazendo aquilo. Ele continuou com o desmembramento e dissecação do corpo de Miller, parando apenas para tirar mais fotografias dos vários estágios do processo. Jeff achou Miller extremamente bonito e decidiu que ficaria com o esqueleto inteiro dele, mas como era hora de ir para o trabalho, interrompeu seus afazeres e partiu para a Ambrosia. No dia seguinte ao início do desmembramento e descarne, de manhã, quando Dahmer voltava da Ambrosia, ele foi parado no corredor do prédio pelo síndico, Sopa Princewill, que o avisou que a polícia estaria nos Apartamentos Oxford para verificar a questão do mau cheiro que assolava os moradores. Alarmado, e imaginando que a polícia poderia entrar em seu apartamento, Jeff acelerou o desmembramento e descarne do cadáver.

Estrangulamento é o método final de assassinos que têm prazer em demonstrar poder sobre a vítima. Enrolar uma tira no pescoço de alguém ou apertar com as próprias mãos é de uma violência primitiva absurda, e representa o ápice do poder e controle que muitos assassinos procuram.

O horroroso processo usado por Dahmer para descarnar corpos consistia de cinco etapas. A primeira era o desmembramento do cadáver. O corpo era colocado dentro da banheira ou no chão do banheiro perto do ralo, de barriga para cima, para que o sangue pudesse ser completamente drenado e descartado pelo ralo. Dahmer realizava esse processo nu, ou seja, ele tirava todas as suas roupas para que elas não ficassem manchadas de sangue. Com uma faca afiada, ele aplicava um único golpe no meio do esterno e descia cortando até a região pubiana. Com esse corte inicial, Jeff abria o tórax e retirava os órgãos internos com as mãos. Às vezes, essa parte o excitava tanto que ele tinha uma ereção e não conseguia continuar enquanto não ejaculasse, se masturbando ou tendo uma relação sexual com as vísceras. Em alguns casos, antes de abrir o tórax, Jeff fazia um corte, abrindo um buraco na região pubiana ou do abdômen para inserir o seu pênis ereto e realizar o ato sexual, ejaculando dentro do cadáver. Posteriormente, os órgãos internos eram cortados em tamanhos pequenos e colocados em sacos plásticos duplos, embrulhados em seguida.

Para separar os membros, ele cortava as cartilagens e tendões das articulações; quando o corpo estava desmembrado, ele seguia para o processo da fervura do tronco e membros usando um detergente industrial chamado Soilex. A fervura era feita em uma enorme panela que ele comprou no Grand Avenue Mall e, no caso de Miller, ele usou oito caixas de Soilex para ferver todo o tronco. A parte de cima do tronco foi fervida por duas horas, e a de baixo por mais duas horas, sendo usadas quatro caixas de Soilex em cada uma das fervuras. O Soilex removia toda a carne, transformando-a em uma substância gelatinosa que era enxaguada na terceira etapa. Em seguida, com os ossos já limpos, Dahmer os colocava em uma solução de alvejante, deixando-os de molho por cerca de um dia antes de, finalmente, colocá-los para secar em cima de um jornal ou pano. A secagem durava uma semana e essa etapa era realizada no quarto em que Jeff dormia, ou seja, ele dormia ao lado dos esqueletos de suas vítimas: ele na cama e o esqueleto no chão.

No início, quando Jeff morava na casa de sua avó, o processo era obviamente diferente. Os cadáveres eram desmembrados no porão e não eram fervidos (com exceção das cabeças). Nessa época, ele descarnava a vítima por completo, começando pela remoção da carne dos braços e bíceps, então ia descendo devagar até os pés. Com a vítima descarnada, Dahmer cortava a carne em pequenos pedaços e colocava em sacos plásticos. O esqueleto, já sem a carne, era enrolado em um lençol e reduzido a pequenos pedacinhos após ser golpeado com uma marreta.

Inicialmente, a cabeça de Miller foi mantida dentro da geladeira e, vez ou outra, Dahmer a tirava para se masturbar, olhando-a fixamente. Na última e derradeira fotografia tirada de Miller, Jeff colocou sua cabeça na pia da cozinha e puxou as pálpebras para cima para dar um ar mais realista, como se Miller estivesse vivo e passivo diante do seu mestre. Posteriormente, Jeff a ferveu para remover a carne, restando apenas o crânio, que foi pintado e revestido com esmalte para parecer de mentira. Para se certificar que os dentes não cairiam, ele passou cola nas bases.

> "Eu comprei uma enorme panela no shopping e comecei a ferver as cabeças em uma solução de água quente e detergente. Após ficarem na solução por cerca de uma hora, o cabelo e a carne simplesmente despregavam, deixando o crânio. Qualquer roupa, joia, identificação ou outra propriedade dos caras, eu picaria e jogaria fora." (Jeffrey Dahmer)

A enorme panela que Jeff comprou no shopping podia facilmente cozinhar a cabeça de um ser humano. Ele chegou a perder um ou outro crânio, mas a experiência adquirida com o tempo o deixaria com crânios perfeitamente limpos; no apartamento 213, o processo usado para descarnar as cabeças consistia em mergulhá-las em uma solução de Soilex e água por cerca de uma hora, em fogo alto. Essa etapa derretia a carne e os cabelos, que viravam uma substância pastosa dentro da panela, facilmente descartada pela privada do banheiro. Com o crânio em mãos, Jeff usava uma colher para retirar o cérebro, que a esse ponto nada mais era do que uma substância gelatinosa completamente destruída pela fervura. Jeff aprendeu que se a decapitação fosse feita de forma correta, exatamente na base do pescoço, ele facilmente conseguiria usar a colher dentro das cavidades, era como "limpar um melão", segundo suas próprias palavras. Após a limpeza, ele cozinhava novamente o crânio em outra solução de Soilex por cerca de uma hora, e depois, para secá-lo, o colocava no forno em fogo baixo por vinte minutos, o que deixava o osso seco.

E foi com o assassinato do atraente Ernest Miller que Dahmer adicionou mais um ingrediente macabro à sua medonha espiral de loucura: o canibalismo. Particularmente impressionado pelos braços da vítima, Jeff guardou em sua geladeira a carne do bíceps, além do coração, fígado, rins e pedaços das coxas. Ele obteve satisfação sexual ao fritar e comer o bíceps e o coração de Miller. A vítima, agora, era parte dele, e viveria eternamente através dele.

O canibalismo representou um novo estágio no aberrante comportamento criminal de Jeffrey Dahmer. Ao comer a carne de Ernest Miller, Jeff e a vítima estariam unidos para todo o sempre. Miller nunca o deixaria, pois estaria misturado a Jeff. Era algo mais poderoso do que manter crânios ou pedaços de corpos.

Dahmer confessou que comeu primeiramente o coração de Miller. "Tem um gosto esponjoso", revelaria posteriormente. Então, preparou e se serviu da coxa, mas a carne estava tão dura que ele mal conseguia mastigar. Para resolver o problema, ele comprou um amaciante de carne para usar no bíceps. Ele usou uma frigideira com óleo em fogo baixo para fritar pedaços do bíceps até atingir o ponto ideal. (Ele gostava ao ponto.) Nas refeições seguintes, ele adicionaria cebolas e cogumelos para dar um sabor especial.

A partir de Miller, Dahmer começou a comer os corações, fígados e pedaços das coxas de suas vítimas (o bíceps só foi ingerido de alguns, os mais bonitos e atléticos, como Miller). Tudo era preparado em uma frigideira e Jeff cortava a carne e os órgãos em pedaços pequenos o suficiente para comer. Era como um filé mignon, diria Dahmer mais tarde, "muito tenro e suculento".

> "Eu comecei a sentir que eu precisava de mais. Eu pensei comigo mesmo, eu queria mais. Eu queria guardar esse [Miller], mas eu queria ele em mim. Eu queria que ele se tornasse parte de mim. Foi quando a ideia de comer parte do seu corpo me ocorreu. Então eu cortei o bíceps dele, que era lindo. Eu também cortei sua coxa e seu coração." (Jeffrey Dahmer)

A LOUCURA CONTINUA

No final de setembro de 1990, uma mulher chamada Chandra Beanland foi até uma delegacia de Milwaukee reportar o desaparecimento do seu namorado e pai de sua filha de 3 anos. Os policiais fizeram o registro de desaparecimento, mas, definitivamente, eles não perderiam tempo investigando aquela denúncia. O rapaz desaparecido, David Courtney Thomas, de 22 anos, era do tipo que se a polícia pudesse, ela mesmo daria um jeito de desaparecer com ele. Com uma longa ficha criminal, o jovem negro era um velho conhecido da lei. Thomas já havia sido preso cinco vezes por vários crimes: roubo, agressão, assalto à mão armada, falsidade ideológica etc. Pela vida delinquente e criminosa que levava, não era incomum Thomas desaparecer por dias ou semanas. Mas naquele mês de 1990, sua namorada, Beanland, sentiu que o seu sumiço era estranho. Tinha apenas um ou dois dias que ela e a família não sabiam sobre o seu paradeiro e, por algum motivo, isso foi o suficiente para ela ir até a delegacia. Infelizmente, para Beanland, ela entrou para pedir ajuda no local errado. Pior do que isso, ela nunca mais veria Thomas vivo, nem mesmo teria um centímetro do seu corpo para enterrar.

A vida como um predador das ruas não foi o suficiente para David Thomas suspeitar do homem loiro que o abordou com um papo de dinheiro em troca de fotografias. Para nós que estudamos os assassinos em série, seus métodos e crimes, isso é uma completa loucura: acompanhar (principalmente) um homem — que acabou de lhe abordar na rua — a qualquer lugar que seja. As vítimas de Ted Bundy, Andrei Chikatilo, Francisco Pereira e centenas de outros fizeram isso. Eles e Dahmer compartilhavam da mesma estratégia de abordar pessoas nas ruas, enganá-las com uma história qualquer e levá-las ao abate. Desses citados, destaco Francisco Pereira, o Maníaco do Parque, que era capaz de levar mulheres que assediava nas ruas até o meio do mato. Essa assustadora capacidade de enganar é digna de pesquisa, é como se o facínora tivesse a habilidade psíquica de hipnotizar o outro, roubando-lhe momentaneamente a consciência para levá-lo aonde desejasse, ao estilo do personagem O Instigador,* um dos vilões clássicos da série *Arquivo-X*.

* Pusher (O Instigador). *Arquivo-X*, temporada 3, episódio 17.

Hipnotizado ou não, David Thomas foi seduzido pela oferta de grana fácil. Sua experiência de vida sempre do lado oposto da lei pode tê-lo feito enxergar aquela situação como uma brincadeira de criança. Ele, entretanto, se tornaria a vítima de número nove de Jeffrey Lionel Dahmer.

Se na época câmeras de videovigilância fossem uma realidade como são hoje, estaríamos assistindo em algum canal do Youtube vítima e algoz entrando nos Apartamentos Oxford, passando pelo hall e subindo as escadas. *Dois homens entram, um homem sai* é o principal bordão do filme *Mad Max III – Além da* Cúpula do *Trovão*,[†] e eu poderia aplicá-lo aqui. Vimos essa triste cena em 2014, quando autoridades do Canadá divulgaram imagens de câmeras de segurança do prédio onde morava o assassino Luka Magnotta.[‡] Nas gravações,[§] é possível ver Magnotta entrando no prédio e subindo as escadas com a sua vítima, o chinês Jun Lin. Uma situação comum na vista de todos, mas que esconde o mal em seu estado mais puro e devasso.

Em 24 de setembro de 1990, David Thomas entrou e subiu as escadas até o segundo andar dos Apartamentos Oxford. À sua frente, como Magnotta, caminhava Jeffrey Dahmer. Dentro do apartamento 213, Thomas e Dahmer conversaram e beberam. Alheio às intenções do dono do local, Thomas estava tranquilo e relaxado, já Jeff, não. Em algum ponto da conversa, fitando sua caça de ponta a ponta como um lince, Jeff percebeu que Thomas não era lá essas coisas. Aquele jovem não o atraía nem um pouco. Dahmer podia ainda estar enfeitiçado pela beleza estonteante da vítima anterior, Ernest Miller, e elevado seus critérios de seleção. Ou, talvez, Thomas simplesmente não tenha despertado nada nele. Por esse motivo, Jeff não se insinuou sexualmente para ele, mas, ainda assim, Dahmer decidiu matá-lo. Ele preparou o seu costumeiro café irlandês, e Thomas caiu no sono. Em sua confissão, Dahmer afirmou que a decisão final de matar Thomas veio com o pensamento de que a vítima poderia ficar nervosa ao acordar e perceber que havia sido drogada, uma desculpa terrivelmente questionável.

† *Mad Max Beyond Thunderdome*. Direção de George Miller. Austrália. Warner Bros. 1985.

‡ Em maio de 2012, Luka Magnotta, de 29 anos, atraiu o estudante Jun Lin até o seu apartamento na cidade de Montreal e lá o matou a marteladas e facadas. Ele gravou todo o seu ato devasso em vídeo, desmembrou o corpo e comeu alguns pedaços.

§ O vídeo pode ser acessado no *OAV Crime*, sob o nome "Luka Magnotta: vídeo mostra assassino e Jun Lin entrando no prédio".

Enquanto ainda estava desacordado, David Thomas foi estrangulado até a morte e desmembrado na banheira. Como as vítimas anteriores, Jeffrey tirou inúmeras fotografias do cadáver, tanto após a morte quanto durante o desmembramento — ele foi o primeiro de quem Jeff tirou uma foto do abdômen aberto, usando-a posteriormente para se masturbar. Em poucas horas, o ser humano David Thomas desapareceu quase que por completo da face da terra.

Sua carne derretida se misturou à imundície do sistema de esgoto de Milwaukee após Dahmer descartar o resto pastoso no vaso sanitário. Como Thomas não fazia o seu tipo, Dahmer não manteve nenhuma parte do seu corpo, nem os ossos e nem o crânio, e David Thomas se juntou a Steven Tuomi, James Doxtator, Richard Guerrero e Edward Smith — homens cujos corpos, ou pelo menos partes deles, jamais foram encontrados.

O que restou de David Courtney Thomas foi apenas uma fotografia replicada milhares de vezes na internet e mostrada em documentários sobre o caso, onde ele olha para a câmera de baixo para cima, de forma tímida, e esboçando um quase sorriso.

Nos interrogatórios em que confessou seus crimes e em várias entrevistas posteriores, Dahmer sempre relatou que sua busca era por homens bonitos que o atraíam. Eram esses que ele matava para serem seus por toda vida. Ele não os matava por serem negros ou brancos, ele não se importava com suas etnias. Sua fixação era em encontrar o mais belo e atlético dos machos para se relacionar com ele. E uma vez que eles entravam no apartamento, Jeff não poderia suportar o pensamento de que, em algum momento, eles iriam embora, deixando-o sozinho, então ele os matava. Se isso for a real verdade, por que então ele assassinou David Thomas? Se Jeff concluiu que Thomas não fazia o seu tipo, por que ter todo o trabalho pesado de drogá-lo, estrangulá-lo, desmembrá-lo, descarná-lo e sumir com tudo? Há muitos buracos na história de Jeffrey Dahmer e isso não é nada inesperado, tendo em vista o quão doente e perturbado ele era.

Após assassinar Thomas, Jeff hibernou. Por meses ele ficou quieto. Talvez o inverno congelante daquela parte do país tenha esfriado seus impulsos homicidas ou simplesmente a oportunidade não lhe tenha sido apresentada.

• • •

Quando saiu em liberdade condicional, em março de 1990, Jeffrey Dahmer passou a ser acompanhado por uma agente de condicional. O nome dela era Donna Chester, e felizmente para Jeff, Chester nunca apareceu em seu apartamento. Os encontros presenciais entre os dois aconteceram no escritório de Chester e eles também se falavam muito por telefone. Durante um ano e quatro meses, Dahmer foi capaz de matar várias pessoas ao mesmo tempo em que frequentava a sala de uma autoridade do Estado. Chega a ser irônico, mas em um dos encontros, Jeff reclamou da violência do bairro onde morava e de como já havia sido roubado algumas vezes. Chester sugeriu que ele desse o fora de lá, mas Dahmer disse que não podia porque tinha um contrato com a senhoria até maio de 1991. Com medo de que o apartamento fosse invadido, Jeff comprou sistemas de segurança e instalou tudo ele mesmo. Ele disse a ela que tinha uma câmera que gravava o interior do quarto e outra que gravava a sala, além de fechaduras adicionais nas portas e sirenes que disparavam caso alguém tentasse entrar no apartamento.

> "Ele tem muitos problemas sérios, tanto emocionais quanto físicos, que precisam ser tratados, e ele não está tentando resolvê-los." (Donna Chester, 1 de junho de 1990)

Os registros de Donna Chester dos inúmeros encontros mostram um Jeffrey Dahmer extremamente perdido, negativo, reclamão e incapaz de tomar as rédeas da própria vida e guiá-las para o bom caminho. Ele confidenciou a Chester que odiava pessoas que conseguiam fazer muito dinheiro enquanto as coisas para ele iam de mal a pior. Jeff não tinha a capacidade de enxergar o lado positivo da vida, de entender que sua vida miserável era fruto dele próprio. Chester notou que o rapaz era um homem que residia, vivia e remoía apenas a negatividade de sua existência. Além disso, ele carregava um grande demônio nas costas: a sua homossexualidade. Após alguns meses de encontros, ele se sentiu acolhido o suficiente para confidenciar a Chester que preferia homens, mas que carregava uma grande culpa por isso.

A única coisa positiva na vida de Jeffrey Dahmer era sua avó Catherine, que não desgrudava do neto, mesmo ele não morando com ela. Diferentemente de Joyce (sumida há anos) e Lionel, Catherine estava sempre ligando para o neto para saber como as coisas estavam indo. Quando Jeff teve um problema no seu telefone, ela passou a ligar para a fábrica de chocolates Ambrosia atrás dele. Jeff a atendia e os dois conversavam sobre a vida. A Chester, Jeff confidenciou que gostava demais da avó porque ela parecia ser a única pessoa da família que se importava com ele.

Em um encontro com Chester no dia 5 de novembro de 1990, Jeffrey Dahmer deu uma amostra de como ele devia ser em vida com quem se relacionava: um grande enganador. Falando sobre como estava a sua vida, ele mentiu do início ao fim. Disse, por exemplo, que havia se ajustado para viver em completa solidão. A única hora em que tinha pessoas ao redor era quando estava na Ambrosia. Fora do trabalho, ele vivia em seu apartamento, onde tinha seu computador, televisão, livros e outras coisas. Ele não tinha interesse em sair, frequentar lugares e conhecer pessoas. Chester acreditou em suas palavras e tentou argumentar com ele, dizendo que virar um "eremita" não era a melhor opção para ele. Jeff, então, passou a discorrer mais uma vez sobre quão injusta era a sua vida. Sabemos que esse suposto afastamento de Jeff do mundo exterior não era verdade. Ele vivia nas ruas de Walker's Point, frequentava bares e boates, viajava para Chicago, e lá adentrava na noite. Nessas saídas, ele conhecia e se relacionava com pessoas, ia a quartos de hotéis com homens e levava outros para o seu apartamento.

Dahmer vivia o auge do seu tormento, um homem sexualmente confuso que sentia vergonha por ter atração por homens e não mulheres. Chester escreveu em seus relatórios que Jeff era alguém que apenas reclamava, um jovem que esperava que os outros resolvessem os seus problemas. Para a agente, Jeff era um solitário que não tinha amigos, vivia cansado, bêbado, nunca tinha dinheiro o suficiente e frequentemente se machucava, sendo inclusive processado por um hospital por não pagar a conta. "Ele se recusa a olhar para qualquer coisa positiva em sua vida", ela escreveu. Apesar das mentiras contadas por Jeff, os relatórios de Chester são bastante precisos ao traçar o lado que todos podiam enxergar de Jeffrey Dahmer.

Como parte de seu programa de condicional, além dos encontros quinzenais com Chester, Jeff devia participar de terapias de grupo no Hospital de Reabilitação De Paul. Pelo que os leitores já conhecem de

Jeff Dahmer, alguém consegue imaginá-lo em uma roda de pessoas fazendo revelações e chorando sobre os problemas da vida ao mesmo tempo em que é abraçado pelo companheiro ao lado? Tirando o primeiro encontro, onde ele foi obrigado a se apresentar e falar algumas palavras, Jeff simplesmente não deu importância e não se envolveu nos exercícios, e deixou isso claro, afirmando à terapeuta que ele não enxergava propósito nenhum naqueles encontros e, mais ao ponto, não tinha o mínimo interesse em se socializar. Uma das observações da terapeuta foi a de que "o paciente precisa entrar em contato com seus sentimentos envolvendo a agressão sexual; [ele] resiste em falar sobre o incidente". A degradação de Jeff se tornou visível em seu próprio corpo e isso foi notado por um psicólogo que o acompanhava. Ele estava com a barba por fazer e mal tomava banho ou lavava suas roupas. Jeff disse que simplesmente não tinha energia o suficiente para isso, era como se ele estivesse em um estado catatônico, funcionando mecanicamente. Uma avaliação psicológica da época afirmou que ele era um indivíduo "isolado, sem amigos, hobbies, interesses, toda a vida é monótona, estéril, dirigida monomaniacamente, o que é um excelente e fértil terreno para a depressão". O médico o diagnosticou com um "transtorno de personalidade mista associado com humor deprimido". Mas foi uma observação final que mais chamou a atenção:

> "[Uma] recaída grave é apenas uma questão de tempo".

Quem dera se o médico soubesse que o seu paciente desaparecia com pessoas há 12 anos e que o seu conceito de "grave" não era nada perto das coisas que Jeff andava fazendo desde que saiu da casa de correção.

Mais uma vez o alerta de um profissional da saúde ficou apenas no papel.

• • •

Em 22 de novembro de 1990, Jeffrey Dahmer passou o feriado do Dia de Ação de Graças na casa da sua avó, em West Allis. Não era o tipo de reunião que Jeff tinha interesse em participar, mas ele foi mesmo assim, provavelmente por se sentir naquela obrigação velada de comparecer a encontros familiares em datas especiais. Seu pai e sua madrasta também estavam na casa da matriarca dos Dahmer. Lionel levou uma câmera e filmou o seu filho. A gravação feita por Lionel é antológica e um arrepiante registro para a posteridade. Uma bonita reunião de família: o pai, os filhos, a avó, a gata de estimação.

As imagens acabam sendo um reflexo de nós mesmos, das nossas famílias, das reuniões que fazemos; podemos nos enxergar nas gravações.

Para qualquer observador que desconhece o nome Jeffrey Dahmer, não há nada de diferente ou anormal na casa dos Dahmer. Mas é dentro daquela normalidade e ambiente familiar sagrado que habita o mal, escondido sorrateiramente dentro do simpático Jeff, que até é filmado acariciando a amável gatinha de estimação de sua avó, uma cena que poderia seduzir muitos. E é essa dicotomia entre o bem e o mal, entre a normalidade e a loucura, que assusta e, ao mesmo tempo, intriga.

Nota-se na gravação que Lionel estava orgulhoso do filho. Jeff estava bem-vestido, com uma aparência muito boa, conversando normalmente, e isso fez com que seu pai ficasse feliz. Já haviam se passado dois anos desde o último incidente com o filho e oito meses da sua saída da casa de correção. Ele estava trabalhando e não tinha se envolvido em encrencas. É muito perceptível o sentimento de felicidade no tom de voz de Lionel. Enquanto filma, Lionel faz perguntas sobre como está a vida do filho e conversa com ele. Para o bom observador, entretanto, é perceptível o desconforto e a ansiedade de Jeff. Percebe-se que aquela reunião para ele era apenas uma mera burocracia familiar, na qual ele devia estar presente, talvez até mesmo para evitar que Lionel e Shari fossem visitá-lo em seu apartamento. Enquanto o pai animado conversa com ele, Jeff folheia uma revista de trás para a frente e de cabeça para baixo, ou seja, seu corpo está ali, mas seu espírito não.

Em dado momento, Lionel pergunta a Jeff se ele limpou o seu apartamento para que ele pudesse ir visitá-lo, então dá uma gargalhada. Pela fala, nota-se que, até aquele momento, novembro de 1990, seis meses após Jeff ter se mudado, seu pai ainda não conhecia a nova morada do filho (o que ele faria naquele mesmo feriado). Mas o mais interessante é ver a resposta de Dahmer.

Sentado no sofá, ele dá uma levantada no corpo, mostrando que a pergunta do seu pai o pegou desprevenido, mas mesmo assim ele nem soluça ao respondê-lo — muito frio e calculista. "Sim, eu quero que você vá lá mesmo ver, eu faço isso [limpeza] aos domingos", diz ele. Jeff sabe se safar. Apesar do jeito mecânico, apenas respondendo às perguntas do pai e não dando continuidade à conversa, ele foi capaz de acobertar sua inadequação e angústia.

> "Agora, quando vejo aquele vídeo, enxergo muito mais coisas do que antes. Jeff está sentado na poltrona com uma perna cruzada sobre a outra, um pé balançando no ar. A cada menção sobre seu apartamento, aquele pé se contorce ligeiramente. A cada vez que um de nós diz que gostaria de passar para fazer uma visita, o pé se contorce. Sempre que perguntamos o que ele está fazendo, como vai o emprego ou como passa seu tempo livre, o pé se contorce." (Lionel Dahmer)

Ao ser elogiado por seu pai por estar com o físico em dia e com ótima aparência, Jeff responde: "Eu tenho sobrevivido principalmente de comida do McDonald's. É bem mais fácil do que ir até um restaurante. [Mas] como eu disse antes, é muito caro e eu tenho que começar a comer mais em casa". Ao falar sobre sua alimentação, não podemos deixar de lembrar sobre qual era o tipo de dieta que ele estava tendo no apartamento 213, e isso torna a cena quase que um esquete de humor ácido.

Mas Jeff realmente frequentava o McDonald's do Grand Avenue Mall. Ele adorava o shopping e os inúmeros restaurantes da praça de alimentação. Ele tinha os seus favoritos. Um deles, o Apricot Annie's, no primeiro andar, servia batatas fritas e frango, e Jeff sempre se sentava no mesmo lugar. Fazia parte da sua rotina ir até o Apricot Annie's no começo da tarde para comer e se sentar no lugar de sempre, observar as pessoas e, no fim, tomar o seu café. As idas de Jeff ao shopping, entretanto, não se resumiam a passeios para refrescar a cabeça, estar perto de pessoas ou almoçar. Ele era um assassino caçador e o shopping oferecia muitas presas; logo, o Grand Avenue Mall e seus arredores se tornariam uma segunda opção de caça para Jeff. Na verdade, o local já rendera um sucesso: David Thomas, abordado nas imediações do shopping dois meses antes.

Cerca de duas semanas depois do Dia de Ação de Graças, Dahmer se encontrou novamente com Chester e os dois conversaram sobre a mãe de Jeff. Eles não se falavam havia cinco anos, uma verdadeira eternidade em se tratando de uma mãe e seu filho. Joyce era uma mulher com suas próprias perturbações e, provavelmente, de difícil convivência. David, "raptado" pela mãe em 1978 e levado até Wisconsin sem o conhecimento de Lionel, preferiu ficar com o pai anos depois. Após uma feroz e longa batalha pela custódia do menino, em 1982, quando tinha por volta dos 14 ou 15 anos, David escolheu ficar com Lionel e voltou para Ohio, indo morar em Bath e se matriculando na Revere High School. Nessa época, Dahmer já morava com a avó em West Allis.

Para estreitar os laços novamente entre mãe e filho, Chester sugeriu que Jeff enviasse um cartão de Feliz Natal. E por falar em Natal, Jeff não estava nem um pouco interessado em passar mais um feriado em família. Para ele, já bastava ter ido ao almoço do Dia de Ação de Graças. Lionel, Shari e David, como faziam todos os anos, se encontrariam para a ceia na casa da matriarca em West Allis, e Jeff confessou a Chester que não tinha a intenção de ir. Apesar de serem sua família, Jeff se sentia desconfortável. Seu pai era "controlador", ele não tinha "nada a ver" com seu irmão e, principalmente, tinha vergonha de si mesmo, pois todos tinham a sua vida perfeita e ele era tudo de ruim: um zé-ninguém com o carimbo de pedófilo na testa. Pelo menos, foi isso o que ele confessou a Chester, e é interessante notar que ele sentia "vergonha" por ter molestado um menor, mas seus terríveis assassinatos não pareciam assombrá-lo ou envergonhá-lo. E é aqui que nós pescamos Jeffrey Dahmer. Seu envergonhamento só existia porque ele foi desmascarado. Foi assim com Somsack e foi assim quando seus assassinatos vieram à tona. Outro ponto de interesse aqui é seu irmão David. Jeff nunca falou sobre ele em entrevistas e nunca teve interesse nenhum em sua companhia. Desde criança, Dahmer o via como um concorrente. Ao nascer, o caçula passou a ter toda a atenção do mundo de Joyce e isso deixou o pequeno Jeff enciumado. Anos depois, quando Joyce decidiu ir embora de Bath, ela simplesmente pegou David e sumiu, deixando Jeff sozinho em casa. Isso foi um duro golpe para o primogênito. Em sua mente, sua mãe escolheu o filho preferido para ir com ela, e esse filho não era ele. O adolescente Jeff foi abandonado à própria sorte, e essa escolha da mãe o afetou profundamente. Gostando de David ou não, Jeff recebeu a visita do irmão e do pai no Natal. Shari, Lionel e o filho caçula foram até West Allis para as festas de fim de ano, e Lionel levou David para conhecer o apartamento do irmão (o mesmo onde Jeff já havia massacrado quatro homens, o último, David Thomas, exatamente três meses antes). O apartamento estava arrumado, sem nada de muito diferente de quando Lionel e Shari o visitaram no mês anterior. A exceção eram os sistemas de segurança excessivos que Jeff havia instalado (ele definitivamente não queria ninguém bisbilhotando ali). "Você parece estar bem seguro por aqui", disse Lionel ao filho. "Bom, tem muito assalto na região, e eu não quero que alguém tente invadir a minha casa", respondeu Jeff. Para Lionel e David, a preocupação pareceu razoável.

ID # | FAMILY CASE #

LAST: DAHMER — FIRST: JEFFREY L

ADDRESS: 924 N. 25th #213 — CITY: M

A.K.A.

ARREST DATE: 07-22-91 — TIME: 11:50P — 924 N.

DRIVER LICENSE NO.: NOT ON FILE | VEH. COLOR | VEH. YR. | MAKE

WEAPON TYPE | SERIAL NO.

ACCOMPLICE/OTHER NAME

VICTIM/COMPLAINANT NAME: TRACY M. EDWARDS B/M

ADDRESS: 1516 W KILBOURN

CHARGE	STATUTE NO.
HOMICIDE 10(CTS)	C
ATT HOMICIDE	939.32

6

NA TRILHA DA LOUCURA

O ano de 1991 representou o começo do fim para Jeffrey Lionel Dahmer. Naquele ano, ele simplesmente decidiu deixar a malignidade que o habitava tomar conta de tudo o que ele era. Não haveria mais dois Jeffs, mas só um: o assassino. Ele caçaria de forma desenfreada homens para matar, adentrando cada vez mais no mundo caótico e doente de sua mente delirante. E é interessante notar que a escalada homicida perpetuada por Jeff a partir de 1991 veio logo após dois eventos que considero importantes: a *aceitação* interior como homossexual e a *volta* do relacionamento com sua mãe.

Em 3 de janeiro, ele enfrentou um frio dos infernos para ir até o escritório de Donna Chester no centro de Milwaukee, onde falou sobre seus problemas financeiros e sobre as festas de fim de ano. Duas semanas depois, ele novamente compareceu à mesa de Chester e, pela primeira vez, se abriu sobre o incidente de molestamento infantil que o fez ficar dez meses morando na casa de correção. De acordo com Dahmer, o episódio só aconteceu porque ele bebeu demais e a bebida era a sua ruína. Aquilo nunca mais aconteceria novamente, disse Dahmer; tal erro jamais seria repetido porque, como escreveu Chester: "Ele não quer voltar para a cadeia".

A fala de Dahmer é mentirosa e ao mesmo tempo expõe o tipo de pessoa que ele era. Ele não dopava e abusava de homens porque estava bêbado após tomar todas. Dahmer fazia isso desde meados da década de

1980, quando começou a frequentar saunas em Milwaukee; ele sempre fez isso, bebendo ou não. Bizarramente egoísta, Jeff só pensava em si mesmo e no próprio prazer; as outras pessoas, para ele, eram meros objetos a serem manipulados com intuito de alimentar seus desejos. Além disso, sua fala mostra um homem distorcido, sem valores éticos e morais, que apenas não faria algo novamente porque seria punido, e não porque drogar e abusar de uma pessoa é errado e um crime execrável, o que, no fundo, ele sabia. Ele não abusaria de um menor novamente porque "ele não queria voltar para a cadeia", mas, ainda assim, estava esfaqueando os pescoços de pessoas, transformando o seu quarto em uma piscina de sangue fresco e o seu apartamento em um açougue especializado em descarnar e desossar seres humanos.

O mais significativo da conversa entre Dahmer e Chester naquele segundo encontro entre os dois, em janeiro de 1991, porém, foi a suposta aceitação de que ele era um homossexual. Aparentemente, após passar os feriados com a família e pensar sobre a sua vida, Dahmer finalmente admitiu a si mesmo que era gay. Chester escreve que Jeff disse a ela que "era assim que ele era, e foda-se!". A agente, porém, não engoliu completamente a conversa de Jeff e terminou seu relatório escrevendo que ele ainda era um indivíduo que estava lutando com a sua sexualidade.

Semanas depois, Jeffrey Dahmer acordaria do seu período de hibernação para matar novamente. Quatro dias após a estreia nacional de *O Silêncio dos Inocentes*, ele conheceu Curtis Durrell Straughter, de 19 anos, que aceitou o seu convite para ir até o apartamento 213. Straughter estava em um ponto de ônibus atrás da Universidade Marquette, cerca de dez minutos a pé dos Apartamentos Oxford, quando foi observado por Dahmer, que se dirigia ao mesmo ponto para pegar um ônibus até o centro de Milwaukee (ele tinha um compromisso importante naquele dia).

Jeff gostou do rapaz negro, atlético, magro e esguio, e iniciou uma conversa com Straughter, oferecendo dinheiro para umas fotos. Durante a conversa, ficou claro para Straughter, que era homossexual, o que aquele homem branco queria, mas Straughter também se interessou. Dias antes, Dahmer havia comprado dois utensílios que planejou usar em suas vítimas: um par de algemas e uma cinta de couro curta. As algemas seriam muito boas para limitar os movimentos da vítima, caso ela reagisse, e a cinta faria do estrangulamento um trabalho menos árduo.

Dentro do apartamento, Straughter comentou que desejava fazer sexo anal com Dahmer. Como não tinha interesse em satisfazer seus parceiros, Jeff disse sim ao rapaz, mas, antes, seria muito bom se a visita tomasse um delicioso café irlandês. Dahmer deu a Straughter a bebida com pílulas de Halcion esmagadas e os dois começaram a praticar sexo oral um no outro. Após o sexo, Dahmer colocou a fita do filme *O Exorcista III* para os dois assistirem juntos. Eventualmente, Straughter foi amolecendo, até apagar por completo. Com a vítima desacordada, Jeff se esfregou no corpo e o abraçou; ele colocou os braços de Straughter em volta dele, simulando uma intimidade entre namorados e também fez sexo oral na vítima. Com medo de Straughter acordar, pois ele misturara poucas pílulas de Halcion na bebida, Jeff o matou rapidamente. Ele não queria repetir a mesma cena de Ernest Miller, então se adiantou em liquidá-lo.

> **[...] as outras pessoas, para ele, eram meros objetos a serem manipulados com intuito de alimentar seus desejos. Além disso, sua fala mostra um homem distorcido, sem valores éticos e morais, que apenas não faria algo novamente porque seria punido, e não porque drogar e abusar de uma pessoa é errado e um crime execrável [...]**

Com a cinta de couro, Dahmer laçou o pescoço do jovem rapaz adormecido e puxou, firme e forte, até Straughter parar de respirar. Então Dahmer iniciou o ritual que já sabemos: tirar fotografias do corpo nu em posições sugestivas; colocá-lo na banheira; desmembrá-lo; tirar mais fotos do corpo aberto; masturbar-se com a visão das vísceras e órgãos internos; descarnar o tronco e a cabeça, fervendo-os com Soilex; e (como Straughter era bonito) guardar o crânio, pênis e mãos.

Jeff preservou a genitália, especificamente, para praticar sexo oral a hora que desejasse. Para conservá-la, ele a deixou de molho no formaldeído por cerca de duas semanas dentro da geladeira, então tirou e deixou secar ao ar livre em cima de uma toalha. O pênis e a bolsa escrotal ficaram perfeitamente preservados e Jeff poderia usá-los para realizar suas fantasias sexuais, sempre relembrando os bons momentos que passou com a vítima.

Straughter foi algemado após ser assassinado e algumas das fotografias que Jeff tirou dele vazaram. Uma das fotos de Polaroid tiradas por Dahmer mostra Straughter nu, deitado de bruços na cama, a cabeça virada para o lado esquerdo e as mãos algemadas para trás. Ele tem uma expressão serena, como se estivesse dormindo. Já outra foto mostra Straughter deitado de costas na cama, os braços arqueados para trás, com as mãos embaixo da cabeça, as pernas abertas — a direita pendendo da cama e a esquerda dobrada para trás; sua genitália está à mostra. Em uma terceira fotografia, Straughter, ainda deitado na cama, está com as pernas dobradas para trás, o tronco na altura das costelas, empinado para cima, e a cabeça virada para a câmera. Outras duas fotografias mostram os troféus de Jeff: a cabeça, mãos e pênis decepados de Straughter. Em uma, Dahmer colocou a cabeça da vítima com a boca e os olhos abertos, o pênis do lado esquerdo e as mãos do lado direito da cabeça. A outra mostra a cabeça de Straughter dentro da pia da cozinha, com gelo em volta, e as mãos abertas com as palmas para cima em torno do pescoço, uma imagem terrivelmente assustadora. Jeff agiu como um fotógrafo profissional que arranja o ambiente e os objetos de forma a tirar fotografias cada vez mais únicas.

A morte de Straughter poderia ter seguido o rito comum às anteriores, mas algo aconteceu. Foi algo banal, mas que teve um impacto na mente perturbada de Jeff Dahmer, e esse acontecimento ocorreu antes de ele estrangular o atlético Curtis Straughter.

> "Ele estava deitado na minha cama quando começou a desmaiar, ele caiu e bateu em uma mesa preta." (Jeffrey Dahmer)

Era a mesa preta que Dahmer planejava usar em seu santuário. Na época, dentro do quarto, a mesa tinha duas estátuas de grifos (criatura mitológica com corpo de leão e asas de águia) repousando em cima. Para Dahmer, o fato de Straughter ter caído e batido nessa mesa preta não foi mera coincidência. Em sua mente, imaginou que aqueles dois grifos faziam parte do oculto e simbolizavam aquilo que ele procurava: o poder de controlar alguém. Esse pensamento o levaria a níveis malignos ainda mais estarrecedores, mas, antes de seguir adiante, Jeff tinha que se apresentar a Donna Chester, pois ele havia faltado ao último encontro programado — que era no dia 18 de fevereiro, uma segunda-feira, o mesmo dia em que ele esteve muito ocupado atraindo e matando Curtis Straughter.

David Thomas e Curtis Straughter foram assassinados em segundas-feiras, ambos foram homens que Jeff topou na rua; o primeiro, enquanto andava nas imediações do Grand Avenue Mall e o segundo, quando se dirigia para sua reunião com Chester, e isso aponta para o início de um descontrole ainda maior de Jeff. Até David Thomas, Jeff tinha o seu *modus operandi* definido e encaixado em sua rotina de vida. Ele só saía para se divertir aos fins de semana e isso incluía a busca por vítimas que eventualmente eram mortas. Mas então isso havia mudado e ele estava agindo fora de suas regras, aleatório e conforme a oportunidade era apresentada.

Dois encontros com Donna Chester ocorreram no mês de março. No último, Dahmer apareceu com uma grande novidade: sua mãe Joyce, sumida há muitos anos, havia ligado para ele. Dentre outras coisas, eles conversaram sobre a homossexualidade de Jeff. Na época trabalhando em uma clínica que tratava de pacientes com aids na cidade de Fresno, Califórnia, Joyce convivia diretamente com jovens homens homossexuais, e disse ao filho que sabia que ele era gay e que isso não era problema nenhum para ela, Jeff era seu filho e ela o amava do jeito que era. Ela só queria que ele tomasse cuidado e se protegesse devido aos perigos da doença.

Especula-se muito sobre o impacto que o telefonema e as palavras de Joyce tiveram na mente de Jeff. A sua mãe, a mulher que não falava com ele havia anos, que em 1978 escolheu o seu irmão e não ele, que Jeff acreditava não o amar e não se importar com ele, agora lhe fazia uma ligação para dizer-lhe que o amava e que o aceitava do jeito que ele era. Sempre se sentindo rejeitado, não amado, negligenciado e alienado de toda sua família, Jeff finalmente recebia palavras de um ente querido que tocavam o seu coração. Coincidência ou não, após aquele telefonema, Jeff começaria a matar mais e mais, como uma "máquina de matar", um "rolo compressor" descendo ladeira abaixo sem que ninguém pudesse pará-lo. Sua mente doentia poderia ter interpretado as palavras da mãe "eu te aceito do jeito que você é" como uma espécie de sinal verde para ele ser quem realmente era? Um assassino hedonista em busca de satisfazer suas macabras fantasias? O telefonema representou o gatilho final da sua loucura? Ou tudo não passou de coincidência? Seja o que for, esse é um dos enigmas dahmerianos para o mundo da psicologia e psiquiatria.

> "Dahmer está feliz. Sua mãe ligou para ele após cinco anos. Dahmer disse que a conversa foi boa. Ela sabe que ele é gay e não tem problema em aceitar isso. Dahmer disse que eles irão manter contato. A mãe vive na Califórnia." (Donna Chester, 25 de março de 1991)

ESCRAVO DO AMOR

Se existe uma característica que todos concordam sobre Jeffrey Dahmer, é a de ser um homem introvertido e insociável. Praticamente todos que toparam com ele em algum ponto de sua vida o descreveram como alguém de corpo presente, mas de alma longínqua. Ele frequentemente era visto na avenida 2nd Street, na altura de Walker's Point. A maioria dos homens que lembram de Dahmer dessa época o rotularam como um solitário que não se aproximava das pessoas. Jeff apenas sentava-se no banco de algum bar e ficava lá, observando, ou então ficava de pé, olhando para a frente. Dahmer era furtivo, não gostava de ser visto. Se ele abordasse alguém, ninguém via. Era muito difícil ele ser visto saindo de bares acompanhado. Ele também abordava homens jovens que perambulavam sozinhos nas imediações, longe das vistas da multidão.

> "Clientes de vários bares gays de Milwaukee e Chicago lembram de ver Dahmer. Eles o descreveram como um solitário, distante e melancólico, que não parecia confortável ou apto a se encaixar na cena gay. Muitos homens contaram histórias de Dahmer abordando-os no período da tarde nas ruas quando ele deixava os bares. [...] Dahmer nunca foi visto nos bares gays com qualquer amigo. Ele aparecia sozinho, bebia sozinho e geralmente ia embora sozinho. Ele não conversava com muitas pessoas..." (Jamakaya. *In Step*. Ed. 15. 1991)

Um funcionário do Club 219 disse à Associated Press, em julho de 1991, que "ele sempre ia embora sozinho. Ele não se misturava. Noventa por cento do tempo ele não conversava com ninguém. A maioria dos seus contatos era do lado de fora do bar". A vida solitária, porém, não era tão solitária assim, pois Jeff tinha a sua própria forma de se relacionar. Entretanto, suas ações nunca o satisfaziam por completo e, ao longo do tempo, suas aspirações foram se alterando. Se antes ele se contentava com a companhia de partes de corpos, isso eventualmente mudaria. Da mesma forma, matar nunca foi algo prazeroso, e o ato cada vez mais lhe parecia uma tarefa ingrata.

Após assassinar pessoas por doze anos, Jeffrey Dahmer estava cada vez mais insatisfeito com o homicídio. É estranho pensar sobre isso porque assassinos em série, em essência, matam. É a ação do assassinato que alivia as suas aflições e alimenta os seus desejos. Para Dahmer, entretanto, a realização em si não o excitava ou trazia algum tipo de prazer, mas era necessária, dado que ele desejava a companhia daqueles belos homens, e se eles não podiam estar com ele vivos, que fosse, então, no pós-morte. Acontece que todo aquele esforço para arranjar um parceiro e terminar com apenas um crânio ou outra parte do corpo já não atendia mais às suas necessidades. O que fazer então?

Uma das ideias que Dahmer teve para resolver esse impasse foi a utilização do processo de empalhamento, no melhor estilo *Jeepers Creepers.*[*]

Dahmer pensou em empalhar suas vítimas para manter os corpos perfeitos, assim, ele poderia se masturbar não olhando para cabeças, fotos ou crânios, mas para um belo exemplar do sexo masculino de corpo inteiro. Não apenas isso, ele poderia realmente ter um relacionamento, tendo a companhia do seu homem, beijando-o, tocando-o, se esfregando nele e fazendo sexo oral. A vítima empalhada não emitiria sons internos para Jeff escutar, mas ele poderia conviver com isso (até possivelmente enjoar e buscar alguém vivo e quente).

Ele foi até uma livraria e comprou uma revista chamada *Taxidermy* (taxidermia, em tradução literal). Um dos anúncios da revista mostrava uma máquina usada para congelar e secar (processo usado na taxidermia)

* Filme lançado em 2001, cujo título no Brasil é *Olhos Famintos*. O vilão, The Creeper, é uma criatura que mata seres humanos para tirar seus órgãos, conservando perfeitamente os corpos das vítimas empalhados.

animais. A máquina era vendida em dois tamanhos e um deles parecia grande o suficiente para ele tentar o método com seres humanos. Ele ligou para empresa do anúncio e acabou recebendo uma péssima notícia: a máquina custava os olhos da cara. O "brinquedo" que muitas pessoas abonadas estavam comprando para ficar com seus animais de estimação para sempre, e que até apareceu no *60 Minutes*,* custava 30 mil dólares — um dinheiro inalcançável para Jeffrey Dahmer. Empalhar pessoas foi uma ideia boa, mas estava fora de cogitação e Jeff continuou pensando no que poderia fazer.

Ele acabaria por encontrar uma "solução" original, mas bizarra.

Em 1991, as perturbações mentais de Jeffrey Lionel Dahmer chegaram a um nível assustador e inédito na história da criminologia. Em sua busca pelo companheiro perfeito, Jeff concluiu que o mais lógico para sua vida seria conseguir um parceiro *totalmente* submisso, alguém que apenas obedecesse ao que ele ordenasse, alguém que não reclamasse de nada, alguém que sempre estivesse disposto a fazer tudo o que ele desejasse. Nessa busca insana por um parceiro submisso, passivo e letárgico, ele deu início a uma experiência para tentar criar o que ele chamou de "escravo do amor" ou "zumbi".

Dahmer queria um homem que lhe servisse de escravo sexual. Naquele momento, ele não desejava mais cadáveres. Ele estava cansado de matar e do trabalhoso processo de descartar um corpo. Masturbar-se olhando para crânios, transar com corpos e cabeças decapitadas já não o satisfazia como antes. Ele queria um companheiro vivo para dormir abraçado, lhe fazer companhia para filmes, praticar sexo *light*, mas, de preferência, que não falasse ou lhe enchesse a paciência com suas próprias vontades. Nada melhor, então, do que um zumbi.

Em 7 abril de 1991, um domingo, Errol Scott Lindsey, de 19 anos, saiu de sua casa para ir até um chaveiro pegar um molho de chaves. Ele morava a duas quadras dos Apartamentos Oxford e cruzou com Jeffrey Dahmer

* Um dos maiores programas da história da TV americana; é transmitido pela rede CBS desde 1968 — é classificado como uma *revista de notícias*.

na 27th Street, não muito longe da livraria onde Jeff pegou Ernest Miller sete meses antes. Heterossexual, o jovem Lindsey aceitou a oferta de dinheiro em troca de servir como modelo para algumas fotografias.

Ele queria um companheiro vivo [...] mas, de preferência, que não falasse ou lhe enchesse a paciência com suas próprias vontades. Nada melhor, então, do que um zumbi [...] E foi com Lidsey que Dahmer deu início a um insólito e *inovador* procedimento no mundo dos assassinos em série: a técnica de perfuração do topo do crânio.

Uma vez dentro do apartamento, Lindsey gostou da hospitalidade do fotógrafo e aceitou o café irlandês preparado pelo anfitrião. Quanta delicadeza, pensou. Eventualmente, Lindsey apagou. Com a vítima inconsciente, Dahmer fez sexo *light* e se masturbou algumas vezes. E foi com Lindsey que Dahmer deu início a um insólito e *inovador* procedimento no mundo dos assassinos em série: a técnica de perfuração do topo do crânio. Com uma furadeira da marca Sears Craftsman, ele abriu um pequeno furo na cabeça de Errol, na região do lobo frontal, pois era nessa área que a inteligência se desenvolvia, e injetou ácido hidroclorídrico. Nota-se que desde criança Dahmer gostava de usar ácidos nas coisas. Começou como uma curiosidade para descarnar animais, depois evoluiu para o seu uso em humanos e agora fazia parte da sua "receita" para criar um zumbi. Em sua mente, Jeff imaginou que poderia destruir toda a consciência de Lindsey ao injetar ácido diretamente no cérebro. Sem a consciência, Lindsey não teria mais desejos, aspirações, sentimentos, nada, basicamente ele seria um "cadáver vivo", obedecendo aos comandos de Jeff. É claro que essa experiência bizarra nunca funcionaria, ainda mais executada por alguém tão perturbado.

Obviamente, Lindsey estava vivo quando Jeff perfurou o seu crânio com a furadeira — apenas desacordado pelo efeito do Halcion (lembremos que Jeff desejava um zumbi, um ser vivo sem a consciência). Após perfurar o crânio do rapaz e injetar ácido pelo pequeno buraco, Lindsey permaneceu desacordado por horas. Teria a experiência funcionado?

"Eu estou com dor de cabeça. Que horas são?", disse Lindsey, confuso e atordoado, ao acordar.

> "Essa foi a primeira vez que ele perfurou a cabeça de uma vítima com uma furadeira. E aqui o sr. Dahmer disse que ele primeiramente drogou o sr. Lindsey e depois ele fez o que descreveu como técnica para perfurar o topo do crânio. Nós discutimos isso em detalhes. Ele disse que, após perfurar o crânio, injetou ácido pela cavidade que havia aberto. O sr. Lindsey acordou e, quando ficou consciente, o sr. Dahmer observou que ele estava grogue, mas coerente. Ele deu mais bebidas com pílulas para dormir para o sr. Lindsey e então o estrangulou. O que o sr. Dahmer queria aqui era um parceiro sexual submisso, um zumbi, como ele mesmo descreveu. Ele não queria mais corpos. Sua intenção ao deixar esse indivíduo vivo era que ele tivesse um zumbi para lhe servir de escravo sexual. Mas o sr. Lindsey acordou e o sr. Dahmer percebeu que havia falhado em seu experimento, então ele o estrangulou. Eu lhe perguntei em nossa conversa: 'Você esperava que ele se levantasse após esse experimento e dissesse: *pois não, mestre*?'. Ele respondeu: 'Não, não'. Mas essa era a ideia geral, a flexibilidade da vontade [da vítima]. Eu perguntei a ele: 'Qual era o seu modelo pra isso?'. Ele respondeu: 'Eu não tive nenhum modelo. Era tentativa e erro. Experimentação'." (Park Dietz)

Jeff continuaria com as vítimas seguintes as experiências para tentar criar um zumbi usando uma variedade de substâncias. O processo era sempre perfurar um pequeno buraco no topo do crânio, na região do lobo frontal, e, usando uma seringa ou conta-gotas, injetar diretamente no cérebro alguma substância, tudo na esperança de fabricar o seu escravo do amor.

> "Isso [experiência zumbi] foi porque eu queria mantê-los comigo. Eu realmente queria um corpo vivo e quente para se deitar comigo e fazer amor. Eu estava tentando encontrar uma maneira de mantê-los vivos, mas indefesos e completamente sob o meu controle. Eu pensei que se eu pudesse encontrar uma maneira

> de fazer isso, eu não teria que matar ninguém novamente [...] Eu não queria mais matar e terminar apenas com um crânio [...] Então eu comecei perfurando pequenos buracos no topo dos crânios deles e injetando, com uma seringa cheia, várias soluções enquanto eles ainda estavam vivos, mas inconscientes pelo Halcion. Eu tentei água fervente misturada com Soilex. Então eu tentei formaldeído e até ácido muriático [hidroclorídrico]."
> (Jeffrey Dahmer)

O corpo de Errol Lindsey foi preservado por algum tempo para que Dahmer fizesse sexo com ele a hora que desejasse.

Jeffrey Lionel Dahmer estava prestes a completar 31 anos quando assassinou Errol Scott Lindsey, em 7 de abril de 1991. Jeff podia ser novo na idade, mas suas ações homicidas e fetichistas estavam cada vez mais adentrando uma dimensão de horror surreal, desconhecida até mesmo do mundo psiquiátrico. Até onde sabemos, Jeffrey Dahmer era um caso único e inédito (até aquele ponto) quando falamos de patologias aberrantes envolvendo assassinos em série. Ele se deteriorou terrivelmente rápido e demonstrou comportamentos tão doentios que são incomuns até mesmo em outros assassinos em série hedonistas como ele. Dahmer pode ser categorizado em uma subcategoria bastante específica de homicídios, que é a do *lust murder*. Comentarei em mais detalhes sobre essa questão ao final deste livro. O importante no momento é saber que esses homicidas podem apresentar uma série de desvios sexuais aberrantes como necrofilia (fazer sexo com cadáveres), antropofagia (um tipo de canibalismo), vampirismo (ato de beber sangue, animal ou humano), dentre outros.

Tais assassinos são extremamente raros e a maioria exibe um ou outro comportamento aberrante, mas Dahmer não. Sozinho, ele exibiu vários, e adicionou ele mesmo condutas fetichistas que também são difíceis de encontrar, ainda mais quando convergem para um único indivíduo. Sem adentrar em questões relacionadas à sua sanidade, acho muito pertinente a fala de seu advogado de que Jeff era "um trem desgovernado na trilha da loucura". E essa loucura não terminou com

Errol Lindsey. Na verdade, Lindsey foi uma espécie de catalisador para o mundo de delírios bizarros e dementes de Jeff Dahmer. Apenas dando um pequeno salto no tempo, quando Jeff estava confessando sua inimaginável história aos detetives Patrick Kennedy e Dennis Murphy, em agosto de 1991, Kennedy acreditava que já tinha ouvido de tudo. O detetive tinha 37 anos na época e, apesar de nunca ter ouvido coisas daquele tipo, se acostumou à macabra liturgia dahmeriana conforme os dias iam se passando. Esquartejamentos, sexo com cadáveres estripados, sexo com as vísceras e genitálias decepadas, canibalismo, zumbis... Kennedy, muitas vezes, ficou com o estômago embrulhado, mas reagiu bem à maioria das descrições de Jeff. Mas nada o chocou tanto quanto a foto Polaroid de uma das vítimas, e essa vítima era Errol Lindsey.

Dahmer tirou seis fotos de Lindsey e uma delas mostrava o cadáver dele sem as mãos e completamente esfolado em cima de um plástico no chão do quarto. Kennedy ficou extremamente impressionado com a imagem e, muitos anos depois, escreveu que aquilo "Era inacreditável. Parecia como um pôster anatômico de um homem que você vê na aula de medicina ou no consultório de um médico. A cartilagem, ligamentos e o tecido muscular estavam todos intactos, mas a pele e o cabelo foram arrancados do seu rosto e corpo. Eu nunca vi nada como aquilo na minha vida".

Abismado e também incomodado com a visão, o parceiro de Kennedy, Murphy, perguntou em tom de repulsa: "Que merda foi essa aqui, Jeff ?". Percebendo o choque dos detetives, Jeff ficou sem jeito e gaguejou ao tentar explicar. "Então, eu acho, eu estava experimentando um pouco. Eu queria ver se eu podia tirar toda a pele dele e guardar", respondeu. Não satisfeito, Kennedy foi mais ao ponto: "Beleza, mas como você fez isso?". Fumando o seu cigarro e torcendo a cabeça levemente para o lado para soltar a fumaça, Dahmer respondeu: "Levou muito tempo, cerca de duas horas. Eu usei uma faca pequena e muito afiada. Eu acho que a vi em alguma das Polaroids. De qualquer forma, eu comecei fazendo uma incisão do topo da cabeça dele e desci até a parte de trás do pescoço. Então, cuidadosamente, cortei ao longo do crânio. Foi um pouco complicado em volta das orelhas e nariz".

"Tá, Jeff, mas como você conseguiu que a pele saísse inteira?", continuou Kennedy, ainda insatisfeito com a resposta.

Indiferente, Jeff balançou os ombros como se não estivesse entendendo tamanho interesse e respondeu: "Não foi nada demais. A pele é separável, tipo como puxar a pele de uma galinha que você vai cozinhar".

Ele continuou explicando como a pele é facilmente removida se você fizer a incisão correta e contou como foi extremamente cuidadoso ao remover a pele do rosto de Lindsey. Foi um trabalho limpo e tão preciso que Jeff removeu completamente a pele do rosto de sua vítima. Então, ecoando os hábitos dementes de seu conterrâneo Ed Gein,* Jeff comentou:

> "Eu coloquei em volta do meu próprio rosto e olhei através dos buracos dos olhos. Era como vestir uma máscara".

Nesse momento, Murphy e Kennedy se entreolharam como se pensassem: *Fala pra mim que esse cara tá zoando a gente*. Na sala de interrogatório, também estava presente Wendy Patrickus, a jovem assistente de Gerald Boyle, advogado de Dahmer. Os três, perplexos, ficaram sem palavras. Após algum tempo, o silêncio foi quebrado por Kennedy, que perguntou: "Jeff, por que você vestiu o rosto desse cara?".

Seguem as próprias palavras de Jeffrey Dahmer:

> "Pat, eu já te disse que eu queria manter esses caras comigo. Eu não queria que eles fossem embora. Eu os amava. Foi por isso que eu os matei. Foi por isso que eu guardei pedaços de corpos. Foi por isso que eu os comi, para que eles se tornassem parte de mim. Eu pensei que se eu pudesse preservar a pele do corpo desse cara, eu poderia vesti-la em mim. Sua casca exterior me envolveria. Eu, realmente, estaria nele. Nós seríamos um só."

O silêncio que se seguiu foi ainda mais ensurdecedor e sombrio que o anterior, como se o tempo congelasse.

Jeff continuou.

* Assassino em série preso em 1957. Sua história inspirou filmes como *Psicose* (1960), *O Massacre da Serra Elétrica* (1974) e *O Silêncio dos Inocentes* (1991).

Ele revelou como tentou preservar a pele de Lindsey como um couro, colocando-a em uma solução de água e sal por cerca de uma semana. Mas não funcionou. A pele quebrou-se em vários pedaços e ele teve que jogá-la fora. "Foi muito frustrante", concluiu.

Durante o mês de maio de 1991, Dahmer se encontrou uma vez com Chester. Em 13 de maio, eles conversaram sobre várias coisas e ela terminou escrevendo em seu relatório que Jeff era "um comprador compulsivo e não consegue guardar dinheiro". Mas o mais interessante foi uma anotação que Chester fez dos Apartamentos Oxford. Para Chester, aquele lugar não era apropriado para Jeff morar, pois era "um lugar ruim". A anotação veio depois de Jeff contar a história de um homicídio ocorrido no terceiro andar do prédio. Um homem foi encontrado estrangulado em um dos apartamentos e, investigando o caso, detetives do MPD conversaram com os moradores, incluindo Jeff. Dois policiais bateram em sua porta e, quando Jeff abriu, imaginou que estava tudo acabado para ele. Mas sentiu um tremendo alívio quando percebeu do que se tratava. Ele disse não saber nada sobre o crime e os detetives foram embora. O complexo dos Apartamentos Oxford podia ser "um lugar ruim", mas para qualquer outra pessoa não para Jeff Dahmer. Impressionantemente, Jeff conseguiu se camuflar em meio aos lobos. Ele era o único branco morando no residencial. Cercado por negros e criminosos, Dahmer foi capaz de permanecer invisível. Ele era um homem branco matando (majoritariamente) homens negros em uma caverna cujas grutas só moravam negros.

Na sexta-feira, 24 de maio de 1991, Jeffrey Dahmer saiu novamente para se divertir na noite gay de Milwaukee. Após uma semana de trabalho monótono e cansativo, chegava a hora de fazer o que mais gostava. E aqui eu não me refiro a assassinato. A reputação que Jeff Dahmer deixou ao mundo foi a de um assassino demente e brutal, capaz de cometer atos tão hediondos e grotescos que muitos não acreditariam existir, e é essa a imagem que está guardada no inconsciente popular, talvez por isso seja tão fácil chamá-lo de monstro. Entretanto, Jeff não passava de um ser humano como qualquer um de nós. Apesar dos problemas com o mau cheiro, sua vizinha, Pamela, o adorava. Jeff chegou a dar um sofá para ela, além de sanduíches e outras coisas. Os dois bebiam de vez em quando no apartamento de Jeff e a mulher até quis arranjar uma namorada para ele, pois Jeff era trabalhador e vivia uma vida digna e honesta (pelo menos era o que ela pensava). Como muitos jovens de sua idade, Jeff usava os fins de semana para se divertir. Ele amava o ambiente espalhafatoso das casas noturnas de Walker's Point, ele entrava nas boates e sentia-se extasiado ao fazer parte da atmosfera brilhante e carnavalesca, animada por travestis e drag queens. Havia bebidas e havia paqueras, e Jeff amava beber uma cerveja enquanto assistia aos shows dos strippers. O problema era que o deformado Jeff Dahmer tinha uma mente volátil e traiçoeira. Mesmo saindo apenas com a intenção de se divertir, se uma oportunidade aparecesse, ele a aproveitaria.

Na noite de 24 de maio, Dahmer entrou no Club 219 para se divertir, e quem sabe conseguir um novo "namorado". Naquela mesma noite, Tony Anthony Hughes, homem com deficiência auditiva de 31 anos, também estava lá.

Hughes era de Milwaukee, mas morava em Madison, a capital de Wisconsin, onde fazia faculdade. Ele poderia estar estudando em Milwaukee, mas achava a cidade violenta, então decidiu mudar-se para Madison. Lá, estudava e se mantinha trabalhando em uma fábrica de plásticos. No fim de semana do dia 24, Tony viajou até Milwaukee para visitar a família e aproveitou para curtir a noite de sexta-feira com amigos.

Tinha tudo para ser uma noite comum e divertida, não tivesse Tony se engraçado com um atraente homem loiro, jovem como ele, e que bebia uma cerveja enquanto observava a multidão.

Tony não parou de olhar para o bonito homem até ele perceber o seu olhar de interesse. Quando isso aconteceu, Tony ficou muito animado porque percebeu que o loiro retribuiu os seus olhares. Para infelicidade dele, esse homem era Jeffrey Dahmer.

No Club 219, Dahmer percebeu Tony praticamente fuzilando-o com os olhos e gostou do que viu. Tony era um negro atlético e bonito, e Jeff imediatamente se sentiu atraído por ele. Dahmer tinha uma tática para fazer com que os homens o acompanhassem. Normalmente, ele esperava até o final da festa, hora em que aqueles que não tinham arranjado nada estavam loucos por companhia. Mas no caso de Tony isso não foi necessário. Jeff percebeu que Tony estava com amigos, todos dançando e se divertindo, então esperou que ele ficasse sozinho no bar e se aproximou dele. Para surpresa de Jeff, Tony tinha deficiência auditiva.

> "Eu acho que ele podia ler os lábios e nós nos comunicamos escrevendo pequenas mensagens em um caderninho que ele tinha." (Jeffrey Dahmer)

Com a boate fechando as portas, Jeff ofereceu 50 dólares para Tony acompanhá-lo até o seu apartamento para sexo e algumas fotografias. Hughes concordou, mas os amigos dele tentaram dissuadi-lo da ideia. Dahmer pediu licença e conversou com os rapazes, afirmando que Tony não poderia estar em melhores mãos. Levou-se um tempo até os companheiros de Tony ficarem convencidos. A alegria de Hughes em esticar a noite com Jeff contagiou seus amigos e eles acabaram se rendendo aos dois pombinhos. Dahmer e Hughes, então, pegaram um táxi e foram direto para os Apartamentos Oxford.

> "O sr. Dahmer não tentou matar Tony Hughes. O sr. Hughes morreu em consequência dessa técnica de perfuração. Ele perfurou um buraco no crânio e injetou ácido. O sr. Hughes morreu imediatamente. A intenção do sr. Dahmer era mantê-lo vivo. Aqui não há compulsão em matar... não foi um ato impulsivo de matar, ao contrário, foi uma ação planejada de tentar ter esse parceiro sexual submisso." (Park Dietz)

Dentro do apartamento 213, Jeff e Hughes se abraçaram e se beijaram, namorando do jeito que Dahmer mais gostava. O dono do apartamento misturou Halcion em uma bebida e deu para Hughes beber. Quando ele adormeceu, Jeff fez dois buracos em sua cabeça e usou um conta-gotas para injetar uma solução diluída de ácido muriático em seu cérebro. Tony Hughes morreu na hora. Jeff ficou extremamente desapontado, a ponto de desmaiar de tanto beber. Quando ele acordou na manhã seguinte, Jeff estava com um apagão de memória, mal se lembrava do que havia acontecido na noite anterior. Ele sequer se lembrava de ter dado Halcion a Hughes. Mas, como no caso Tuomi, ao acordar,

Dahmer percebeu logo o que se passava, e não se importou nem um pouco. A única coisa que o aborreceu é que ele sabia que tinha um trabalho pesado pela frente, mas ele não estava nem um pouco a fim de fazer aquilo, então deixou o corpo de Hughes no chão do seu quarto e foi fazer outras coisas.

Por alguns dias, a família de Tony Hughes não notou o seu desaparecimento. Para sua mãe, Shirley, o filho certamente havia retornado para a capital Madison sem avisar ninguém. Não era um comportamento esperado, mas ela imaginou que era o que tinha acontecido. (Para as gerações mais novas, nascidas em plena era da comunicação instantânea, pode parecer estranho a família de Hughes não ter se importado com a falta de comunicação ou, ela mesma, não ter tentado entrar em contato, mas o mundo antes da internet e da telefonia celular era assim. As pessoas viviam suas vidas e não ficavam o tempo inteiro com um equipamento na mão, enviando e respondendo mensagens). E tudo parecia bem até os Hughes receberem um telefonema da empresa em que Tony trabalhava. Seus empregadores queriam saber onde ele estava, pois Tony não aparecia para trabalhar havia dias. Imediatamente, Shirley e outros familiares sentiram que algo ruim acontecera.

A família de Tony Hughes começou espalhando a notícia do desaparecimento em bares e boates da South 2nd Street, em Walker's Point, e onde quer que eles fossem. A procura deu resultado e não demorou para eles conseguirem uma pista importante: Tony fora visto pela última vez com um homem branco. Essa informação começou a circular no "boca a boca", e é possível que tenha chegado aos ouvidos de Dahmer.

Se foi esse o motivo ou não, o fato é que Jeffrey Dahmer nunca mais frequentaria os bares e boates de Walker's Point à procura de vítimas. Pelos dois meses seguintes, Jeff escolheria outros lugares para caçar, de preferência, bem longe do seu local favorito.

KONERAK SINTHASOMPHONE

26 de maio de 1991

A urgência em conseguir um namorado que atendesse às suas expectativas estava tão intensa que Jeffrey Dahmer atacou novamente apenas dois dias depois de matar Tony Hughes. E a história envolvendo a próxima vítima leva o caso Dahmer a um novo patamar de interesse e reflexão. O incidente é mais do que a morte de um ser humano pelas mãos de outro, é um conto de preconceito, insensibilidade e indiferença para com o semelhante. Toda a história envolvendo o homicídio da vítima de número treze de Jeffrey Dahmer será para sempre ligada não apenas à história do assassinato em série, como também às péssimas atuações de agentes públicos que refletem tanto o sistema ao qual pertencem, quanto a própria sociedade — um péssimo exemplo para as gerações futuras do funcionamento da moralidade do *Homo sapiens* do nosso tempo. Assassinos em série são uma realidade e uma ameaça a qualquer um de nós, ou seja, nós podemos ser vítimas deles. Quando algum é descoberto, podemos não só estudar os seus crimes como também ir além e esmiuçar os fatores culturais e estruturais da sociedade em que ele estava inserido, para entender o que o permitiu matar, e matar sem ser detectado. Existe todo um contexto cultural, social e político envolvendo o assassinato em série e, na grande maioria das vezes, os *serial killers* se aproveitam das rachaduras da sociedade para matarem e saírem impunes. Entender o assassinato em série é entender a nós mesmos e nosso papel enquanto cidadãos.

Na sexta-feira, 24 de maio, Jeff estava na pista e Tony Hughes foi atraído pela gravidade que Jeff exercia, adentrando para sempre em seu buraco negro. O "horizonte de eventos", na física, é a região em torno do buraco negro que, uma vez alcançada, não há mais como voltar. O horizonte de eventos do buraco negro conhecido como Jeffrey Dahmer era a aceitação — daqueles que o orbitavam — do seu convite para ir até o seu apartamento. Ao dizerem *sim*, os homens imediatamente adentravam no horizonte de eventos dahmeriano, cujo interior mais de uma dezena de almas conheceram.

No domingo, 26 de maio, Dahmer estava novamente na ativa, e dessa vez quem foi sugado para o seu abismo de depravação seria um garoto de 14 anos, Dee Konerak Sinthasomphone, irmão mais novo de Somsack Sinthasomphone, abusado por Dahmer em 24 de setembro de 1988. Era a segunda vez que Dahmer tinha um encontro com um membro da família Sinthasomphone. No primeiro, ele se deu muito mal. No segundo, isso quase aconteceu novamente.

Dahmer poderia ter animado aquela tarde monótona de domingo se divertindo com o cadáver de Tony Hughes ou trabalhando em seu descarte, mas ele não estava nem um pouco a fim de cadáveres. Em busca de companhia e algo interessante, Jeff pegou um ônibus em direção ao Grand Avenue Mall, seu novo local de caça. Ficar em casa no domingão não estava nos planos de Dahmer, ainda mais com um cadáver frio estirado no chão do seu quarto. Ele estava interessado em ver pessoas, e, quem sabe, arranjar um corpo vivo e quente, então o Grand Avenue Mall era um ótimo lugar. Jeff podia sentar-se na área de alimentação, comprar uma cerveja e ficar observando os inúmeros homens que ali estavam, de todas as etnias, tamanhos e físicos.

Também em busca de diversão estava o adolescente Konerak Sinthasomphone, carinhosamente chamado pela família de Kolak. Naquele domingo, ele havia saído de casa para jogar futebol com amigos, mas resolveu dar um pulo no Grand Avenue Mall para ver o que estava rolando. Os irmãos Sinthasomphone gostavam de frequentar o Grand Avenue Mall, e eis que o destino reservou a Konerak o mesmo fardo de seu irmão: uma abordagem na rua; o mesmo homem; a mesma oferta. Parece coisa de filme.

Naquela tarde de domingo, Jeff almoçou no Grand Avenue Mall e perambulou pelo shopping durante toda a tarde. Havia muitos homens chamativos, mas o dia parecia mesmo que não daria em nada. Por volta das 17h, ele decidiu ir embora e saiu do shopping, cruzando a Avenida Wisconsin em direção ao ponto de ônibus que o levaria até sua casa. E eis que, de repente, chamou a atenção de Jeff um pequeno e franzino menino de feições asiáticas que vinha caminhando de tênis e bermuda em sua direção. Era Konerak. Jeff achou Konerak muito bonito e, principalmente, ele estava sozinho (e quem sabe o tamanho do garoto e aparência jovem não o tenham instigado a agir). Quase como um robô que identifica o alvo e o interpela sem pensar duas vezes, Dahmer o abordou e começou a conversar, e logo ofereceu 50 dólares a Konerak. A oferta era por algumas fotografias dele nu, e como eles iriam para a sua casa, Jeff também tinha bebidas, caso Konerak quisesse. O menino ficou relutante de início, mas não demorou a se animar, e os dois pegaram um ônibus até os Apartamentos Oxford.

Diferentemente dos assassinos em série do cinema, como Buffalo Bill, todas as vítimas de Jeff Dahmer o acompanharam por livre e espontânea vontade. Dahmer nunca forçou ninguém, se algum homem lhe dissesse *não*, ele viraria as costas e iria embora. Sobre Konerak, Jeff confessou posteriormente:

> "Ele estava ansioso e cooperativo, então decidimos pegar o ônibus para o meu apartamento." (Jeffrey Dahmer)

Konerak e Jeff chegaram até os Apartamentos Oxford pouco depois das 17h do dia 26 de maio.

Dentro do apartamento 213, Dahmer deu alguns trocados para Konerak e o menino posou para fotografias. Duas das Polaroids tiradas por Jeff mostram o garoto apenas de cueca. Em uma, Konerak está posando no sofá da sala de estar, deitado com os braços flexionados atrás da cabeça sob uma almofada, a perna esquerda dobrada e a direita esticada, uma pose que Jeff provavelmente viu inúmeras vezes em suas revistas pornográficas — e que fizera anteriormente com Curtis Straughter. Já na outra imagem, Konerak está de pé, ainda na sala de estar, com os braços flexionados atrás da cabeça, mostrando todo o seu físico adolescente — um tipo de pose comum, simulando virilidade.

Após tirar essas e outras fotografias, Dahmer ofereceu ao menino rum com Coca-Cola e Halcion. Konerak bebeu e os dois continuaram a entornar algumas latas. Enquanto o garoto sentia os efeitos da droga, Jeff o guiou até seu quarto; nesse momento, Konerak viu o cadáver de Tony Hughes, que jazia esticado no chão do quarto. Sob efeito da droga, Konerak não teve reação e acabou adormecendo na cama. Quando isso aconteceu, Dahmer começou a beijar e a tocar o pênis de Konerak, realizando sexo oral no garoto desacordado. "Eu fiz amor com ele pelo resto da tarde até o começo da noite", revelaria Jeff posteriormente. E o "fazer amor" de Dahmer incluiu a realização de sexo anal.

Após abusar de Konerak, Jeff apagou e acordou horas depois. Era madrugada, por volta da 1h, e ele percebeu que Konerak ainda dormia pesadamente, então, decidiu realizar uma nova tentativa de criar um escravo do amor. Como suas tentativas anteriores falharam, ele tentou uma nova solução: ácido muriático diluído em água. Ele perfurou dois pequenos buracos no crânio de Konerak, com profundidade suficiente para chegar até o cérebro, e injetou a solução na esperança de, finalmente, ter o seu namorado zumbi. Diferentemente de Tony Hughes, Konerak não morreu, e Dahmer ficou satisfeito ao notar que o garoto ainda respirava. Como a cerveja havia acabado, ele deixou Konerak dormindo no quarto e saiu para comprar mais um engradado em uma distribuidora nas imediações.

Ao chegar à distribuidora, Jeff perdeu a hora enquanto entornava lata após lata. Alcoólatra crônico, uma simples ida a uma distribuidora para comprar cervejas se tornou uma procissão de litros e mais litros goela abaixo. Ele só foi perceber que havia passado do ponto quando o dono do estabelecimento começou a fechar as portas. Ele, então, pegou o seu pacote de cervejas e foi embora. Passava das 2h da madrugada de 27 de maio.

Enquanto se aproximava do seu apartamento, Jeff notou uma movimentação diferente na rua, havia pessoas circulando e falando alto, duas garotas pareciam assustadas e desesperadas. Apesar do bairro ser barra-pesada, aquilo era diferente, era madrugada de segunda-feira e, portanto, que tipo de gente estaria na rua uma hora daquelas?

Curioso, ele decidiu verificar o que estava acontecendo, e quando chegou perto, ficou chocado ao ver Konerak cercado pelas garotas, nu e falando uma língua desconhecida. Aparentemente, o garoto acordou e foi capaz de sair do seu apartamento, mas como estava grogue pelo efeito do Halcion e atordoado — quem sabe pela violência praticada contra a sua cabeça; não se sabe que efeitos foram causados a nível neurológico pela perfuração do crânio e inserção de ácido no cérebro —, não percebeu a sua nudez e, como não conseguia processar toda aquela situação, saiu andando pela rua como um zumbi de verdade, tropeçando e caminhando sem direção. Como já citado anteriormente, Nicole Childress estava passando de carro com amigos quando viu Konerak. Eles pararam e Nicole se aproximou do menino. Konerak tremia e ela percebeu que ele estava machucado e precisando de ajuda, então ligou para a emergência. A transcrição da chamada de Nicole Childress pouco depois das 2h da manhã de 27 de maio de 1991 ao serviço de emergência de Milwaukee é detalhada abaixo:

Operador 71: "Emergência de Milwaukee. Operador 71."

Nicole: "Oi, eu estou na 25th State e tem esse garoto. Ele está pelado. Ele foi espancado. Ele está muito machucado. Ele não consegue ficar em pé. Ele nem consegue ver direito. Ele está todo pelado. Ele não tem roupas. Ele está realmente machucado. Eu não tenho nenhum casaco. Eu apenas o vi. Ele precisa de ajuda."

Operador 71: "Onde ele está?"

Nicole: "25th State. A esquina da 25th State."

Operador: "Ele está na esquina da rua?"

Nicole: "Ele está no meio da rua. Ele... Nós tentamos ajudar ele. Algumas pessoas estão tentando ajudar ele."

Operador: "Certo. E ele está inconsciente agora?"

Nicole: "Ele está tentando se levantar. Ele está machucado. Alguém deve ter agredido ele e tirado a roupa dele ou algo do tipo."

Operador: "Certo. Me deixe colocar os bombeiros na linha. Eles irão mandar uma ambulância. Apenas fique ao telefone, certo?"

Nicole: "Certo."

O operador, então, transferiu a ligação para os bombeiros e Nicole pediu por uma ambulância, dizendo que "um menino pelado ou homem ou o que seja" precisava de ajuda. (É de se elogiar o comportamento de Nicole e sua tentativa de ajudar aquele desconhecido que ela viu perambulando sozinho. A maioria das pessoas aceleraria o carro ao ver tal cena, mas não Nicole.)

Nicole: "Ele foi muito espancado... Ele não fica de pé... Ele não tem roupas. Ele está bem machucado."

Bombeiros: "Ele consegue ficar em pé?"

Nicole: "Ele não fica de pé. Eles estão tentando fazer ele andar, mas ele não consegue andar reto. Ele nem mesmo pode ver direito. A qualquer hora que ele levanta, ele cai."

Bombeiros: "25th and State? Tudo bem. Certo."

Então Nicole desliga o telefone.

Ao mesmo tempo, uma chamada é realizada para a viatura de número 68 da polícia de Milwaukee.

Operador: "36. Eu tenho um homem abatido. A chamada afirma que ele foi muito espancado e não está vestindo roupas, deitado no chão, 25th and State. Chamada anônima de uma mulher. Ambulância enviada."

Viatura 68: "10-4 [código para *entendido*]."

A princípio, Dahmer se desesperou ao ver a cena e continuou andando, mas então percebeu que Konerak estava tão confuso e intoxicado pela mistura de bebida e Halcion que não podia dizer coisas simples como quem era ou onde estava. Jeff poderia ter passado direto e deixado todos para trás. Quem poderia ligar aquele menino a ele? Mas não foi o que ele fez. Meio que agindo no automático, Dahmer entrou no meio e tentou levar Konerak de volta, puxando o garoto com uma das mãos enquanto carregava o engradado de cervejas na outra. Nicole, sua prima Sandra e uma amiga das duas, Tina Spivey, o interromperam, e Nicole disse que já havia ligado para a emergência. Dahmer não deu muita conversa e só disse que estava tudo bem, e tentou puxar Konerak para cima, como se quisesse colocá-lo em suas costas para levá-lo embora. Nesse momento Nicole viu sangue escorrendo do ânus do menino (fruto do abuso sexual cometido horas antes por Jeff).

> "Enquanto eu ligava para a emergência, um homem apareceu, branco, alto, bonito. Ele estava com uma caixa [de cerveja] debaixo de um braço e com o outro tentando puxar [o Konerak], mas ele não conseguia porque ele [Konerak] estava muito fraco." (Nicole Childress)

Violento, Dahmer tentou arrastar Konerak, torcendo o seu braço e puxando-o com força. Outra coisa que chamou a atenção de Nicole foi a cara de desespero que o garoto fez ao olhar para Dahmer. Era como se Konerak estivesse olhando para o diabo. A feição do menino nu e desorientado, aliada ao sangue escorrendo do seu reto, ligou o sinal de alerta nas garotas, e elas começaram a brigar com Dahmer, dando socos e gritando: "Deixei-o em paz! Deixe-o em paz. Ele não vai com você!".

Uma coisa era certa: Nicole Childress, Sandra Smith e Tina Spivey não deixariam aquele desconhecido que apareceu do nada levar o menino embora. Durante a briga, Nicole escutou as sirenes de uma ambulância se aproximando. Os paramédicos chegaram e cobriram Konerak com um cobertor. Ao mesmo tempo, uma viatura da polícia apareceu e Nicole abanou os braços, acenando aos policiais indicando a sua localização. Enquanto se aproximavam, um dos policiais notou um homem magro e esguio ajudando um menor a andar. Quando os brutamontes John Balcerzak e Joseph Gabrish desceram do carro, Dahmer deu alguns passos para trás. Os nervos estavam à flor da pele, e Balcerzak e Gabrish pediram calma a todos e seguiram o procedimento padrão nesses casos. Eles separaram Dahmer e Konerak, e enquanto Balcerzak tomou o testemunho de Dahmer, Gabrish tentou conversar com Konerak. O garoto, porém, simplesmente não conseguia pronunciar qualquer palavra. Quando falava, era em uma língua que ninguém ali sabia dizer qual era (Konerak, provavelmente, estava proferindo palavras e sentenças em laosiano, pois o seu inglês era rudimentar); ele estava confuso, incoerente e mal conseguia ficar de pé.

A Balcerzak, Jeff disse que o menino era seu colega de quarto de 19 anos e que os dois moravam ali perto, nos Apartamentos Oxford. Eles beberam pesadamente o dia inteiro e essa não teria sido a primeira vez que seu amigo bêbado saía pelado do apartamento. Jeff se desculpou pelo incômodo e reforçou que aquilo só estava acontecendo porque ele saiu para comprar mais cervejas, mostrando a Balcerzak o pacote de Budweiser que carregava para confirmar sua versão. Ao voltar, ele viu o amigo naquela situação deprimente e só estava ajudando-o a regressar ao apartamento. Quando seu amigo bebia demais, Jeff sempre ficava de olho nele, mas, infelizmente, dessa vez o rapaz cometeu mais uma de suas estripulias quando ele o deixou sozinho. Não era necessário tanto alarde, bastava os policiais deixarem Jeff levá-lo de volta e tudo ficaria resolvido.

Dahmer não hesitou nas perguntas, oferecendo respostas convincentes e claras. Balcerzak não pareceu duvidar do que ele dizia. Ao policial, reforçou que morava com o rapaz havia três semanas. Nesse meio tempo, um terceiro policial chegou no local: Richard Porubcan.

Já Gabrish não teve sucesso com Konerak. Ele perguntou várias vezes ao garoto qual era o seu nome, sua data de nascimento, dentre outras perguntas, e Konerak apenas balbuciava palavras. Seus olhos estavam vidrados e nada que saía de sua boca fazia-se entender.

Dahmer, então, se tornou o centro das atenções, e enquanto os policiais o ouviam, Nicole, que escutava a tudo, interferia na conversa: "Com licença, eu não acho que ele [Konerak] conhece você [Dahmer]. Eu não acho que ele quer ir com você". Calmo e educado com os policiais, Jeff se tornava rude com Nicole. As interferências da adolescente eram seguidas de palavras duras e xingamentos racistas por parte de Jeff. Grosso e desrespeitoso, Jeff dizia para Nicole ir caçar o seu rumo e que "não é da sua conta". "Há algo de errado com ela", disse Dahmer aos policiais. Ele chegou a xingá-la de "vadia negra louca". Os policiais responderam às interferências de Nicole com indiferença: "Tá bom, tá bom, nós vamos conversar com você", disseram. Mas eles nunca deram a palavra a ela, seus ouvidos atendiam unicamente a Dahmer. E quando ela insistiu, os policiais foram grosseiros, ordenando que Nicole parasse de interromper e que "calasse a boca".

> "Eu esperei, esperei; aquelas pessoas [policiais] nem sequer olharam para mim, eles não fizeram contato comigo, então eu pensei: deixa eu ir rapidinho até a casa da minha tia." (Nicole Childress)

Enquanto Nicole, sua prima Sandra e a amiga Tina correram até a casa da tia de Nicole (e mãe de Sandra), que morava nas proximidades, para buscar ajuda, pois elas pareciam invisíveis aos policiais brancos, os paramédicos compraram a história de Dahmer, mas Balcerzak e Gabrish continuaram a fazer mais perguntas e Jeff insistiu que eles podiam ir até o apartamento dele para discutirem melhor a situação. Jeff estava nervoso, mas confiante; além do mais, ele não tinha outra alternativa. Os policiais concordaram, e um deles pegou Konerak pelo braço e o menino acompanhou as autoridades "quase como um zumbi".

Quando Nicole voltou até o local com sua tia Glenda, não havia mais nada. Estava tudo deserto, sem ambulância, viatura de polícia, sem ninguém, uma visão assustadora. Imediatamente, ela começou a imaginar o que poderia ter acontecido e Nicole não sossegaria até descobrir o destino do menino nu. É algo surreal quando imaginamos em nossas mentes Konerak e Dahmer sendo levados dentro de uma viatura policial até o apartamento dos horrores do assassino em série. "Estou muito feliz que vocês apareceram, sabem, esse bairro é muito perigoso", disse Dahmer aos policiais. Mais uma vez, se câmeras de videovigilância fossem uma realidade na época, assistir a três policiais ajudando a vítima de um assassino em série que conseguiu escapar a retornar para o apartamento do mesmo assassino seria de gelar os ossos e uma gravação a se perpetuar por toda eternidade. O bairro "barra-pesada", para citar as palavras de Dahmer aos policiais, era infestado por negros, criminosos e vagabundos, mas o grande mal que o habitava era aquele homem branco que as autoridades acreditavam ser um cordeiro vivendo entre lobos.

Jeff guiou os quatro homens até o seu apartamento, e uma vez lá dentro, mostrou a Balcerzak e Gabrish [policiais seniores que tomaram a dianteira da situação. Porubcan basicamente foi um espectador do trabalho dos colegas] as roupas do seu companheiro de quarto cuidadosamente dobradas em cima do braço do sofá. Os policiais ainda tentaram falar com Konerak, mas ele, sentado no sofá, continuava com sua fala desconexa e não era capaz de responder a nenhuma das perguntas. Nesse meio-tempo, um dos policiais, bisbilhotando a sala, descobriu as fotografias de Konerak tiradas horas antes por Jeff. Dahmer foi pego de surpresa, mas sua capacidade ilimitada de se safar de situações complexas e desfavoráveis se fez valer mais uma vez. Ele abriu o jogo e disse que, na verdade, o rapaz era seu namorado. Ele estava envergonhado de tudo aquilo e, pelos dois serem homossexuais, não estava à vontade para fazer tal revelação, mas agora, em seu apartamento, sem a presença de outras pessoas e com as fotografias de Konerak como prova, ele podia falar.

O garoto não era o seu colega de quarto, mas sim seu namorado. Ele se chamava Chuck Moung, disse Jeff, e ele parecia ter aptidão para criar problemas quando bebia. Jeff forneceu uma data de nascimento falsa de Konerak aos policiais, que anotaram tudo em um caderninho — como Jeff "não encontrava" o documento de identidade de Konerak, os policiais acreditaram em suas palavras. Dahmer também mostrou a sua identidade. Balcerzak e Gabrish pareciam estar de saco cheio daquela situação e conversaram sobre autuar Dahmer e "Chuck Moung" por má conduta. Um deles, querendo dar uma lição no casal bêbado, chegou a ventilar a ideia de levar os dois para a delegacia. Mas, no fim, Balcerzak e Gabrish decidiram apenas dar um puxão de orelhas em Jeff e o aconselharam a manter o seu namorado problemático dentro de casa. Enquanto Jeff sorria em alívio e agradecia aos policiais, a poucos metros dali, dentro do quarto, o cadáver de Tony Hughes, morto dois dias antes, jazia estirado. Bastava aos policiais alguns passos adiante para Jeff ser desmascarado e Konerak ser salvo.

Balcerzak e Gabrish foram embora fazendo piadinhas do casal gay. À central de polícia, eles deram o retorno:

> "36... o intoxicado macho asiático nu [risos ao fundo da chamada] foi devolvido para o seu namorado sóbrio [mais risos ao fundo] e nós estamos 10-8 [código para em serviço, disponível para atender uma chamada]."

Quarenta segundos depois, Balcerzak novamente chamou a central de polícia e claramente fez um comentário homofóbico sobre a situação:

> "10-4. Levará um minuto. Meu parceiro terá que se desinfetar na delegacia [risos ao fundo da chamada]."

Enquanto os policiais faziam piadinhas no rádio, Nicole Childress e Sandra Smith permaneciam agitadas na casa da mãe de Sandra, Glenda, discutindo o que poderia ter acontecido com o garoto nu. Ele foi levado para o hospital? Para a delegacia? Para onde todo mundo foi? Nicole e Sandra não tinham dúvidas de que o garoto era uma criança. Nicole tinha 17 anos e aquele menino parecia ser mais novo do que ela. Era uma criança, definitivamente, e não um homem de 19 anos como o homem loiro e sem educação havia afirmado. Pensando no que poderiam fazer, elas decidiram ligar para a polícia. Sendo a adulta da casa, Glenda insistiu até conseguir falar com John Balcerzak. A transcrição do telefonema de Glenda Cleveland para o Departamento de Polícia de Milwaukee na madrugada do dia 27 de maio de 1991 é descrita abaixo:

Balcerzak: "Polícia de Milwaukee."

Glenda: "Sim...teve uma viatura, número 68, que esteve envolvida numa situação esta noite, a cerca de quinze minutos atrás."

Balcerzak: "Era eu."

Glenda: "Sim? Ah, o que aconteceu? Minha filha e minha sobrinha testemunharam o acontecido. Está tudo certo com a situação? Vocês têm seus nomes ou informações, ou qualquer coisa sobre eles?"

Balcerzak: "Não, não temos."

Glenda: "Vocês não têm?"

Balcerzak: "Não. Era o namorado intoxicado de outro namorado."

Glenda: "Bem, quantos anos essa criança tinha?"

Balcerzak: "Não era uma criança. Era um adulto."

Glenda: "Você tem certeza?"

Balcerzak: "Sim."

Glenda: "Sério? Porque essa criança nem sequer fala inglês. Minha filha, você sabe, esteve com ele, o viu na rua. Vocês devem fazer algo, rápido."

Balcerzak: "Senhora, como já expliquei, está tudo sob controle. Está tudo bem. Eu não posso fazer nada sobre a preferência sexual de ninguém."

Glenda: "Bem, não estou dizendo nada sobre isso, mas me parece que era uma criança. Esta é minha preocupação."

Balcerzak: "Não, não. Ele não é."

Glenda: "Ele não é uma criança?"

Balcerzak: "Não, ele não é. Certo? É uma coisa de namorado com namorado. E ele tem pertences na casa de onde veio. Ele tem várias fotografias de si mesmo e do seu namorado, e por aí vai."

Glenda: "Certo, estou apenas... você sabe. Pareceu ter sido uma criança. Era essa minha preocupação."

Balcerzak: "Eu entendo. Não, ele não é. Certo?"

Glenda: "Oh, certo. Obrigada. Tchau."

Enquanto Glenda Cleveland falava com John Balcerzak ao telefone, Jeffrey Dahmer trabalhava em Konerak Sinthasomphone. Se safar daquela situação ilógica alimentou ainda mais a sua mente bizarra e delirante.

> "Eu fiquei aliviado, eu enganei as autoridades e isso me deu um sentimento tremendo. Eu me senti poderoso, no controle, quase invencível. Após os policiais irem embora, eu dei ao cara outra bebida com Halcion e ele logo dormiu." (Jeffrey Dahmer)

Apesar de todo transtorno causado pelo garoto que quase o arruinou, Jeff não sentiu raiva ou ódio de Konerak. Ele estava tão perdido em seu mundo de bizarrices que continuou suas experiências como se nada tivesse acontecido. Nada podia detê-lo. Ele era o mal personificado e estava protegido pelo poder das trevas e aquela situação era a prova final disso. Jeff ainda desejava um zumbi para lhe fazer companhia, um amante vivo, de corpo quente e coração palpitante. Ele, então, injetou uma nova dose de ácido muriático diluído em água no cérebro de Konerak. E, dessa vez, o garoto que lutou pela vida e quase foi salvo, que fugiu, mas foi levado de volta para as mãos do seu algoz pela própria polícia, não resistiu e veio a óbito.

Dahmer não podia acreditar. Depois de todo esforço e de toda aquela situação, mais uma vez ele havia falhado em criar aquele que seria o namorado perfeito. De novo ele passaria dias sozinho, carente e frustrado. Para piorar, ele agora tinha um trabalho pesadíssimo a fazer: sumir com os corpos de Hughes e Sinthasomphone.

> "Eu desmembrei e descartei ele [Hughes] e o cara asiático no mesmo dia... Eu guardei os crânios dos dois porque eu queria alguma coisa para lembrar deles e sentia que era um desperdício jogar tudo fora." (Jeffrey Dahmer)

Os dois foram decapitados e tiveram os tórax abertos para Dahmer fotografar e se excitar sexualmente com a visão de suas entranhas. Para realizar o trabalho, ele faltou ao seu dia de trabalho na Ambrosia, em 28 de maio. Ele poderia ter realizado o processo de descarte dos corpos na mesma segunda-feira, dia 27, mas ele tinha outros compromissos. No mesmo dia em que brigou com desconhecidos na rua, enganou policiais e matou Konerak, ele se sentou frente a frente com Donna Chester para dizer que não estava tendo grandes problemas na vida. Enquanto dois corpos repousavam em seu apartamento esperando a hora de serem rasgados e desossados, Jeff tagarelava com sua agente, recitando sua tradicional negatividade e derrotismo. "[Ele] continua a reclamar de tudo... um reclamante crônico", escreveu Chester, que marcou para Jeff sessões com um psiquiatra chamado William Crowley. Nos encontros seguintes, um Jeffrey Dahmer, cada vez mais perdido e arruinado, se apresentaria à sua agente de condicional.

Em 30 de maio, Glenda Cleveland viu algo que chamou sua atenção no jornal *Milwaukee Sentinel*. Ela leu a nota sobre o desaparecimento de um adolescente cuja família estava desesperada à sua procura. O desaparecido: um garoto laosiano de 14 anos, chamado Dee Konerak Sinthasomphone.

Glenda se lembrou imediatamente do menino asiático que sua filha e sobrinha viram aterrorizado dias antes. Ela mostrou o jornal para Nicole e Sandra e as duas reconheceram Konerak; era aquele o garoto que elas tentaram ajudar. Glenda ligou para a polícia, mas foi ignorada. Então ligou para o escritório do FBI em Milwaukee e eles a informaram que aquele tipo de problema não era da alçada deles, Glenda deveria entrar em contado com a polícia de Milwaukee. Novamente, Glenda e Nicole ligaram para o MPD e Nicole informou que até mesmo havia visto novamente o homem branco e loiro no Grand Avenue Mall, e que poderia facilmente reconhecê-lo. Após tanto insistirem, passando minutos e mais minutos esperando ao telefone, sendo transferidas de lá para cá, ouvindo que nada poderia ser feito e sentindo que suas vozes eram praticamente inaudíveis às autoridades, Glenda, Nicole e Sandra acabaram por desistir.

MUDANÇA DE ARES: CAÇANDO EM CHICAGO

Muitos podem se perguntar aonde estavam Lionel e Shari (que adorava os enteados) enquanto Jeff fazia da sua vida um espetáculo dantesco. Antecipando algumas coisas, após o mundo descobrir os horrores cometidos no apartamento 213, as pessoas tentaram encontrar um bode expiatório e, como é comum nesses casos, os pais ocuparam uma posição de destaque. O interessante é que o único culpado estava gigantemente às vistas de todos, e ele era Jeffrey Dahmer. Estranhamente, porém, a sociedade sempre tem a cega e ignorante necessidade de apontar seus dedos para aqueles que são tão vítimas quanto os que perderam a vida ou suas famílias. Vemos isso desde quando a imprensa foi inventada e começou a escrever sobre crimes. Bodes expiatórios variam desde revistas em quadrinhos, personagens de filmes a pessoas — principalmente o pai ou a mãe que, supostamente, não ensinaram boas maneiras.

Sabemos que Lionel era um homem insensível e incapaz de se aprofundar sentimentalmente de seu filho, entretanto, isso está longe de ser um defeito. É algo inerente à sua natureza e uma característica encontrada em grande parte da população masculina. Já Joyce tinha seus próprios demônios para lidar. Mentalmente doente e instável, ela provavelmente sofreu muito por ser quem era. Seu casamento com Lionel foi um desastre, seu filho caçula a trocou pelo pai ainda muito cedo, então ela deve ter enfrentado tempos tenebrosos tendo que lidar com sua instabilidade emocional e acontecimentos de vida. A saúde mental é algo sério e devemos entender que quem é portador de alguma enfermidade merece a nossa compaixão, e não o nosso julgamento. Além do mais, ter uma mãe ausente não é motivo para ninguém sair por aí esfolando pessoas e abrindo-as para fazer sexo com as vísceras. Sentimentos negativos relacionados à afetividade de sua mãe tiveram um peso importante dentro da complexa equação da patologia de Dahmer, mas jamais podemos colocá-los à frente para o íncio massacre popular.

Lionel e Shari sempre se preocuparam com Jeff, e mesmo com ele morando longe, o casal nunca deixou de acompanhá-lo. Eles davam a Dahmer o seu próprio espaço, eles acreditavam que Jeff devia ter a sua liberdade, individualidade e privacidade, assim, poderia amadurecer por si próprio. Lionel e Shari não estariam por toda a vida ao seu lado e era necessário que Jeff conseguisse se virar. Vivendo sozinho e tendo que arcar com seus custos de vida, isso definitivamente poderia fazê-lo ficar longe de problemas, endireitá-lo aos poucos e, com o tempo, fazê-lo ter ambições. Eles amavam Jeff, mas é certo que Lionel e o filho não tinham muita comunicação, eles não se falavam todo o tempo, e quando conversavam, o assunto era muito superficial. Nem pai nem filho tinham abertura um com o outro para diálogos e discussões profundas sobre a vida de cada um. Isso não é nada incomum na relação pai e filho em geral. Há a ideia de que homens costumam ser mais duros, insensíveis e completamente amadores nas relações humanas e sentimentais. É como se nós tivéssemos vergonha de abordar o outro, mesmo sendo um filho, no âmbito sentimental. O próprio Lionel se disse um "amador" nas questões sentimentais. Já Jeff, o que há para dizer sobre ele? Suas ações falam por si só. Ele vivia para dentro e não tinha interesse em socializar, nem com a família. A receita para a superficialidade do relacionamento entre os dois era clara: de um lado, tínhamos um filho que não dava abertura, Jeff nem sequer conversava; e de outro, um pai que não se sentia à vontade em explorar assuntos de cunho íntimo, sentimental ou emocional.

Lionel e Shari visitaram os Apartamentos Oxford para ver como estavam as coisas, e apesar de Jeff ter massacrado alguns homens lá dentro, o apartamento estava impecavelmente limpo e arrumado — o que era de se esperar, pois Jeff sabia de antemão que o pai e a madrasta iriam visitá-lo. Não havia maneiras de Lionel ou Shari suspeitarem de nada. Os crânios e pedaços de corpos estavam trancados em um armário, assim como suas fotografias em uma gaveta que não abria. Estava tudo em ordem e Lionel e Shari ficaram orgulhosos de Jeff.

Após matar dois homens em menos de três dias, Jeff se aquietou. Talvez ele tenha ficado alerta em relação a Konerak, esperando para ver o que ia acontecer. Muitas pessoas o viram com o garoto. Aquela vítima, que ele não sabia o nome, certamente tinha família e a família poderia ir até uma delegacia reportar o seu desaparecimento, e policiais o viram com ele, então, Jeff estava em apuros. E foi isso o que acabou acontecendo. Em 30 de maio, a foto de Konerak estava estampada em uma pequena coluna do *Milwaukee Sentinel* e ela foi vista pelo próprio Jeff, que tinha o hábito de ler os jornais e assistir à TV para saber se alguém estava falando sobre suas vítimas.

Ele poderia ter decidido destruir todos os crânios, fotos e pedaços de corpos que tinha dentro do apartamento, se livrando de toda e qualquer evidência relacionada às suas vítimas, assim, se policiais aparecessem, não encontrariam nada lá dentro que pudesse incriminá-lo. Mas não foi isso o que aconteceu. Impressionado com os malignos personagens do cinema, Imperador Palpatine e o Assassino de Gêmeos, sendo ele mesmo um agente do mal que matava, matava e matava sem nunca ser descoberto, Dahmer passou a acreditar que realmente estava protegido por um poder que emanava das profundezas do abismo, uma possessão peçonhenta capaz de orientá-lo em sua missão, poupando-o das consequências nefastas do mundo dos vivos. Ele estava pronto para continuar e só precisava da oportunidade.

Milwaukee não parecia mais um local apropriado para caçar. Por mais que o mal o estivesse protegendo, Dahmer conservava a lucidez do mundo dos homens para entender que, uma hora ou outra, a casa poderia cair para ele. As conversas nas boates e bares sobre um homem branco visto com Tony Hughes e o episódio Konerak ligaram o alerta, e ele decidiu frequentar cada vez mais Chicago, uma cidade muito mais interessante e com uma cena gay infinitamente mais colorida e desenvolvida, com homens de todas as etnias e profissões.

Dahmer não era um novato em Chicago. Ele frequentava a cidade desde a época em que foi banido das saunas em Milwaukee, viajando até lá para continuar com o seu comportamento de frequentar saunas e drogar homens. Seus relacionamentos com os homens de lá se resumiam a uma noitada apenas, sem aprofundar vínculos ou criar amizades, assim como em Milwaukee. Em Chicago, Jeff frequentava a chamada Boy's Town, uma área na Clarke Street destinada ao público gay. Suas saunas homossexuais favoritas eram a County Bath Club* e a The Unicorn Club.†

Jeff não assassinou ninguém em Chicago, mas, da mesma forma que nas saunas de Milwaukee, ele teve problemas nas de Chicago quando um homem o pegou em flagrante colocando alguma coisa em sua bebida. Era um homem negro e grande e percebeu Jeff misturando drogas no copo. Os dois começaram a discutir e Jeff acabou com o nariz ensanguentado após levar um soco do homem. Como não houve reclamação, ninguém ficou sabendo do incidente e ele continuou a frequentar as saunas de Chicago sem ser incomodado.

Sua personalidade fria, retraída e desinteressante o ajudou a se esgueirar por entre as pessoas e permanecer quase que invisível aos olhos de todos, o que não deixa de ser assustador e impressionante. Quando seus crimes vieram à tona, absolutamente ninguém foi capaz de lembrar dele em Chicago (com exceção, talvez, do homem negro que o socou) e os donos das saunas só acreditaram nas confissões dele quando bisbilhotaram os registros arquivados de frequentadores e lá estava o

* Atualmente, Man's Country Chicago.

† Atualmente, Steamworks.

nome Jeffrey Dahmer. Ele se escondia muito bem, mas isso não era uma camuflagem de alguém consciente de que não deveria ser visto, e sim uma característica de sua personalidade.

Pouco mais de um mês depois de matar Konerak Sinthasomphone, Jeffrey Dahmer entrou em um ônibus e partiu para Chicago. Era 30 de junho de 1991, e aquele era um dia mais do que especial que ele não podia perder de jeito nenhum. Naquele domingo seria realizada a vigésima segunda parada gay de Chicago, a maior do Meio-Oeste americano.

Em um vídeo amador gravado na época, que pode ser encontrado no YouTube com o nome de "Chicago gay pride parade edited 1991", dois homens malabaristas puxam o desfile seguidos de um grupo carregando um letreiro onde lê-se "Madison", indicando que aqueles homens vieram da capital do Wisconsin especialmente para o desfile. A filmagem mostra homens sem camisa, vestidos de mulher, em trajes sadomasoquistas, fantasiados, mulheres, famílias e crianças, que pararam para dar uma olhada no movimento. Mas nem todos que estavam em meio à multidão de mais de 100 mil pessoas procuravam a mesma coisa. Misturado às crianças, aos idosos, às famílias, aos homens e mulheres, havia um insuspeito assassino em série sozinho e sem rumo, mas observando tudo.

Jeff teve dificuldades em encontrar um parceiro para passar a noite. Ele passou a tarde na Boy's Town, perambulando em meio à alegria gay, e decidiu voltar para Milwaukee, pois nada ali parecia que vingaria. Na estação de ônibus, porém, ele notou um rapaz que aparentava estar apenas passando o tempo. Seu nome era Matt Cleveland Turner, de 20 anos, e ele se tornaria a décima quarta vítima de Jeffrey Dahmer.

Turner era um alvo perfeito: estava sozinho, em um lugar com poucas pessoas e, principalmente, era jovem, magro e bonito. Quando ele entrou no banheiro masculino, Dahmer foi atrás e lá dentro iniciou uma conversa com o rapaz. Os dois saíram e se sentaram para tomar um café nas proximidades. Durante a conversa, Jeff percebeu que Matt estava com boa vontade e o convidou para viajar até Milwaukee e passar uma noite agradável em seu apartamento. Como Matt era um homem atraente, ele lhe daria dinheiro por algumas fotografias do seu corpo. A proposta parecia boa para Matt, um rapaz que passava por dificuldades financeiras após sair da cidade onde cresceu, Flint, no estado de Michigan, em busca de melhores condições de vida. Ele até estava trabalhando em um emprego novo, mas a grana era curta, então ele aceitou a proposta. Jeff comprou uma garrafa de vinho para os dois beberem durante a viagem e pagou a sua passagem.

Pensar no que os dois conversaram dentro do ônibus na viagem de uma hora e meia entre Chicago e Milwaukee é um exercício mental dispensável, entretanto, só de imaginar Matt Turner sentado ao lado do seu futuro assassino, indo diretamente para o local onde o predador se sentia confortável e no controle para abater suas vítimas, como um cordeirinho inocente, escutando, conversando, interagindo normalmente naquela que, aos olhos de qualquer observador de fora, seria uma situação banal, remete a um enredo kafkiano, tamanha angústia e surrealismo, um verdadeiro pesadelo.

De acordo com a confissão de Dahmer, dentro do apartamento 213, ele e Matt trocaram carícias, se abraçaram e se beijaram, ao mesmo tempo em que Matt tomava uma bebida com Halcion preparada pelo morador do lugar. Quando ele caiu no sono, Dahmer tirou sua roupa e algemou seus punhos com os braços atrás das costas. Dahmer estava a fim de tirar umas fotografias *bondage* e foi isso o que ele fez.

Dando outro pequeno salto de semanas adiante, quando os detetives Pat Kennedy e Dennis Murphy estavam interrogando Jeffrey Dahmer e tentando identificar suas vítimas, umas das fotografias Polaroids chamou a atenção de Murphy. A foto mostrava um homem negro, nu, com as mãos algemadas atrás do corpo. Ele estava em pé e encostado na parede do quarto de Dahmer. Era Matt Turner.

"Você pedia para eles ficarem nessas poses ou eles faziam por eles mesmos?", perguntou Murphy.

Dahmer demorou alguns segundos para responder. Pegou mais um cigarro do pacote em cima da mesa, acendeu, deu uma profunda inalada, e disse:

"Não, ele já estava morto nessa foto".

Os detetives se entreolharam com um ar de incredulidade. Aquilo era inacreditável. "Como assim? Como você conseguiu colocar um cara morto nessa pose?", perguntou Pat.

Dahmer então explicou.

Após tirar algumas fotografias de Matt algemado em posições interessantes, ele o pendurou no chuveiro do banheiro com a cinta de couro preta enrolada em seu pescoço. Jeff não estava a fim de usar força física para estrangular o rapaz, então o dependurou no banheiro e Matt foi estrangulado com o peso do próprio corpo. Após matá-lo, Dahmer desceu o corpo e o deitou no chão. Exausto e muito bêbado, Jeff acabou adormecendo em cima do corpo de Matt. Várias horas depois, ao acordar, percebeu que o rigor mortis fez a vítima tão dura quanto uma tábua.

Achando aquilo interessante, Dahmer passou a brincar com o corpo, tirando mais fotografias e colocando-o em pé contra a parede. Para o observador desavisado que visse a foto, parecia que o homem estava vivo.

> "Eu peguei a Polaroid e olhei mais de perto. Um estudo mais intenso revelou que os olhos da vítima estavam fechados e sua face, sem expressão; ainda assim, ele estava em pé com seus braços algemados atrás das costas e encostado na parede, como se estivesse vivo." (Pat Kennedy)

Matt Turner foi decapitado e eviscerado na banheira. Sua cabeça e órgãos internos foram guardados no freezer e o tronco e membros mantidos na banheira para posterior descarte.

De acordo com a confissão de Dahmer, dentro do apartamento 213, ele e Matt trocaram carícias, se abraçaram e se beijaram, ao mesmo tempo em que Matt tomava uma bebida com Halcion preparada pelo morador do lugar. Quando ele caiu no sono, Dahmer tirou sua roupa e algemou seus punhos com os braços atrás das costas. Dahmer estava a fim de tirar umas fotografias *bondage* e foi isso o que ele fez.

Na sexta-feira seguinte, 5 de julho, Jeff Dahmer estava novamente em Chicago. No número 1355 da North Wells Street, ele entrou no Carol's Speakeasy, um animado bar fundado em 1978 por Richard Farnham, a "Mãe de todas as drag queens" de Chicago, e sentou-se em uma das mesas para beber e observar o movimento. Lá, em meio aos frequentadores, música animada e risos altos, Dahmer conheceu Jeremiah Benjamin Weinberger, 23 anos, de coração puro e trabalhador.

Os dois se deram muito bem e conversaram animadamente. Um amigo de Weinberger que trabalhava no bar, Tim Gideon, trocou algumas palavras com Dahmer e percebeu o quanto ele e seu amigo estavam interessados um no outro, tão interessados que Jeff ficou surpreso quando Weinberger aceitou de imediato o seu convite para passar a noite juntos em seu apartamento na vizinha Milwaukee. Jeff não precisou oferecer nada ao rapaz. Não era comum a Weinberger fazer aquele tipo de coisa, ele não era promíscuo e vivia uma vida honesta, trabalhando e convivendo com a família e amigos. Mas ele se sentiu atraído por Dahmer. Uma atração que se provaria fatal.

> "Isso era incomum. Eu não era interessado em receber sexo anal. Podia ser doloroso, mas esse cara estava tão animado e disposto que eu o deixei fazer o que queria." (Jeffrey Dahmer)

Com Jeremiah Weinberger, Jeff provavelmente teve o melhor final de semana de sua vida. Naquela mesma sexta-feira, eles viajaram até Milwaukee e Weinberger passou todo o final de semana com Dahmer. Eles fizeram amor naquela noite e dormiram juntos. No sábado, tiraram o dia para fazer programas de casal e à noite dormiram juntos novamente. Durante todo o final de semana, os dois viveram um tipo de conto de fadas, um daqueles encontros em que o santo de cada um bate e ninguém quer deixar o parceiro, ficando com ele ou ela o máximo de tempo possível. Jeff, finalmente, parecia ter encontrado o que tanto buscava: um namorado que não ia embora.

> "Foi quase como um relacionamento *normal*. Na manhã seguinte [sábado], nós fomos tomar o café da manhã e ficamos o dia passeando no centro e bebendo cerveja. Nós fizemos amor novamente naquela noite e eu comecei a pensar que talvez este ficaria. Foi maravilhoso." (Jeffrey Dahmer)

Mas Weinberger não ficou.

É revelador sobre Jeffrey Dahmer a sua visão de companhia e relacionamento. Namorados, normalmente (e ainda mais nos primeiros encontros), não moram sob o mesmo teto. O comum, quando duas pessoas se conhecem e começam a se relacionar amorosamente, é dar um passo de cada vez. Cada um tem a sua vida, o seu trabalho, a sua rotina, e os encontros acontecem nos horários que ambos dispõem para estarem juntos. É uma etapa para se conhecerem melhor e estreitar os sentimentos. Isso, obviamente, não é uma receita de bolo, e nada impede duas pessoas de estarem sob o mesmo teto logo após se conhecerem. Agora, a pergunta que se faz é: o que impedia Jeffrey Dahmer de namorar Jeremiah Weinberger? Ter um relacionamento com ele? Manterem contato e se verem? A resposta é simples: Nada. Milwaukee e Chicago eram cidades próximas e eles poderiam se ver todos os fins de semana, pois ambos trabalhavam, e, à medida que o relacionamento fosse se desenvolvendo e amadurecendo, eles poderiam decidir juntar as escovas de dentes. Essa é a ordem natural das coisas e o mais sensato a se fazer.

Mas não era assim que a mente de Jeffrey Dahmer funcionava. Ele nunca pediu Weinberger em namoro. Ele nunca tocou no assunto. Ele nem mesmo conversou sobre eles serem amigos. Uma vez que qualquer homem entrasse em seu apartamento, ele nunca mais poderia sair ou ter sua vida de volta. Ele deveria ser posse absoluta do morador daquele lugar. Era assim que Jeff imaginava ter o seu relacionamento, era esse o seu relacionamento "normal". Não à toa, Jeff pensou na criação de um zumbi, um homem que não teria vontades ou consciência, portanto, nunca sairia do seu apartamento, sempre fazendo companhia e sexo a hora que desejasse. Um zumbi não precisaria ir embora, trabalhar ou ter uma vida como a de todo mundo.

> "Na manhã seguinte ele mencionou o seu trabalho e disse que precisava voltar. Eu me lembro da decepção que senti, percebendo que eu nunca poderia ter um relacionamento normal. Então eu fiz a bebida para ele." (Jeffrey Dahmer)

Quando Jeremiah Weinberger mencionou no domingo, 7 de julho, a necessidade de voltar para sua vida em Chicago — trabalho, casa, família —, o conto de fadas de Jeffrey Dahmer desmoronou. Jeff realmente não queria matar Jeremiah, ele gostou do rapaz, e pensou no que fazer. As experiências anteriores em criar um zumbi não deram certo, mas quem sabe fazendo uso da substância correta o resultado poderia ser diferente? Criar um zumbi ainda era a sua melhor alternativa. Um corpo vivo e quente era infinitamente mais interessante do que partes de corpos, além do mais, Weinberger era um cara tão legal. Devia existir uma alternativa.

Jeff, então, misturou Halcion em uma bebida e deu a Weinberger. O rapaz adormeceu e Dahmer começou a pensar que tipo de substância poderia inserir em seu cérebro. Sua mente viajou nas possibilidades. O ácido é corrosivo demais, pensou, então decidiu usar água quente, sem adição de outras substâncias químicas, injetando no pequeno buraco que ele abriu no topo da cabeça de Jeremiah com a furadeira. Talvez agora funcionasse e ele torceu para que seu experimento desse certo.

Horas depois, Weinberger acordou. Ele estava grogue e Jeff pensou ter finalmente atingido o seu objetivo. Ele guiou o rapaz desorientado pelo apartamento, e se a coisa podia melhorar, melhorou, pois Weinberger era capaz de ter ereções, tanto através da estimulação manual quanto oral. Como a segunda-feira se aproximava, Dahmer tinha que ir para o trabalho, então deu mais uma dose de Halcion para Weinberger, o algemou na cama (para ele não fugir como Konerak) e foi trabalhar.

Quando Jeff voltou na manhã seguinte, percebeu que Jeremiah ainda estava vivo e isso o fez ficar ainda mais alegre, imaginando que agora tinha um zumbi para lhe servir e fazer companhia. Ele levou Jeremiah para o banheiro, deu um banho nele enquanto a carcaça de Matt Turner descansava na banheira e naquela noite desfrutou do prazer da sua companhia, bebendo, assistindo a filmes e fazendo amor com o corpo quente e vivo. No fim da noite, ele mais uma vez deu Halcion ao rapaz e o algemou na cama antes de sair para o trabalho. Quando voltou, Weinberger estava morto, caído no chão e com os olhos abertos.

> "Eu realmente esperava que existisse uma maneira de manter eles quentes e vivos, mas permissivos. Apenas não funcionou."
> (Jeffrey Dahmer)

Percebe-se que, longe de ter funcionado a tentativa do zumbi, a estratégia de Dahmer passou a ser a de dopar Weinberger durante o dia inteiro, deixando-o desorientado pelos efeitos do Halcion, assim, ele poderia ter um corpo quente e vivo, curtindo a companhia do rapaz durante as horas em que estava em casa. É nítido que Jeff não queria matá-lo, não no sentido literal, mas suas ações inconsequentes e doentias levaram Weinberger ao óbito no terceiro dia de dopagem, muito provavelmente devido a uma hemorragia no cérebro provocada pela perfuração do seu crânio.

Aprisionar Jeremiah em seu quarto, controlando-o com drogas para lhe servir de escravo sexual faz de Dahmer um maníaco nos moldes de Leonard Lake, Ariel Castro, Gary Heidnik, Josef Fritzl e Viktor Mokhov, para citar alguns. Lake construiu um *bunker* no norte da Califórnia, onde planejou levar mulheres sequestradas para que elas lhe servissem de escravas sexuais. Como Dahmer, ele não tinha interesse nenhum em entreter ou satisfazer o parceiro, Lake queria apenas usar seus corpos. Já Castro, Heidnik, Fritzl e Mokhov ficaram conhecidos por manterem mulheres acorrentadas em cárcere privado (em alguns casos, por mais de uma década) para que elas também lhes servissem de escravas sexuais; sempre à disposição para satisfazerem as necessidades sexuais depravadas de seus captores.

Diferentes em suas psiques, mas unidos pelo resultado de suas insanidades, todos esses criminosos acreditavam que tinham o direito de fazer o que quisessem com as pessoas. Esses indivíduos pervertidos se criam em sentimentos de dominação e controle, e possuem uma necessidade perversa de possuir outro ser humano para satisfazer sua pulsão sexual. O outro é apenas a carne que ele busca para um deleite orgástico. Por quanto tempo Dahmer poderia manter esse comportamento é incerto, mas o fato é que não importa o tempo que fosse, no fim, Jeremiah acabaria sendo morto (a menos que alguém descobrisse e o interrompesse).

> "Ele disse que quando voltou e percebeu que Jeremiah estava morto, se sentiu mal, pois ele queria que a vítima estivesse bem para que os dois pudessem conversar." (Judith Becker, psiquiatra)

Um ponto a se esclarecer é como Dahmer foi capaz de manter Weinberger vivo, em sua companhia no apartamento, por quase dois dias sem que ambos usassem o banheiro do local. O lugar, obviamente, estava interditado devido ao que repousava na banheira. Também havia, no freezer, a cabeça da última vítima. Jeff deve ter ficado extremamente vigilante e com a chave da porta do banheiro no bolso o tempo inteiro. Pela confissão de Jeff, eles passaram o dia de sábado fora, mas retornaram ao apartamento para dormir. Na manhã seguinte, Weinberger comentou sobre voltar para sua casa e Dahmer começou a pensar no que fazer com ele.

Com o parceiro morto, Jeff colocou o corpo de Jeremiah na banheira, em cima da carcaça de Turner, e o decapitou. Uma das fotos Polaroids tiradas por Dahmer mostrava a cabeça recém-decepada de Jeremiah em cima da pia da cozinha, com os olhos arregalados como se tivessem visto o comandante do Tártaro em carne e osso. Posteriormente, Jeff colocou a cabeça no freezer ao lado da de Matt Turner. Cansado e indisposto, Dahmer deixou o cadáver sem cabeça de Weinberger de molho na banheira em uma solução de sal e formaldeído.* Agora havia dois troncos apodrecendo em sua banheira esperando para serem descarnados e cozinhados e este trabalho estava cada vez mais indigesto para Jeff Dahmer. Fora isso, havia o bombardeio de vizinhos e do síndico dos Apartamentos Oxford devido ao cheiro de carniça que nunca ia embora, e que descobriu-se vir do apartamento dele.

No início, ninguém soube de onde vinha o cheiro horroroso e que perdurou por um ano. Inicialmente, os moradores pensaram vir dos dutos de aquecimento ou das paredes. Às vezes desaparecia, apenas para retornar dias depois ainda mais nauseante. Comida estragada, o lixo que repousava atrás do prédio nas grandes latas de lixo, ratos mortos pelas paredes, teorias e mais teorias sobre a origem do fedor emergiram no boca a boca. Certo dia, Dahmer até mesmo "ajudou" sua vizinha do 214, Pamela, a farejar o odor. Eles andaram pelos corredores e nada. E por falar em Pamela, ela chegou ao ponto de colocar panos úmidos embaixo da porta, numa tentativa de fazer o cheiro ficar do lado de fora. Já no apartamento exatamente acima do de Jeff, o 313, a moradora, Nanetta Lowery, pensou em se mudar. Dá para imaginar o cheiro insuportável sentido pelos moradores dos Apartamentos Oxford. Se um ratinho morre e apodrece em um espaço vazio da parede, ou dentro de um cano

* Há inconsistências entre as falas de Jeff. Ao psiquiatra Park Dietz, em janeiro de 1992, Dahmer disse que usou água gelada e água sanitária. Já para o detetive Patrick Kennedy, em agosto de 1991, ele afirmou ter mergulhado em uma solução de sal e formaldeído. Optei pela fala ao detetive Kennedy devido à data de confissão, mais perto do crime, portanto, sua memória, provavelmente, estava mais fresca.

que por ventura passa por cima de uma casa, o odor se torna tão desagradável que ninguém consegue ficar no lugar enquanto a origem não for rastreada, identificada e limpa. Imagine, então, um corpo humano em decomposição? E não apenas um, mas dois?

Com cada vez mais detetives farejando o mau cheiro, ficou evidente que só poderia vir de um lugar.

O apartamento 213.

Inundado de reclamações, o síndico Sopa Princewill foi até o apartamento de Jeff após telefonemas e mais telefonemas não surtirem efeito. Mas antes que ele entrasse, Dahmer colocou seus peixes de estimação em um balde. Ao síndico, disse que o motor do aquário havia quebrado enquanto ele estava em viagem a Chicago e por isso os peixes morreram e começaram a se decompor. O síndico entendeu a situação e foi embora. Como Dahmer era incapaz de fazer sumir o mau cheiro, Princewill continuou a receber reclamações até que, em julho de 1991, sem mais paciência, o homem deu um ultimato: ou Jeff fazia o cheiro desaparecer por completo ou seria convidado a se retirar do prédio no mês seguinte.

Quem ajudou Dahmer a limpar o seu apartamento foi sua prestativa e simpática vizinha da frente, Pamela, a mesma que uma vez tentara arranjar uma namorada para o jovem bonitão e solteiro, e a mesma que o abordava nos corredores para conversar sempre que o via. Em meio à carnificina, com pedaços de corpos no banheiro, cabeças e carne humana congelada em seus refrigeradores, Jeff abriu a porta do seu apê para a vizinha dar uma olhada, uma cena surreal apenas de imaginar.

Para Pamela, Jeff disse que o problema não era nada demais. A avó lhe mandara carne e ele colocara no freezer, mas esquecera de ligá-lo na tomada antes de sair para uma visita à avó em West Allis. Quando voltou, a carne estava apodrecida e mesmo com o alimento sendo jogado fora, o cheiro ainda ficava no ar. De fato, Jeff visitara Catherine naqueles dias após ela sofrer um pequeno acidente de carro, mas a carne que ele tinha dentro do freezer tinha outra procedência.

As coisas estavam saindo do controle para Jeffrey Lionel Dahmer. Eram corpos se acumulando em seu apartamento, o insuportável mau cheiro, a possibilidade de perder o emprego devido às suas constantes faltas, sua querida avó que sofrera um acidente e, para piorar, seu desvario homicida não estava nem perto do fim, pelo contrário, aos 31 anos e 2 meses de vida, os caminhos que ele escolheu trilhar até aquele ponto convergiram todos em um lamaçal de horror repugnante, e desse lugar brotou um indivíduo desumanamente egoísta, extremamente primitivo e completamente desvairado, com uma conexão limitada ao mundo real e às pessoas que nele viviam. Em sua vida adulta, não fez um amigo sequer, sendo incapaz de construir qualquer tipo de conexão com quem quer que seja, se adaptando à sociedade e a suas regras unicamente para se camuflar e conseguir viver dentro dela, dando-lhe assim a oportunidade de continuar sua cruzada, uma cruzada doentia, seguindo uma trilha de loucura sem fim.

Dando um tempo em seu apartamento dos horrores, em 8 de julho,

As coisas estavam saindo do controle para Jeffrey Lionel Dahmer. Eram corpos se acumulando em seu apartamento, o insuportável mau cheiro, a possibilidade de perder o emprego devido às suas constantes faltas, sua querida avó que sofrera um acidente e, para piorar, seu desvario homicida não estava nem perto do fim.

ele se sentou na frente de Donna Chester para falar sobre como a perda do seu emprego seria um bom motivo para, finalmente, dar um fim em sua vida patética e cometer suicídio. Ele cada vez mais estava faltando ao trabalho e, após anos sendo um funcionário problemático, seus chefes na Ambrosia começaram a alertá-lo para o pior. "No fim, nada mais me dava prazer, não as coisas normais, principalmente perto do fim, quando as coisas começaram a empilhar, pessoa atrás de pessoa... Eu não tinha prazer em sair para comer, eu apenas me sentia muito vazio, frustrado, e levado a continuar fazendo. Eu era levado a fazer isso mais e mais até não aguentar mais, sobrecarga completa. Eu não conseguia mais controlar", revelaria ele mais tarde.

> "A cena no apartamento 213 naquela semana de 12 a 19 de julho foi mais lúgubre do que a visão do inferno de Giotto na parede da capela Scrovegni, em Pádua, que retrata demônios mastigando os intestinos dos caídos." (Brian Masters, escritor)

O problema dos cadáveres foi (parcialmente) resolvido em 12 de julho, quando ele comprou um grande tambor azul com capacidade para 215 litros de substância pesada. Nos dias seguintes, aos poucos, ele foi enchendo o tambor de ácido muriático. Sua ideia era jogar os troncos e demais partes de corpos para acidificar os restos mortais até um ponto em que sobraria apenas uma substância viscosa que ele poderia descartar pela privada do banheiro, poupando, assim, o cansativo e pesado trabalho de cortar e desossar os troncos e membros. As cabeças, ele continuaria a ferver em água misturada a Soilex para ficar com os crânios. Os cadáveres de Turner e Weinberger, então, seriam os primeiros a serem colocados no tambor cheio de ácido. Mas isso não foi feito de imediato, então o que sobrou de Turner e Weinberger continuou na banheira esperando a hora do mergulho final no recipiente hermético.

Três dias depois de adquirir o tambor azul, Dahmer voltou a um conhecido local que lhe trazia excelentes e prazerosas recordações: a decadente livraria na North 27th Street.

Em meio a prostitutas, cafetões e usuários de drogas, Jeff conheceu um bonito negro aspirante a modelo e praticante de fisiculturismo. Aquele lugar realmente era especial; se antes Dahmer conhecera o Ernest Miller, em 15 de julho de 1991 foi a vez de Oliver Joseph Lacy, de 24 anos, fazer brilhar seus olhos.

Falante e amigável, Lacy deu todas as dicas para as ações subsequentes de Dahmer ao revelar que já havia trabalhado como modelo para revistas masculinas (as mesmas que Jeff consumia vorazmente, sempre se excitando ao ver homens másculos em poses que ele tentava repetir com suas vítimas, a exemplo das duas Polaroids de Konerak na sala de estar mostradas aos policiais John Balcerzak e Joseph Gabrish). Pegando a deixa, e porque Lacy era um modelo fotográfico acostumado a mostrar seu corpo definido, Jeff ofereceu 100 dólares por algumas fotos dele nu. Lacy ficou mais do que animado, aquela noite não poderia terminar melhor do que receber uma boa grana e ainda poder mostrar todo o seu talento. Ele colocou seu portfólio de modelo debaixo do braço e caminhou com Dahmer até os Apartamentos Oxford.

Quando Lacy entrou no apartamento 213, se ele quisesse ir até o banheiro, teria dado de cara com as carcaças sem cabeças de Jeremiah Weinberger e Matt Turner flutuando na banheira, uma visão tão horrível e nojenta que faria qualquer um vomitar e passar mal e espantaria qualquer animal nascido neste planeta. Obviamente, o banheiro do apartamento 213 estava interditado para visitas, então Lacy sentou-se no sofá enquanto Dahmer preparava uma bebida para os dois; a de Lacy, evidentemente, viria com ingredientes a mais. Lacy não era gay (o rapaz estava noivo e tinha um filho de dois anos), e Dahmer sentiu que só poderia mesmo ter aquele corpo viril e cálido se o jovem estivesse desorientado pelos efeitos do Halcion. Quando isso aconteceu, Jeff aproveitou para abraçá-lo, beijá-lo e se esfregar em seu corpo até o momento em que Lacy apagou por completo.

Jeff simplesmente não podia acreditar em sua sorte. Lacy era realmente bonito e tinha um corpo que o fez ficar de queixo caído. Ele não poderia de jeito nenhum deixá-lo partir, muito menos deixá-lo virar um cadáver frio; Jeff o queria vivo para deleite. Nesse momento de sua vida, ele preferia seus parceiros vivos, para se deitar com eles e sentir a temperatura de seus corpos, sua respiração, seus corações pulsantes, odores e pele macia. Jeff só os matava porque eles tinham o péssimo hábito de querer ir embora.

E, definitivamente, Oliver Lacy, quando acordasse, teria esse desejo.

Era segunda-feira e Lacy provavelmente passaria o dia desacordado devido aos efeitos do Halcion, despertando sabe-se lá quando. E Dahmer tinha que trabalhar. O que fazer? Ele ligou para a Ambrosia e pediu mais um "dia pessoal". Os trabalhadores da Ambrosia podiam tirar "dias pessoais" durante o ano e isso significava não ir trabalhar. Eles tinham esse benefício e bastava avisar a empresa com antecedência e estava tudo certo. O problema era que Jeff já tinha extrapolado e muito o limite de dias pessoais aos quais tinha direito. (Em várias ocasiões, ele bebia tanto no domingo à noite em seu apartamento que caía no chão desacordado de tão bêbado. Na manhã seguinte, disperso e aéreo, não podia sair de casa e tinha que ligar para a Ambrosia para pedir um dia pessoal para se recuperar.) Mesmo assim, a empresa concedeu (em retrospectiva, a Ambrosia já estava com Jeff entalado na garganta e eles só queriam mais um motivo para demiti-lo após sucessivas advertências de que ele não estava cumprindo mais a sua função. Após mais de seis anos trabalhando na empresa, seus dias na Ambrosia estavam contados). Concedido o benefício, Jeff ficou tranquilo com Lacy e sabia o que fazer para mantê-lo consigo — ou, pelo menos, tentaria novas alternativas.

As experiências anteriores em criar um zumbi, injetando substâncias em seus cérebros, falharam miseravelmente, mas Dahmer, insistente como qualquer profissional obstinado com seu trabalho, não jogou a toalha e tentou um novo método. Se lembrando de quando era criança e de como uma vez, na aula de biologia, o professor mostrou como usar clorofórmio em moscas para tonteá-las, ele comprou a substância para usar em suas vítimas. Mais uma vez, seu objetivo era manter seus parceiros vivos, mas inconscientes por um longo período de tempo. Com o rapaz despertando de seu sono, ele pôde testar essa técnica para ver se funcionava.

Ele colocou um pano sob o nariz e face de Lacy e derramou clorofórmio. Não funcionou. Frustrado, Jeff pegou a cinta de couro preta e o estrangulou. Mercador da morte, aquela era a sua sina: terminar apenas com cadáveres. Mais do que isso, Jeff parecia ser o próprio diabo criando a sua pintura renascentista ao vivo e a cores, experimentando barbaridades cada vez mais doentias na busca pela tela perfeita. Ele tirou várias fotos da vítima, colocou seu corpo no banheiro e iniciou o processo de desmembramento e descarne. Inicialmente, ele pendurou o corpo pelo pescoço com a cinta de couro presa na torneira do chuveiro, e, com uma faca, habilmente retirou a pele. Ele continuou removendo a carne, centímetro por centímetro, só parando para tirar fotografias. Uma delas assombraria os policiais que viram sua coleção de Polaroids. Esta mostrava Lacy pendurado pelo pescoço, quase que totalmente descarnado (com exceção da cabeça), os ossos brilhando de seu tronco numa imagem horrorosa. Na mesma foto, dentro da banheira, boiando no formaldeído e sal, os cadáveres sem cabeças de Turner e Weinberger em estágios de desmembramento e descarne diferentes. Tal Polaroid representou o ápice do *trabalho* demoníaco do *pintor* Jeff Dahmer.

Devido ao acúmulo de corpos em sua perturbadora pintura particular, era chegada a hora de colocar o cadáver mais antigo no ácido. Jeff pegou o que sobrou de Matt Turner e colocou no tambor azul, fechando em seguida. Então, decapitou Lacy, guardou sua cabeça na geladeira e colocou o seu tronco na banheira, juntamente com os restos de Weinberger.

Antes de colocar o corpo de Lacy na banheira, entretanto, Jeff cuidadosamente removeu o seu coração "para comer depois". Como estava apaixonado pelo fisiculturista, também cortou o bíceps do braço direito, fritou e comeu imediatamente, temperando com cebolas e molho barbecue. Dahmer comeu os bíceps apenas daqueles mais bonitos e que ele gostou mais, no caso, Ernest Miller e Oliver Lacy. Braços musculosos e definidos representavam um fetiche para Jeffrey Dahmer.

Um dia após estrangular Oliver Lacy, Jeff recebeu um duro golpe: a direção da Ambrosia decidiu suspendê-lo devido às sucessivas faltas. A um passo de ser demitido, sem namorado, matando cada vez mais, sendo pressionado pelos vizinhos e síndico, Jeff começava a imaginar o que seria dele sem o seu salário da Ambrosia. Ao mesmo tempo, o alerta foi aceso em Donna Chester e no psiquiatra William Crowley em relação ao seu estado mental. Muito ocupado matando e descarnando Oliver Lacy, Jeff faltou ao encontro com Chester no dia 15 de julho. No dia 16, ele ligou para avisá-la que seria demitido da Ambrosia e que estava bebendo cada vez mais. Com o dinheiro acabando e sem ver a luz no fim do túnel, ele seria obrigado a sair do apartamento e ir morar sabe-se lá onde. Mas o pior era o que fazer com seu santuário de crânios e esqueletos, pênis, mãos, cabeças... No fundo do poço, assombrado e descontrolado, Jeff cada vez mais pensava no suicídio. Após escutá-lo, Chester pediu que ele fosse até o seu escritório com urgência no dia seguinte, mas Jeff ficou relutante porque não fazia a barba ou tomava banho havia três dias. No fim, concordou em ir vê-la no dia 17. Mas isso não aconteceu. Bebendo muito, Jeff caiu duro de sono após dias sem dormir direito.

Em 18 de julho, ele finalmente compareceu ao encontro com Chester e de lá foi direto para a sala do psiquiatra William Crowley, que o notou "tenso, ansioso e muito deprimido". Definitivamente, aquele rapaz estava muito, mas muito mal, e Crowley não hesitou em receitar mais antidepressivos. Aqui reside uma falha (e descaso) do sistema para com os cidadãos, principalmente os vulneráveis e sofredores de doenças mentais ou uma patologia qualquer que os faça reféns de si próprios. Chester e Crowley estavam fazendo os seus trabalhos e eles representam pequenas peças de uma complexa engrenagem, mas qual é a eficiência de um serviço prestado ao cidadão se a agente da lei não consegue realizar uma visita sequer ao ambiente domiciliar do indivíduo porque está sobrecarregada, sendo o seu trabalho resumido a escrever relatórios burocráticos que ninguém irá ler e o psiquiatra é apenas um "passador de receitas"? Um indivíduo como Jeff ou qualquer outro que esteja com grave sofrimento mental simplesmente não pode ser deixado ao acaso. Fornecer uma receita e deixar, por exemplo, alguém com pensamentos suicidas sair tranquilamente do consultório é o mesmo que incentivá-lo a cometer o ato que pretende. É evidente que Dahmer já era um caso perdido, mas não importa em que nível animalesco ele estivesse, todo e qualquer cidadão pode e deve ser resgatado em qualquer momento de sua vida (na verdade, foi essa indiferença sistêmica que o permitiu matar, matar e matar. E ele mataria novamente).

Após cumprirem seus papéis burocráticos, Chester e Crowley viraram as costas e Jeff saiu como se nem tivesse entrado. Com a receita do psiquiatra em mãos, em vez de entrar em uma farmácia, ele se aproximou de um homem negro chamado Ricky Thomas na rua e o convidou para ir até o seu apartamento, convidando-o para tirar algumas fotografias de seu corpo em troca de dinheiro e um pouco de bebida. Ricky disse não, e Jeff seguiu seu caminho — o caminho para encontrar uma nova vítima. Dahmer estava completamente perdido em sua fantasia de mundo, e como bem citou o autor Brian Masters, "incapaz de pensar sequencialmente ou agir com lógica. Ele era um refém da sua compulsão... O único consolo que ele podia imaginar era outro corpo".

> "O cliente está com a roupa suja, com a barba por fazer e, durante a entrevista, bocejava como se tivesse dificuldades em ficar acordado. O cliente está em sérias dificuldades financeiras. Ele perderá o seu apartamento no dia 1º de agosto. Ele novamente falou em suicídio." (Donna Chester, 18 de julho de 1991)

O pesadelo de Jeffrey Dahmer se confirmou em 19 de julho, quando ele recebeu um telefonema da direção da Ambrosia, informando sobre a sua demissão. Mas se ele estava seriamente pensando em suicídio, ele nunca sequer tentou. Na verdade, e mesmo com todos os problemas se acumulando, sua ânsia em viver e fazer a sua "fantasia de vida mais poderosa do que a sua vida real" era muito maior. Ele ponderaria nos dias seguintes sobre o que diabos iria fazer, porque sem emprego e sem dinheiro ele perderia o seu apartamento. Ele levaria seus pertences para outro lugar? Onde? Jogaria os pedaços de corpos, crânios, ossos no tambor cheio de ácido e sumiria com tudo para começar uma nova vida?

Mas antes de encontrar uma solução para esses problemas, Jeff tinha um outro, muito maior: saciar a sua compulsão. No mesmo dia em que recebeu a notícia da demissão, Jeff saiu em busca de uma nova vítima. Ele foi até o Grand Avenue Mall e perambulou pelo shopping e arredores como um zumbi atrás de carne. Sem obter sucesso no shopping, voltou a pé para casa e, em um ponto de ônibus em frente à Universidade Marquette, viu um jovem homem branco esperando a condução. O rapaz carregava um pacote de cervejas e Jeff se aproximou dele, se sentou ao seu lado e iniciou uma conversa. O nome do rapaz era Joseph Arthur Bradehoft, de 25 anos, casado e pai de três crianças.

Natural do estado do Minnesota, Bradehoft estava morando em um apartamento alugado pelo irmão em Milwaukee a apenas alguns meses. Ele estava na cidade à procura de emprego e aceitou a oferta de Jeffrey Dahmer. Com as vítimas mortas, é impossível saber de fato o que levou todos esses homens ao apartamento de Jeff Dahmer. Bradehoft tinha interesse no dinheiro que Jeff ofereceu por algumas fotos? Ele era um homem bissexual que se sentiu atraído por Jeff? Ou ele simplesmente foi hipnotizado pelo poder de sedução do assassino? Ou quem sabe uma mistura de tudo? Ou nada disso?

O que Jeff revelaria mais tarde é que ele ofereceu 50 dólares para Bradehoft o acompanhar até o seu apartamento para algumas fotografias do seu corpo nu, e quem sabe fazer sexo. A vítima concordou e os dois rumaram para o apartamento 213 no número 924 da North 25th Street. Uma vez lá dentro, Dahmer preparou uma bebida contendo Halcion e deu para Bradehoft beber. Aproveitando o estado sonolento do homem, Jeff o beijou e trocou carícias com a vítima até ela adormecer.

Dahmer o levou para o quarto e fez sexo oral antes de decidir matá-lo. Jeff o estrangulou com as próprias mãos, colocou o corpo em sua cama e, então, praticou sexo anal no cadáver.

Jeffrey Dahmer não era chegado em receber sexo anal, ele preferia ser o ativo, mas abria exceções, como no caso Weinberger. Mas uma verdade sobre ele é que Dahmer sempre realizava sexo anal com suas vítimas quando elas estavam mortas, e isso é mais um detalhe revelador de sua presunção sexual. Era difícil para Jeff chegar ao orgasmo se seus parceiros estivessem vivos, mas sempre atingia o clímax quando eles estavam mortos. Ele nunca soube lidar com os desejos e vontades de seus parceiros. A pressão para seu desempenho sexual quando eles estavam mortos era nula, então ele podia relaxar e se concentrar em si mesmo e na própria satisfação. Ao perseguir sua lascívia cada vez mais doentia, chegou um ponto na vida de Jeffrey Dahmer que ele só conseguia se satisfazer sexualmente se matasse e desmembrasse outro ser humano, um ato final extremista de egoísmo sexual.

Ele ponderaria nos dias seguintes sobre o que diabos iria fazer, porque sem emprego e sem dinheiro ele perderia o seu apartamento. Ele levaria seus pertences para outro lugar? Onde? Jogaria os pedaços de corpos, crânios, ossos no tambor cheio de ácido e sumiria com tudo para começar uma nova vida? Mas antes de encontrar uma solução para esses problemas, Jeff tinha um outro, muito maior: saciar a sua compulsão.

Após matar Bradehoft e abusar do seu corpo, Jeff adormeceu abraçado ao cadáver. Na manhã seguinte, ele acordou e, sem disposição para desmembrar o corpo, deixou a vítima na cama e o cobriu com um cobertor. A banheira também estava congestionada com os cadáveres de Weinberger e Lacy se decompondo em meio à sopa repulsiva de produtos químicos — duas carcaças humanas no banheiro e um cadáver inteiro no quarto, Jeffrey Dahmer estava transformando seu apartamento em um necrotério. Enlouquecido e com a mente cada vez mais demente, naquele dia, 20 de julho, saiu novamente em busca de mais vítimas.

Perambulando pelas ruas, ele foi avistado por Richard Burton, um colega da Ambrosia. Burton parou o seu carro e deu carona a Dahmer, que conversou sobre querer dar o fora do Wisconsin e ir para a Flórida. Burton, que tinha conhecimento da solidão de Dahmer, desejou boa sorte, e após Jeff descer do carro, pensou consigo mesmo que o ex-colega de empresa não tinha nada — nem emprego e nem amigos. Pouco depois, retornando pelo mesmo caminho, Burton viu Dahmer conversando com um homem negro em um ponto de ônibus. Felizmente, esse homem não deu papo para Dahmer, que voltou para o seu apartamento e, como o dia não havia sido produtivo, ou seja, sem homens aceitando suas ofertas, ele resolveu limpar um pouco a sujeira, colocando os troncos descarnados de Weinberger e Lacy no tambor de ácido, desocupando, assim, a banheira.

Dahmer pretendia descartar os corpos de Turner, Weinberger e Lacy da mesma maneira que havia feito com vítimas anteriores, cujos restos mortais foram acidificados em uma grande panela. Ele mergulharia uma grande colher no barril e, assim, retiraria a substância pastosa. Das vezes anteriores, ele retirava uma colherada, jogava no vaso sanitário e dava descarga. Para evitar entupimentos ou problemas no sistema de esgoto, a gosma não foi jogada fora toda de uma vez, sendo a operação realizada de tempos em tempos, cinco colheradas por vez. Para evitar se machucar, ele usava luvas de plástico para manusear o ácido. Ele nunca teve queimaduras sérias em todo o período em que usou substâncias ácidas para desaparecer com um corpo.

No dia seguinte ao homicídio de Bradehoft, talvez incomodado com o cheiro, ele puxou o cobertor que cobria a vítima e notou larvas comendo o seu rosto. O calor do verão fizera o seu trabalho acelerando o processo de decomposição do corpo. Ele não podia esperar, então colocou o cadáver na banheira e o decapitou, guardando a cabeça parcialmente decomposta no freezer. Após cortar pedaços da carne e desmembrá-lo, o tronco e membros foram mergulhados no tambor de ácido, se juntando aos restos acidificados de Oliver Lacy, Jeremiah Weinberger e Matt Turner.

Ponderando sobre o futuro, Jeff chegou à conclusão de que não tinha escapatória, a não ser destruir tudo. Suas crises depressivas sempre o levavam ao pensamento final de tirar a própria vida, mas Dahmer nunca foi capaz de tentar a autoaniquilação. Os prazeres terrenos eram bons demais para serem desperdiçados e sua compulsão já o havia dominado por completo. Mas ele definitivamente não queria ser preso e ter sua liberdade ceifada para sempre. Ele tinha consciência dos seus atos e sabia que, se fosse descoberto, nunca mais pisaria nas ruas. Então, sem um lugar próprio para o mês seguinte, Jeff planejou acabar com tudo.[*] Ele colocaria os crânios, cabeças, ossos, mãos e pênis no tambor industrial azul e capricharia na quantidade de ácido muriático. Após tudo se transformar em uma gosma líquida apodrecida, ele poderia jogar fora no vaso sanitário ou ralo do banheiro. Esse projeto foi acelerado após ele perder o emprego. Jeff jogou fora vários pedaços de carne que estavam no freezer para consumo. Quando o dia da sua saída dos Apartamentos Oxford chegasse, ele buscaria ajuda na Rescue Mission[†] e ficaria por lá até conseguir outro emprego. E, então, o ciclo recomeçaria.

* Ao psiquiatra Park Dietz, entretanto, Dahmer disse que seria um desperdício jogar tudo fora e que estava ponderando se ficaria ou não com os onze crânios. Se decidisse ficar, ele os guardaria em um espaço alugado dentro do seu armário de arquivo. A fala ao psiquiatra é diferente do que ele disse ao detetive Patrick Kennedy, quando afirmou que destruiria tudo.

† Milwaukee Rescue Mission é uma ONG de ajuda a pessoas em situação de rua.

MILWAUKEE COUNTY
HERIFF S DEPARTMENT

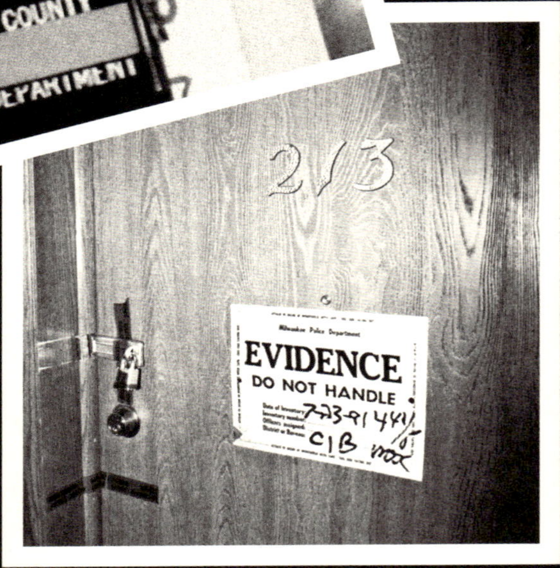
213
Milwaukee Police Department
EVIDENCE
DO NOT HANDLE

7

HORROR DESMASCARADO

No dia 19 de julho de 1991, Jeffrey Lionel Dahmer fez a sua 17ª vítima. De maio de 1990, quando se mudou para o apartamento 213, até 19 de julho do ano seguinte, Jeffrey Dahmer viveu sua luxúria assassina intensamente, matando doze pessoas em um período de quinze meses. Mas ele queria mais. Apesar de seus sérios problemas financeiros e da iminente perda da moradia, ele estava mais do que descontrolado em sua trilha homicida, obcecado em arranjar mais corpos quentes para alguns momentos de prazer. Realmente, "as coisas estavam um pouco frenéticas no fim".

Em 21 de julho, um dia após desmembrar e colocar Joseph Bradehoft no ácido, Jeff saiu para caçar no Grand Avenue Mall. Em momentos distintos, ele se aproximou de dois homens hispânicos que observou durante algum tempo. Ambos recusaram suas ofertas para acompanhá-lo até sua casa. Resignado, ele passou o resto do dia bebendo. Dahmer podia não ter uma companhia viva para passar a noite, mas ele tinha os seus troféus e posses. Que companhia ele gostaria de ter? De quem? Ele usaria as fotografias Polaroids como estímulo? Ele escolheria algum dos crânios? De quem? Konerak, Ernest, Raymond, outro? Ou quem sabe ele faria sexo com o pênis e as mãos decepadas de Straughter? Talvez, vestir o escalpo de Sears?

Dentre tantas possibilidades, Dahmer abriu a geladeira e usou a cabeça de Oliver Lacy para fazer sexo, inserindo o pênis dentro da boca e simulando sexo oral, se masturbando em seguida — usando a mão esquerda para segurar a cabeça pelos cabelos na altura do rosto, fitando-a, enquanto usava a outra mão para se masturbar. Essa seria a última vez que Jeffrey Dahmer usaria a parte do corpo de alguém para deleite sexual.

No dia seguinte, 22, uma segunda-feira, Jeff acordou tarde e a primeira coisa que fez foi entornar várias latas de cerveja. Ele foi visto saindo dos Apartamentos Oxford segurando uma garrafa de bebida alcoólica naquela tarde. Mais uma vez, Jeff estava saindo em busca de vítimas. Sua vida estava resumida àquela existência errante e maligna. Matar se tornou um vício, um tipo de necessidade fisiológica. Solitário patológico, carente e incapaz de viver sem companhia, a única ligação que Jeff conseguiu criar com outro ser humano foi a de matar, desmembrar, comer suas carnes e órgãos e colecionar seu crânio. Ele estava à deriva em seu mundo patológico de horror e depravação e não havia nada que pudesse ser feito para pará-lo. Na verdade, e de forma irônica, foi a sua própria loucura que o traiu.

Caminhando em direção ao centro, na 3rd Street, perto da Wells Street, ele se aproximou de um jovem negro sentado em um banco e fez a sua oferta, mas o rapaz não estava nem um pouco interessado naquele tipo de coisa, nem por dinheiro. Na mesma rua, mais adiante, Jeff tentou uma segunda abordagem. *Que tal cinquenta mangos por umas fotos e bebida? Não cara, valeu*. Obtendo o mesmo resultado, ele não se deu por vencido e continuou sua caminhada em direção ao Grand Avenue Mall, seu novo local favorito para observar potenciais vítimas.

Naquela tarde, um rapaz chamado Dennis Campbell também resolveu ir até o shopping, e enquanto caminhava pelos corredores, foi ao banheiro. O que Dennis não sabia era que ele estava sendo observado e sua ida ao toalete forneceu a oportunidade perfeita para o observador fazer o seu movimento. Após urinar, o rapaz foi até o lavatório, e, enquanto lavava as mãos, um homem entrou e ficou atrás dele, então moveu-se para o lado e, sem rodeios, perguntou: "Quer fazer 50 dólares bem rápido?". Dennis achou o homem esquisito, mas ficou curioso. "Fazendo o quê?", voltou a pergunta. "Vindo até o meu apartamento para assistir aos vídeos", disse o homem. "Eu acho que não", finalizou Dennis. "Ok", conformou o indivíduo antes de sair. O homem da oferta era Jeff.

Jeff Dahmer passou horas no Grand Avenue Mall naquele dia e, em pelo menos duas outras ocasiões, abordou homens jovens que negaram sua proposta. O dia estava passando e ele não havia conseguido nada. É provável que Jeff estivesse extremamente angustiado e louco para conseguir alguém, porque, por volta das 18h, em uma das entradas do shopping, ele avistou três homens conversando, dois negros e um branco, e decidiu abordar os três, coisa que ele nunca fazia. Jeff sempre abordava homens sozinhos. Eles até podiam estar com amigos, como Tony Hughes, mas Dahmer esperava até um momento em que eles estivessem longe ou fora do raio dos amigos para fazer a abordagem. Entrar no meio de uma roda de três homens mostra a intensidade de sua compulsão, como se estivesse pulsando descontroladamente. Os três homens eram Tracy Edwards, Jeff Stevens e Carl Gillian. Dahmer os abordou e disse que estava entediado demais, e ofereceu 100 dólares para qualquer um deles que quisesse ir com ele até o seu apartamento, apenas para conversar e lhe fazer companhia. Tracy conhecia Dahmer de vista. Ele morava a apenas seis quadras dos Apartamentos Oxford e por diversas vezes esbarrou com Jeff na rua. Stevens e Gillian acharam a conversa esquisita e não se mostraram muito interessados, ainda mais quando Jeff comentou sobre a possibilidade de tirar fotos. Ele era um fotógrafo profissional, e se algum deles quisesse fazer um bom dinheiro naquela tarde, ele estava ali para fazer acontecer. Eventualmente, Jeff se afastou do grupo e o irmão gêmeo de Tracy, Terrance, se juntou aos três, e eles comentaram sobre o cara estranho oferecendo dinheiro a eles por companhia. Terrance concordou que aquilo soava uma maluquice e, após Dahmer se juntar ao grupo novamente, houve mais uma conversa, então os homens se dispersaram. Jeff, entretanto, conseguiu o que queria: Tracy Edwards, que estava em Milwaukee desde junho vindo do Mississipi, foi enganado por Jeff e aceitou ir com ele até os Apartamentos Oxford.

Era claro que Dahmer havia se impressionado mais com Edwards. Ele era magro, atlético, pescoço e mandíbula finas, seu tipo físico predileto — e menor em estatura, uma característica comum a todas suas vítimas. Jeff concentrou sua atenção nele, e, após Terrance sair, ele ficou com Edwards, Stevens e Gillian e convidou mais uma vez Tracy para ir com ele. Stevens e Gillian poderiam se juntar a eles mais tarde, disse Jeff. Aproveitando que Tracy saíra para conversar com o irmão que estava em um bar do outro lado da rua, Jeff disse a Stevens e Gillian que seria muito bom mesmo se os dois fossem até o seu apartamento mais tarde para se juntar a Tracy e ele. Era só eles irem até o Hotel Ambassador, pois era lá que ele estava morando. Os homens não estavam interessados e, quando se dispersaram, Jeff foi capaz de persuadir Edwards dizendo que Stevens e Gillian concordaram em aparecer no seu apartamento mais tarde. Acreditando que seus amigos apareceriam no apartamento de Dahmer posteriormente para beber, Edwards foi embora com Jeff. Quando Terrance, Stevens e Gillian deram pela falta de Tracy, o homem já estava dentro de um táxi com o sujeito estranho. Terrance e Gillian chegaram a ir até o Hotel Ambassador, mas, obviamente, não havia nenhum homem com a descrição de Jeff hospedado no local.

O pesadelo para o irmão de Terrance só estava começando. As cinco horas seguintes seriam de puro horror para Tracy Edwards.

No caminho para o apartamento, Dahmer comprou um engradado de cervejas e Edwards notou um tom de lamentação em sua conversa. O homem parecia tímido e solitário, e provavelmente não tinha muitos amigos. Eles conversaram sobre filmes, e Jeff até sugeriu que os dois poderiam assistir a alguma coisa quando eles chegassem em sua casa.

Quando chegaram no apartamento 213, a primeira coisa que Tracy sentiu ao entrar foi o mau cheiro. Era um odor ruim e forte. Ele comentou a respeito e Jeff disse que havia um cano quebrado no prédio.

Matar se tornou um vício, um tipo de necessidade fisiológica. Solitário patológico, carente e incapaz de viver sem companhia, a única ligação que Jeff conseguiu criar com outro ser humano foi a de matar, desmembrar, comer suas carnes e órgãos e colecionar seu crânio. Ele estava à deriva em seu mundo patológico de horror e depravação e não havia nada que pudesse ser feito para pará-lo.

Enquanto Tracy sentou-se no sofá, Jeff foi até a cozinha preparar uma bebida. Ele estava sem Halcion, e, após preparar o drinque, deu ao seu convidado o copo com um líquido escuro dentro (rum, Coca-Cola e sabe-se lá mais o quê). Tracy achou aquilo estranho. Jeff simplesmente não falara nada, não perguntara o que ele desejava beber, se ele não gostaria de uma cerveja, o dono do apartamento apenas jogou em sua mão uma bebida estranha enquanto abria a sua lata de cerveja. A bebida não tinha uma aparência muito boa e o cheiro era ruim. Tracy bebeu e não gostou nem um pouco do sabor.

Outra coisa que chamou a atenção de Edwards foi o silêncio de Dahmer desde o momento em que os dois pisaram no apartamento. Jeff pouco ou nada falou com ele. E aqui temos um vislumbre de como podia ser grande parte dos encontros de Jeff com suas vítimas, não apenas as que ele matou, como também dos homens que ele drogou para obter vantagem sexual. Jeff podia ser amigável e falante para convencer suas vítimas a irem com ele, mas, uma vez dentro do seu covil, ele não tinha interesse nenhum nelas conscientes e mal lhes dava atenção, já oferecendo logo de cara uma bebida batizada e esperando a hora do sono. Tracy teve muita sorte. Não era a hora dele.

Mesmo sem Halcion, é possível que Jeff tenha preparado o drinque para Tracy no "automático". Tendo feito isso tantas vezes, aquilo virou uma rotina, de forma que ele era incapaz de processar as implicações daquele ato (de oferecer uma bebida totalmente diferente ao convidado). Não há dúvidas também de que Jeff Dahmer era qualquer coisa, menos um anfitrião decente — sabemos disso desde 1978, quando ele deu uma festa em sua casa sem música ou comida, e ainda quis invocar algum demônio. De qualquer forma, tudo teria continuado como antes se ele tivesse Halcion em casa.

Naquele apartamento estranho, com cheiro esquisito, pôsteres de homens musculosos na parede e um anfitrião enigmático que mal falava com ele, Tracy tentou quebrar o gelo, puxando conversa. O tempo foi passando e, em alguns momentos, Jeff parecia um cara legal, mas reclamava sobre pessoas que o deixavam ou abandonavam. Em um momento, ele se levantou e foi em direção ao quarto, e Tracy percebeu que ele ligou a televisão. Nessa hora, o rapaz ficou interessado no aquário de Jeff e se virou para vê-lo, sendo imediatamente surpreendido por algo frio e duro em seu punho. Jeff havia prendido um dos punhos de Tracy com algemas. Ele também tentou prender a outra mão, mas não conseguiu. Mas o pior de tudo para Edwards era a faca que Dahmer brandia em sua mão. O homem se assustou e tentou entender o que se passava, perguntando a Jeff o que estava acontecendo e que aquilo não era necessário.

Jeff disse que era apenas uma brincadeira e que seria legal se Edwards o deixasse prender a outra mão. "Você não vai colocar na outra mão", disse Edwards a Dahmer. Jeff entendeu e disse que a chave das algemas estava em seu quarto, então convidou Tracy para ir até lá. Ao entrar no cômodo, Tracy notou um filme passando na televisão — *O Exorcista III*. Colocar a fita VHS do filme fazia parte do ritual de Jeffrey Dahmer. Lançado no ano anterior, a película capturou a atenção de Jeff de uma forma que ele ficou obcecado pelo filme e, principalmente, pelo Assassino de Gêmeos, o maligno personagem de olhos amarelos. "Eu me sentia tão desesperadamente mal e pervertido que eu realmente obtinha uma espécie de prazer ao assistir àquele filme", diria Dahmer, anos depois, em uma entrevista para a jornalista Nancy Glass.

Apesar de ter dito que só estava brincando, para Tracy aquilo estava longe de ser uma brincadeira. O olhar esquisito e o tom de voz de Jeff o denunciavam. Além disso, ele ainda estava com a faca na mão, dizendo coisas estranhas e pedindo para Edwards beber mais e sentar com ele na cama para os dois assistirem ao filme. Tracy percebeu que estava lidando com alguém volátil, uma pessoa doente, quem sabe até mesmo um homem louco, e ele tinha que manter a calma para sair daquela situação aterrorizante. O dono do apartamento era maluco, estava com uma faca na mão, algemou seu punho, colocou um filme assustador na TV e era maior em tamanho. Tracy não podia dar um movimento em falso.

Tracy Edwards estava sendo frio como o gelo.

A noite de 22 de julho de 1991 foi provavelmente a pior da vida de muitos moradores dos Apartamentos Oxford. Pamela Bass já estava um pouco incomodada, pois seu vizinho do apartamento 213 estava ouvindo música em uma altura que ela podia escutar, então ela sabia que Jeff tinha companhia.

Dentro do apartamento 213, a tensão e o medo de Tracy Edwards estavam ficando insuportáveis.

Enquanto assistiam ao filme, Jeff mudava de comportamento como um interruptor de energia. Em um momento, sentado na cama, ficava calado olhando fixamente para o filme, pedindo para Tracy também prestar atenção. Já em outros momentos, ele agia de modo ainda mais estranho.

Em certas partes do filme, Jeff balançava seu corpo para trás e para a frente, para trás e para a frente, como se estivesse em transe, fazendo sons estranhos com a boca, um tipo de assobio prolongado. Tal imagem lembra a de pessoas internadas em hospitais psiquiátricos e com severas doenças mentais. Em um conhecido episódio ocorrido em orfanatos da Romênia, crianças, após passarem anos e anos sendo tratadas como animais selvagens enjaulados, negligenciadas, sem nenhum tipo de relação entre cuidador e criança, e sem nenhum tipo de estímulo, cresceram para se tornarem, basicamente, vegetais. Na ausência de interação social, e para espantar o tédio, elas passavam o dia inteiro balançando a cabeça para trás e para a frente. Era a única coisa que sabiam fazer. Elas não falavam e não reagiam a estímulos. Tais condições desumanas e cruéis foram descobertas após o colapso do bloco soviético e, consequentemente, a queda da ditadura de Nicolae Ceausescu, que comandou a Romênia com mãos de ferro até 1989. Este episódio e a patologia de Dahmer podem ser muito diferentes, mas a existência de tal comportamento dá uma dimensão muito mais profunda do quão doente ele era — ao mesmo tempo são e insano.

Em determinadas partes do filme, como, por exemplo, na cena final do exorcismo, onde o demônio de olhos amarelos demonstra todo o seu poder, Jeff ficava mais agressivo e tentava algemar o outro punho de Tracy, afirmando que ele ficaria mais poderoso e dominante se as duas mãos de Tracy estivessem algemadas.

Tracy tentou contornar a situação, mas Jeff ficou ainda mais violento e pediu para o rapaz deitar na cama de bruços, com os braços para trás.

> "Ele me disse para deitar de bruços e colocar as duas mãos atrás das costas. Eu meio que, tipo, deitei de lado. Por alguma razão, eu acho que Deus me disse para não me deitar e deixar essa pessoa me algemar, então não o fiz. Ele meio que se deitou sobre mim, encostou a cabeça no meu peito como se estivesse ouvindo meu coração, naquele ponto ele me disse que iria comer o meu coração." (Tracy Edwards)

Após o filme terminar, Jeff voltou a fita para o início e novamente apertou o play, acelerando a fita até cenas que ele gostava mais. Depois de dizer que ia comer o coração de Tracy, deslizando a faca por seu peito, Dahmer voltou a atenção para o filme e novamente iniciou os movimentos estranhos de balanço. Aterrorizado e tentando de todas as formas acalmar Jeff e fazê-lo desistir da faca, Edwards disse para ambos irem se sentar no sofá e desabotoou a camisa, falando que eles poderiam tirar as fotos que Dahmer havia comentado. Nesse momento, os balanços de Jeff se tornaram mais frenéticos, com os ruídos da boca cada vez mais altos. Edwards perguntou se ele podia ir ao banheiro e Jeff simplesmente parecia estar em transe, viajando a outro mundo, outra dimensão. "Era como se eu não estivesse mais lá", revelaria Tracy posteriormente; o homem, então, aproveitou para fazer o seu movimento.

Edwards sorrateiramente se levantou e saiu do quarto. Jeff não o seguiu, permanecendo no cômodo em seu estado letárgico. Tracy percebeu uma oportunidade e decidiu fugir, mas cometeu o erro de agredir Dahmer com um soco e pontapé. Amedrontado, o homem pensou em descer a porrada em Jeff e sair correndo do apartamento. Ele o fez, mas o soco acabou despertando Jeff do seu transe e ele pegou Tracy na porta, puxando-o para ficar dentro do apartamento. "Por favor, não vá embora!", implorou Dahmer. Edwards não lhe deu ouvidos, se desvencilhou e saiu correndo pelo corredor, desceu as escadas e sumiu na escuridão quente e úmida.

Tracy Edwards escapou em um momento em que Jeffrey Dahmer aumentava assustadoramente sua ficha homicida. Em 30 de junho, ele assassinou Matt Turner. Cinco dias depois, foi a vez de Jeremiah Weinberger. Mais dez dias e ele assassinou Oliver Lacy. O próximo, Joseph Bradehoft, veio apenas quatro dias depois de Lacy. A partir daí, todos os dias ele saiu para encontrar uma nova vítima. Edwards teve sorte. Jeff estava sem Halcion e por isso Edwards não foi morto. Mas Dahmer poderia tê-lo matado usando a faca, da mesma forma que fez com Ernest Miller. Jeff, entretanto, além de muito bêbado, estava imerso nas profundezas da insanidade e seu senso de realidade e tempo estavam fragmentados e distorcidos. Ainda assim, ele poderia ter esfaqueado Edwards naquela noite, caso o homem tivesse ficado mais tempo no apartamento, mas, felizmente, a vítima fugiu antes que isso pudesse acontecer.

Como todos bons policiais veteranos, Robert Rauth e Rolf Mueller achavam que já haviam visto de tudo em suas carreiras. Nada, entretanto, poderia prepará-los para a câmara de horrores que os esperava atrás da porta do apartamento 213.

Quando eles viram um aterrorizado Tracy Edwards correndo com uma algema pendurada em uma das mãos, eles pensaram de início que o homem negro podia ser um fugitivo. Ao ver a viatura, Edwards acenou para os policiais e logo ficou claro que eles deviam verificar melhor a história contada por Tracy; além do mais, o homem estava agitado e queria a todo custo tirar as algemas do punho, e as chaves estavam no apartamento do tal homem louco. Ele não voltaria de jeito nenhum para casa com aquela coisa pendurada. Os policiais até tentaram abrir a algema, mas suas chaves não funcionavam naquele tipo específico de marca. Se tivesse funcionado, é provável que Tracy os teria agradecido e seguido a pé até sua casa, que não ficava longe dali, e Jeffrey Dahmer seguiria seus dias de loucura. Mais curiosos do que suspeitos, Rauth e Mueller concordaram em ir com Tracy, e os três se dirigiram aos Apartamentos Oxford para falarem com o morador do lugar. Jeff abriu a porta quando Rauth e Mueller começaram a bater e gritar: "Polícia de Milwaukee, abra a porta!".

Atrás dos dois policiais grandalhões, Tracy pedia para eles tomarem cuidado, "Ele tem uma faca", dizia sem parar. Enquanto os policiais eram tomados por um cheiro horrível, Jeff se dispôs a pegar a chave para tirar as algemas, e por vários minutos a procurou enquanto Tracy, Rauth e Mueller aguardavam no corredor. Mais uma vez, se ele não estivesse tão bêbado e aéreo, e tivesse encontrado a chave, se safaria. Mas ele não a encontrou e os policiais começaram a ficar impacientes do lado de fora, em alerta, pois não sabiam quem era o dono do apartamento, e como Jeff sumia para dentro do quarto, não sabiam se ele poderia sair de lá armado, atirando em todo mundo. Em uma abordagem como essa, erros não são permitidos. Qualquer um é suspeito. Percebendo a impaciência dos policiais, Jeff convidou todo mundo para entrar e Tracy continuou repetindo sobre a faca que estava debaixo da cama.

O apartamento era comum, estava um pouco desarrumado e cheirava mal. Jeff disse não entender o motivo de tanta agitação. Ele era um trabalhador e realmente havia posto a algema em Tracy, mas ele não era nenhum psicopata ou algo do tipo. Quando Tracy comentou sobre ser ameaçado com a faca, Dahmer simplesmente ignorou sua fala, continuando a conversar com os policiais, uma repetição da atitude no caso Konerak-Nicole-Sandra. A chave da algema deveria estar em seu quarto e Mueller foi até lá procurar. Dentro do cômodo, o policial notou uma faca de cabo preto debaixo da cama, um estranho barril azul no canto, um armário de metal e manchas escuras no carpete. Dentro da gaveta aberta de uma cômoda havia dezenas de fotografias horrendas, mostrando homens vivos e mortos. Eram imagens de partes de corpos, cabeças decapitadas, corpos desmembrados e troncos descarnados, e Mueller percebeu que aquelas fotos não eram falsas. Impressionado, ele pegou algumas e se dirigiu até o seu parceiro Rauth, mostrando a ele as Polaroids: "Essas fotos são reais", disse ele.

Quando Mueller se dirigiu até a área da cozinha, Dahmer, que até aquele momento permanecia imóvel, pálido e com uma expressão vazia, deu um grito tão aterrorizado que assustou os moradores do prédio. Do nada ele reagiu com violência e Mueller gritou ao seu parceiro: "Ponha as algemas nele!". Rauth não teve tempo, ele e Jeff se engalfinharam e caíram no chão. Seguiu-se uma gritaria e alguns moradores daquele corredor saíram correndo de dentro de seus apartamentos para fora do prédio. "Meu Deus, temos que chamar a polícia!", exclamou um deles. "Mas a polícia já está lá dentro", respondeu outro.

Mueller se apressou em ajudar o seu parceiro e, com muita dificuldade, os dois policiais dominaram Dahmer no chão. Dessa vez, após se safar tantas e tantas vezes, a sorte de Jeffrey Lionel Dahmer o abandonara. Era o fim da vida como ele a conhecia. Era o fim da sua história de dor, horror e depravação. Morria o assassino em série descompensado. Nascia — por mais estranho que isso pareça — o mito.

A apenas cinco minutos de carro dos Apartamentos Oxford e indiferente à própria história que estava sendo escrita lá naquele momento, o tenente Roosevelt Harrell tomava um copinho de café em sua mesa no prédio do Departamento de Polícia de Milwaukee quando o telefone tocou. Ele conversou alguns minutos com a pessoa que estava do outro lado da linha e desligou. A ligação deveria ser importante porque

Harrell era um dos chefões do Departamento de Homicídios, e quando alguma coisa chegava até ele, era porque havia a necessidade de envolvimento de oficiais do alto escalão.

Após o telefonema, Harrell imediatamente chamou até a sua sala um detetive novato chamado Patrick Kennedy, apelidado pelos amigos de Pat. Com 37 anos na época, Pat era um dos policiais mais queridos da homicídios. Sempre brincalhão e de bom humor, ele ostentava um bigode inglês que nunca raspou e seus colegas brincavam que o sucesso dele em fazer assassinos confessarem seus crimes se devia unicamente ao seu tamanho (ele tinha dois metros de altura), o que acabava amedrontando-os.

Quando Kennedy caminhou em direção à sala de Harrell, ele mal podia imaginar que sua vida estava prestes a mudar por completo.

"Kennedy, eu quero que você e Mike façam uma visita até o número 924 da North 25th Street. Eu recebi o telefonema de uns policiais lá e eles dizem que encontraram uma cabeça em uma geladeira. Me parece besteira, mas, de qualquer maneira, vá lá checar", disse Harrell a ele. Kennedy arregalou os olhos e não acreditou no que o tenente acabara de lhe contar. Não é para menos, uma cabeça humana dentro de uma geladeira não é algo comum de acontecer. Kennedy voltou para sua mesa e avisou seu parceiro, Mike Dubis, sobre a tarefa. Ao escutar o motivo da visita, Dubis exclamou: "Você está brincando com a minha cara! É sério?".

Os Apartamentos Oxford não eram novidade para Kennedy e Dubis. Cerca de um mês antes, os dois estiveram lá investigando um homicídio em que um homem estrangulado foi encontrado em um apartamento do terceiro andar. O caso ainda estava aberto e não havia suspeitos.

Quando os dois entraram no prédio, um odor pútrido e nauseante agrediu seus narizes, um cheiro de morte que eles não haviam sentido anteriormente quando visitaram o lugar para investigar o homem estrangulado. "Talvez isso não seja besteira", comentou Pat com Dubis. Subindo as escadas até o segundo andar, em direção ao apartamento 213, o odor foi ficando cada vez mais forte, e uma vez chegando ao local, foi Mueller quem os recebeu, ainda com os olhos arregalados, cabelo bagunçado e uniforme desarrumado, dando a impressão a Pat e Dubis que o policial estivera numa briga das boas.

"Que diabos está acontecendo?", perguntou Mike a Mueller. "Vocês não vão acreditar nessa merda!", respondeu o policial.

Ao entrarem no apartamento, Pat e Dubis viram mais três policiais, Rauth e outros dois que chegaram após Mueller pedir por reforços. Os três seguravam Jeff no chão, que estava algemado com as mãos nas costas. "Dê uma olhada na geladeira", disse Rauth aos detetives. Pat foi na frente, seguido por Dubis. Ao abrir a geladeira, Pat teve uma visão que o assombraria para o resto da vida: a cabeça de um homem negro em uma caixa, com a boca e os olhos abertos, o encarando em desespero. Era uma imagem surreal. O pescoço mostrava um corte limpo, não havia sangue e a feição dava calafrios: era como se aquela cabeça estivesse pedindo por socorro. Como os detetives descobririam mais tarde, aquela era a cabeça do aspirante a modelo Oliver Lacy. Chocados, Pat e Dubis não acreditaram no que estavam vendo e não conseguiram dizer uma palavra. Eles nunca tinham visto algo como aquilo. "E isso não é tudo, Pat, dê uma olhada nessa merda", disse Mueller, mostrando as Polaroids de Dahmer. Percebendo a seriedade da situação, Pat chamou Harrell pelo rádio e o colocou a par do caso, dizendo que era necessária a sua presença para liderar a investigação. Enquanto Pat e Dubis bisbilhotavam o apartamento à espera de Harrell, Jeff jazia no chão, prostrado, dominado e perdido em um aparente blecaute mental.

> "Eu percebi que ele [Dahmer] estava sangrando levemente pelo canto da boca. Havia claramente uma mancha no seu ombro direito de sangue vermelho e brilhante. Ele parecia completamente derrotado, mas sua condição mostrou que uma briga feia o levou àquele ponto. Ele estava imóvel, mas fazia um gemido de choro muito fraco, como o de uma criança ou gato na noite."
> (Pat Kennedy)

"E aí, o que temos aqui?", perguntou Harrell ao entrar no apartamento. "Dê uma olhada na geladeira, chefe", respondeu Dubis. Harrell, então, caminhou até a cozinha e abriu a porta da geladeira, dando rapidamente um passo para trás ao observar seu interior. Com os olhos ainda arregalados, ele acendeu um cigarro, fechou a porta da geladeira, pensou alguns segundos e disse: "Certo, garotada, vamos fazer o seguinte. Kennedy, você leva esse cara [Dahmer] até o centro [delegacia] e fale com ele. Eu quero você cada minuto com ele, entendeu? Ninguém mais. Se ele tiver que mijar, você vai segurar o pinto dele, entendeu? Quero que você fique com ele o tempo inteiro até eu chegar, me ouviu? Dubis, você e eu vamos olhar esse lugar e fazer um pente-fino. Vocês [outros policiais na cena], tragam ajuda para cá, eu não quero ninguém mais dentro ou fora desse lugar!".

Pat, Mueller e Rauth saíram escoltando Dahmer, colocando-o em um camburão que já os aguardava. Durante todo o caminho até o prédio do MPD nenhuma palavra foi dita, e Jeff somente dava sinal de vida quando recebia alguma ordem dos policiais, agindo como um zumbi, com os ombros e cabeça baixos, e se arrastando ao andar. Já na sala de interrogatório, Pat pediu para Mueller e Rauth tirarem as algemas dele. "Pat, eu não faria isso, eu briguei com esse idiota e ele não é nenhuma moça", disse Rauth, em tom de preocupação. Obviamente, Pat não duvidou nem um pouco das palavras de Rauth, mas ele tinha um estilo próprio para lidar com criminosos e assassinos, principalmente quando ele os interrogava, e esse estilo envolvia ganhar a confiança do acusado, conversar com ele sem dar a impressão de que existia uma parede separando os dois, como se o bem estivesse de um lado e o mal do outro. Pat era educado e se apresentava como alguém que estava ali não para julgar ou condenar, mas para ajudar. Ele, então, olhou para Dahmer e disse que se ele desse a sua palavra de que não iria agir de forma estúpida, Pat acreditaria nele e tiraria as algemas dos punhos e pés (antes de entrar no camburão, Jeff também foi algemado nos pés). Pela primeira vez, Dahmer olhou para Pat e balançou a cabeça, em sinal afirmativo.

Com as algemas tiradas, Rauth e Mueller saíram da sala, deixando Pat e Dahmer sozinhos. Pat se apresentou, dizendo que era o detetive que estava investigando o seu caso. Ele falou sobre os direitos de Dahmer, e, após uma breve pausa, pela primeira vez, Pat escutou a voz de Jeff: "Você não vai deixá-los me bater mais, vai?". Pat ficou surpreso com a pergunta e assegurou que não, percebendo uma certa agonia e angústia em sua voz, ao mesmo tempo em que o cheiro de álcool permeou o ar.

"Qual o seu nome?", perguntou Pat. "Jeff. Jeffrey Dahmer", foi a resposta.

Para quebrar o gelo, Pat perguntou se Jeff queria café e cigarros, saindo em seguida para pegar. Ao voltar, Jeff pareceu surpreso com o tratamento e demorou a se servir com o café e pegar um maço, o fazendo após Pat dizer que estava tudo bem e que ele podia ficar à vontade. Aparentemente, Dahmer não estava acostumado com tamanha delicadeza, ainda mais para alguém em sua situação. Sem saber, Pat acertou em cheio em dois dos vícios de Jeffrey Dahmer: café e cigarros.

"O que você pode me dizer sobre o cara na geladeira?", perguntou Pat, quebrando o prazer momentâneo de Jeff. Antes de responder, ele deu outra tragada e exalou pausadamente a fumaça. "Eu não quero ser não cooperativo, Pat, mas eu realmente não acho que é do meu melhor interesse conversar com você. Você acha que eu devo conversar com um advogado?". Surpreso com a fala, Pat disse que Jeff realmente precisaria de um advogado, mas era uma hora da manhã e ele estava ali para ajudá-lo, para ouvir a sua história. Se ele falasse com um advogado antes, tudo ficaria mais difícil, e, pior, caso Jeff não quisesse conversar, Pat seria obrigado a colocá-lo em uma cela coletiva do MPD até segunda ordem. Ao contrário, se Jeff quisesse falar sobre o cara na geladeira, Pat poderia ficar com ele horas e mais horas e quem sabe até arranjar uma cela especial para ele quando o tenente chegasse. A estratégia de Pat para fazer Dahmer falar foi certeira, pois ele já havia percebido o medo que Dahmer tinha de celas coletivas. De fato, era um ambiente horrível, cheio de criminosos, fedorento e quente. Provavelmente haveria negros na cela e Jeff, em seu íntimo, sabia muito bem o que fizera com muitos deles. Além do mais, ele era um agressor sexual condenado por molestar um menor de idade. Essa deixa foi revelada pelo próprio Dahmer — e usada pelo detetive —, que durante a conversa perguntou se ele poderia ter a própria cela em vez de ir para uma coletiva.

Serpenteando com as palavras, Pat foi capaz de baixar a guarda de Dahmer, fazendo-o falar sobre ele mesmo, sobre o seu trabalho na Ambrosia e outras coisas. Conversar sobre temas que não tinham nada a ver com o crime é uma estratégia de aproximação e Pat teve uma sensibilidade muito grande nesse ponto. Mas quando ele perguntou a Jeff sobre sua família, se ele tinha algum parente na cidade, percebeu que atingira um ponto que não deveria se aprofundar. "Pat, assim, o que eu fiz, eu fiz sozinho, minha família não tem nada a ver com isso e eu prefiro deixá-los fora disso", disse firmemente Jeff. Pat entendeu o recado e decidiu ir direto ao ponto: disse a Jeff que havia visto a cabeça na geladeira, que a polícia estava em seu apartamento, que hora ou outra eles descobririam tudo. Ele estava ali para ajudá-lo, não para julgá-lo, provavelmente havia algo que pudesse explicar o seu ato, mas, enquanto isso, o melhor que ele podia fazer era contar o que sabia.

Se antes estava um pouco mais confortável, após a fala de Pat, Jeff se tornou mais depressivo, resmungando o que ele iria "fazer agora"; então, olhando para o revólver calibre .357 que Pat carregava na cintura, Jeff implorou: "Não era para terminar assim! Não, não, eu não posso fazer isso, Pat, por favor, pegue a sua arma e me mate. Eu quero morrer. Você não entende? Eu tinha tudo planejado. Não era para eu estar aqui. Eu já devia ter feito há muito tempo e salvado a mim mesmo de tudo isso. De qualquer maneira, acabou. Por favor, Pat, pegue sua arma e atire em mim, apenas acabe com isso!".

Ao escutar as palavras de Jeff, Pat percebeu o terrível erro que cometera. Enquanto pedia para Pat matá-lo, Dahmer olhava fixamente para o seu revólver, e estar armado dentro de uma sala sozinho com um suspeito de assassinato, e esse mesmo suspeito sendo um homem jovem e grande, sem algemas, e aparentemente perturbado, definitivamente não era boa coisa. Pat errou. O suspeito poderia avançar sobre ele, pegar a sua arma e atirar em Pat ou atirar em si mesmo, acabando com o seu sofrimento. Os dois poderiam se engalfinhar e um tiro acidental ser disparado, acertando um deles. Jeff até mesmo poderia pegar a arma e tentar fugir da delegacia usando Pat como refém. Havia muitas possibilidades. E não importa qual fosse o desfecho, esse era um erro imperdoável e que acabaria com a carreira do detetive. Era um procedimento básico do MPD estar desarmado na sala de interrogatório, mas Pat simplesmente esqueceu que estava com sua arma, e agora o cara que guardava uma cabeça na geladeira, e tinha uma coleção de fotos horrendas de corpos esfolados e esquartejados, estava olhando para ela.

Pat pediu para Dahmer se acalmar, e, enquanto falava, ajeitou seu revólver mais para a parte de trás da cintura. "Isso não é o fim do mundo. Vá com calma", disse Pat, perguntando em seguida o que Jeff quis dizer com "ter salvado a mim mesmo". Já histérico e desesperado, Jeff olhou fixamente nos olhos de Pat e, quase chorando, revelou ter pensado muitas vezes em suicídio. O suicídio seria a única solução para ele se livrar dos seus problemas e não enfrentar as consequências dos seus atos, que uma hora ou outra seriam descobertos. De fato, nas frenéticas semanas do mês de julho de 1991, Jeff pensou muitas vezes em se suicidar. Na verdade, o suicídio sempre foi uma tônica em sua vida, mas Jeff nunca teve coragem, principalmente porque ele temia por sofrer no momento da morte, daí ele até ter imaginado injetar em si mesmo ácido ou formaldeído, pois ele acreditava que, dessa forma, não sentiria dor.

> "Você sabe o que o ácido hidroclorídrico faz com você se injetá--lo nas suas veias? É isso aí. Apenas injete ácido hidroclorídrico ou formaldeído nas suas veias usando uma agulha hipodérmica. O ácido irá viajar diretamente para o seu coração e boom! Estará tudo acabado, sem dor, nenhum problema. Eu devia ter feito isso. Eu não estaria aqui agora, mas eu simplesmente não podia Pat, não entende? Eu apenas não podia. Eu quis muitas vezes." (Jeffrey Dahmer, 23 de julho de 1991)

Jeff estava soluçando como uma criança, e Pat sentiu pena dele, então decidiu dar um tempo no interrogatório. Ele perguntou se Jeff queria mais café e saiu da sala, aproveitando para guardar o seu revólver. Ele permaneceu alguns minutos fora e, ao voltar, Dahmer estava mais calmo, tragando outro cigarro. Pat sentou-se perto dele e disse que não iria matá-lo e não deixaria ninguém fazer mal a ele. Mesmo se Jeff quisesse se machucar, isso não aconteceria porque ele seria vigiado para não cometer nenhuma besteira. Jeff era um homem jovem e tinha muita vida pela frente, disse Pat, e ele até poderia passar algum tempo na cadeia, mas nada era para sempre. Tudo o que Jeff tinha que fazer era se acalmar e confiar nele, ele estava ali para ajudá-lo. Dahmer ouviu silenciosamente enquanto tragava o seu cigarro, e quando Pat deu uma pausa, Jeff disse: "Pelo que eu fiz, eu deveria ser morto. Eu sei que eles nunca me deixarão sair novamente". Pat retrucou, pedindo para Jeff não exagerar, pois tudo podia acontecer. "Não para o que eu fiz, Pat, você não sabe, eu nunca vou sair!", finalizou Jeff, com convicção. Após mais alguns segundos de conversa, um Dahmer raivoso consigo mesmo emergiu, vociferando para si mesmo: "Eu não posso acreditar que eu fui tão burro! Eu nunca imaginei que seria pego dessa forma! Eu sempre fui tão cuidadoso. Eu acho que fiquei bêbado [...] Eu sempre fico bêbado.

Se não fosse por isso, eu ainda estaria lá fora. Eu fico bêbado e não consigo seguir meu plano".

Ao citar seu problema com álcool, Jeff deu outra informação importante para Pat trabalhar. No passado, Pat tivera problemas sérios com o álcool, que quase custaram o seu emprego e sua família. Por sugestão de seu pai, ele passou a frequentar um grupo de terapia para pessoas alcoólatras e desde então via a bebida como um fantasma. O alcoolismo era uma doença e ele foi capaz de dar a volta por cima. Pat compartilhou várias de suas histórias com Jeff, sempre deixando claro que Jeff não era um monstro, mas apenas alguém que foi derrubado pelo álcool, assim como Pat, e isso os colocava no mesmo barco: ambos eram homens jovens que tiveram problemas com a bebida e foram ajudados pelos pais. O destino lhes reservou caminhos diferentes, é verdade, mas Dahmer não devia se envergonhar de ter perdido sua batalha para o álcool.

Pouco a pouco, ao se mostrar humano e amigo, e não alguém duro e autoritário que fazia questão de deixar clara sua posição de superioridade, Pat foi estreitando os laços e se aproximando de Jeff, um indivíduo carente e que nunca tivera um amigo na vida para contar seus problemas. Por mais estranho que possa parecer, Jeff enxergaria em Pat o amigo que nunca teve e para quem poderia confessar seus segredos, por mais doentios que eles fossem. A confissão, porém, não veio de forma espontânea, ela surgiu com o passar do tempo e da habilidade de Pat em se colocar como um camarada não julgador. Quanto mais o tempo passava, mais caía a ficha para Jeff de que o fim da linha havia chegado. A experimentação de emoções fortes como raiva e desespero era necessária e funcionou como um descarrego de energia para a calmaria que viria a seguir.

Nas primeiras horas daquela madrugada de 23 de julho de 1991, as conversas entre Pat Kennedy e Jeffrey Dahmer seguiam sem maiores problemas enquanto os dois não discutiam o crime de Jeff (até aquele momento, Pat acreditava ser somente um homicídio, o do homem decapitado). O desespero, choro e pânico de Jeff vinham, porém, quando Pat comentava sobre a descoberta do seu crime, como no momento em que disse ter visto a cabeça na geladeira e, posteriormente, ao falar sobre estações de televisão que já estavam do lado de fora dos Apartamentos Oxford (antes mesmo de Jeff ser levado para o MPD por Kennedy, Mueller e Rauth, já havia um carro de TV na porta, cujos jornalistas certamente receberam a informação vazada de algum policial). "Oh, meu Deus! O que eu vou fazer? O que eles vão pensar de mim quando descobrirem? Pat, eu te imploro, vá pegar a sua arma e ponha um fim nisso para mim agora! Eu não posso suportar isso, por favor!", disse Jeff, chorando, a Pat após escutar sobre os veículos de mídia.

> "Eu passei os trinta minutos seguintes tentando acalmá-lo. Eu enfatizei que o álcool desempenhou um grande papel no seu crime, que ele era um homem jovem com uma longa vida para viver e que ele tinha que encontrar uma maneira de aceitar o que fez se ele quisesse ter alguma paz durante seu encarceramento. Apesar de ainda trêmulo, ele pareceu internalizar o que eu estava dizendo e se acalmou um pouco. Nesse ponto, ele já havia fumado um pacote inteiro de cigarros e bebido vários copos de café. Ele estava começando a ficar sóbrio e eu posso dizer que ele estava comprando o que eu estava dizendo. Era quase como se fôssemos parceiros, não interrogador e suspeito." (Pat Kennedy)

Os trinta minutos tentando acalmar Dahmer, porém, quase foram por água abaixo quando Pat, mais uma vez, citou a cena do crime. O detetive havia recebido a informação de que Harrell e Dubis estavam com medo de mexer em umas caixas cujas letras garrafais impressas deixavam claro que o conteúdo era perigoso: "Cuidado: Ácido Muriático", dizia. Com todo cuidado, Pat explicou a Jeff o que se passava e perguntou se era seguro os policiais mexerem nas caixas, se a coisa não iria explodir ou machucá-los. Nesse momento, o pânico mais uma vez começou a crescer em um incrédulo Jeffrey Dahmer: "Você está querendo dizer que vocês estão na minha casa, fazendo buscas no meu quarto?", perguntou. O questionamento de Dahmer foi interpretado erroneamente por Pat, que acreditou que, implicitamente, Jeff questionava sobre a ilegalidade da busca, pois não havia nenhum mandado judicial. Na verdade, Jeff ficou chocado ao descobrir que a polícia estava bisbilhotando suas coisas e, em consequência, encontrariam todos os seus horrores. Um ponto a se destacar nessa fala também é o fato do quanto Jeff estava bêbado, a ponto de não se lembrar que havia policiais em sua casa e que todos viram a cabeça na geladeira. Em entrevistas posteriores ele alegaria que não se lembrava de absolutamente nada, nem mesmo de como chegou ao MPD. Ele se lembrava de Tracy Edwards e dos policiais batendo em sua porta, mas depois teve um blecaute total, assim como aconteceu quando esteve com Steven Tuomi no Hotel Ambassador.

Após a surpresa de Dahmer, Pat comentou que de manhã eles conseguiriam um mandado de busca de qualquer maneira, então por que Jeff não cooperava com a polícia dizendo se as caixas continham explosivos e, melhor ainda, assinasse um documento autorizando uma busca? "Vá em frente e procure, vocês irão encontrar tudo de qualquer jeito. Não se preocupe, nada irá explodir, são apenas alguns químicos. Não machucará ninguém se permanecerem nas caixas", disse Dahmer após pensar por alguns segundos e, aparentemente, aceitar que o jogo estava acabado. Ele assinou um documento autorizando a busca e acabou livrando o MPD de futuros questionamentos jurídicos.

Após essa descoberta, Dahmer pareceu conformado com sua situação, mas o sentimento de preocupação com sua imagem quando os detalhes de seus crimes viessem à tona o consumia por dentro. Ele repetia que todo mundo iria odiá-lo e Pat só podia confortá-lo e dizer que ele já havia visto de tudo, que não era seu papel julgá-lo ou odiá-lo, e que não havia nada que Jeff pudesse dizer que o fizesse mudar de ideia. Dahmer apenas balançou a sua cabeça negativamente e disse: "Você ainda não viu as coisas que eu fiz". Pat, então, falou sobre si mesmo e como foi crescer em um lar católico, deixando claro que em sua aprendizagem religiosa descobriu que somente Deus tinha o direito de julgar alguém. A fala sobre religião abriu outra porta de aproximação entre interrogador e suspeito, pois Jeff por muito tempo buscou Deus e a religião em uma tentativa de entender a si mesmo, principalmente quando se mudou para West Allis, em dezembro de 1981, para morar com sua avó. Os dois frequentaram a igreja, e por muito tempo Jeff abraçou os ensinamentos divinos até eventualmente desistir. Ele já estava acabado e suas ações o colocavam distante dessa força poderosa, disse. Sua fala também confirma como Dahmer tinha consciência de seus atos, mas de alguma forma estranha, como só os assassinos em série sabem fazer; ele compartimentalizou o seu *eu homicida*, guardando-o em uma caixa específica, de forma que as ações dessa personalidade maligna e deformada não interferissem no seu *eu normal*. Agora, com essa personalidade destruída, ele tinha que enfrentar todo o horror das lembranças que permaneceriam consigo.

> "Pat, como eu serei capaz de viver comigo ou encarar minha família de novo após todo mundo descobrir o que eu fiz?" (Jeffrey Dahmer, 23 de julho de 1991)

A forma respeitosa e amiga com a qual Pat tratou Dahmer fez Jeff ficar muito surpreso. Finalmente desmascarado, ele estava ali sentado em uma sala de interrogatório, conversando sobre religião e Deus com o homem da lei que o prendera. O mesmo homem que se abrira falando dos problemas pessoais e familiares que o acometeram devido ao seu vício em álcool. O mesmo que o acalmara tantas vezes e que gentilmente lhe oferecera café e cigarros. "Sabe, Pat, isso não é nada como eu pensei que seria. Quero dizer, eu apenas nunca imaginei que o meu interrogatório seria assim", disse Dahmer.

O gelo fora quebrado. A barreira ultrapassada. Com muita paciência e habilidade, Pat Kennedy conseguira adentrar no sombrio mundo de Jeffrey Lionel Dahmer, um mundo que ele não estava preparado para enfrentar e que o assombraria para o resto de sua vida. Jeff Dahmer estava pronto para confessar e relatar passo a passo seus treze anos de matança. E se era para ele confessar, então que fosse desde o início. Ele não estava mais no controle da situação, seu santuário da morte fora descoberto e seria impossível parar os jornalistas, e, de uma forma ou de outra, Pat descobriria tudo. Era a hora de, pela primeira vez em sua vida, se abrir sobre si mesmo e dizer a verdade.

Mas antes, Dahmer advertiu Kennedy:

"Pat, quando eu te contar o que eu fiz, você ficará famoso".

E ele estava certo.

A CONFISSÃO

Enquanto Harrell e Dubis faziam descobertas horrendas no Apartamento 213, Pat Kennedy ficava cada vez mais incomodado e impaciente com Jeff Dahmer. Após horas de conversas madrugada adentro, Dahmer finalmente indicou que confessaria tudo de ruim que fez. Pat ficou ansioso esperando ouvir sobre o cara da geladeira, mas o que Jeff começou a contar foi sobre ter matado um garoto quando tinha 18 anos, depois um outro em um hotel, mais não sei quantos na casa da avó e a coisa não parava mais. Aquilo tudo soava uma grande loucura para Pat. Pura baboseira. Seria esse cara doido ou ele estava brincando com a cara dele?

Dahmer começou com uma história de quando tinha 18 anos e morava em uma cidade chamada Bath, em Ohio. Sua casa era preenchida por brigas e gritaria, resultado de um raivoso relacionamento entre seus pais, e isso acabaria no divórcio dos dois. Ele era solitário e passava os dias a vagar pela escola, entornando latas e mais latas de cerveja enquanto pensamentos estranhos explodiam em sua mente, atormentando-o. Um belo dia, sua mãe pegou seu irmão mais novo e foi embora para o Wisconsin, deixando-o sozinho. Seu pai já havia saído da casa por causa da separação e estava sempre muito ocupado com seu trabalho. Dias depois, sem nada para fazer, ele pegou o carro e saiu dirigindo pelas ruas de Bath e, quando voltava para casa, viu um belo rapaz sem camisa pedindo carona. Jeff comentou que desde o seu despertar sexual sabia que gostava de homens, inclusive, tempos antes, ele teria tido uma experiência inicial com um garoto em uma casa de árvore, um vizinho. Ele deu carona a esse rapaz sem camisa e os dois foram para sua casa beber e, pela primeira vez, Jeff teve experiências físicas homossexuais.* Ele adorou a companhia do rapaz, mas quando o jovem quis ir embora, Jeff se desesperou porque não queria que ele o deixasse. Em uma última tentativa de fazê-lo ficar, Jeff disse a ele que não o levaria de volta e o rapaz afirmou que iria embora com ou sem carona.

* Na verdade, Steven Hicks não era homossexual e ele e Dahmer não tiveram nenhum contato físico. Algumas coisas que Jeff confessou a Pat Kennedy na madrugada do dia 23 de julho foram corrigidas pelo próprio Jeff nos dias seguintes. Sob efeito do álcool e aturdido pela prisão, Jeff confundiu datas e experiências que teve com as vítimas.

Sem alternativa e apaixonado pelo garoto, Jeff o agrediu e os dois começaram a brigar. O jovem caronista levou a pior quando ele o atingiu na cabeça com um haltere.

> "Ele disse que teve sentimentos recorrentes de remorso pela morte do caronista, mas eles eram ofuscados pela excitação que ele sentiu quando lembrava do sexo físico e calor do corpo do rapaz. Ele sentiu uma quantidade estranha de poder interior, sabendo que havia feito algo que ninguém mais sabia." (Pat Kennedy)

"Então você está me dizendo que ninguém nunca descobriu sobre esse cara?", perguntou Pat, em tom de descrença. "Não", respondeu Dahmer.

Jeff continuou contando a sua história e sobre como o tormento de ter matado o caronista o levou a beber mais e mais, tanto que seu pai ameaçou botá-lo para fora de casa. Ele não durou na faculdade e entrou para o Exército para agradar o pai. O seu pai era um bom homem e ele o amava. Entrar para o Exército foi uma forma de agradá-lo, e também uma boa oportunidade para sair da sua zona de conforto, explorar novos mundos e tentar esquecer o crime hediondo que havia cometido. No início, ele se adaptou bem e mal tinha tempo de ruminar sobre suas fantasias macabras e o jovem morto, mas, eventualmente, os pesadelos de seu crime ressurgiram, e, mais uma vez, apenas o álcool podia aplacar seus demônios.

Dispensado do Exército, ele viveu alguns meses na Flórida e voltou para Bath para morar com seu pai e madrasta. O álcool, entretanto, já se apossara da sua alma e ele se meteu em todas as confusões possíveis, passando o dia a vagar como um zumbi. Quando não estava apagado em casa após cair de tanto beber, estava nas ruas se metendo em brigas de bares ou sendo fichado pela polícia. Sem alternativas, seu pai achou melhor enviá-lo para morar com a avó em West Allis. Sua avó era a única pessoa da qual ele realmente gostava na família, além de seu pai.

Pat continuou escutando Dahmer falando sobre como ele amava sua avó e como ela era carinhosa e o encorajou a frequentar a igreja. E enquanto Jeff discorria sobre sua vida, Pat crescia em impaciência. Ele tinha a cabeça de um homem negro dentro da geladeira e ele queria saber como aquela cabeça foi parar ali. Quem era ele? Por que o matou?

Por que colocar a cabeça dentro da geladeira? E o resto do corpo? E que diabos eram aquelas fotografias macabras? Ficar pregado em uma cadeira escutando historinhas de vovozinhas frequentadoras de igrejas ou de uma juventude rebelde movida a álcool não estava em seus planos, e aquilo soava como lorota, pura e simplesmente. Aquele cara o estava fazendo de trouxa, mas com uma paciência de Jó, Pat não o interrompeu e deixou Dahmer continuar até um ponto em que não aguentou mais e pediu um tempo, fingindo que estava com vontade de usar o banheiro.

Pat saiu da sala e ficou alguns minutos no corredor, refrescando a mente e pensando em como fazer o suspeito voltar à realidade, ou seja, para o homem cuja cabeça foi parar em sua geladeira. Ao voltar para a sala, Pat mal sentou em sua cadeira e Dahmer desatou a falar, dessa vez contando sobre um ponto de inflexão em sua vida: o bilhete atrevido que ele recebeu de um homem enquanto lia um livro na biblioteca de Wauwatosa. "Isso foi quando eu decidi ceder às minhas urgências sexuais", disse ele.

Jeff, então, revelou como começou a consumir pornografia e a se masturbar compulsivamente. Ele passou a frequentar saunas e bares, sempre usando o transporte coletivo ou táxis. Ele ficou surpreso de como era fácil conhecer e se relacionar com homens que conhecia na noite gay de Milwaukee. Ele os levava para fazer sexo no porão da casa da sua avó ou para quartos de hotéis. Em uma dessas aventuras, ele matou um bonito rapaz loiro no Hotel Ambassador. Ele o levou para o hotel com intuito de passarem a noite juntos, e, quando acordou no outro dia, o jovem estava morto. Ele não se lembrava de nada, mas sabia que o havia espancado até a morte. Para tirar o corpo do hotel, ele comprou uma enorme mala e colocou o cadáver dentro, então chamou um táxi e o próprio taxista o ajudou a colocar a mala dentro do carro.

Chegando na casa da avó, Dahmer colocou a mala no porão e se juntou à família para os festejos do Dia de Ação de Graças. "Foi estranho, Pat, mas eu não estava nem mesmo nervoso. Ninguém tinha a mínima noção do que estava acontecendo", comentou. Kennedy, que já não havia engolido a história do caronista, ficou ainda mais descrente. "Espere um minuto, Jeff. Você está me dizendo que o taxista ajudou você a colocar a mala com o corpo dentro do porta-malas do táxi e não fez qualquer pergunta?", questionou, cético. "Sim. Eu achei que iria, mas não fez. Ele era um árabe e falava um inglês ruim; na verdade, ele foi bastante prestativo", respondeu Dahmer, que continuou fornecendo os detalhes escabrosos de como descarnou a vítima, esmagou seus ossos e sumiu com tudo.

Jeff, então, revelou como começou a consumir pornografia e a se masturbar compulsivamente. Ele passou a frequentar saunas e bares, sempre usando o transporte coletivo ou táxis. Ele ficou surpreso de como era fácil conhecer e se relacionar com homens que conhecia na noite gay de Milwaukee. Ele os levava para fazer sexo no porão da casa da sua avó ou para quartos de hotéis.

Aquilo era fantasioso demais para Pat, *que mente imaginativa a desse rapaz, não*? Mas sem querer estragar o relacionamento construído, tudo o que ele podia fazer era ficar lá ouvindo. O suspeito estava falando, não estava na presença de um advogado, então, no fim das contas, e mesmo com tantas lorotas, Pat estava no lucro. Uma hora aquele viciado em nicotina ia chegar no cara da geladeira, mas, antes, Jeff continuou sua história de homens, noitadas, sexo e fantasias homicidas. Após ter matado o segundo homem no Hotel Ambassador, Jeff confessou que não lutaria mais contra seus desejos sombrios, e apenas o ato de pensar em matar de novo o excitava. Logo, ele imaginou sobre ter um parceiro totalmente submisso, porque era egoísta demais para retribuir o prazer. O sexo tinha que ser do jeito dele, então começou a drogar homens para usar seus corpos e obter satisfação sexual.

Já fumando o terceiro maço de cigarros, Jeff contou sobre um jovem homem que ele acreditava ser hispânico* e que conheceu após sair do Club 219. O rapaz era jovem, comprido, magro e atraente. Jeff o levou para a casa da avó, o drogou e abusou do corpo. Ele teve uma surpresa positiva quando o rapaz, mesmo drogado, teve uma ereção após Dahmer tocar seu órgão genital e fazer sexo oral. Jeff terminou matando

* Dentro da população norte-americana, na verdade, James Doxtator era considerado indígena.

esse rapaz e a vítima foi reduzida a quatro ou cinco sacos de lixo. "Pat, eu quase não podia acreditar no que eu fiz, ainda assim, apenas pensar a respeito me dava um grande prazer", disse Jeff.

Enquanto Jeff contava uma sórdida história envolvendo sexo, assassinatos, esquartejamentos, cadáveres desossados e destruídos, Pat mal sabia o que pensar. Que diabos era tudo isso que esse cara estava contando? Que papo é esse de se sentir sempre sozinho, sem companhia, drogar homens e ter controle sobre seus corpos? Seria isso tudo, no final das contas, verdade? Como alguém poderia matar três pessoas e simplesmente ninguém saber? Jantar com a família no andar de cima da casa enquanto um cadáver permanecia no porão? Que tipo de pessoa era capaz de atrair alguém para a casa da avó, matar e dissecar o seu corpo como se estivesse em um açougue?

Quanto mais Jeff falava, mais Pat sentia náuseas. A história daquele sujeito estava ficando maluca e delirante demais e Pat precisou de mais um tempo para respirar. Saindo da sala e caminhando até um espaço onde detetives costumavam jogar conversa fora, Pat foi abordado pelo tenente Dave Vahl, que acompanhava toda a movimentação do caso de dentro do MPD. Visivelmente animado com tudo o que estava acontecendo, Vahl perguntou a Pat se o suspeito estava falando, se sim, ele revelou alguma informação relevante? "É, ele está falando", respondeu um descrente Pat. "Mas eu não sei, Dave. Eu acho que esse cara está cheio de merda. Ele admitiu três homicídios e quer me dizer mais, mas ainda não mencionou a cabeça na geladeira. Ele deve estar louco, eu não acho que ele irá nos ajudar." Ao escutar as palavras de Kennedy, Dave Vahl estava com brilho nos olhos: "Não, Pat, ele está dizendo a verdade, eu acabei de falar com o Harrell ao telefone. Ele voltou à cena e você não vai acreditar no que eles encontraram: quatro crânios e várias cabeças congeladas. Há ossos humanos por toda parte. Ele não está te fodendo, Pat. Agora volte lá e mantenha ele falando!". Chocado, Pat custou a acreditar no que acabara de ouvir. "Tá de sacanagem comigo? Esse cara tá falando a verdade?", exclamou.

Por mais absurda que fosse aquela situação, parecia que o suspeito Jeffrey Dahmer estava falando a verdade. Estimulado pelo que Vahl acabara de lhe contar, Pat pegou mais dois copos de café e rumou de volta até a sala de interrogatório. Seu ar mais antenado, animado e expansivo se tornou tão evidente que o próprio Dahmer perguntou se havia acontecido alguma coisa. Pat inventou uma desculpa e Jeff comentou sobre como estava mais tranquilo agora. Ele estava se sentindo muito bem e com um sentimento de aceitação sobre tudo. Não é que Jeff queria ser pego, parado, mas como isso aconteceu, se abrir e contar todos os seus segredos estava fazendo bem. Essa necessidade de colocar para fora e o consequente sentimento de satisfação interna mostram um Jeff Dahmer consciente da barbaridade dos seus atos. Indo mais além, tal comportamento desenterra o que existia de humanidade dentro dele. Na conversa com Kennedy, ele chegou a dizer: "Pat, como eu poderei fazer as pazes pelo que eu fiz? Quero dizer, eu nem mesmo sei os nomes desses caras...".

Talvez Jeff pudesse consertar as coisas, ou pelo menos diminuir o estrago, e assim ter alguma paz se ele ajudasse a polícia a identificar suas vítimas; Pat jogou a isca e Jeff fisgou. Kennedy estava ali como detetive e era interesse pessoal dele identificar as vítimas, era o trabalho da polícia. Usar as palavras certas para manipular o interrogado e fazê-lo falar faz parte das técnicas policiais. Ao escutar um suspeito de múltiplos homicídios confessar que precisava limpar a consciência, mas não sabia como, Pat aproveitou para influenciá-lo e, assim, se beneficiar. Por outro lado, e se pararmos para pensar, ajudar a polícia a identificar as vítimas provavelmente era a única coisa que Jeff podia realmente fazer para ajudar. Na maioria dos casos envolvendo assassinos em série, eles quase nunca admitem seus crimes, deixando para trás histórias não contadas, vítimas desconhecidas e famílias destroçadas. Pior do que a morte, talvez, seja o fato do familiar não saber o que aconteceu com o ente querido ou não ter o seu corpo para enterrar. Posso citar centenas de casos, e o também norte-americano Ted Bundy é um exemplo clássico nesse sentido. Assassino de dezenas de mulheres, somente começou a admitir seus crimes na iminência de sua execução, anos e anos depois de cometê-los. Os corpos de várias de suas vítimas nunca foram encontrados, várias outras nem sequer sabe-se terem sido vítimas dele e, por isso, cinquenta anos depois, continuam com o rótulo de "desaparecidas". O mesmo acontece com duas das dezessete vítimas de Joel Rifkin ou com seis das 33 vítimas conhecidas de John Wayne Gacy. No caso Gacy, há praticamente cinquenta anos as famílias dessas seis vítimas vivem a angústia de não saberem o que aconteceu com seus filhos, e não é incomum, com o passar dos anos e décadas, pais morrerem na agonia e tristeza. Um exemplo conhecido é o da inglesa Winnie Johnson, que incansavelmente passou quase cinco décadas procurando por seu filho Keith Bennett,* de 12 anos, desaparecido misteriosamente em 16 de junho de 1964. Uma foto de Winnie, tirada em 1988, ao lado do seu filho mais velho, Joey, ambos com pás nas mãos, cavando em um local chamado Saddleworth Moor, perto de Manchester, em uma tentativa de encontrar os restos mortais de Bennet, é a representação final do sofrimento de uma mãe na busca pelo filho desaparecido. "Quando ele for encontrado, eu terei cumprido meu papel como mãe", disse certa vez Winnie, que até os últimos dias de sua vida se recusou a desistir, contratando empresas com cães farejadores para tentar localizar os restos mortais. As várias décadas de buscas por Bennet, porém, não resultaram naquilo que ela almejava e Winnie Johnson faleceu aos 78 anos, em 2012, sem ter encontrado o filho.

Se Dahmer tivesse agido como Bundy ou Gacy, ou tantos outros assassinos em série da história, o mundo teria conhecimento apenas das onze vítimas encontradas em seu apartamento. As famílias de Steven Hicks, Steven Tuomi, James Doxtator, Richard Guerrero, Edward Smith e David Thomas estariam até hoje sofrendo por seus sumiços, acreditando em todas as possibilidades, menos a de que eles foram mortos por um assassino em série. No fim das contas, Pat realmente estava certo e o primeiro passo para Dahmer "fazer as pazes" consigo mesmo era ajudar a polícia a identificar as vítimas e, assim, diminuir um pouco o sofrimento das famílias, dando a elas a real verdade do que aconteceu com seus filhos e colocando um ponto final no desaparecimento de seus entes queridos.

Dahmer continuou contando a sua história, de como matou uma quarta vítima na casa da avó e de como lutava contra a necessidade de matar. Tudo o que ele queria era um homem que o amasse e não fosse embora no dia seguinte. É bem óbvio que o seu "amar" era um conceito

* Acredita-se que Keith Bennet tenha sido assassinado pelo casal de assassinos em série Ian Brady e Myra Hindley e enterrado nos pântanos de Saddleworth Moor.

muito pessoal e distorcido, ele nunca encontraria alguém que se encaixasse em seu conceito de amor, portanto, matar se tornaria para ele uma necessidade.

> "Observei que o tom de voz de Dahmer estava começando a mudar. Estava se tornando sem emoção e monótono. As pistas não verbais foram embora e seus olhos ainda estavam ligeiramente vidrados. Eu não sabia na época, mas isso se tornaria a norma sempre que ele descrevia suas ações." (Pat Kennedy)

"Sabe Pat, com o próximo cara eu quase fui pego", disse ele sobre Konerak Sinthasomphone. Jeff contou a história de como foi até o shopping almoçar, aproveitando para levar sua faca para afiar, a mesma que usava para desmembrar suas vítimas e, ao sair do shopping, viu um belo rapaz asiático perambulando sozinho. Ele se aproximou do garoto e o menino aceitou sua oferta para ir até o apartamento. Uma vez lá dentro, ele drogou o rapaz e fez sexo com ele por muito tempo antes de cair no sono. Quando ele acordou, já era tarde da noite e o menino asiático continuava dormindo pesadamente. Jeff, então, decidiu sair para comprar mais cervejas, e, quando voltava para casa, notou uma movimentação atípica. "Quando eu estava perto do meu apartamento, notei muita comoção, pessoas circulando... Eu decidi ver o que estava se passando, então me aproximei. Fiquei surpreso em ver que eles estavam todos em volta do cara asiático do meu apartamento. Ele estava lá, em pé, nu, falando alguma língua asiática. Primeiramente, eu entrei em pânico e continuei andando, mas eu pude ver que ele estava tão confuso pelo Halcion e bêbado que ele não sabia quem era ou onde estava. Eu realmente não sei, Pat, mas eu entrei no meio de todo mundo e disse que ele era meu namorado",* revelou Jeff. Desconfiado, Pat continuou escutando, sem atrapalhar.

Dahmer revelou a Pat como convenceu os policiais a levarem o garoto de volta até o seu apartamento, e quando todos estavam lá dentro, Jeff mostrou as fotos do menino e suas roupas aos oficiais da lei. Eles

* Como vimos, inicialmente Dahmer disse que Konerak era um colega de quarto. Somente depois, aos policiais John Balcerzak e Joseph Gabrish, disse ser seu namorado.

até tentaram conversar com o rapaz, mas ele era incapaz de falar qualquer coisa. Pensando se tratar de uma briga conjugal, os policiais foram embora e Jeff se sentiu extremamente poderoso e no controle. Ele enganou as autoridades e aquilo era uma prova de que ele fazia parte de algo extremamente maligno, além da sua compreensão. Talvez ele realmente tivesse os poderes do Assassino de Gêmeos ou do Imperador Palpatine e, sem saber, os estava usando para mantê-lo seguro. De fato, Jeff imaginou ter algum tipo de influência sobre situações adversas no mundo dos homens.

"Espere um pouco aí, Jeff, você está me dizendo que esses policiais levaram ele de volta ao seu apartamento naquela noite e o deixaram lá?", perguntou Pat. Dahmer pareceu não entender muito bem o questionamento do detetive. Ele estava dizendo a verdade, era aquilo mesmo que havia acontecido. De qualquer maneira, não era difícil checar a sua história. "Então, me deixe pensar. Eu estou tentando te contar as coisas na ordem em que elas ocorreram. Eu acredito que isso aconteceu por volta de maio ou junho desse ano", disse Dahmer após Pat questioná-lo sobre quando o episódio ocorreu. Pat pediu um tempo a Dahmer e saiu da sala. Logo, obteve informações sobre uma chamada feita em 27 de maio de 1991 sobre um "homem asiático caído" na 25th and State. Ele reconheceu os nomes dos policiais que atenderam a ocorrência, John Balcerzak e Joseph Gabrish, colegas que o apoiavam em prisões de suspeitos de assassinato. Pat ligou para Balcerzak, pediu que ele chamasse Gabrish e ambos fossem imediatamente ao MPD. Enquanto aguardava, Pat voltou à sala de interrogatório com mais cigarros e café. Jeff continuou sua sombria confissão até chegar ao "cara da geladeira". Já havia confessado catorze homicídios, nunca citando nomes, pois não os sabia. Curiosamente, lembrava do nome falso inventado para enganar Balcerzak e Gabrish no caso Konerak — Chuck Moung —, mas não do nome real da vítima.

"Eu conheci ele poucos dias atrás, por isso ele parece tão fresco", disse ele sobre o cara da geladeira.

> "Ele era extremamente bonito, o homem mais bonito que eu já conheci. Eu acho que ele era um modelo ou algo do tipo porque ele me mostrou algumas fotos dele em poses profissionais. Ele

tinha a pele lisa e era musculoso, e mais do que animado em me acompanhar... Demorei muito com este. Apenas olhar para ele me dava grande prazer. Eu odiei ter que matá-lo e tentei guardar o máximo possível dele. Eu até mesmo guardei sua identidade, você a encontrará na gaveta do meu quarto." (Jeffrey Dahmer)

Após cinco horas, Jeff Dahmer confessou quinze assassinatos a Pat, que anotou tudo freneticamente em cinco folhas e, ao final, deu a Dahmer para que ele assinasse. Jeff pegou tudo e assinou sem pestanejar, não lendo uma linha sequer do que Pat havia escrito. O detetive o interrompeu, dizendo que ele podia gastar o tempo que quisesse para ler as folhas, afinal, aquilo era sério demais para ele simplesmente colocar sua assinatura sem ler o conteúdo. Mas, para Jeff, era indiferente, ele parecia estar em paz consigo mesmo e disse com um sorriso no rosto: "Por que, Pat? Você me pegou. Acabou. Eu só tenho que aprender a viver com o que eu fiz. É engraçado, mas de certa forma eu quase me sinto aliviado. Sabe, isso não é nada parecido com o que eu pensei... Eu nunca pensei que o meu interrogatório seria assim".

Minutos depois, John Balcerzak chegou ao MPD, pálido como um fantasma. Do lado de fora, o circo jornalístico já se formava em frente aos Apartamentos Oxford, e rumores circulavam por toda Milwaukee. O MPD estava um caos, com pessoas entrando e saindo, todos querendo participar da investigação. "Qual o problema, Pat?", perguntou Balcerzak. Kennedy contou sobre o garoto asiático nu e como o suspeito, preso por assassinato, revelou que Balcerzak e seu parceiro o levaram até o apartamento. "Ele disse que matou o cara depois que vocês foram embora", afirmou Pat. Balcerzak arregalou os olhos, sem conseguir dizer uma palavra. Pat o tranquilizou, dizendo que precisava que ele e seu parceiro detalhassem tudo o que aconteceu naquela noite e não falassem com mais ninguém.

E assim Balcerzak o fez. Seu calvário, porém, estava apenas começando.

DESMANTELANDO O MUSEU

Do lado de fora dos Apartamentos Oxford, a movimentação ficava cada vez mais intensa e o ar mais carregado, um retrato inicial daquele que se tornaria o maior caso criminal da história do Wisconsin. Carros de TV e jornalistas se misturavam aos moradores, todos do lado de fora, acompanhando o alvoroço de autoridades que entravam e saíam. Dentro do apartamento 213, o tenente Roosevelt Harrell logo percebeu a gravidade e a grandiosidade do caso. Havia pedaços de corpos e crânios por todos os lados, além de um grande barril azul lacrado que ele não fazia a mínima ideia do que tinha dentro, e boa coisa não devia ser. Ele não abriria aquilo de jeito nenhum, pelo menos não era tarefa sua abrir. No entanto, Harrell tinha em mente o nome certo para lidar com o barril e todo o resto.

Após fazer a checagem inicial da cena do crime, Harrell contatou Jeffrey Mitchell Jentzen, médico legista chefe do Condado de Milwaukee desde 1987. "A melhor maneira que posso descrever é que estávamos desmontando o museu de alguém", revelaria Jentzen, anos depois. Crânios, cabeças, esqueletos, mãos e pênis dissecados foram encontrados pelo médico e sua equipe dentro de uma enorme panela em um armário do corredor. Havia muitas caixas de ácido e de um potente detergente industrial chamado Soilex, além de potes de clorofórmio e éter. Jentzen, entretanto, ficou intrigado com uma coisa: os crânios. Três deles pareciam estar pintados com uma tinta cinza, com a textura semelhante a granito, e eles pareciam muito profissionais. Ele e seu assistente, o médico patologista John Teggatz, ficaram cismados com aqueles três crânios — eles não pareciam ser reais. Mas Jentzen e Teggatz logo matariam a charada quando Teggatz, armado com um canivete, começou a raspar delicadamente um dos dentes, revelando um esmalte perfeito. Foi aí que eles perceberam que os três crânios eram de pessoas.

Na inspeção inicial de Jentzen e sua equipe, na sala de estar do apartamento, eles verificaram a existência de quatro grandes caixas de papelão contendo potes de ácido muriático, várias caixas de Soilex, um frasco de alvejante e ferramentas de construção novas em folha — incluindo fio elétrico, fita adesiva, serras e um martelo. Numerosas fotos

Polaroids das vítimas em vários estágios de dissecação e desmembramento estavam espalhadas pela casa, principalmente dentro da primeira gaveta de uma cômoda no quarto.

Jentzen escreveu em seu relatório que na sala de estar havia um tapete novo, comprado recentemente, mas ainda não instalado. Várias fechaduras protegiam a porta de entrada. Decorando o apartamento, inúmeros quadros artísticos de homens nus jaziam pelas paredes. Um grande tanque de peixes estava em cima de uma mesa preta estilo *art déco*, a mesma mesa que Jentzen viu nas Polaroids e onde Dahmer repousava suas vítimas para serem fotografadas.

Dentro da geladeira, em uma caixa de papelão, jazia uma cabeça recém-decepada. Já no freezer portátil, Jentzen descobriu vários sacos plásticos que escondiam três cabeças decapitadas e um tronco parcialmente esqueletizado, dissecado e desarticulado. O exame posterior de um saco plástico encontrado no freezer revelou 31 seções de pele e tecido mole — gordura, músculo esquelético e tecido facial e fibroso, tudo pesando três quilos e quatrocentos e oitenta gramas. Os pedaços de pele eram irregulares, mas meio quadrados, o maior medindo 15x7 cm e o menor 2.5x1.5cm.

Na cozinha, o único alimento encontrado foi uma lata de Crisco, uma tradicional marca de gordura vegetal. O freezer da geladeira continha um coração humano dividido em três partes e uma grande massa de carne dentro de um saco plástico *ziplock* — depois, ao abrir, Jentzen percebeu que eram filés de carne cortados e alinhados perfeitamente. Esses "filés" foram identificados posteriormente pelo médico legista como sendo de origem humana — bíceps, coxa, fígado e coração.

No armário do corredor, à vista de todos, havia recipientes de clorofórmio e formaldeído e dois crânios humanos limpos — identificados como sendo de Tony Hughes e Konerak Sinthasomphone. Pelo formato dos crânios, Jentzen percebeu na hora que se tratava de indivíduos de raças diferentes. Uma enorme panela de aço inoxidável jazia no chão e dentro foram encontradas as mãos e a genitália desidratadas de uma das vítimas. No quarto, os médicos encontraram um colchão e uma câmera Polaroid, ambos ensanguentados.

Debaixo da cama havia uma faca de cabo preto, a mesma faca usada por Dahmer para ameaçar Tracy Edwards. No armário estilo arquivo, de duas gavetas, Jentzen encontrou os três crânios pintados. Na gaveta debaixo havia um esqueleto completamente limpo, um escalpo e genitálias desidratadas e pintadas em um tom de pele caucasiano.

Entre a cômoda e o barril azul, ainda no quarto, havia uma caixa de papelão com dois crânios limpos e preservados. Eles foram identificados mais tarde como sendo de Curtis Straughter e Errol Lindsey. No crânio de Lindsey, no topo, era nítida a presença de quatro buracos redondos, sendo três praticamente um do lado do outro, e o quarto um pouco mais longe. Como Jentzen descobriria mais tarde, aqueles buracos foram perfurados por Dahmer usando uma furadeira elétrica, com a vítima ainda viva. Abaixo dos crânios havia uma maleta e, dentro, um álbum de fotografias com a inscrição "diário fotográfico". O álbum continha inúmeras fotografias das várias vítimas, exibidas e catalogadas de forma ordenada.

No quarto, no canto imediatamente à frente da entrada e ao lado da caixa de papelão contendo os dois crânios e o álbum de fotografias, jazia o misterioso barril azul. Quando Jentzen tentou movê-lo, percebeu algo batendo nas laterais. Ficou evidente que havia algum tipo de líquido dentro, além de material mais pesado, e isso fez Jentzen não abrir o barril naquele momento. Do lado de fora, câmeras de televisão filmavam tudo e o médico legista ficou preocupado de sua equipe fazer o transporte do barril para fora do prédio. Era prática do seu trabalho fazer a remoção de itens de cenas de crimes de forma cuidadosa e toda aquela atenção poderia elevar a tensão de sua equipe. Tudo estava sendo filmado pela televisão, pois eles estavam usando uma escada externa do prédio para retirar coisas do apartamento. Ficava tudo à vista de todo mundo, então Jentzen não queria alguém tropeçando nos degraus e o barril rolando escadaria abaixo, expondo pra todo mundo o que havia dentro. Além de perturbar o interior do objeto, tal imagem, se acontecesse, seria um atestado medonho de incompetência e o fim da sua carreira como médico legista. "Então, ligue para o Hazmat",* pediu Jentzen a Harrell. "Nós não temos um", respondeu o tenente. "Bom, nós precisamos deles aqui", reforçou o médico. O MPD não tinha uma equipe para lidar com materiais perigosos e Harrell acabou conseguindo contato com o Hazmat dos bombeiros.

* Hazardous Materials Team (Equipe de Materiais Perigosos, em tradução literal) é uma divisão especializada em armas de destruição em massa, acidentes químicos, vazamentos químicos industriais, ameaças terroristas e eventos radiológicos.

Quando eles chegaram até a cena, Jentzen não acreditou no que viu: o Hazmat era uma dupla de rapazes novos que tinha por volta dos vinte anos de idade. Não havia mais ninguém disponível, somente os dois. Ambos pareciam totalmente despreparados para entrar no apartamento e realizar a tarefa. Surpreso, Jentzen ponderou sobre autorizar ou não a atuação dos rapazes. Sem opções, ele acabou permitindo.

Vestidos com roupas de borracha amarelas e máscaras alimentadas por tanques de oxigênio nas costas, os rapazes usaram um carrinho de carga, daqueles usados em armazém, para amarrar o freezer contendo cabeças humanas e descê-lo pelas escadas. O momento mais tenso, sem dúvidas, foi o transporte do barril azul. Amarrado ao carrinho com o que parecia ser uma mangueira de incêndio, o barril teve a sua tampa envolta em fita adesiva e foi cuidadosamente descido pela escadaria lateral do prédio, sob olhares arregalados de testemunhas e câmeras de televisão. Imagens e vídeos desse momento gravados por emissoras de TV são facilmente encontrados na internet. A fotografia dos dois rapazes desconhecidos descendo o barril azul cheio de ácido e restos de corpos humanos percorreu o mundo, se tornando uma das imagens criminais mais icônicas do século XX.

No fim, a dupla do Hazmat fez um ótimo trabalho e, enquanto as autoridades faziam os seus movimentos, jornalistas acompanhavam eufóricos a tudo, sentindo o quão grande poderia ser aquela história. O tenente Harrell foi a primeira autoridade a dar uma entrevista sobre o caso, isso ainda na madrugada de 23 de julho. Do lado de fora dos Apartamentos Oxford, ao repórter Jeff Fleming do canal TMJ4, ele comentou: "Da nossa investigação, nós sentimos fortemente que esse indivíduo está envolvido em outros homicídios. Nós retiramos evidências do prédio para o médico legista". Já um morador dos Apartamentos Oxford, ao mesmo repórter, disse: "E a próxima coisa que eu ouvi foi que a polícia abriu a porta da geladeira e eles disseram que havia um cadáver lá dentro. Eu realmente não sei muito sobre ele [Dahmer]. Eu sei que é um cara solteiro, trabalha todos os dias e gosta de ficar sozinho".

Fleming, um jornalista que cobria crimes, chegou até o número 924 da North 25th Street sem saber ao certo o que encontrar. Vazada por algum policial, a informação que corria entre os jornalistas de Milwaukee era sobre a descoberta de uma cabeça na geladeira de alguém, um tipo de crime cuja natureza conferia uma boa dose de conteúdo para a grade dos noticiários do dia seguinte. Impressionado com a movimentação de policiais na cena, Fleming perguntou a um deles: "É um caso grande?". "Oh, com certeza. Realmente é um caso muito grande", respondeu o agente da lei. O jornalista tentou entrar no apartamento, mas foi impedido por policiais. Foi permitido ao repórter, entretanto, dar uma espiada no interior do apartamento 213 do corredor. "Não havia nada particularmente assustador, além do fato de que havia uma lâmpada de lava ainda acesa", diria vinte anos depois em um especial sobre o caso para o TMJ4.

Anne Schwartz teve mais sorte. A repórter do *Milwaukee Journal* foi acordada na madrugada por policiais que estavam na cena do crime; eles contaram a ela tudo o que haviam descoberto. A jornalista imediatamente pulou da cama e rumou até os Apartamentos Oxford. Schwartz chegou ao endereço antes mesmo de muitas viaturas. Estava tudo muito calmo, ela conversou brevemente com Pamela Bass, que estava sentada na escadaria, e subiu até o segundo andar. Schwartz entrou na cena do crime, bisbilhotou os cômodos e ficou chocada com as fotografias Polaroids, principalmente uma que mostrava um esqueleto branqueado pendurado no armário — a carne da cabeça, das mãos e dos pés contrastava com os ossos e estava perfeitamente intacta, uma imagem que a assombrou. (Há de se questionar a ética e a função policial neste caso. Os principais suspeitos são Rolf Mueller e Robert Rauth, e um deles se preocupou mais em vazar a descoberta para uma jornalista do que preservar a cena do crime e a investigação de um caso que se mostrou sensível desde o início. Pior, foi permitido a Anne Schwartz entrar e andar pela cena como se fosse uma perita criminal.)

Os contatos e amigos de Jeff Fleming não eram tão bons quanto os de Anne Schwartz, e isso o fez chegar atrasado à cena do pior crime já cometido na história do Wisconsin, mas Fleming deu o "troco" ao ser o primeiro repórter a entrar ao vivo na programação local:

> "A polícia retirou caixas e mais caixas com pedaços de corpos, evidências do que parecer ser de um psicopata assassino em massa... A polícia procura saber ao certo quantas vítimas foram feitas, mas investigadores dizem que pode passar de uma dúzia. Vizinhos disseram

> que o homem era estranho e que havia um odor saindo do apartamento; entretanto, ninguém suspeitava do acúmulo de cadáveres. O suspeito está sendo interrogado no centro. Tudo o que se sabe é que ele tem 31 anos." (Jeff Fleming, TMJ4. 23 de julho de 1991)

Alheio ao mundo caindo no MPD, um detetive dormia tranquilamente em sua cama. Seu nome era Dennis Murphy e, assim como Pat Kennedy, ele teria um papel fundamental na continuidade do depoimento de Jeffrey Dahmer e na identificação das vítimas. Naquela manhã, Murphy estava dormindo quando seu telefone tocou: "Venha logo, nós temos um homicídio e temos dez cabeças no apartamento!", disse a voz do outro lado da linha. "Ora, dê um tempo!", resmungou Murphy, desligando o telefone em seguida. Antes que ele pudesse se deitar, o telefone tocou novamente, aquilo não era brincadeira e a voz do outro lado da linha ordenou que ele se apresentasse imediatamente ao MPD. Interrogador número um do MPD, Murphy tinha uma vasta experiência em investigações de homicídios e era conhecido por não deixar nada passar. Qualquer quebra-cabeça, por mais complexo que fosse, ele era capaz de resolver. Nada, porém, era igual àquele caso, e Murphy estava prestes a descobrir.

Ao chegar ao MPD, Murphy percebeu a dimensão do que o aguardava. Vários carros e caminhões com antenas gigantes e cabos espalhados tomavam o local. Pelo menos quinze estações de TV já estavam acampadas na porta, abordando qualquer um que entrasse ou saísse. Parecia a cobertura de um evento esportivo e Murphy ficou impressionado. "O que diabos está acontecendo?", pensou. Dentro do MPD, o tenente Dave Vahl o atualizou sobre a troca de interrogadores. Até aquele momento, por volta das sete ou oito da manhã de 23 de julho, Pat Kennedy havia extraído de Jeff a confissão de quinze assassinatos. Mas, por ser um detetive novato, decidiram substituí-lo por Murphy. Kennedy achou estranho, mas aceitou. Na sala de Vahl, explicou tudo o que havia conversado com Dahmer nas últimas sete horas e deu um conselho: se quisesse conquistar o suspeito, oferecesse muitos cigarros, pois Jeff era viciado em nicotina. Um policial logo informou que Dahmer estava impaciente, perguntando por Kennedy. Era a senha para Murphy iniciar o trabalho. Ele se levantou e foi para a sala de interrogatório, deixando Vahl e Kennedy para trás.

Minutos depois, Harrell entrou na sala vindo diretamente da cena do crime. Sua aparência era a de um homem que parecia ter passado as últimas horas vagando pelo fundo do abismo, o que de fato era verdade. "Ei, garoto, eu ouvi dizer que você fez um ótimo trabalho. Onde ele está? Eu pensei ter dito a você para ficar com ele até eu voltar!", disse ele, se dirigindo a Pat Kennedy, enquanto acendia um cigarro. Antes que Pat pudesse responder, Vahl revelou sobre a troca de interrogadores, o que enfureceu Harrell: "Que porra você está me dizendo? Não se troca interrogadores!", vociferou o tenente. Sem saber onde esconder a cara, Vahl balbuciou ter recebido ordens para realizar a troca. Extremamente irritado, Harrell perguntou quem dera a ordem e após Vahl revelar o nome, o tenente saiu soltando fogo pelo corredor até encontrar o policial. Seguiu-se uma gritaria e xingamentos de ambas as partes e a situação só foi amenizada com a intervenção do capitão do MPD Don Domagalski.

A partir dali, Pat e Murphy conduziram juntos o interrogatório para identificar as quinze vítimas confessas. De volta à sala, Pat notou o apego de Dahmer. "Quem era aquele cara? Você disse que ficaria comigo!", questionou Jeff, já dependente da atenção e gentileza de Pat. "Eu confio em você. Por que precisamos de outra pessoa? Vou ter que começar tudo de novo?" Não foi fácil, mas Pat o convenceu.

Domagalski reuniu todos na sala de Vahl, mas, antes que falasse, Dennis Murphy apareceu e comentou, alheio à situação, que Dahmer estava "mudo como um túmulo". Harrell sorriu ironicamente, enquanto Domagalski, percebendo o erro de Murphy, pediu a Pat que voltasse ao interrogatório e convencesse Dahmer a aceitar Murphy na sala. A partir dali, Pat e Murphy conduziram juntos o interrogatório para identificar as quinze vítimas confessas. De volta à sala, Pat notou o apego de Dahmer. "Quem era aquele cara? Você disse que ficaria comigo!", questionou Jeff, já dependente da atenção e gentileza de Pat. "Eu confio em você. Por que precisamos de outra pessoa? Vou ter que começar tudo de novo?" Não foi fácil, mas Pat o convenceu. O caso era grande, e Murphy, um bom policial, seria útil. Jeff aceitou e Pat chamou Murphy, que entrou com cafés e um pacote de Camel. Os três acenderam seus cigarros e se acomodaram. Jeff então disse: "Esqueci de falar sobre mais dois. Acho que estava bêbado no começo. Se é para esclarecer, devo contar tudo".

Pat e Murphy passariam as seis semanas seguintes conversando praticamente todos os dias com Dahmer. Além de ajudar na identificação das vítimas, Jeff foi solícito em todos os pontos quando a investigação chegava a um ponto de interrogação. Todas as vezes que investigadores ou o médico legista tinham dúvidas, Harrell, ou outro policial, repassava para Pat ou Murphy e eles perguntavam a Dahmer, que prontamente respondia. Por exemplo, ainda na manhã de 23 de julho, quando Pat e Murphy começaram a conversar com Jeff, Harrell bateu à porta e chamou Pat para conversar. Na conversa, ele citou sobre três crânios que viu no apartamento e que pareciam de mentira. Esses estavam pintados e Harrell comentou com Pat se ele poderia perguntar ao suspeito se os crânios eram ou não de verdade. Ao ser perguntado, Jeff respondeu, sem hesitar:

> "Ah, esses. Eles foram alguns dos primeiros que eu decidi guardar. Eu queria guardar partes deles e decidi [guardar] os crânios, mas eu estava com medo de que alguém pudesse vê-los e descobrir o que eu estava fazendo, então eu comprei uma tinta spray, uma cor tipo granito falso e pintei eles para que parecessem de mentira. Eu queria que os crânios ficassem parecidos com decorações de Halloween. Um eu pintei de cinza, um de verde e outro numa cor marrom-bege. Essas eram as únicas cores disponíveis e eu pensei em tentar cada uma. [Eu comecei a fazer isso] quando eu estava morando na casa da minha avó porque eu temia que ela pudesse vê-los acidentalmente enquanto eu estivesse fora da casa. Quando tive o meu próprio apartamento, eu coloquei um sistema de segurança, então eu não precisava mais pintar os crânios."

A DESCOBERTA DA FAMÍLIA

Catherine Dahmer estava preocupada com o neto. Jeff ficou de aparecer em sua casa no fim de semana, e nada. Ela havia passado os últimos dias ligando para o apartamento dele, mas tudo o que conseguia era o incessante barulho de chamada na linha. Ela não podia imaginar o mundo de loucura no qual seu neto estava vagando. Jeff estava fisicamente perto dela, mas muito longe em sua dimensão existencial. Catherine não fazia ideia de que o seu querido Jeff vivia uma vida à parte, em um tipo de realidade paralela e doentia criada por sua mente, que foi se tornando cada vez mais elaborada e real com o passar dos anos. Nessa vida, o rapaz era um impiedoso facínora especialista em arrancar almas de jovens inocentes para absorvê-las, aumentando seu poder e alimentando sua fome a cada fatalidade. Naqueles dias de julho, Jeff viajou entre os dois mundos até se estabelecer do outro lado. E ele só foi tirado de lá após a violenta luta com Rolf Mueller e Robert Rauth.

Um pouco aflita, Catherine ligou para Lionel e o avisou que não conseguia falar com Jeff. Lionel tranquilizou a mãe e disse que ligaria para Jeff na manhã do dia seguinte. Durante o dia 22 de julho, Lionel ligou seguidamente para o filho, que não atendeu ao telefone. Naquele dia, Jeff estava muito ocupado vagando em busca de vítimas pelo Grand Avenue Mall e, posteriormente, fazendo sala para Tracy Edwards.

Na manhã do dia seguinte, por volta das nove horas da manhã, Lionel mais uma vez discou para o número do seu filho. O telefone tocou várias vezes até, finalmente, ser atendido. Mas não foi seu primogênito Jeffrey Dahmer quem atendeu a chamada.

"Não, ele [Jeff] não está aqui agora", disse um homem desconhecido após Lionel perguntar por seu filho. Lionel achou estranho. Ele ligou no apartamento do seu filho e outra pessoa atendeu à chamada e essa mesma pessoa não dizia onde Jeff estava. Em dado momento, ele se identificou como pai do morador do apartamento 213 e o homem, surpreso, exclamou: "Você é o pai do Jeffrey Dahmer?". Em seguida, ele afirmou a Lionel que um detetive iria entrar em contato num momento oportuno.

Aquilo não era novidade para Lionel, mas ele obviamente sentiu um frio na espinha e ficou preocupado à medida que a conversa avançava. Mais uma vez seu filho parecia ter se metido em encrencas. Para piorar, ele não conseguia falar com Jeff e havia um homem estranho em seu apartamento, dizendo para esperar a ligação de um detetive. Como todos nós sabemos, o pior ainda estava por vir. Após algum tempo, o homem do outro lado da linha finalmente abriu o jogo, mas foi bastante cuidadoso com as palavras, não revelando a real extensão do horror encontrado no apartamento 213. Ele disse ser um policial do MPD e que estava no apartamento de Jeff investigando um homicídio. Lionel ficou aturdido e quase sem voz. Quando a palavra *homicídio* foi citada, ele imaginou que Jeff pudesse ter sido assassinado. Alguém invadiu o seu apartamento para roubar e o matou, só podia ser isso. "Não, não Jeff. Jeff está vivo e bem", tratou de tranquilizar o policial, que desligou o telefone logo em seguida, deixando Lionel ainda mais angustiado.

Preocupado e atônito, Lionel não sabia o que pensar direito. Ele falara com um homem estranho, que citara a palavra homicídio. Jeff realmente estava bem? Que diabos estava acontecendo? Ele, então, decidiu ligar para Catherine para contar que Jeff, de alguma forma, estava novamente encrencado. Ao telefone, Lionel contou à mãe a história da polícia de Milwaukee no apartamento de Jeff investigando um homicídio, mas ele não sabia de mais nada, pois o policial se recusou a dar mais detalhes e o orientou a esperar uma ligação. Para seu espanto, Catherine lhe disse que naquele exato momento havia policiais revirando a sua casa de ponta-cabeça, examinando principalmente o porão e o quarto de Jeff. "O que eles estão procurando?", perguntou Lionel, surpreso. Catherine não fazia a mínima ideia.

Após um tempo com sua mãe ao telefone, Lionel conseguiu falar com o chefe dos policiais. Ele era Robert Dues, da polícia de West Allis, e estava ali investigando um homicídio a pedido da polícia de Milwaukee. Sensível à situação, o policial não contou nenhum detalhe à Catherine, até porque a achou "muito emocionada".

Deveria existir algum mal-entendido, disse Lionel, pois Jeff não morava mais com Catherine. Dues respondeu saber disso e, com o decorrer da conversa, Lionel, lentamente, foi absorvendo a situação, que seu filho, dessa vez, podia estar envolvido em algo muito grave. Ele perguntou a Dues se Jeff havia sido preso por assassinato. "Eu temo que sim, sr. Dahmer", respondeu o policial.

Lionel não podia acreditar no que estava ouvindo. Em sua mente, Jeff nunca poderia machucar ninguém, pelo contrário, ele era tão tímido, passivo e possuidor de uma autoestima baixíssima, que tudo isso fazia dele alguém que se encaixava mais no papel de vítima do que de algoz, ainda mais envolvendo homicídio. Devia haver algum engano, Jeff era seu filho e ele conhecia o garoto. Ele podia ser um pouco diferente e problemático; a bebida era a sua ruína, mas cometer assassinato? Francamente, impossível.

> "[...] Era impossível vê-lo como o assassino; uma figura sombria, corpulenta, brandindo uma faca ou uma pistola. O Jeff que eu conhecia falava manso demais, era passivo demais, e raramente se enraivecia. Eu o via com facilidade no papel de vítima desafortunada. Ao pensar no cenário de um assassinato, não conseguia imaginá-lo em outro papel." (Lionel Dahmer)

Após falar com o policial Robert Dues, de West Allis, Lionel ficou sem saber o que fazer. Ele não conseguiu contatar sua esposa Shari, e, no meio de tantos pensamentos, se lembrou de Gerald Boyle, o advogado contratado por ele para defender o seu filho da acusação de abuso sexual em 1988. Quem sabe o advogado tinha algo a lhe dizer, então ele telefonou para Boyle. Após alguma insistência, conseguiu falar com o advogado.

Quando Boyle atendeu, o advogado disse a Lionel que havia tentado durante toda a manhã contatá-lo porque jornalistas estavam assediando-o vorazmente atrás de informações sobre Jeff. Lionel ficou muito surpreso com a fala. Nervoso, Lionel reclamou com Boyle que ninguém lhe informava sobre o que se passava, e, em resposta, ouviu do advogado que "Jeff foi preso por tentativa de homicídio".

Por um momento, a expressão "tentativa de homicídio" soou como música para os ouvidos de Lionel. Tentar matar alguém era muito diferente de efetivamente matar alguém. Dos males, o menor. Entretanto, Boyle aparentemente se confundiu com as palavras e o ditado popular subverteu em sua ordem: dos males, o pior.

"Encontraram partes de corpos no apartamento de Jeff. Muitas delas. Todas de pessoas diferentes", revelou Boyle, que continuou informando não saber quantas ao certo, "podem ser três ou mais", disse. Enquanto Lionel permanecia mudo, balbuciando apenas algumas palavras, do outro lado da linha o advogado revelava não acreditar no que havia ouvido da polícia, pois o Jeff que ele conhecia podia ser problemático, mas estava longe de um louco varrido que desmembrava pessoas. Boyle ainda perguntou a Lionel sobre os agentes de condicional de Jeff, se Lionel tinha contato com eles e como eles não perceberam nada. O homem de Ohio, entretanto, não podia raciocinar de maneira plena. As palavras de Boyle o atingiram por completo.

Lionel passaria as próximas horas anestesiado pelas informações pingadas que recebia. A cada telefonema, a coisa só piorava. Ele, então, se recolheu e colapsou em seu próprio mundo. Tímido, introspectivo e analítico, Lionel estava prestes a ter sua vida posta de cabeça para baixo, era questão de horas até acontecer uma das coisas que ele mais temia na vida: ser exposto. E não havia nada que ele pudesse fazer para mudar essa nova e chocante realidade que se apresentou do dia pra noite.

Naquela noite de 23 de julho, Lionel e sua esposa Shari assistiriam petrificados aos noticiários de vários canais de TV mostrando fotografias de Jeff e vídeos do trabalho da polícia. E não adiantava eles mudarem de canal — o filho deles, Jeffrey Dahmer, se tornara o assunto principal dos Estados Unidos.

> "Quando liguei a TV para assistir ao noticiário das 23h, me sentei no sofá e vi o rosto do meu filho encher a tela do aparelho. Pulei de canal em canal e vi aquela mesma cara surgir diante de mim, de novo e de novo, junto a outras fotografias e vídeos, fotos do edifício onde morava, de homens com máscaras saindo com potes, um enorme barril azul e um congelador. Vi quando levaram embora a geladeira que Jeff, muito descontraído, abrira para nossa inspeção ao visitarmos seu apartamento. [...] Vi hordas de policiais entrando e saindo, como um enxame, de um prédio cujo significado para mim, até aquela noite, fora meramente casual. Em outras fotos e vídeos, essas mesmas legiões de policiais se amontoavam do lado de fora da casa de mamãe, em West Allis, aglomerados dentro e fora da porta da frente e da porta lateral — com um senso de domínio e autoridade que me atingiu como uma cena surrealista." (Lionel Dahmer)

Na manhã de 23 de julho, antes de Lionel realizar o fatídico telefonema para o apartamento do filho, Jeff estava angustiado e a todo momento chamava por Pat. Após passar a madrugada inteira conversando com o suspeito, Pat tirou algumas horas de descanso na manhã. Acuado e agindo como um garotinho em busca da mãe ou do pai, Jeff estava todo vulnerável e não queria ficar sozinho, por isso clamou pela presença do detetive, e, horas depois, Dennis Murphy apareceu, mas Jeff só se sentia à vontade com Pat. Ele queria a presença de Pat, não a de Dennis.

Quando Pat voltou, algum tempo depois, ele e Murphy se encontraram a sós e discutiram como seria a abordagem para os encontros subsequentes com Dahmer. Eles tinham a confissão de dezessete homicídios e era hora de identificar cada uma das vítimas.

Murphy sugeriu que eles começassem da primeira vítima e seguissem uma ordem cronológica. Se eles conseguissem estabelecer a época ou data, além da localização onde Jeff conheceu suas vítimas, então eles poderiam usar arquivos policiais de pessoas desaparecidas para tentar encontrar um nome em potencial. De posse de fotos das pessoas sumidas, eles poderiam comparar com as Polaroids tiradas por Dahmer. E assim foi feito.

Aquela manhã começou com cigarros, café e donuts, e Pat explicou a Dahmer que eles poderiam começar o processo de identificação das vítimas com o garoto que ele matou em Ohio. De acordo com Jeff, era provável que ele tivesse assassinado o rapaz em outubro de 1978. "Como você tem certeza?", perguntou Murphy. "Você sempre se lembra do primeiro?", continuou o detetive. Após escutar as palavras de Murphy, Dahmer colocou o copo de café na mesa e encarou o detetive, sem dizer uma palavra. Aparentemente, as palavras de Murphy o intrigaram. Um silêncio tomou conta da sala até Pat quebrá-lo. Minutos depois, pensando que dissera algo inapropriado, Murphy sugeriu que talvez eles pudessem começar com Dahmer falando sobre a sua infância, a casa onde morava e coisas do tipo. Jeff acendeu o segundo cigarro da manhã e começou a falar imediatamente.

> "Eu lembro da minha infância como sendo de extrema tensão. Eu nunca realmente me senti à vontade ou confortável. Não era que minha mãe e pai não me amassem, eu sabia que sim, eles me disseram

isso. Eles cuidavam da casa e me mostravam amor, mas nunca foi pacífico. Eu podia sentir. Meus pais estavam sempre nos pescoços um do outro. Eles brigavam o tempo inteiro, não briga física, embora houvesse alguns empurrões. Eram mais discussões e gritaria. Minha mãe gritava muito e eu ia para o meu quarto quando eles brigavam, mas eu ainda podia escutar. Eu me lembro de tentar tirar isso da minha mente através de pensamentos, criando um pequeno mundo de fantasia próprio. Mais tarde, eu descobri que a minha mãe tinha um problema mental e foi tratada por um médico. Houve épocas em que ela saía por longos períodos. Ela nunca foi má ou indelicada comigo. Na verdade, ela podia ser bastante carinhosa, mas ela era sempre internada. Eu me lembro de ficar com minha tia e escutar ela falar com alguns parentes, dizendo que, após eu nascer, minha mãe sofreu um caso severo de depressão pós-parto e teve que ser hospitalizada. Eu não sabia o que era na época, mas eu me lembro de me sentir responsável por isso, como se eu tivesse feito alguma coisa para causar sua doença.

No último ano do ensino médio, a mãe e o pai passaram por um divórcio. Após me graduar, minha mãe pegou meu irmão e se mudou para Wisconsin. Nós tínhamos parentes lá. Meu pai estava sempre ocupado no trabalho e eu fui deixado sozinho a maioria do tempo. Eu tinha a casa toda pra mim. Eu nunca realmente tive amigos próximos na escola. Eu era do tipo solitário e muito tímido com pessoas. Meus pais não eram grandes bebedores, mas eles mantinham um bar cheio em casa. Eu estava solitário e comecei a beber. Me fazia sentir melhor. Eu podia conversar com pessoas e me encaixar, mas eu não era bom nisso e geralmente acabava bêbado e sozinho em casa. Tenho certeza que foi nessa época que eu comecei a desenvolver sentimentos de não querer estar sozinho, especialmente à noite. Parecia como se todo mundo estivesse me deixando. Meu pai começou um novo relacionamento com a minha atual madrasta e passava muito tempo na casa dela. Ele dizia que eu era velho o suficiente para cuidar de mim mesmo, então eu terminei sozinho. Eu odiei. Eu não gostava de dormir sozinho naquela casa grande, me deu ódio. Eu comecei a ter pensamentos passageiros de matar alguém. Eu não sei de onde vinham, mas eu tinha. Eles eram sempre entrelaçados: sexo e assassinato. Eu tentei tirá-los da minha cabeça, mas a fantasia sexual era poderosa e eu me masturbava por horas pensando a respeito. A fantasia era sempre a mesma. Eu conhecia um homem bonito, o levava para casa, fazia sexo com ele e o matava." (Jeffrey Dahmer)

Dahmer recontou a história de como encontrou um rapaz pedindo carona e o levou até a casa dos seus pais. Após matá-lo e desmembrá-lo, ele foi parado por um policial por cometer uma infração de trânsito. Era madrugada e com uma lanterna o policial iluminou o banco de trás do carro, vendo os sacos plásticos contendo o corpo esquartejado da vítima. Jeff disse que era lixo e o policial comprou a ideia, aplicando-lhe uma multa. Ele voltou para casa e deixou os pedaços do corpo na mata enquanto pensava no que fazer. "Sabe Pat, foi bizarro. Morar naquela casa sabendo que o corpo de um jovem homem estava lá fora na minha mata. Ninguém perguntou sobre ele. Eu assisti televisão, e nada. Meu pai vinha para me ver e ter certeza que eu tinha o suficiente para comer, mas ele nunca andou pela mata. Eu estava sozinho a maior parte do tempo com meus pensamentos... Foi quando eu, realmente, comecei a beber muito. Eu não podia dormir, pensando no cara lá fora na mata."

Enquanto Jeff contava sobre sua primeira vítima a Murphy e Kennedy, uma jovem mulher loira adentrou no prédio do MPD. Ela pediu para falar com o encarregado do caso Dahmer e policiais que a atenderam chamaram Pat Kennedy na sala de interrogatório. A mulher se apresentou como Wendy Patrickus, advogada assistente do escritório de Gerald Boyle. Ela estava ali representando seu cliente Jeffrey Lionel Dahmer e queria falar com ele.

Pat podia ter ludibriado Dahmer com sua conversa para conseguir o que queria, mas agora a coisa se complicava. Se Jeff conversasse com a advogada, ela certamente o orientaria a ficar de bico calado até tomar parte de toda situação, para, assim, traçar a estratégia da defesa. Aquela mulher não estava nos planos de Pat e Murphy, e, agora, lá estava ela exigindo falar com seu cliente. Pat, então, disse que Wendy não podia vê-lo porque Jeff simplesmente não pediu por um advogado. A mulher fuzilou-o com o olhar. Ela ainda tentou argumentar, mas Pat foi irredutível e Wendy saiu em disparada procurando a sala do capitão do MPD.

Cerca de uma hora depois, Pat e Murphy foram chamados para fora, e, no corredor, viram o capitão Don Domagalski em uma conversa animada com Philip Arreola, chefe máximo da polícia de Milwaukee, Vince Partipillo, um policial de alta patente, e Gerald Boyle. "Como vai você, detetive Kennedy? Meu nome é Gerald Boyle. Eu sou o advogado do Jeffrey Dahmer, contratado pelo pai dele, Lionel Dahmer. Eu gostaria muito de conversar com ele", disse o advogado.

De forma ousada, e na frente de todos, Pat repetiu o que dissera a Wendy, agora com mais cuidado. Dahmer não solicitou nenhum advogado e eles ainda o estavam interrogando. De acordo com a presunção de Pat, se o suspeito não requeresse um advogado, Boyle não poderia representá-lo até a polícia terminar a sua investigação.

Boyle não acreditou no que ouviu e ficou extremamente nervoso com a petulância de Pat. "Saiba de uma coisa, novato, talvez você não saiba quem eu sou, mas se você quiser estragar esse caso, apenas continue falando essa merda. Eu fui devidamente nomeado e eu exijo falar com o meu cliente!", bufou Boyle.

Sem palavras, Pat podia apenas olhar para o seu chefe Domagalski como quem diz: "Agora é com você". Com um sorriso amarelo, Domagalski apoiou as palavras de Pat, reafirmando que Dahmer não havia pedido por um advogado. Incrédulo, Boyle olhou para Partipillo e exclamou: "Você ouviu isso?... Então é assim que vocês vão jogar?". Arreola, que acabara de vir de uma coletiva de imprensa com o médico legista, Jeffrey Jentzen, e o promotor de Milwaukee, Edward Michael McCann, falou pela primeira vez, acalmando os ânimos e levando Boyle até uma sala adjacente para conversar melhor sobre a situação.

Pat e Murphy voltaram apressados até a sala de interrogatório. "O que está acontecendo? Qual o motivo da gritaria?", perguntou Dahmer. Murphy, então, contou sobre um advogado chamado Gerald Boyle que estava no corredor querendo falar com ele. "Ele disse que o seu pai o nomeou", contou Murphy. Jeff balançou a cabeça positivamente e disse que conhecia Boyle, era o advogado que cuidou do seu caso quando ele foi julgado por agressão sexual de um menor. Não tinha problemas, ele falaria com o advogado. Nesse momento, Murphy chegou perto de Jeff e o questionou sobre a sua ajuda na identificação das vítimas. Murphy queria saber se ele continuaria o ajudando e ajudando Pat, porque certamente Boyle o orientaria a não falar mais com os detetives. E bastou algumas palavras mais duras de Murphy, aliadas a uma ameaça, para Jeff começar a chorar como uma criança. De acordo com Murphy, Boyle não iria mais deixar Dahmer se encontrar com eles e Jeff apodreceria em uma cela até o dia do seu julgamento. "Mas eu quero conversar com vocês...", disse um choroso Jeff. Dahmer, entretanto, não precisava se preocupar, bastava ele deixar claro para o advogado que queria continuar ajudando os detetives e tudo se resolveria, disse Pat.

Minutos depois, os homens de alta patente bateram o martelo: Boyle podia, sim, conversar com seu cliente, pois ele havia sido contratado pelo pai do suspeito para representá-lo. Com cara de poucos amigos, Gerald Boyle entrou na sala de interrogatório e se fechou sozinho com Dahmer. Lá dentro, ele ouviu Jeff dizer que o jogo estava acabado e a única coisa positiva que talvez ele pudesse fazer naquele momento era contar toda a verdade e ajudar Pat e Murphy a identificar suas vítimas. Sua vida foi um completo desastre e havia chegado a hora de acertar as contas com a sociedade, e não havia nada que Boyle ou qualquer outra pessoa pudesse fazer. Contra o conselho do advogado, Dahmer continuaria a falar com os policiais.

"Certo, ele quer cooperar, mas eu quero um dos meus associados na sala com vocês enquanto tudo esteja sendo feito. Eu vou enviar um associado para sentar com vocês nas sessões", disse Boyle aos detetives ao sair da sala. Animados, Pat e Murphy voltaram para a sala e, minutos depois, Wendy Patrickus apareceu para se juntar a eles. A jovem advogada do escritório de Boyle ficou a cargo de acompanhar todos os encontros subsequentes entre Dahmer e os detetives. Ao final daquele dia, quando Wendy foi embora, Pat e Murphy cochicharam na frente de Dahmer sobre como a moça era arisca, astuta e, claro, bonita. Curiosos sobre a opinião de Dahmer sobre ela, Jeff apenas balançou a cabeça e, olhando pra o chão, disse: "Eu acho que ela é bonita, mas eu realmente não tenho atração por mulheres".

Lionel Dahmer chegou em Milwaukee na manhã do dia 24 de julho, e foi direto até o Wisconsin Club se encontrar com Gerald Boyle. Após insistência de Lionel, o advogado assegurou que pegaria o caso. Ele até já havia conversado com Jeff e enviado uma das suas assistentes para acompanhar a investigação da polícia. Boyle marcara uma coletiva de imprensa para aquela tarde e queria Lionel ao seu lado, mas o homem se recusou. Ainda nocauteado por tudo o que estava acontecendo, Lionel não tinha a mínima noção da gravidade dos crimes de seu filho e ainda guardava o seu orgulho e reputação. Ele era muito tímido e estava chocado demais para encarar o mundo à sua frente. Ficou claro que Lionel ainda tentava, de forma inconsciente, proteger o seu nome e o de sua família da enorme vergonha e constrangimento que veio da noite para o dia. "Minha mãe, agora na casa dos oitenta anos, viveu uma vida honesta e direita. Ela nunca machucou ninguém, e eu não queria ela vendo o meu rosto na televisão, me ver em pé, mudo diante das câmeras, em um espetáculo público", diria ele, tempos depois.

Naquela tarde, em vez de acompanhar Boyle na coletiva, Lionel foi até a casa de sua mãe em West Allis e teve que driblar os jornalistas para poder entrar pela porta dos fundos. Dentro da casa, Lionel encontrou sua mãe descansando em sua cadeira de balanço e explicou a ela que conversara com o advogado e que estava ali para resolver o problema da invasão de privacidade por parte da imprensa e polícia. "Eu vi algumas coisas na TV", ela disse. Catherine estava visivelmente impressionada por tudo o que estava acontecendo, mas sua mente permanecia travada no passado, as memórias que tinha do neto estavam desconectadas dos eventos mais recentes. "Quando eu vi Jeff, ele parecia magro. Ele parecia pálido", disse ela. A mente da matriarca da família estava confusa e a mulher era incapaz de processar a enormidade do que se passava.

> "A aparência emaciada e pálida de meu filho constituía uma defesa em sua mente, a evidência de que um homem tão fraco jamais poderia ter cometido um ato tão extenuante quanto um assassinato [...] Batiam tão forte na porta que faziam os vidros das janelas chacoalharem. Ligavam ininterruptamente, fazendo o telefone tocar sem parar, até que por fim decidi desconectá-lo. [...] Mas, perdida como estava, em sua mente confusa, mamãe achou tais explicações inaceitáveis. Uma vez que ainda não se tinha permitido compreender a gravidade dos crimes de seu neto, ela não conseguia conectar o frenesi que ocorria no seu gramado com qualquer coisa que Jeff houvesse feito. Não importava quantas vezes

eu tentasse explicar para ela, mamãe sempre repetia as mesmas perguntas: 'Quem é essa gente? O que eles querem? Que barulho é esse?'." (Lionel Dahmer)

O dia seguinte, 25 de julho, foi o dia em que Jeff Dahmer fez a sua famosa primeira aparição pública no tribunal de Milwaukee para receber suas primeiras acusações de homicídio. O caso se tornou tão grande que a mera aparição de Jeff no tribunal foi transmitida ao vivo pela WISN-TV, um dos canais mais populares do Wisconsin. Era como se uma estrela internacional da música tivesse desembarcado na cidade e as emissoras de TV corrido até o hotel para transmitirem ao vivo a sua chegada, algo único até os dias de hoje no mundo dos assassinos em série. Era nítida a excitação dos jornalistas que faziam a transmissão, esperando a hora que aquele que todos estavam chamando de "O Monstro de Milwaukee" apareceria diante das câmeras. Nas ruas, pessoas paravam em frente a vitrines com TVs para acompanhar. Nas casas, famílias inteiras sentavam diante do sofá para finalmente conhecerem a feição do pior e mais macabro assassino da história do estado. Qual seria sua aparência? O Wisconsin e o país ficaram congelados com a história e ansiavam para ver a criatura anormal capaz de acumular cadáveres dentro de casa como se fossem uma coleção qualquer. Após viver uma vida nas sombras, se camuflando para não ser visto e usando um tipo de invisibilidade ao estilo do personagem Predador, era chegada a hora de sua aparência ser exposta para o mundo inteiro. Não apenas isso, Jeffrey Dahmer seria apresentado não como um pacato trabalhador de uma fábrica de chocolates, mas como ele realmente era: um assassino sem alma — o verdadeiro ser que, até aquele momento, ainda estava sob a pele de um humano.

Quando Gerald Boyle veio caminhando por um corredor seguido de sua assistente Wendy Patrickus, a hora tão esperada havia chegado. A âncora da WISN-TV, Marty Burns-Wolfe reagiu com espanto:

"É o Jeffrey Dahmer!".

Atropelando-a, falando ao mesmo tempo, o âncora Jerry Taff também não disfarçou o assombro:

"Aí está... aí está Jeffrey Dahmer, o homem de camisa listrada... este homem no centro da sua tela é acusado de... pelo menos suspeito em dezessete assassinatos incompreensíveis... os mais terríveis crimes que a mente humana pode conceber." Dahmer veio logo atrás de Boyle e Patrickus com seu peculiar caminhar, braços longos pregados ao corpo, retos, olhando para o chão e tomando rapidamente o seu lugar no tribunal lotado. Seu olhar morto e mania de mexer a boca como se estivesse mascando um chiclete se tornariam suas marcas registradas daquele dia em diante.

> "Enquanto Dahmer se sentava com os olhos baixos, ele piscava frequentemente e movia as mandíbulas e a boca em um movimento de mastigação." (*Chicago Tribune*, 26 de julho de 1991)

Mas antes de aparecer publicamente, Dahmer teve um encontro importante nos bastidores. Enquanto caminhava por entre os corredores, ele avistou seu pai. Era o primeiro encontro entre pai e filho após a descoberta de seus hediondos crimes. Naquele momento, Lionel teve a pior visão de Jeff que um dia já viu. Ele já havia visto seu filho destruído pelo álcool antes, mas aquilo era diferente. Jeff estava acabado, destroçado, com um olhar completamente morto e muito magro.

"Eu acho que eu acabei com tudo dessa vez. Me desculpe", disse Jeff, em tom mecânico. Lionel apenas o abraçou, chorando copiosamente em seguida. Enquanto o pai chorava abraçado ao filho, Jeff permaneceu enrijecido e sem demonstrar emoção. Seguiu-se um diálogo frio e sem sentido entre pai e filho, com Lionel não sabendo o que dizer e Jeff apenas acuado e repetindo que "dessa vez, ferrei tudo". Lionel enfatizou que Jeff precisava de ajuda e que ele e Shari estariam com ele para enfrentar a tormenta que se aproximava.

Naquela conversa difícil, Lionel teve um vislumbre do quão sombrio era o seu filho. "Desculpe", era tudo o que Jeff podia dizer, da mesma forma que sempre disse quando se metia em algum problema. Agora, porém, com tudo o que se falava sobre ele, Lionel pôde sentir o quão arrepiante, monótono e sem vida era o seu pedido de desculpas. Para Lionel, aquilo era a representação perceptível da loucura de Jeff. Ele talvez pudesse imitar o sentimento de arrependimento, mas a sua fala, o seu tom de voz, o seu rosto e o seu corpo mostravam o completo vazio sentimental que havia nele. Na cabeça de Lionel, tudo agora ficava mais claro. Ele lembrou da criança tímida que Jeff foi um dia e talvez a sua presunção estivesse errada. Talvez Jeff nunca tivesse sido tímido, pensou, mas simplesmente um ser humano que nasceu diferente de todo resto, desconectado do mundo e das pessoas. Seus olhos inexpressivos eram, na verdade, o resultado do seu vazio existencial, um homem que veio ao mundo sem qualquer conjunto básico de sentimentos. Tudo o que ele mostrava eram emoções artificiais, imitações, ainda assim, extremamente primitivas. Lionel não tinha mais dúvidas, seu filho era muito, mas muito doente, alguém com chances mínimas de encontrar uma saída.

A luz no fim do túnel para Jeff simplesmente não existia.

DETALHES OMITIDOS

Na manhã do dia 26 de julho, os detetives Pat Kennedy e Dennis Murphy receberam uma visita que aguardavam ansiosos. O tenente Richard Munsey, do Departamento de Polícia de Bath, chegou em Milwaukee após seu departamento ser comunicado pelo MPD sobre a confissão de Dahmer. Inicialmente, Dahmer confessou que matara um garoto por volta de outubro de 1978 em sua bucólica casa. Essa informação foi corrigida pelo próprio Jeff posteriormente: ele tinha quase certeza que o crime ocorrera em junho daquele ano, pouco depois de sua mãe ter abandonado a casa com seu irmão mais novo.

Investigando a fala de Dahmer, Munsey e seus colegas em Bath descobriram que só havia um caso em aberto que batia com a fala de Jeff. Era um garoto de 18 anos desaparecido exatamente em junho de 1978. O rapaz morava com a família em Coventry, uma cidadezinha ao sul de Bath, e sumiu após sair para assistir a um show de rock no Parque do Lago Chippewa, isso em 18 de junho de 1978. Munido dessas informações e com uma foto do garoto há mais de uma década desaparecido, o tenente Munsey pegou um avião até Milwaukee para interrogar Jeffrey Dahmer.

Dentro da sala de interrogatório, Pat, Murphy, Munsey, Patrickus e Dahmer começaram os trabalhos do dia tentando identificar a primeira vítima de Jeff. Após uma breve conversa introdutória, Munsey colocou na mesa, de frente para Jeff, várias fotografias de supostos garotos desaparecidos e pediu para ele dar uma olhada se alguma daquelas fotos era a do rapaz que ele alegou ter assassinado. Por cerca de um minuto Dahmer olhou para as fotografias enquanto fumava o seu cigarro. Rapidamente, separou uma das fotos e disse: "É ele". Munsey, então, revelou a Dahmer o nome do rapaz: Steven Mark Hicks. Jeff não sabia, mas a única foto de um rapaz desaparecido dentre todas as mostradas a ele era a de Hicks, o restante pertencia a garotos aleatórios e que Munsey sabia que estavam vivos. Jeff foi certeiro. "Como você pode ter certeza? Já se passaram treze anos", perguntou o detetive Munsey.

"É ele, eu não lembrava do nome até você falar, mas eu me lembro agora. Eu peguei a identidade dele e queimei em um latão de lixo com as roupas dele. Eu lembro de ler o nome na carteira dele antes de queimar", respondeu Dahmer.

"Mas como você pode ter certeza?", continuou Munsey.

Nesse momento, Dahmer colocou o seu cigarro no cinzeiro e repetiu as palavras ditas anteriormente por Murphy: "Você sempre se lembra do primeiro". Identificada a primeira vítima, Munsey mostrou a Dahmer fotografias aéreas da casa onde cresceu para que ele pudesse apontar onde havia enterrado o que restou de Steven Hicks. Impressionado com a nitidez da foto, Jeff apontou para uma área de mata ao lado da casa e disse: "Foi aqui onde eu espalhei os ossos quebrados. Toda a carne eu coloquei em sacos de lixo e levei pro lixão".

"Conte para ele do policial que o parou, Jeff ", interrompeu Pat.

Dahmer, então, recontou a história de como quase foi descoberto por um policial que o parou na noite em que levava o corpo desmembrado de Hicks para ser descartado. O policial o parou após notar Jeff dirigindo de forma errática pela estrada e até perguntou o que eram os sacos de lixo no banco de trás do seu carro, iluminando-os com a lanterna. Jeff deu uma desculpa qualquer e o policial acreditou, aplicando-lhe uma multa. Munsey anotou tudo e, quando Jeff terminou, Pat e Murphy notaram um olhar estranho no policial de Bath. Munsey se levantou e disse que precisava ligar para o seu departamento para pedir por informações adicionais. Aparentemente, ele queria tirar a limpo a história de Dahmer.

Algum tempo depois, quando Murphy e Pat encerraram os trabalhos do dia com Dahmer, ambos os detetives saíram da sala e o escoltaram até a sua cela. Ao voltarem, os dois deram de cara com Munsey do lado de fora de um elevador. O policial de Bath parecia petrificado, olhando para o nada, branco como a neve.

"Ei, você está bem?", perguntou Murphy.

Munsey apenas balançou a cabeça afirmativamente e continuou olhando para o nada. Pat e Murphy não entenderam. Depois de algum tempo, Munsey disse: "Sabe, eu pensei que aquela história da violação de trânsito em 1978 me parecia familiar, mas eu não queria interromper ele. Eu liguei para o meu departamento e pedi para que eles procurassem arquivos das violações de trânsito emitidas naquela época. Vocês não vão acreditar nisso, mas... era eu. Fui eu que parei ele naquela noite. Eu me lembro de iluminar aqueles sacos de lixo com a minha lanterna. Eu não posso acreditar".

Surpreso com a declaração, Pat não sabia o que dizer. Já Murphy, de forma intempestiva e insensível, gargalhou e exclamou: "É por isso que você está tão branco! Você poderia ter interrompido toda essa coisa no primeiro homicídio!". Resignado, Munsey não achou graça nenhuma e permaneceu calado. Pat tentou contornar a situação: "Não se sinta mal por ter sido enganado por Dahmer. Você não foi o único que ele enganou", disse, então contou a história de John Balcerzak e Joseph Gabrish e de como os dois policiais de Milwaukee também foram passados para trás por Dahmer. Nada poderia diminuir o choque da revelação. Munsey voou de volta para Bath para continuar a investigação enquanto confrontava o incidente daquela madrugada de junho de 1978. O sentimento de ter, de certa forma, permitido que um assassino seguisse seu caminho de destruição o perseguiria para sempre.

A identificação das outras dezesseis vítimas de Jeffrey Dahmer começou na segunda-feira, 29 de julho. Pat, Murphy e Dahmer passariam as semanas seguintes tentando identificar cada uma das vítimas através da comparação das Polaroids de Dahmer com fotos de pessoas desaparecidas e cruzando outras informações. Já a identificação forense ficou a cargo de Jeffrey Jentzen e sua equipe. Com uma memória visual excepcional, Jeff foi capaz de identificar precisamente cada uma de suas vítimas. Wendy Patrickus acompanhou todo o trabalho, anotando tudo o que Jeff dizia e repassando a Gerald Boyle.

Dahmer não hesitou em contar a Pat, Murphy e Wendy como atraía, enganava, matava, desmembrava e descartava suas vítimas. Ele respondeu a todas as perguntas sem se incomodar: Por que guardava as cabeças? Que produto usava para fervê-las? Como desmembrava os corpos? Por que só praticava sexo anal com eles mortos? Não demonstrou orgulho ou prazer ao falar dos crimes; pelo contrário, era monótono e sem emoção, como se existissem dois Jeffs: um sociável em conversas banais e outro mecânico e apático ao descrever os assassinatos. Apesar disso, chegou a fazer piada. Quando Murphy mencionou um garoto que alegou ter tido um encontro sinistro com Dahmer, Jeff leu a confissão e confirmou: era Luis Pinet, o adolescente que ele torturou com um martelo de borracha em julho de 1990. Com deboche, Jeff olhou para Pat e perguntou:

"Ei, Pat. Sabe o que acontece quando você dá uma martelada na cabeça de alguém?".

"Não, o que acontece?"

"Eles ficam bravos com você!"

Foram comuns, durante aquelas semanas, suspeitas de que Jeff Dahmer tivesse agido em outros estados e matado mais pessoas. O MPD foi inundado com denúncias e ligações de departamentos policiais de todos os Estados Unidos perguntando se por acaso o morador do apartamento 213 não estaria envolvido nesse ou naquele desaparecimento. Casos não resolvidos de assassinatos, onde um cadáver foi encontrado esquartejado, quase que automaticamente caíram em sua conta. Jeff, entretanto, foi irredutível: ele só matou em três lugares — Bath, West Allis e Milwaukee.

Um dos casos em que Dahmer se tornou suspeito foi o de uma criança chamada Adam Walsh, de 6 anos, raptada de um shopping center na cidade de Hollywood, Flórida, em julho de 1981, época em que Dahmer morou na região após ter sido dispensado do Exército. Walsh foi decapitado e seu corpo jamais foi encontrado, assim como seu assassino.* "Ele é uma criança. Eu não machucaria uma criancinha", disse Dahmer quando Pat colocou a foto de Walsh em cima da mesa e perguntou se ele o conhecia. Walsh realmente era uma criança, mas Dahmer abusara de Somsack, de 13 anos, matara seu irmão Konerak, de 14, e outro, Doxtator, também tinha 14 anos. Realmente, ele havia atacado esses garotos, mas, segundo Jeff, na época ele pensou que todos fossem maiores de idade — Doxtator realmente poderia aparentar ser mais velho devido à altura; já Somsack afirmou ter revelado a sua idade a Dahmer ainda na rua, quando Jeff o abordou; seu irmão

* Em 2008, mesmo sem provas, a polícia da Flórida anunciou o assassino em série Ottis Toole como autor do crime.

Konerak tinha as feições de uma quase-criança. As primas Nicole Childress e Sandra Smith sempre afirmaram ser impossível acreditar que ele fosse maior de idade. Não há dúvidas de que Jeff Dahmer tinha preferência por homens jovens e másculos, mas quando a oportunidade foi apresentada, ele abusou e matou menores de idade, garotos que, apesar de não poderem ser sexualmente ativos, eram fisicamente atraentes.

"Eu não tenho atração por crianças", disse Dahmer, ultrajado. Jeff reforçou mais uma vez que gostava de homens jovens, na casa dos 19 a 22 anos, magros, com os corpos e a sexualidade definidos. Nunca passou pela sua cabeça atacar crianças, e ele se sentiu tão insultado que Pat e Murphy nunca mais tocaram no assunto Adam Walsh.

Foram comuns, durante aquelas semanas, suspeitas de que Jeff Dahmer tivesse agido em outros estados e matado mais pessoas. O MPD foi inundado com denúncias e ligações de departamentos policiais de todos os Estados Unidos perguntando se por acaso o morador do apartamento 213 não estaria envolvido nesse ou naquele desaparecimento. Jeff, entretanto, foi irredutível: ele só matou em três lugares.

Dahmer não teve problemas em pormenorizar os detalhes doentios de seus crimes, mas alguns pontos e comportamentos que, em sua mente, eram escabrosos demais foram omitidos por ele. Em retrospectiva, se ninguém descobrisse nada, ele ficaria de boca fechada, e isso é uma prova de que, talvez, não saibamos tudo sobre Jeffrey Dahmer.

Um exemplo de algo que ele tentou esconder foi a prática de canibalismo. Quando Jeffrey Jentzen comunicou o MPD sobre a suspeita, porque ele e sua equipe encontraram carne cuidadosamente cortada em filés na geladeira de Dahmer, Pat e Murphy ficaram assustados e conversaram bastante sobre como eles poderiam abordar esse tema com Jeff. Aquilo não fazia diferença nenhuma para eles, mas era importante para o caso em si e para sanar as dúvidas do escritório do médico legista, e também para seus advogados que poderiam usar o fato dentro da estratégia da defesa, apontando como Jeff era psicologicamente deformado — caso usassem a tese da insanidade. Quando Dahmer foi confrontado com essa suspeita, ele se levantou da sua cadeira e foi tomado por um pânico que transpareceu por todo o seu corpo. Ele não esperava por isso. Aparentemente, ele acreditava que aquele era um segredo só dele e que morreria com ele. Pat e Murphy o acalmaram, e, após o choque inicial, Jeff balbuciou um arrastado "sim".

Sim, ele havia comido suas vítimas, mas não todas, apenas algumas. Perguntado por que não contara aquilo antes, Jeff respondeu: "Eu não sei, quero dizer, tudo estava indo tão tranquilo. Eu não pensei que isso importasse muito para a investigação. Além do mais, parece que vocês realmente gostam de mim. Eu não sabia o que vocês pensariam de mim se eu dissesse a vocês. E ainda tem toda a coisa com a imprensa. Eles irão me transformar em um tipo de monstro quando eles descobrirem sobre isso... Eu também acho que eu queria poupar minha família das monstruosidades dos meus atos".

Jeff não pôde esconder seus assassinatos, pois foi pego em flagrante e a polícia encontrou cabeças e restos de corpos em seu apartamento. Com o tempo, ele se abriu sobre tudo o que havia feito, mas ainda omitiu alguns detalhes horríveis, como o canibalismo. Outra prática que escondeu foi a tentativa de criar zumbis, perfurando as cabeças de algumas vítimas com uma furadeira. Jeffrey Jentzen e sua equipe identificaram pequenos furos em quatro crânios, compatíveis com uma das brocas encontradas no apartamento que continha tecido humano e vestígios de ossos. Confrontado com a descoberta, Dahmer disse:

> "Então, eu não mencionei isso porque eu não achei que era pertinente à investigação e eu não queria que vocês pensassem que eu estava torturando alguém, porque eu não estava. Lembra que eu disse que ficava sempre desapontado após matá-los? Então, isso é porque, como eu disse, eu queria manter eles comigo. Eu realmente queria um corpo quente e vivo para deitar com ele e fazer amor. Eu estava tentando uma maneira de mantê-los vivos, mas indefesos e completamente sob meu controle. Eu pensei que se eu pudesse encontrar uma maneira de fazer isso, eu não teria que matar mais... Eu realmente esperava que existisse uma maneira de mantê-los quentes e vivos, mas permissivos. Apenas não funcionou."

• • •

O caso Jeffrey Dahmer tomou de assalto os lares americanos e impressionou as pessoas ainda anestesiadas com a história de Hannibal Lecter. O filme *O Silêncio dos Inocentes* estava fazendo história e acabou se tornando um lembrete assustador de que a ficção era nada mais do que um retrato da realidade, infinitamente mais dolorosa e horrenda.

Como era de se esperar, a mídia capitalizou em cima da história. Durante meses, Jeffrey Dahmer e a sua casa dos horrores foi o único assunto possível e explorado à exaustão. Publicações sérias como a *Newsweek*, *People* e *Vanity Fair* — três das revistas mais importantes e famosas dos Estados Unidos — publicaram extensas reportagens sobre o caso. Jeff foi capa em todas elas. Em edição de 12 de agosto de 1991, a *People* escreveu na descrição da matéria de capa intitulada "Horror em Milwaukee":

> "Ele era um homem quieto que trabalhava em um fábrica de chocolate. Mas em casa, no apartamento 213, um SILÊNCIO DOS INOCENTES da vida real estava se revelando."

Mas nem todos tiveram interesse em informar. A mídia televisiva, especificamente, e sua asquerosa sede por audiência (e não pela verdade) transformou o caso em um verdadeiro show de horrores, com direito a propagação de informações falsas e pseudojornalismo. Teve de tudo. Programas de enorme audiência da TV americana como *Geraldo* e *The Phil Donahue Show* destruíram as reputações de Lionel e Shari com acusações absurdas que iam desde Lionel estuprando Jeff repetidas vezes quando criança a Shari sendo a madrasta dos infernos. As acusações eram ridículas e criminosas, mas o problema dos veículos de massa é que, a partir do momento em que informações (nesse caso falsas) são disseminadas, o estrago não pode mais ser consertado. Por algum motivo, a maioria das pessoas tende a acreditar no que a televisão diz, elas simplesmente não assistem de forma crítica, apenas se sentam no sofá e aceitam passivamente o que veem, e não são poucos os casos de programas de TV que utilizam impostores na busca cega e ensandecida pela audiência, que o diga Gugu Liberato e sua entrevista forjada com dois integrantes do PCC encapuzados em 2003. Da mesma maneira, um homem sem rosto chamado "Nick" apareceu no *The Phil Donahue* dizendo ter tido um caso amoroso com Dahmer. Ele revelou, para "espanto" de Phil Donahue, como o assassino em série contou para ele sobre os estupros que sofreu do pai até os 16 anos. Até todo mundo entender que tudo não passava de uma ação midiática criminosa, a reputação de Lionel já havia sido destruída e os amigos, em sua maioria, desapareceram.

Como urubus sobrevoando a carniça, a televisão também não poupou seus ataques à forma como as autoridades lidaram com Jeffrey Dahmer (como se a própria mídia televisiva não fosse parte do problema sociocultural que divide a sociedade em camadas, abrindo brechas para a promoção do preconceito racial, de gênero, sexual etc.). Em especial, o caso Konerak Sinthasomphone perdurou por semanas e mais semanas. A discussão sobre homofobia e racismo, tratada de forma superficial, foi o prato principal de programas de TV que queriam capitalizar em cima de tudo o que estava ocorrendo, mas sem a intenção de propor soluções ou adentrar nas raízes do problema.

E por falar em Konerak, na sexta-feira, 26 de julho de 1991, quatro dias após a prisão de Dahmer, notícias sobre o episódio envolvendo o garoto de 14 anos foram divulgadas pela polícia. Aquela vida a qual todos estavam se referindo como "o menino asiático" foi apresentada em matérias na televisão como sendo uma possível vítima de Dahmer. E, realmente, ele foi assassinado pelo morador do apartamento 213. A notícia caiu como uma bomba para a família de Konerak, para o MPD, e principalmente para os policiais John Balcerzak, Joseph Gabrish e Richard Porubcan.

Somdy Sinthasomphone, mãe de Konerak, começou a tremer ao receber a notícia, desmaiando três vezes e sendo levada ao hospital. Seu marido, Sounthone, era a imagem da desolação; sentado em uma cadeira na sala de sua casa, não falava com ninguém, apenas olhava para o nada. Os sete irmãos de Konerak choravam compulsivamente.

Os Sinthasomphone sofreram em silêncio com a notícia de que o crânio do membro mais jovem da família foi encontrado no apartamento 213.

Dentro do MPD, Dahmer ficou surpreso quando Pat e Murphy lhe informaram que Konerak era irmão do garoto que ele havia assediado em 1988. "Nossa, como eu poderia saber? Eu nunca procurava por nada na vida pessoal das minhas vítimas. Eu realmente não queria saber. Ficaria difícil para mim levar adiante meus planos se eu soubesse muito sobre eles. Ficaria pessoal. Eu não acho que teria feito se eu conhecesse eles bem", disse Jeff. De fato, para matar, era necessário que Jeff despersonalizasse as vítimas, enxergando-as apenas como objetos. Ele não mataria ninguém conhecido porque conhecer pessoas nos faz vê-las como os seres humanos que são. Alguns assassinos em série conseguem reconhecer isso.

Sob escrutínio público, o MPD se viu cercado e metralhado de todos os lados e, em 6 de setembro de 1991, seguindo um relatório que concluiu que três policiais do Departamento de Polícia de Milwaukee não seguiram os procedimentos padrões de abordagem no caso Konerak Sinthasomphone, Phillip Arreola tomou a difícil decisão de despedir por justa causa John Balcerzak e Joseph Gabrish. Richard Porubcan, que acompanhou os dois mais velhos naquele 27 de maio, foi poupado e colocado sob observação. Em uma coletiva de imprensa, Arreola afirmou que "Os oficiais falharam em desempenhar adequadamente suas funções como exigido pelas regras e regulamentos... Como comandante, reconheço que eu e todo o departamento devemos aceitar a responsabilidade pela inadequada resposta policial em 27 de maio de 1991", e prometeu mudanças na polícia, além de treinamentos na forma da abordagem policial, formação cultural aos policiais e sensibilidade no contato polícia-cidadão.

Com o passar dos meses, o interesse público em Jeffrey Dahmer foi esfriando, congelando quase por completo com a chegada do inverno no final daquele ano. Mas isso não durou muito, porque um dos mais aguardados julgamentos da história americana estava marcado para começar no final de janeiro de 1992.

E esse era o julgamento do assassino canibal Jeffrey Lionel Dahmer.

8
O JULGAMENTO

Um mês após ser preso, em 22 de agosto de 1991, Jeffrey Dahmer fez uma nova aparição pública no tribunal de Milwaukee, dessa vez para receber as três últimas das quinze acusações de assassinato que recebeu. (A 16ª, pelo assassinato de Steven Hicks, veio posteriormente, apresentada pela promotoria de Ohio, e a acusação do assassinato de Steven Tuomi não foi levada adiante pelo promotor Michael McCann, porque Dahmer não se lembrava de ter cometido o crime). Sua fiança aumentou para 5 milhões de dólares. Jeff apareceu com um uniforme laranja e sua aparência tinha melhorado consideravelmente. O homem mirrado que não se alimentava direito, reflexo da loucura na qual estava absorto durante suas últimas semanas em liberdade, não existia mais. Ele escutou calmamente a juíza discorrer sobre a pena que ele poderia pegar por cada uma das quinze acusações. Suas aparições posteriores no tribunal foram sempre disputadas e o local ficava cheio de curiosos, todos querendo ter um vislumbre da celebridade do crime. Mas, diferentemente de Richard Ramirez, cujo ego transbordou com a atenção recebida, Dahmer sequer olhava para o público e, quando autorizado, saía o mais rápido possível das vistas de todos — jornalistas e público.

Os crimes de Dahmer pareciam provas óbvias de insanidade. O que mais poderia explicar um homem que mata pessoas, faz sexo com os cadáveres, esquarteja seus corpos, os derrete em ácido, preserva seus crânios e come suas carnes? E tudo isso por gratificação sexual? O homem tinha obsessão por corpos e faria qualquer coisa para tê-los. Ele fazia sexo com as vísceras e as cabeças decapitadas; esfolava homens para vestir suas peles; colocava o escalpo de Anthony Sears na cabeça e chupava o seu pênis decepado enquanto olhava para o seu crânio. E a questão dos zumbis? Um louco.

Mas a alegação de insanidade era uma pratica incomum, e quase nunca era usada nos tribunais.

Em 13 de janeiro de 1992, Jeffrey Dahmer ignorou o conselho do seu advogado e declarou-se culpado, mas insano. E essa decisão selou o seu destino. Pela lei do estado do Wisconsin, Dahmer tinha o direito a um julgamento inicial para verificar sua culpabilidade, mas com a sua declaração de culpa, esse julgamento não aconteceria mais. De acordo com Don Davis, no livro *The Milwaukee Murders*, "a declaração de Dahmer mudou totalmente a defesa do seu advogado. Agora, em vez de provar que o seu cliente não cometeu os assassinatos, ele teria que fazer algo totalmente incomum em um tribunal, provar que Dahmer era louco, que apenas uma pessoa insana faria essas coisas".

O promotor precisaria convencer os jurados que Dahmer não era legalmente insano e que ele tinha consciência da ilicitude dos seus atos, mas os cometeu mesmo assim. Em outras palavras, Dahmer era um assassino calculista, que enganava suas vítimas e as matava a sangue-frio.

Em um julgamento cuja retórica repousaria na tese de insanidade, tanto a promotoria quanto a defesa seriam obrigadas a fazer uso pesado dos detalhes macabros e doentios do caso, mas, apesar da natureza bestial e amalucada dos crimes de Jeff, o advogado Gerald Boyle teria uma difícil tarefa para convencer o júri de que ele era insano. Quando o seu cliente decidiu se declarar culpado, mas insano, o caso mudou de *culpa* para *responsabilidade*.

A defesa da insanidade é uma das áreas mais enlouquecedoras do direito, um lugar onde legalidade, moralidade e medicina disputam o domínio. Em última análise, o julgamento de Dahmer se resumiria a uma "batalha de psiquiatras", que foi o que acabou acontecendo — algo já visto algumas vezes em outros casos envolvendo assassinos em série. Casos americanos notórios como os de Albert Fish, Edmund Kemper, Richard Chase e John Wayne Gacy também envolveram alegações de insanidade e seus julgamentos apresentaram psiquiatras e psicólogos como protagonistas. Era tarefa de Gerald Boyle provar que Jeff estava sofrendo de alguma forma de doença mental, delírios psicóticos talvez. Mas demonstrar a doença mental não seria suficiente: o advogado de Dahmer precisaria convencer que ele não só estava doente na época dos crimes como também não tinha a capacidade de entender a ilicitude de suas ações. Sua capacidade de racionalização ao mentir para a polícia poucos minutos antes de assassinar Dee Konerak Sinthasomphone poderia ser suficiente para convencer os jurados de que ele era um assassino controlado, que entendia o que estava fazendo, e, assim, sepultar o trabalho de Boyle.

Em 13 de janeiro de 1992, Jeffrey Dahmer ignorou o conselho do seu advogado e declarou-se culpado, mas insano [...] O promotor precisaria convencer os jurados que Dahmer não era legalmente insano e que ele tinha consciência da ilicitude dos seus atos, mas os cometeu mesmo assim.

Enraizada nas noções bíblicas de justiça, a defesa da insanidade existiu de alguma forma desde a Idade Média. A maioria dos estados nos Estados Unidos, no entanto, baseiam suas leis em um caso ocorrido em 1843, o caso Daniel M'Naghten,* onde, em uma decisão histórica, a corte britânica estabeleceu que culpa implica na capacidade de distinguir o *certo* do *errado*. Nos anos 1970, a maioria dos estados dos Estados Unidos fazia seus testes de insanidade através do chamado "padrão de controle", que consistia da pergunta: "O assassino poderia ter parado de matar?". Baseado nesse padrão, Dahmer seria considerado um "insano crônico", porém esse modelo mudou em 1982 com a indignação pública depois que John Hinckley (que tentou matar o então presidente norte-americano Ronald Reagan) foi considerado insano. A pressão da opinião pública fez com que o congresso norte-americano mudasse os

* Carpinteiro escocês que, em 20 de janeiro de 1843, assassinou Edward Drummond, um importante funcionário do governo britânico. Diagnosticado como sofredor de delírios paranoicos, M'Naghten foi inocentado em razão da sua insanidade.

estatutos sobre insanidade. O resultado foi que a maioria dos estados norte-americanos mudou a forma como lidam com o tema, passando para a defesa o ônus de provar a insanidade do réu.

Insanidade é algo raro, advogados consideram isso como um último recurso. Nos Estados Unidos, uma pequena parte dos assassinos em série e dos assassinos em massa alega insanidade, e a maioria não obtém sucesso — e isso inclui indivíduos notadamente doentes mentais como Albert Fish e Richard Chase. No Brasil, exceções incluem os assassinos em série Benedito Gomes Rodrigues,* Febrônio Índio do Brasil† e Marcelo Costa de Andrade.‡ Críticos da defesa de insanidade argumentam para a sua abolição, alguns dizendo que ela é muito branda (afinal, um criminoso como Dahmer poderia ir para um hospital mental e até sair de lá, caso aparentasse ter se curado), outros afirmam que a insanidade obriga os jurados a decidirem sobre questões que transcendem suas competências. Uma outra parte afirma que os conceitos jurídicos em torno do tema são defasados e não respeitam a ciência psiquiátrica.

A realidade nua e crua é que Dahmer colocou o seu advogado em maus lençóis, e é provável que ele o tenha feito de propósito, porque tudo o que ele desejava era que aquilo acabasse logo. O tempo de se safar dos seus problemas havia terminado. Ele não queria se safar, muito menos ter que passar por dois julgamentos. "Isso é minha culpa. Existe uma hora para ser honesto", disse Dahmer a Gerald Boyle. Quanto menos tempo ele fosse torturado em tribunais, quanto menos tempo ele e o nome de sua família estivessem em evidência, melhor. Se ele pudesse apenas comparecer a uma audiência de cinco minutos e receber sua pena logo em seguida, era isso o que ele desejava. Tudo estaria acabado e todos ficariam felizes. Ele era culpado e pronto; quanto menos estivesse exposto, melhor.

Mas era chegada a hora de Jeffrey Lionel Dahmer enfrentar a justiça e as pessoas. Sua vida invisível se esgueirando pelas rachaduras da sociedade não existia mais. Tanto tempo atuando para esconder de todos sua perversidade doentia e agora ela seria exposta na frente de todos,

* Matou pelo menos dezesseis pessoas em vários estados brasileiros, entre 1948 e 1967. Após assassinar suas vítimas, bebia o sangue delas.

† Maníaco sexual, assassinou um homem e uma criança na década de 1920, no Rio de Janeiro.

‡ Conhecido como o "Vampiro de Niterói" por beber o sangue de suas vítimas, o necrófilo Marcelo matou catorze crianças em 1991 nas cidades de Niterói e Rio de Janeiro.

sem filtros e sem meias-palavras. Jeff seria desnudado e exposto como um dos homens mais doentios dos anais do crime, e a exposição do seu íntimo sombrio era provavelmente o seu pior pesadelo. Para ajudar a lidar com a vergonha e a incapacidade de encarar as pessoas, Jeff jamais usou seus óculos de grau nas semanas que duraram seu julgamento. Ele tinha problemas de vista e usava óculos o dia inteiro, mas jamais os colocou quando era retirado da sua cela para encarar as pessoas. Em todos os vídeos dele em audiências judiciais e no julgamento, ele está sem, e isso se deu unicamente porque, sem os óculos, ele não podia encarar as pessoas, ele não podia enxergá-las, enxergar seus rostos, feições e olhos. Ele não podia saber se elas o estavam olhando ou não. Ele se escondeu atrás de seus problemas de vista, apresentando apenas o seu corpo ao tribunal.

Dentro do fórum, uma operação de guerra foi montada. Na entrada, detectores de metais foram instalados e todos os dias, antes de começar, cães farejadores esquadrinhavam cada centímetro em busca de bombas ou outros artefatos perigosos. Um vidro de mais de dois metros de altura foi instalado entre o público e o espaço onde estariam juiz, promotoria, defesa, réu, testemunhas e demais participantes. O vidro, à prova de balas, foi colocado com objetivo de proteger o réu Jeffrey Dahmer de possíveis ataques vindos do público.

Em 29 de janeiro de 1992, o júri e dois suplentes foram selecionados. Apenas uma pessoa negra foi escolhida, o que causou um grande protesto dos familiares das vítimas. O caso foi polarizado como uma questão racial. Durante meses, a televisão não cansara de contar a história de Konerak Sinthasomphone e de como os policiais brancos ignoraram as adolescentes negras. Do outro lado, Dahmer, um homem branco, loiro e de boa aparência, pareceu a vida inteira ter tido a simpatia das autoridades. A maioria das vítimas era negra e, desfamiliarizados com a confissão de Jeff, e baseando-se em achismos, mídia, especialistas diversos e a sociedade em si acreditaram que o ódio racial estivesse presente por trás das ações do réu. "Não é justo. Pegar um júri com apenas um negro quando a maioria das pessoas que foram mortas era negra? Como eles podem fazer isso?", disse, indignada, Rita Isbell, irmã de Errol Lindsey. Parecia que o júri de seis homens brancos, sete mulheres brancas e um homem negro era um outro exemplo de injustiça racial.

No breve discurso que fez ao júri após a seleção, Gerald Boyle afirmou que o réu era obcecado em fazer sexo com cadáveres e que iria provar que o seu cliente era mentalmente doente no momento em que cometeu os assassinatos. "Isso não é racial. A evidência irá mostrar que a obsessão do sr. Dahmer era com a forma corporal, não a cor", disse. "Ele teve todo tipo de contato sexual com cadáveres... todo tipo." Em sua fala, Boyle afirmou que os crimes de Jeff estavam profundamente enraizados em sua infância, e que, aos 14 anos, ele já fantasiava sobre usar um cadáver para propósitos sexuais. O advogado até citou um episódio em que o réu, ainda adolescente, tentou desenterrar o cadáver de um jovem homem, mas não conseguiu porque a terra estava congelada. Na escola, continuou Boyle, o garoto pegou escondido a cabeça de um filhote de porco dissecado na aula de biologia, levou para casa, tirou a carne e guardou o crânio. Desde muito cedo o seu cliente demonstrou um comportamento aberrante e irracional, alimentado por fantasias bizarras, e, sem um tratamento adequado, isso acabaria por enlouquecê-lo.

Já o promotor Michael McCann afirmou que o réu era problemático, mas um jovem mentalmente saudável "criado em uma linda casa [...] Eu acho que vocês irão perceber através das evidências que o sr. Dahmer sabia o tempo todo que o que fazia era errado". McCann argumentou que o réu nunca sofreu qualquer tipo de abuso na infância, pelo contrário, foi uma criança que, de muitas maneiras, teve a sorte de estar em uma família com a "situação avantajada". Dahmer, continuou o promotor, preferia sexo com homens que estavam vivos, pois ele gostava de estar perto deles, de escutar o coração deles batendo e sentir o calor de seus corpos. Ele os matava para estender o tempo de prazer e jogava fora os corpos quando eles não eram mais capazes de lhe servirem sexualmente. Os homicídios seguiram uma escalada gradual, disse o promotor, e Jeff simplesmente decidiu não resistir aos seus impulsos, principalmente após o segundo assassinato, como ele mesmo afirmou em sua confissão para a polícia e psiquiatras.

Protagonistas no julgamento, Boyle e McCann eram velhos conhecidos. Na superfície, ambos representavam o que Milwaukee tinha de melhor em suas respectivas carreiras. Boyle era um dos melhores e mais respeitados advogados do Wisconsin, com fama de durão e profissionalismo extremo. Já McCann era um promotor público de carreira com mais de vinte anos de experiência como agente máximo da promotoria do Condado de Milwaukee — metódico, focado e *workaholic*. No passado, ambos trabalharam juntos no escritório da promotoria, alcançando os mais altos cargos, até 1968, quando o cargo de promotor público vagou. Dois promotores de altíssimo nível, Boyle e McCann se enfrentaram na disputa pelo posto. McCann, 31 anos na época, levou a melhor, e por quase quarenta anos se manteve no cargo, enquanto Boyle trocou de lado, cimentando o seu nome como um dos mais notórios defensores criminais do estado do Wisconsin.

Do lado de fora, um verdadeiro circo se armou com inúmeros repórteres apontando seus microfones para quem quer que aparentasse ter alguma coisa a dizer. Centenas de pessoas se acotovelaram na infrutífera tentativa de entrar no tribunal. Havia estudantes de ensino médio matando aula e querendo um autógrafo de Dahmer. Havia mulheres apaixonadas e dispostas a se encontrar com o réu para lhe oferecer todo o seu amor. Dentro do tribunal, o canal de TV a cabo Court TV posicionou suas câmeras para realizar a transmissão ao vivo do histórico julgamento, que começou na quinta-feira, 30 de janeiro de 1992, sob os trabalhos do juiz de Milwaukee Laurence Gram, de 59 anos. O espaço para o público foi preenchido com familiares das vítimas, jornalistas, funcionários do tribunal e alguns civis. Nos assentos na extrema direita da sala, praticamente em frente à mesa do juiz, sentaram-se Lionel Dahmer e sua esposa Shari, os únicos familiares do réu a comparecer. Definitivamente, era um ambiente inóspito e tenso para o casal, mas eles não podiam deixar de estar ali e demonstrar seu apoio ao filho deles. Para Lionel, Jeff era a prova viva da insanidade e o melhor local para abrigá-lo seria um hospital psiquiátrico, lugar onde ele poderia ser melhor cuidado e até estudado por especialistas.

Quando o julgamento teve início, Boyle foi o primeiro a falar. A estratégia da defesa era provar que Dahmer, acometido por uma doença mental, era incapaz de fazer um correto julgamento dos seus atos. Ao começar, Boyle advertiu os jurados: "Vocês irão ouvir coisas que provavelmente nunca pensariam existir no mundo real. Vocês irão ouvir sobre comportamento sexual antes da morte, durante a morte e após a morte. Vocês acham que realmente estão aptos a ouvir?".

Ele, então, discorreu sobre a infância de Dahmer e como o seu cliente era obcecado em fantasias homossexuais desde os 14 anos de idade, e tais fantasias envolviam curiosidades sobre os órgãos internos e esqueletos de animais, e um forte desejo por fazer sexo com um cadáver.

Em última análise, foi um transtorno parafílico, a necrofilia — um desvio do comportamento sexual —, que levou Dahmer a matar e desmembrar os quinze jovens, e por cujas mortes estava sendo julgado. Essa doença, caracterizada pela necessidade do indivíduo de fazer sexo com cadáveres, foi o que cegou Dahmer, levando-o para além da loucura. "Seu método de operação consistia em encontrar uma pessoa que melhor se encaixasse em seu desejo por um corpo", disse Boyle, enfatizando a palavra *corpo*. "Qualquer um que se encaixasse na descrição estava em perigo."

Boyle contou que Jeff, em seu desejo por um corpo inanimado, uma vez roubou um manequim de uma loja, além da tentativa de desenterrar um cadáver recém-enterrado. Tudo girava em torno dessa doença, a necrofilia, afirmou o advogado. Seu cliente mostrou uma tendência crescente em guardar crânios, cabeças e outros pedaços de corpos — alguns dos quais ele usava para gratificação sexual através da estimulação visual e até mesmo do contato — para construir um santuário para si mesmo. Jeff estava "levando suas vítimas da vida à morte, e, então, trazendo-as de volta para a vida" através da necrofilia.

Ele estava tão perdido em seu próprio mundo de loucura que se identificava com vilões de filmes, como o Imperador Palpatine e o Assassino de Gêmeos. Dahmer até mesmo comprou lentes de contato amarelas, assim ele poderia ter o olhar dos dois personagens, disse Boyle, adicionando que o seu cliente também se afeiçoou à ideia do mal supremo, representado pelo diabo no filme *O Exorcista III*. "Esse não é um homem mau. Ele é um homem doente", disse o advogado.

Quando foi passada a vez a Michael McCann, o promotor chamou sua primeira testemunha, Pat Kennedy, e o detetive passou uma hora e meia lendo a confissão que o réu deu a ele nas horas seguintes à sua prisão. Após perguntas de ambos os lados à testemunha, McCann reforçou que o réu não era alguém cujo interesse repousava em cadáveres, pelo contrário, sua primeira escolha era por um corpo vivo, mas submisso o suficiente para ele ter controle. E para atingir esse desejo, Dahmer mentiu para médicos a fim de obter receitas de Halcion. Jeff sentia prazer em colocar o ouvido no tórax de suas vítimas drogadas para escutar os batimentos do coração. O promotor citou a fala de Jeff a um psiquiatra como prova de sua racionalidade: "A luxúria que me consumia era experimentar os corpos deles. Eu os via como objetos, como estranhos. Se eu conhecesse eles, eu poderia não fazer". Tudo, disse McCann, repousava não em cadáveres, mas em controle.

O experimento de lobotomia que Jeff realizou em Konerak Sinthasomphone era uma prova que ilustrava a necessidade de controlar a vítima, disse McCann. "Ele queria mantê-los como escravos sexuais", disse. Jeff, apesar de alguns enxergarem o contrário, podia muito bem se controlar, prova disso é que ele passou meses em uma faculdade e anos no Exército sem matar ninguém, mesmo estando cercado por bonitos homens jovens e da sua idade. "Isso é controle. Se ele estivesse fora de controle, haveria agressões", disse Michael McCann.

O promotor continuou dando exemplos de como Dahmer era um assassino metódico e calculista. Ele nunca pegou ninguém que tivesse um carro, pois um carro abandonado chamaria a atenção da polícia. Ele também matava aos fins de semana, pois assim ele poderia passar mais tempo com as vítimas e seus corpos e teria tempo para descartá-las antes de se apresentar no trabalho na madrugada de segunda-feira. "O sr. Dahmer sabia o tempo todo que o que ele estava fazendo era errado. Esse não é o caso de um homem psicótico", afirmou McCann.

> "Ele era um mestre da manipulação, enganou a todos, ele sabia exatamente o que ia fazer, cada passo, cada caminho, era capaz de transformar seus impulsos e deslizar em sua conversa tão facilmente como nós acendemos um interruptor. Ele atacou outros soldados enquanto esteve no Exército? Outros estudantes enquanto esteve na Universidade Estadual de Ohio? As mortes não foram causadas por atos de um louco, mas pelo resultado de um plano altamente meticuloso." (Michael McCann)

Dennis Murphy também foi outra testemunha chamada por Michael McCann no primeiro dia de julgamento. O detetive continuou a leitura das 160 páginas da confissão de Jeff Dahmer, contando detalhes nauseantes e grotescos. "Ele preferia que as vítimas ficassem vivas. Entretanto, ele pensou que era melhor tê-las mortas do que deixá-las ir embora", disse. A testemunha também contou sobre como Dahmer comprou um pequeno freezer branco especialmente para guardar pedaços das suas vítimas. "Na hora do descarte [quando morava nos Apartamentos Oxford]", disse Murphy, "o réu jogava no lixo apenas dois ou três sacos contendo pedaços de corpos desmembrados por vez, escondendo-os debaixo de outros sacos." Tal estratégia era uma tentativa de minimizar os riscos. Se ele enchesse a lixeira com muitos sacos, a possibilidade de alguém descobrir aumentava.

Pela primeira vez, detalhes escabrosos foram revelados. As leituras de Pat Kennedy e Dennis Murphy da confissão de Jeff eram um aberrante catálogo de perversão sexual e homicídios macabros. Nem as famílias das vítimas e nem os pais do réu tinham conhecimento do comportamento dele antes, durante e depois dos homicídios. Os excruciantes detalhes caíram como uma bomba e ninguém tinha o que fazer a não ser escutar impassivo e lidar cada um à sua maneira com coisas que muitos sequer imaginavam existir.

> "Dia após dia, tanto a acusação quanto a defesa levariam todos aqueles que os ouvissem para um mundo de pesadelos, um mundo de terríveis fantasias adolescentes, um mundo que levaria, inevitavelmente, aos atos indizíveis que meu filho havia cometido — assassinato, evisceração, e, perto do fim, até mesmo canibalismo. O horror absoluto dos crimes de Jeff, a sujeira nauseante em que vivia no Apartamento 213, eram inacreditáveis para mim, grotescos e horripilantes de maneira inimaginável. Durante o julgamento, um detalhe excruciante se seguia após o outro, enquanto Shari e eu, congelados nos nossos lugares, às vezes nos sentíamos incapazes de acreditar naquilo que ouvíamos, embora não pudéssemos negar que tudo fosse verdade. Ao longo de todo o julgamento, enquanto estava sentado em meu lugar, olhando diretamente para a frente, tinha a impressão de que os atos descritos eram sobre alguém que eu jamais poderia ter conhecido, quanto mais ter trazido para este mundo." (Lionel Dahmer)

Ao final do primeiro dia, quando os trabalhos foram encerrados, Pat Kennedy caminhou pelos corredores em direção ao local onde Dahmer estava sendo mantido preso. De dentro de sua cela, Jeff viu Pat se aproximando e ouviu os cumprimentos do detetive. "E aí Jeff, como você está indo?", perguntou. "Bem, eu acho", respondeu Dahmer. Após Pat puxar uma cadeira e se sentar, Jeff também se sentou e os dois conversaram um pouco. Passados quase seis meses de sua prisão e consequente confissão, Dahmer ainda estava impressionado com a receptividade obtida de Pat. Em sua mente, ele acreditava que seria tratado como um animal desprezível quando todos descobrissem seus crimes, mas não foi bem isso o que aconteceu. "Escutar o seu testemunho me levou de volta ao horror nebuloso daquela noite. Parece como um sonho agora. Eu estava tão bêbado e fora de mim, eu quase esqueci de tudo que conversamos. Eu ainda não posso acreditar que você ficou comigo, Pat", disse Dahmer.

Durante as mais de duas semanas de julgamento, a defesa convocou inúmeras testemunhas que atestaram os vários aspectos bizarros do comportamento do réu. Através dos seus testemunhos, Boyle mostrou como os distúrbios sexuais e mentais de Jeff o impediam de compreender a natureza dos seus crimes. O objetivo era provar para o júri que tais transtornos provocaram pensamentos e ações impossíveis de ocorrer em um homem mentalmente saudável. Em dado momento, Boyle levantou a pergunta: "Ele era mal ou ele era doente?". Como era esperado, as principais testemunhas seriam os profissionais da psiquiatria e psicologia, contratados de ambos os lados para darem seus pareceres sobre a mente doentia de Jeff Dahmer. Colocando de lado o fato de que cada um defenderia o ponto de vista de quem o pagou, o importante era saber se eles podiam explicar um comportamento aberrante, nunca antes visto na história moderna da humanidade. Teria o conhecimento científico alguma explicação plausível para Jeff Dahmer?

Essa era a pergunta que muitos estavam ansiosos para saber a resposta.

OS ESPECIALISTAS DA MENTE

O primeiro especialista a ser chamado para testemunhar foi o médico psiquiatra dr. Frederick Berlin, também sexólogo e especialista em crimes sexuais. Importante psiquiatra norte-americano, Berlin foi contratado pela defesa e testemunhou que Jeff Dahmer não foi capaz de confrontar sua conduta no momento que cometeu os crimes porque ele estava sofrendo de um transtorno parafílico, ou, mais especificamente, necrofilia. Berlin descreveu a aflição de Dahmer como sendo um "câncer da mente", uma "mente quebrada", que o levou a progressivamente perder o controle sobre si mesmo. Para o psiquiatra, era fácil insinuar que um homem poderia simplesmente resolver parar de pensar em sexo com cadáveres de uma hora para outra. "Nem sempre podemos escolher o que vem em nossas mentes... Se isso não é uma doença mental, eu não sei o que é", ele disse, explicando que a necrofilia não é uma questão de livre-arbítrio.

Berlin descreveu Dahmer como um necrófilo guiado por fantasias de contato sexual com parceiros vivos, com parceiros "meio-vivos" — nesse estágio, através de um estado inconsciente obtido com o uso de drogas —, e, finalmente, com parceiros mortos. Era apenas nesse último estágio que ele poderia atingir a satisfação completa.

O psiquiatra tinha um currículo impressionante. Com formação acadêmica em psicologia e medicina, era professor associado de psiquiatria e ciências comportamentais e diretor da clínica de transtornos sexuais da Universidade Johns Hopkins, fundada por ele mesmo; membro do subcomitê de transtornos sexuais do *DSM-III*[*] e, principalmente, tratou de um sem número de pessoas com desvios sexuais, tendo participado direta ou indiretamente do tratamento de mais de 2 mil pessoas com transtornos parafílicos. Se havia alguém que entendia de perversões sexuais no país, esse era o dr. Berlin. Mas, apesar das credenciais, Berlin foi uma testemunha que não passou credibilidade e confiança, dando a impressão até mesmo de despreparo. Ele tinha uma expressão desconfortável e realmente parecia incomodado em ser o centro das atenções, sendo metralhado por perguntas e tendo de respondê-las imediatamente.

* *Manual Diagnóstico e Estatístico de Transtornos Mentais* é um livro de referência publicado pela Associação Americana de Psiquiatria. Atualmente, está em sua quinta edição.

Ele deu a impressão de estar à beira de um ataque de nervos. (A reação não deixa de ser natural para aqueles que não estão acostumados. Pat Kennedy disse que ficou extremamente nervoso quando McCann o chamou para testemunhar. Ser o centro das atenções não foi fácil e ele somente se acalmou ao fim do seu testemunho, momento em que saiu da vista de todos). Seu cabelo despenteado, aliado aos trejeitos inquietos e expressão facial sofrida faziam de Frederick Berlin o arquétipo do cientista maluco. Tudo isso é irrelevante, é claro, mas sabemos como são as pessoas: a aparência sempre está em julgamento.

O incômodo e a aflição do psiquiatra podiam ser entendidos e colocados para escanteio, mas as palavras que saíam da sua boca não. Berlin abusou do "eu acho", "eu não lembro", expressões proibidas para alguém em sua posição. Não há problema nenhum em usá-las, mas não quando se está explicando o comportamento do paciente que ele próprio examinou. Isso deu uma impressão de desmazelo, de que ele fez um trabalho malfeito.

Em alguns pontos era difícil entendê-lo, Berlin falava muito rápido e sem parar, um erro quando se está explicando um comportamento e uma patologia tão complexa quanto a do réu para pessoas leigas. Para os julgadores e rotuladores de plantão, foi fácil descartá-lo como uma testemunha interessante para se prestar atenção.

Quando o promotor Michael McCann foi autorizado a inquiri-lo, a coisa ficou ainda pior, desandando ladeira abaixo.

Em sua fala, o promotor literalmente insultou o psiquiatra ao atacar tanto a sua competência quanto a sua integridade, e também a sua reputação. McCann pisou em Berlin, desacreditando-o profissionalmente perante o júri, uma estratégia, a meu ver, baixa. Berlin podia estar com dificuldades de se expressar naquele ambiente, mas o que ninguém podia negar era seu profundo conhecimento sobre parafilias, sendo respeitado e reconhecido por seus pares nacionalmente — em 2003, ele foi premiado pela Academia Americana de Psiquiatria por suas contribuições para a ciência psiquiátrica.

Seria esse o método de Michael McCann durante o julgamento: desacreditar e ridicularizar seus *inimigos* e enaltecer seus *amigos*, esses, os verdadeiros deuses do Olimpo, sabedores de todos os conhecimentos e mensageiros da palavra final. Uma reflexão que eu fiz ao assistir ao julgamento de Jeffrey Dahmer é a de até que ponto um agente público pode descer para atingir não a verdade, mas o resultado daquilo que ele *acha* ou almeja.

Após diminuir Berlin, o promotor focou sua argumentação na maneira como o psiquiatra conduziu sua avaliação do réu, uma avaliação cheia de erros, segundo McCann. Berlin, por sua vez, compreensivelmente irritado, demonstrou toda a sua instabilidade ao ser ríspido e acusar o golpe. Dependendo do observador, seu comportamento pode tê-lo prejudicado (e a defesa) ainda mais. Ponto para o promotor.

"Quanto tempo você conversou a respeito do histórico familiar?", perguntou McCann.

"Quinze minutos", respondeu Berlin.

"Dos zero aos 18 anos?"

"Eu não estou escrevendo uma biografia dele!"

"Sobre o que você, então, conversou após o histórico familiar?"

"História pessoal."

"Quanto tempo levou?"

"Meia hora. Minha avaliação durou cinco horas no total, talvez seis. Não estou tentando ser evasivo."

"A gravação indica quatro horas e quarenta e cinco minutos. Se você passou quarenta e cinco minutos conversando sobre família e história pessoal, isso deixa quatro horas, então você passou quinze minutos em cada homicídio."

A argumentação de McCann era ridícula, dado que o tempo era irrelevante e podia variar de profissional para profissional a depender da experiência adquirida. Ele também não estava em uma posição de questionar a forma como um psiquiatra devia ou não realizar a sua avaliação. Isso cabe apenas ao profissional da saúde. Berlin explicou que era a qualidade do trabalho que importava e não o tempo gasto. McCann, entretanto, expôs de forma vexatória o despreparo de Berlin ao fazer uma pergunta simples e que o psiquiatra não soube responder. Não saber responder não foi o real problema, dado que cada profissional médico tem a sua forma de trabalhar e de fazer o seu diagnóstico — a abordagem técnica de Berlin poderia ser simplesmente diferente. Foi a forma como ele respondeu que o prejudicou.

"Ele fantasiava sobre matar?", perguntou o promotor.

"Sim", respondeu Berlin.

"Como?"

"Poxa, não me lembro exatamente. No início, ele tinha fantasias que incluíam matar. *Eu estava interessado em temas, não detalhes.*"

"É ridículo pensar que você possa ter feito isso em quatro horas e meia."

"Eu não digo a você como fazer o seu trabalho!"

O psiquiatra poderia contornar as perguntas que se apresentavam difíceis — como faria habilmente seu colega Park Dietz, dias depois —, mas sucumbiu aos tiros de McCann, deixando claro que estava nervoso com o promotor, pois a sua "integridade estava sendo questionada". "Não, doutor. [É a] sua inexperiência", fechou McCann com um tiro de misericórdia.

Há mais de duas décadas Michael McCann vivia aquele jogo e não havia como disputar com ele. Quem tentava, perdia, como Berlin. McCann fez do psiquiatra uma marionete, levando-o aonde queria levar.

O testemunho de Frederick Berlin continuou dessa maneira e o promotor fez o psiquiatra admitir que Dahmer era um mentiroso, o que, neste caso, foi bastante benéfico para a promotoria. Mas, durante o questionamento, foi dado ao psiquiatra a oportunidade de esclarecer essa questão, e ele explicou ao tribunal que um indivíduo perturbado não necessariamente é burro ou estúpido. Dahmer poderia ser esperto, assim como um trapaceiro mentiroso, e mesmo assim ter uma doença mental. Ele sabia diferenciar o certo do errado, mas devido ao seu transtorno parafílico, não podia controlar suas ações. "Em meu julgamento, o sr. Dahmer é incapaz, nesse ponto da sua vida, de parar a si mesmo, de se afastar disso", disse Berlin.

Um exemplo de como o réu estava fora de controle, afirmou Berlin, era o caso Konerak Sinthasomphone. Mesmo com um cadáver no seu quarto, ele deixou que policiais entrassem em seu apartamento. Não bastasse isso, depois de toda situação ele ainda matou Konerak, não como queima de arquivo, mas para satisfazer suas necessidades sexuais. Perdido em sua loucura, quando os policiais foram embora, ele tentou novamente fazer de Konerak seu zumbi, injetando uma nova dose de ácido muriático diluído em água no cérebro do garoto. Não deu certo e Jeff ficou desapontado e frustrado com o óbito do rapaz. "Eu não acho que um homem normal, mesmo se quisesse, poderia forçar a si mesmo a pensar em ter contato sexual com cadáveres. Ele é afligido com essas necessidades e fantasias. É uma doença terrível", disse o psiquiatra.

Berlin também chamou a atenção para a ideia de Dahmer de construir um santuário com pedaços de corpos, com o objetivo de "adorar o demônio ou a si mesmo". Tal pensamento, afirmou o psiquiatra, era mais um indício da sua mente doente. "Ele até mesmo desenhou [o santuário]. Ele planejou preservar corpos inteiros, mas ele não fez isso. Ele guardou os ossos. Ele comprou um aquário que serviria para ele colocar uma cabeça no meio."

A psicóloga, dra. Judith Becker, professora de psicologia da Universidade do Arizona e especialista em terapia cognitiva e tratamento de parafílicos, foi a segunda especialista convocada pela defesa a dar o seu testemunho. Sua presença foi um completo contraste com a de seu colega Berlin. Bem-vestida, calma e muito profissional, Becker desarmou os presentes ao apresentar o *ser humano* Jeff Dahmer — um jovem homem doente, que não sabia se relacionar ou se aproximar das pessoas. Seu sofrimento mental era tamanho, que, após passar anos invisível, passou a imitar ataques epiléticos nos corredores da escola, sendo essa a sua maneira distorcida de tentar fazer amigos.

Becker discorreu sobre a infância de Dahmer, citando exemplos de sua vida que tiveram grandes e devastadoras consequências para o réu, tanto físicas quanto emocionais — como a operação de hérnia. Tais experiências resultaram, de acordo com a psicóloga, em um indivíduo profundamente perturbado, cujas percepções de mundo ficaram distorcidas da realidade, sem nenhum tipo de interação com o mundo real.

Becker disse acreditar que o réu exibia sinais de doença mental desde criança e até contou a história de quando Dahmer tinha 5 anos e enganou um amiguinho, incentivando-o a colocar a mão em um ninho de marimbondos. Desde muito novo, o réu tinha uma mórbida fascinação pelas entranhas de seres vivos, e ficou encantado certa vez quando seu pai, Lionel, abriu um peixe. A bolsa de ovos lhe chamou tanto a atenção que ele não podia parar de olhar. Isso o deixou encantado.

"Qual a importância disso para você ter colocado em seu relatório?", perguntou Boyle.

"Jeffrey, no geral, era bastante monótono e muito desinteressado. Quando ele falou sobre cortar o peixe e ver o interior do peixe, ele ficou, de certa forma, animado, um pouco mais vivo, em certo sentido", respondeu Becker.

Sob questionamento de Boyle, a psicóloga afirmou que Dahmer sofreu de uma doença mental durante cada um dos assassinatos. Ele era um necrófilo que se relacionou sexualmente, de uma forma ou de outra, com todas as suas vítimas após a morte. Mas, apesar dessa evidente característica, disse Becker, Dahmer preferia parceiros em um estado de coma, e, para atingir esse objetivo, ele praticou lobotomias. De qualquer forma, no fim, foi a necrofilia que o levou a matar repetidas vezes.

Desde muito novo, o réu tinha uma mórbida fascinação pelas entranhas de seres vivos, e ficou encantado certa vez quando seu pai, Lionel, abriu um peixe. A bolsa de ovos lhe chamou tanto a atenção que ele não podia parar de olhar. Isso o deixou encantado.

"Eu acredito que Jeffrey Dahmer matou suas vítimas porque ele é interessado no engajamento de atos sexuais tanto com um cadáver completo quanto com partes de alguém que não está vivo", disse a psicóloga. Becker também afirmou que o réu tinha gratificação sexual em comer pedaços de corpos. "Periodicamente, ele pegava porções do freezer e cozinhava. Enquanto ele comia, ele ficava sexualmente excitado", disse.

A psicóloga, entretanto, teve dúvidas se o réu era ou não psicótico. Becker explicou como Dahmer comprou uma mesa preta e planejou criar o seu "templo" com dois esqueletos inteiros, um em cada extremidade, dez crânios pintados adornando e incenso queimando. Tudo emoldurado por uma cortina azul-escura e iluminada por globos de luzes azuis. De acordo com Jeff, o templo lhe serviria pra fornecer energia e poderes especiais. "Isso soa muito psicótico para mim, mas ele não estava ouvindo vozes de pessoas dizendo a ele para fazer isso", testemunhou Becker.

Seus pensamentos delirantes o fizeram até mesmo pensar na possibilidade de pertencer a uma civilização antiga conhecida pelos brutais sacrifícios de pessoas. A Becker, Jeff aventou a possibilidade de ter nascido "tarde demais", pois acreditava que talvez fosse um asteca. "Ele tinha um entendimento de que os astecas preservavam partes de todos os mortos", disse Becker, então, quem sabe ele não era um asteca que, por alguma falha evolutiva/divina, nasceu no século XX?

Ao ser inquirida pela acusação, a expressão *dois pesos, duas medidas* se tornou evidente quando Carol White — assistente de McCann que conduziu os questionamentos — desmereceu o trabalho de Becker ao afirmar que ela se afeiçoou ao réu, tudo porque Becker estava se referindo ao acusado no tribunal como "Jeffrey"; isso indicaria proximidade e, consequentemente, falta de profissionalismo. Dias antes, Pat Kennedy e Dennis Murphy, as primeiras testemunhas da acusação, passaram horas e mais horas se referindo ao réu de uma forma ainda mais próxima: *Jeff*. De fato, Dahmer considerava os dois detetives seus amigos, e, na época da sua confissão, até o FBI questionou a proximidade entre interrogadores e interrogado. Isso, entretanto, não interferiu no trabalho dos policiais — em análise, um excelente trabalho que hoje é usado como estudo de caso em aulas envolvendo técnicas de interrogatório. McCann não pareceu nem um pouco preocupado com os dois detetives se referindo ao réu como "Jeff ".

O terceiro e último especialista a testemunhar para a defesa, o psiquiatra Carl Wahlstrom, professor assistente da Universidade de Rush, em Chicago, assim como Berlin, aparentou insegurança e desconforto com o papel de ator principal que desempenharia nas horas seguintes. Ele foi mais um alvo a ser rebaixado por Michael McCann, principalmente devido ao fato de ter apenas um ano de experiência, após se especializar em psiquiatria forense.

Como Berlin e Becker, Wahlstrom concordou que o réu sofria de um transtorno parafílico do tipo necrofilia. Ele afirmou que "o sr. Dahmer é um homem de 31 anos com um longo histórico de doenças mentais sérias que nunca foram tratadas. A estrutura da sua personalidade é extremamente primitiva, com ideias bizarras e delirantes". Para o psiquiatra, o desejo de transformar seres humanos em zumbis, que continuaria a ser uma pessoa, um companheiro para a vida, com a intenção de criar um templo de poder de restos humanos, indicava claramente que o réu era um delirante patológico e, portanto, psicótico. Para o psiquiatra, a doença mental de Dahmer era severa e "exigia tratamento contínuo".

Dahmer apresentou sinais de psicose, transtorno de personalidade esquizotípica e de transtorno de personalidade limítrofe, disse Wahlstrom. Na visão do médico, seus planos "grandiosos e bizarros" de construir um templo de esqueletos e crânios, de onde ele esperava receber poderes mágicos e ganho financeiro, aliados à sua assimilação espiritual sobre canibalismo e a ideia de criar um escravo do amor estilo zumbi, eram claros sinais de sua psicose.

Para Wahlstrom, Dahmer revelou nunca ter tido um relacionamento em sua vida e o psiquiatra citou uma explicação do próprio réu para exemplificar o quanto ele era delirante:

> "Eu queria induzir um estado tipo zumbi permanente para fazê-los flexíveis, obedecer aos meus desejos, então eles seriam permanentes, sempre comigo, nunca deixando o apartamento. Se eles tivessem seus próprios processos mentais, eles se lembrariam que tinham que ir embora ou [lembrariam que] viviam em algum lugar." (Jeffrey Dahmer)

Em resumo, os três especialistas que testemunharam para a defesa, Frederick Berlin, Judith Becker e Carl Wahlstrom concordaram que a necrofilia desempenhou um papel-chave na loucura homicida do réu, tirando dele o controle de suas ações, portanto, fazendo-o insano no momento dos crimes, uma insanidade temporária. Seu desejo ensandecido por um cadáver ou partes de corpos podia ser rastreado desde a sua infância, quando era fascinado por cadáveres destruídos de animais e suas entranhas. Na adolescência, Jeff tentou desenterrar o cadáver de um jovem morto em um acidente de trânsito,* comportamento clássico de um necrófilo, além de fantasiar em dar uma pancada na cabeça de um corredor e arrastar o seu corpo para a mata e ter contato sexual. Algumas de suas vítimas tiveram os cadáveres mantidos por dias para que ele pudesse ter contato sexual a hora que desejasse, sendo que o descarte do cadáver

* Este episódio ocorreu em dezembro de 1978, pouco antes de se alistar no Exército.

somente aconteceu por perigo de ser descoberto — quando morou em Bath e West Allis — ou devido ao processo de decomposição — nos Apartamentos Oxford. Jeff sempre morou em locais cheios de gente, então o cheiro foi um problema para ele porque houve reclamações de todos os lados. Se ele morasse em um local afastado, onde o insuportável odor não seria sentido por ninguém, a decomposição teria sido um problema para ele? O próprio réu revelou que, após matar, tentou manter os corpos o máximo de tempo que podia. O fato de ele preferir um corpo quente e vivo, mas passivo e sem consciência, não anularia o diagnóstico de necrofilia. Se ele não podia tê-los vivos, que fossem mortos.

Além do transtorno parafílico do tipo necrofilia, o dr. Wahlstrom diagnosticou Dahmer com outras três doenças/transtornos mentais: psicose, transtorno de personalidade esquizotípica e transtorno de personalidade limítrofe. Para a maioria das pessoas pode parecer difícil enxergar em Dahmer alguém psicótico, porque fora do seu apartamento ele vivia uma vida normal, trabalhando, visitando a avó, frequentando o escritório da agente da condicional e até se safando de policiais dentro do seu apartamento com um cadáver no quarto e uma vítima sentada no sofá. A questão é que uma pessoa pode muito bem ser lúcida e racional, e, ainda assim, sofrer de psicose. Um indivíduo portador dessa doença não a exibe 24 horas do seu dia. Ele pode se comportar como alguém completamente normal, mas em situações específicas, sob forte estresse, se tornar psicótico.

Para contrabalançar o julgamento, o juiz Laurence Gram decidiu por incluir dois especialistas médicos que testemunhariam pelo estado. Tais especialistas, obviamente, não tinham vínculos com defesa ou acusação. Dado que o julgamento colocava especialistas da psiquiatria e psicologia em mesas opostas, o juiz achou que seria de grande valia para os jurados ouvirem opiniões de médicos "neutros". Em outras palavras, o júri poderia considerá-los tão imparciais quanto o próprio juiz, o que ajudaria em suas conclusões, pois era provável que muitas dúvidas pairassem no ar ao escutar especialistas, cujos testemunhos caíam no dualismo são/insano.

Tais especialistas testemunharam antes da acusação levar os seus próprios e o primeiro deles foi o dr. George Palermo, professor de psiquiatria e neurologia clínica da Faculdade de Medicina do Wisconsin, e professor adjunto de criminologia da Universidade Marquette.

Palermo testemunhou que, devido à falta de ação dos pais de Dahmer quando criança, e ao fato de ele ter escolhido nunca se abrir, o réu internalizou seus sentimentos de hostilidade. Em sua opinião, por causa da sua incapacidade "crônica" de formar relacionamentos e dos seus frustrados desejos homossexuais, Jeff desenvolveu-se em um sádico sexual. Ele afirmou que "a agressividade e suas tendências hostis o levaram ao seu comportamento assassino. Seus impulsos sexuais funcionavam como um canal através do qual o poder destrutivo foi expresso". Para Palermo, Jeff era "muito doente", mas não era insano, e foi motivado por uma "tremenda quantidade de hostilidade reprimida, desejos frustrados e um intenso medo de rejeição".

> "Ninguém pode negar que Jeffrey Dahmer é uma pessoa doente. [Mas] ele não é psicótico. Ele estava legalmente são na época dos crimes." (George Palermo)

O psiquiatra negou que houvesse qualquer evidência para apoiar um diagnóstico de necrofilia, e que Dahmer não exibiu nenhum dos sintomas de um necrófilo. "Jeffrey Dahmer sofre de um seríssimo transtorno de personalidade. Luxúria e poder estavam nas bases de suas ações", disse. A Boyle, Palermo afirmou que apoiaria um diagnóstico de necrofilia se Dahmer "ficasse por aí pensando continuamente e apenas" em fazer sexo com cadáveres. O promotor Michael McCann aproveitou a conclusão do psiquiatra para argumentar que a necrofilia não era uma doença mental, mas um desvio sexual.

Entretanto, após questionamento de Gerald Boyle, o psiquiatra reconheceu que ele acreditava ser impossível para Dahmer parar de matar. "Eu diria que ele precisa de terapia intensiva ou psicoterapia por um longo tempo. Eu acho que Jeffrey Dahmer é uma pessoa perigosa." Dahmer poderia ser chamado de um "maníaco sexual", relatou Palermo, e seu transtorno de personalidade era tão severo que poderia ser considerado uma doença mental. O psiquiatra, porém, não especificou qual seria o transtorno de personalidade do réu e isso tornou o seu testemunho um tanto quanto falho — essa brecha seria mais bem explicada pelo especialista seguinte, dr. Friedman. Palermo afirmou que Jeff sofria de complexos transtornos de personalidade "muito sérios...

piores do que esquizofrenia [que é um tipo de psicose]". (Mas quais seriam eles? Doenças mentais seríssimas, mas que não influenciavam o estado mental do réu no momento dos crimes?)

Palermo chamou a atenção para a vida de mentiras de Dahmer. Jeff continuamente mentiu durante toda a sua vida, algo que podia ser traçado desde a sua juventude. O psiquiatra revelou que conversou com David, irmão de Dahmer, e as palavras do caçula comprovavam sua fala.

"Jeffrey, ele [David] disse, era propenso a mentir e enganar em casa, [comportamento] pelo qual foi repreendido. '[Era] sistemático, nunca sorria, só fazia coisas quando mandado por mamãe ou papai e, quando nervoso, corria para fora da casa e batia nas árvores com paus.' Eu acredito que ele mentiu ao juiz quando ele esteve no tribunal, em 1989, após sua prisão. Ele mentiu ao juiz, ele mentiu ao seu próprio advogado, o advogado não tinha consciência do que ele estava fazendo. Naquela época, ele tinha dois ou três homicídios. Ele também mentiu para vários médicos quando necessitava de suas pílulas", disse George Palermo.

O psiquiatra afirmou que, no início, acreditava na insanidade de Dahmer, mas suas entrevistas e testes com o réu o fizeram mudar de opinião. "Eu esperava encontrar uma doença psiquiátrica grave e fiquei chocado ao não encontrar nada do tipo", revelou. Ele afirmou ter achado Jeff extremamente inteligente, emocionalmente tranquilo e com seus processos mentais lógicos e racionais. O psiquiatra também viu em Dahmer um sujeito indiferente aos sentimentos dos outros, egocêntrico, sadista sexual e obcecado com a fantasia de ter poder sobre os outros. "Eu sempre fantasiei que era capaz de ter as coisas que desejava: sexo, poder e dinheiro. Eu fiz minhas fantasias mais poderosas do que minha vida real", disse Dahmer ao psiquiatra.

Palermo, em sua conclusão, revelou ao tribunal que os assassinatos foram resultado de "uma agressão reprimida dentro de si. Eu não acho que ele saía com a ideia de 'eu vou sair para matar essa pessoa'. Ele saía com a ideia de encontrar um parceiro, um parceiro sexual. Mas eu acredito que, eventualmente, Jeffrey Dahmer matou esses homens porque ele queria matar a fonte da sua atração homossexual por eles. Ao matá-los, ele matou o que ele odiava dentro de si mesmo, que era a sua própria homossexualidade [...] Jeffrey Dahmer pode ser melhor descrito como um assassino de luxúria, organizado, não social".

Ao final do seu testemunho, o dr. George Palermo deu uma declaração interessante: "Eu sei que é estranho dizer, mas ele não é uma pessoa tão má. Independentemente do que fez, ele é um sujeito simpático, e ainda é um ser humano. Para onde ele for, eu acho que ele deve receber tratamento".

Diferentemente de McCann, Gerald Boyle sempre se dirigiu às testemunhas com respeito e admiração, não que isso fosse uma estratégia, mas uma característica própria de educação. Longe de baixar o nível a ponto de questionar a reputação ou a forma como o médico realizou o seu trabalho, Boyle se dedicou a construir a sua retórica no que realmente importava: a opinião médica da testemunha. Assim como uma cascavel que espera pacientemente o momento certo do bote, Boyle humildemente serpenteava até conseguir tirar alguma vantagem, e ele conseguiu isso com Palermo.

O psiquiatra afirmou que, no início, acreditava na insanidade de Dahmer, mas suas entrevistas e testes com o réu o fizeram mudar de opinião [...] afirmou ter achado Jeff extremamente inteligente, emocionalmente tranquilo e com seus processos mentais lógicos e racionais.

Ao final do questionamento de Boyle, o tribunal ficou sabendo que Palermo não deu importância à confissão de Dahmer e não acreditava que Jeff tivesse confessado a verdade. Apesar das evidências corroboradas, ele também não acreditava nas histórias de Dahmer perfurando cabeças de pessoas ainda vivas e da prática de canibalismo. O psiquiatra também minimizou a história do templo e, de forma arrogante, desdenhou do *DSM-III*, dizendo que seria nada mais do que um tipo de alfabeto para principiantes. Ele encrencou com Boyle, que cada vez mais fazia perguntas que lhe desagradavam, e pareceu ser um tipo soberbo com suas risadas irônicas.

Seu diagnóstico era questionável. Ele foi o único a não apontar o réu como um necrófilo e ver sadismo em suas ações. Além disso, forneceu uma explicação simplista e antiquada do que seria o motor homicida de Jeff: ódio de si mesmo por ser homossexual. Mas Palermo se queimou mesmo foi fora do tribunal, quando, ao dar entrevistas a repórteres, afirmou que Dahmer estava adorando ser o centro das atenções. O homem de 68 anos só podia estar variando da cabeça, e tal afirmação foi risível, pra não dizer coisa pior, um atestado de que o seu trabalho foi carregado de achismos e, talvez, preconceitos. Aqueles que assistiram aos vídeos de Dahmer como réu percebem o desconforto que ele sentia ao ser o centro das atenções, tendo suas intimidades sexuais, desejos e seus assassinatos expostos e destrinchados na frente de tantas pessoas. Ao ficar sabendo da declaração, Boyle conversou com repórteres e disse enfaticamente: "Se ele disse que Dahmer está adorando isto, então ele deve pedir permissão a mim para voltar e conversar com ele [Dahmer] e eu vou perguntar para o próprio Dahmer o quanto ele está adorando, e eu posso dizer a você agora mesmo, ele não está! Como, em nome de Deus, alguém pode dar uma declaração se ele não fala com o sujeito [Dahmer] desde o início deste julgamento?".

O próprio Jeff se irritou profundamente com Palermo, tanto que ele escreveu uma nota e obrigou Boyle a compartilhá-la com a imprensa, sendo esta a sua única reação a algo dito contra ele durante todo o julgamento. De acordo com Jeff, o psiquiatra distorceu muita coisa do que ele disse. Uma das afirmações de Palermo no tribunal que mais incomodou Dahmer foi a de que ele obtinha prazer em matar, o que não era verdade. O psiquiatra também errou no número de vítimas negras e pode ter agido de má-fé ao insinuar que os crimes teriam motivação racial, e que Jeff estaria morrendo de medo dos detentos negros da prisão. "Eu *nunca* disse que estava com medo de nenhum companheiro de prisão, branco ou negro. Eu disse ao Palermo que eram irritantes os insultos deles", escreveu Jeff na nota lida por Boyle, com a palavra *nunca* sublinhada pelo próprio réu.

O outro especialista a testemunhar pelo Estado, dr. Samuel Friedman, psicólogo, professor universitário e presidente da Wisconsin School of Professional Psychology, testemunhou que foi um anseio por companheirismo que despertou a sede de sangue de Dahmer. O psiquiatra falou gentilmente de Jeff, descrevendo-o como "amável, agradável como companhia, cortês, com senso de humor, convencionalmente bonito e charmoso, e, ainda, um jovem brilhante".

Friedman e Palermo trabalharam juntos na avaliação de Dahmer, inclusive foi Palermo quem convidou Friedman para que os dois examinassem o réu. Apesar de entregarem no tribunal uma avaliação conjunta, Friedman discordou do colega em relação ao motivo pelo qual Dahmer matou. Se Palermo disse que, ao matar, Jeff matava a homossexualidade que habitava dentro de si, Friedman foi por um caminho que fazia mais sentido. De acordo com o psicólogo, os crimes foram um esforço de manter controle e "continuidade". O homicídio era necessário para Jeff "continuar" o relacionamento com aqueles homens, algo que ele nunca, em toda sua vida, teve. Ele jamais teve um amigo, então o homicídio era uma ação necessária para mantê-los consigo, da mesma forma que um homem manda flores e presentes para um parceiro ou parceira com intuito de "fidelizar" a relação. A forma de Dahmer *fidelizar* o seu relacionamento era matando seus amantes e amigos, e não importava se ele terminasse com um cadáver, um cadáver mutilado ou a parte de algum corpo. Era melhor guardar alguma coisa deles, para ele ter suas companhias para sempre — seja incorporando-os através do canibalismo ou apenas colocando seus crânios na estante para olhar —, do que jogar tudo fora.

Friedman entrevistou os pais e o irmão de Dahmer, que indicaram que o réu era uma criança alienada, que nunca teve um amigo próximo. Friedman enxergou em Dahmer uma criança vítima de *bullying*, que se viu entre um pai exigente e uma mãe problemática, nervosa e emocionalmente instável. Ambos viviam em pé de guerra, e incapaz de expressar raiva, o jovem Jeff saía da casa para bater em árvores usando galhos quebrados.

Dahmer era um "tipo de caçador", disse Friedman. "Seu método de caça era uma maneira de obter gratificação sexual. Ele guardava os restos como troféus. Pode parecer cruel, mas ele era um tipo de caçador", explicou.

O psicólogo enxergou em Jeff um rapaz solitário e desligado com dificuldades para se relacionar com qualquer pessoa, até mesmo com seu irmão mais novo. Ele era um homem perdido, que procurava o amor nos lugares errados e, principalmente, da forma errada, por isso ele era mentalmente saudável, pois ele teve a oportunidade de se comportar de maneira diferente, mas, em vez disso, escolheu matar, estrategicamente planejando os assassinatos para que pudesse ter sucesso. "O sr. Dahmer não é psicótico. Não existe substância para seu pedido de insanidade", disse.

Durante o procedimento de *cross-examination*,* Boyle perguntou a Friedman se seria possível para uma pessoa "fazer planos lógicos e elaborados para um objetivo final e, mesmo assim, ser considerado insano".

O promotor protestou rapidamente, protesto que foi aceito pelo juiz. No entanto, após uma série de perguntas semelhantes e reformuladas pelo advogado, o psicólogo admitiu que o exercício da livre escolha não invalida o diagnóstico de doença mental, e que o transtorno de personalidade de Dahmer, na verdade, correspondia a uma doença mental.

"Os transtornos sempre estiveram lá", disse Samuel Friedman.

O homicídio era necessário para Jeff "continuar" o relacionamento com aqueles homens, algo que ele nunca, em toda sua vida, teve. Ele jamais teve um amigo, então o homicídio era uma ação necessária para mantê-los consigo, da mesma forma que um homem manda flores e presentes para um parceiro ou parceira com intuito de "fidelizar" a relação.

Ao ser questionado por Boyle se ele não achava que o réu sofria de necrofilia, Friedman respondeu: "Sentando aqui hoje, eu diria que ele tem fatores [de necrofilia]". O seu diagnóstico era que Dahmer sofria de graves transtornos de personalidade, mas "era plenamente capaz de apreciar o certo do errado". Como seu antecessor, George Palermo, Friedman não foi capaz de precisar quais seriam os transtornos de personalidade que afligiam o réu a ponto de contribuir com seu comportamento aberrante, mas revelou que Jeff apresentava características do transtorno de personalidade obsessivo-compulsiva, transtorno de personalidade limítrofe e transtorno de personalidade sádica. Como conclusão de sua avaliação, Friedman afirmou que diagnosticou Dahmer com transtorno de personalidade mista.

Para ajudar em seu diagnóstico, o psicólogo aplicou três testes psicológicos em Dahmer — Rorschach, Apercepção Temática e o Inventário Multifásico Minnesota de Personalidade (MMPI, na sigla em inglês). Em

* Direito de a parte inquirir a testemunha trazida pela parte adversária.

dois deles — Rorschach e Apercepção Temática—, os resultados foram normais. No terceiro — MMPI —, os resultados mostraram um indivíduo extremamente perturbado. Dahmer atingiu as maiores pontuações nas escalas 4, 6 e 8, sendo a maior pontuação na escala 4. A escala 4 do MMPI é chamada de "Desvio Psicopático" e representa o nível de psicopatia do indivíduo. Dahmer, no caso, atingiu pontuação altíssima. A segunda maior pontuação foi na escala 8, a escala da esquizofrenia, e a terceira, na escala 6, paranoia.

Ao fim do seu testemunho, o dr. Samuel Friedman disse esperar "que algo possa ser feito para reconstruir essa pessoa, que certamente tem os ativos da juventude e inteligência".

O dr. Frederick Fosdal foi o primeiro psiquiatra a testemunhar para a acusação. Fosdal entrevistou Dahmer em quatro ocasiões, uma entrevista por mês, totalizando dezessete horas. De todos os especialistas médicos que testemunharam, Fosdal foi o mais hesitante, ansioso e, muitas vezes, perdido. Na verdade, ele estava amedrontado. Talvez a grandiosidade do caso e sua exposição para todo o país o tenham deixado nervoso. Fosdal, entretanto, tinha vasta experiência de se apresentar em julgamentos, mas nenhum como aquele, é claro. Fazer parte de todo aquele ambiente midiático pode tê-lo empurrado para a beira do precipício. Sua agitação podia ser traçada nos bastidores, quando andou para lá e para cá se misturando a todo mundo, derramou um copo d'água em si mesmo e, pior, tagarelou com um repórter, contando detalhes dos crimes do réu. Sua participação poderia ter sido banida por essa atitude, mas em 8 de fevereiro, um sábado, ele sentou-se no banco das testemunhas para ser torturado pela própria ansiedade. Ele tossiu, bebeu litros de água, suou, cruzou e descruzou as pernas, se perdeu nos próprios papéis e disse coisas que não diria se estivesse relaxado: "Oh, droga! É a segunda vez que faço isso esta manhã. Estou feliz por não ter dito nada mais na TV interplanetária", exclamou após derrubar um copo de água em seus papéis. Até Dahmer riu.

Ao mesmo tempo em que Fosdal lidava com seu nervosismo, ele fornecia declarações interessantes. Pela primeira vez alguém contou sobre Dahmer tomando banho com cadáveres decapitados na banheira e das várias refeições que ele preparou com os pedaços dos corpos de suas vítimas. Ele desmentiu Palermo ao afirmar que Jeff odiava a exposição midiática. Em suas conversas com Fosdal, Dahmer assumiu responsabilidade total pelos assassinatos. "Eles [pais] não têm nada com isso. Existe apenas uma pessoa a se culpar e é essa pessoa que está sentada na sua frente, ninguém mais. Eu tive escolhas para fazer e eu fiz as escolhas erradas", disse Dahmer a ele.

Jeff matava para obter controle completo sobre suas vítimas, disse Fosdal; entretanto, as decisões do réu em matar foram bem "lubrificadas" pela ação do álcool. Dahmer bebia uma combinação explosiva de pelo menos dez latas de cerveja com uma alta dose de uísque. O psiquiatra disse que Jeff sempre estava bêbado ao matar, tão bêbado que não se lembrava do "passeio" que fez até a delegacia na madrugada em que foi preso. A bebida o ajudava a afastar quaisquer dilemas morais que porventura lhe viessem à mente e teve grande influência em sua ruína.

Fosdal descreveu como o sexo consumiu Dahmer a ponto de ele não pensar em outra coisa desde a sua adolescência. "Seu desejo lascivo sobrepunha qualquer escolha moral normal. Sexo era a única coisa que dava um sentimento de satisfação a ele."

Dahmer disse ao psiquiatra que as mortes se tornaram fáceis. A partir da sétima vítima, Edward Smith, o réu afirmou que "não havia luta [interna] [...] matar tornou-se uma coisa rotineira". Já sua paixão por Anthony Sears foi tão arrebatadora que ele o estrangulou com as próprias mãos porque "ele era muito especial". Todos foram mortos porque Jeff *gostava* deles.

Mas, perto de ser pego, Dahmer estava exausto em ter que se livrar dos corpos, empilhando até dois de uma vez em sua banheira. Ele dividiu o seu banho no chuveiro com cadáveres despedaçados e eviscerados. O processo de desmembrar, cortar a carne, acidificar e limpar tudo era pesadíssimo e Jeff, muitas vezes, não conseguia sair nos fins de semana para conseguir um amante ou outra vítima. Para o psiquiatra, o trabalho pesado e o fato de sempre terminar seus encontros amorosos com um crânio levou o réu a tentar seus experimentos de lobotomia.

"Eu não queria ter que ficar matando e no final terminar com um crânio... eu estava tentando pensar em uma maneira de não ter de matá-los... Eu queria um efeito indeterminado... assim eu não teria que ficar saindo para procurar parceiros... Foi por isso que eu tentei a técnica de perfuração... para que eu pudesse mantê-los vivos, interativos, mas nos meus próprios termos", confessou Dahmer a Fosdal.

Para o psiquiatra, Jeff disse querer um parceiro vivo, compatível com os seus desejos, mas que nunca conseguiria encontrar um. Segundo Dahmer, ele teve relações sexuais com mais de cem homens em Chicago e Milwaukee desde 1985, após o incidente em Wauwatosa, então sabia bem como eram as coisas. Ele gostava de Chicago, mas os homens de lá não tinham tempo para viajar com ele. "Eu gostava de Chicago, tinha uma grande variedade, boates melhores. Mas os caras de Chicago não tinham tempo."

Frederick Fosdal afirmou que Dahmer não sofria de doença mental ou defeito no momento em que cometeu os assassinatos. Ele descreveu Jeff como um cruel, calculista, e esperto assassino que pegava homens jovens e solitários no momento em que eles eram mais vulneráveis e com necessidade de terem uma relação sexual anônima. O psiquiatra retratou Dahmer como sendo totalmente indiferente às atrocidades dos seus atos. (O médico, entretanto, após *cross-examination*, acabaria admitindo que Dahmer sofria de uma doença mental.)

Para a sorte de Fosdal, Boyle não era McCann, portanto, sem chances de o advogado trucidá-lo e queimá-lo na fogueira diante de milhões de americanos que assistiam com pipoca no colo ao julgamento pela Court TV. Boyle foi extremamente respeitoso e técnico.

O advogado de Dahmer perguntou ao psiquiatra se ele acreditava que Jeff era um necrófilo. "Sim", respondeu Fosdal. "[Ele sofria de necrofilia] antes, durante e depois de matar suas vítimas, mas isso não é sua preferência sexual primária. Se ele fosse um necrófilo puro, ele nunca teria tentado a técnica para criação de um zumbi. Quanto à sua primeira escolha, seu verdadeiro interesse sexual não era um cadáver. Ele estava mais interessado em relações homossexuais com um corpo vivo."

"Que termo seria usado para descrever alguém que tem preferência por pessoas em estado de coma?", perguntou Boyle.

"Não há nome para isso", respondeu Fosdal.

O advogado de Dahmer, usando uma cópia do *DSM-III-R* — edição revisada —, leu inúmeros transtornos através das várias categorias do manual, fazendo o psiquiatra admitir (depois de uma longa pausa) que Dahmer tinha um transtorno não identificado. "Admito que ele tem uma doença mental", disse o psiquiatra, adicionando que o réu era "sexualmente desajustado" e "desorientado". A admissão serviu ao discurso de Boyle de que Dahmer foi dominado por um impulso irresistível, que o impelia a cometer atos necrófilos, levando-o a matar. O dr. Frederick Fosdal, no entanto, não reconheceu a insanidade de Dahmer perante a lei do Wisconsin. Segundo o psiquiatra, a doença não interferiria na capacidade do réu de entender o que estava fazendo. "Mas este não é um homem fora de controle. Esta é uma pessoa engajada em crimes sexuais para sua própria satisfação. [...] O transtorno explica sua conduta e explica seu comportamento, mas isso não o leva a uma falta de capacidade aos olhos da lei", disse Fosdal.

Tentando influenciar o júri em relação à questão das lobotomias e de como tal comportamento só poderia ter surgido de uma mente delirante, Boyle, então, mudou para a seguinte linha de questionamento:

"E sobre o desejo dele de criar um zumbi? Você considera isso um tipo de pensamento delirante?".

"Não, foi uma tentativa muito prática e razoável de atingir o seu objetivo", respondeu Fosdal.

"Você alguma vez já tinha ouvido falar de um homem-lobotomia?"

"Não, eu acho que este é o primeiro caso no mundo. O sr. Dahmer está definindo alguns precedentes aqui."

"Não poderia ter funcionado, não é? Você é um médico, você deve saber."

"É possível."

"Você perguntou a ele quanto tempo ele ficaria com o zumbi? Você acredita que se ele tivesse criado um zumbi, nunca mataria de novo?"

"Com certeza. Isto teria sido a solução do seu dilema."

Para o jurado que estivesse atento, a fala do psiquiatra poderia ser interpretada como um ponto para Boyle e sua argumentação. Um assassino descontrolado em busca de um namorado conclui que ele poderia criar um zumbi abrindo a sua cabeça com uma broca e injetando ácido no cérebro. Tal pensamento por si só já poderia fazer qualquer um rotular o dono da ideia como louco. Mais do que isso, se ele conseguisse criar o tal zumbi, ele pararia de matar. O quão desvairado é isso? Como conclusão, a afirmação de Fosdal poderia ser interpretada da seguinte forma: alguém louco perante os olhos das pessoas e do mundo podia não ser um louco para o especialista da acusação.

Enquanto o julgamento de Jeff Dahmer movia-se para sua conclusão, defesa e acusação embaralhavam cada vez mais as mentes dos jurados. Cada especialista médico falava uma coisa, não havia consenso e alguns acabavam admitindo coisas que não estavam na "agenda". No fim, tudo se resumiu a uma única pergunta: Jeffrey Dahmer estava ou não estava no controle de si mesmo quando matou, matou e matou de novo?

No caso Dahmer, foi admitido que ele sabia a diferença entre o certo e o errado. Ele tomava precauções e era cuidadoso em muitos aspectos de sua receita homicida, mas a questão central residiu na queda de braço entre *vontade* e *impulso irresistível*. A falta de autocontrole ou a incapacidade de obedecer à lei por causa de uma doença mental está no cerne do fundamento da alegação de insanidade.

A própria Associação Americana de Psiquiatria, muitos anos antes, já havia se manifestado sobre o tema, escrevendo que "a linha entre um impulso irresistível e um impulso não resistido provavelmente não é mais nítida do que o pôr do sol e o crepúsculo".

O advogado de defesa Gerald Boyle, que devia provar que o seu cliente era mentalmente doente, disse que o réu não estava no controle de si mesmo. Como ele sofria de um transtorno parafílico, denominado necrofilia, seu autocontrole foi esmagado por esse impulso irresistível de fazer sexo com cadáveres e por isso matou as quinze pessoas pelas quais estava sendo julgado.

Já o promotor Michael McCann, por outro lado, afirmou que Dahmer demonstrou controle ao fazer escolhas constantes como, por exemplo, a decisão de matar ou não. Em várias ocasiões, nenhum impulso irresistível estava presente quando ele estava sozinho com homens. O irmão mais velho de Konerak Sinthasomphone seria um exemplo. O promotor deixou claro que, para ele, Jeff era um assassino calculista que preparava drogas e comprava objetos específicos como facas, cintas de couro, algemas, furadeira, dentre outros, para usar em suas vítimas e matá-las. Ele também experimentou vários produtos químicos para subjugar suas vítimas e destruir seus restos mortais. Ele era extremamente profissional em se livrar das evidências, matando e jogando fora os corpos, num *timing* perfeito. Ele sabia que tipo iria pegar na noite, para onde iria levá-lo, como iria matá-lo e até que horas poderia ficar com o corpo antes de desmembrá-lo e jogá-lo fora, minutos ou horas antes do caminhão de lixo passar e desaparecer com tudo. Quando se mudou para os Apartamentos Oxford, o horário dos lixeiros já não importava mais, porque a lata de lixo era muito grande e ele poderia esconder os sacos junto dos outros detritos. Na época, com o julgamento sendo televisionado e seguido diariamente pelos jornais, muitos estudiosos ficaram impressionados com os detalhes do caso e de como aquilo, a princípio, não se encaixava em um caso de insanidade. Parecia não ser possível que o réu fosse capaz de fazer tantos cálculos racionais na maior parte do tempo, mas não pudesse se controlar na hora de matar. Mas, da mesma forma que existia os que pensavam dessa maneira, havia os que pensavam diferente.

Ter controle em uma situação não significa tê-lo em outras. Na verdade, uma pessoa mentalmente doente pode, na maior parte do seu tempo, se controlar e agir normalmente. Quem não a conhece nunca a imaginaria um indivíduo doente, mas isso não significa que ela tenha controle; significa que, na maioria das situações do dia a dia, o ambiente não lhe permite agir.

McCann usou a frase de Dahmer dita a Fosdal — "Eu tive escolhas para fazer e eu fiz as escolhas erradas" — como uma prova de que até o réu confessara sua culpabilidade na questão. Mas, do ponto de vista psiquiátrico, as falas aparentemente incriminadoras de Jeff não tinham o menor peso. Não se pode confiar em tais autopercepções quando se julga alguém suspeito de ter uma ou várias doenças mentais. Muitas pessoas que sofrem de doenças mentais não sabem que são doentes. Fazer perguntas a tais indivíduos a respeito de suas ações para diagnóstico de qualquer coisa só faz sentido dentro de um consultório médico. Quando tais confissões saem do âmbito médico-científico, elas podem ser usadas erroneamente, como, por exemplo, em um tribunal, seja pela acusação, seja pela defesa, e até mesmo pelo especialista médico que, nitidamente, é influenciado pela tese daquele que está pagando seus honorários.

A gravidade dos problemas mentais era uma questão em aberto para os jurados. Eles estavam numa gangorra. Num momento, supervisores de Dahmer na Ambrosia testemunhavam que ele era um sujeito quieto, mas normal. Em outro, Tracy Edwards, em sua arrepiante fala, contava como Dahmer se balançava para trás e para a frente, fazendo ruídos com a boca, cantando ou assobiando, num aparente estado de transe. "Eu vou comer o seu coração", disse o réu a ele com os olhos vidrados.

Sobre o testemunho de Edwards, suas palavras e sua experiência guardam um valor incalculável para a criminologia e, em especial, para o campo de estudo dos assassinos em série. É raríssimo uma pessoa escapar das garras de um assassino em série da letalidade de Jeffrey Dahmer. Da mesma forma, é extremamente incomum assassinos em série serem capturados em flagrante. Os exemplos são poucos.

No final de maio de 2021, no México, um homem chamado Andrés Filomeno Mendoza foi pego em flagrante desmembrando o cadáver de uma mulher em cima da mesa de sua sala de estar. Foi o marido da vítima que, suspeitando de Mendoza, invadiu a sua casa e se deparou com a cena horrorosa. Um pente-fino feito por peritos encontrou os restos mortais de pelo menos dezenove mulheres na casa do homicida em série. O assassinato em série é um tipo de crime extremamente raro e, dentro dele, indivíduos como Mendoza representam uma minoria quase inexistente. E se existe algo ainda mais incomum do que um homicida em série que é pego em flagrante, é uma vítima escapar após ser mantida cativa por algum tempo, tendo presenciado e observado o comportamento pré-homicídio do assassino. Vemos muito isso em filmes, mas na vida real os exemplos são quase nulos. Edwards teve muita sorte.

E o que Tracy viu não deixa de ser algo até mesmo histórico, isso porque o que temos, na maioria das vezes, é apenas um lado da história: o lado do assassino em série. Mesmo de homicidas seriais que decidiram por se abrir, como Edmund Kemper, contam apenas o lado deles, porque todas suas vítimas foram mortas. Por mais que Dahmer tivesse sido sincero em sua confissão, é bastante óbvio que ele seria incapaz de revelar seu estado catatônico durante seu encontro com Edwards. Por Edwards ter sobrevivido ao seu encontro com Dahmer, temos um retrato único de alguém que esteve cara a cara com a morte e escapou para contar o que viu.

Algo parecido aconteceu com o jovem rapaz David Cram, funcionário da PDM Contractors, a empresa de construção civil de outro assassino em série muito prolífico, John Wayne Gacy.

Um dia, David foi até a casa do patrão e o viu bebendo e usando uma roupa de palhaço. Gacy olhou para o funcionário e ambos começaram a conversar. De repente, David estava com os punhos algemados e Gacy começou a rir como um palhaço. Ele agia e falava como um palhaço. Do nada, começou a latir como um cão e a falar que iria estuprar o empregado. Quando Gacy puxou David para o seu quarto, o local onde estuprava e estrangulava suas vítimas, o funcionário reagiu e os dois iniciaram uma briga. De alguma forma, David pegou as chaves das algemas e saiu correndo daquele lugar. Naquele ano, 1977, John Wayne Gacy assassinou dezenove rapazes.

Assim como Tracy Edwards, David Cram nunca imaginou que estava na casa de um assassino em série. A diferença entre os dois é que Cram conseguiu as chaves das algemas e saiu correndo para nunca mais voltar. Ele não contou nada à polícia. Já Tracy só voltou ao apartamento do seu agressor porque precisava das chaves para tirar as algemas que Dahmer havia posto nele. Para os advogados de Gacy, que também alegou insanidade no tribunal, seu comportamento bizarro quando estava sozinho com uma quase vítima era uma prova de que ele era insano e eles acharam que tinham uma boa chance de o júri comprar a tese. Alguém que muda de personalidade de uma hora para a outra, se vestindo de palhaço e imitando um cachorro, só pode sofrer de alguma doença mental que o torna incapaz de perceber o que está fazendo. Talvez exista algum interruptor interno que é chaveado para a posição *matar* quando o ambiente se torna favorável, mudando o estado mental do enfermo em microssegundos. O comportamento esquisito de Gacy e o estado de transe de Dahmer seriam exemplos.

No caso do empreiteiro de Chicago, o testemunho de David Cram teve pouco ou nenhum peso para os jurados, que consideraram o psicopata do Illinois mentalmente são e culpado.

E o caso Jeffrey Dahmer caminhava para o mesmo desfecho.

A ESTRELA DA PSIQUIATRIA

Park Elliot Dietz, na época chefe do departamento de psiquiatria forense da Universidade da Virginia, foi a última testemunha a depor. Segundo especialista médico a testemunhar para a acusação, Dietz era uma verdadeira celebridade quando entrou naquele tribunal em 11 de fevereiro de 1992.

Sua entrada no lado sombrio da mente humana veio por acaso. Estudando medicina em 1969, ele se deparou com o livro *Forensic Medicine*, de Keith Simpson. A leitura da obra foi impactante para o estudante. Ele ficou fascinado com as coisas inimagináveis descritas por Simpson e, principalmente, com a foto em preto e branco de um homem nu dependurado numa árvore com uma corda no pescoço. Abaixo dele havia revistas pornográficas misturadas às folhas secas. A imagem era horrível e Dietz, pela primeira vez, tomou conhecimento do termo "asfixia autoerótica". Por que alguém faria aquilo? Tal pergunta guiaria o seu futuro.

A partir daquela leitura, Dietz começou a se interessar por todo tipo bizarro de comportamento. Seu curso era medicina, mas o interesse era por tudo que envolvesse crimes: eletrocussão, casos de homicídios, massacres, infanticídio etc. Dietz era tão obcecado em seus interesses que o igualmente brilhante Roy Hazelwood, ex-perfilador do FBI, certa vez comentou: "Ao se interessar por um assunto, Park o perseguirá de tal maneira que, ao final, poderia escrever uma tese de doutorado". A obstinação e determinação de Dietz renderam frutos e, ainda muito jovem, atingiu posições de destaque.

Em 1978, com apenas 29 anos, Dietz se tornou professor de psiquiatria da Universidade de Harvard e em pouco tempo seu nome se alastrou dentre aqueles que estudavam o comportamento criminoso, tornando-se colaborador, na década seguinte, do trio da pesada Robert Ressler, John Douglas e Roy Hazelwood, lendas da psicologia criminal e agentes do FBI que ajudaram no desenvolvimento da Unidade de Ciências Comportamentais, famosa por seu estudo sobre assassinos em série nas décadas de 1970 e 1980.

E Dietz, assim como seus colegas do FBI, também se tornaria famoso.

A fama para Park Dietz veio com a enorme exposição de seu testemunho no julgamento de John Hinckley Jr. em 1982. Obcecado pela atriz Jodie Foster após assistir ao filme *Taxi Driver*, Hinckley tentou matar o presidente norte-americano Ronald Reagan quando este saiu de um hotel na capital americana, em 30 de março de 1981. Reagan e três outras pessoas ficaram feridas no ataque. De acordo com o atirador, o atentado ao presidente não passou de uma tentativa de impressionar a atriz. Devido ao seu trabalho com *stalkers,* Dietz se tornou a principal testemunha da acusação. O psiquiatra concluiu que o réu sabia o que estava fazendo e por isso podia ser responsabilizado por seus atos; em outras palavras, John Hinckley Jr. não era criminalmente insano. O júri, entretanto, concluiu o contrário e o réu foi enviado para uma instituição psiquiátrica.

O veredito abalou o orgulhoso Dietz, mas o psiquiatra seguiu em frente, cada vez mais ascendente, cimentando o seu nome como um dos principais psiquiatras forenses dos Estados Unidos. Após o caso Hinckley, ele testemunhou em um sem número de julgamentos, analisando uma variedade de assassinos e opinando profissionalmente sobre seus estados mentais. Nenhum desses casos, porém, podia ser mais fascinante e perturbador quanto aquele que explodiu em Milwaukee no final de julho de 1991.

Desde o início, Dietz ficou absolutamente intrigado com as notícias que saíam na mídia sobre o "Monstro de Milwaukee". Jeffrey Dahmer, sem dúvidas, era um animal diferente, um tipo que ele teria a oportunidade de estudar, analisar, conversar e opinar a respeito.

Michael McCann ligou para Park Dietz, em dezembro de 1991, perguntando se ele tinha interesse em testemunhar. Dietz respondeu que sim, seria muito interessante avaliar Dahmer, mas ele tinha algumas condições:

- ter acesso a toda e qualquer documentação relacionada ao caso, incluindo relatórios policiais e médicos;
- ter a possibilidade de testemunhar para os dois lados, defesa e acusação, caso suas conclusões se alinhassem aos argumentos da defesa;
- dinheiro — seu trabalho tinha um custo, então eles deviam pormenorizar todos os detalhes, pois o orçamento de McCann era limitado

Satisfeitas as condições, Dietz foi recebendo pouco a pouco a documentação do caso, enviada por McCann, e, em janeiro de 1992, na véspera do início do julgamento, o psiquiatra teve três encontros pessoais com Jeffrey Dahmer, que totalizaram dezoito horas. Ambos conversaram sobre todos os aspectos da vida de Dahmer, principalmente detalhes sobre os crimes. Dietz fez todo tipo de pergunta a Jeff: "Como você tem certeza que a faca não brilhava na lua cheia?", "Qual era o gosto do sangue quando você comeu?". Os dois, inclusive, assistiram juntos a filmes pornográficos e de terror confiscados no apartamento de Jeff, incluindo os preferidos: *Star Wars: O Retorno de Jedi*, *O Exorcista III* e *Hellraiser II*. Dietz, também visitou e perambulou pelos lugares em que Dahmer morou e frequentou — West Allis e o prédio dos Apartamentos Oxford; saunas, bares e boates gays. Ir a essas localidades podia dar a ele *insights* importantes sobre o estado mental do réu, além de ajudá-lo a decifrar os mecanismos secretos pelos quais sua mente operava.

Quando sentou no banco das testemunhas, Park Dietz estava mais do que preparado para afirmar categoricamente que Jeffrey Dahmer não sofria de qualquer doença ou deficiência mental no momento de seus crimes. "Dahmer fez um grande esforço para estar a sós com suas vítimas e não ter testemunhas", disse. Ele explicou que existiam evidências fortes de que Jeff estava bem preparado para cada homicídio, portanto, seus crimes não eram impulsivos. Ele disse que o fato de o réu ficar bêbado antes de cada homicídio era significativo. "Se ele tivesse uma compulsão para matar, ele não beberia álcool. Ele bebia álcool para superar sua inibição e praticar o crime que preferia não fazer."

Em um bate e rebate de perguntas e respostas com o promotor Michael McCann, Dietz disse que Dahmer sabia a diferença entre o certo e errado em cada um dos quinze assassinatos. Jeff tomou muitas precauções para não ser pego, revelou Dietz. O psiquiatra afirmou várias vezes que o réu só matava "atrás de portas fechadas", em seu matadouro, o local onde se sentia seguro e conhecia — lá, ele sabia que estaria sozinho, sem nenhuma testemunha. Ele nunca atacou ninguém na rua, em um beco ou num banheiro público, e quando era desmascarado, como na sauna em Chicago, não revidava a agressão, colocando o rabo entre as pernas e saindo de fininho. A coisa toda tinha que acontecer de acordo com seus termos, e se algo saísse fora do seu algoritmo da morte, ele não seguia em frente. Seu comportamento cuidadoso podia ser facilmente visto quando pegava táxis com as vítimas: ele pedia para o motorista parar algumas quadras antes do destino final, de modo que, se alguma coisa acontecesse, o motorista não saberia o endereço exato. Isso, revelou Dietz, era uma indicação do comportamento calculista de Dahmer e de que ele sabia de antemão que cometeria um ato criminoso. Ele sabia que iria fazer algo errado. (Tal comportamento realmente o ajudou, como no caso Anthony Sears.)

"Levando-os até um local privado e, de fato, procurando privacidade com eles, isso mostra um esclarecimento de que é errado fazer essas coisas com as pessoas", disse o psiquiatra. "Diferentemente de alguém fora de controle, que comete crimes em qualquer lugar, a qualquer momento, o sr. Dahmer sempre cometia as ofensas pelas quais é acusado em lugares escolhidos por ele e atrás de portas fechadas. Ele nunca cometeu homicídios contra homens atraentes e com o físico certo em casas noturnas ou saunas. Mesmo nas saunas, ele os drogou e poderia ter feito [assassinato], [mas apenas] se não tivesse o problema da eliminação [do cadáver]. Ele se controlava o suficiente para não os matar nesse cenário."

Dietz disse que, na maior parte dos seus crimes, Dahmer tomou medidas para evitar a detecção. Por exemplo, ele sabia que se as roupas, documentos ou objetos pessoais das vítimas fossem encontrados na casa da sua avó ou em seu apartamento, isso o ligaria aos desaparecimentos, então ele jogava tudo fora. (Esse argumento de Dietz, entretanto, é inconsistente. O psiquiatra afirmou que desaparecer com os itens pessoais das vítimas era um indício de sua lucidez, mas e as cabeças e crânios? Ele jogava fora as roupas, joias e documentos pessoais, mas ficava com crânios, pênis e mãos. Isso não seria pior? Se a polícia encontrasse a roupa ou a identidade de uma vítima em seu apartamento isso o colocaria em apuros, mas definitivamente não o poria atrás das grades. Agora, se a polícia encontrasse o crânio e o pênis de uma vítima, a situação se tornaria o oposto e, no fim, foi isso o que realmente colocou um fim em seus crimes e não uma peça de vestuário ou documento.)

Em muitos casos, Dahmer já deixava as pílulas de Halcion pulverizadas em copos antes de sair para a noite para tentar trazer alguma vítima. Isso tornava o seu trabalho mais fácil e era praticamente impossível uma vítima perceber que havia algo em sua bebida ou pegá-lo no flagra colocando pílulas no copo e esmagando-as. "Ele não se engajou nesses comportamentos sem reflexão. Em cada caso ele fez preparações para cometer tais atos que levavam ao assassinato", explicou Dietz.

Dahmer também tinha um ritual para entrar no estado apropriado para matar. Antes de sair, ele bebia e assistia a vídeos pornográficos e filmes de terror, e isso o colocava no "modo" adequado para sair e procurar por uma vítima. É como alguém que está na noite e se engaja no ato de beber e pede pro DJ colocar aquela música preferida como um tipo de ritual/preparação para ter a coragem de abordar aquele (ou aquela) que lhe atrai. O Imperador Palpatine, o Assassino de Gêmeos, Pinhead (vilão da série de filmes *Hellraiser*), dentre outros vilões, o "encorajavam" e Jeff se sentia o próprio mal, poderoso o suficiente para sair e praticar maldades contra os humanos que ele eventualmente pudesse conhecer.

> "Ele gostava da ideia do poder que eles tinham [Imperador Palpatine e o Assassino de Gêmeos]. Acontece que ambos os personagens eram caracterizados com os olhos amarelos, que lhes davam um ar assustador. E Dahmer comprou lentes de contato amarelas, que ele usava para ir até as boates, de forma que ele tivesse aqueles olhares. Isso não era apenas curiosidade, era mais do que isso. Ele queria ser mais como aquelas pessoas [personagens] e usava certas cenas dos filmes para se colocar no modo apropriado para sair e procurar pessoas. Algumas vezes ele trazia uma pessoa e assistia com ela a esses filmes ou cenas específicas deles. Ele se identificava com esses personagens porque ele sentia que era tão mal e corrupto quanto eles eram. Tão poderoso quanto eles." (Park Dietz)

Muitas vezes, enquanto caminhava com um homem até o seu apartamento, Jeff sabia que iria matá-lo. Então, disse Dietz, todo esse ritual de esmagar o Halcion previamente, preparar os utensílios que ele usaria, beber e assistir a vídeos e filmes, procurar por um tipo específico de homem, convencê-lo a ir até o seu apartamento e drogá-lo era uma indicação de que Dahmer estava consciente dos seus atos. O assassinato nunca foi um ato impulsivo, mas sim planejado e elaborado, embora, em alguns casos, ele tenha decidido matar apenas horas ou minutos antes, e já com a vítima em seu apartamento.

Em seu bate-bola com o psiquiatra, McCann quis reforçar ao máximo que os crimes do réu não tinham nada de impulsividade, fazendo perguntas repetitivas, que Dietz discorria de forma a convencer o júri de suas conclusões. Ainda discorrendo sobre a impulsividade e sobre como o caso Dahmer não tinha nada a ver com isso, Dietz deu o exemplo de quando Jeff assassinou James Doxtator. O réu o levou até a casa da avó de madrugada, tarde demais, de modo que ele saberia que ninguém os veria juntos na rua em West Allis ou entrando na casa. Isso refletiria um esclarecimento do que é errado, afirmou Dietz. Jeff Dahmer tinha consciência que o horário o livraria de potenciais testemunhas (novamente, o psiquiatra só "esqueceu" de mencionar que Dahmer conheceu o garoto após uma noitada, quando estava indo embora para casa, já de madrugada; Jeff não planejou pegar uma vítima naquele horário para levá-la à casa da sua avó. Foi uma oportunidade que se apresentou).

Jeff sempre esperava que a avó fosse até a igreja antes de desmembrar alguma vítima, colocando jornais na janela do porão para que nenhum bisbilhoteiro pudesse observar. Quando seu trabalho terminava, ele tirava os jornais. O fato de cuidadosamente picar o corpo, quebrar seus ossos e jogar tudo fora também era uma prova de que ele entendia a ilicitude dos seus atos. Suas ações revelavam um criterioso planejamento e extrema racionalidade.

Como qualquer pessoa no mundo profissional que adquire experiência com o passar do tempo, com Jeff aconteceu a mesma coisa. Sua trama tinha a consistência lógica de um algoritmo cujo código é atualizado de tempos em tempos, seja pela aprendizagem do programador ou por adições de melhoria em algum processo. A quantidade e o uso das pílulas certas, o esmagamento delas no copo antes de sair, os utensílios homicidas (faca, marreta, serras etc.) ao alcance das mãos, o ambiente de caça, no qual se sentia em casa, o roteiro de enganação (fotos, vídeos, dinheiro, diversão sexual) para atrair potenciais vítimas, os cuidados para evitar que alguém os visse juntos, o café irlandês, esperar a vítima dormir, o estrangulamento no quarto (em West Allis e nos Apartamentos Oxford), o desmembramento e descarte no *timing* perfeito (avó na igreja e o horário de passagem do caminhão de lixo), tudo isso seria a indicação final de que Jeff Dahmer não agia impulsivamente. "Ele vivia o seu tempo com planos. Ele esperava até o momento que julgava apropriado para matar. O assassinato era planejado, deliberado e um ato cuidadosamente executado", disse Dietz.

Para o psiquiatra, Jeffrey Dahmer estava mentalmente são em todas as quinze acusações de homicídio. Fora os comportamentos padrões para não ser detectado, no caso Konerak Sinthasomphone, por exemplo, "o sr. Dahmer se comunicou com a polícia na presença de outras testemunhas de uma maneira que indicava que ele entendia a ilicitude de sua conduta com aquela vítima". Dahmer deu um nome falso para Konerak e mentiu sobre ele ser um colega de quarto. O fato de ele não ter contado a verdade era uma prova de que entendia a natureza daquela situação e que agia em discordância com a lei. É essa a característica da mentira: esconder a verdade. Dahmer, disse o psiquiatra, viveu uma vida inteira mentindo. Mentiu para o pai, para a avó, para as autoridades, para os vizinhos, para o síndico dos Apartamentos Oxford, para a sua agente de condicional, para qualquer um que precisasse mentir. Ele mentiu para todo mundo e a vida inteira.

O tempo dos assassinatos também era uma evidência para o psiquiatra da sanidade de Dahmer. Se estamos falando de um indivíduo que não consegue controlar seu comportamento, é muito provável que ele cometa crimes de forma aleatória. Dahmer não, ele agia majoritariamente nos fins de semana. Sua vida não estava ganha e ele tinha que trabalhar. O seu trabalho financiava sua outra vida. Jeff convivia com a possibilidade de ser demitido, então ele tentou ao máximo levar uma vida normal, trabalhando durante a semana e, nas folgas, nos fins de semana, saindo em busca de vítimas. Foram decisões conscientes, revelou Dietz. O desejo de Jeff era passar o maior tempo possível com seus amantes e isso era impossível de acontecer durante a semana porque ele tinha que trabalhar, então usou os fins de semana para colocar em prática suas fantasias. Tudo começava na sexta-feira. Se ele pudesse conseguir alguém na sexta-feira à noite, ele conseguiria ficar com esse amante por todo fim de semana, e isso incluía tempo hábil para caçar, matar e descartar. Ele teria a companhia do amante (vivo ou morto) por horas a fio e por toda a noite de sexta-feira, sábado e parte do domingo. Antes de ir para o trabalho, na madrugada de domingo para segunda, ele poderia desmembrar, descarnar e descartar a vítima, se assim desejasse.

A distribuição espacial dos seus crimes — lugares específicos e que ele conhecia bem, como os bares e boates gays de Walker's Point e o entorno do Grand Avenue Mall — era "um indicativo da sua habilidade de controlar seu comportamento de acordo com os requisitos da lei".

Outro exemplo da consciência de Dahmer em relação aos seus crimes, apontado por Dietz, foi o comportamento crônico de Jeff em beber. Como milhões de pessoas ao redor do mundo, muitas vezes ele bebia para superar suas inibições. Mas enquanto a maioria das pessoas bebem para ficarem mais soltas e animadas, Dahmer bebia para que os efeitos do álcool o ajudassem no processo de matar. "Por ele ser inibido para matar e achar essa parte do seu comportamento detestável, ele propositadamente bebia mais para superar suas inibições, para fazer essa parte que ele não gostava; de fato [ele] se sentia desconfortável a respeito. Seu desconforto com o homicídio é uma indicação de que ele sabia que era errado", afirmou Dietz. "Ele tinha que tomar esse passo adicional para superar sua inibição natural contra o assassinato." Se Jeff tivesse um impulso ou compulsão em matar, ele não teria que beber para superar sua inibição, explicou o psiquiatra, sendo o ato de beber, então, uma evidência para descarte dessas teorias.

Em suas palavras, Dietz limitou a bebedeira de Dahmer a essa necessidade de se tornar "mais apto" a cometer o ato de homicídio, ignorando o fato de que Jeff era um alcoólatra muito antes de matar a sua primeira vítima (o que dirá, então, de quando ele realmente se tornou um assassino em série — a partir de Doxtator, o primeiro a ser efetivamente atraído para a morte).

> "Quando ele forma a intenção de matar, ele precisa dos efeitos do álcool para diminuir suas inibições contra o assassinato. Nesse exemplo [Luis Pinet], dentre as razões que evitaram o assassinato estão, primeiro, os efeitos do álcool que diminuíram e, segundo, ele estava cansado. Ele não sentia ter a energia necessária para fazer." (Park Dietz)

Na opinião do psiquiatra Park Dietz, Jeffrey Dahmer sofria de dois tipos de transtornos que o assombraram por toda vida. O primeiro, era a "dependência alcoólica" — alcoolismo, na linguagem popular —, e o segundo, o transtorno parafílico.

Dahmer preenchia os critérios para três parafilias presentes no *DS-M-III*, segundo Dietz. A primeira era a *necrofilia*, pois Jeff, por mais de seis meses, teve fantasias e desejos de ter contato sexual com corpos, e eventualmente o fez. A segunda, *frotteurismo*, que é a necessidade de se esfregar em outra pessoa sem o consentimento dela, acompanhava Dahmer há muitos anos. Houve ocasiões em que Jeff praticou o frotteurismo em estranhos durante festas e eventos com aglomerações nas ruas. "Se ele encontrasse um homem fisicamente atraente, ele [Dahmer] se esfregaria nele. Ele fez isso em várias oportunidades", disse Dietz. Mas o mais importante era que Dahmer praticara o frotteurismo com os homens que ele levava até o seu apartamento, tanto com os que sobreviviam quanto com os que morriam. De fato, essa era uma de suas principais características no sexo e ele fez isso durante sua vida adulta e sexual, seja com os homens na casa da sua avó, nos hotéis e saunas que frequentava ou no seu apartamento. Era um dos comportamentos que compunham o que Dahmer chamou de sexo *light* — se esfregar nos homens enquanto eles estavam drogados, sem o consentimento deles.

A terceira parafilia era o *parcialismo*, caracterizada pela atração sexual a uma parte específica do corpo humano. Os sofredores de tal parafilia, em sua maioria, têm interesse em pés e cabelos. Um exemplo real veio do próprio Dahmer quando ele contou a Dietz sobre um homem que conheceu em uma sauna. Este indivíduo era obcecado por pés masculinos e conhecido entre os frequentadores por convidar homens até os quartos para que ele pudesse massagear seus pés. E ele não usava apenas as mãos, como também a boca, colocando os pés na boca para chupá-los e simular uma massagem.

Mas, no caso Dahmer, qual seria a parte do corpo que ele seria doentemente atraído? Os órgãos internos, afirmou Dietz. Em algum ponto de sua vida, Jeffrey Dahmer se tornou sexualmente atraído pela aparência das vísceras. Eram as superfícies brilhantes das vísceras e suas cores diferentes que o excitavam. "Jeffrey Dahmer não é o primeiro caso de atração sexual pelas vísceras", disse o psiquiatra — realmente, tal comportamento parafílico estava longe de ser inédito e muito provavelmente foi apresentado por inúmeros assassinos nos tempos passados, cujos registros ou histórias não sobreviveram à passagem do tempo. Daqueles que conhecemos, podemos citar o italiano Vincenzo Verzeni, cuja história está descrita no clássico livro* do psiquiatra alemão Richard Von Krafft-Ebing. Verzeni foi um assassino hedonista como Dahmer, um *lust murderer* praticante do vampirismo e do parcialismo. Ele também planejou comer a carne de uma das vítimas, mas desistiu, com medo da sua mãe descobrir a iguaria. Cheirar as vísceras, principalmente os intestinos, lhe dava uma magnífica sensação de prazer. "A *força* que lhe apossava nesses momentos de prazer luxurioso era enorme [...] Não havia [nele] qualquer traço de senso moral e remorso", citou Krafft-Ebing. Rebobinando ainda mais a fita da história, no século XV, o nobre francês Gilles de Rais foi acusado pela Inquisição de atrocidades tão abomináveis que fizeram o seu nome perpétuo. Com a ajuda de alguns criados, o ex-marechal da França e companheiro de batalha de Joana D'Arc, assassinou um sem número de garotos com idades que variavam entre 6 e 18 anos. O que se sabe de sua história veio através do seu julgamento medieval, ocorrido em 1440, e cujos registros traduzidos do latim foram usados na excelente obra de George Bataille, *Le Procès de Gilles de Rais*, publicada em 1959.

Como Jeffrey Dahmer, De Rais procurava por um tipo específico que lhe agradava, e este eram os jovens (crianças ou adolescentes) que tinham as "cabeças mais bonitas". Nos registros do julgamento, um cúmplice chamado Henriet confessou que Gilles tinha "grande prazer em assassinar as... crianças, em ver suas cabeças e membros separados, em vê-las definhar e ver o sangue delas, [mais] do que ele tinha em conhecê-las carnalmente". Mais do que isso, Henriet afirmou que o patrão abraçava os corpos "contemplando aqueles que tinham as cabeças e membros mais bonitos, e ele abria cruelmente seus corpos e se deleitava com a visão de seus órgãos internos".

Jeffrey Dahmer também se deleitava com a visão dos órgãos internos de suas vítimas. Ele tinha excitação ao ver o que os homens tinham dentro de seus corpos, mas ele nunca pensou em abrir uma vítima enquanto ela estivesse inconsciente pelo Halcion. Park Dietz afirmou que Jeff

* *Psychopathia Sexualis* (Psicopatias do Sexo, em tradução literal). Este livro foi publicado originalmente em 1886 em língua alemã e é um dos primeiros trabalhos a discorrer sobre patologias sexuais. É um clássico da ciência, um dos primeiros livros a abordar a homossexualidade e a empregar as palavras sadismo e masoquismo.

preferia a vítima inteira e sem machucados para fazer sexo, mas uma vez que ele a estrangulava, o interesse em ver suas entranhas surgia. Já o ato de estrangular não era erótico, mas "um meio para um fim", como Dahmer repetiu inúmeras vezes sobre o ato de matar. Mas que fim seria esse?

"Rendê-los para o meu controle completo, para que eu tivesse o meu tempo e [para] realizar os atos sexuais que eu desejava", afirmou o réu ao psiquiatra.

De acordo com Dietz, a patologia de Jeffrey Dahmer era complexa e a dependência alcoólica e parafilias não "contavam toda a história dos interesses sexuais do sr. Dahmer". Havia uma variável importante nessa equação e esta era a necessidade do réu em ter o *controle* sobre outro ser humano, de forma que ele pudesse fazer uso sexual do corpo alheio da maneira que desejasse. Jeff tinha interesse no toque, no beijo, em esfregar, acariciar, masturbar, mas a maioria dos homens não estavam interessados nesse tipo de namoro e, além disso, eles não ficavam pelo tempo que ele gostaria. Jeff se encontrou num ponto em que desejou ter a capacidade de manter seus parceiros de alguma maneira, de forma que ele pudesse continuar a fazer sexo *light*. Ele não tinha disposição nenhuma em satisfazer seus parceiros, pois isso significava (na maioria das vezes) deixá-los penetrá-lo analmente, o que ele não gostava; Jeff desejava tê-los pelo tempo que julgasse necessário. Em outras palavras, Dahmer tinha de controlá-los completamente. Mas como fazer? "[E foi] no curso de tentar encontrar uma maneira de manter uma pessoa para isso [que] ele se engajou nos comportamentos mais extremos", disse Dietz.

O psiquiatra explicou que a preferência de Dahmer era por um parceiro vivo, respirante, que sempre acataria suas necessidades sexuais preferidas. "Ele me disse que se as vítimas aceitassem ficar com ele por várias semanas, ele não as teria matado." (Mas e se depois de várias semanas as vítimas quisessem ir embora? Uma hora os rapazes teriam que sair do apartamento para trabalhar ou visitar um parente. Essa implicação passou batida pelo psiquiatra.)

Foi, então, nessa busca incessante pelo parceiro sem uma "data limite" para partir que Jeff avançou para o estágio no qual planejou obter um namorado desprovido de consciência. "O termo usado para descrever essas pessoas sem livre-arbítrio que ele queria criar foi *zumbis*", disse Dietz. A questão principal em relação à criação dos zumbis era que o réu desejava um ser humano vivo, respirante, de modo que ele pudesse escutar o barulho dos seus órgãos internos, o batimento do coração e demais sons. "Uma das coisas que ele fazia após drogá-los era escutar os sons dos seus corpos." Seriam escravos do amor utilizados única e exclusivamente para satisfazer suas necessidades sexuais. Não havia uma compulsão em matar, mas em ter um parceiro, vivo, para satisfazê-lo. Dietz, inclusive, citou um diálogo com Dahmer para exemplificar a sua conclusão:

A questão principal em relação à criação dos zumbis era que o réu desejava um ser humano vivo, respirante [...] Seriam escravos do amor utilizados única e exclusivamente para satisfazer suas necessidades sexuais. Não havia uma compulsão em matar, mas em ter um parceiro, vivo, para satisfazê-lo.

"Eu só estava tentando desabilitar a vontade [das vítimas]", disse Dahmer.

"E sujeitá-las à sua vontade?", perguntou o psiquiatra.

"Sim."

O psiquiatra explicou que Jeff imaginou em sua mente duas técnicas para a criação dos zumbis. A primeira era a perfuração do topo do crânio para injetar no cérebro ácido ou água fervente. Quando essa técnica não funcionou, ao melhor estilo *Frankenstein*,* Jeff imaginou que, talvez, colocando um fio elétrico no buraco perfurado do crânio e ligando a outra ponta na tomada, de forma a usar a eletricidade para dar uma carga no corpo, quem sabe ele poderia atingir o seu objetivo. Ele pensou em um "aparato elétrico" para tal empreitada, mas desistiu da ideia, pois ele não entendia bulhufas de eletricidade ou de componentes eletrônicos.

McCann fez uma pergunta interessante a Dietz, questionando-o se ele tinha alguma opinião (relacionada às parafilias) de como Dahmer chegou ao ponto em que chegou. Dietz respondeu que houve um encaixe

* No romance de mesmo nome de Mary Shelley, publicado em 1817, o personagem Victor Frankenstein utiliza a eletricidade para dar vida a uma pessoa morta.

no tempo na época em que Jeff iniciou suas primeiras fantasias sexuais de controle e dominação. Ele era um jovem adolescente quando fantasiou em bater em outra pessoa e fazer sexo com o corpo inconsciente, tal pensamento coincidiu com fantasias sobre os órgãos internos. Experiências passadas dissecando um feto de porco na aula de biologia, se vislumbrando com os tecidos (e nessa linha de raciocínio de Dietz, podemos incluir a fala da dra. Judith Becker sobre como o pequeno Jeff ficou maravilhado ao ver as entranhas de um peixe que o pai abriu), permaneceram em sua mente, e, quando adolescente, ao começar o comportamento masturbatório, ele se viu com tais imagens enquanto se masturbava e ejaculava.

"Eu acredito que as evidências das parafilias mostram que os pensamentos dos meninos no momento em que eles se masturbam são muitas vezes incorporados em suas fantasias subsequentes. E muitas vezes é a origem dos seus interesses sexuais futuros [...] A fantasia sempre precede a ação", disse o psiquiatra. O que Dietz quis dizer é que o que um garoto repetidamente associa em sua mente como excitação sexual enquanto se masturba se torna o seu interesse sexual futuro. Se um adolescente se masturba pensando numa atriz famosa ou na colega de escola, então é bem possível que seu interesse posterior será obter prazer sexual se relacionando com mulheres. Já Dahmer, ao se masturbar repetidamente enquanto pensava no porco dissecado, animais atropelados ou vísceras humanas, plantou a semente para no futuro buscar a excitação sexual através das vísceras e pedaços de corpos. "Talvez os pensamentos do feto do porco tenham aparecido na mente de Dahmer na época, o pensamento invadiu a sua mente [no momento em que começava a se masturbar] e se tornou sexualizado. E na vez seguinte em que ele se masturbava, o pensamento vinha novamente, e se esse pensamento apareceu o suficiente enquanto ele se masturbava, [então] eventualmente se tornou algo atraente, mesmo que um ano antes o mesmo pensamento não parecesse atraente a ele."

Quando ele estava no ensino fundamental, a turma da escola foi até um museu na cidade de Cleveland e, pela primeira vez, Dahmer viu partes de um corpo humano. Eram pedaços de um cadáver cuidadosamente cortados e montados de forma que o espectador tivesse uma boa noção da anatomia humana. Jeff ficou maravilhado com a visão e, durante anos, nunca se esqueceu daquele corpo todo cortado. Na verdade, Jeff nunca esqueceria daquela viagem, sendo a visão do corpo uma das lembranças que ficou marcada em sua mente infantil — tanto é que ele compartilharia a história com o psiquiatra.

> "A parafilia não é uma questão de escolha. O sr. Dahmer não podia escolher o que era atraente para ele... Nós geralmente não escolhemos aquilo que achamos sexy. Isso [apenas] acontece de maneiras que não sabemos [...] A maioria das pessoas concorda que é bizarro ter atração sexual pelo consumo de fezes ou urina, ou fazer sexo com corpos. Mas essas são parafilias que, para as pessoas que as têm, representam coisas que são sedutoras." (Park Dietz)

Antevendo o movimento de Boyle de que a suposta compulsão em matar do seu cliente seria derivada de sua condição parafílica, McCann agiu para matar dois coelhos com uma cajadada só: 1) o réu não era compulsivo e 2) mesmo que fosse, a condição parafílica não causaria um comportamento compulsivo. Inicialmente, o promotor perguntou a Dietz se a parafilia poderia causar uma compulsão. "Não, não causa", respondeu o psiquiatra. Psiquiatricamente, compulsão é um comportamento no qual um indivíduo sente que ele deve se engajar para evitar que um resultado aconteça. O indivíduo reconhece que o que ele ou ela faz é sem sentido, mas o faz mesmo assim. Dietz deu o exemplo de um homem que sempre quando chegava em casa, dava mais uma volta de carro em torno do quarteirão para ter a certeza de que não atropelaria alguma criança da vizinhança. O fato de dar mais uma volta no quarteirão significava o contrário: as chances de atropelar uma criança aumentavam, mas, para o compulsivo, aquele comportamento era necessário para ele não atropelar uma criança. Da mesma forma, existem pessoas que lavam as mãos dezenas e dezenas de vezes durante o dia para evitar uma suposta contaminação. Na compulsão, o indivíduo sente que deve agir daquela maneira, explicou Dietz, já a parafilia nada mais é do que um desejo sexual específico, aquilo que, por exemplo, faz "um homem ter ereção". O parafílico tem o desejo de ter tipos particulares de atividade sexual. Enquanto na compulsão não há conexão entre comportamento e resultado, ou seja, o hábito de dar uma volta no quarteirão pode ou não resultar num atropelamento, assim como lavar as mãos repetidamente não previne contaminação, na parafilia é o contrário. Sempre que o indivíduo se engajar no comportamento parafílico haverá resultados. "Existe uma conexão direta entre fazer sexo e ter gratificação sexual, então, eles estão conectados", explicou o psiquiatra. Se masturbar pensando em uma estátua ou fazer sexo com ela alivia a necessidade sexual que o parafílico sente. "A parafilia não prejudica a capacidade do indivíduo em adequar a sua conduta perante os requisitos da lei."

Compulsão e parafilia são duas coisas diferentes e Dahmer não se encaixava em alguém compulsivo, de acordo com Dietz. Mas poderia existir dúvidas entre as pessoas comuns que desconhecem a real definição do transtorno, e Dietz fez questão de diferenciar, através de exemplos, o que as pessoas em geral achavam ser compulsão do que realmente era a compulsão, e sua fala nada mais era do que uma explicação direcionada ao júri — pessoas comuns que não entendiam nada de doenças, transtornos mentais, desvios sexuais etc.

Na consciência popular, compulsão significa algo que as pessoas fazem repetidamente. Uma pessoa obcecada por música pode ter em casa milhares de vinis e CDs de inúmeros artistas, chegando ao ponto de garimpar raridades nos quatro cantos do mundo e pagar muito dinheiro por um LP de Arthur Crudup, por exemplo. Muitas pessoas podem enxergar tal comportamento como uma compulsão, mas, aos olhos da medicina, isso é apenas um interesse particular do indivíduo, não é um transtorno mental e nem uma compulsão. Ao explicar a diferença entre uma compulsão e um desejo, Dietz deu um exemplo caseiro do comportamento do próprio filho. O menino constantemente incomodava seus pais para levá-lo a eventos de beisebol. "Algumas pessoas podem descrever isso como uma compulsão. Psicologicamente, não é. É apenas algo que ele gostaria de fazer", disse. Dahmer, então, não tinha compulsão alguma, "não existia uma força empurrando-o para matar. Existia apenas um desejo de passar mais tempo com a vítima". E isso era tanto verdade, disse Dietz, que se o réu tivesse o poder de convencer alguém a ficar com ele, "o assassinato teria se tornado irrelevante para ele". Jeff queria companhia e sua prioridade em relação ao parceiro sexual era por alguém vivo que lhe desse licença total para fazer o que desejasse, além de não ter restrições de tempo. Sua segunda opção seria por um parceiro cuja química cerebral estivesse alterada, se comportando como um dócil "zumbi" do amor. Se nada disso funcionasse, sua terceira alternativa era por uma vítima drogada, totalmente inconsciente, mas viva, de forma que ele pudesse sentir seu corpo quente, os sons dos seus órgãos internos e o seu pênis ereto. Um cadáver era a sua última opção.

Ter uma parafilia bizarra ou repulsiva aos olhos da maioria das pessoas não impede o indivíduo de entender a gravidade das suas ações ou prejudica o seu livre-arbítrio. O acometido apenas sucumbe ao desejo sexual. Milhões de pessoas ao redor do mundo fantasiam parafilias graves em suas mentes, mas não as colocam em prática por saberem que se o fizerem estarão transgredindo a lei (em alguns casos, a parafilia só pode ser satisfeita a partir do óbito do parceiro). O interesse sexual não diz nada sobre o caráter do indivíduo ou sua força de vontade, ou o que ele pensa sobre o que é certo ou errado, muito menos o torna insano perante a lei. Park Dietz reafirmou várias vezes que a parafilia não é uma doença mental, apenas aquilo que alguém gosta de fazer no ato sexual. Parafilias graves como as diagnosticadas em Jeff não estão diretamente ligadas à insanidade e o indivíduo possui o livre-arbítrio, sendo a opção do assassinato uma escolha interna e consciente.

Isso tudo, no final das contas, não era uma prova cabal de que Jeffrey Dahmer não pudesse ser insano, e evidenciava apenas que sua suposta insanidade não derivaria de sua condição parafílica. Se ele fosse insano, incapaz de entender a natureza danosa dos seus atos, então isso apontava para a possibilidade de ele sofrer de transtornos mentais como, por exemplo, a esquizofrenia.

> "O homicídio para Jeffrey Dahmer nunca foi um ato parafílico. Ele nunca teve uma parafilia sobre matar pessoas. Ele achava o homicídio desagradável e ele preferia ter a pessoa viva como parceiro sexual ao invés de morta [...] A parafilia não impacta substancialmente processos mentais ou emocionais. O que a parafilia impacta são os interesses sexuais. Os processos mentais não são tocados pela parafilia. Indivíduos podem ter qualquer parafilia, incluindo as mais bizarras, e ainda assim serem pessoas inteligentes, lógicas e racionais. Não existe ligação entre ser parafílico e sofrer de problemas emocionais como depressão, ansiedade ou euforia." (Park Dietz)

Em seu testemunho, Park Dietz afirmou que, além das parafilias por ele diagnosticadas, Dahmer se engajou em outras atividades sexuais que também poderiam ser rotuladas como parafilias, mas, como ele as apresentou em apenas algumas ocasiões, ou seja, não foram comportamentos persistentes e repetitivos, o diagnóstico não foi feito. Nota-se que Dietz foi extremamente técnico em seu diagnóstico, seguindo ao pé da letra o que dizia a bíblia da psiquiatria americana, o *DSM-III*. Para o psiquiatra, Dahmer, por exemplo, não poderia ser um antropófago porque o comportamento não ocorreu em um período superior a seis meses, critério apontado para diagnóstico pelo *DSM-III*.

Uma atividade sexual candidata a ser apontada como parafilia seria a masturbação enquanto o réu olhava para a fotografia de uma das vítimas (morta) ou para uma parte dessa vítima. Houve ocasiões em que Dahmer se masturbou olhando para as cabeças e crânios. De acordo com o testemunho de Dietz, tal atividade medonha não estava dentre as prediletas de Jeff, mas ele se engajava em tal ato para ajudá-lo na fantasia da pessoa completa.

O psiquiatra explicou que quando Jeff se masturbava olhando para uma cabeça recém-decepada ou para uma fotografia que mostrava uma cabeça, o que era interessante a ele eram as feições do rosto da vítima e suas belezas — o queixo afinado, a boca bonita, o desenho do rosto. Mesmo que ele estivesse olhando para uma cabeça, a fantasia erótica imaginada no momento da masturbação era a pessoa completa e viva com a qual ele passara algum tempo antes. A parte do corpo, e nada melhor do que a cabeça, o ajudava a lembrar da vítima quando esta estava viva, auxiliando assim em suas fantasias masturbatórias. (Para Jeffrey Dahmer e Gilles de Rais, a cabeça era deveras importante — nela residia a beleza e essência da vítima.)

Para Dietz, esse tipo de comportamento não seria muito diferente do de pessoas comuns. Se o parceiro(a) sexual, por algum motivo, tem um determinado tipo de incapacidade física ou estética temporária que o torna não atraente, o seu parceiro(a) pode focar seus desejos e pensamentos em outras partes do corpo — ou fantasiar situações em sua mente — para estímulo. Obviamente, no caso Dahmer, o réu tinha que ter um contorcionismo psíquico impressionante para desprezar a horripilância da situação. (Em se tratando do mundo dahmeriano, entretanto, não acredito que ele precisasse de muito esforço.) "Requer um certo foco de concentração para ser capaz de ignorar a parte desagradável disso", disse Dietz.

O psiquiatra discordou dos diagnósticos anteriores de psicose e sadismo. Sobre o primeiro, Dahmer não apresentava nenhum sintoma — ele não tinha alucinações, delírios ou pensamentos desorganizados. Sua ideia sobre o templo com crânios e esqueletos não veio de uma mente psicótica, eram apenas crenças supersticiosas que podem ocorrer tanto em indivíduos sadios como em portadores de doenças mentais. Crenças supersticiosas são características comuns no transtorno de personalidade esquizotípica, mas Dahmer, segundo o psiquiatra, não poderia ser diagnosticado com este transtorno. "Ele não agia em cima de crenças... Se ele pensasse que poderia obter poderes mágicos do templo, ele não teria que inventar desculpas para preservar o seu trabalho [na Ambrosia]", afirmou.

Jeff também estava longe de ser um assassino sádico. "Ele não torturou suas vítimas e tomou cuidados para evitar o sofrimento delas. O sádico toma medidas para promover o sofrimento. O sr. Dahmer tomava medidas para aliviar o sofrimento."

Ao fim de seu testemunho, o psiquiatra Park Dietz tinha um ar triunfante. Ele não tinha a prática de Frederick Berlin, mas sua carreira acadêmica brilhante e principalmente sua fama lhe davam o peso necessário para fazer brilhar os olhos do espectador comum. No tribunal, a forma como ele se apresentou lhe conferiu um poder hipnótico. Dietz colocou no chinelo os outros psiquiatras e psicólogos com seu jeito majestoso e altivo. Parecia que Michael McCann tinha mexido a peça do xadrez pela última vez.

Somente parecia.

OS ENXADRISTAS

O dr. Park Dietz era a estrela dos psiquiatras e o Às de Espadas do promotor Michael McCann. Deixá-lo por último, perto do encerramento do julgamento, foi uma jogada de mestre, quase um xeque-mate. Durante os dois dias em que testemunhou, Dietz quase não olhou para os seus relatórios, dizendo quase tudo de cabeça, discorrendo sobre Jeffrey Dahmer, sua vida, seus crimes e perversões com uma naturalidade quase hipnotizadora. Em muitos momentos, parecia um professor dando aulas em uma linguagem acessível sobre perversões sexuais e transtornos mentais. Sua competência e ar de propriedade quando falava definitivamente teriam uma influência sem igual no júri. Sendo o último especialista a depor, suas palavras e conclusões estariam mais frescas na cabeça dos jurados do que as do trio Berlin, Becker e Wahlstrom. Além do mais, e diferentemente dos anteriores, Dietz foi mais do que uma testemunha. Preciso, organizado e meticuloso, as pessoas que assistiram ao seu testemunho poderiam ter dado uma salva de palmas ao final do espetáculo. Brilhante!

Mas nem todas.

Duas pessoas podem olhar para a mesma pintura em um quadro e interpretá-la de duas formas diferentes. O testemunho de Dietz, dependendo do espectador, causa o mesmo efeito. A minha impressão ao assistir ao testemunho de Park Dietz é que o psiquiatra extrapolou o seu papel de médico para um tipo de palestrante/vendedor que desejava a todo custo vender a sua ideia ou produto, nesse caso, o de que Jeff Dahmer era tão livre de doenças mentais quanto qualquer um de nós. Ele pareceu um *showman* — recatado e discreto como se espera de um profissional como ele naquela posição, mas, ainda assim, vaidoso.

Uma boa definição da sua atuação veio do autor Brian Masters, que ao escrever sobre o caso para o seu livro, disse que "o dr. Dietz deu a impressão de que ele era o único homem no país que poderia resolver o dilema, por ele ter lidado com tipos extremos de comportamento por toda sua vida profissional e treinado outros psiquiatras no campo. Ele pareceu, entretanto, como um cientista frio... O *The New Yorker* uma vez o descreveu como 'cerimonioso'".

Ao tomar seu assento, Dietz iniciou sua "palestra" e durante muito tempo sequer pegou em algum papel, uma estratégia para mostrar que não precisava de colas ou algo do tipo, ele sabia do que estava falando, tinha autoridade, então não precisava relembrar coisas ou fazer consultas. Tal técnica, utilizada no mundo inteiro por aqueles que desejam influenciar, é sempre eficaz e muitas vezes disfarça o próprio discurso do orador, dado que ele pode discorrer de forma tão eloquente que a sua imagem e aura se tornam mais importantes do que suas próprias palavras. Sempre olhando fixo para o júri, falando pausadamente para ter a certeza de que suas palavras foram devidamente absorvidas pelos jurados, Dietz foi a única testemunha do julgamento a ter uma posição ativa diante daquele que o questionava. A voz de Michael McCann mal foi ouvida nas primeiras horas, e quando ele finalmente tomou a sua posição, o que se desenrolou pareceu mais teatral do que a arguição de uma testemunha.

> "Foi estranho ver McCann tornar-se supérfluo, como um colegial recebendo um papel de coadjuvante." (Brian Masters)

O "jogo" de perguntas e respostas entre McCann e Dietz que se seguiu após o psiquiatra discorrer sozinho sobre vários temas foi, de certa maneira, constrangedor. Durante horas, McCann perguntou quinze vezes ao psiquiatra: "Dr. Dietz, você avaliou o estado mental do sr. Dahmer na época do homicídio em primeiro grau de [nome da vítima]?". Diante da resposta positiva do psiquiatra, McCann continuava: "Você poderia compartilhar com o júri suas descobertas relacionadas [ao fato de] se o sr. Dahmer apreciava a ilicitude dos seus atos quando ele matou [nome da vítima]?". Adequando suas argumentações de forma a confirmar suas conclusões, Dietz, então, discorria sobre como Jeffrey Dahmer sabia distinguir o certo do errado em cada um dos assassinatos que cometeu. Não apenas isso, Dahmer também tinha a capacidade de seguir a lei se assim desejasse. A repetição maçante foi uma tática elementar (mas eficaz) de martelar na cabeça dos jurados as respostas que a acusação desejava deles, pois eram essas as perguntas (Ele podia distinguir o certo do errado? Ele podia se controlar e agir de acordo com a lei?) que os jurados deveriam responder quando se retirassem. Dietz foi um psiquiatra quando se sentou com Jeffrey Dahmer em três oportunidades antes do julgamento, em janeiro de 1992, mas, no tribunal, as perguntas que fazia a si mesmo para responder logo em seguida de forma a clarear suas conclusões pareciam saídas de um apresentador de TV, e não de um renomado especialista da psiquiatria forense. Algumas de suas argumentações também são discutíveis.

Por exemplo, Dietz nunca perdeu a oportunidade de reafirmar (e ele fez isso inúmeras vezes) como Dahmer só matava "atrás de portas fechadas", sem testemunhas, sempre serpenteando para ficar sozinho com as vítimas. Isso, em suas palavras, era o comportamento de um homem que entendia a natureza de suas ações. E, de fato, ele não estava errado. Mas o argumento é quebradiço. Nenhum assassino no mundo se interessa em matar diante de uma plateia (com exceção dos assassinos em massa, guerras e alguns casos envolvendo pistoleiros). Até mesmo assassinos criminalmente insanos tomam precauções durante seus atos homicidas. O brasileiro Marcelo Costa de Andrade é um deles. Outro exemplo conhecido é o do bizarro "Açougueiro de Plainfield", Ed Gein.

Gein foi um assassino em série considerado mentalmente incapaz, em 1957 (e novamente em 1968), cujo destino decidido pelas autoridades foi o de permanecer para sempre dentro de um hospital psiquiátrico. Em sua fazenda na cidade de Plainfield, na mesma Wisconsin de Dahmer, a polícia encontrou cabeças, pedaços de corpos e um cadáver decapitado, dependurado pelos pés, que Gein acabara de levar para casa. Massacrado como um animal de caça, a carcaça era o que havia restado de Bernice Worden, uma mulher de 58 anos, dona de uma loja de ferragens. A Loja Worden de Ferragens e Ferramentas ficava no centro de Plainfield, uma cidadezinha tão pequena que ninguém poderia fazer nada sem que alguém visse ou ficasse sabendo. Mas o insano Ed Gein foi capaz de matar a mulher dentro do estabelecimento, colocar o cadáver dentro do seu carro e partir para sua fazenda, debaixo dos narizes de todos. E não apenas isso. Gein também era o responsável pelo misterioso desaparecimento de outra mulher de meia-idade, Mary Hogan, ocorrido três anos antes. Hogan desapareceu como por encanto do bar que administrava e ninguém nunca soube o que aconteceu com ela até o seu crânio e pele do rosto serem encontrados preservados na fazenda de Gein. Esse homem que as autoridades concluíram ser "louco" era o mesmo que serpentou como uma cascavel por dois locais movimentados e pegou as donas dos lugares sem que ninguém os visse, levando-as em seguida até a sua fazenda para trucidar seus corpos a "portas fechadas" — nem Jeffrey Dahmer foi capaz de tal proeza! Assim como o loiro do apartamento 213, por anos o insano Ed Gein cometeu seus crimes nas sombras, sem que ninguém suspeitasse. No final, loucos podem agir de forma calculada.

Alguns podem questionar e sugerir que o caso Gein é antigo e de lá para cá as coisas e o entendimento da justiça mudaram. Na verdade, e como diria Lulu Santos, "tudo muda o tempo todo no mundo". Não podemos negar que a raça humana está em constante evolução. Saímos de um animal que subia em árvores para um que explora o espaço sideral. Nesse meio tempo, e até os dias de hoje, crenças, certezas e paradigmas foram quebrados para dar origem ao novo, e esse novo vem sendo sistematicamente quebrado ao longo dos tempos em modernos novos, de forma que estamos sempre em busca da verdade que nos guiará para o esclarecimento absoluto. O ser humano é uma raça científica e ainda hoje, para a maioria das perguntas que nos cercam, temos apenas palpites ou teorias.

Então, se mudou de Gein para cá, também irá mudar do hoje para o amanhã. Jeffrey Dahmer foi um indivíduo cujo comportamento estava além da compreensão da ciência e das pessoas do seu tempo (e isso não mudou mais de trinta anos depois). Minha percepção é que a sociedade de mil anos adiante olhará para trás e enxergará o primitivismo que nós enxergamos quando analisamos, por exemplo, casos e julgamentos medievais. Para os que estão presos ao agora, entretanto, todas as perguntas podem ser respondidas. O ser humano em sua existência tem a (falsa) noção de que vive num mundo evoluído, sendo o conhecimento e a organização societária vistos como as coisas mais avançadas que se possa imaginar. Mas, como na física, tudo depende do referencial (e vá lá se físicos do futuro não irão derrubar essa afirmação!). Como afirmou o físico Marcelo Gleiser em um de seus livros, "as teorias de hoje, das quais somos justamente orgulhosos, serão consideradas brincadeiras de criança por futuras gerações de cientistas. Nossos modelos de hoje certamente serão pobres aproximações para os modelos do futuro".

• • •

Michael McCann e Park Dietz deitaram e rolaram enquanto o palco estava disponível para os dois, mas ambos só não contavam com uma coisa: Gerald Boyle. Quando finalmente foi autorizado a questionar Dietz durante o momento de *cross-examination*, o advogado de Dahmer estava tão visivelmente irritado que de imediato começou o seu questionamento sem ao menos cumprimentar o psiquiatra. E com Dietz, ele fez o que não havia feito antes: questionar a sua atuação profissional no caso.

Gerald Boyle tinha que acuar a estrela Park Dietz e fazer valer o seu ponto de vista: de que o louco desejo necrófilo do seu cliente o fez incapaz de se controlar. E o advogado não decepcionou. Enérgico, direto e preparado, Boyle fuzilou Dietz com questionamentos afiados durante mais de duas horas. Eu li opiniões de outros autores afirmando que Boyle estava "despreparado" para questionar Dietz. Pessoalmente, discordo. Lembremos que ele era um advogado e não um especialista da psiquiatria. Por mais que ele tivesse estudado e mergulhado na literatura médica disponível, Boyle nunca poderia chegar perto de Dietz. Dentro de suas limitações o advogado fez um bom trabalho e só não deu um xeque-mate no psiquiatra porque a ciência psiquiátrica não era a sua área.

Em retrospectiva, o "duelo" entre esses dois profissionais extremamente capacitados, cada um em seu campo de domínio, nada mais foi do que único, um jogo de gato e rato, e uma cena obrigatória de se assistir, principalmente para estudantes do direito e psicologia/psiquiatria.

E parecia que Dietz sabia de antemão o que viria pela frente. Já na primeira pergunta de Boyle, o psiquiatra circulou como se estivesse se preparando para o ponto em que o advogado desejava chegar. Esse comportamento de Dietz em não responder diretamente as perguntas, como se estivesse jogando xadrez, defendendo para contra-atacar, seria uma tônica pelos vinte minutos seguintes, até Gerald Boyle repreendê-lo de forma sutil.

"Quantos necrófilos... necrófilos homicidas, você já lidou no curso da sua carreira?", perguntou Boyle.

"Diretamente, eu posso dizer três ou quatro casos. Indiretamente, vinte ou trinta", respondeu Dietz.

"Três ou quatro necrófilos, você clinicamente sentou com eles e conversou com eles... certo?"

"Certo. Além disso, houve ocasiões em que eu estudei todos os aspectos de suas vidas, assim como eu fiz com o sr. Dahmer."

"Eu entendo. Mas eu estou falando em termos de casos em que você foi até o tribunal e deu a sua opinião na questão de que um necrófilo, um assassino necrófilo, era ou não era possuído por uma doença mental. Em quantos casos você testemunhou?"

"Em apenas um caso. Em minha experiência, [quando] alguém promove a alegação de insanidade por necrofilia... geralmente ninguém sugere que é insanidade."

Após escutar a resposta de Dietz, Boyle gargalhou ironicamente e perguntou:

"Bem, nós temos alguns médicos aqui que dizem que sim, então, com todo o respeito, eu quero saber: Você testemunhou em algum caso?"

"Teve um caso* em que eu testemunhei, sim."

"E era uma alegação de insanidade?"

"Era uma alegação de insanidade baseada em uma afirmação de dano no cérebro, epilepsia, transtorno de estresse pós-traumático, tortura sexual na infância e doença maníaco-depressiva. Ninguém sugeriu que a necrofilia o fez insano."

"Certo, mas minha pergunta é, foi a necrofilia a única alegação mental neste caso para você testemunhar e dar opinião?"

Dietz pareceu não entender a pergunta de Boyle e ficou olhando para o advogado, que se explicou melhor:

"Teve mais do que um ato necrófilo! Você disse que a epilepsia estava envolvida..."

"Bom, não estava envolvida, mas a defesa alegou que estava."

Sem disfarçar o incômodo com o fato de Dietz não ter respondido a pergunta e ainda exposto a sua opinião particular do caso em questão, enfatizando um suposto erro da defesa, Boyle mais uma vez sorriu nervosamente e, de forma sutil, deu um recado ao psiquiatra:

"Tá certo. Vamos conversar sobre as nossas respectivas regras. É sua função em um tribunal expressar opinião para ajudar o júri a emitir uma decisão se ele tem ou não uma doença mental. Correto?"

* Aqui, o psiquiatra se refere ao caso do assassino em série Arthur Shawcross, que matou onze mulheres entre 1988 e 1989, na área de Rochester, Nova York.

"Sim", respondeu Dietz.

"Isso, todos vocês. Esse foi o papel do dr. Fosdal, dr. Friedman, dr. Berlin, dra. Becker, dr. Wahlstrom, dr. Palermo. Correto?"

"Exatamente."

"Não a minha decisão ou da corte ou de qualquer um, a não ser a dos jurados."

"Correto."

"Você é um notável, internacionalmente conhecido, e um renomado psiquiatra forense que veio até este tribunal e, com base em tudo o que você aprendeu, com base em todas suas descobertas clínicas, você opinou, disse que é sua opinião como um psiquiatra forense que o sr. Dahmer, quando cometeu esses homicídios, não estava sofrendo de uma doença mental. Correto?"

Nesse momento, Dietz ficou sem jeito — ele sabia que o réu sofria de uma doença mental desconhecida, mas não queria admitir para não influenciar a decisão do júri — e Boyle continuou sua fala sobre a possibilidade de Dahmer sofrer de uma doença mental. A mensagem, entretanto, foi passada sutilmente: o psiquiatra estava ali como uma testemunha. Mas Dietz continuaria com seu comportamento defensivo, pensando e escolhendo cuidadosamente as palavras que saíam de sua boca, não dando qualquer chance para o advogado fazer valer a sua argumentação, mesmo que isso o expusesse. Dietz raramente deu respostas diretas, optando por deixar no ar até mesmo perguntas que qualquer um saberia a resposta (ou pelo menos, pela lógica, teria uma quase certeza), o que fez ele parecer aquele suspeito de crime que é interrogado por um policial e, arisco com a situação, nunca consegue dar uma resposta simples e direta por não saber se aquilo, lá na frente, o prejudicará ou não. Um exemplo de tal comportamento aconteceu quando Boyle o questionou sobre o gosto de Dahmer por vísceras. Perguntou Boyle:

"No seu relatório, página 4, a última sentença diz: 'No final da adolescência pensamentos de render uma vítima aleatória até a inconsciência e expor aa vísceras era um componente de suas fantasias sexuais'. Eu li certo?"

"Sim, leu", respondeu Dietz.

"Como, em suas fantasias, ele iria expor as vísceras sem matar a pessoa?"

"Nas fantasias não importam, entende? Tudo o que ele tem que fazer é fantasiar."

"Mas a fantasia que ele estava tendo em expor as vísceras... A pessoa nessa fantasia estava morta para permitir a ele fantasiar e expor as vísceras? Entende a minha pergunta?"

"Entendo o que está dizendo, mas o sr. Dahmer nunca foi muito claro nos conteúdos, há uma pequena dúvida se ele teve essa fantasia antes... Em um ponto ele me disse que teve, em outro ponto ele disse que não, e então disse que talvez tenha tido..."

"Mas em seu relatório você concluiu que, no final da adolescência, tal pensamento era um componente de suas fantasias sexuais... Final da adolescência... 16, 17 anos?"

"Sim, sim."

"Você sabia que após matar o sr. Hicks ele expôs as vísceras e depois ejaculou no corpo?"

"[Após alguns segundos pensante, o psiquiatra respondeu]: Sim."

"No curso da sua experiência como psiquiatra forense, lidando com todo tipo de coisa, você alguma vez viu alguém fazer as coisas que ele fez com um número de seres humanos, tentar criar zumbis, ou ejacular nas vísceras, ou fazer sexo anal após a morte ou enquanto inconsciente, ou comer pedaços de corpos, ou retirar os crânios... já conheceu alguém assim?"

"Eu tive casos onde indivíduos estriparam e ejacularam nas vísceras, casos em que pessoas comeram pedaços de corpos, casos em que pessoas guardavam pedaços de corpos, casos onde pessoas se deitavam com cadáveres, casos de penetração em cadáveres... Esqueci o que disse mais, mas já tive casos assim."

"Já teve um caso com todas essas coisas juntas, embrulhadas num só caso?"

"Eu *não acho* que nenhum dos outros casos teve simultaneamente esses elementos."

A resposta de Dietz mostra o quanto ele não estava sendo sincero, como se sua função no tribunal fosse defender com unhas e dentes a posição da acusação ao diminuir o impacto das suas respostas ao advogado. Ou quem sabe ele não quisesse ter a sua autoridade colocada em xeque por não ter atuado em um caso tão complexo quanto aquele (como se isso o diminuísse de alguma forma). Ele "não achava" que os casos em que trabalhou possuíam, em pelo menos um deles, todos os comportamentos macabros citados por Boyle? Ninguém pode duvidar que alguém como Dietz possui grande memória e intelecto e é mais óbvio ainda que ninguém com a saúde mental em dia esqueceria de um indivíduo que se sentou em sua frente e apresentou todos os comportamentos citados por Boyle. Ninguém esquece tal aberração. Até os dias de hoje, Jeffrey Dahmer foi o único ser humano a nascer na face da Terra (até onde o conhecimento deste autor permite ir) a apresentar tais comportamentos *ao mesmo tempo*. Existiram inúmeros outros assassinos em série tão sinistros e doentes como ele, é verdade, mas nenhum era alcóolico-necrófilo-canibal-lobotomizador-esquartejador-eviscerador-esfolador-escalpelador-colecionador-de-crânios etc. A resposta de Dietz deveria ser um duro e seco "*Não*". Não, ele nunca teve um caso como aquele e, trinta anos depois, continua não tendo, mas o psiquiatra suavizou o potencial dano ao dar uma resposta que emulava mais dúvida do que certeza. Em palavras claras, ele escondeu a verdade, ou seja: mentiu.

Park Dietz foi contratado pela acusação em dezembro de 1991. Em janeiro de 1992, ele se encontrou pessoalmente com Dahmer em três dias distintos e, no mesmo mês, teve início o julgamento. Em um caso extremamente complexo como aquele, envolvendo um indivíduo cujas ações desafiavam o entendimento da ciência sobre a mente humana, era um tempo demasiadamente curto para o psiquiatra se preparar. Ele deveria ler milhares de páginas de documentos relacionados ao caso, analisar tudo, fazer entrevistas com o réu e emitir uma opinião profissional cuja conclusão poderia influenciar aqueles que decidiriam o futuro de uma pessoa. Então, se McCann podia questionar o tempo dispensado por Berlin na análise do réu, Boyle podia fazer o mesmo — a diferença aqui é que Boyle sempre foi extremamente respeitoso com a testemunha, comportamento oposto ao de McCann.

Indo por essa linha de raciocínio, Boyle comentou que muito do que o psiquiatra afirmou no tribunal estava na confissão* de Dahmer dada ao MPD pouco depois de ser preso, uma confissão, como lembrou Boyle, fornecida sem a presença e o conselho de um advogado, o que era, de fato, incomum, e até Dietz concordou. Boyle leu uma anotação do

* Em seu livro, Pat Kennedy fez a mesma afirmação.

psiquiatra em seu relatório que dizia: "Existem casos em que avaliações podem ser conduzidas na ausência de observações clínicas". Em resposta, Dietz afirmou que não necessariamente é preciso conversar com o indivíduo para emitir uma opinião sobre o seu comportamento criminoso. Tal visão, disse Dietz, não seria consenso entre seus pares, mas dependendo do montante de informações disponíveis e relatórios sobre o caso, seria possível, sim, emitir uma opinião profissional — nesse momento, McCann deve ter enfiado a cabeça debaixo da mesa. Após desmerecer completamente Berlin, apontando como o psiquiatra "falhou" ao dispensar pouco tempo frente a frente com o réu, sua testemunha "estrela" agora afirmava que nem era preciso se encontrar com o paciente para diagnosticá-lo. De qualquer forma, é sempre interessante conversar com o criminoso, porque pode-se aprender mais, disse Dietz. Aproveitando a sua argumentação sobre o tempo dispensado por Dietz ao caso, e também à anotação do psiquiatra, Boyle o confrontou fazendo uma comparação com a sua atuação no caso Hinckley e, principalmente, a não conversa que o psiquiatra teve com uma das testemunhas mais importantes do caso Dahmer.

"Você viu o testemunho [no julgamento] de Tracy Edwards?", perguntou Gerald Boyle.

"Não", respondeu Dietz.

"Ninguém deu a você uma fita do testemunho dele... Você não viu isso..."

"Foi descrito para mim, mas eu não estava presente e não vi."

"Quando você trabalhou no caso Hinckley, você entrevistou 38 testemunhas antes de formular a sua opinião diante do tribunal, certo?"

"Certo."

"Você tentou falar com Tracy Edwards para ter alguma ideia do que essa pessoa disse, relativamente ao que ele percebeu sobre Jeffrey Dahmer, naquele período das 18h da noite à 1h15 da madrugada?

"Não. Quando me envolvi no caso, eu pensei, na época, que era muito tarde para obter informação dele."

"Por que você achou que as palavras de Edwards sobre o período em que ele passou no apartamento, cinco ou seis horas tentando sair de lá para não ser morto... Por que você pensou não ser válido conversar com ele?"

Dietz respondeu que os detalhes que Edwards deu à polícia na noite da prisão de Dahmer, detalhes que o próprio réu confirmou, eram credíveis e confiáveis. Baseado em tudo o que ele leu sobre o caso, incluindo encontros de Dahmer com outras vítimas que sobreviveram, a confissão de Edwards dada à polícia era suficiente para o seu diagnóstico, sem a necessidade de ter que conversar pessoalmente com ele.

Boyle não se deu por satisfeito com as palavras do psiquiatra e reafirmou o quão importante era Tracy Edwards, a vítima que por seis horas teve a companhia do homem que estava quebrando a cabeça não só daquele tribunal, como do mundo inteiro. Boyle afirmou que Dietz deveria ter falado com Edwards para fazer o seu próprio julgamento e não confiar totalmente na confissão de uma pessoa que, poucas horas antes, escapara da morte certa e, muito provavelmente, estava com suas emoções à flor da pele. "O que você tinha a perder ao conversar com ele?", perguntou. Dietz pareceu incomodado e respondeu sem pestanejar: "Apenas tempo que eu poderia dispensar em outro aspecto. Está tudo bem". De uma maneira diferente, essa foi exatamente a mesma resposta dada por Berlin a McCann: *Eu estava interessado em temas, não detalhes.* No fim, cada profissional tem sua maneira de trabalhar.

Outro ponto a favor de Boyle foi quando ele expôs a falha de Dietz em desprezar o bizarro comportamento de Dahmer ao assistir com Edwards ao filme *O Exorcista III*. Aparentando estar num mundo à parte, Jeff se balançava para trás e para a frente sem parar, fazendo ruídos esquisitos com a boca, como se estivesse num tipo de transe. Quando isso acontecia, ele ignorava completamente Edwards. "Era como se eu não estivesse lá", confessou Tracy. Do nada, Dahmer retornava ao seu estado normal de consciência, apenas para, momentos depois, voltar ao mesmo estado assustador.

Dietz disse que não havia "menção" a esse comportamento nos relatórios e que leu a respeito nos jornais, e por isso não achou que as informações fossem credíveis. "Eu não sei a verdade da questão", disse o psiquiatra. Como Dietz não achou importante falar com uma testemunha tão importante, Boyle, então, perguntou se ele ligou para alguém, o MPD por exemplo, para saber se aquela informação era verdadeira ou não. O psiquiatra respondeu negativamente — tal fato mostra que o trabalho de Dietz não foi tão brilhante e "completo" quanto McCann tentou vender.

De fato, é surpreendente que Park Dietz tenha ignorado essa informação, não achando-a relevante (ou quem sabe ele tenha se concentrado naquilo que lhe serviria para cimentar a base da sua opinião). Ele entrevistou 38 testemunhas no caso Hinckley, e no caso Dahmer, dispensou menos de duas semanas do seu precioso tempo. Alguém que tentou matar uma alta autoridade para impressionar uma atriz de cinema estava muito longe da complexidade psiquiátrica de alguém como Jeffrey Dahmer. Se Dietz fosse uma testemunha da defesa, McCann o teria fuzilado com a mesma argumentação usada para rebaixar Berlin, Becker e Wahlstrom.

Tracy Edwards tinha o número 18 nas costas e só escapou de se tornar a 18ª vítima de Jeffrey Dahmer por um milagre. Ronald Flowers, Luis Pinet e Tracy Edwards eram arquivos vivos, os únicos que foram levados até os domínios de Jeffrey Dahmer e sobreviveram após serem atacados. Com exceção de Flowers, que não se lembrava de nada, eles eram mais do que chaves de ouro para abrir a porta do mundo dahmeriano (ou pelo menos daria para limpar a sujeira da fechadura e espiar por ela). Uma conversa cara a cara com Edwards poderia ser de grande valia para qualquer especialista da saúde mental que quisesse traçar as entranhas mentais de Jeff, mas a confissão e o testemunho de Tracy já seriam suficientes para alguém com a bagagem de Dietz refinar o seu diagnóstico. E não estamos falando de um comportamento qualquer, estamos falando de alguém que coloca um filme de terror na televisão e passa a agir como se estivesse sozinho num quarto de hospital psiquiátrico, possuído por alguma coisa nefasta!

Adicionando ao pouquíssimo tempo dispensado por Dietz no caso Dahmer, Boyle apontou a falta de experiência clínica do psiquiatra no tratamento de necrófilos. Se havia algo que todos os especialistas médicos concordavam era o diagnóstico de necrofilia, e Dietz poderia entender tudo sobre a parafilia, mas a teoria era uma coisa e a prática, outra. Desde 1982 (época em que ficou famoso ao testemunhar no julgamento de John Hinckley, abrindo em seguida uma empresa de consultoria), Park Dietz não fazia mais atendimentos clínicos e nunca tratou nenhum necrófilo. Boyle leu uma frase de um artigo de Dietz em que o psiquiatra afirmava que a justiça e a sociedade precisavam de psiquiatras forenses que fossem especialistas *reais* em comportamento criminoso, de forma que tais profissionais seriam os verdadeiros capacitados para opinarem em casos judiciais.

"Quando começamos a discutir essa compulsão de pessoas com desvios sexuais... Não seria uma pessoa que diariamente trata essas pessoas que poderia se tornar um especialista em uma deficiência mental de parafilia? Concorda com isso?", perguntou o advogado.

"Claro", respondeu Dietz.

Tais especialistas, disse Boyle — e aqui ele se referia indiretamente aos psiquiatras que testemunharam para a defesa (principalmente Berlin e Becker) —, disseram que, baseados em suas experiências tratando parafílicos, é possível que alguns deles se tornem incapazes perante a assustadora força infligida por tais desvios sexuais. Citando a afirmação de Berlin de que "eu acredito que a doença deles se tornou tão avassaladora que eles não são capazes de parar apenas com a força de vontade", Boyle questionou Dietz se ele não achava credível as palavras e conclusões desses especialistas que, diferentemente dele, clinicavam todos os dias no tratamento de parafílicos. Em questionamento anterior, Dietz já havia elogiado Frederick Berlin e Judith Becker, chamando-os de "grandes especialistas", inclusive, ele indicava casos a eles para tratamento. "Eu acho que eles são dois dos melhores clínicos no tratamento de parafilias que o nosso país tem", disse Dietz, na oportunidade. Ao responder à pergunta de Boyle, porém, Dietz disse respeitar a opinião de Berlin, mas ele e muitos outros especialistas, principalmente os que tinham experiência em comportamento criminal, não compartilhavam da mesma visão. Para Dietz, Berlin era o único médico do seu conhecimento sugerindo que a parafilia, sozinha, podia levar o indivíduo a ser legalmente insano. O caso Dahmer era o primeiro em toda sua carreira em que ele ouvia tal afirmação.

"Você ouviu o testemunho da dra. Becker?", perguntou Boyle.

"Não... Eu nunca a ouvi testemunhar em uma questão de insanidade...", respondeu Dietz.

"Você ouviu o testemunho do dr. Wahlstrom?"

"Não, eu não ouvi."

"Certo. O que você está dizendo é que se você tiver de ser convencido... porque, até o momento, ninguém foi capaz de convencê-lo de que uma pessoa sofrendo de uma parafilia não pode parar o seu comportamento somente com a força de vontade, certo?"

"Eu acho que toda a minha profissão deve ser convencida."

"Todo mundo... as coisas mudam, não é Doutor?"

"Elas mudam. No século passado algumas pessoas acreditavam que algumas parafilias eram insanas e, neste século, nós aprendemos que isso é impossível, e agora o dr. Berlin quer voltar o relógio para trás, mas é uma visão diferente."

"O caso não é Dietz *versus* Berlin [...] Eu quero te perguntar isso... Você já mudou de opinião nos últimos dez anos em relação a qualquer tipo de transtorno mental ao classificar [o transtorno] em algo maior do que era na época em que foi revista. Já fez isso?

"Eu não entendi..."

"Deixe-me refazer... O *DSM-III-R* não interpretou a parafilia como transtorno sexual e desvio sexual? Eles não mudaram para uma categoria diferente? [Parafilias] não eram chamadas de perversões sexuais?"

"Todas as parafilias foram numa época chamadas de perversões sexuais."

"São chamadas agora?"

"O *DSM-III* agora está usando o termo parafilia..."

Dietz continuou explicando que um médico, o "dr. Money", que estava no comitê do *DSM-III*, quis reintroduzir o termo parafilia, que seria uma palavra menos prejudicial do que perversão. Durante muito tempo, a homossexualidade, por exemplo, foi considerada um distúrbio sexual. Homossexuais não eram apenas julgados pela sociedade, como a própria medicina os considerava pessoas pervertidas. Alterar a terminologia era uma forma de diminuir o impacto de tais diagnósticos e evitar julgamentos da sociedade.

As coisas mudavam, disse Boyle. A própria homossexualidade já não era mais classificada pela medicina como um distúrbio. O conhecimento não é estático e tudo é passível de mudanças conforme adquirimos conhecimento. De fato, ao longo da história, exemplos não faltam de estudiosos e pesquisadores solitários que defendiam o ponto de vista A, enquanto toda a comunidade científica defendia o B, e, lá na frente, foi provado que o cavaleiro solitário tinha razão. O contrário, claro, também é válido. A questão é que estar totalmente centrado a um único entendimento sobre um assunto ainda não completamente decifrado não seria o melhor caminho a se tomar, ainda mais em se tratando de doenças ou transtornos mentais. As próprias definições sobre condições parafílicas mudaram ao longo do tempo, e ainda hoje são constantemente debatidas. Um exemplo interessante sobre como especialistas podem estar terrivelmente equivocados em seus diagnósticos ou conclusões vem do nosso país, o Brasil.

Na década de 1950, uma corrente de psiquiatras brasileiros — como o dr. Hilton Neves Tavares, diretor do Hospital Central do Juqueri — afirmava que indivíduos viciados em maconha eram psicopatas. "O que se pode afirmar *com segurança* é que viciados são personalidades psicopáticas", disse Tavares em uma entrevista em 1955. O "maconheiro", de acordo com esses médicos, não se tornaria psicopata com o uso da droga, mas o simples fato de fazer uso dela já seria um indicativo de alguém com desvio de conduta. "O indivíduo entrega-se ao uso de maconha porque já apresenta tendências mórbidas." Tal visão, hoje, está tão enterrada na vala do ridículo que o país sequer lembra que um dia isso foi levado a sério. E é exatamente isso o que irá acontecer no futuro com muitas das "certezas" que temos hoje.

Ainda sobre esse assunto, e a título de curiosidade, no passado, as drogas foram um dos bodes expiatórios usados para explicar o comportamento criminoso. Uma corrente de pensamento que também vigorou no Brasil na primeira metade do século XX associava a loucura ao uso da cocaína. Mais do que isso, vozes preeminentes da época apontavam que crimes diabólicos cometidos por assassinos em série só poderiam advir da insanidade derivada do vício nesse alcaloide — cujo uso acarretava "tormentos pavorosos".

Em um texto de 1931, a respeito do sanguinário "Vampiro de Düsseldorf", Peter Kürten, o aclamado jornalista e escritor paulista Willy Aureli escreveu: "[...] producto genuíno do 'depois guerra', matava porque assim delle o exigia o cerébro saturo de cocaína". Aureli também apontou outro assassino em série alemão da época, Fritz Haarmann, como um homem cujo vício em cocaína o levou a cometer atos monstruosos. "Há anos, a polícia de Hamburgo prendeu um cocainômano, êmulo de 'Jack o desventrador' que assassinava calmamente quando possuído pela fúria sanguinária." Aureli ainda cita outros exemplos, como uma "cocotte" francesa que "riu, gostosamente, quando a inquiriram" sobre os assassinatos em série por ela cometidos. Aureli, obviamente, foi influenciado pelo pensamento de alguns especialistas estrangeiros sobre o tema, notadamente os franceses, e comprou tal explicação, que demorou a ser desmascarada (dado que na década de 1950 psiquiatras brasileiros ainda acreditavam que quem fazia uso da maconha era psicopata e tinha tendências mórbidas). A saber, nenhum desses assassinos usava cocaína.

> "O campo da criminalidade entre os cocainômanos é infinito. A criminalidade nos infelizes apresenta-se sob diversas formas. Uns matam, outros 'julgam ter matado' e outros ainda praticam crimes 'conscienciosamente'." (Willy Aureli, 1931)

Voltando ao julgamento, Boyle deu exemplos de condições mentais que sofreram várias alterações em suas definições à medida que especialistas se aprofundavam e aprendiam cada vez mais sobre elas. O advogado citou a doença de Alzheimer, uma doença cujas raízes levaram mais de mil anos para serem compreendidas, e ainda hoje são estudadas cientificamente para uma melhor compreensão. Através dos tempos, especialistas estudaram e estudaram e "[...] tempos depois, descobriu-se que os acometidos por Alzheimer não apresentavam aqueles comportamentos devido à idade ou outras doenças", disse Boyle.

"Como eles chamavam a anorexia 25 anos antes?", perguntou Boyle.

Dietz deu um sorriso e respondeu, "Eu não faço a mínima ideia".

A anorexia era outra condição incompreendida, afirmou o advogado, cujos estudos feitos por diversos psiquiatras e psicólogos levaram a comunidade científica a entendê-la melhor, nomeando aquela condição de anorexia nervosa.

"O fato é que nos próximos 25 anos [quem sabe] não pode [ser criada] uma outra categoria para classificar indivíduos como Jeffrey Dahmer... que os especialistas possam aprender mais sobre o tipo de doença ou transtorno que ele tem", comentou o advogado.

"Eu tenho certeza que continuaremos a aprender mais sobre o que é parafilia", disse Dietz.

"E também o que é a necrofilia", alertou Boyle.

"E necrofilia em particular", fechou Dietz.

A fala de Boyle é pertinente e faz lembrar de outro sinistro assassino em série: Edmund Kemper.

Ao estudar assassinos em série, na década de 1970, o agente do FBI Robert Ressler se encontrou várias vezes com Kemper. Leitor voraz e profundo conhecedor da psicologia e psiquiatria, Kemper enganou psiquiatras quando tinha apenas 15 anos, manipulando-os para ser solto de um hospital psiquiátrico. Em um dos encontros com o assassino, Ressler perguntou a ele se a sua personalidade e problemas estavam descritas no *DSM-II*, na época a edição mais moderna do principal livro da psiquiatria norte-americano. Kemper respondeu que não. E disse mais. De acordo com Kemper, assassinos como ele não poderiam ser compreendidos pelos estudiosos e pela ciência da época. Quem sabe apenas na sexta ou sétima edição do *DSM* algum vislumbre sobre a sua psiquê pudesse estar disponível.

E quase cinquenta anos depois dos crimes de Kemper, o que conseguimos enxergar é apenas a casca. Podemos apenas aplicar rótulos a tais assassinos — *necrófilos, canibais, psicopatas...*

Nesse ponto de *cross-examination*, Boyle já havia fritado o seu cérebro de todas as maneiras tentando desvirtuar Dietz ou pelo menos deixá-lo em dúvida sobre as suas próprias conclusões. Mas o psiquiatra estava irredutível. Para Boyle, a condição parafílica de Jeffrey Dahmer era incontrolável e causou a ele uma insanidade, temporária ou permanente, que o levou a matar repetidas vezes e de forma cada vez mais bizarra. O advogado, porém, teve progresso em seu trabalho quando Dietz, antes com todas as certezas, admitiu algumas coisas, deu respostas contraditórias e se negou a responder se o réu tinha ou não uma doença mental, até mesmo se retratando ao dizer que "eu não disse que ele não tinha uma doença mental, eu disse que esses comportamentos [calculistas e de precaução] indicavam que o sr. Dahmer tinha consciência da ilicitude dos seus atos".

Dietz diagnosticou Dahmer sofrendo de parafilia e alcoolismo, e eram essas duas condições que Boyle deveria usar em sua argumentação com o psiquiatra para alegar a doença mental que, temporariamente ou permanentemente, tornou seu cliente incapaz de apreciar ou controlar a sua conduta. A dependência alcoólica é reconhecidamente uma doença que impacta substancialmente os processos mentais e/ou emocionais do acometido e Boyle poderia explorar esse diagnóstico, mas optou, na maior parte do seu tempo, por questionar Dietz sobre a possibilidade da condição parafílica de Dahmer causar tal estado temporário ou permanente de incapacidade mental.

"Você acha que Jeffrey Dahmer tem uma doença mental?", perguntou mais uma vez Gerald Boyle.

"Eu acho que esta é uma questão para o júri responder [...] Eu vou tentar evitar dar uma opinião neste tribunal se ele estava ou não sofrendo de uma doença mental", respondeu Dietz.

"Deixe-me, então, colocar de outra maneira. Ele estava sofrendo de um comprometimento da mente, duradouro ou transitório, que afetou seus processos mentais ou emocionais na época em que ele cometeu esses assassinatos?"

O psiquiatra pensou por cerca de dez segundos e, então, respondeu:

"Eu *acho* que a parafilia é uma condição anormal da mente... Eu *acho* que a dependência de álcool é uma condição anormal da mente. Eu *não acho* que o transtorno de personalidade ou características da personalidade... E dessas categorias, que eu acredito que possam ser aplicadas ao sr. Dahmer, eu *não acho* que parafilia ou transtorno de personalidade ou características de personalidade afetem substancialmente os processos emocionais. Eu *acho* que a dependência de álcool pode substancialmente afetar os processos mentais..."

Park Dietz não diagnosticou Dahmer com transtorno de personalidade, e anteriormente houve uma discussão a esse respeito, mas o psiquiatra deixou no ar essa possibilidade. O transtorno de personalidade antissocial "poderia" ser aplicado, mas, no final, Dietz não o fez porque Dahmer não teria apresentado sintomas do transtorno de conduta antes dos 15 anos de idade, por isso, não preencheria os "critérios".

Boyle, então, comentou:

"De acordo com a lei do Wisconsin nas questões que você respondeu, você afirmou que ele não sofria de uma doença mental na época em que ele cometeu os assassinatos em questão."

Dietz se explicou:

"O que eu testemunhei aqui, eu penso que é correto que eu expressei a opinião, é que na época, em pelo menos treze dos homicídios, o aspecto parafílico do sr. Dahmer não preenchia, em minha opinião, o critério do Wisconsin para uma doença mental, e mesmo se preenchesse, no entanto, ele apreciava a ilicitude de suas ações e podia seguir sua conduta nos requisitos da lei."

Aqui, Dietz já mudou o tom. O "minha opinião" é bem diferente de uma certeza solidificada pelo conhecimento psiquiátrico da época sobre parafilia. Além disso, a expressão "mesmo se preenchesse" cria um paradoxo. Ora, se a condição parafílica satisfizesse o critério para doença mental perante a lei do Wisconsin, como a conduta do réu poderia "seguir" os "requisitos" da mesma lei? Se o critério para doença mental for satisfeito, todo o resto não se tornaria irrelevante? Outro ponto confuso da sua fala estava no fato de que "em pelo menos treze dos homicídios, o aspecto parafílico [...] não preenchia [...] o critério [...] para doença mental". Os dois últimos assassinatos, então, preenchiam? Quer dizer que a parafilia poderia, sim, causar um estado de insanidade, temporária ou permanente, no acometido?

Aparentemente, o psiquiatra não se expressou bem, e nas respostas seguintes ele citou sobre a condição alcoólica de Dahmer — e não a parafilia — como a responsável por sua incapacidade de se controlar nos assassinatos 14 e 15 (Oliver Lacy e Joseph Bradehoft).

"E sobre os dois últimos assassinatos?", perguntou Boyle.

"Bem, ele sempre foi um dependente de álcool, pelo menos desde os 17 anos... A questão da intoxicação por álcool se aplica aos dois últimos assassinatos", respondeu Dietz.

A deixa do psiquiatra podia ser explorada por Boyle e foi isso o que fez o advogado. Se Dietz estava irredutível na negação de que a parafilia poderia alterar o estado mental de alguém de forma que esse alguém fosse incapaz de responder por seus atos, agora ele afirmara que a dependência alcoólica podia causar tal estado e realmente estava lá, presente nos dois últimos assassinatos. Dahmer, então, teria uma doença que o incapacitava.

Boyle, mais uma vez leu a definição de doença mental presente na lei do estado do Wisconsin — "doença mental é uma condição anormal da mente que substancialmente afeta os processos emocionais ou mentais" — e tentou tirar de Dietz a resposta que tanto almejava.

"Eu pergunto se Jeffrey Dahmer se qualifica nessa condição... Na época em que ele cometeu esses crimes, tinha tal condição em sua mente de forma que seus processos mentais ou emocionais fossem substancialmente afetados?", perguntou Boyle.

"Minha resposta a essa pergunta é *eu não sei*. Parcialmente porque, na realidade, é uma questão para o júri", respondeu Dietz.

De forma pausada, mas muito eloquente e firme, Boyle, então, contou a história de Konerak Sinthasomphone. A fala do advogado foi uma tentativa de mostrar o quão fora de si Dahmer estava pelos efeitos do álcool. Ele bebeu antes, durante e depois de todo aquele episódio, entornando latas e mais latas de cerveja minutos antes de dar de cara com Konerak no meio da rua. Segundo Boyle, ele agiu de forma totalmente impensada e chegou a levar a própria polícia até o seu apartamento, local onde jazia um cadáver no quarto. E, mesmo quando a polícia foi embora, ele continuou com as suas bizarrices sobre criar um zumbi. Tais efeitos do álcool, juntamente com uma doença mental, seriam os responsáveis pelo comportamento surreal de Jeff.

Disse Boyle:

"O sr. Dahmer tinha em seu apartamento Konerak Sinthasomphone. Ele perfurou um buraco em sua cabeça para tentar transformá-lo num zumbi e ele saiu para pegar cerveja. Ao retornar, notou esse jovem na rua, nu, com pessoas em volta. Esse menino asiático laosiano estava desorientado e Jeffrey Dahmer colocou seus braços em volta dele e afirmou que era seu amigo... Jeffrey Dahmer convenceu os policiais que ele era o seu namorado... A polícia pediu por sua identidade e ele forneceu o seu nome e o lugar onde trabalhava. Ele disse que era seu amigo havia duas ou três semanas. Os oficiais o levaram de volta ao seu apartamento. Ele disse que o jovem se chamava John Hmong,* e havia um cadáver na cama no quarto. Ele não tentou impedir a polícia de entrar naquele apartamento, ele disse 'eu vou tomar conta desse rapaz', e quando a polícia saiu ele tentou continuar [o processo] de fazer esse rapaz um zumbi, e falhou em fazer isso, e o jovem morreu."

Para Dietz, entretanto, tal comportamento de Dahmer não tinha nada a ver com álcool ou uma doença mental. Dietz respondeu:

"Eu acho que podemos dizer que o sr. Dahmer *tem colhões*. Ele adentrou nesses procedimentos elaborados para enganar a polícia e fazê-los pensar que não havia problema."

* Há uma inconsistência aqui. Nas primeiras horas após a sua prisão, ao detetive Pat Kennedy, Dahmer disse que inventou o nome "Chuck Moung" para se referir a Konerak. No julgamento, porém, Boyle citou o nome "John Hmong".

Boyle, então, fez um movimento inteligente. Se no último mês de liberdade do réu a sua condição alcoólica o tornou incapaz de se controlar e, como afirmava veemente o psiquiatra, não havia nenhuma doença mental o impelindo a cometer seus atos criminosos, então seria muito possível que se Dahmer parasse de beber, ele também pararia com seu comportamento criminoso.

"Se Jeffrey Dahmer pudesse parar de beber, você acredita que ele poderia parar de matar?", perguntou Boyle.

Após alguns segundos pensante, Dietz perguntou:

"Se ele parasse permanentemente de beber álcool?"

"É", respondeu Boyle.

A deixa do psiquiatra podia ser explorada por Boyle [...] Se Dietz estava irredutível na negação de que a parafilia poderia alterar o estado mental de alguém de forma que esse alguém fosse incapaz de responder por seus atos, agora ele afirmara que a dependência alcoólica podia causar tal estado e realmente estava lá, presente nos dois últimos assassinatos. Dahmer, então, teria uma doença que o incapacitava.

A pergunta desafiou Dietz. Um silêncio congelante se seguiu por quase vinte segundos, tempo em que o psiquiatra, visivelmente hesitante, pensou sobre a questão na tentativa de formular uma resposta. Estava claro que ele estava ponderando as implicações. Quando finalmente falou, respondeu com suposições e disse não ter certeza da resposta.

"[Essa é uma] Previsão muito difícil de se fazer. Eu...eu... eu não tenho certeza de como colocar. Eu posso dizer a você os lados em que posso adentrar, mas eu não sei para onde eles levam. Por um lado, se ele parasse de beber, eu esperaria que ele fosse... mais capaz de manter o seu emprego. Mais capaz de administrar seu salário, e, por essa razão, ter melhores acessos a potenciais parceiros sexuais, porque ele seria capaz de se vestir melhor, se apresentar melhor, e passar mais do seu tempo livre atrás de parceiros. Ele seria menos capaz de superar sua aversão a matar... se ele não estivesse bebendo... ele ficaria menos confortável em se aproximar de outras pessoas, potenciais parceiros sexuais, porque ele geralmente bebia para fazer isso... E ele disse que houve uma época em que ele pensou que fosse capaz de matar mesmo sem o álcool. Então... eu não tenho certeza da resposta."

Quando Boyle finalizou o seu questionamento, McCann teve direito à réplica. O promotor contou a Dietz que era a primeira vez que o dr. Frederick Berlin afirmava num tribunal que um indivíduo com parafilia era insano. "A dra. Becker, que é uma psicóloga, afirmou a mesma teoria. Ela nunca testemunhou antes, em nenhum caso de qualquer tipo. Você sabia que ela compartilhava essa mesma percepção do dr. Berlin?", perguntou McCann. O promotor continuou e perguntou se alguma vez Dietz soube de algum caso envolvendo responsabilidade penal, em qualquer época, em que o réu alegou sofrer de uma ou mais parafilias. "Não", respondeu o psiquiatra.

O promotor continuou como uma metralhadora giratória de perguntas, tentando desfazer toda a argumentação usada por Boyle, e terminou com a pergunta: "A parafilia desse réu não tem nada a ver com matar pessoas, está correto?".

"Está correto", respondeu Dietz.

Boyle dispensou a tréplica e Park Dietz foi dispensado.

ESTADO DE FUGA PARAFÍLICO

As atuações dos especialistas da psicologia e psiquiatria e seus procedimentos de *cross-examinations* por Michael McCann e Gerald Boyle expuseram o quão longe ainda estamos do entendimento da mente humana. No geral, o julgamento de Jeffrey Dahmer mostrou o quão longe estamos da prática da verdadeira justiça. Começa com algumas definições jurídicas e psiquiátricas que alguém escreveu em algum ponto do passado e que são levadas ao pé da letra como se fossem verdades absolutas e imutáveis, mas a rachadura pode ser vista logo de cara quando pensamos que tudo pode mudar ao passarmos pela porta. "Doença mental é um termo legal e existem variações entre os estados", disse Park Dietz sobre a definição de doença mental. Cada estado norte-americano pode ter a sua interpretação do que é doença mental e isso leva ao pensamento de que um mesmo indivíduo pode ter destinos diferentes com sua "sorte", dependendo de onde será julgado. Mais do que isso, é prudente colocar um júri de pessoas leigas para opinar sobre assuntos além da sua compreensão? E o que dizer, então, de notórios e renomados especialistas que discordam entre si num mesmo objeto, admitindo coisas que antes discordavam, não respondendo perguntas-chave e de extrema importância, se enrolando em alguns pontos e visivelmente na dúvida ao serem expostos ao contraditório? Onde está a real verdade? No final, é apenas sobre punitivismo? Se Dahmer fez o que fez e, ainda assim, não sofria de uma doença mental, ou se sofria, mas ela não era capaz de influenciar seu estado mental, que diabos, então, esse homem tinha? Dietz, especificamente, se recusou a responder tal pergunta, alegando que isso era uma "questão para o júri resolver". Um júri composto por pessoas totalmente leigas no assunto é que deve "diagnosticar" a presença ou não de uma doença mental? Sendo a decisão baseada em opiniões contraditórias? Ao comentar sobre a questão da parafilia e de como ela não causaria uma perda de consciência no indivíduo, Dietz disse que "toda a minha profissão deve ser convencida [do contrário]". Como um só profissional pode falar por toda uma classe? A afirmação foi presunçosa não só se aplicada fora, mas também dentro do próprio tribunal, dado que três especialistas antes dele disseram o contrário. Mas vamos tirar de cena Berlin, Becker e Wahlstrom, pois muitos podem argumentar que eles testemunharam para a defesa. Ainda assim, Dietz poderia ser colocado contra a parede caso Gerald Boyle fosse um perito no assunto ou estivesse mais preparado.

O melhor momento para Boyle durante o seu embate com Dietz veio com uma fala do próprio psiquiatra. *O dr. Money, que estava no comitê do DSM-III, quis reintroduzir o termo parafilia...*, disse Dietz ao responder Boyle durante a discussão sobre as mudanças no entendimento das parafilias ao longo dos anos. Sem querer, Dietz abriu um portal de luz para Boyle explorar, que poderia fazer o advogado ganhar muitos pontos. A chave para tal portal se residia no "dr. Money", um premiado psicólogo neozelandês radicado nos Estados Unidos e mais conhecido por ser o criador dos termos *identidade de gênero* e *orientação sexual* e por seus estudos sobre parafilias — o próprio foi o responsável pela popularização do termo *parafilia*.

Em um artigo científico publicado exatamente dois anos antes do julgamento de Dahmer, Money comenta sobre o "estado de fuga parafílico", algo que ele já havia descrito antes em um livro publicado em 1986. Tal *estado de fuga parafílico* seria uma forma de dissociação, ou seja, o acometido teria um outro *eu* ou *personalidade* (como se o indivíduo tivesse dupla personalidade). Nos momentos em que o homem ou a mulher estivesse nesse estado alterado de consciência, ele ou ela poderia se envolver em atividades parafílicas que, aos olhos das pessoas (ou de um tribunal), pareceriam "voluntárias" e "propositadas", mas na verdade eram "robóticas" e "involuntárias". Essas fugas de estado não seriam contínuas, "mas paroxísticas ou episódicas, de maneira semelhante aos episódios convulsivos de epilepsia". E o mais importante: isso não tinha nada a ver com ser capaz de controlar a si mesmo ou ter plena consciência do ato praticado. Não era uma questão de escolha.

> "Durante a fuga parafílica, há, como indica a etimologia latina, um voo do estado normal para o estado alterado de consciência." (John Money, 1990)

Mais do que isso, ao estudar casos de estupradores em série e *lust murderers*, como Dahmer, Money chegou à conclusão de que as graves parafilias apresentadas por tais criminosos caracterizariam uma "doença cerebral" que afetaria "os centros e vias cerebrais responsáveis pela excitação sexual, comportamento de acasalamento e reprodução da espécie". A doença incidiria no sistema límbico — que inclui a amídala, o hipocampo e o hipotálamo —, região responsável, dentre outras coisas, pela predação e ataque em defesa de si mesmo e da espécie. "Na doença do sadismo sexual [por exemplo], o cérebro torna-se patologicamente ativado para transmitir mensagens de ataque simultaneamente com mensagens de excitação sexual e comportamento de acasalamento. A confusão patológica dessas mensagens no cérebro é provocada pelo funcionamento defeituoso da própria química cerebral", escreveu Money.

Para Money, assassinos como Dahmer seriam atormentados pelo que ele chamou de "fenômeno *O Médico e o Monstro*" e os estados alterados de consciência causados pela fuga parafílica existiriam em graus menores, "que são reconhecidos como transes ou estados semelhantes a transe". Em alguns casos, o gatilho para essa fuga do estado normal seria disparado por um estímulo particular. Apenas o ato de ver alguém vomitando já poderia ser o suficiente para um emetófilo (alguém que se excita com o ato de vomitar ou assistir ao outro vomitando), por exemplo, entrar num estado de transe.

O estudo de Money é interessante porque ele parece descrever exatamente o estado de Jeff Dahmer na noite de 22 de julho de 1991. "Era como se eu não estivesse mais lá", disse Tracy Edwards. Dahmer estava num estado absolutamente normal minutos antes e, de repente, começou a se balançar e fazer ruídos com a boca, num tipo de transe. Qual teria sido o *estímulo particular*? Meu palpite é alguma cena de *O Exorcista III*. Jeff colocou o filme, sentou-se em sua cama e começou a assistir. Quem sabe, ao ver alguma de suas cenas preferidas, talvez a do demônio possuindo o personagem Damien Karras, momento em que seus olhos mudam para a cor amarela, sua fuga parafílica tenha começado. Em uma entrevista para o FBI, Jeff fez uma afirmação interessante sobre o ocorrido: "Eu não estava bêbado. Eu tinha tomado só umas duas cervejas naquele dia, não estava bêbado, não sei por que apaguei naquele dia [...] Eu estava cansado, mas não apaguei por causa disso [...]

Não tenho ideia de por que metade do meu cérebro se *desligou* naquele dia. É o que parece. E... eu voltei à consciência cinco minutos antes de ouvir baterem à porta e lá estava a polícia". (Jeff disse ao FBI que não estava bêbado, mas Pat Kennedy afirmou que sentiu um hálito forte de álcool no suspeito. Além disso, durante sua confissão ao detetive, na madrugada de 23 de julho, o próprio Jeff afirmou estar tão bêbado que não se lembrava de todas as vítimas. Há uma contradição aqui — que não considero relevante. Jeff confundiu o "apagão parafílico" com um apagão alcoólico? Mas estar embriagado não faz alguém agir como ele agiu com Edwards. Sabe-se que a fuga dissociativa pode ser disparada pelo abuso de álcool, então seu cérebro "desligou" e ele adentrou em um domínio desconhecido, mas a testemunha e quase vítima, Tracy Edwards, sobreviveu para nos contar a respeito.)

Jeff afirmou que beber e assistir a filmes de terror antes de sair o colocava "no modo". Ao colocar *O Exorcista III* ou outros filmes em sua televisão, Jeff poderia assumir a identidade de um ser extremamente maligno, nos moldes do Imperador Palpatine ou do Assassino de Gêmeos, saindo de casa acreditando realmente ser um agente da maldade, fitando potenciais vítimas nas boates com seus olhos artificialmente amarelos, e matando ao mesmo tempo em que enganava policiais e autoridades; ele estava protegido.

Money revela que é possível que as duas personalidades ajam de formas distintas — como um homem que se traveste na noite assumindo a identidade feminina. O comportamento de Jeff de colocar lentes de contato amarelas pode apontar para esse caminho, mas é mais provável que ele se encaixasse no que Money cunhou de "personalidade unificada", ou seja, na fuga parafílica, uma personalidade ocultaria informações da outra, tornando-se uma coisa só, e tal personalidade resultante seria "prontamente mal interpretada como sendo parafilicamente furtiva, tortuosa e dissimulada". Isso poderia explicar Jeff conservar a sua racionalidade ao mesmo tempo em que cometia atos que desafiavam a lógica humana.

• • •

A patologia de Jeff Dahmer evoluiu sinistramente ao longo dos anos e podemos nos perguntar aonde ela chegaria se ele não tivesse sido parado quando Tracy Edwards deu o fora do seu apartamento. À sua maneira, Dahmer amou cada um dos dezessete homens que matou. Ele desejava suas companhias, e ficava de coração partido quando pensava que eles teriam que ir embora, então matava e saía em busca do seu novo amor. O ditado popular diz que o amor é cego e Money, em seus estudos, afirmou que, na "própria perspectiva de encontrar a pessoa amada, o amante passa por mudanças de fisiologia, comportamento e cognição que, somadas, mostram um estado alterado de consciência". O próprio psicólogo admitiu que é forçar a barra equiparar esse estado de *busca* pelo amor ou de amor *platônico* a uma fuga, entretanto, tal condição pode, sim, causar uma cegueira momentânea ou duradoura, principalmente quando o amor não é correspondido (ou se algo ameaça o relacionamento). Se pegarmos indivíduos psicologicamente deformados, como Dahmer, então, que passou uma vida a buscar pelo amor não correspondido e sofria de parafilias gravíssimas aliadas a outros transtornos ou doenças mentais desconhecidas, a suposição de Money já começa a fazer mais sentido.

> "A vítima de um [sofrimento] intenso de um coração partido experimenta estados semelhantes a uma fuga que, em seus aspectos mais mórbidos, incluem uma fixação em suicídio ou homicídio." (John Money, *Lovemaps*. 1986)

Se as teorias de John Money estão corretas ou não, e se Jeff Dahmer se encaixa nelas, isso é uma questão em aberto. Mas é importante frisar que, diferentemente do que afirmou Park Dietz, nem "toda" a sua "profissão" estava convencida do que ele afirmava com tanta convicção no tribunal. Apoiado pelos diagnósticos de Berlin, Becker e Wahlstrom, Boyle, sem saber, acabaria fazendo uso da teoria de Money em sua argumentação final.

9

O VEREDITO

"O sr. Boyle tem a oportunidade de iniciar as considerações finais", disse o juiz Laurence Gram, na manhã de 14 de fevereiro de 1992. Após duas semanas de intensos trabalhos, era chegada a hora da verdade para Jeffrey Lionel Dahmer. Olhando fixamente para os jurados, Boyle afirmou que não se alongaria mais do que o necessário e lembrou de como, muitas vezes, tomamos decisões sobre nossas vidas que impactam diretamente nosso futuro. Mas poucas vezes, ou quase nenhuma, somos responsáveis por tomar decisões a respeito do destino da vida de outras pessoas. E os jurados tinham uma responsabilidade delicadíssima porque eles estavam prestes a decidir o futuro de uma pessoa que estava presente naquela sala.

Seria fácil para os jurados, entretanto, condenarem Dahmer se eles o vissem como o monstro canibal do apartamento dos horrores — uma visão pintada pela mídia sensacionalista e por Michael McCann. Boyle não sabia se essa era a visão dos jurados e, como não podia se arriscar, era necessário que o advogado humanizasse Dahmer, e assim o fez. Honesto e transparente, o advogado até avisou que adotaria tal estratégia.

Ele explicou ao júri que focaria sua fala no *ser humano* Jeffrey Dahmer, mas "não por simpatia, ele absolutamente não merece simpatia, a menos que ele seja mentalmente doente. Mas, se ele é produto de uma doença mental, então ele merece simpatia da mesma forma que uma pessoa que tem um problema físico ou doença merece. Mas esse não é um caso de simpatia, é um caso de fato". E o fato era que Jeff Dahmer era mentalmente doente, disse Boyle.

Inteligentemente, o advogado tentou fazer com que os jurados se colocassem na pele de Dahmer. De fato, a facilidade com que nós julgamos uns aos outros se deve porque temos o hábito de enxergar o mundo com as nossas cabeças, sem nos colocarmos no lugar do outro. Em nossa insignificância e ignorância, não enxergamos o óbvio: cada um de nós é um universo distinto, com vidas, experiências, personalidades, valores, crenças e até genética diferentes. É muito fácil julgar, difícil é se colocar no lugar do outro.

"Como você agiria se aos 15 anos acordasse e tivesse fantasias de fazer amor com cadáveres? Que tipo de pessoa desejaria isso? Para quem você contaria? Você contaria para o seu pai? Você contaria isso para sua mãe? Para o seu melhor amigo? Eu não sei como esse negócio parafílico funciona, mas nenhum de nós chegou perto do nível de fantasia que esse garoto, aos 14 ou 15 anos de idade, chegou. Eu não conseguiria ser Dahmer por um dia", disse Boyle. Durante os 75 minutos em que discursou, o advogado nunca deixou de citar como Jeff era insano perante a lei do estado do Wisconsin, sendo suas ações resultado direto da sua condição mental. Jeff se enquadrava na definição de insanidade devido ao seu estado parafílico, uma doença "que ele não escolheu". Devido à sua enfermidade, todos que cruzaram o seu caminho saíram machucados — vítimas, família, polícia, oficiais de condicional. Descontrolado, Jeff destruiu a todos e a si mesmo, "um apetite insaciável", descreveu Boyle. "Ele teve que fazer o que fez porque ele não podia parar!", disse, energicamente. O rapaz até tentou lutar contra a sua doença mental, mas nada das estratégias que adotou para abafar suas fantasias horrendas funcionou — revistas e vídeos pornográficos não o mantiveram nos trilhos, o manequim também não, muito menos a religião e as idas às boates de striptease; drogar os homens para tê-los sob controle também não funcionou. "Tudo ficava pior, pior e pior. 'Tá certo, agora eu vou numa cova, encontrar alguém que eu realmente deseje, vou levar um cadáver para casa, e isso seria a solução do problema para mim'. Não funcionou. Vocês podem imaginar como é ser assim e o que isso faria com a mente de vocês?"

Ninguém poderia julgar Jeff, disse Boyle. O que os jurados fariam se estivessem no lugar dele? Quem no mundo confessa para alguém que deseja fazer sexo com cadáveres e entranhas? Ninguém podia ajudá-lo e a única coisa que funcionou, que colocou um fim a tudo, foi a sua prisão. Para o advogado, o apetite em alimentar suas fantasias era tão forte que, com o passar dos anos, o controle sobre si mesmo se tornou impossível. "Com quem ele iria conversar sobre seus problemas? [...] Ele simplesmente ficou refém da própria mente [...] Esses jovens homens morreram por causa de um homem louco, e não devido a um homem mau [...] Quando sua mente está na sarjeta e permanece na sarjeta, ela nunca sai da sarjeta até que algo a mude. Ele era desoladamente solitário. Sua força de vontade se foi. Ele estava tão incapacitado ao longo dessa matança que não conseguia parar [...] Jeffrey Dahmer é um insano, um rolo compressor, uma máquina de matar que fazia sexo com cadáveres devido a uma doença que ele descobriu, não escolheu. Ele teve que fazer o que fez porque ele não podia parar. Isso não é uma questão de escolha, mas uma compulsão incontrolável e esmagadora para assassinar [...] Ele era um trem desgovernado na trilha da loucura, ganhando força o tempo todo, sem parar. Isso só iria parar quando ele atingisse uma barreira de concreto ou outro trem. E ele bateu, graças a Deus, quando Tracy Edwards deu o fora daquele quarto."

Durante os 75 minutos em que discursou, o advogado nunca deixou de citar como Jeff era insano perante a lei do estado do Wisconsin, sendo suas ações resultado direto da sua condição mental [...] Devido à sua enfermidade, todos que cruzaram o seu caminho saíram machucados — vítimas, família, polícia, oficiais de condicional.

Mesmo sabendo que poderia se prejudicar, Dahmer foi cooperativo, respondendo todas as perguntas e passando horas e mais horas com Kennedy e Murphy. Para muitos, isso seria o suficiente para atestar sua normalidade e racionalidade na execução de seus crimes. Mas não necessariamente, disse Boyle. Jeffrey Dahmer não era a caricatura do louco desvairado que baba pela boca e precisa ficar acorrentado para não sair por aí atacando pessoas desordenadamente e aleatoriamente. O comportamento normal de Dahmer indicava o óbvio: ele não estava em seu estado parafílico. Quando ele se sentou com a polícia e com os psiquiatras, ele era Jeffrey Dahmer, o trabalhador da fábrica de chocolates Ambrosia, filho e neto. A chave para o seu estado parafílico girava em situações pontuais, tanto é que, em treze anos, o acionamento desse estado só veio em dezessete ocasiões (ou menos — quem sabe até mais, sozinho em casa, bebendo e assistindo a vídeos). Por isso, Tracy Edwards era tão importante, afirmou Boyle, ele era o espião sobrevivente da mente dahmeriana. Tracy era importante porque, primeiro, foi o responsável por colocar um fim à carnificina promovida pelo réu; segundo, Edwards foi a única pessoa no planeta a testemunhar ao vivo e a cores Dahmer em puro estado parafílico, fazendo ruídos com a boca, numa espécie de cantoria enquanto segurava uma faca com uma das mãos e se balançava para a frente e para trás, para a frente e para trás, sem ter a mínima noção do que se passava ao redor. Tal estado de incapacidade mental seria transitório e o gatilho para adentrá-lo era disparado em ocasiões muito específicas.

A parafilia, entretanto, foi uma doença que o afetou desde a adolescência, evoluindo a ponto de, em determinadas situações, colocá-lo nesse estado dissociativo da mente, como se ele adentrasse na dimensão de um inferno — ao estilo do filme *O Enigma do Horizonte*[*] —, mas com capacidade de sair dele.

"Esse é um garoto que por volta dos 15, 16 anos descobriu ser doente", disse o advogado. Dahmer era perturbado e Boyle deu um exemplo citando o seu peculiar hobby de coletar animais mortos e suas carcaças. Se nós estamos em uma estrada e vemos um animal atropelado, nossa reação é passar o mais longe possível, desviar o carro e ir embora. Já Jeffrey Dahmer "o levava para casa! Isso é um garoto doente, não é?", indagou.

* *Event Horizon*. Direção de Paul Anderson. Estados Unidos. Reino Unido. Paramount Pictures. 1997.

Para exemplificar o quanto sua doença mental o levou a domínios nunca antes vistos na psiquiatria, Boyle fez uso de um desenho elencando 34 pontos que podiam ser imputados ao seu cliente. Naquela época, não se fazia apresentações com slides, e Boyle usou um tipo de quadro de papel, retangular e branco, para exemplificar os 34 pontos.

Usando tinta vermelha, Boyle desenhou um círculo no meio do quadro e colocou as iniciais *J.D.* no meio, então fez linhas retas que levavam às características de Dahmer; as palavras rodeavam todo o círculo. Elas eram: fantasia; drogar; crânio no armário; canibalismo; impulsos sexuais; perfuração; zumbis; necrofilia; transtornos; parafilia; vídeos; ovos de peixes; álcool; família disfuncional; templo; tomar banho com cadáveres; ocultismo; delírios; cantar, balançar; animais atropelados; obsessão; assassinato; lobotomias; esfolamento; se masturbar nas vísceras; manequim; cemitério; ligar para o taxidermista; casa funerária; lentes de contato amarelas; fotografias de cadáveres; masturbação; serrar; ácido.

O advogado citou rapidamente cada uma das características e terminou da seguinte forma: "[...] se masturbar nas partes abertas dos corpos de seres humanos, ligar para taxidermista, ir a cemitérios, ir a casas funerárias, usar lentes de contatos amarelas, colocar pessoas mortas em poses para fotografias, se masturbar em todo lugar. Este é Jeffrey Dahmer!".

Um ponto interessante da fala de Boyle foi a cronologia que ele fez desde o nascimento do réu, mostrando claramente não só a linha evolutiva de Jeff como a de assassinos em série em geral — no sentido de como suas ações escalam em gravidade com o passar dos anos.

Boyle partiu da puberdade, época em que "sua mente realmente começou a ir [embora]", um momento da vida do réu em que suas fantasias ficaram mais claras, onde "ele começou a se masturbar, fantasiar, pensar, planejar, vocês podem imaginar, aos 17 anos de idade, se coloquem na cabeça de um jovem de 17 anos de idade. 'Eu vejo esse corredor correndo na rua, na estrada, eu vou lá bater em sua cabeça, arrastar o seu corpo e fazer sexo com ele.' Vocês podem imaginar ter esse desejo, esse pensamento?", questionou o advogado.

Então, Jeff matou aos 18, e fez o que fez com o cadáver de Steven Hicks. Boyle enfatizou o quão doente e cegado pela parafilia Jeff estava para cometer tal atrocidade em idade tão precoce. Nos nove anos em que permaneceu sem matar, a parafilia não foi embora, estava lá, e evoluiu aos trancos e barrancos, ao mesmo tempo em que ele tentava se manter nos trilhos, adotando diversas estratégias. Era uma guerra mental absurda e, eventualmente, cada estratégia foi sendo queimada, vez após outra. "Então ele matou no Hotel Ambassador e nem mesmo teve noção de que matara alguém." No terceiro assassinato, o réu já estaria tão descontrolado que assassinou na casa da própria avó, guardando o crânio de James Doxtator; "Isso é doentio", enfatizou Boyle. A partir daí, Jeff evoluiu em sua loucura, acreditando ser um tipo de Jedi, projetando um templo da morte e descambando para experiências desvairadas com os corpos — incluindo esfolamento, zumbificação, canibalismo e ideias de empalhamento. "Ele começou a experimentar mais e mais porque sua parafilia se tornava cada vez maior [...] Vocês sabem o que aconteceu. Ele jogou a toalha. Ele simplesmente se tornou impotente em sua própria mente. E eu digo a vocês que, em algum ponto ao longo desta matança, alguém teria que ser cego para não aceitar o fato de que ele estava tão fora de controle que não conseguia mais conformar sua conduta. Nenhum ser humano na face da terra poderia fazer algo pior do que o que ele fez. Ninguém. O diabo estaria num empate."

Dahmer, entretanto, não era o diabo, disse Boyle, ele só era "um homem doente, muito doente".

O advogado continuou a sua fala dando detalhes do comportamento de Jeff, vítima após vítima, mostrando a evolução da patologia que o controlava cada vez mais. Ao assassinar a sétima vítima (Edward Smith), Jeff se sentiu "totalmente depravado", e, a partir daí, sua parafilia atingiria um nível de domínio tão absurdo sobre a sua mente que, ironicamente, Dahmer se tornou um zumbi controlado por sua doença, escalando em absurdos a cada morte. Ao citar Konerak Sinthasomphone, Boyle criticou a fala de Park Dietz quando o psiquiatra disse que Dahmer "tinha colhões" — ao levar Konerak e três policiais até o seu apartamento. Se ele tivesse colhões, afirmou Boyle, se ele tivesse seu poder cerebral intacto e fosse capaz de entender a situação, ele nunca levaria policiais até o seu apartamento cheio de corpos e, pior, com um cadáver fresco e intacto repousando silenciosamente no chão do quarto. "E ele foi lá e matou mais quatro vezes! Isso não é um cara mostrando [seus] colhões. Esse era um homem louco, que não podia parar até que fosse parado!"

Para o advogado, a parafilia foi a força que o fez matar, o álcool também desempenhou um papel importante, diminuindo suas inibições. Se ele não estava louco no começo, então estava no fim, e isso era óbvio. O advogado só precisava que o júri indicasse Dahmer insano em uma das quinze acusações de homicídio.

Por volta das dez horas da manhã, o promotor Michael McCann tomou o seu lugar para suas considerações finais. Após algumas palavras iniciais, nas quais, principalmente, se desculpou pelo longo testemunho do psiquiatra Frederick Fosdal em pleno sábado (dia 8 de fevereiro), após uma longa e cansativa semana de testemunhos, McCann apontou o dedo para o réu e, fixamente olhando para os jurados, disse: "O que nós afirmamos pelo estado do Wisconsin é que Jeffrey Dahmer matou quinze pessoas. Ele está sentado aqui neste tribunal como um assassino, condenado por ser um assassino. Ele agora pede a vocês para não o considerarem responsável pelos assassinatos. Este é um exame de *responsabilidade*. Ele está dizendo 'não me considere criminalmente responsável por esses assassinatos', e o Estado, muito apropriadamente, diz 'você terá que provar isso, sr. Dahmer'".

McCann afirmou que não era o seu papel provar a culpabilidade do réu, o que era bastante incomum em um tribunal, e os jurados deveriam ter isso de forma clara em suas mentes — Dahmer declarara-se culpado, mas insano, portanto, o ônus da prova da sua insanidade era da defesa. Mesmo assim, continuou McCann, a acusação provou durante as semanas do julgamento o quão mentalmente saudável estava o réu em cada um dos homicídios, "nós trouxemos os melhores psiquiatras, as pessoas mais capazes, evidências de testemunhas, de médicos, de fatos do caso. Nós provamos [a] sanidade, mas não temos que provar nada [...] o réu busca fugir da responsabilidade dos homicídios que ele já se declarou culpado", disse o promotor.

Em suas duas horas de fala, McCann atacou os médicos especialistas contratados pela defesa e reforçou alguns detalhes para clarear o seu ponto de vista de que o réu era calculista e matou única e exclusivamente por necessidade e satisfação sexual. O promotor comentou sobre a infância privilegiada de Jeff. Há crianças que crescem em um "verdadeiro inferno", disse McCann; elas são espancadas, abusadas, sofrem tortura física e psicológica, passam o dia com medo do momento em que o pai bêbado chegará em casa, e "todos os especialistas concordaram que o sr. Dahmer não foi abusado sexualmente ou fisicamente na infância; havia um problema, uma família desunida", mas quantas pessoas não vêm de uma família desunida ou de um lar desfeito? "Provavelmente existem pessoas neste tribunal vindos de um lar desfeito, quarenta ou cinquenta por cento dos casamentos são desfeitos", apontou o promotor; claro que não é fácil para uma criança viver a separação dos pais, mas Jeff veio de um ambiente favorecido — ele não foi abusado, negligenciado, espancado ou estuprado, cresceu em uma grande casa cercada por bosques e estudou nos melhores colégios. O garoto teve uma infância acima da média e se desviou para o caminho do mal devido aos seus fortes desejos sexuais.

Para o advogado, a parafilia foi a força que o fez matar, o álcool também desempenhou um papel importante, diminuindo suas inibições. Se ele não estava louco no começo, então estava no fim, e isso era óbvio. O advogado só precisava que o júri indicasse Dahmer insano em uma das quinze acusações de homicídio.

Dahmer tinha desejos sexuais e parafilias, mas desejo sexual é diferente de desejo de matar, disse o promotor. Jeff não foi levado a matar pela parafilia, porque o desejo por cadáveres é apenas um desejo e não uma doença ou compulsão. Assim como o réu, qualquer pessoa no planeta tem desejos sexuais, a diferença é que os desejos dele eram pervertidos. Além disso, o réu, conscientemente, escolheu o caminho da destruição, a fim de atingir a satisfação sexual pessoal.

McCann alertou o júri de como a palavra *compulsão* era enganosa. A maioria das pessoas sente repulsa por alguém que deseja sexualmente um cadáver, então seria natural essas mesmas pessoas acreditarem que tal comportamento só poderia ser levado adiante por uma força desconhecida, uma compulsão. "Talvez alguns de vocês gostem de coisas sexualmente bizarras, mas não há nada bizarro entre parceiros sexuais consentidos... e pessoas costumam ter gostos bizarros... da mesma forma que este réu, exceto que, aos 18 anos, ele decidiu que esses desejos sexuais... eu tinha desejos sexuais aos 18 anos, deixe-me lhes dizer: eu tinha desejos sexuais intensos, fortes desejos sexuais, [mas] sob controle. O que este réu fez, ele não teve prazer no assassinato, mas como Fosdal disse, e Dietz, Palermo e os outros... Wahlstrom disse que o réu teve [o poder da] escolha neste, o caronista em Bath, Ohio."

Jeff *escolheu* matar Steven Hicks apenas para se satisfazer sexualmente, disse McCann. O réu não estava em um estado de loucura, mas apenas sedento por aliviar seus desejos sexuais e, para isso, ele tinha que matar Hicks, e assim o fez. "Sua satisfação sexual MATOU Steven Hicks!", disse em tom enérgico. "Ele não tinha o direito de matar este homem por prazer sexual. Nós temos desejos, vocês têm desejos, eu tenho 54 [anos] e ainda tenho alguns. Este homem decidiu que Steven Hicks tinha que morrer para [ele] estender seus prazeres sexuais. É inumano pensar no que ele fez."

McCann comentou que todos os especialistas foram unânimes ao dizer que o réu não tinha o desejo de matar, Jeff também não era um sádico, mas decidiu matar por puro desejo sexual egoísta. "Ele não gostava de matar, mas decidiu estender o tempo de prazer sexual por alguns dias." O promotor explicou como o réu planejava metodicamente seus passos e tinha todo um *modus operandi* definido. Muitas vezes, ele já sabia que mataria alguém naquele dia, então já deixava o copo com comprimidos de Halcion esmagados, assistia algum filme para deixá-lo no modo, adentrava na boate, se sentava, bebia e passava a noite observando homens que se encaixassem em seu perfil sexual. A abordagem era sempre feita no fim da festa, dando preferência a homens que estivessem sozinhos. Ele oferecia dinheiro por companhia, e, uma vez que a vítima estivesse em seu apartamento, ele a colocava para dormir, tudo isso por gratificação sexual, apenas. Olhando para os jurados, McCann pediu que eles se colocassem na pele das vítimas. "Minha satisfação sexual irá custar sua vida!", disse, encarando-os.

No momento mais expressivo de sua fala, McCann mostrou fotografias das dezesseis vítimas mortas em Milwaukee e West Allis, citando o nome de cada uma delas. "Isso precisa ser feito. Quem são essas pessoas que morreram? Eu não quero que vocês esqueçam quem eles são", disse o promotor aos jurados enquanto segurava as fotografias das vítimas, com a de Steven Tuomi aparecendo na frente. McCann comentou sobre como todos perguntavam e se importavam com o réu, mas das vítimas, ninguém comentava, elas não estavam mais entre eles para mostrarem os seres humanos que eram.

Mostrando as fotografias de cada uma das vítimas, McCann comentou:

"Não se esqueçam de Steven Tuomi, que morreu no Hotel Ambassador com o réu.

"Não se esqueçam de James Doxtator, 15 anos, pego pelo réu; 15 anos.*

"Não se esqueçam de Richard Guerrero, que morreu pelas mãos do réu.

"Não se esqueçam de Anthony Sears, que morreu pelas mãos do réu.

"Não se esqueçam de Raymond Smith, que morreu pelas mãos do réu.

"Não se esqueçam de Anthony Smith, que morreu pelas mãos do réu.

"Não se esqueçam de Ernest Miller, que foi esfaqueado até a morte pelo réu porque ele estava ficando consciente, o réu teve que tomar uma bebida para fazer [matar]. Não se esqueçam de Ernest Smith.†

"Não se esqueçam de David Thomas, estrangulado pelo réu.

"Não se esqueçam de Curtis Straughter, estrangulado até a morte pelo réu.

"Não se esqueçam de Errol Lindsey, primeiramente perfurado e depois morto pelo réu.

"Não se esqueçam de Tony Anthony Hughes, primeiramente perfurado e depois exterminado pelo réu.

"Não se esqueçam de Konerak Sinthasomphone, 14 anos, [morto] por alguns dias de prazer sexual. Konerak Sinthasomphone, 14 anos.

"Não se esqueçam de Matt Turner, exterminado pelo réu.

"Não se esqueçam de Jeremiah Weinberger, perfurado, lutou pela vida por um dia e meio antes de morrer pelas mãos do réu.

"Não se esqueçam de Oliver Lacy, morto pelas mãos do réu.

"Não se esqueçam de Joseph Bradehoft, morto pelas mãos do réu."

* James Doxtator tinha 14 anos e foi assassinado dois meses antes de completar 15.

† O promotor se enganou ao citar o sobrenome de Ernest.

Outras vítimas que sobreviveram a Jeffrey Dahmer escaparam não por benevolência, mas por sorte. De acordo com o promotor, Luis Pinet não foi morto porque Dahmer não tinha drogas para apagá-lo. Já Somsack Sinthasomphone escapou porque as drogas demoraram a fazer efeito. Flowers também não se tornou uma vítima porque a avó de Jeff os viu juntos. "Isso é um ato gentil ou um ato covarde, drogar antes de matar?", questionou McCann, visivelmente criticando a fala do réu sobre tentar não causar dor às vítimas. Após comentar sobre Pinet, Sinthasomphone e Flowers, McCann teceu duros comentários sobre o comportamento do réu de drogar suas vítimas antes de matá-las. Segundo Jeff, fazer suas vítimas dormirem com o Halcion era um meio para poupá-las da dor e do sofrimento, um tipo de assassinato humanizado.

Em uma fala nervosa, pungente e aparentando um quase choro ao final, o promotor continuou com a sua crítica. "Cada um deles teria dito, 'Meu Deus, me dê uma chance para minha vida! Claro. Deixe que ele pegue a sua faca e eu o enfrentarei com as mãos limpas e lutarei por minha vida!'. Que ato indecente e cruel drogar primeiro um homem que nem mesmo teve a chance de levantar a mão e segurar a vida. ISSO NÃO FOI UM FAVOR!... 'Não me mate com a droga, por favor. Me dê uma chance. Segure uma faca em cada mão. Segure uma arma em cada mão. Mas não me drogue antes de me matar, isso não é um favor para mim, não é um favor.'"

Claramente, McCann não estava nervoso ou emocionado, ele entrou em um tipo de atuação que faz parte do jogo do convencimento, seu objetivo era jogar com as emoções dos jurados.

O promotor afirmou que Jeff Dahmer sabia diferenciar o certo do errado. Ele não era louco, mas pervertido. Ele trabalhou por seis anos na Ambrosia e profissionais da empresa que testemunharam no julgamento disseram não ter percebido nada de anormal nele. Da mesma forma, o síndico dos Apartamentos Oxford nunca suspeitou de nada. "[O síndico disse que] ele tinha o apartamento mais limpo do prédio... Vocês deviam ver meu quarto... Deviam comparar aquele apartamento com o quarto do McCann. Não era um apartamento bagunçado ou desabitado. Mesmo com as atividades que ele estava fazendo lá... Era um apartamento limpo."

Jeff também não era estúpido, delirante ou falava incoerentemente. Várias testemunhas deram os seus depoimentos e nenhuma apontou ao menos uma dessas características no réu. "Ele viveu dez anos nesta comunidade. Este réu [aponta o dedo para ele]; e nenhuma testemunha apareceu para dizer, 'oh, ele é estúpido, ele é louco, ele é incoerente', nem uma testemunha sequer!"

Jeff Dahmer esteve sempre em meio a jovens bonitos, apontou McCann, mas se controlou, o que indicava a sua capacidade de seguir os trilhos do bem e da normalidade, se assim desejasse. Ele esteve na universidade, no Exército e na Flórida por seis meses, "milhares de homens jovens andando por aí, com o físico que o atraía, mas ele não matou".

O promotor continuou sua fala fazendo uma rápida cronologia da vida de Jeff a partir da dispensa do Exército. O réu voltou para Ohio, depois foi para a casa da avó, tentou controlar seus desejos sexuais indo à igreja e lendo a bíblia; então houve o incidente na biblioteca que o desviou do caminho do bem; Jeff começou a consumir pornografia, descobriu sobre as saunas e boates gays, passou a frequentar as saunas e teve a ideia de usar os comprimidos de Halcion receitados para sua insônia nos homens para deixá-los inconscientes. Ele sabia que era perigoso drogar suas vítimas, disse McCann, e teve experiências nesse sentido, como o homem que foi internado em um hospital após ser drogado por ele na sauna. Ainda assim, Jeff continuou, dessa vez levando homens a quartos de hotéis. Em um desses encontros sexuais, ele assassinou Steven Tuomi e guardou o seu corpo para estender seu prazer sexual. Então, rapidamente, veio o garoto James Doxtator, que Dahmer matou conscientemente; o objetivo era satisfazer seu egoísmo sexual.

O mesmo aconteceu com Richard Guerrero. Já Ronald Flowers era um caso importante para o júri ter em mente, afirmou McCann. Por um milagre, o homem sobreviveu a um encontro com Jeff. Desde o primeiro encontro dos dois, Jeff o enganou. "Dahmer disse, 'vamos lá, pegamos um táxi e eu pego o meu carro e voltamos para ligar o seu'. Dahmer não tinha um carro. O que vocês acham que Dahmer tinha em mente? Vocês viram o sr. Flowers?* [Nesse momento, McCann usa os braços e faz uma mímica, demonstrando que Flowers é um homem forte] Eu não confrontaria o sr. Flowers se ele estivesse nervoso... A avó de Dahmer viu os dois juntos. Foi isso o que salvou a vida de Ronald Flowers."

* Ronald Flowers Jr. foi uma das testemunhas do julgamento.

Já Somsack Sinthasomphone não foi assassinado porque Dahmer tinha que trabalhar naquela noite, isso é ter a capacidade de se controlar, afirmou McCann (nesse ponto McCann se contradisse, pois anteriormente afirmou que o garoto não foi morto por a droga não fazer efeito). Essa mesma capacidade também podia ser vista no período de mais de um ano em que Jeff ficou sem matar, entre março de 1989 e maio de 1990. "Não há evidência de agressão sexual; controle... ele estava esperando ter o seu próprio apartamento."

Poucos dias depois de se mudar para um apartamento próprio, Jeff assassinou Raymond Smith e, a partir daí, as mortes ficaram mais frequentes, chegando ao cúmulo de exterminar vidas por suposições de sua cabeça. Quando o réu ceifou a vida de David Thomas, disse McCann, ele não estava interessado na vítima, mas o matou mesmo assim, porque ficou com medo do rapaz acordar "puto" por ter sido drogado.

"Senhoras e senhores ele enganou muitas pessoas. Por favor, não deixe esse assassino enganar vocês", finalizou McCann, após duas horas de fala. Quando o promotor terminou o seu monólogo, Gerald Boyle teve o direito ao argumento de refutação.

Ao iniciar sua fala, o advogado comentou que a acusação tinha uma grande vantagem nos julgamentos porque é dela a última palavra. Ele lembrou de quando foi um promotor e tinha esse direito e, há muitos anos, não tinha mais. De fato, e diferentemente do ditado popular, é a última impressão que fica. Mas agora era diferente, pois era dele a última palavra, entretanto, tal fato não seria uma grande vantagem devido à gravidade do caso. Diferentemente do que disse McCann, afirmou Boyle, seu papel era ajudar os jurados em sua decisão, e não os convencer de nada.

Em um julgamento complexo como o de Jeffrey Dahmer, onde nem a ciência tinha uma explicação para o seu comportamento, podendo apenas rotulá-lo e explicá-lo à luz do limitado conhecimento de nosso tempo, seria muito fácil para todos olharem para o caso com o coração, realizando julgamentos superficiais e precipitados.

"Acreditem ou não, eu não quero que vocês esqueçam desses jovens homens que morreram. Eu estou aqui representando um homem que admitiu esses homicídios e também se declarou culpado. Este não é um caso de homicídio, este é o caso se ele estava ou não, no momento dos crimes e devido à sua doença mental, apto a conformar sua conduta de acordo com a lei", orientou o advogado.

Boyle criticou McCann, que gastou um bom tempo do seu discurso atacando a competência dos especialistas médicos da defesa, enquanto enaltecia Fosdal e Dietz, e refutou várias das falas do promotor. Boyle afirmou que o dr. Frederick Berlin era um profissional renomado e reconhecido pelo seu trabalho com parafílicos. Em nenhum momento, disse Boyle, Berlin afirmou que um necrófilo ou parafílico é mentalmente doente e incapaz, como McCann deixou no ar. Berlin diagnosticou Dahmer, e apenas ele, como um necrófilo incapaz de conformar sua conduta perante a lei. Berlin era um profissional excepcional, um dos melhores do país no tratamento de parafílicos, e Boyle não entendia o porquê de o promotor atacar tanto a capacidade dele quanto a dos outros psiquiatras que testemunharam para a defesa. Ele até releu a afirmação de um artigo escrito por Park Dietz de que os tribunais precisavam ouvir profissionais capacitados e Berlin, Becker e Walhstrom eram capacitados, disse Boyle, porque os três eram especialistas em comportamento criminoso e deficiências da mente.

Boyle fez uma boa analogia ao pedir para que os jurados se imaginassem com um filho de 15 anos que um dia chega em casa e diz querer conversar sobre um assunto muito importante. O garoto não está com nenhum problema comum à maioria dos adolescentes — notas baixas na escola, perdido na vida ou sofrendo *bullying* —, o que ele tem são desejos sexuais que explodem em sua cabeça e parecem cada vez mais incontroláveis; desejos de fazer sexo com um cadáver. O garoto confessa que pensa em atacar alguém, dar uma porretada na cabeça do indivíduo, arrastar o seu corpo e ter algum tipo de contato sexual. "O que vocês fariam?", perguntou Boyle. "Para quem vocês ligariam? Para o dr. Dietz, Fosdal, Friedman, Palermo, Walhstrom, Becker, Berlin?" Então, continuou Boyle, os jurados pegam o telefone e ligam para algum dos médicos a procura de orientação. Eles contam que o filho coleta animais atropelados para descarná-los e abri-los com intuito de ver as entranhas; o menino é fascinado por isso. Ao fim da conversa, do outro lado da linha, o médico diz que o garoto ficará bem, que não é nada demais, que a força de vontade dele será suficiente para parar o seu comportamento e suas fantasias, basta os pais o orientarem e pedirem para ele parar de pensar sobre essas coisas. "[Se um médico afirmar isso] vocês terão que conversar com outra pessoa, porque vocês sabem que têm um doente em suas mãos", disse Boyle.

No caso Dahmer, sua força de vontade foi pulverizada pela evolução de sua doença mental, e tal pensamento obsoleto de que qualquer pessoa pode controlar seus impulsos através da força de vontade é o que leva muitos doentes à ruína. Pegando novamente o quadro com as iniciais J.D. dentro de um círculo e as características ao redor, Boyle apontou o que acontece quando um médico ou qualquer outra pessoa minimiza a condição mental de um enfermo. "Não existe ninguém no mundo como ele. Ninguém. Poderia ele parar por vontade própria? Não [...] Todas essas pessoas foram mortas devido ao seu transtorno parafílico e ele não podia parar sozinho pela força de vontade!" Dahmer era um mentiroso, afirmou Boyle, mas o que esperar de alguém que em seu íntimo deseja fazer sexo com cadáveres e se sente excitado ao pensar em vísceras? O advogado, mais uma vez, reforçou o seu ponto de vista sobre o réu ter agido descontroladamente. "Ele tinha as evidências dos seus crimes sentadas em seu apartamento, as quais ele não podia dispensar devido à sua loucura", disse. Se Jeff estivesse sob controle, explicou o advogado, ele teria sumido com as evidências do seu apartamento após matar Konerak Sinthasomphone. Ele teria acidificado tudo ou comprado uma mala no shopping, da mesma forma que fez com Tuomi, colocado tudo dentro e jogado fora. Sua doença mental o cegou e ele estava desgovernado. "A única coisa que ele podia fazer era planejar seu próximo assassinato porque [a morte] era tudo no que podia pensar. E isso é trágico, é patético."

"Estou orgulhoso de estar aqui e agradeço muito a atenção de vocês... Vocês são os tomadores de decisão e a decisão que for eu respeitarei... Muito obrigado", finalizou Boyle.

A seguir, o juiz Laurence Gram leu cada uma das quinze acusações de homicídio e explicou aos jurados como eles deveriam proceder a partir daquele momento. Eles se retirariam para deliberar e cada um deles receberia quinze formulários, cada um representando uma acusação de homicídio. Nesses formulários havia duas perguntas e elas eram iguais em todos eles, diferenciando apenas a contagem da acusação e o nome da vítima. Por exemplo, para o formulário 1, as duas perguntas eram:

"No momento em que o crime foi cometido na acusação 1, a respeito do assassinato de James E. Doxtator, o réu Jeffrey L. Dahmer tinha uma doença mental?"

Se o jurado respondesse "Sim", ele obrigatoriamente deveria responder à segunda pergunta.

"Se você respondeu à pergunta número 1 com um Sim, então responda a esta pergunta: Como resultado da doença mental na acusação 1, o réu carecia de capacidade substancial para avaliar a ilicitude de sua conduta ou para conformar sua conduta aos requisitos da lei?"

As duas perguntas dos formulários eram essas, mudando apenas o número da acusação e o nome da vítima.

Continuando, Gram deu algumas orientações aos jurados, sendo as mais importantes citadas abaixo:

> "Doença mental é uma condição anormal da mente que substancialmente afeta processos mentais ou emocionais.
>
> Vocês não estão limitados por rótulos médicos, definições ou conclusões sobre o que é ou não uma doença mental.
>
> Vocês não devem concluir que uma pessoa está sofrendo de uma doença mental meramente porque ela pode ter cometido um ato criminoso ou por causa da não naturalidade ou enormidade de tal ato, ou porque um motivo para tal ato possa estar faltando.
>
> Uma anormalidade manifestada apenas por conduta criminal ou antissocial repetida não constitui uma doença mental."

Como bem comentado por outros autores, essa última observação foi um erro (grosseiro) do juiz Laurence Gram.

Tal observação era um entendimento da lei do Wisconsin para excluir criminosos psicopatas "da definição de anormalidade", ou seja, psicopatas não podem ser considerados indivíduos insanos. No mundo inteiro não há dúvidas em relação a isso. A questão era que o caso Dahmer não envolvia a defesa de insanidade de um psicopata, mas de um parafílico. A observação foi "erroneamente incluída nas instruções, de modo a inferir que a conduta parafílica repetitiva não constituía uma doença mental... O erro postulou uma séria possibilidade de desorientação" do júri, observou o autor Brian Masters.

• • •

Esperava-se que o júri deliberasse por todo o fim de semana dos dias 15 e 16 de fevereiro, mas a decisão veio rápido. No sábado, dia 15, todos sentaram-se em suas cadeiras para escutar o juiz Laurence Gram discorrer sobre a decisão dos jurados em cada um dos quinze homicídios. Foi um momento tenso e de muita emoção para os familiares das vítimas e de Dahmer. Era chegada a hora.

"Estado do Wisconsin *versus* Jeffrey L. Dahmer. Caso número F912542. Veredito especial. Pergunta número um. No momento em que o crime foi cometido na contagem um da informação, a respeito da morte de James E. Doxtator, o réu Jeffrey L. Dahmer sofria de uma doença mental? Resposta: Não. Pergunta dois não precisou ser respondida", disse Gram.

No caso Dahmer, sua força de vontade foi pulverizada pela evolução de sua doença mental, e tal pensamento obsoleto de que qualquer pessoa pode controlar seus impulsos através da força de vontade é o que leva muitos doentes à ruína [...] Sua doença mental o cegou e ele estava desgovernado.

"Estado do Wisconsin *versus* Jeffrey L. Dahmer. Caso número F912542. Veredito especial. Pergunta número um. No momento em que o crime foi cometido na contagem dois da informação, a respeito da morte de Richard Guerrero, o réu Jeffrey L. Dahmer sofria de uma doença mental? Resposta: Não. Pergunta dois não precisou ser respondida", continuou o juiz.

Gram seguiu lendo a decisão dos jurados para os doze assassinatos seguintes e nada mudou. Anthony Sears, Raymond Smith, Edward Smith, Ernest Miller, David Thomas, Curtis Straughter, Errol Lindsey, Tony Hughes, Konerak Sinthasomphone, Matt Turner e Jeremiah Weinberger; em todas as primeiras catorze acusações de assassinato, Jeffrey Lionel Dahmer foi considerado mentalmente são e não sofrendo de uma doença mental.

Em meio à leitura de Gram, familiares comemoravam e choravam a cada "Não" dito pelo juiz. Jeff, entretanto, só precisava de um "Sim" para não ir para uma prisão comum, e faltava a última leitura — o homicídio de Joseph Bradehoft, o último da insana série de julho de 1991.

Disse o juiz Laurence Gram:

"Estado do Wisconsin *versus* Jeffrey L. Dahmer. Caso número F912542. Veredito especial. Pergunta número um. No momento em que o crime foi cometido na contagem quinze da informação, a respeito da morte de Joseph Bradehoft, o réu Jeffrey L. Dahmer sofria de uma doença mental? Resposta: Não. Pergunta dois não precisou ser respondida."

Após o 15º *não*, os familiares das vítimas não se contiveram e gritos foram ouvidos no tribunal, comemorando como se fosse um gol. O destino do pior assassino em série da história do Wisconsin estava selado.

Dos doze jurados, apenas dois concordaram que Jeff estava mentalmente doente e, portanto, incapaz de conformar seus atos perante a lei, mas eles foram votos vencidos e prevaleceu o entendimento da maioria.

A sentença foi programada para a segunda-feira, 17 de fevereiro. Antes do término, o juiz Laurence Gram fez agradecimentos a funcionários do tribunal, a Boyle, McCann e ao júri. "Nós temos um sistema de justiça que não pode ser batido por nenhum [outro] lugar neste país", disse, entusiasmado.

"Não faz sentido. Simplesmente não faz sentido", dizia, atordoado, Lionel. O homem não sabia para onde ir. A decisão dos jurados o deixou perplexo e sem rumo. Lionel ficou sem chão. Seu filho, em vez de ir para um hospital psiquiátrico, local onde poderia ser tratado e estudado, seria jogado em uma prisão comum, sem acesso a um tratamento adequado e no meio de criminosos sedentos por derramar o sangue de Jeff. Mais do que isso, a sociedade, na pele do júri, estava dizendo ao mundo que o seu filho era alguém como qualquer um de nós — sem problemas mentais ou transtornos que pudessem prejudicar os seus processos mentais. Como explicá-lo, então? Simples. Com essa decisão, a sociedade afirmava em um megafone do alto de um prédio que Jeffrey Lionel Dahmer era um monstro; uma aberração humana que tinha a genética de Lionel e de seus antepassados. Lionel simplesmente não podia aceitar. Era a decisão mais estúpida que ele já tinha visto na vida. Para ele, era tão clara a mente doente do seu filho quanto o nascer diário do sol. Mas a sociedade não enxergou dessa forma, e ele não podia fazer nada.

Autorizado a se encontrar com o filho após o término da sessão, ele e Shari se dirigiram até a cela do tribunal e, emocionados, abraçaram Dahmer por entre as grades. Uma cena que tocou os presentes. Posteriormente, em seu livro, Lionel escreveria que "ele [Jeff] estava muito abalado, tremendo, à beira das lágrimas. Jeff estava muito chocado de ter sido sentenciado a passar a vida na cadeia em vez de em uma instituição psiquiátrica".

Não posso concordar com as palavras do juiz Laurence Gram sobre o "perfeito" sistema de justiça que considerou Jeffrey Dahmer tão normal quanto um assassino que, esfomeado, mata para roubar uma fruta, enviando-o para uma prisão comum para ser companheiro de cela de outros Dahmers ou Chikatilos.

Em qualquer parte do mundo, um tribunal de justiça passa a imagem de um ambiente extremamente organizado, imaculado e ilibado, frequentado por homens engravatados de notório saber jurídico e que estão ali porque são diferenciados. Eles são tratados como deuses do Olimpo e são eles que aplicam as leis que um dia alguém escreveu. A pessoa que por algum motivo precisa entrar ali, entra desconfiada, quase abaixando a cabeça ao cruzar pelas pessoas. Mas essa estrutura que se mostra avançada esconde muitas falhas. É aquela máxima: uma fachada bonita ou bem construída muitas vezes esconde um interior ultrapassado e defeituoso. O juiz é praticamente uma autoridade intocável em nossa sociedade, visto como alguém superior, que detém todo o conhecimento do mundo. Sendo assim, o quão elementar foi a falha do juiz Laurence Gram ao orientar erroneamente o júri, afirmando que transtorno de personalidade antissocial é a mesma coisa que transtorno parafílico? E essa não foi a única pérola de Gram.

O modelo de justiça usado hoje é o da punição a qualquer custo. Ficou muito claro no julgamento de Jeffrey Dahmer o pêndulo de forças entre Michael McCann e Gerald Boyle. Mas eu não estou citando a óbvia queda de braço entre acusação e defesa, cito a superficialidade *versus* a profundidade, o senso comum *versus* a busca pelo esclarecimento.

Em sua refutação, Gerald Boyle estava resignado, visivelmente incomodado com a fala anterior de McCann. Boyle foi mais do que um advogado, ele, de fato, tentou encontrar alguma explicação para o comportamento doentio do seu cliente. Boyle não tinha a mínima ideia do que Jeff tinha, mas tinha certeza de que ele não podia ser normal. Ele o conhecia desde 1988, e ninguém melhor do que o advogado para traçar um raio X de Jeff. Suportado por uma autoridade da psiquiatria, o dr. Frederick Berlin, Boyle veio com a tese da insanidade temporária causada pela ignição de um estado de fuga parafílica, uma ideia defendida cinco anos antes por John Money, cujo trabalho Boyle não tinha conhecimento. Muitos podem questionar essa teoria, e não há problema nenhum nisso, mas o que ninguém pode negar é que Boyle foi o único que tentou tirar a poeira do vidro na tentativa de enxergar o outro lado.

Em sua limitação, Boyle fez uso de um palpite científico para explicar o comportamento do seu cliente, enquanto a acusação fez o jogo baixo, mas eficiente, de mexer com as emoções dos presentes, usando argumentos de senso comum, como se a raça humana fosse restrita a uma dicotomia entre o certo e o errado, julgando apenas o efeito e nunca adentrando a causa.

McCann não estava preocupado com a busca pela verdade, e isso por si só já alimenta o meu argumento da falsa justiça. Para quem esperava encontrar um debate de alto nível, com cada lado oferecendo seus argumentos à luz do que havia de mais moderno na época, frustrou-se. Quanto engano. Tribunais ainda conservam resquícios da inquisição e não são lugares de onde retiram-se respostas. "Eu poderia vir aqui e enganar vocês", contar mentiras, "mas meu papel é ajudar vocês", disse Boyle ao júri, em uma clara crítica ao discurso anterior do promotor. Eu enxerguei grandiosidade em Gerald Boyle e um homem visionário, talvez por isso ele tenha apresentado uma expressão triste e derrotada em sua fala final. Após as duas horas usadas por McCann, Boyle teve que gastar o seu tempo refutando afirmações ridículas do promotor.

Mais uma vez, McCann, em um movimento que, para mim, pareceu impróprio devido à gravidade da situação, atacou veemente a credibilidade de Berlin, Becker e Wahlstrom. Berlin era o bode expiatório por supostamente ser o único na face da Terra a fazer a ligação entre parafilia e incapacidade mental. Já Becker e Walhstrom foram reduzidos a dois amadores que nunca testemunharam em um tribunal, com Walhstrom sendo um tipo de menor aprendiz por ter se especializado em psiquiatria forense um ano antes. Ao contrário, Frederick Fosdal e Park Dietz foram pintados como Michelângelo e Da Vinci.

McCann agiu como uma criança que discute com outra sobre quem tem o melhor pai. Os sete especialistas médicos que se sentaram no banco das testemunhas eram profissionais extremamente capacitados, e se formos fazer comparações e levarmos em conta a especialidade em parafilias, a grande autoridade dentre os sete era o psiquiatra e sexólogo Frederick Berlin. Tirando o seu catastrófico testemunho, o que é compreensível, tecnicamente, ninguém poderia falar nada sobre ele. Ainda assim, nenhum deles era o dono da verdade; basicamente, o que eles fizeram foi rotular Dahmer com jargões psiquiátricos, e os representantes do Estado e da acusação examinaram seu comportamento na linha da diferenciação entre o *certo* e o *errado*.

"Eu fico de pé diante de vocês para saber se estes homens morreram [pelas mãos] de um assassino ou se eles morreram porque o cara é doente. É ISSO O QUE É JUSTIÇA! Não tentar enganar vocês! Eu poderia enganar vocês se eu falasse por mil dias... Não é a maneira como [nós] jogamos o jogo. Há alguma coisa sobre esses psiquiatras forenses [Fosdal e Dietz] que os fazem tão maravilhosos, que os fazem saber tudo?" questionou Boyle. "Deixem-me perguntar isso. [Olhando e folheando suas anotações, Boyle continua] Aqui está um psiquiatra forense, veja o que ele diz. 'Eu acho que o cara está mentalmente doente porque ele está sofrendo de parafilia, que eu chamo de necrofilia. Eu acredito que ele sofra de dependência de álcool e tenha transtorno de personalidade esquizotípica e transtorno de personalidade limítrofe.' E agora nós temos outro médico, um psiquiatra forense, grande médico, e ele diz: 'Este camarada está sofrendo de uma parafilia, [dos tipos] frotteurismo, parcialismo e necrofilia'. E [esse médico] diz que [o réu] tem traços esquizotípicos. É muito diferente, não?", perguntou em tom irônico. "E vocês sabem quem eles são? São o novato e o cara do hall da fama — Walhstrom e Dietz. Vocês sabem o que separa um do outro? Um [fio de] cabelo!"

Boyle continuou relatando vários pontos em que os diagnósticos de Walhstrom e Dietz eram iguais. "Como alguém pode alegar que o dr. Walhstrom está distante do dr. Dietz?"

McCann tentou vender um cavalo morto aos jurados usando argumentação de rua. *O meu psiquiatra é melhor do que o dele. É o Park Dietz, a estrela que vez ou outra aparece na televisão!* Por mais que isso pareça forçado e inacreditável, foi o que aconteceu.

Voltando dias antes, quando Boyle perguntou a Dietz se ele concordava com Philip Resnick — famoso psiquiatra forense e uma das maiores autoridades mundiais em necrofilia — que a necrofilia era um fenômeno pobremente estudado e incompreendido, Dietz respondeu rapidamente: "Sim!". Sobre Carl Walhstrom, McCann disse, dentre outras coisas, que ele não tinha experiência nenhuma pois havia terminado sua especialização em psiquiatria forense um ano antes do julgamento.

Os sete especialistas médicos que se sentaram no banco das testemunhas eram profissionais extremamente capacitados, [...] a grande autoridade dentre os sete era o psiquiatra e sexólogo Frederick Berlin. Tirando o seu catastrófico testemunho, o que é compreensível, tecnicamente, ninguém poderia falar nada sobre ele.

O badalado Park Dietz, disse Boyle, não tinha mais do que três anos de experiência quando testemunhou em um dos maiores casos criminais do século XX nos Estados Unidos: a tentativa de assassinato do presidente norte-americano Ronald Reagan. "Como ele [McCann] ousa fazer isso? Eu poderia vir aqui falar mal do dr. Dietz... e o que separa os dois [Walhstrom e Dietz] é um [fio de] cabelo!"

McCann fez afirmações irrelevantes ao comparar os psiquiatras, como, por exemplo, dizer que apenas Dietz ou Fosdal assistiram aos filmes o *Exorcista III* e o *Retorno de Jedi*, como se isso, de alguma forma, pudesse influenciar no diagnóstico. Ele também agiu de má-fé ao dizer que apenas Fosdal e Dietz fizeram o "trabalho completo" de ir a fundo na história de Jeffrey Dahmer. Michael McCann atacou a abordagem de Berlin, Becker e Walhstrom em suas sessões com o réu como um especialista que nunca pôs a mão na massa. O próprio Frederick Berlin não tolerou a agressividade provinciana de McCann e respondeu rispidamente o promotor em algumas ocasiões.

Ao fim do julgamento, a diferença entre Boyle e McCann ficou muito clara, enquanto o primeiro deslizou no movediço terreno da ciência psiquiátrica, cheio de dúvidas e à procura da verdade, o segundo estava cheio de certezas por nadar no raso.

A minha impressão do julgamento de Jeffrey Dahmer é que o tribunal nadou na superfície do oceano; eles poderiam ter mergulhado na profundidade do desconhecido, mas, alienados pelo sistema — cujo funcionamento obedece a um algoritmo que se torna obsoleto ao longo do tempo —, foram incapazes de aproveitar a oportunidade de ouro. O ser humano é produto do seu meio e totalmente moldado pelo sistema do qual faz parte, chegando a acreditar que faz a coisa certa mesmo quando é parte de uma engrenagem defeituosa, enganosa ou do mal. A filósofa judia Hannah Arendt explorou* essa questão brilhantemente ao estudar o caso do criminoso nazista Adolf Eichmann, e podemos expandir esse conceito de cegueira burocrática/sistêmica ao modelo que vivemos e suas diversas ramificações.

McCann é o típico promotor que acredita que o seu papel é apenas o de acusar, acusar e acusar para condenar, condenar e condenar, adicionando mais um número positivo ao seu currículo para manter a reputação entre seus pares (e que número seria Jeffrey Dahmer!). O que lhe interessa é apenas aquilo que lhe convém, vendendo a caixa vazia a quem quiser compar. Ele se opôs furiosamente à possibilidade de Robert Ressler ser uma testemunha da defesa, um dos três maiores especialistas em assassinos em série da história, Ressler acreditava que Dahmer estava insano em seus últimos homicídios. "Sem chances de enxergar este homem atormentado estando mentalmente saudável durante a época de seus crimes", escreveu o psicólogo em um de seus livros. Tal visão

* Leia o seu livro *Eichmann em Jerusalém*. Companhia das Letras; 1ª edição. 1999.

vinda de uma autoridade no assunto estragaria a *sua verdade*. Além disso, uma coisa era bater no "novato" Walhstrom, outra era se meter com alguém como Ressler, uma lenda da psicologia criminal. O entrevero foi tamanho que o ex-agente do FBI não testemunhou.

O negócio, então, se torna um jogo onde o ego e a vaidade prevalecem. Como disse Ressler em um de seus livros; limitar o caso Dahmer a uma mera questão de *certo* ou *errado* é derrubar um soldado e acreditar que venceu a guerra. Foi exatamente o que o tribunal de justiça de Milwaukee fez em 15 de fevereiro de 1992.

A justiça, no geral, não se interessa pelos aspectos humanos, sociais ou ambientais. Uma vez que o criminoso se senta no banco dos réus, ele se torna o monstro. Ele entende a diferença entre o certo e o errado? Sim, então cadeia nele! A assassina em série Aileen Wuornos teve um histórico de vida completamente horrendo, que contribuiu para ela se tornar uma assassina. Ser estuprada durante toda a infância e adolescência, ser expulsa de casa pelo avô abusador aos 15 anos e ir morar na floresta, vivendo da prostituição e sendo abusada nas ruas não despertou compaixão na acusação. Aliás, pode até ter despertado, mas como Eichmann, o promotor do caso *só estava fazendo o seu trabalho*. O estado lidou com Wuornos rotulando-a como uma aberração abominável e aplicou-lhe uma injeção letal para se livrar do incômodo. Não questiono o seu destino, nem a decisão final do tribunal, mas a questão é: o que a sociedade aprendeu com seus crimes? Quais as ações promovidas pelas autoridades, pela justiça ou por quem quer que esteja no comando para evitar que a sociedade haja dessa forma com crianças ou adolescentes? A resposta é: nada foi aprendido e nada foi feito. A sociedade, muitas vezes, cria e alimenta o monstro que habita silenciosamente em alguns de nós, apenas para, lá na frente, julgá-lo primitivamente, como se não fosse parte do problema, atirando-o ao fogo do inferno e virando-se para o próximo como numa linha de montagem.

O sistema de justiça que temos hoje é o melhor para a nossa época, da mesma forma que a Lei de Talião foi a coisa mais moderna que existiu em seu tempo. Como consequência, a humanidade de mil anos adiante olhará para o século XXI e constatará o quanto o nosso modelo é falho, assim como olhamos hoje para a justiça da Idade Média e enxergamos o mesmo.

Esse sistema judicial defeituoso coloca no mesmo grupo assassinos comuns — como alguém bêbado que mata outro em uma briga de bar — e assassinos em série hedonistas como se eles fossem a mesma coisa. Não bastasse isso, o sistema ainda é incapaz de julgá-los adequadamente porque os agentes públicos nada mais são do que um reflexo do atraso da própria sociedade. Em 1934, o assassino em série Albert Fish foi diagnosticado com nada mais nada menos do que dezoito parafilias. Em comparação, Park Dietz, que foi o psiquiatra que mais diagnosticou parafilias em Dahmer, contou apenas três. Vampirismo, canibalismo, sadismo, autocastração, fetichismo, coprofagia... Fish era um verdadeiro antro de perversão. O professor e autor de livros sobre assassinos em série, Harold Schechter, o chamou de "o pior pervertido do mundo". Fish também tinha delírios e escutava vozes. Certa vez, seus filhos o flagraram numa colina com as mãos para o alto e gritando: "Eu sou Cristo!".

Albert Fish foi internado algumas vezes em hospitais psiquiátricos; em uma dessas internações, a equipe médica escreveu que "às vezes [ele] apresenta sinais de distúrbio mental [...] personalidade psicopática; tipo sexual". Em seu julgamento, o psiquiatra Fredric Wertham testemunhou que Fish tinha a mente anormal e sofria de uma doença mental, nomeadamente psicose paranoide. De acordo com Wertham, Fish se engajara habitualmente "em todas as perversões conhecidas e algumas nunca antes vistas". Outros quatro psiquiatras testemunharam o contrário — o vovô canibal de 65 anos, que comia criancinhas, açoitava a si mesmo até sair sangue e inseriu 29 agulhas na região pélvica e escrotal era tão normal quanto eu ou o leitor. Dois desses psiquiatras faziam parte do escritório do promotor, um como associado e o outro como conselheiro. Já o terceiro era o chefe da psiquiatria de um hospital público, onde Fish anteriormente foi internado e considerado inofensivo e mentalmente saudável — e liberado para continuar a matar. Então fazia sentido que o médico mantivesse a mesma posição para não se colocar em risco. Eles disseram frases estapafúrdias do tipo: "Cometer um crime não tem nada a ver com doença mental". "Existem casos que são óbvios. Só de você olhar para eles percebe que são insanos." "Coprofagia é um tipo de coisa comum." "Eles [coprófagos] são pessoas de muito sucesso, artistas de sucesso, professores de sucesso, banqueiros de sucesso." "Eu conheço indivíduos preeminentes na sociedade — um indivíduo em particular, que todos nós conhecemos; ele come fezes humanas como acompanhamento da salada." Seguiram-se mais frases do tipo, mas acho que o leitor irá concordar comigo que já temos exemplos o suficiente.

Ao fim do julgamento, repórteres e o júri concluíram que Albert Fish era um homem insano, mas o que ele fez foi horrendo demais e todo mundo ficaria satisfeito se a Lei de Talião fosse aplicada. Mesmo sentindo que o homem era doente e louco, tal aberração deveria ser sumariamente executada, pensaram os jurados. Fish foi declarado mentalmente saudável e, em menos de um ano, foi eletrocutado na cadeira elétrica na famosa prisão de Sing Sing. "O veredito no caso de Albert Fish prova que ainda estamos queimando bruxas", disse seu advogado, James Dempsey, na época.

E por falar em bruxas, no julgamento de Winston Moseley,* um dos assassinos norte-americanos mais famosos da década de 1960, o juiz do caso, J. Irwin Shapiro, disse que não acreditava na pena de morte, "mas devo dizer que isso pode ser impróprio quando eu vejo este monstro. Eu não hesitaria em puxar o interruptor sozinho". O comentário nada mais é do que o de uma pessoa leiga que se deixou contaminar pela emoção e era incapaz de entender a patologia do réu, mas tinha o poder do sistema para influenciar e decidir sobre o que fazer com ele. Ao comentar sobre o caso, o psicólogo John Money o comparou a um famoso caso criminal envolvendo bruxas nos Estados Unidos: "Há menos de trezentos anos, afirmações semelhantes eram feitas por aqueles que não compreendiam o conceito do *eu dividido* nas bruxas de Salém".

Outro norte-americano, Richard Chase, teve apenas trinta anos de vida. E desses trinta anos, em apenas dez ele foi alguém "normal". Nos vinte restantes, Chase extrapolou aquilo que conhecemos como loucura.

* Na madrugada de 13 de março de 1964, esfaqueou até a morte uma mulher de 28 anos chamada Kitty Genovese. Exames psiquiátricos apontaram que Moseley sofria de necrofilia.

Na infância, Chase torturou e matou gatos, evoluindo para beber o sangue dos animais. Na adolescência, suas vítimas passaram a ser os coelhos que ele eviscerava para comer suas entranhas e beber o sangue. Em algumas ocasiões, colocou os intestinos dos animais em um liquidificador para bater e beber. Em sua mente, aquilo era necessário para que o seu coração não encolhesse a ponto de desaparecer do corpo.

Certa vez, Chase injetou sangue de coelho diretamente em suas veias e ficou tão doente que sua mãe o levou às pressas para o hospital. "Afirma que foi envenenado por um coelho que comeu... contou uma história bizarra de comer um coelho que tinha ingerido ácido de bateria", atestou o relatório médico do hospital. Os médicos, suspeitos, o mandaram para a ala psiquiátrica, que deu o diagnóstico: esquizofrenia paranoide.

Enviado para um hospital psiquiátrico, recebeu o apelido de "Drácula". Um relatório médico, de 20 de junho de 1976, apontou que "[Chase] tem matado e mutilado animais. Dois pássaros mortos... encontrados do lado de fora do seu quarto com suas cabeças arrancadas quarta-feira passada. O zelador viu [Chase] fora do quarto, mas não pôde ver o que ele estava fazendo... Quando ele veio, estava todo ensanguentado".

Richard Chase entrou e saiu de hospitais psiquiátricos à medida que seu estado mental piorava e mais animais morriam — incluindo uma vaca. Enlouquecido por sua doença mental, aos 27 anos, Chase assassinou seis pessoas em menos de um mês, fazendo coisas absurdas com os corpos — ele chegou a comer pedaços do cérebro de uma criança. Seu julgamento foi limitado pela questão do *certo ou errado* e esse homem *mentalmente são* foi enviado para uma prisão comum, onde morreu pouco tempo depois.

Não muito tempo após o julgamento de Chase, um outro assassino em série exporia as mazelas da justiça ao ser julgado por seus macabros crimes em Londres. Dennis Nilsen, conhecido por muitos como "o Jeffrey Dahmer britânico", sentou-se no banco dos réus em outubro de 1983 apenas para passar pelo teatro do julgamento, pois seu destino estava praticamente selado antes mesmo de começar.

Seu julgamento foi um espelho do de Dahmer: não era uma questão de *culpa*, mas de *responsabilidade*. O promotor Alan Green, sentindo que a sua retórica não estava surtindo efeito, pareceu desesperado ao afirmar aos jurados que "a Coroa diz que mesmo se houvesse anormalidade mental, isso não seria suficiente para diminuir substancialmente sua responsabilidade mental por essas mortes". A colocação revelou o seu medo de *perder* o caso e é digna de estudo em cursos de Direito. Em bom português, o que ele quis dizer é que não importava se Nilsen era doente mental, ele era culpado de qualquer forma. Mas o acontecimento mais surreal do julgamento de Dennis Nilsen veio quando o júri, em dúvida sobre a questão da responsabilidade mental, procurou ajuda com o juiz David Croom-Johnson. Deixando a imparcialidade de lado, o juiz forneceu uma opinião de senso comum, não legal e não psiquiátrica sobre a maldade, influenciando suavemente os jurados. "Existem pessoas más que fazem coisas más. Cometer assassinato é uma delas. Uma mente pode ser má sem ser anormal", orientou.

"Ele [juiz] parecia mais certo sobre o assunto [maldade] do que qualquer filósofo desde Sócrates", ironizou o autor Brian Masters em um texto para a *Vanity Fair*, em 1991, "e sua certeza mandou Nilsen para uma prisão em vez de uma instituição mental [...] Ficou-se com a impressão de que Croom-Johnson era a única pessoa no tribunal capaz de absorver e desvendar as complexidades de todas as evidências. À medida que ele prosseguia, no entanto, ficou claro qual o veredicto que ele esperava que o júri apresentasse."

Mas nenhum dos assassinos em série citados sentiu mais as mãos da injustiça do que o ucraniano Andrei Romanovich Chikatilo. Para alguns, pode soar ilógico eu falar em "injustiça" para um homicida que matou cruelmente mais de cinquenta pessoas, eviscerando seus corpos para chafurdar-se no sangue, mordiscar os úteros e mastigar os testículos. É difícil conhecer alguém que possa ter simpatia ou empatia por um homem como Chikatilo, mas não é essa a questão. Qualquer pessoa tem o direito a um julgamento justo e imparcial, não importa o crime cometido.

Após Chikatilo ser preso e confessar os crimes, as autoridades russas podaram seus direitos e um advogado só foi designado para representá-lo quando toda a investigação já estava terminada, oito meses após sua prisão. Nesse tempo, Chikatilo não teve nenhuma orientação, assinou todos os papéis que lhe foram apresentados e, muito provavelmente, sofreu pressão psicológica.

Seu advogado, Marat Khabibulin, pisou no tribunal com a tarefa de livrar Andrei da morte e, para isso, fez uso da tese de insanidade. Ele, entretanto, teve o seu trabalho limitado — para não dizer sabotado. Khabibulin não teve o direito de convocar seus próprios psiquiatras para testemunhar e nem mesmo pôde ter uma opinião médica que não fosse a da promotoria. Ele até pediu autorização ao juiz para convocar um psiquiatra chamado Alexander Bukhanovsky, mas o pedido foi negado. Bukhanovsky havia trabalhado com a polícia e foi de fundamental importância para a captura de Chikatilo. Ele conhecia como ninguém a mente doentia do assassino e acreditava que ele fosse extremamente doente, um indivíduo incapaz de se controlar devido a uma doença mental e por isso não poderia ser responsabilizado por seus atos.

Bukhanovsky havia trabalhado com a polícia e foi de fundamental importância para a captura de Chikatilo. Ele conhecia como ninguém a mente doentia do assassino e acreditava que ele fosse extremamente doente, um indivíduo incapaz de se controlar devido a uma doença mental e por isso não poderia ser responsabilizado por seus atos.

Tal visão também era compartilhada pelo principal investigador do caso, o tenente Viktor Burakov. Mas isso não era o que a justiça russa queria ouvir no tribunal. Também foi negado ao advogado o direito de contratar especialistas médicos para examinar falhas graves* ocorridas na investigação.

Quem liderou este show de horrores judicial foi o autoritário e intempestivo juiz Leonid Akubzhanov. Em uma cena inimaginável em qualquer tribunal, o juiz discutiu várias vezes com o réu, que reclamava da parcialidade do juiz. Em um dos entreveros, Akubzhanov gritou para Chikatilo: "Cale a boca, você não é louco!". "Esse é o meu julgamento ou é o meu funeral?", retrucou o réu.

* Andrei Chikatilo foi primeiramente preso em 1984, mas descartado como suspeito porque o seu tipo sanguíneo não era compatível com o tipo sanguíneo retirado das amostras de sêmen deixadas pelo assassino nos corpos das vítimas. Essa falha da ciência soviética nunca foi explicada.

"Em adição a presidir [o julgamento], ele [Akubzhanov] muitas vezes se dava à função de promotor... Se ele achasse que as perguntas feitas pelo promotor não eram duras o suficiente, ele mesmo as faria... Akubzhanov claramente enxergou esse julgamento como uma disputa entre ele e o Maníaco", escreveu o escritor Robert Cullen, que acompanhou o julgamento de Chikatilo em 1992. Após semanas e mais semanas presenciando o trabalho de um inquisidor e não de um juiz, Khabibulin disse basta e fez uma reclamação formal a Akubzhanov, acusando-o de tendencioso e pedindo a sua substituição. Petulante, o juiz riu do advogado e perguntou ao promotor Nikolai Gerasimenko se ele concordava com a reclamação "ridícula" de Khabibulin. Para surpresa geral, Gerasimenko disse que sim, o juiz não estava fazendo o seu trabalho, era parcial e concordava com o pedido do advogado para substituí-lo. Com o orgulho ferido e espumando de raiva, Akubzhanov negou o pedido de Khabibulin e, dias depois, conseguiu trocar Gerasimenko em plena execução do julgamento. A substituição gerou gritos e aplausos dos presentes. Enquanto o novo promotor, Anatoly Zadorozhny, não estava pronto para assumir, o próprio juiz acumulou a função de acusador.

Eu poderia continuar contando sobre este julgamento absurdo, mas, como no caso Albert Fish, acredito que o leitor já teve exemplos o suficiente do circo judicial envolvendo a inquisição de Andrei Chikatilo. Como o vovô americano, o também vovô ucraniano foi sumariamente executado tempos depois. Da mesma forma que o caso Dahmer, a justiça russa perdeu uma oportunidade de ouro de conduzir um julgamento que poderia iluminar as causas do comportamento homicida de Chikatilo, dando um bom exemplo ao mundo e, principalmente, educando a sociedade sobre psicopatologias.

Fish, Chase, Nilsen, Chikatilo e Dahmer são apenas alguns exemplos de assassinos que deveriam ter sido condenados a passar o resto da vida em uma instituição psiquiátrica, local onde poderiam ser tratados e, principalmente, estudados. Eles eram homens doentes que cometeram atrocidades tão abomináveis que muitos não acreditariam existir em nosso mundo. Se um indivíduo rouba um bebê, o leva para casa, segura-o pelo tornozelo de cabeça para baixo com uma das mãos e com a outra, segurando uma faca, faz um corte horrendo detrás da cabeça para facilitar a descida do sangue para bebê-lo, como fez Richard Chase, e esse mesmo homem é considerado mentalmente saudável por um tribunal, então, o que é loucura, afinal? A mente humana é muito mais complexa do que limitá-la ao pêndulo certo-errado.

> "Eu não conheço o cara pessoalmente, mas eu vou te dizer uma coisa, aquilo é um bom exemplo do porquê a insanidade não pertence ao tribunal. Se Jeffrey Dahmer não cumpre os requisitos para ser considerado insano, então eu odiaria, no inferno, topar com o cara que cumpre [...] Se Jeffrey Dahmer falhou no teste legal para perturbação mental, Deus abençoe aquele que passar nele. Se Jeffrey Dahmer não passou, ninguém passa." (John Wayne Gacy)

Um tribunal é capaz de concluir que homens como Fish, Chase, Nilsen, Chikatilo e Dahmer não sofrem de problemas mentais, assim, eles são responsáveis por seus atos, mas não explica o que há de errado com eles. "Obviamente, alguma coisa os faz diferentes do resto de nós. Descrevê-los [os assassinos em série] meramente como maus parece muito simplista e não científico", escreveu Peter Vronsky em um de seus livros. Mas se de um lado a justiça parece pouco preocupada em explicar qualquer coisa, do outro ela não tem o respaldo da medicina ou da ciência — e isso ficou claro no julgamento de Dahmer. Ainda engatinhamos quando o assunto são psicopatologias. Pensamos que o conhecimento é evoluído porque hoje sabemos que existem psicopatas, esquizofrênicos, parafílicos, limítrofes etc. Mas isso são apenas rótulos. Necrofilia, por exemplo, é apenas um nome que descreve um comportamento. A pergunta que se faz é: quais os mecanismos psicológicos e genéticos que contribuem para uma pessoa se engajar em tal comportamento, e como isso se relaciona com as variáveis do ambiente criminogênico e da biologia do indivíduo?

Deveríamos ter a modéstia e aceitar que, para alguns casos, nós simplesmente não temos as respostas, simplesmente não podemos explicá-los em sua totalidade. Quando aceitamos a nossa ignorância, damos um passo à frente.

Mas, enquanto isso não acontece, e parafraseando John Wayne Gacy, em muitos casos, a humildade intelectual não pertence ao tribunal.

A SENTENÇA

Em 17 de fevereiro de 1992, um Jeffrey Dahmer diferente adentrou na sala do tribunal para escutar a sua sentença. Vestindo um uniforme laranja, vestimenta que o apontava não mais como um réu, mas como um criminoso condenado, ele carregava um papel em mãos e parecia mais atento e vivo. A expressão morta como a de um zumbi que ele apresentou durante todo o seu julgamento não existia mais. Era o último dia e Jeff só queria acabar com toda aquela exposição para seguir sua vida. Ele estava visivelmente mais leve.

Em um movimento duvidoso, foi aberto espaço para que os familiares das vítimas se dirigissem à corte, encarando o condenado enquanto faziam uso do direito à palavra. A ação foi arquitetada por Michael McCann e até hoje muitos se perguntam qual o motivo disso e por que o juiz Laurence Gram autorizou. Autores já descreveram tal abertura como um "exercício desagradável" e "espetáculo medieval" sem propósito. Por outro lado, as vozes das vítimas, caladas para sempre pelas ações do condenado, teriam a oportunidade de ser ouvidas através de seus familiares.

James Smith, irmão de Edward Smith, foi o primeiro a falar. Ele contou como seus pais, norte-americanos, tiveram uma vida de sacrifício e criaram com dificuldades os 13 filhos. James leu declarações dos irmãos e da mãe.

> "Jeffrey Dahmer apagou de mim um milhão de futuras memórias do meu irmão... Deixe-me lhe dizer mais a respeito de Edward Smith, em um nível mais pessoal. Edward cresceu em um lar cristão em Brookfield, onde ele aprendeu a ser um adorável, respeitoso e confiável ser humano... Na época em que a vida de Eddie foi tirada dele, ele estava procurando o seu espaço entre você e mim... Edward Warren Smith tentou ser amigo de Jeffrey Dahmer. Como resultado, ele perdeu a sua vida. Sr. Dahmer, Eddie se foi agora, vítima da sua insensibilidade homicida. Para onde vamos daqui? Perguntamos a nós mesmos. Por que isso aconteceu com uma pessoa como Eddie?... Tudo o que ele queria era uma chance de ser ele mesmo. Uma chance de ser feliz... Esperamos que a sociedade ganhe algum *conhecimento* para prevenir tragédias como a que Eddie sofreu... Obrigado."

A seguir, Stanley Miller, tio de Ernest Miller, tomou o seu lugar e fez um bonito discurso. Aparentando ser um homem extremamente sério e culto, Stanley fez elogios ao trabalho de Boyle e finalizou com uma mensagem de apoio à família de Dahmer — seu sobrinho Ernest Miller, de 22 anos, foi a oitava vítima de Jeff e o primeiro a ter partes do corpo canibalizado.

> "Não há lugar na sociedade civilizada para ninguém que não mostra consideração pela vida, principalmente da forma como Jeffrey Dahmer não demonstrou [...] Foi como se o peso do mundo estivesse nos meus ombros. Isto causou à minha família muita dor e estresse emocional [...] Você não deu a chance de ele lutar por sua vida. Você tirou a sua vida como um ladrão na noite, cortando a sua garganta [...] Você alguma vez parou para pensar que ele era o filho de alguém? Você alguma vez parou para pensar que ele era o irmão de alguém? Sobrinho, primo, neto ou apenas o amigo de alguém? Jeff Dahmer, apenas algumas coisas sobre Ernest que você não teve tempo de descobrir. Primeiro, Ernest era dançarino, isso veio naturalmente e era o seu sonho. Segundo, ele tinha uma família que o amava. Ele tem uma sobrinha agora de quatro meses que nunca teve a oportunidade de segurar, brincar ou simplesmente ver crescer [...] Eu espero que você viva uma longa vida de maneira que possa apreciá-la [...] Eu não apoio a pena de morte, mas você é um bom candidato [...] À família de Dahmer, eu sei que existirão alguns dias sombrios para vocês, mas o amanhã chegará, então olhem para as colinas e vocês poderão superar."

A mãe de Tony Hughes, Shirley, foi a terceira a falar e também fez uma bonita (e comovente) declaração.

> "Eu gostaria de dizer a Jeffrey Dahmer que ele não sabe a dor, a aflição e o estado mental que ele infligiu à família, mas eu apenas gostaria de ler um poema que um amigo de Tony escreveu... 'Me diga o que eu fiz para você agir como um monstro, como um maníaco, como um demônio. Meu Deus, o que é você, onde está você? Você nunca me mostrou esse seu lado. Eu depositei

minha confiança em você. Eu pensei que você fosse meu amigo e eu não o conhecia da maneira que imaginava. Eu nunca imaginei que seria dessa maneira. Existe alguém que pode me ajudar, mamãe, papai, irmã, irmão, alguém, por favor, me ajude! O que está acontecendo comigo? Tudo parece estar em câmera lenta. Estou confuso, estou sonolento. Minhas coordenações foram contaminadas. Meu amigo, o que é isso que você me deu?... Mãe, eu fui embora, minha esperança, minha respiração, minha vontade de viver foram tiradas de mim... Eu sei que há um dragão perfurando seu coração dia e noite por causa disso, mas, ainda assim, não estou longe. Quando você fica com frio, eu a abraço para aquecê-la. Se você fica triste, eu suavemente pego seu coração e te animo. Se você sorrir, eu sorrirei com você e, quando você estiver feliz, eu estarei... Eu sei por que você está pensando que dois dedos e um polegar significam eu te amo na língua de sinais' [nesse momento, com a mão esquerda, Shirley faz o sinal correspondente a *eu te amo* na linguagem de sinais]. Meu filho era surdo. 'Quando você chorar, pegue uma gota de lágrima e coloque-a fora do parapeito da janela e quando eu passar, vou trocá-la por uma das minhas. Dois dedos e um polegar, mãe'."

Muito nervosa, a quarta a falar foi a mãe de Curtis Straughter, Dorothy. Diferentemente dos anteriores, ela não preparou um discurso, fitou raivosamente Dahmer enquanto falava e quase explodiu em fúria. Dorothy falou rapidamente e foi embora antes que pudesse passar mal ou dizer impropérios.

"Eu não preparei nada, apenas [tenho] algumas coisas a dizer. Você tirou de mim meu filho de 17 anos. Eu nunca terei a chance de dizer a ele que eu o amava, fará um ano amanhã da última vez que eu o vi. Você tirou o único irmão da minha filha. Ela nunca terá a chance de cantar e dançar com ele novamente. Você tirou o neto mais velho da minha mãe e por isso eu nunca poderei perdoá-lo. Eu espero que você... você quase me destruiu, mas eu me recuso [a deixar] que você me destrua. Eu vou continuar."

Janie Hagen, irmã de Richard Guerrero, foi a quinta a falar. Guerrero foi o quarto homem a ser aniquilado por Jeff e uma das vítimas cujos restos mortais jamais foram encontrados. Sua família passou três longos anos sem saber o que havia acontecido a ele, o que gerou bastante sofrimento. Bastante calma, Hagen usou sua língua materna, o espanhol, para comparar Jeff ao diabo.

> "Estou aqui como porta-voz da minha família [...] Em 24 de março de 1988, Richard desapareceu aos 21 anos, e também quero afirmar que minha família fez tudo ao nosso alcance para encontrar nosso amado Richard Guerrero. Ele era um jovem cheio de vida e energia, com o desejo de fazer os outros felizes. Sempre colocando as necessidades dos outros antes das suas, era uma pessoa amorosa. [...] Então, Jeffrey, quando você matou meu irmão, Richard Guerrero, você também destruiu o futuro do filho mais novo do meu pai e da minha mãe. A vida dos meus três irmãos, a minha, a do meu marido e dos meus três filhos nunca será a mesma. Nunca esqueceremos essa tragédia que você nos impôs. Portanto, gostaria de terminar meu discurso dizendo em minha língua que, Jeffrey, você é *el diablo, el puro diablo que estaba suelto en las calles de nosotros*. Isso significa o diabo, o diabo puro, que estava solto em nossas ruas."

A mãe de David Thomas, Inez, veio a seguir. Ela fez um rápido discurso e, no final, ficou bastante emocionada.

> "Primeiramente, eu gostaria que Jeffrey Dahmer soubesse a dor que causou em minha família. Era o meu menino-bebê que você tirou de mim. Seus irmãos e irmãs não conseguem lidar com isso. Ele tem uma filha que nunca verá seu pai novamente. Ela tem apenas dois anos e agora ela se senta e pergunta, 'mamãe, onde está papa?'. Ela o chama de papa. 'Quando papa volta? E eu acho que isso é uma coisa triste para uma criança [...] Passar por toda sua vida sem conhecer o pai [...] Eu não entendo como alguém pode realmente machucar uma pessoa e dizer que fez isso porque ele não era o seu tipo [...] Eu apenas sinto que este

homem nunca pode andar na face da terra ou ser capaz de machucar alguém novamente. Eu agradeço ao júri por enxergar esse homem pelo que ele é."

Donald Bradehoft, irmão da última vítima, Joseph, entrou e rapidamente começou a falar. Emocionado, ele teve dificuldades em discursar, e, pouco tempo após o início da sua fala, se desculpou e saiu chorando da sala.

> "Eu sou o irmão de Joseph Bradehoft... Minha mãe teve cinco crianças lindas. Nós perdemos, ele destruiu o bebê da família e eu espero que você vá para o inferno. Eu amo esse mundo. Vocês fizeram um trabalho maravilhoso. Do fundo do meu coração, graças a Deus, eu tenho muita força. Obrigado a todos. Deus abençoe a América... me desculpe."

Enquanto os presentes ouviam os soluços de choro de Donald Bradehoft, Marilyn Sears, mãe de Anthony Sears, entrou e começou a falar. Ela parecia calma e serena, mas, em poucos segundos, se emocionou e saiu da sala. Nos 25 segundos de duração da sua fala, Marilyn se perguntou o motivo de o filho dela ter sido morto, pediu a Laurence Gram que nunca deixasse Dahmer pisar nas ruas novamente e agradeceu o trabalho de todos no tribunal, incluindo o de Boyle, "mas estou feliz que McCann tenha ganhado".

Após a saída de Marilyn aconteceu o momento mais tenso e triste de todo julgamento. Rita Isbell, irmã de Errol Lindsey, entrou na sala visivelmente alterada. Ela gritou, xingou Jeffrey Dahmer e teve que ser contida à força pelos guardas, pois caminhava descontroladamente em direção a Dahmer. Todos ficaram assustados e o juiz encerrou a sessão enquanto Isbell gritava que iria matar o condenado. A voz de Gram quase não pôde ser escutada, mesmo falando ao microfone, tamanhos eram os gritos de Rita. Pela sua fala, nota-se que Rita estava enfurecida pela discussão sobre a questão se Jeff tinha ou não o controle de suas ações quando cometeu homicídio atrás de homicídio.

"Meu nome é Rita Isbel e sou a irmã mais velha de Errol Lindsey. Jeff [...] seja qual for o seu nome, Satanás. Eu estou louca. É assim que você age quando está fora de controle. Eu não quero nunca mais ver minha mãe ter que passar por isso de novo. NUNCA, JEFFREY. JEFFREY, EU TE ODEIO, FILHO DA PUTA! EU TE ODEIO! ISSO É ESTAR FORA DE CONTROLE! NÃO FODA COMIGO, JEFFREY. EU VOU TE MATAR, PORRA. JEFFREY, OLHE PARA MIM, FILHO DA PUTA, EU VOU TE MATAR!"

Quando a sessão foi reassumida, Jeffrey Dahmer estava usando seus óculos de grau pela primeira vez desde a sua primeira aparição pública em 25 de julho de 1991. O uso dos óculos tinha um motivo: ele escreveu um discurso para ler perante todos antes que o juiz Gram lhe proferisse a sentença. Após semanas impassível e olhando para o nada, aquele que a sociedade julgou como um monstro levantaria de sua cadeira para dizer algumas palavras. O que ele teria a dizer?

Mas antes, Gerald Boyle pediu a palavra e, se endereçando ao juiz, mais uma vez demonstrou ser um homem diferenciado. De frente a Laurence Gram, Boyle comentou que tudo aquilo não podia se resumir a apenas uma questão de punir Jeffrey Dahmer. Algum esclarecimento ou aprendizado deveria ser tirado daquele caso. De fato, para o observador desatento, o caso Dahmer poderia ser limitado apenas a um homem que resolveu assassinar outros por maldade ou demência, ou ambos. Mas não, seu caso envolveu, dentre outras coisas, um sistema judicial falho, preconceito racial de autoridades e uma sociedade indiferente que, como os próprios assassinos em série, despersonaliza o seu semelhante numa facilidade de gelar a espinha.

Boyle não sabia que aprendizado tirar, mas tinha certeza que o caso escondia algo grande a se estudar, de forma a educar as gerações futuras. Ele disse a Gram que, desde o início, sabia da complexidade do caso e que aquele julgamento não se limitava a uma contagem de homicídios ou a definir o estado mental do réu. Ele fez inúmeras leituras, consumindo uma vasta literatura e, um dos livros, em particular, lhe chamou a atenção.

O livro contava a história do "Estrangulador de Boston", um assassino em série que ceifou a vida de treze mulheres entre 1962 e 1964, na cidade de Boston, no estado de Massachusetts. "Acho que é DeSalvo o nome dele", disse Boyle. Albert DeSalvo era o nome do principal suspeito, e seu advogado, o conhecido Francis Lee Bailey, teve um duro trabalho na busca pela verdade. Boyle comentou como Bailey ficou frustrado com alguns psiquiatras que não sabiam dizer o que DeSalvo tinha de errado. Tudo o que eles podiam fazer era rotular o acusado como um psicopata, e psicopatas são responsáveis perante a lei.

Com as mãos atadas, Bailey ainda tentou livrar DeSalvo da prisão, não por empatia ou misericórdia, mas pelo bem da sociedade. O advogado escreveu mais tarde que "o meu objetivo era ver o Estrangulador acabar em um hospital, onde os médicos poderiam tentar descobrir o que o fez matar. A sociedade está privada de um estudo que possa ajudar a deter outros assassinos em massa que vivem entre nós, esperando o gatilho disparar dentro deles".

> **O caso Dahmer poderia ser limitado apenas a um homem que resolveu assassinar outros por maldade ou demência, ou ambos. Mas não, seu caso envolveu [...] um sistema judicial falho, preconceito racial de autoridades e uma sociedade indiferente que, como os próprios assassinos em série, despersonaliza o seu semelhante [...]**

Para indignação de Lee Bailey, seu cliente foi considerado mentalmente são e enviado para uma prisão comum. "Ele foi assassinado [na prisão] pouco tempo depois", comentou Boyle. Dahmer tinha o mesmo destino de DeSalvo, uma penitenciária, e Boyle pediu que Dahmer pudesse ter acesso a um tratamento de qualidade e que fosse colocado à disposição da ciência.

"Ele [Dahmer] está pronto para ser estudado [...] Estou esperançoso que seja lá quem esteja lá fora, ouvindo o que aconteceu neste tribunal, hoje e antes, possa dar passos para ter a certeza de que alguém como Jeffrey Dahmer nunca ocorra novamente... O que é importante é tratar pessoas que são doentes e eu sei que esse exercício que passamos nas últimas semanas trará algo de bom", disse Boyle.

Após o término de sua fala, o juiz Gram se endereçou a Jeff.

"Senhor Dahmer, você tem o direito de se dirigir à corte neste momento." Cabisbaixo, Dahmer se levantou e se dirigiu ao microfone. Finalmente, sua voz seria acrescentada ao capítulo final de um conto envolvendo assassinatos, necrofilia, evisceração e canibalismo. Sua fala durou pouco mais de cinco minutos e ele pareceu honesto e sincero (em alguns pontos, entretanto, fica claro que as palavras soam mais como embelezamento do discurso). Ele pediu desculpas, falou em remorso, religião e não pediu misericórdia ao juiz.

Disse Jeffrey Lionel Dahmer:

> "Meritíssimo, acabou agora. Este nunca foi o caso de tentar sair livre. Eu nunca quis a liberdade. Francamente, eu queria a morte para mim. Este era o caso de dizer ao mundo que eu fiz o que fiz não por motivos de ódio. Eu não odeio ninguém. Eu sabia que era doente ou mau, ou ambos. Agora eu acredito que estava doente. Os médicos me falaram sobre a minha doença e agora eu tenho alguma paz. Eu sei quanto dano eu causei. Eu tentei fazer o melhor que pude depois da prisão para consertar as coisas.
>
> Mas não importa o que eu fizesse, eu não posso desfazer o terrível dano que causei. Minha tentativa de ajudar a identificar os restos mortais foi o melhor que pude fazer e, ainda assim, não foi nada. Eu me sinto mal pelo que fiz a essas pobres famílias e eu entendo o seu ódio legítimo. Eu sei que estarei na prisão pelo resto de minha vida. Sei que terei de recorrer a Deus para me ajudar a enfrentar cada dia. Eu deveria ter ficado com Deus. Eu tentei e falhei e criei um holocausto.
>
> Graças a Deus não haverá mais mal que eu possa causar. Eu acredito que apenas o Senhor Jesus Cristo pode me salvar dos meus pecados. Eu instruí o sr. Boyle a encerrar este assunto.
>
> Eu não quero contestar o caso civil. Eu disse ao sr. Boyle para tentar finalizá-lo, se puder. Se houver algum dinheiro, quero que vá para as famílias das vítimas. Conversei com o sr. Boyle sobre outras coisas que podem ajudar a aliviar minha consciência de alguma forma e de alguma maneira ter ideias sobre como fazer reparações a essas famílias e irei trabalhar com ele nisso.

Eu quero voltar para Ohio e rapidamente encerrar este assunto de forma que eu possa deixar tudo isso para trás e depois voltar aqui para cumprir minha sentença.

Eu decidi passar por este teste por vários motivos. Uma das razões era deixar o mundo saber que não se tratava de crimes de ódio. Eu queria que o mundo e Milwaukee, que magoei profundamente, soubessem a verdade do que eu fiz.

Eu não queria perguntas sem respostas. Todas as perguntas já foram respondidas agora. Eu queria descobrir exatamente o que me fazia ser tão mal e perverso. Mas, acima de tudo, o sr. Boyle e eu decidimos que talvez existisse uma maneira de dizermos ao mundo que, se houver pessoas com esses transtornos, talvez elas possam obter ajuda antes de se machucarem ou machucarem alguém. Eu acho que o julgamento fez isso.

Eu assumo toda a culpa pelo que fiz. Eu prejudiquei muitas pessoas. O juiz do meu caso anterior tentou me ajudar e eu recusei a sua ajuda e ele se prejudicou pelo que eu fiz. Eu prejudiquei aqueles policiais do caso Konerak e sempre me arrependerei de tê-los feito perder seus empregos. E eu espero e oro para que eles consigam seus empregos de volta porque eu sei que eles fizeram o seu melhor e eu simplesmente os enganei.

Por isso eu sinto muito. Eu sei que prejudiquei minha oficial de condicional, que estava realmente tentando me ajudar. Eu sinto muito por isso e por todos os outros que magoei. Eu magoei minha mãe, meu pai e minha madrasta. Eu amo muito todos eles.

Eu espero que eles encontrem a mesma paz que procuro. As associadas do sr. Boyle, Wendy e Ellen, têm sido maravilhosas comigo, me ajudando a passar pelo pior tempo de todos. Eu quero agradecer publicamente ao sr. Boyle. Ele não precisava aceitar este caso. Mas quando pedi a ele que me ajudasse a encontrar as respostas e a ajudar os outros, e se ele podia, ele ficou comigo e foi longe tentando me ajudar.

O sr. Boyle e eu concordamos que nunca foi uma questão de tentar escapar. Era apenas uma questão de saber em que lugar eu ficaria o resto da vida, não para meu conforto, mas para tentar me estudar, na esperança de me ajudar e aprender a ajudar outras pessoas que possam ter problemas. Eu sei que vou estar na prisão. Prometo falar com os médicos que possam ser capazes de encontrar algumas respostas.

Para encerrar, quero apenas dizer que espero que Deus tenha me perdoado. Eu sei que a sociedade nunca será capaz de me perdoar. Sei que as famílias das vítimas nunca serão capazes de me perdoar pelo que fiz. Prometo que vou orar todos os dias pelo perdão delas, quando a dor passar, se isso acontecer. Eu vi suas lágrimas e se eu pudesse dar minha vida agora para trazer seus entes queridos de volta, eu o faria. Eu sinto muito.

Meritíssimo, sei que está prestes a me sentenciar. Não peço por nenhuma consideração.

Quero que saiba que fui tratado com perfeição pelos oficiais que estiveram em seu tribunal e pelos oficiais que trabalham na prisão. Os oficiais me trataram com muito profissionalismo e quero que todos saibam disso. Eles não me deram um tratamento especial.

Aqui está um ditado confiável que merece plena aceitação: Cristo Jesus veio ao mundo para salvar os pecadores, dos quais eu sou o pior. Por isso mesmo, porém, me foi mostrada misericórdia, para que em mim, o pior dos pecadores, Cristo Jesus mostrasse a sua paciência ilimitada como um exemplo para aqueles que creem nele e, assim, receberem a vida eterna. Agora, para o Rei eterno, imortal, invisível, o único Deus, seja honra e glória para todo o sempre.

Eu sei que o meu tempo na prisão será terrível. Mas eu mereço tudo que recebo devido ao que eu fiz. Obrigado, meritíssimo, e estou preparado para a sua sentença, que sei que será a máxima. Não peço nenhuma consideração."

Antes de proferir a sentença de Dahmer, o juiz Laurence Gram brincou que, após algumas semanas calado, era a hora de ele "falar algumas coisas". Ele afirmou que, ao sentenciar Dahmer, levaria em conta a gravidade dos crimes, a necessidade de proteção da comunidade e as próprias necessidades de Jeff. Gram disse ter ficado tocado com as lágrimas dos familiares das vítimas e pela força que eles tiveram ao longo do julgamento, escutando coisas abomináveis; coisas pelas quais seus entes queridos passaram. Ele estava acostumado a presidir julgamentos criminais e, em muitos casos, o acusado vinha de uma boa família. "A família do agressor também é adversamente afetada", disse o juiz.

Então Gram discursou sobre doença mental, sobre a estratégia "equivocada" da defesa e deu uma explicação ridiculamente simplista para os crimes de Jeffrey Dahmer.

"Nós ouvimos muita conversa sobre uma doença mental neste caso. O júri concluiu que não havia nenhuma doença mental. Eu acho [que foi uma decisão] acertada", disse.

O juiz comentou sobre como a parafilia não podia ser considerada uma doença mental, sendo o termo cunhado para "substituir perversão sexual" no *DSM-III*. Fazendo suposições, Gram afirmou que os criadores do termo parafilia "pareciam querer criar um termo" que se encaixava na observação do estatuto do Wisconsin que dizia que "uma anormalidade manifestada apenas por conduta criminal ou antissocial repetida não constitui uma doença mental". O juiz, mais uma vez, insistiu em um erro primário, comparando parafilia com psicopatia; sua fala foi completamente desnecessária e expôs toda a sua ignorância no assunto.

Gram continuou seu discurso, afirmando que Dahmer tinha inteligência acima da média e não havia dúvidas de que ele a utilizou para manipular as pessoas. Comprando a explicação superficial do psiquiatra George Palermo, o juiz afirmou: "Eu acredito que o que nós tivemos foi um homossexual que não podia aceitar o fato de ser homossexual". Gram disse achar que Jeff matou seus parceiros sexuais em um esforço para esconder a sua homossexualidade. "Uma vez que ele levava alguém para sua casa, ele não podia mais permanecer anônimo". Os crimes, então, ocorreram para que as evidências [os homens que podiam apontá-lo como homossexual, expondo-o na sociedade] fossem destruídas. "É a minha visão", disse.

"Em termos do que aconteceu com essas pessoas, Deus, eu fiquei horrorizado", comentou Gram antes de afirmar que a melhor maneira de proteger a comunidade era não dando a oportunidade de Jeffrey Dahmer pisar nas ruas como um homem livre, nunca mais. Sobre a questão de Jeff receber tratamento e ser estudado, o juiz não gastou seu tempo nesses temas, afirmando que isso podia acontecer dentro do sistema penitenciário da mesma forma se ele estivesse em uma instituição psiquiátrica. (Todos sabiam que isso não aconteceria, sr. Gram! Como seria? É revelador tal afirmação sair da boca de um juiz.) Por último, Gram comentou sobre Dahmer ter citado Deus e a religião em seu discurso. "Vocês sabem quantos criminosos citam Deus antes de serem sentenciados?", questionou. Ele não sabia se Dahmer estava ou não sendo sincero, mas desejou que Jeff pudesse, sim, encontrar alguma paz nas palavras de Deus.

Laurence Gram sentenciou Jeffrey Lionel Dahmer a quinze prisões perpétuas consecutivas. Nos crimes que ele cometeu antes de 1989 — James Doxtator e Richard Guerrero —, Jeff recebeu um adicional de dez anos para cada um. Nos treze restantes, ele só estaria elegível para pedir liberdade condicional após cumprir um mínimo de setenta anos.

Gram impôs as sentenças consecutivamente, o que significava que, se Dahmer algum dia cumprisse a primeira sentença de perpétua, a próxima sentença entraria em vigor, mantendo-o na prisão. Assim, ele deveria cumprir 940 anos de prisão para se tornar elegível para a liberdade condicional.

> "Este réu nunca mais verá a liberdade." (Laurence Gram, 17 de fevereiro de 1992)

Três meses após ser sentenciado em Milwaukee, Jeff Dahmer foi levado até Ohio para ser julgado pela morte de Steven Hicks, sua primeira vítima. Ele negou todos os seus direitos e, em um julgamento rápido, recebeu a décima sexta perpétua.

6'3"
6'3"
6'
6'
5'9"
5'6"
5'3"
5'3"
5'
5'
4'9"
227501
POLICE
MIL. WIS.
7-23-91
4'6"

10

O MUNDO DAHMERIANO

Mais de trinta anos após ser desmascarado como um dos mais doentios assassinos em série do século XX, o mundo ainda enxerga Jeff Dahmer como um enigma. Parcos estudos sérios estão restritos ao círculo acadêmico e, portanto, esquecidos. Por outro lado, sua história é onipresente na internet, sendo ele um dos homicidas em série mais famosos do mundo virtual.

Dahmer hoje é um tipo de estrela do crime, mitificado por uma estranha sociedade que glorifica assassinos enquanto joga para debaixo do tapete suas ações. As vítimas são apenas personagens coadjuvantes necessárias para vitrinar o ator principal. Mas, mesmo sabendo dessa particularidade distorcida do mundo moderno, Dahmer, de fato, desperta sentimentos conflitantes. Muitos, ao conhecerem sua história e assistirem a vídeos em que ele aparece, se tornam compreensivos e até se identificam com ele. Jeff desperta a humanidade que existe nas pessoas. A exposição massificada aliada às suas características fenotípicas, que a sociedade de hoje julga elegantes, compõem uma boa porcentagem para a explicação do fenômeno. Contribuiu também o fato de ele não ter agido como Ted Bundy — petulante, arrogante, cínico e mentiroso — e ter se comportado respeitosamente, aparecendo sempre com a cabeça baixa, triste, como se estivesse profundamente vulnerável e envergonhado. Ele respeitou o que a sociedade tinha para ele, assumiu toda a culpa e pediu que o juiz não tivesse misericórdia. Ele agiu como se espera de alguém que comete um erro, e isso não se vê com facilidade.

Jeffrey Dahmer tem esse poder: suas ações foram covardes, grotescas e desumanas, causaram dor e sofrimento eterno nesta vida a dezenas de pessoas, mas, ainda assim, ele desperta mais empatia e simpatia do que repulsa. Eu não me preocupo ou fico pensando sobre isso. A compaixão é um sentimento nobre e presente no ser humano, e ainda bem que ela existe; perdoar e desejar o bem ao próximo é o que nos difere dos selvagens e um contrabalanço poderoso para a maleficência tão presente em nossa sociedade.

A realidade é inegável: Jeffrey Dahmer foi um assassino em série. Contra fatos, não há argumentos. Não é necessário conhecer pessoalmente alguém com esse histórico para reconhecer a gravidade de seus atos. Indivíduos que matam repetidamente, independentemente do motivo, são responsáveis por crimes brutais e imperdoáveis. Buscar compreender suas motivações e contexto não significa ignorar a natureza de seus atos. Alguém que cometeu crimes como os de Dahmer — seja qual for sua condição mental — não pode ser definido por outra coisa senão pela violência e pela destruição que deixou para trás. Afinal, a imensa maioria das pessoas com transtornos mentais jamais se envolve em qualquer ato criminoso, muito menos em uma sequência de assassinatos.

Por detrás da sua aparência inofensiva, escondia um ser humano pra lá de assustador. Tirando, talvez, seus pais, sua madrasta e sua avó, não acredito que Dahmer enxergasse o resto da humanidade como eu, ou você, leitor, enxergamos. Mas fazer esse exercício é demasiado complicado e inútil. Lidando com fatos, sabemos, sem margem para dúvidas, que ele não enxergava suas vítimas como pessoas e, quando o fazia, não as matava. Nas 160 páginas que os detetives Patrick Kennedy e Dennis Murphy escreveram enquanto Dahmer confessava seus crimes, Jeff lembrou de praticamente tudo o que fez com os homens que matou, nos mínimos detalhes — exceto Steven Tuomi. Ele sabia de quem eram os crânios, pênis e mãos que guardava, sabia de quais vítimas comeu pedaços do corpo, e o que comeu de cada uma, sabia detalhadamente suas características físicas, sabia onde as havia pegado, como e quando. Mas o mais importante ele não sabia: os nomes. Ele não conseguiu falar o nome de ninguém, mesmo tendo olhado para as identidades em suas carteiras e guardado documentos de alguns. "O cara da livraria", "o cara do ponto de ônibus", "o cara de Chicago", "o caronista", "o cara hispânico das cicatrizes engraçadas", "o cara asiático". Todas as vítimas foram reconhecidas através de fotografias mostradas a ele. As fotografias apresentavam os rostos das vítimas e a aparência era algo que ele lembrava porque os rostos masculinizados lhe atraíam. Ele não estava interessado no nome do rapaz esguio, magro e de rosto afinado, ele desejava o que ele tinha — o corpo e as feições masculinas.

Buscar compreender suas motivações e contexto não significa ignorar a natureza de seus atos. Alguém que cometeu crimes como os de Dahmer — seja qual for sua condição mental — não pode ser definido por outra coisa senão pela violência e pela destruição que deixou para trás.

Em 25 de julho de 1991, três dias após a prisão de Dahmer, o antropólogo forense Kenneth Alan Bennet, da Universidade do Wisconsin, chegou até Milwaukee a pedido do médico legista Jeffrey Jentzen. Bennet foi chamado para ajudar na identificação das vítimas e examinou sete crânios completamente limpos — três dos quais estavam pintados —, um esqueleto pós-craniano pertencente a um dos crânios pintados e dois corpos parcialmente desmembrados, que o antropólogo notou pertencer a pessoas negras — devido à cor da pele. Todos os sete crânios eram de homens; seis pertenciam a indivíduos da raça negra e um era de origem asiática (Konerak Sinthasomphone).

Durante as análises e exames que fez nos crânios, o antropólogo ficou intrigado. Ele notou semelhanças nas características visíveis e nas dimensões métricas dos seis crânios das vítimas negras. Seis meses depois, Bennett ficou ainda mais encucado quando escutou Gerald Boyle comentando no julgamento de Dahmer que "ele não odiava sua homossexualidade; ele apenas não a entendia, e *os homens negros apenas se encaixavam no tipo físico que ele fantasiava*". Outro comentário do advogado que lhe chamou a atenção foi o seguinte: "ele sempre foi o agressor com os homens que conheceu, *geralmente homens muito bonitos, quase juvenis, esguios... Dahmer era um solitário que não conversava com ninguém até ele avistar alguém que queria*".

Jeff era um predador que caçava um tipo específico de presa e Bennett imaginou se as características que lhe chamavam a atenção não seriam as craniofaciais, pois, seis meses antes, ele notara semelhanças incríveis nos crânios de seis vítimas negras.

Em um artigo escrito em 1993, Bennett afirmou que "parece haver suporte craniométrico para a suposição de que essa semelhança morfológica foi um dos critérios usados por Jeffrey Dahmer ao selecionar suas vítimas". Ficou claro nas confissões do próprio Jeff que ele procurava por homens com um tipo físico específico e que o formato do rosto era uma característica importante dessa seleção. A análise antropológica do dr. Bennett confirmou cientificamente o que empiricamente todos já sabiam. As características físicas e craniofaciais eram tão importantes para Jeff que ele deixou de matar inúmeros homens porque eles não se encaixavam no perfil, como nas vezes em que, bêbado, levou homens para a casa da sua avó ou apartamento e, ao passar o efeito do álcool, notou o quanto eles não eram atraentes. Da mesma forma, os homens de rostos afinados eram inesquecíveis e ele não teve dificuldades em identificá-los quando fotografias de suas faces lhe foram apresentadas. Mesmo Steven Hicks, cujo assassinato ele cometera há longínquos treze anos, Jeff foi capaz de acertar a sua fotografia de primeira.

É possível que tenha existido algum grau de humanidade em Jeffrey Dahmer. Por outro lado, a sua "humanidade" pode ter sido algo mecânico, inserido à força nele através da sua vivência entre as pessoas. Ele pode ter aprendido, da mesma forma que um psicopata aprende, que torturar ou matar um animal causa repulsa nas pessoas. Certa vez, quando tinha 14 anos, um garoto chamado Israel Keyes atirou em um animal numa floresta. Um amigo que o acompanhava ficou horrorizado e nunca mais quis sair para se divertir com ele. Outra vez, Keyes pegou um gato e levou para a floresta. Ele estava acompanhado da sua irmã e de dois amigos dela. Ele amarrou o felino pelo pescoço numa árvore com uma corda de cerca de três metros de comprimento e, com um revólver .22, efetuou um disparo no estômago do bicho. O animal não morreu de imediato e, desesperado e atordoado, correu em volta da árvore, bateu nela e começou a vomitar. Keyes gargalhou do animal, achando maneiro a forma como ele correu desorientado em volta da árvore. Quando ele olhou para sua irmã e os amigos dela, eles estavam aterrorizados — um estava vomitando e os outros dois petrificados. Essa foi a última vez que algum amigo de Keyes entrou com ele na floresta.

O adolescente Keyes nunca entendeu o porquê de tanta repulsa, mas ele aprendeu que aquele comportamento com animais não agradava as pessoas, então ele manteve esse detestável comportamento longe das vistas da sociedade. Quando adulto, este psicopata sádico e narcisista matou pelo menos onze pessoas em várias localidades dos Estados Unidos.

Da mesma forma, Jeff pode ter aprendido sobre o quão distinto o seu mundo era do restante. Não há dúvidas de que ele era anormal e diferente de qualquer outro adolescente de sua idade. Não foi culpa dele nascer assim, mas ele nasceu e, através da vivência, moldou o seu mundo ao mundo da maioria, preservando a sua essência, essa, imutável. Nós mesmos, em algum grau, fazemos isso — fingir ou esconder comportamentos, sentimentos, interesses, gostos etc.

Desde criança, ele preferia explorar a mata em volta da sua casa e vizinhança do que se envolver em atividades extracurriculares na escola ou brincar com as outras crianças. Na psicologia analítica, a floresta representa o inconsciente e seus mistérios. Ao longo do tempo, este lugar, sempre misterioso, foi usado nos contos de fadas como o lar de criaturas estranhas, símbolos de todos os perigos que os jovens enfrentam em busca do amadurecimento. É um lugar de teste, um reino da vida e da morte que contém os segredos da natureza, que o homem deve explorar para encontrar um significado. Jeff encontrou o seu por volta dos 13 anos.

Seu primeiro homicídio pareceu impulsivo e movido por um ataque de fúria extremamente primitivo, operando sob um tipo de consciência troglodita. Isso faz de Dahmer alguém muito longe dos "astecas" e muito mais perto de um ser animalesco, cuja moralidade era menos desenvolvida do que a de um homem das cavernas. Ele se comparou aos astecas, mas os sacrifícios humanos cometidos por este povo estavam enraizados não em psicopatologias, mas em crenças religiosas, poder político e intimidação. No mundo animal, muitas vezes ficamos chocados com a predação; nós a entendemos, mas, ainda assim, não gostamos de ver a presa virando comida. É o instinto natural de sobrevivência e, mesmo a contragosto, aceitamos isso. Por outro lado, no mundo humano, é impossível aceitar a predação, porque, por natureza, ela é mesquinha — o namorado que mata a namorada por vaidade; o filho que mata o pai pela herança; o soldado que cruza o planeta para matar um desconhecido em uma guerra de mentira incentivada pela indústria armamentista; o assassino em série que mata mulheres repetidamente porque foi traído ou que extermina casais porque não consegue ele mesmo ter um relacionamento. Jeff não apenas arrebentou a cabeça de Steven Hicks como destruiu o seu corpo, ao mesmo tempo em que realizou indignidades; Hicks acabou em pedaços, seus ossos, pulverizados, foram espalhados em um tipo de ritual e incorporados pela mãe natureza. Talvez soe assustador, mas e se essa fosse a real natureza de Jeffrey Dahmer? No mundo animal, um jovem gato não sabe por que caça e mata a presa. Ele simplesmente tem este instinto e o executa; às vezes, mesmo não estando com fome. Da mesma forma, o jovem Dahmer matou por instinto, este, sexual. Sua vivência em sociedade, porém, lhe ensinou o quão errado e sujo ele era, a começar por sua orientação sexual. Sofrendo de conflitos internos esmagadores, ele se recolheu se automedicando com o álcool. Por um, tempo ajudou o fato de ele ter ido servir o Exército, um mundo novo cheio de restrições, ordens e tarefas a cumprir.

Por nove anos, ele foi capaz de manter adormecida sua natureza destrutiva e isso pareceu funcionar como um reservatório de energia negativa, acumulando-se em um tipo de bomba-relógio com contagem regressiva. Ele nunca seria capaz de se endireitar porque se apegou, principalmente, a elementos externos, como a religião. Não há religião no mundo que cure ou alivie um indivíduo que sofre de um "câncer da mente", que tenha "uma mente quebrada", como bem relatou o psiquiatra Frederick Berlin no julgamento.

Então ele assassinou Steven Tuomi e, logo depois, James Doxtator. Aos 27 anos, Dahmer aceitou que era uma variação do Predador — o ser desalmado e vazio que caça seres humanos para satisfação pessoal.

Há uma variedade de explicações psiquiátricas para o seu comportamento, sendo o superficial ódio de si mesmo uma das mais populares. O psiquiatra George Palermo foi o único dos oito especialistas* que examinaram Dahmer para o seu julgamento a vir com a tese do homossexual

* Além de Berlin, Becker, Walhstrom, Palermo, Friedman, Fosdal e Dietz, o psiquiatra do MPD dr. Kenneth Smail também examinou Dahmer, mas o médico acabou não testemunhando no julgamento.

reprimido que se volta contra o mundo, procurando e matando a fonte do que odeia dentro de si mesmo. "Seu comportamento destrutivo e sua memorabilia fetichista são uma expressão óbvia da profunda ambivalência sobre seu próprio comportamento homossexual e da profunda mistura de hostilidade e amor pelos objetos de seu interesse", escreveu Palermo em um artigo publicado em 1994. Se o psiquiatra está certo ou errado, ou se sua explicação é apenas parte de algo maior, isso é uma questão a ser debatida. Agora, há uma fala de Palermo com a qual eu concordo. Disse o psiquiatra no mesmo artigo: "Independentemente dos seus sentimentos amorosos expressos a elas, suas vítimas não eram tratadas como pessoas, mas como objetos que ele descartava como uma criança faz com seus brinquedos, desmontando-os para ver o que os torna do jeito que são, desmontando-os para mostrar quem está no poder e no controle, e, possivelmente, mostrando inconscientemente que nem sempre era o indivíduo passivo e dependente que temia ser. Um ato final de afirmação destrutiva".

Jeff era sexualmente perverso e emocionalmente imaturo, um homem de extrema passividade diante do mundo — e, pior ainda, de si mesmo."Ele é exatamente como você vê na TV", disse Gerald Boyle em uma entrevista logo após o julgamento, ao ser perguntado sobre como era Jeffrey Dahmer. Durante semanas, Dahmer foi filmado no tribunal, sempre com o olhar vazio, a expressão inerte — como se estivesse sedado ou, pior, como se não tivesse alma. Com ou sem câmeras, ele era o mesmo. Seu colega de ensino médio, John Backderf, deu uma boa definição dessa passividade morta ao dizer que Jeff usava uma "máscara de pedra desprovida de emoção". Tal máscara, ao mesmo tempo, escondia e expunha; escondia o mal e expunha o resultado final visível de suas perturbações. Para alguns, ele era movido pelo medo — medo do abandono, da rejeição, de não ser aceito. Esse pavor o levou a lidar com seus parceiros sexuais de forma extrema: matando-os antes que pudessem deixá-lo. Ele era o agressor, mas recusava ser tocado; buscava prazer em atos inimagináveis, cometendo atrocidades para satisfazer seus desejos.

"Nascido para matar" talvez seja a melhor definição de sua trajetória. Nada parece indicar que um caminho diferente teria sido possível para ele. Desde o início, Dahmer sabia exatamente o que queria e executou seus crimes com uma frieza assustadora. O descarte dos corpos era quase impecável. Ele não chamava atenção, não agia de forma estranha

— era apenas mais um vizinho levando o lixo para fora. Uma cena banal, repetida incontáveis vezes na vida cotidiana, mas que, no caso dele, escondia um horror inimaginável.

Não há dúvidas de que o cinema e a televisão exerceram influência sobre Dahmer. A ideia de empalhar suas vítimas surgiu depois de assistir a um episódio do programa *60 Minutes*. Suas experiências para criar "zumbis" certamente tiveram raízes nos inúmeros filmes de terror que consumia, especialmente os de zumbis, extremamente populares nos anos 1980. Há também a possibilidade de que seus peixes de estimação tenham desempenhado um papel nessas experiências macabras, talvez inspiradas por alguma referência cinematográfica ou televisiva.

O termo *zumbi* é antigo e ficou muito famoso na década de 1980, com o caso do haitiano Clairvius Narcisse que, em fevereiro de 1980, apareceu no vilarejo de L'Estere para horror de seus familiares — detalhe: Narcisse estava "morto" havia dezoito anos. Seu caso não foi o único no Haiti naquela época. Várias outras pessoas, dadas como mortas, veladas em cerimônias religiosas e enterradas pelas famílias, reapareceram, anos depois, em carne e osso, para espanto de todo mundo.

A história que Narcisse contou era fantástica. Segundo ele, um feiticeiro vodu o fez beber uma poção mágica que o colocou em um estado semelhante à morte. Levado a um hospital, seu óbito foi confirmado por dois médicos e o corpo foi enterrado no dia seguinte. Na noite do seu enterro, o feiticeiro vodu desenterrou o seu caixão e o reanimou com outra poção mágica. Todo esse trabalho tinha um objetivo: o feiticeiro queria escravos zumbis para trabalharem em sua fazenda. Eles eram mantidos em um estado semicatatônico, e o lugar tinha mais de cem zumbis como Narcisse trabalhando nas plantações.

Um dia, após dois anos trabalhando, Narcisse viu o feiticeiro ser assassinado por outro zumbi, e todos foram libertados. O homem, então, permaneceu dezesseis anos vagando pelo Haiti até encontrar a sua família.

Pesquisando o "fenômeno", cientistas de universidades dos Estados Unidos conseguiram várias amostras da poção mágica preparada por feiticeiros vodus haitianos e descobriram ingredientes interessantes como a erva-do-diabo, uma planta com propriedades alucinógenas — que, se consumida, pode alterar o comportamento para um tipo submisso e apático — e, principalmente, o peixe baiacu.

O baiacu é um peixe extremamente perigoso por possuir uma toxina chamada tetrodotoxina, um anestésico 160 mil vezes mais potente que a cocaína e 1200 vezes mais mortal que o cianeto. Quem porventura pesca o baiacu e o come sem os devidos cuidados pode cair duro na mesma hora. A literatura médica sobre os efeitos da intoxicação pela tetrodotoxina é extensa, isso porque o peixe é uma iguaria muito consumida no Japão, na preparação de sashimis, e os orientais têm um grande conhecimento sobre o preparo do peixe.

A literatura japonesa descreve inúmeros casos de pessoas que comeram o baiacu e foram declaradas mortas, apenas para acordarem, do nada, horas ou dias depois. A toxina do peixe, mesmo se consumida em pequenas quantidades, diminui o ritmo cardíaco de quem a ingeriu a um nível tão baixo que exames médicos são incapazes de identificar alguma atividade elétrica no corpo, dando a impressão de que o indivíduo está morto. Dias depois, ao passar o efeito, a atividade cardíaca volta ao normal e o envenenado acorda. Há casos de pessoas acordando no necrotério ou a caminho da cremação. No caso haitiano, através das gerações, bruxos e feiticeiros foram capazes de criar uma bebida misturando pequenas quantidades da toxina a outros ingredientes, de forma a estabelecer um processo de "zumbificação" em quem a tomava. A pessoa era dada como morta, enterrada, o feiticeiro a desenterrava e se apossava do seu corpo, pois ele conseguia manter a vítima em um estado alterado de consciência, passiva-dependente.

Em 1988, Wes Craven lançou o cult do terror *A Maldição dos Mortos-Vivos*, um filme que mesclava fatos reais com ficção. O filme se passa no Haiti e usa a história de Clairvius Narcisse como pano de fundo. Dado que Jeff era um aficionado por filmes de terror, teria ele assistido à película de Wes Craven? Não se sabe. Por outro lado, é conhecido o seu interesse por peixes. Lia sobre eles e sabia muita coisa sobre esses seres aquáticos. O baiacu — também conhecido como peixe-balão ou, no Japão, *fugu* — era o peixe favorito de Dahmer.

Ao psicólogo do MPD Kenneth Smail, Jeff comentou sobre o seu hobby e sobre o quanto gostava dos bichinhos que nadavam nos aquários. "Uma vez vi alguns peixes-balão na loja. É um peixe redondo, e os únicos que eu já vi com os dois olhos na frente, como os olhos de uma pessoa, e eles vinham direto para a frente do vidro e seus olhos eram azuis cristalinos, como os de uma pessoa, realmente muito fofos."

Não se sabe se Jeff imaginou usar o baiacu em suas vítimas; na época, ninguém teve curiosidade em perguntar isso a ele. Jeff lia muito sobre assuntos que lhe interessavam e *pode ser* que ele tenha lido sobre a história de Narcisse ou de como uma toxina do baiacu podia ser usada para induzir um estado "zumbificado" em alguém. Filmes como o de Wes Craven também contavam essa história. Ao dr. Kenneth Smail, Jeff contou como gostava de ficar observando o baiacu em uma loja* de peixes de West Allis. Ter um peixe exótico como o baiacu, entretanto, era complicado. O animal era caro e um aquário adequado ao seu tamanho se fazia necessário. Como no caso da máquina de empalhamento, tal arranjo estava acima do padrão financeiro de Jeff. (Existe o baiacu-anão, mas este é ainda mais exótico, ocorrendo, principalmente, na Índia.)

O baiacu é um peixe extremamente perigoso por possuir uma toxina chamada tetrodotoxina, um anestésico 160 mil vezes mais potente que a cocaína e 1200 vezes mais mortal que o cianeto. Quem porventura pesca o baiacu e o come sem os devidos cuidados pode cair duro na mesma hora.

Além disso, ele era fascinado pelos personagens poderosos e malignos de seus filmes favoritos, como *Star Wars Episódio VI: O Retorno de Jedi* e *O Exorcista III*. Também gostava da franquia *Hellraiser*, em especial do segundo filme; ele esfolou algumas vítimas e tentou recriar uma cena em que uma pessoa é pendurada e esfolada. Outro filme famoso, a sombria ficção futurística *Blade Runner*, também fazia parte da sua coleção..

Fitas de filmes pornográficos homossexuais encontradas em seu apartamento incluíam os títulos *Cocktales, Chippendale's Tall Dark and Handsome*, *Rock Hard, Hard Men II, Hard Men III, Peep Show* e *Tropical Heat Wave*. Quando se trata de pornografia, muitos assassinos em série norte-americanos são consumidores vorazes, e o fácil acesso a esse tipo de material é frequentemente associado ao início precoce de suas fantasias libidinosas e impulsos violentos. Para alguns, a pornografia

* Fish Factory. 9218 West Oklahoma Avenue. A loja existe até hoje.

parece servir como um gatilho para a escalada de seus comportamentos, funcionando como um prelúdio para os assassinatos. Em um estudo conduzido com 36 assassinos múltiplos (a maioria composta de assassinos em série), durante o final da década de 1970 e início da de 1980, o FBI descobriu que 81% deles consumiram pornografia regularmente. Essa relação também tem sido observada no sentido oposto: casos em que a ausência desse tipo de estímulo coincide com um surgimento tardio de comportamentos violentos e criminosos, sugerindo que a pornografia pode, de alguma forma, acelerar ou retardar o despertar desses impulsos.

O assassino em série ucraniano Andrei Chikatilo iniciou seu comportamento desviante aos 37 anos, molestando alunos na escola onde trabalhava. Aos 42, cometeu seu primeiro assassinato e não parou mais. Chikatilo contrasta com assassinos norte-americanos, que em geral começam a matar antes dos 30 anos, muitos ainda na adolescência, como Dahmer. Extremamente tímido, inseguro e com complexo de inferioridade, teve o casamento arranjado pela irmã. Ele e a esposa quase não tiveram vida sexual em mais de vinte anos de união. Vivendo em uma sociedade repressiva, onde até beijos em novelas eram censurados, Chikatilo não teve a exposição à sexualidade midiática comum nos Estados Unidos. Na visão soviética, revistas com mulheres nuas eram "coisa de pervertidos ocidentais". Até o fim da década de 1980, a população soviética era ingênua em questões relacionadas ao sexo.

Aos 37 anos, Chikatilo flagrou dois estudantes fazendo sexo no dormitório da escola. Aquela cena o chocou profundamente. Ele, que não fez sexo até os 30 anos de idade, que havia anos não mantinha contato sexual com a própria esposa, não suportou ver duas crianças no deleite sexual, algo que ele, em toda vida, quase não teve. A cena funcionou como um gatilho em sua mente perturbada e, a partir dali, ele entraria em uma espiral de sadismo e perversidade. Vamos fazer um exercício de suposição: caso Chikatilo tivesse tido contato com pornografia em sua juventude, o gatilho poderia ter sido disparado antes?

"Pornografia, revistas de detetives, álcool ou drogas, ou qualquer outro tipo de substância ou literatura, incluindo a bíblia, podem se tornar facilitadores. Embora não se acredite que eles façam os assassinos em série matarem, eles facilitam seus atos diminuindo as inibições, alimentando ou reforçando fantasias existentes ou transmitindo a seus atos uma falsa lógica", escreveu Peter Vronsky em seu estudo sobre assassinos em série.

Não é que haja problema no erotismo, nos filmes de terror, revistas em quadrinhos etc. — no entanto, na mente perturbada do assassino em série, qualquer coisa pode funcionar como gatilho para um comportamento perverso. É fato que o desequilibrado Chikatilo seria influenciado de alguma maneira pela pornografia se ele tivesse tido acesso a ela, mas não teve, ainda assim, foi impactado por outra coisa: a realidade da vida. O problema está no indivíduo e não naquilo que ele consome, portanto, caros leitores, fiquem à vontade para assistirem ao *Exorcista III* sem que a experiência transforme vocês em pervertidos com fixação por olhos amarelos.

ASSASSINO DE LUXÚRIA

Em um artigo publicado em 1980, em um boletim interno do FBI, os agentes especiais John Douglas e Roy Hazelwood discorreram sobre um tipo bem específico de assassino chamado *lust murderer*. Este termo — *lust murderer* (assassino de luxúria, em tradução literal) — foi cunhado originalmente pelo psiquiatra alemão Richard von Krafft-Ebing ao comentar casos de homicidas sádicos, em sua obra *Psychopathia Sexualis*. Noventa e quatro anos depois de Krafft-Ebing, Douglas e Hazelwood aprimoraram e evoluíram o conceito através do trabalho que vinham fazendo como membros da Unidade de Ciências Comportamentais, departamento dentro do FBI focado na pesquisa e estudo da psicologia de assassinos em série e crimes violentos, separando o homicídio sádico do *lust murder* — aquele que comete o *lust murder* é tipificado como *lust murderer*. Na ciência do crime, o *lust murderer* é um tipo de assassino pertencente ao grupo dos assassinos hedonistas, aqueles que matam por prazer.

No artigo, os autores citam que "o *lust murderer* raramente será oriundo de um ambiente de amor e compreensão... Essas tensões, frustrações e ansiedades subsequentes [advindas de uma infância complicada], com a inabilidade para lidar com elas, podem levar o indivíduo a se afastar da sociedade, que ele vê como hostil e ameaçadora. Durante esse processo de *internalização*, ele se mantém recluso e isolado das outras pessoas. Esse tipo possui baixa autoestima e secretamente rejeita a sociedade que acredita rejeitá-lo. Familiares e conhecidos o descreveriam como uma pessoa boa e tranquila, que guarda tudo para si, mas nunca reconheceu seu potencial".

Douglas e Hazelwood poderiam estar descrevendo exatamente Jeffrey Dahmer, mas sabemos que os dois não conheciam o garoto que cresceu em Bath. Isso indica que Dahmer nunca esteve sozinho. Existiram, existem e existirão outros deles nas ruas e eles compartilham tantas características em comum que foram agrupados no que os estudiosos chamaram de *lust murderer*, e Jeff Dahmer é um clássico *lust murderer*.

Segundo Douglas e Hazelwood, há dois tipos de personalidades que cometem o *lust murder*. Dahmer, entretanto, não se encaixa (perfeitamente) em nenhum dos dois, o que denota a sua excepcionalidade. Ele é uma mistura dos dois tipos.

Os dois tipos de indivíduos que cometem o *lust murder*, de acordo com Douglas e Hazelwood, são o *antissocial organizado* e o *associal desorganizado*:

> **Antissocial Organizado:** o *lust murderer* antissocial organizado (antissocial) apresenta total indiferença aos interesses e bem-estar da sociedade e exibe um comportamento irresponsável e egocêntrico. Apesar de desprezar as pessoas em geral, não as evita. Em vez disso, ele é capaz de apresentar uma faceta amigável por quanto tempo for necessário, a fim de manipular pessoas para alcançar seus próprios objetivos. Ele é um indivíduo metódico e astucioso, como se demonstra na perpetração de seu crime. Ele está plenamente consciente da ilicitude de seu ato e de seu impacto na sociedade, e é por essa razão que ele comete o crime. Ele, geralmente, vive a alguma distância da cena do crime e irá perambular por ali, procurando por uma vítima. O dr. Robert P. Brittain, autor de *The Sadistic Murderer*, afirmou: "Eles [assassinos sádicos] se excitam com crueldade, seja em livros ou filmes, reais ou fictícios".
>
> **Associal Desorganizado:** o *lust murderer* associal desorganizado (associal) apresenta características primárias de aversão à sociedade. Esses indivíduos preferem sua própria companhia à de outras pessoas e seriam caracterizados como solitários. Eles encontram dificuldades em relações interpessoais e, consequentemente, se sentem rejeitados e solitários. Eles não possuem a astúcia do tipo antissocial e cometem seus crimes de uma forma mais frenética e menos metódica. Provavelmente, o crime será cometido à curta distância de sua residência ou local de trabalho, onde ele se sente seguro e mais à vontade.

Jeff Dahmer é mais associal do que antissocial. Do antissocial, poderíamos apontá-lo como metódico e astucioso. Já do lado associal, ele se encaixa em quase tudo, até mesmo no cometimento de homicídios "de uma forma mais frenética" (como atestado no mês de julho de 1991, quando ele matou um homem por semana e saía todos os dias para conseguir mais vítimas; "as coisas estavam um pouco frenéticas no fim", ele disse), mas, ainda assim, esse comportamento frenético não foi "menos metódico" — o planejamento sempre esteve presente e ele até comprou um contêiner para acidificar mais rapidamente as vítimas. Diferentemente dos dois tipos, ele nunca matou na rua, mas sempre dentro da sua moradia.

Douglas e Hazelwood afirmam que a penetração peniana é um comportamento que pode estar associado aos dois tipos, mas é "predominantemente associada ao tipo antissocial, chegando até mesmo aos limites da necrofilia". *Lust murderers* frequentemente levam algum "troféu" e podem praticar atos antropofágicos, "indicativo de envolvimento associal".

Pelo exposto, e se Dahmer tivesse cometido seus crimes antes da publicação desse artigo e sido objeto de estudo dos agentes, é evidente que uma terceira categoria deveria ser criada para encaixá-lo.

> "A opinião dos autores é que o *lust murder* é único e se distingue do homicídio sádico pelo envolvimento do ataque e mutilação ou deslocamento de seios, reto ou genitais." (Douglas e Hazelwood, *The Lust Murder*, 1980)

A principal característica do *lust murderer* é o componente sexual dos homicídios. Os crimes deles têm o sexo como motivação principal, tanto no momento da morte quanto no período que a antecede, e também depois que o crime foi consumado. Com alguma frequência, há comportamentos de necrofilia envolvidos, sendo esta parte da fantasia subjacente.

Quando falamos em *lust murder*, estamos nos referindo a uma tipologia muito específica de crime, onde a gratificação sexual é obtida através de atos de mutilação e esquartejamento, e não através do sexo em si. A satisfação sexual está, nesses casos, ligada com a intensidade, frequência e duração dos atos, sendo uma subcategoria específica dentro dos crimes motivados por sexo.

O *lust murder* é um tipo de desvio do instinto sexual que engloba várias parafilias, e dentro desses comportamentos desviantes podemos citar a antropofagia, a necrofilia, o piquerismo, o vampirismo e a flagelação como os mais comuns, ou seja, homicidas que se enquadram nessa tipologia podem apresentar tais comportamentos em seus crimes.

A antropofagia é uma forma de canibalismo onde o agressor morde a vítima e arranca pedaços da carne para comer diretamente no corpo dela, ou utiliza instrumentos cortantes para cortar pedaços da vítima e comer em seguida.

Na necrofilia, o homicida necrófilo sente o desejo e a necessidade de sexo com mortos, portanto, mata a vítima com o objetivo de ter relação sexual com seu corpo. Quando esse desvio está associado ao *lust murderer*, o comportamento será recorrente, ou seja, com o passar do tempo, o homicida só conseguirá prazer se tiver relações sexuais com cadáveres.

O piquerismo é a parafilia que melhor caracteriza os *lust murderers*. Constitui no desejo de cortar, ferir ou esquartejar um corpo. Em regra geral, incidem nas regiões da genitália.

O vampirismo é o comportamento de beber sangue, humano ou animal, no qual é atribuída satisfação sexual. Normalmente, o sangue é consumido durante e após o homicídio, como atestam os casos de Richard Chase e Marcelo de Andrade. (Em seu longo período de resfriamento emocional após assassinar Steven Hicks, Jeff confessou ter bebido o sangue de um homem; como não gostou do gosto, nunca mais o fez.)

A flagelação é uma forma de sadomasoquismo onde a gratificação é obtida por meio de agressões com chicotes, podendo ser dirigida a outrem ou a si próprio. Albert Fish é um exemplo bem conhecido.

Os crimes praticados por *lust murderers* têm como característica principal os atos extremos de violência e brutalidade, que envolvem mutilações, remoção de órgãos e partes do corpo (seios, genitais) e estripamentos. É comum os assassinos rasgarem ou cortarem as vítimas nas nádegas, pescoço e órgãos sexuais — zonas erógenas para o ser humano.

Em regra, as mutilações acontecem após a morte da vítima, mas não é raro que haja ferimentos de natureza *ante* e *peri mortem*; nesses casos, as vítimas podem morrer em decorrência dessas lesões. O homicídio constitui uma parcela integrante do crime, mas não é a parte fundamental.

O agressor somente obtém o ápice de prazer através da vivência da sua fantasia, isto é, quando concretiza todo o ritual de extrema violência, e é essa excitação que o propulsiona a matar. Tendencialmente, a evolução dos crimes se dá de forma cada vez mais violenta, bem como a diminuição do período de resfriamento emocional, que é o intervalo entre as mortes. Um exemplo é Danny Rolling, o “Carniceiro de Gainesville”, que, em um fim de semana, massacrou cinco adolescentes — quatro garotas e um garoto. Da mesma forma, Dahmer diminuiu drasticamente esse intervalo a partir de 1991.

Com a evolução dos crimes, os agressores estabelecem internamente ligações entre a sua sexualidade e a violência; essa relação, que passa a ser uma fantasia, é ensaiada inúmeras vezes na mente do criminoso. É habitual o consumo de pornografia, principalmente de caráter sadomasoquista, juntamente com masturbação compulsiva — em alguns casos, causando lesões e machucados nos genitais. Masturbação agressiva é um comportamento comum a criminosos sádicos. Em seu estudo com psicopatas agressores, MacCulloch et al (1983) reportou que 81% se masturbavam compulsivamente enquanto fantasiavam em suas mentes crimes sexuais. A mesma porcentagem foi encontrada por Burgess et al (1988) em seu estudo com assassinos múltiplos.

Os agressores estabelecem internamente ligações entre a sua sexualidade e a violência; essa relação, que passa a ser uma fantasia, é ensaiada inúmeras vezes na mente do criminoso.

É possível afirmar que os *lust murderers* possuem comportamentos de caráter impulsivo e compulsivo, e, desse modo, tornam-se incapazes de se abstrair do seu mundo interno.

Para esses agressores, as vítimas representam um papel secundário no cenário, sendo apenas objetos que são utilizados para satisfazer seus desejos macabros. É comum a procura por uma tipologia especifica de vítima, com características físicas que se encaixem em sua fantasia, sendo elas desconhecidas do próprio agressor. Cada homicida sexual em série possui os seus critérios de escolha extremamente personalizados. Com exceção de uma, as vítimas de Danny Rolling tinham cabelos escuros e rostos delicados, brancas e de olhos castanhos. O ucraniano Chikatilo, por outro lado, "descarregava seu psiquismo" em crianças, adolescentes e adultos, de ambos os sexos. Seu caso é fora da curva e um exemplo de até que ponto um homicida serial de luxúria pode chegar quando não é parado. Como Jeff, por mais de uma década Chikatilo teve a oportunidade de matar, evoluindo em sua loucura à medida que o tempo corria. Ele era heterossexual e tinha preferência por vítimas do sexo feminino, mas se elas não estivessem disponíveis, ele se contentava com garotos — crianças ou adolescentes —; para "neutralizá-los" e fazê-los parecer mais com o sexo feminino, Chikatilo os castrava.

Autores indicam que o gênero da vítima dependerá da sexualidade do agressor, podendo ser mulher ou homem, mas a maioria é de orientação heterossexual — Jeffrey Dahmer, Dennis Nilsen e Sergey Golovkin* são três exemplos de *lust murderers* homossexuais. Estudos evidenciam que, na maioria das vezes, o *lust murderer* tende a escolher como vítima alguém da mesma afinidade populacional que a dele, e suas fantasias de violência sexualizada iniciam-se ao longo da adolescência. O *lust murderer* precisa do contato direto com a vítima, e é essa a razão de tamanha violência; o ataque é feito de forma brutal, normalmente com armas corto-perfurantes ou estrangulamento. Jeff aniquilou suas vítimas de cinco formas: estrangulamento (onze vítimas), perfuração do crânio/inserção de ácido (Sinthasomphone, Weinberger), esfaqueamento (Miller), espancamento/estrangulamento (Hicks) e espancamento (Tuomi). Evisceração e desmembramento estiveram presentes em todos os dezessete homicídios. Outros comportamentos característicos de *lust murderers* apresentados por Jeff foram o canibalismo, a necrofilia e o piquerismo.

* Assassino em série russo responsável por pelo menos onze assassinatos de adolescentes em Moscou, entre 1986 e 1992.

O TRIUNVIRATO DAHMER, GEIN E MENDOZA

Investigadores de polícia não se impressionam facilmente. Eles estão tão acostumados com o círculo inimaginável e ininterrupto de maldades do ser humano que mesmo aquilo que eles nunca viram não os chocam ou abalam. Alguns investigadores policiais são estudiosos, e ainda que jamais tenham tido em suas carreiras a chance de trabalhar em um caso envolvendo assassinatos em série, eles sabem que esses criminosos existem e sabem das atrocidades das quais são capazes. A dupla Kennedy e Murphy foi atingida pela singularidade chocante da maldade. Quem na história da humanidade teve a oportunidade de sentar frente a frente e tirar a confissão de um raríssimo *lust murderer* como Jeffrey Dahmer? Os detetives se aposentaram do MPD sem ver algo semelhante e, mais de trinta anos depois, Dahmer continua sendo um caso único no "conjunto da obra". Naquelas semanas de julho e agosto de 1991, quando Kennedy e Murphy sentaram-se diante do abismo de horrores sem fim representado pelo olhar morto e monótono de Jeff Dahmer, eles se impressionaram com muitas coisas, mas o esfolamento de Errol Lindsey foi de longe a coisa mais surreal que eles escutaram de Jeff. As palavras vieram acompanhadas de uma prova visual: a Polaroid tirada pelo assassino do cadáver esfolado, e isso, definitivamente, deu um peso maior àquele absurdo.

Jeff não apenas esfolou Lindsey por completo, como guardou sua pele e vestiu a pele do rosto da vítima como um tipo de máscara. Na história moderna, eu só consigo pensar em outros dois assassinos em série que tiveram o mesmo comportamento.

Quando Dahmer foi preso em 1991, o filme *O Silêncio dos Inocentes* estava fazendo história ao apresentar na tela um enredo cuja narrativa derivava do trabalho dos agentes especiais do FBI Patrick Mullany, Howard Teten, John Douglas, Robert Ressler, Roy Hazelwood, dentre outros, da Unidade de Ciências Comportamentais. Igualmente, o filme pegou "emprestado" inúmeros fatos ocorridos do lado oposto da mesa — os vilões psicopatas do filme, Hannibal Lecter e Jame Gumb, foram construídos em cima de patologias de assassinos reais.

Na história, Jame Gumb, o "Buffalo Bill", tem a sua vontade de realizar uma operação de mudança de sexo negada por uma junta psiquiátrica devido ao seu histórico de violência e instabilidade mental. Sem poder se tornar uma mulher, o perturbado homem começa a matar mulheres acima do peso para esfolá-las. Alfaiate, Gumb guarda pedaços das peles e as costura, com o objetivo de criar uma roupa de mulher, de modo que ele possa vesti-la e, assim, se sentir uma mulher.

Esse comportamento de Gumb foi copiado de um assassino em série chamado Edward Gein.

Gein já foi citado algumas vezes neste livro. Ele foi preso no interior do Wisconsin, em novembro de 1957, após a polícia encontrar o corpo massacrado de uma mulher chamada Bernice Worden em sua fazenda — Worden era a proprietária de uma loja de ferragens.

A obsessão de Gein era com mulheres de meia-idade. Ele não se interessava por mulheres jovens ou idosas, mas sim pelas de meia-idade, na faixa dos 50 anos. E isso tinha um motivo: essas mulheres lembravam a sua mãe. Mulheres tiveram uma dilacerante e impactante influência na mente perturbada de Ed Gein, e tudo por causa da sua mãe. Ed a enxergava como uma santa virgem na terra e ela o ensinou que o sexo era coisa do diabo, portanto, mulheres, exceto ela, eram todas pecadoras e serviam ao coisa ruim. Esse antagonismo intrigou Ed Gein. Sua mãe, uma mulher, era a coisa mais pura a existir na terra, mas, ao mesmo tempo, outras mulheres como ela eram diabólicas. Esse dilema (e vários outros), aliado às suas perturbações mentais, levou Ed a ter problemas com a própria sexualidade. Ele se tornou obcecado com Christine Jorgensen, a primeira pessoa a realizar uma operação de mudança de sexo nos Estados Unidos, e passou ele próprio a querer ser uma mulher. Sua busca para que isso viesse a acontecer o levou a desenterrar corpos femininos e matar mulheres para esfolá-las e costurar uma "roupa" com suas peles para que ele pudesse vestir.

Ele não apenas confeccionou a roupa, mas também estofou tamboretes, abajures e cortinas com pele humana. Uma de suas vestimentas foi feita a partir do tronco superior de uma mulher, esfolado cuidadosamente, incluindo os seios, e ajustado com uma corda para que pudesse ser usado como um colete macabro. Além disso, Gein criou um cinto feito de mamilos e mantinha uma coleção de nove vulvas — algumas ressecadas e enrugadas, uma pintada com tinta prateada e decorada com uma fita vermelha, outra ainda fresca, com o ânus anexado. Ele as usava entre as pernas, combinando com máscaras feitas dos rostos das vítimas e roupas de pele humana feminina. Travestido e transformado na figura de uma mulher, Gein se entregava a tarefas que considerava femininas — atividades que sua mãe realizava na fazenda quando ainda era viva. Varria os cômodos, organizava o quintal, cuidava das plantas, lavava as roupas e preparava o almoço, incorporando a identidade que tanto almejava. Em sua residência, na zona rural de Plainfield, foram encontradas nove máscaras de nove mulheres diferentes; eram peles faciais humanas cuidadosamente retiradas da cabeça. Obviamente, os olhos não existiam, apenas buracos por onde Gein podia enxergar. Tais máscaras estavam com os escalpos e algumas tinham até batom nos lábios. Era, de fato, uma máscara completa. Uma delas foi encontrada dentro de um saco atrás da porta da cozinha. Um policial chamado Arnie Fritz, abismado com o que viu, enfiou a mão dentro do saco e ergueu aquela massa de cabelos e pele, colocando-a contra a luz para ter um melhor vislumbre: "Meu Deus do céu! É a Mary Hogan!", gritou estupefato. Hogan estava desaparecida há três anos e, até então, ninguém sabia do seu paradeiro.

Certamente foi assustador para Fritz e para outros policiais toparem com as evidências do açougue humano administrado por Ed Gein, mas a experiência do mexicano Bruno Ángel Portillo foi traumática.

Em 14 de maio de 2021, sua esposa, Reyna González, de 34 anos, desapareceu misteriosamente. Reyna tinha uma pequena loja de celulares em Atizapán, uma cidade não muito distante da capital mexicana, e um de seus clientes era um homem idoso que vivia na loja e chegava a levar comida para ela. Ele estava lá, todo dia, puxando conversa com a dona do estabelecimento. Esse senhor de 72 anos, de aparência humilde e frágil, era Andrés Filomeno Mendoza, um assassino em série que tinha obsessão por mulheres jovens como Reyna.

Bruno deu queixa do desaparecimento da esposa à polícia e, desesperado, começou a procurá-la por conta própria, e logo descobriu sobre Andrés. Com a irmã de Reyna, Bruno foi até a casa de Andrés, mas não conseguiu entrar. No dia seguinte, novamente, ele e a cunhada foram até a casa do homem. Com muito custo, à noite, um inquilino abriu o portão e os dois adentraram no açougue humano de Andrés Mendoza.

Pedaços do corpo desmembrado de Reyna estavam sob uma mesa, incluindo dois pés em cima de uma cadeira. Uma foto que vazou na internet mostrava os pés, um grande facão preto no chão e uma faca, serra e outros utensílios da morte. Já outras fotos registraram o escalpo e o crânio de Reyna. Dezenas de objetos femininos, roupas, bolsas, sapatos e joias foram encontrados e a polícia recolheu mais de 4.300 pedaços de ossos que a perícia concluiu pertencerem a dezenove vítimas. Desmascarado, Andrés agiu exatamente como Jeffrey Dahmer: contra o conselho dos seus advogados, forneceu uma confissão completa. "Não nego, me culpo também. A única coisa que quero é dizer a verdade", disse.

Para Dahmer, ao cobrir-se com a pele de Lindsey e usar a máscara de seu rosto, vítima e algoz se tornariam um só. Ele não queria apenas vestir Lindsey — ele queria estar dentro dele, absorvê-lo, incorporá-lo. Vestir a pele era sua forma deturpada de expressar afeto, não por Lindsey especificamente, mas por todas as suas vítimas.

Assim como Dahmer e outros assassinos em série da história (como Harvey Glatman e a dupla californiana Lake e Ng), Andrés gravava os assassinatos para recordação; 27 fitas VHS das filmagens foram encontradas, além de uma lista com o nome de inúmeras mulheres. Ele confessou ter ceifado a vida de cerca de trinta mulheres e praticado canibalismo.

Como Gein, Mendoza removia os escalpos e peles dos rostos das vítimas e guardava como lembrança. As vítimas eram lindas demais e Mendoza não queria perder suas belezas. Eram suas namoradas e ele as queria para sempre.

O norte-americano Edward Gein e o mexicano Andrés Mendoza são de gerações e países completamente distintos, e apenas isso poderia fazê-los totalmente diferentes um do outro. Os dois, entretanto, pertencem à mesma espécie, o *Homo sapiens*, e, por isso, guardam semelhanças, e essas semelhanças repousam no lado sombrio de suas vidas. À sua maneira, eram homens completamente obcecados por mulheres, uma obsessão tão doentia que os fez se aproximar delas para matá-las. E não foi apenas isso, esses dois assassinos em série desossaram integrantes do sexo feminino como se elas fossem animais de caça. Para não restar dúvidas da medonha ligação entre os dois, ambos esfolavam os rostos com os escalpos de suas vítimas e os guardavam como lembrança.

E assim também fez Jeffrey Dahmer.

Parece evidente que Dahmer, ao esfolar Errol Lindsey, foi influenciado pelas cenas explícitas de *Hellraiser II*. Mas tomemos nota que, dois anos antes, ele escalpelou Anthony Sears e guardou o escalpo como souvenir. Ele vestia o escalpo e, como Gein, imergia em suas fantasias macabras e delirantes; Gein se imaginava uma mulher, e Jeff, segundo sua própria confissão, acreditava estar absorvendo seus amantes.

Dois anos após escalpelar Sears, Jeff retirou completamente a pele de Lindsey e tentou preservá-la. Ele não costurou uma vestimenta como Ed Gein, mas seu objetivo era o mesmo: vestir a pele da vítima. No entanto, seu delírio ia além. Para Dahmer, ao cobrir-se com a pele de Lindsey e usar a máscara de seu rosto, vítima e algoz se tornariam um só. Ele não queria apenas vestir Lindsey — ele queria estar dentro dele, absorvê-lo, incorporá-lo. Vestir a pele era sua forma deturpada de expressar afeto, não por Lindsey especificamente, mas por todas as suas vítimas. Poderia ter sido qualquer um, mas o acaso fez de Lindsey o esfolado e de Sears o escalpelado. Sua maneira de demonstrar "amor" não era muito diferente da ideia bíblica de "uma só carne" no casamento — quando duas pessoas juram união absoluta, entregando-se completamente uma à outra em um vínculo quase sagrado. A paixão, em seu estado mais puro. Mas para Jeff, o amor assumia outra forma. Ele expressava sua devoção de maneira brutal: drogando, estrangulando, esfolando e vestindo o escalpo de Sears e a pele do rosto de Lindsey.

Essa foi a sua declaração de amor.

SÍNDROME DE XARIAR

Era uma vez, há muitos e muitos anos, um pacato rei que passava seus dias a governar com sua bela esposa o que hoje é o Tartaristão. Um belo dia, esse rei, cujo nome era Xazamã, apareceu cabisbaixo e triste no reinado de seu irmão, Xariar, o todo-poderoso rei do Império Sassânida.

Xazamã estava resignado e seu irmão perguntou o que havia acontecido. O homem, então, discorreu sobre a horrível história de como pegou a rainha, sua esposa, em flagrante traindo-o com um criado. Raivoso, Xazamã cortou os dois em pedaços e viajou até o reinado de seu irmão para esfriar a cabeça. Ele foi bem recebido e Xariar disse que Xazamã podia ficar o tempo que fosse necessário até se recuperar do trauma.

Não demorou e Xazamã teve uma visão que lhe deu repulsa. No belíssimo palácio do irmão, ele viu sua cunhada, a rainha esposa de Xariar, toda arteira em meio às damas de companhia e escravos. Um deles, um negro forte e másculo, estava mais do que assanhado para o lado da nobre mulher. Xazamã não precisou ver mais nada.

Xariar explodiu em fúria ao ouvir a visão de seu irmão. O destino da rainha foi selado, e o rei passou os dias seguintes ruminando sobre a própria existência — e sobre as mulheres. Para ele, todas eram imorais e traiçoeiras, merecendo apenas ser usadas e descartadas. Fantasias sombrias tomaram sua mente, misturando sexo e morte. Talvez ele tenha se masturbado ao imaginar o prazer absoluto de dominar, abusar e matar, transformando-as em meros objetos de seus desejos mais perversos. A partir de então, Xariar se casaria a cada noite com uma jovem diferente, apenas para desvirginá-la e executá-la ao amanhecer. A morte era tanto punição quanto precaução — se estivessem mortas, não poderiam traí-lo. Durante três anos, mais de mil mulheres foram decapitadas em espetáculos sangrentos, uma tarefa ingrata que o rei delegou ao seu fiel vizir.

O reino mergulhou em pânico diante da sede de sangue do rei. Homens fugiam com suas esposas e filhas, enquanto as que ficavam esperavam o dia em que se casariam com o homem mais poderoso do império — apenas para serem executadas ao amanhecer. Mas a carnificina promovida por Xariar encontraria um obstáculo inesperado: a inteligência e astúcia femininas.

Xerazade, filha do vizir, cresceu cercada de privilégios. Além de bela, era brilhante, culta e altruísta. Após três anos de matança, decidiu enfrentar o rei e pediu ao pai que a entregasse em casamento, pois ela e sua irmã, Duniazade, eram as últimas virgens do reino. O vizir rejeitou a ideia de imediato, horrorizado, mas a jovem persistiu. Convicta de seu plano, conseguiu convencê-lo — embora a contragosto. Apenas ao pai revelou sua estratégia: um método para sobreviver e, mais do que isso, pôr fim ao massacre.

Após a cerimônia, Xerazade pediu educadamente ao rei que permitisse a presença de sua irmã no quarto nupcial. Conforme planejado, Duniazade implorou à rainha que lhe contasse uma história após o defloramento. A contragosto, Xariar concedeu o pedido, e Xerazade iniciou a narrativa envolvente de *O Mercador e o Gênio*. Ao amanhecer, exausta e com a história longe do fim, ela prometeu continuar na noite seguinte. Intrigado com o desfecho, Xariar adiou a execução. Assim, por Mil e Uma Noites, enquanto Duniazade assistia como espectadora silenciosa, Xerazade encantou o rei com as histórias mais fascinantes já contadas. O monarca, cada vez mais ansioso pelo próximo relato, passou a pedir que sua esposa continuasse, sem perceber que estava sendo conduzido por uma estratégia brilhante. Xerazade, com inteligência e paciência, criou uma forma de terapia que forçava Xariar a controlar seus impulsos violentos. Sem perceber, o rei aprendeu a viver o presente e a lidar com a perda de controle — mas, acima de tudo, deixou de ver as mulheres como meros objetos descartáveis.

Após quase três anos, Xariar já não enxergava Xerazade como apenas um corpo a ser possuído, mas como um ser humano. O encanto das histórias o transformou, e, ao fim, ele fez o impensável: poupou a esposa do destino cruel que havia selado para mais de mil mulheres antes dela.

Se *As Mil e Uma Noites* é pura ficção, inspirada em fatos ou uma fusão dos dois, permanece um mistério. No entanto, considerando que a criatividade humana frequentemente se baseia em eventos do mundo real, é plausível que haja verdade nessa narrativa. E ao compararmos o comportamento de Xariar com o de assassinos em série modernos, a semelhança se torna evidente — eles são faces da mesma moeda.

Xariar era o governante absoluto, o Xá, cuja *onipotência* o levou a decidir sobre a vida e a morte; após um evento traumático, *fantasias sádicas* envolvendo sexo e homicídio surgiram, quem sabe ele tenha se masturbado ao imaginá-las; os crimes eram obsessivos e *ritualizados*, consistindo de caçar uma virgem no reino, preparar o casamento e a cerimônia antes de matá-la em um homicídio planejado; a matança se tornou fácil devido à *desumanização* ou despersonalização do outro, ele via a si mesmo como um tipo de Deus muito acima da vítima, que é um brinquedo, objeto, disposta para alimentar suas necessidades sexuais e sádicas; há, também, o anseio por uma *fusão simbiótica* com a vítima — matando-as, Xariar as estaria incorporando, sendo elas apenas dele, para sempre. Já no fim, a simbiose com Xerazade, sua alma gêmea, se torna bastante clara, não apenas no afeto como também na similaridade dos nomes (traduções mais originais do persa indicam os nomes dos protagonistas como Shahryar e Shahrazad).

Olhando para o caso do norte-americano Jeffrey Lionel Dahmer, é nítido que ele possuía os cinco mecanismos psíquicos primitivos dessa síndrome — onipotência, fantasias sádicas, ritualização, desumanização e fusão simbiótica — e o modelo ajuda no entendimento do funcionamento psicológico de Jeff como um assassino em série.

"Desde que essas cinco características sejam comuns entre os assassinos em série, de acordo com a experiência psiquiátrica forense, nós podemos percebê-las como condições psicodiagnósticas em uma síndrome", escreveram dois psicólogos suecos em um artigo publicado em 1999. As características apontadas por Christer Claus e Lars Lidberg — onipotência, fantasias sádicas, ritualização, desumanização e fusão simbiótica — seriam mecanismos psíquicos primitivos por trás dos atos violentos dos assassinos em série. Dado que essas cinco características são comuns demais para serem apenas coincidência, eles as agruparam em um modelo de facilitação e entendimento de diagnóstico nomeado de "Síndrome de Xariar".

O estudo do comportamento criminoso é antigo e o desenvolvimento de teorias que procuram explicar o funcionamento psíquico e, por consequência, os aspectos comportamentais de indivíduos como Xariar, teve uma importante evolução no século XX com a proposição do *modelo motivacional*, publicado em 1986, por Burgess et al (esse modelo é citado em maiores detalhes no Anexo XIV). Seguiram-se outros modelos baseados no estudo de Burgess et al, incluindo o *modelo de controle do trauma*, de Eric Hickey (2001) e o *modelo integrativo*, de Purcell e Arrigo (2006). A Síndrome de Xariar, por sua vez, fornece uma estrutura conceitual para análise de dados e interpretação. Olhando para o caso do norte-americano Jeffrey Lionel Dahmer, é nítido que ele possuía os cinco mecanismos psíquicos primitivos dessa síndrome — onipotência, fantasias sádicas, ritualização, desumanização e fusão simbiótica — e o modelo ajuda no entendimento do funcionamento psicológico de Jeff como um assassino em série.

Jeff, o onipotente; Jeff, o fantasioso; Jeff, o ritualista; Jeff, o desumano; Jeff, o fundidor. A seguir, a psique de Jeff de acordo com a Síndrome de Xariar.

JEFF, O ONIPOTENTE

A psicóloga Katherine Ramsland descreve o assassino em série onipotente como uma pessoa obcecada por poder e controle. De fato, muitos assassinos em série acreditam ser mais importantes do que o que o seu *status* em sociedade apresenta. Ao viverem uma vida medíocre, suas inadequações e sentimentos de inferioridade chocam-se violentamente contra as visões que têm de si mesmos. Eles se acham especiais, mais importantes, mais inteligentes e merecedores de todos os prazeres e atenções da sociedade. Ted Bundy julgava ser capaz de se tornar um importante político, ou, quem sabe, o diplomata que melhoraria as relações entre Estados Unidos e China. Andrei Chikatilo acreditava piamente ter inteligência e conhecimento suficientes para ser escolhido o Secretário Geral do Partido Comunista da União Soviética. Ted e Andrei não eram homens ignorantes e eles podiam, sim, atingir seus objetivos, mas o problema é que, para alcançar determinadas posições dentro da sociedade, é necessário percorrer um longo caminho, um caminho muitas vezes marcado por rejeições, humilhações, frustrações e fracassos. E o assassino em série é o tipo de pessoa intolerante, incapaz de lidar com derrotas ou situações cotidianas simples, mas negativas. Ao descobrirem que matar os tira do ócio e da existência desprezível, eles não param mais, criando um mundo particular onde são as pessoas mais importantes do universo, os reguladores onipotentes capazes de decidir sobre a vida e a morte de outra pessoa. Anatoly Onoprienko,* por exemplo, acreditava só estar abaixo de entidades sobrenaturais. "Anatoly se considera um ser superior, então todos os seus atos estão justificados, pois ele está cumprindo ordens de seres completamente superiores aos humanos: Satã, Deus ou uma entidade alienígena", disse, sobre ele, o psicólogo espanhol Vicente Garrido. "Seu ego é grande, *onipotente*, por isso [ele] procura exercer aquele controle mortal que alimenta o estado psicológico de domínio sobre os outros." Mesmo que o indivíduo sofra de uma doença mental, a onipotência está lá, misturada aos seus delírios.

* Assassino em série ucraniano, Onoprienko confessou o assassinato de 52 pessoas entre 1989 e 1996.

"Antes dos assassinatos ele [assassino em série] é uma pessoa insignificante em um mundo caótico, capaz de controlar seu órgão masculino apenas na masturbação. Durante a ofensa, ele é capaz de controlar a vida e a morte; desta vez segurando a garganta da vítima em sua mão e lentamente estrangulando ela [a vítima]", escreveram Claus e Lidberg.

Os assassinatos e as ações de Jeff Dahmer podem ser interpretados como atos de controle e poder. Sua onipotência se torna completa a partir do momento em que ele cria um mundo à parte para ele, o juiz supremo, regular de acordo com seus próprios interesses e desejos. O próprio Jeff confessou inúmeras vezes sobre o seu "mundinho" particular, que administrava conforme suas regras — nele, Jeff podia matar e não sentir remorso. Em um ponto, sua onipotência ficou tão enraizada que ele, como Onoprienko, acreditou pertencer a uma outra raça, no caso, um sacerdote asteca, um tipo de ser humano diferente, cuja natureza abria as portas para o massacre de pessoas. Ele também se identificava com seres fictícios possuidores de poderes mágicos e aterradores, como o Imperador Palpatine, o Assassino de Gêmeos e Pinhead — personagens extremamente poderosos e onipotentes.

Ao matar repetidamente e não ser identificado, Jeff sentiu-se vitorioso, nada podia pará-lo, inclusive, levou policiais até o seu apartamento enquanto o cadáver de uma vítima jazia no chão do quarto. Concordo com Gerald Boyle: diferentemente do que afirmou Park Dietz, isso não foi coragem, mas o ato de um homicida onipotente perdido em sua própria fantasia. Jeff também acreditava especial de alguma forma, e tentou, à sua maneira, prosperar na vida (com o projeto do templo ornamentado com crânios e esqueletos das vítimas).

Claus e Lidberg citam como a onipotência leva o assassino ao "seu papel como um rei mágico em seu drama mundano autoproduzido". Jeff Dahmer foi o rei mágico do seu próprio drama e evoluiu até um ponto em que não julgava mais suas ações, agindo como o déspota absoluto do mundo dahmeriano, ceifando vidas repetidamente porque o ato, sob seu regimento, era totalmente justificável — "Eu criei. É obra minha. Minha pequena criação horrenda", confessou Jeff em uma entrevista. Ele foi o roteirista, o diretor e o ator principal de seu espetáculo *gore*.

JEFF, O FANTASIOSO

Fantasias sexuais agressivas são a base da motivação para assassinos sexuais em série, surgindo de experiências como abuso, decepção, rejeição ou abandono. Com o tempo, esses pensamentos formam um complexo sistema de fantasia que pode levar ao assassinato. Embora essas fantasias se desenvolvam inconscientemente, é preciso um evento específico para que o indivíduo cruze a linha entre fantasia e realidade. Esse gatilho pode ser o uso de álcool ou drogas, perda de emprego, traição, rejeição ou até a visão de crianças em situação sexual. Uma vez cruzada essa linha, a fantasia não desaparece, apenas se intensifica, tornando-se mais elaborada e dominando o indivíduo.

Fantasias agressivas e violentas faziam parte da mente do adolescente Jeff Dahmer. De onde vieram, nem ele sabia, mas eram constantes. Pensamentos obsessivos sobre sexo e morte tornaram-se tão frequentes que, ainda jovem, ele planejou atacar um homem mais velho, sem um gatilho aparente. Talvez o ambiente tóxico em casa ou o sentimento de rejeição tenham influenciado. O problema maior foi que essas fantasias surgiram enquanto ele destroçava cadáveres de animais, transformando o ato em uma experiência mecânica e comum. A fusão dessas fantasias com o prazer de dissecar corpos se normalizou, fixando-se como um mecanismo psíquico primitivo que o perseguiu por toda a vida. "Nunca vai embora completamente... ainda tenho as velhas compulsões", afirmou Dahmer em uma entrevista na prisão em 1993.

Claus e Lidberg apontam *fantasias sádicas* como uma das cinco características da Síndrome de Xariar. Especialistas foram quase unânimes ao apontar Jeff como não sádico, mas podemos definitivamente aplicar a ele o rótulo de necrossádico, dado o que ele fazia com os corpos das vítimas no *post mortem*. Desmembrar, descarnar e eviscerar corpos um atrás do outro significou uma mistura de sentimentos contraditórios a Jeff, incluindo o prazer sádico de cortá-los. Isso é tanto verdade que ele parava para se masturbar durante os desmembramentos. O prazer sexual foi atingido a partir do seu necrossadismo. Tais atos, claro, eram partes de sua fantasia.

JEFF, O RITUALISTA

Alguns especialistas sugerem que o comportamento de ritualização dos assassinos em série serve como um substituto para a interação social. Isso parece ser uma verdade no caso Jeff Dahmer. Em um ponto, sua vida se tornou um grande ritual que ele seguia à risca, usando-o como um substituto da interação humana. Ele não precisava interagir com pessoas, mas precisava colocar em prática seus rituais pessoais de socialização para satisfação pessoal.

Alguns especialistas sugerem que o comportamento de ritualização dos assassinos em série serve como um substituto para a interação social. Isso parece ser uma verdade no caso Jeff Dahmer. Em um ponto, sua vida se tornou um grande ritual que ele seguia à risca, usando-o como um substituto da interação humana.

Diariamente, como um relógio suíço, ele se dirigia até o Grand Avenue Mall para almoçar, escolhendo entre o McDonald's ou o Apricot's Annie, sentava-se no mesmo lugar e comia a mesma comida. Então tomava café em uma cafeteria chamada French Cafe e ficava o resto da tarde observando os diversos físicos masculinos que perambulavam pelo local. Ele não precisava conversar com ninguém, o simples fato de estar naquele ambiente já o satisfazia — como um lobo na floresta. Dado que Jeff era do tipo mecânico, robotizado, dá para imaginar seu comportamento e fazer uma analogia com o personagem "Exterminador" do filme *O Exterminador do Futuro*, caminhando mecanicamente pelo shopping, olhando os homens enquanto seu algoritmo analisa suas aparências — MATCH ou MISMATCH.

Mesmo na Ambrosia, sua vida seguia a precisão de um rito. Ele entrava e saía no mesmo horário, não se socializava e desempenhava sua função de misturador de ingredientes sem sair do *script*, dia após dia, semana após semana, mês a mês, por seis anos seguidos.

Seu comportamento ritualístico continuava nos fins de semana, quando saía à noite em busca de vítimas, e foi bem definido pelo promotor Michael McCann durante o seu julgamento. Antes de sair, Jeff esmagava pílulas de Halcion nos copos, bebia álcool e assistia a filmes pornográficos ou de terror para deixá-lo no "modo", então escolhia uma das boates de Walker's Point e sentava-se ereto numa cadeira, sozinho, tomando uma cerveja e observando a movimentação, ao estilo Exterminador. No fim da festa, abordava algum homem que se encaixava em seu ideal físico, oferecia dinheiro em troca de companhia e o levava de ônibus ou táxi até o seu apartamento.

O ciclo ritualístico continuava nos Apartamentos Oxford, agora em uma nova etapa, com Jeff oferecendo uma bebida, quase sempre café irlandês batizado, ao seu convidado. Com a vítima desacordada, Jeff iniciava a prática do sexo *light*. Tirar fotografias ou gravar vídeos, organizar corpos em posições específicas, o *overkill*, a remoção de partes de corpos, sodomia etc., tudo isso são exemplos de comportamentos ritualísticos performados por assassinos em série. Matar a vítima não é o suficiente. O ritual se torna um retrato real de suas deformidades psicológicas ou do seu "psicodrama interno", como bem relataram os autores Keppel e Birnes, cuja origem repousa em suas fantasias pervertidas que precisam ser alimentadas/realizadas.

O assassinato se tornou um tipo de arte para Jeff. Sua vida e crimes se ritualizaram completamente, de modo que o ato de matar não era o ponto-chave, na verdade, era menos prazeroso do que abordar e explorar a ingenuidade da vítima, dopá-la, cortá-la, ferver seus pedaços e contemplar seu crânio.

JEFF, O DESUMANO

"Alguns casos revelam que, quando a vítima é personalizada, o assassino a deixa escapar. A vítima tem de ser um objeto para ser manuseado, ou a magia do ritual é quebrada", escreveram Claus e Lidberg. A *personalização* foi um dos fatores que salvaram Xerazade e o adolescente Luis Pinet. À medida que ia ficando sóbrio durante a madrugada, conversando amenidades com o garoto, o encanto diabólico que circundava Jeff Dahmer foi simplesmente quebrado. Pinet entrou como um objeto no apartamento 213, mas saiu de lá como um ser humano. Pinet se humanizou à medida que o tempo passou, se mostrando uma pessoa, um amigo. Jeff foi incapaz de encostar um dedo nele novamente, e ele teve chances de fazer isso, dadas as vezes que os dois se reencontraram na rua.

> **A ausência total de empatia ou vínculo emocional fazia com que a brutalidade atingisse níveis extremos, como uma progressão inevitável de sua mente fragmentada.**

Para Jeff, desumanizar a vítima era uma necessidade para que pudesse agir. Ele próprio reconheceu essa característica, chamando-a de *despersonalização*. Ao enxergar a vítima como algo inferior, um objeto sem identidade ou valor, o ato de estrangulá-la, abrir seu tronco, arrancar seu coração e mergulhar-se sexualmente no sangue e vísceras se tornava natural dentro de sua lógica distorcida. A ausência total de empatia ou vínculo emocional fazia com que a brutalidade atingisse níveis extremos, como uma progressão inevitável de sua mente fragmentada.

Jeff provavelmente via suas vítimas não como humanas, mas seres sexuais, vivos e andantes. Sua característica desumana continuou como parte de sua personalidade e ele sequer soube informar o nome de alguma vítima. Em entrevistas posteriores, ele se referiu a Steven Tuomi como "esse jovem" e a Steven Hicks como o "caronista de Ohio". E o nome da única amiga mulher que teve na vida, sua colega de trabalho na Sunshine Sub Shop? "Eu não me lembro do nome dela", disse a um agente do FBI durante interrogatório.

O psicólogo Philip Zimbardo certa vez comparou a moralidade humana ao câmbio de um carro, que, quando colocado em ponto morto, desativa os freios éticos. Nesse estado, torna-se fácil desumanizar o outro — a ponto de parecer um comportamento previsível e, ao mesmo tempo, assustadoramente perigoso. Vemos isso repetidamente na história recente, onde notícias falsas, desinformação, discursos de ódio e líderes manipuladores levam pessoas comuns a tratar seus semelhantes como meros objetos. Se essa desumanização ocorre tão facilmente na sociedade, imagine então o que se passa na mente de alguém já deformado, instável e, muitas vezes, delirante, como um assassino em série.

JEFF, O FUNDIDOR

A *fusão simbiótica* é um esforço ilusório, no qual o assassino em série se envolve para alcançar uma fusão ou unidade simbiótica com sua vítima. Inconscientemente, Jeff fez isso de diversas formas: intrusões sexuais, ingestão de partes de corpos, vestir-se com a pele esfolada e o escalpo e coleta de troféus. Literalmente, Dahmer entrou na pele da vítima para conseguir uma fusão com a identidade mais íntima dela. Autores têm sugerido que esse tipo de comportamento tem suas raízes em uma falha na simbiose psíquica entre mãe e filho na primeira infância. A medicina afirma que nos três primeiros meses de vida de uma criança, mãe e filho são uma coisa só, portanto, eles estão unidos, fundidos simbioticamente. Por isso é tão importante o afeto, o carinho e o amor; nessa fase, cria-se uma importante estrutura que a criança usará posteriormente para se perceber como parte do ambiente.

Nos meses que se seguem, a criança descobre aos poucos que é um ser desanexado, o seu eu se desenvolve e o processo de separação-individualização continua. Por isso, muitas vezes, é comum ver bebês, por volta dos quatro, cinco meses, sorrindo ao olhar para os próprios pés ou mãos, movimentando-as no ar, pois é quando eles as descobrem e compreendem que podem usá-las e, principalmente, controlá-las. O bebê, aos poucos, começa a perceber que é um ser diferente da mãe, separado dela. Assim, podemos especular que o processo simbiótico infantil de Jeff com sua mãe, de alguma forma, foi corrompido ou interrompido

Em seu livro, Lionel Dahmer revela que a felicidade pelo nascimento do filho durou poucos dias. Alguma coisa começou a irritar Joyce e a mulher não se adaptou à rotina da amamentação. Seus seios foram amarrados com um lençol para secar e Jeff foi amamentado por uma mamadeira. Mas o pior foram as discussões e o ar carregado e negativo da casa. Morando em West Allis com a sogra e o sogro, Joyce iniciou discussões com todo mundo a ponto de se afastar, escolhendo viver reclusa dentro da residência. Em um ponto, ela passou a sair da casa e, uma vez, à noite, Lionel a encontrou deitada na grama de um vizinho, a cinco quadras de distância, só de camisola.

Apesar de se sentir rejeitado a vida inteira, Jeff nunca culpou a mãe ou falou mal dela. No entanto, Joyce sempre foi profundamente perturbada. Sua irritabilidade, instabilidade e agressividade podem ter afetado a simbiose entre mãe e filho, tanto na fusão quanto na separação. Já adulto, Jeff parecia buscá-la em suas vítimas — consumindo suas carnes e órgãos, vestindo suas peles e escalpos, sodomizando-as e guardando partes de seus corpos para fundir suas identidades à dele. Nesse contexto, sua obsessiva necessidade de companhia pode ter sido um reflexo da ausência materna nos primeiros anos de vida.

Jeff cresceu com sentimentos de abandono e alienação, e é possível que suas primeiras percepções dos outros, e do mundo, tenham sido predeterminadas pela instabilidade e hostilidade de sua mãe. Para coroar a história, dias antes de matar sua primeira vítima, Jeff foi abandonado sozinho por Joyce, que levou o irmão mais novo com ela, um acontecimento que, em seu íntimo, pode ter originado o abalo sísmico — cuja falha geológica originou-se na não simbiose psíquica com a mãe — que, por sua vez, criou o tsunami que varreria da terra dezessete pessoas.

> "Há uma teoria de que um bebê que não cria um laço com a mãe [pode] desenvolver a psicopatia como um mecanismo de defesa. Eles não sentem dor, não sentem trauma, mas, ao mesmo tempo, perdem a noção da empatia, a bússola moral." (Peter Vronsky)

6'3"
6'
5'9"
5'6"
5'3"
5

11

COLUMBIA: A ÚLTIMA PARADA

Quando Jeffrey Dahmer foi extraditado até Ohio para ser julgado pelo assassinato de Steven Hicks, sendo sentenciado, em primeiro de maio de 1992, à sua décima sexta pena de prisão perpétua, ele ficou aliviado que toda aquela exposição tinha chegado ao fim. Ele nunca se escondeu ou atrapalhou o trabalho da justiça, ao contrário, ele quis encarar de cabeça erguida a punição que a sociedade tinha a lhe oferecer. Jeff aceitou tudo sem reclamar, sempre orientando os seus advogados no caminho da verdade e não contestando as decisões judiciais. Depois de uma vida inteira se escondendo no mundo dahmeriano, era hora de enfrentar o mundo real. Isso foi necessário para aliviar a sua consciência. Quando tudo acabou, o que ele queria era apenas um lugar para ficar sozinho e encarar a sua nova e dura realidade.

Dahmer era alguém que gostava de viver nas sombras, sem ser notado, sendo apenas mais um na multidão. Mas ele era ambivalente nessa questão. Em seus encontros com Donna Chester, ficou claro que ele esperava muito mais da vida do que ela ofereceu até aquele ponto. Mas, diferentemente de alguém que é tímido ou introspectivo e trabalha para melhorar essa característica, pois é necessário se socializar e se mostrar para atingir posições sociais e laborais melhores, Jeff não foi capaz (ou não teve sucesso) em suas tentativas. É bem óbvio que não poderíamos esperar nenhuma evolução positiva de alguém com a mente tão deformada e doentia. Enquanto um introspectivo saudável pode decidir por treinar em frente ao espelho para falar em público, tentando impressionar para ir bem em uma entrevista de emprego ou conseguir uma promoção no trabalho, Jeff matou pessoas, colecionou crânios e esqueletos, e projetou um templo para colocá-los juntamente com incensos e luzes azuis à espera de que uma mágica acontecesse.

Mas é um fato que ele não se sentia confortável em ser o centro das atenções. Ele rejeitou um tratamento especial dentro da prisão e, se ele sentiu que sua vida estava em perigo lá dentro, nunca reclamou para as autoridades. Com mais frequência, ele estava simplesmente entediado por ser o preso número 177252. "Eu tenho mais de novecentos anos pra cumprir, isso é uma morte em vida", disse ele certa vez a um guarda.

Mas uma vez inserido dentro da vida carcerária e acostumado com o ambiente, Jeff começou a colocar as asas de fora. Ele cometeu infrações e foi punido, pintou o seu rosto com marcador azul, se negou a receber tratamento oferecido a agressores sexuais e confeccionou olhos humanos de colheres de plástico que pegava no refeitório.

O mais interessante desse período foi, sem dúvida, a transformação de alguém monótono e morto em um indivíduo que fazia piadas e armava pegadinhas. "Ele tem um senso de humor muito interessante", disse o porta-voz do sistema prisional Joseph Scislowicz, em uma matéria para o *Milwaukee Journal* em 1993. Aparentemente, Jeff não era uma pessoa como se apresentou a vida inteira e da qual seu pai, Gerald Boyle, e tantos outros que o conheceram cansaram de descrever.

"Cuidado, eu mordo!", disse ele aos guardas, arrancando risos deles. Jeff também publicou no mural de avisos da prisão um folheto convidando pessoas para participarem dos "Canibais Anônimos". O motivo para a mudança de humor é desconhecido, mas é bem possível que o tratamento com antidepressivos receitados pelo psiquiatra da prisão, Richard Arnesen, tenha surtido efeito.

Dahmer foi enviado para cumprir sua pena na Columbia Correctional Institution. A prisão ficava em uma área rural no centro-sul do estado do Wisconsin, em Portage, 56 quilômetros ao norte da capital Madison e a 162 de Milwaukee. Ele foi colocado sozinho em sua cela, segregado da população do presídio. Um mês após ser condenado, em março de 1992, guardas encontraram uma lâmina entre os seus pertences, o que (obviamente) era proibido — tal fato acelerou seu tratamento com

Prozac por parte de Arnesen, que suspeitou que Jeff podia se suicidar, mas é mais provável que ele estivesse com medo de ser assassinado na prisão, então guardou a lâmina para se defender em caso de ataque. Ele podia sair de sua cela por, no máximo, duas horas por dia, tempo em que trabalhava limpando o chão, juntamente com dois outros detentos. Seu contato direto com outros presidiários era limitado a esses dois homens que trabalhavam com ele. Tempos depois, foi permitido a Dahmer fumar e ter acesso à cantina da prisão, onde ele podia comprar biscoitos. Também era permitido a ele sair de sua cela para o almoço e jantar, misturando-se aos outros detentos que, assim como ele, estavam segregados da população geral.

> **O mais interessante desse período foi, sem dúvida, a transformação de alguém monótono e morto em um indivíduo que fazia piadas e armava pegadinhas. [...] O motivo para a mudança de humor é desconhecido, mas é bem possível que o tratamento com antidepressivos receitados pelo psiquiatra da prisão, Richard Arnesen, tenha surtido efeito.**

Em meados de 1993, seu bom comportamento fez com que o diretor do presídio o colocasse em uma área com menos segurança, onde ele obteve alguns privilégios. Ele teve acesso a quinze revistas, trinta livros, quatro jornais e uma bíblia; ele podia também fazer dois telefonemas e receber três visitas por semana. Foram disponibilizados uma televisão e um rádio em sua cela, além de poder frequentar a escola do presídio, a biblioteca e trabalhar. Seu emprego era o de zelador do ginásio, ganhando 24 centavos por hora. Em 18 de novembro de 1993, Dahmer perdeu o emprego de zelador após se passar por um funcionário da prisão ao telefone. Pela transgressão, foi punido administrativamente e ficou na solitária até 6 de janeiro de 1994.

Na maioria do tempo, Dahmer ficava consigo mesmo em sua cela de número 648, fumando cigarros, lendo vorazmente materiais religiosos e escutando fitas de música clássica e canto gregoriano, uma mudança radical dos tempos em que lia revistas pornográficas e escutava rock pesado no Exército. Ele recebia de seis a oito cartas todos os dias e era inundado por pedidos de entrevistas. A exposição midiática que atravessou o mundo aflorou um sem número de admiradores e admiradoras e, por mais estranho que isso possa parecer, Jeffrey Dahmer nunca ganhou tanto dinheiro em toda sua vida quanto nos dois primeiros anos encarcerado.

Até março de 1994, Dahmer recebeu, em dinheiro, mais de 12 mil dólares em doações. O dinheiro foi enviado a ele por pessoas do mundo inteiro, incluindo de países como Inglaterra, França e África do Sul. Somente uma mulher de Londres enviou a quantia de 5.920 dólares— a lei americana não impede que detentos recebam dinheiro, desde que a origem não seja fraudulenta.

Dahmer se correspondia com inúmeras pessoas e pedia dinheiro a elas para poder comprar cigarros, selos e envelopes. Uma mulher de Cumming, estado da Geórgia, enviou cinquenta dólares a ele. Já outra mulher, de 56 anos, de Burbank, Illinois, enviou presentes no valor de 350 dólares, juntamente com literatura bíblica "para ensiná-lo sobre o Senhor Jesus Cristo e para lembrá-lo de que ele é querido". Já uma freira de Milwaukee, de 74 anos, vez ou outra lhe enviava 10 dólares de reembolso por livros que Jeff lhe enviava. "Ele fez coisas horríveis, mas no fundo ele não é um rapaz mau", disse ela para o *Milwaukee Journal*, em março de 1994.

Em 1993, Dahmer recebeu 11 mil dólares durante o ano, pagou 2.745 mil a duas firmas de advocacia, depositou mil em uma conta aberta em Madison e transferiu 2 mil para sua mãe em Fresno, na Califórnia. Em janeiro de 1994, ele tinha 4.284 dólares disponíveis em sua conta. Suas compras eram feitas pelo correio por meio de um catálogo; ele comprou revistas, gibis, volumes de arte e fitas cassete de músicos como Bach e Schubert, além de cantos gregorianos e sons de baleias jubarte.

Dentre as centenas de pessoas com quem Dahmer se correspondeu após entrar em Columbia, estava o casal Barbara e Richie Dickstein, que ficariam famosos por seu peculiar hobby de se corresponder com assassinos em série. Por mais de vinte anos, Barbara e Richie trocaram cartas com os mais famosos assassinos americanos, e um deles foi Jeffrey Dahmer.

Se passando por homossexual, Richie enganou Dahmer e, em uma das cartas trocadas, datilografada em uma máquina de escrever, Jeff fez um pedido picante: "Eu gostaria de poder conhecê-lo melhor, mas com toda correspondência que eu recebo, fica difícil saber quem eu devo responder. Então, na próxima carta, você poderia me enviar algumas fotos realmente boas para ajudar sua carta a se 'destacar na multidão'? Você disse que é fisiculturista, o que é bom. Eu gostaria de ver cada centímetro muscular nu seu. Eu tenho permissão para guardar qualquer tipo de foto, exceto Polaroids, então não tire as fotos com uma câmera Polaroid, certo... Atenciosamente, Jeff ".

Enquanto esteve preso, Jeffrey Dahmer deu duas entrevistas para redes de televisão. A primeira, em janeiro de 1993, foi para a jornalista Nancy Glass, do programa *Inside Edition*, do canal CBS. Pela primeira vez, o público norte-americano pôde ter um completo vislumbre de Jeff. Ele já tinha aparecido muitas vezes em frente às câmeras de TV, mas sempre distante, durante as audiências preliminares e julgamento. Mas diante de Glass foi diferente. Ao contrário de outros assassinos em série famosos de seu tempo, como John Wayne Gacy e Ted Bundy, cujas entrevistas veiculadas por canais de televisão mostraram dois assassinos patéticos e mentirosos, Dahmer foi franco. Ele não fugiu ou se escondeu em nenhum momento e também não suavizou suas bizarras ações. Apesar de alguns pontos questionáveis, Nancy Glass fez perguntas pertinentes e Dahmer as respondeu de maneira apropriada. Não há como saber, em uma contagem de 0 a 100, o quanto ele, de fato, se abriu, mas a impressão geral é que Jeff tentou responder da melhor maneira possível, dadas as circunstâncias.

Um dos pontos interessantes da entrevista foi quando Nancy Glass perguntou: "Qual o propósito do altar?". Nesse momento, Dahmer deu um longo suspiro, como se estivesse pensando: *Como explicarei isso*? e, então respondeu: "Como uma espécie de memorial. Eu não sei. É tão bizarro e estranho. É difícil de descrever. Um lugar onde eu poderia organizar meus pensamentos e alimentar a minha obsessão".

Um ano depois da entrevista para a *Inside Edition*, em fevereiro de 1994, Jeff deu outra entrevista, dessa vez para Stone Phillips, da rede NBC. A entrevista fez parte do programa *Dateline NBC* e contou com a participação de Lionel. Pai e filho sentaram-se lado a lado e conversaram com Phillips.

O programa de uma hora foi ao ar em 8 de março de 1994 e começou com uma conversa entre o jornalista e Lionel, que estava lançando seu livro *Meu Filho Dahmer*. Lionel mostrou fotografias presentes no livro e fez algumas leituras, intercalando-as com um diário de viagem dos lugares onde seu filho morou. O programa mostrou vídeos caseiros da família Dahmer ao mesmo tempo em que Lionel se perguntava o que teria acontecido com o menininho dos vídeos para se transformar naquele ser arrepiante. Na entrevista, Dahmer respondeu reflexivamente sobre seus crimes e sexualidade, disse discordar da visão do pai relatada em *Meu filho Dahmer* sobre ele ser demasiadamente tímido e introvertido. Para Dahmer, ele não era extremamente recluso. Ele também não gostou do tom negativo do livro; para ele, seu pai deveria ter contado mais sobre as "coisas boas" da vida da família.

Respondendo às várias perguntas de Phillips, Jeff disse que abrir e desossar animais não lhe deu prazer sexual. "Eu acho que isso poderia ter se tornado um hobby normal, como taxidermia, mas não foi isso o que aconteceu. Desviou-se disso", explicou. Jeff também reafirmou que o ato de matar era desprazeroso, mas necessário para atingir a gratificação. "A morte era apenas um meio para chegar ao fim, que... era uma parte menos satisfatória. Eu não gostava de fazer aquilo. Eu tinha essa fantasia recorrente de encontrar alguém pedindo carona na estrada e levá-lo como um refém para que eu pudesse fazer o que eu quisesse."

Sobre o ato de comer pedaços da carne e órgãos de algumas vítimas, Jeff, mais uma vez, reafirmou que "aquilo me fazia sentir como se eles fossem uma parte permanente de mim... Além da curiosidade de como poderia ser, se aquilo me daria uma satisfação sexual".

"E isso ainda existe. Isso nunca vai embora?", perguntou Phillips, fazendo referência aos pensamentos homicidas e macabros de Dahmer.

"Em parte. Não, nunca... nunca desaparece por completo. Eu gostaria que houvesse alguma maneira de desaparecer por completo, esses pensamentos compulsivos, os sentimentos. Não é tão ruim agora... que não existam caminhos para agir sobre eles. Mas não, parece que nunca irá embora. Eu provavelmente terei que conviver com isso pelo resto da minha vida", respondeu Dahmer.

"Então os pensamentos ainda vêm para você?"

"Às vezes, sim."

Ao final da entrevista, Jeff se levantou, abraçou seu pai e caminhou para ir embora, mas parou ao lado de Stone Phillips. Com um copo de café em uma das mãos, ele levantou o outro braço e apontou para uma caixa da equipe de produção que estava em cima de uma mesa, e disse ao jornalista: "Apenas um ponto de interesse, aquele tipo de caixa".

O áudio entre os dois foi cortado, mas Phillips explicou depois: "Ele queria que soubéssemos o quanto aquela caixa era parecida com uma que o seu pai havia encontrado e que ele usara para esconder partes de corpos" — mais especificamente, os restos mortais de Anthony Sears. Na época, Lionel ordenou que o filho abrisse a caixa, imaginando que havia revistas pornográficas dentro.

A bizarra observação de uma mente perturbada.

"Pode um assassino ir para o céu?" escreveu o *Wisconsin State Journal*, em 10 de julho de 1994. O título do jornal fazia referência à religiosidade de Dahmer e de como ela o estaria guiando para o caminho da salvação. O assunto despertou muitas discussões e foi bastante comentado a partir de maio daquele ano, mês em que Dahmer foi batizado.

Antes mesmo de entrar em Columbia, Jeff mergulhou no estudo da bíblia e na leitura de artigos e livros sobre o criacionismo enviados a ele por seu pai. Na prisão, ele comprou mais e mais livros sobre o criacionismo com o dinheiro doado por pessoas de várias partes do mundo. Além das visitas, seu pai estava sempre lhe enviando cartas, escrevendo sobre o seu próprio despertar espiritual e sobre como era importante para o filho se apegar ao Criador, não apenas para encontrar a sua própria paz interior, mas também para ser aceito no reino dos céus quando sua hora chegasse. O brotamento de suas crenças religiosas o fez buscar cada vez mais uma proximidade com Deus, mas, ao mesmo tempo, ele se questionava sobre as suas ações, opostas aos ensinamentos das escrituras.

Mary Mott, uma religiosa de Arlington, estado da Virgínia, começou a se corresponder com Dahmer e enviou para ele vários materiais religiosos. Nas trocas de cartas, Jeff revelou o quão culpado ele se sentia por suas atrocidades e que buscava forças para viver consigo mesmo. Em março de 1994, Dahmer escreveu a Mott sobre a sua vontade de ser batizado.

Devido à distância, Mott não podia realizar a cerimônia. Ela ligou para outros religiosos à procura de alguém para batizá-lo e se deparou com um ministro de Oklahoma que trabalhava com detentos, chamado Curtis Booth. Ela passou o contato de Booth a Dahmer e ele escreveu para o religioso em um tom quase de angústia. "Eu terminei agora o curso completo. Mas eu ainda tenho um problema. Esta prisão não tem um tanque de batismo e o capelão da prisão não tem certeza se ele pode encontrar alguém para trazer um tanque e me batizar. Isto tem me preocupado. Você estaria disposto a me ajudar a encontrar alguém para me batizar? Eu cuido de todos os outros passos. Agora eu *preciso* e quero ser batizado", escreveu Dahmer, que sublinhou a palavra *preciso*, destacando-a e mostrando o quanto o batismo era importante para ele naquele momento.

Booth tinha vários contatos e ligou para Rob McRay, da Igreja de Cristo de Milwaukee, que, por sua vez, contatou um amigo chamado Roy Ratcliff, que na época liderava uma congregação de cerca de noventa pessoas em Madison, cidade mais próxima de Portage.

No primeiro encontro entre os dois, em 20 de abril de 1994, Dahmer estava nervoso. "Ele pensou que eu diria algo do tipo: 'Eu não batizarei você, você é o mal'. Mas quando ele viu que eu estava aberto à conversa, ele ficou aliviado", revelou Ratcliff em uma entrevista na época. Durante a conversa, ficou claro para o ministro que Jeff procurava em Deus um caminho a seguir; ele sabia muito sobre a bíblia e sobre Jesus, demonstrando a Ratcliff que dedicou muito tempo a estudar o cristianismo. O batismo foi marcado para o mês seguinte e Jeff ficou muito ansioso à espera da cerimônia.

Em 10 de maio de 1994, algo muito raro e estranho aconteceu.

Um eclipse solar ocorre quando a Lua passa entre a Terra e o Sol, assim, total ou parcialmente, obscurecendo a imagem do Sol para um observador em terra. Um eclipse solar anular ocorre quando o diâmetro aparente da Lua é menor do que o do Sol, fazendo com que o Sol se pareça com um anel, bloqueando a maior parte de sua luz.

O eclipse solar anular de 1994 ocorreu no dia 10 de maio e, apesar de poder ser visto durante o dia, preencheu com nuvens escuras a maior parte do céu em vários estados dos Estados Unidos e Canadá.

Estranhamente, enquanto o céu escurecia naquele dia, dois eventos em terra firme fizeram com que os mais supersticiosos acreditassem que aquele fenômeno não era um evento da natureza, mas uma resposta dela a esses dois eventos em terra.

Foi nesse dia que o mal encarnado, John Wayne Gacy, conhecido pelo apelido de "O Palhaço Assassino", homicida que ceifou a vida de mais de trinta adolescentes e homens jovens na década de 1970, foi executado com uma injeção letal, em Crest Hill, Illinois. Alguma coisa, entretanto, deu errado em sua execução e ele levou agoniantes dezoito minutos para morrer. Enquanto Gacy agonizava, quase na mesma hora, não muito distante de Crest Hill, uma cerimônia acontecia na penitenciária de Columbia: a imersão completa na fé cristã do notório assassino canibal Jeffrey Dahmer.

Para muitos, o eclipse solar anular pareceu totalmente apropriado, senão totalmente sobrenatural. Outros consideraram esse evento uma condenação celestial. Um tipo de aviso.

Com dois guardas vigiando, e ao lado do capelão da prisão, Ratcliff submergiu Dahmer em uma banheira e disse: "Eu te batizo em nome do Pai, do Filho e do Espírito Santo. Bem-vindo à família de Deus". Dahmer sorriu e agradeceu ao pastor. "Obrigado."

Na época, muitos criticaram a decisão de Roy Ratcliff de batizar Dahmer. O pastor deveria saber que muitos prisioneiros fingem esse desejo ou simplesmente são atraídos para a estrutura da religião após a completa falta dela em suas vidas criminosas. Dentro da cadeia, para muitos, é a única coisa que sobra. No entanto, o que devemos ponderar é que os princípios da sua fé não permitiam que Roy excluísse um ser humano aos olhos de Deus, uma vez que a fé foi proclamada. Jeff admitiu remorso e um desejo de seguir o caminho de Cristo, e Ratcliff seguiu o que acreditava. Ele não estava lá para julgar ou investigar, mas para ajudar.

Estar no caminho de Deus, entretanto, não livraria Jeff Dahmer da maldade que habitava Columbia.

O morador da casa número 473, na Crescent Road, em Madison, tinha tudo o que viciados procuravam. Entre julho e setembro de 1991, vendeu 750 gramas de cocaína e recebeu 100 dólares pelo produto de ótima qualidade. O que esse traficante não sabia era que os compradores da droga eram policiais disfarçados, que logo bateram em sua porta com um mandado de prisão.

O morador da casa era Osvaldo "Bobby" Durruthy, um imigrante cubano negro que chegou ilegalmente aos Estados Unidos, ainda garoto, dentro de um barco lotado de conterrâneos, em 1981. Acusado de sete crimes — incluindo a manufatura, distribuição e posse de drogas —, Durruthy foi julgado e condenado a 31 anos de prisão. Sua dura sentença foi inflada porque ele era reincidente. Aos 34 anos, Durruthy só sairia livre novamente em idade avançada, e ele ficou desesperado com tal possibilidade.

Como muitos detentos negros em Columbia, Durruthy queria acertar as contas com o branquelo famosinho que matara negros e tinha *status* de não-me-toques na cadeia, andando com guardas como seguranças e vivendo segregado da maioria.

Em 3 de julho de 1994, Durruthy fabricou um presente para mostrar a Dahmer: uma escova de dentes com uma navalha improvisada em uma extremidade. Naquele domingo, enquanto Jeff participava de uma missa na capela da prisão, Durruthy veio por trás dele e tentou cortar a sua garganta. Antes mesmo do objeto chegar ao pescoço do alvo, a navalha caiu no chão e o máximo que Durruthy pôde fazer foi arranhar o pescoço de Jeff com a escova. Se ele realmente queria matar Dahmer, seu planejamento e ação foi de uma incompetência absurda. O mais provável é que o cubano quisesse chamar a atenção. E ele conseguiu.

A tentativa de assassinato de Dahmer foi notícia em todo o país e, pela primeira vez, Durruthy teve a sua foto estampada nos jornais. Além de querer chamar a atenção, ele deu outras três versões para o ataque — ele planejou matar Jeff porque ele merecia morrer; ele escutou vozes que pediam para ele matar alguém; ele queria cometer um ato grave e chamativo para ser deportado para Cuba. Seja qual for a verdade, tudo o que Durruthy conseguiu foi mais uma condenação em sua ficha: cinco anos adicionados aos 31 que já estava cumprindo.

O ataque a Dahmer escondia algo grave, mas que as autoridades deram de ombros: Jeff era um homem marcado para morrer, mas que estava solto como um alvo fácil e móvel dentro da Columbia. Prisões são microcosmos da sociedade, com a diferença de que, dentro delas, estão aglutinados tudo o que há de mais perigoso em nossa espécie. Estupradores, assassinos, psicopatas e a escória maligna da humanidade, que costumam ser os hóspedes de penitenciárias mundo afora, não gostam de indivíduos como Jeffrey Dahmer — notórios, bonitinhos e midiáticos. Vaidade, inveja e maldade pura são características básicas de criminosos perigosos, alia-se a isso homens com problemas mentais que, como Dahmer, deveriam estar em uma instituição mental, mas, considerados mentalmente saudáveis, são enviados para prisões comuns, temos o ambiente perfeito para o desastre. O assassino em série de Goiânia, Thiago da Rocha, por exemplo, foi jurado de morte por outros detentos que não gostaram do tratamento midiático dado a ele. "Parecia que estava chegando uma autoridade, com aquela afobação toda da imprensa", disse uma agente prisional, citando a chegada do assassino ao presídio e o sentimento dos outros presos, para o jornal goiano *O Popular*, em 2014.

Ainda em 1992, Dahmer foi colocado em contato com outros presos e frequentava áreas de socialização. O ataque em julho de 1994 prova que ele não tinha segurança especial e foi agredido mesmo estando segregado.

O colombiano Pedro Alonso Lopez, que matou mais de uma centena de crianças em países como Colômbia, Peru e Equador, morou doze anos em uma solitária e só saiu de lá quando cumpriu toda a sua sentença. Ele nunca foi misturado aos outros presos. Já o "Maníaco do Parque Bitsa", Alexander Pichushkin, desde 2006 vive sozinho em uma solitária no meio do Ártico russo apelidada de "Coruja Polar". O mesmo acontece com Thiago da Rocha, desde 2014. Há inúmeros outros exemplos e podemos rastrear tal cuidado das autoridades desde o século XIX — como o garoto Jesse Pomeroy, que passou quase que a vida inteira em uma solitária após ser sentenciado à prisão perpétua, em 1876. No caso de Jeff, a administração de Columbia não parecia nem um pouco preocupada com a segurança dele ou de outros detentos, ou quem sabe tal indiferença tenha sido proposital — incompetência e despreparo, entretanto, são respostas mais prováveis.

Em Columbia, moravam homens muito mais perigosos e perversos do que Osvaldo Durruthy, e Jeffrey Dahmer nem precisou fazer parte da população geral para saber disso.

A MORTE DE JEFF

Duas semanas antes de Jeffrey Dahmer fazer sexo com as entranhas de Edward Warren Smith, outro assassino desequilibrado agiu em Milwaukee — e este estava pressionado e transtornado.

Christopher Scarver nasceu e cresceu em Milwaukee. Vindo de uma família pobre com cinco irmãos, o rapaz de 20 anos abandonou a escola e enxergou em um curso de carpintaria a chance de aprender um ofício e ter um emprego. Ele passou um ano em treinamento na Wisconsin Conservation Corps (WisCorps), uma ONG com vários escritórios no estado do Wisconsin que conscientiza jovens em relação à conservação da natureza e oferece treinamentos técnicos e de liderança para crianças e adolescentes.

Em janeiro de 1990, Scarver terminou o curso da WisCorps; ele recebeu o seu diploma, mas processou a experiência de forma toda errada. Em sua mente perturbada, ele foi demitido da WisCorps no momento em que começaria a ser pago pelo ofício. Sem conseguir um novo emprego, com a mãe lhe pressionando em casa, com a namorada grávida e com sentimentos de vingança contra a WisCorps, o jovem rapaz entrou em parafuso. Ele começou a beber e a usar drogas com mais frequência, até o ponto em que decidiu agir.

Querendo acertar as contas com o gerente branco que o "demitiu", e instigado por vozes que ouvia em sua cabeça, em 1 de junho de 1990, Scarver — um negro grandalhão de cerca de um metro e noventa e forte — invadiu o escritório da WisCorps em Milwaukee armado com uma faca e uma pistola. O gerente branco "causador" dos seus problemas não trabalhava mais lá e quem pagou pela fúria impulsiva e cega de Scarver foi seu substituto, Steven Lohman, de 27 anos.

Apontando a arma para Lohman e outro funcionário, John Feyen, Scarver exigiu que a dupla abrisse o cofre da empresa e lhe desse todo o dinheiro que havia dentro. Lohman e Feyen não reagiram e fizeram tudo o que Scarver pedia. Ao receber apenas quinze dólares de Feyen, Scarver apontou a arma para a cabeça de Lohman e puxou o gatilho. "Agora você acha que eu estou brincando? Preciso de mais dinheiro!", exclamou Scarver.

Aterrorizado, Feyen não sabia o que fazer e Scarver atirou mais duas vezes no corpo sem vida de Lohman. Ele forçou Feyen a preencher um cheque, e quando o agressor deu outro tiro na cabeça de Lohman, Feyen o empurrou e saiu correndo do lugar. Scarver atirou em sua direção, errando o alvo.

Uma hora e meia depois, Scarver já estava dentro das instalações do MPD.

Em seu julgamento, ocorrido em abril de 1992, o júri ficou balançado em relação à sua sanidade. O rapaz tinha delírios religiosos e escutava vozes, mas as tecnicidades jurídicas, e a já conhecida e ultrapassada questão "ele pode distinguir o certo do errado?", levaram o júri a ir para o caminho da sanidade e ele foi condenado à prisão perpétua, a cumprir em uma penitenciária comum. "Eu acho que o jovem rapaz é uma pessoa muito problemática, mas sua alegação de insanidade apenas não atinge o nível dos padrões do Wisconsin", diria o promotor do caso, Douglas Simpson, anos depois (e que tipo poderia atingir, sr. promotor?).

Enviado para uma prisão comum, o agressivo e mentalmente instável Christopher Scarver não deixaria de causar problemas tão cedo para as autoridades penitenciárias. Menos de três meses depois, quatro guardas ficaram feridos quando um incontrolável e raivoso Scarver atacou-os com uma tábua com pregos no refeitório da Dodge Correctional Institution, em Waupun. Os quatro guardas brutamontes tiveram dificuldades em conter o prisioneiro e sofreram cortes e hematomas pelo corpo. Após o incidente, Scarver — que foi diagnosticado na prisão com esquizofrenia e psicose — foi transferido de Waupun para Columbia. Seu nome, entretanto, não demoraria a voltar para os jornais.

Enquanto Scarver era transferido e se adaptava à sua nova moradia, um julgamento sacudia o tribunal de Milwaukee. Este envolvia um homem branco chamado Jesse Anderson, de 35 anos. Anderson era um pacato comerciante rural de Cedarburg — cidade 37 quilômetros a norte de Milwaukee —, que vivia uma vida aparentemente sossegada e comum. Ele tinha uma dedicada esposa e três pequenas crianças com idades entre 2 e 5 anos, frutos do seu casamento. Mas a máscara de família unida e perfeita escondia o comportamento abusivo e autoritário de Anderson. Em 1987, sua esposa Barbara escreveu uma carta a familiares na qual relatava ser vítima de violência doméstica. Apesar dos abusos, o relacionamento dos dois continuou e eles foram capazes de constituir uma família. Tudo parecia ir bem até uma fatídica e insuspeita noite em Milwaukee.

Em 23 de abril de 1992, o jornal do *Wisconsin Green Bay Press-Gazette* escreveu em sua edição:

> "Um homem e sua esposa foram vítimas de um ataque à faca quando deixavam um restaurante terça-feira à noite [21 de abril]. Foi reportado que Barbara Anderson está em condição crítica após ser esfaqueada no rosto pelo menos cinco vezes. Seu marido Jesse Anderson está em condição satisfatória com ferimentos no peito, recebidos de uma faca com dez centímetros de lâmina que ele disse ter tomado de um dos dois agressores."

O casal Anderson foi vítima de um brutal ataque no estacionamento de um restaurante em Milwaukee. Pelo menos foi isso o que disse Jesse. De acordo com sua história, dois garotos negros apareceram de repente e anunciaram um assalto. Houve uma briga e um deles esfaqueou sua esposa na cabeça e feriu Jesse. Mas, mesmo ferido, Jesse foi capaz de tomar a faca do agressor. Na fuga, o boné de um dos indivíduos caiu no chão.

O MPD imediatamente começou uma investigação e não demorou para os investigadores encontrarem buracos na história de Jesse Anderson. Para começar, Barbara levou 21 facadas no rosto, um número excessivo para um suposto roubo que não deu certo. A quantidade de golpes e a força aplicada sugeria mais um ataque vicioso do que qualquer outra coisa. Os ferimentos no peito de Jesse eram superficiais, como se tivesse autoinfligido os golpes. E a polícia descobriu mais.

O suposto boné do assassino foi comprado por Jesse horas antes, de um cara que ele abordou na rua e ofereceu uma boa grana pelo acessório. A faca usada pelo "assassino negro" também era de Jesse, comprada em uma loja de caça esportiva. Mas ainda faltava um motivo para a polícia e ele apareceu quando a investigação apontou que Barbara tinha um seguro de vida no valor de 250 mil dólares, e Jesse, um mês antes, checou com a seguradora se o seguro ainda estava válido e ativo.

Jesse Anderson foi preso uma semana depois do crime e acusado de homicídio em primeiro grau.

No julgamento, ocorrido em agosto, a perita Kahtleen Ripp testemunhou que fios de cabelos encontrados no boné correspondiam aos do homem que vendeu o acessório a Jesse. Também foram encontrados pelos de um animal, que coincidiam com os do cão doméstico dos Anderson, que havia morrido em março. Dentro do carro do casal foram encontrados pelos do animal, e o promotor alegou que, após comprar o boné de um transeunte, Jesse o colocou no banco do carro, momento em que os pelos do cão pregaram no tecido, permanecendo no acessório até a perícia encontrá-los.

O médico legista Jeffrey Jentzen testemunhou que os ferimentos no peito de Anderson podiam sim ter sido autoinfligidos, e que o esfaqueamento do rosto da vítima foi tão violento que a lâmina atingiu o cérebro. Havia ferimentos nas mãos de Barbara, o que indicava tentativas de defesa. Outras testemunhas presentes no restaurante disseram não ter visto nada de anormal na noite do crime.

Em 12 de agosto, após deliberar por nove horas, o júri considerou Jesse Anderson culpado pela morte da esposa Barbara. Semanas depois, ele foi condenado à prisão perpétua. Enquanto era escoltado para fora do tribunal, Anderson escutou xingamentos dos familiares de Barbara, que também gritaram em uníssono: "Shane". Shane era o nome do cão da família, o animal cujo pelo levou à sua condenação.

De acordo com aqueles que contemplaram a sombria e deformada alma de Jeffrey Lionel Dahmer, o homem estava preparado para morrer.

A cada noite de domingo, quatro vezes ao mês, Joyce falava com seu filho por telefone. "Eu sempre perguntava se ele estava seguro e ele respondia, 'Não importa, mãe. Eu não me importo se algo acontecer comigo'."

O ex-perfilador do FBI, Robert Ressler, que entrevistou Dahmer e quase participou como testemunha de seu julgamento, comentou: "Eu não acho que ele estava particularmente preocupado com a vida. Ele disse que qualquer coisa que a sociedade tinha para ele, ele sabia que merecia".

Já Dennis Murphy, em uma visita à Columbia, em maio de 1994, aproveitou para ver Jeff. Na conversa, Jeff disse que estava prestes a fazer parte da população geral do presídio e em seis meses estaria morto. De fato, o homem loiro, branco e bem apessoado, que se tornou uma estrela midiática por matar, principalmente, homens negros e pobres, era um troféu. Além da fama e importância imputada, Jeff era gay e abusara e matara menores de idade. Ele era um combo perfeito para a malignidade homicida de Columbia e quem colocasse as mãos nele teria o nome eternizado, além de fazer um favor a uma grande parte da sociedade wisconsiana, que acreditava no olho por olho e dente por dente. Jeff sempre foi um alvo móvel.

Havia uma coisa estranha no ar, um cheiro da morte e uma sensação de contagem regressiva. Ninguém, entretanto, sabia quais os números do relógio. Estavam longe do zero? Perto? Muitos não enxergavam, mas Jeff Dahmer exalava a morte. Sua boa aparência faz as pessoas enxergarem apenas beleza. Ninguém presenciou seus crimes, são apenas coisas que estão escritas por aí. Isso diminui e muito a devassidão trágica e horrenda dos seus atos. Se alguém presenciasse pessoalmente, como um observador, ou, pelo menos, como se Jeff estivesse em um *reality show*, é certeza que esse alguém iria direto para o consultório psiquiátrico para ser entupido por sedativos durante semanas. O acompanhamento psicológico posterior poderia nunca curar os pesadelos testemunhados. Ninguém nunca terá a real dimensão do horror praticado por Jeff Dahmer. Se as pessoas pudessem testemunhar as atrocidades cometidas por assassinos em série, sentir o medo e a agonia das vítimas ou de suas famílias, esses indivíduos não teriam fãs-clubes e admiradores(as). Eles também não seriam mitificados pela indústria do entretenimento. Ao contrário, eles seriam colocados em seus devidos lugares, e suas histórias, usadas, estudadas e pesquisadas com cuidado e muita responsabilidade.

Para aqueles que conseguem transpassar a pele e as características fenotípicas, Jeff Dahmer era alguém sombrio, um ser humano que carregava um peso, cuja composição ainda hoje está além da nossa compreensão. Milwaukee estava sob uma nuvem escura trovejante desde a sua prisão, e sua história manifestou o primitivismo que habita grande parte das pessoas. Jeff Dahmer só ofereceu morte à sociedade e, em contrapartida, não podia receber outra coisa. A morte era tudo o que eles tinham a oferecer em retribuição.

Durante as reuniões semanais na prisão com o ministro Roy Ratcliff, Dahmer, muitas vezes, contemplou "a questão da morte", perguntando a Ratcliff se ele estava "pecando contra Deus por continuar a viver".

Em 23 de novembro de 1994, a leitura semanal de Dahmer da bíblia foi tirada do Livro do Apocalipse, um livro repleto de profecias do fogo do inferno, condenação e fúria. A passagem que Dahmer escolheu foi estranhamente inapropriada para um dos seus desejos naquele momento: a morte. "Naqueles dias os homens buscarão a morte e não a acharão; e desejarão morrer, e a morte fugirá deles."

Mas a morte encontrou Jeffrey Lionel Dahmer, 34 anos e seis meses de vida, apenas cinco dias depois dessa leitura.

Na manhã do dia 28 de novembro de 1994, Dahmer foi escalado para limpar o banheiro do ginásio de esportes da penitenciária, juntamente com outros dois presos. Um deles era um negro grande, forte, agressivo e com perturbações mentais, que estava em Columbia cumprindo pena por assassinato. O outro, um branco racista que esfaqueou a esposa 21 vezes e ainda se dizia inocente. Pelo crime, ele culpava dois homens negros. Os presos eram Christopher Scarver e Jesse Anderson.

Os atrasos e as falhas da sociedade, aliadas às rachaduras do sistema, permitiram a Jeff Dahmer viver uma vida de predação sem que nada ou ninguém o parasse. Foi ele próprio que, descontrolado pela loucura, indiretamente pôs um fim a tudo. Inconscientemente, ele usou esses atrasos, falhas e rachaduras em benefício próprio, mas esse é um jogo de idas e vindas e uma hora tudo se voltaria contra ele.

Anderson, Dahmer e Scarver eram supervisionados por dois guardas, Donovan Dittberner e Robert Theiler, e devido à negligência laboral desses dois agentes do Estado, uma tragédia aconteceu.

Theiler, de 48 anos, escoltou os três presos para uma tarefa de limpeza no ginásio do presídio e simplesmente os deixou sozinhos. Dittberner, de 24 anos, observava os cômodos do ginásio através de uma cabine de observação logo acima e percebeu quando Theiler caminhou para fora. O relógio marcava quase oito horas da manhã.

De acordo com uma investigação posterior, descobriu-se que Theiler foi até a cozinha do presídio dar os seus ingressos de um jogo de basquete para um colega e permaneceu lá, escutando os outros guardas contarem piadas. Já Dittberner, entediado, decidiu que não ficaria em sua posição observando Anderson, Dahmer e Scarver. Havia coisas mais interessantes a se fazer, então ele foi até um telefone e ligou para um amigo. Por quinze minutos eles conversaram amenidades, como programas para o fim de semana e caça de veados.

Enquanto os guardas se ausentavam de suas atribuições, Dahmer começou a limpar o banheiro, Anderson foi até o vestiário e Scarver entrou na sala de musculação. Enquanto Jeff limpava o chão, algo chamou a sua atenção. Ele sentiu uma presença. Era a presença da morte na pele de Christopher Scarver. Ele olhou para o homem negro que lhe passava a altura. Em uma das mãos, Scarver segurava uma barra de ferro retirada da sala de musculação. Jeffrey Dahmer olhou e não fez absolutamente nada. Ele não gritou. Ele não reagiu. Ele nem sequer se defendeu. O primeiro golpe atingiu o lado direito da sua cabeça. Então veio o segundo, o terceiro, o quarto... Ensandecido, Christopher Scarver destruiu a cabeça de Jeff com inúmeros golpes. Quando finalmente se deu por satisfeito, Dahmer, no chão, era a imagem do horror. Scarver observou Jeff gorgolejar, então virou as costas e saiu do banheiro. Os ponteiros do relógio marcavam oito horas e quatro minutos daquela manhã.

Jeffrey Lionel Dahmer — neto, filho, irmão, assassino — estava morto.

Tranquilamente, Scarver caminhou mais alguns metros em direção a Anderson, que, aparentemente, estava alheio a tudo o que acontecia. Jesse provavelmente nem viu de onde veio o golpe. Scarver o golpeou várias vezes na cabeça até sentir que o importante trabalho encomendado por Deus estava feito. Mas, diferentemente de Dahmer, que morreu quase que instantaneamente, Jesse sofreu mais.

Fotos da cena do crime mostram manchas de sangue que Anderson deixou ao tentar se levantar duas vezes. Após ser atacado por Scarver, Jesse caiu com a cabeça debaixo de um banco no vestiário. Havia sangue na parte de baixo do banco, indicando que ele tentou se levantar, mas bateu a nuca ensanguentada no banco. Lutando pela vida, Anderson conseguiu se levantar e espalhou sangue pelos armários, em uma direção começando de baixo para cima, sugerindo que ele se rastejou ao longo dos armários, como se estivesse se apoiando neles para não cair enquanto cambaleava.

A mancha de sangue, então, virou em um canto em direção ao banheiro. Apoiado na parede, Jesse andou, deixando-a ensanguentada. Ele cambaleou até um chuveiro e ficou por ali circulando, até cair de vez.

Quando os guardas finalmente voltaram aos seus postos, encontraram uma cena *gore* e se desesperaram, mas não havia nada que pudesse ser feito. Jeffrey Dahmer e Jesse Anderson foram levados a um hospital e Jeff teve o seu óbito confirmado uma hora depois. Anderson estava consciente quando deu entrada no hospital, mas entrou em coma e o seu cérebro parou de funcionar dois dias depois. O óbito foi confirmado em 30 de novembro.

Por mais ridículo que possa parecer, principalmente para uma prisão dita de segurança máxima como a Columbia, casa dos criminosos mais perigosos do Wisconsin, Christopher Scarver simplesmente desapareceu. Ele foi capaz de trucidar dois outros internos, guardar a barra de ferro no lugar que pegou, lavar as mãos e andar de volta até sua cela sem que ninguém o visse. Quando guardas, atônitos, o descobriram, ele estava tranquilamente em sua cela fumando um cigarro, uma cena estilo "chefão da cadeia" vista em filmes. "Deus me disse para fazer... Vocês ouvirão no noticiário das seis horas. Jeffrey Dahmer e Jesse Anderson estão mortos", disse aos guardas.

Se Jeffrey Lionel Dahmer realmente desejava a morte, ele a encontrou em Christopher Scarver. Não é possível saber o que exatamente aconteceu naquela manhã de 28 de novembro de 1994, o que ficou foi a versão de Scarver e alguns indícios que corroboravam sua fala como, por exemplo, a falta de ferimentos defensivos em Dahmer, o que sugeria a sua não reação ao ataque. Jeff também pode ter sido atacado de surpresa. Não se sabe. Scarver alegou escutar vozes, mas o ataque foi planejado. Meses antes, a direção da Columbia recebeu a denúncia de um preso que afirmou que Scarver planejava "pegar" Dahmer. A direção deu de ombros à acusação e tudo ficou por isso mesmo.

Mais de 20 anos depois do acontecido, em 2015, Scarver falou pela primeira vez sobre as mortes e mudou a sua versão.

Se correspondendo através de cartas com o *The New York Post*, ele disse que desprezava Dahmer e que Jeff costumava atormentar outros detentos com "membros de corpos" que ele moldava através da comida servida na prisão. Segundo Scarver, Jeff usava o ketchup para simular o sangue. "Ele os colocava em lugares onde as pessoas ficavam. Ele passou dos limites com alguns presos, prisioneiros, o pessoal da prisão. Algumas pessoas que estão na cadeia se arrependem, mas ele não era um deles", escreveu Scarver. As palavras de Scarver foram corroboradas por um ex-agente penitenciário chamado Jeffrey Endicott, entrevistado pelo próprio *The New York Post* após as revelações do assassino esquizofrênico. "Endicott disse que descobriu um pênis feito de salsicha e queijo dentro da cela de Dahmer; ele [Dahmer] planejava usá-lo em uma de suas piadas doentias", relatou o jornal.

Scarver supostamente carregava no bolso um artigo de jornal detalhando como Dahmer matou, desmembrou e praticou canibalismo. No dia do duplo assassinato, Scarver teria ficado furioso quando estava enchendo um balde de água e alguém o cutucou por trás com um cabo de vassoura. "Eu me virei e Dahmer e Jesse estavam, tipo, rindo baixinho. Eu olhei direto em seus olhos, mas não pude ter certeza de quem havia feito aquilo."

Em seguida, os três homens seguiram para cômodos diferentes e Scarver decidiu confrontar o assassino em série com a notícia que carregava em seu bolso. "Perguntei a ele se ele havia feito aquelas coisas que eu sentia nojo. Ele ficou chocado e começou a olhar para a porta, muito rápido. Eu o bloqueei. Ele acabou morto. Eu acabei com a sua cabeça."

Já Jesse Anderson foi morto por ser racista. Scarver afirmou que Anderson desenhou um buraco de bala na testa de um desenho de Martin Luther King (essa informação é confirmada por jornais da época) e, além disso, o homem culpava negros pela morte da esposa. "Ele parou por um segundo e olhou em volta. Ele estava procurando para ver se algum guarda estava por lá. Não havia nenhum. Praticamente a mesma coisa [aconteceu], tirei sua cabeça para fora." Scarver ainda disse para o jornal que não foi por acaso que ele ficou sozinho com Dahmer, uma vez que os guardas supostamente o odiavam e o queriam morto. Para ele, a administração "facilitou" o seu trabalho.

É difícil acreditar cem por cento nas palavras de Scarver. Por outro lado, ele pode estar falando a verdade. Só temos a sua versão dos fatos, pois Dahmer e Anderson estão mortos. Scarver parece querer fornecer um motivo para os homicídios ao dizer que foi cutucado por trás com um cabo de vassoura. Mas o fato é que ele já planejava assassinar Dahmer e essa vontade chegou aos ouvidos da direção do presídio muito antes de ele ter a oportunidade. Em sua mente perturbada, Scarver tinha um sistema de castas onde certos internos, por estarem nos níveis mais baixos da degradação, deveriam ser eliminados. Mas, da mesma forma que Dahmer ou Anderson não estão vivos para darem suas versões, Steven Hicks e as dezesseis vítimas seguintes de Dahmer, e Barbara Anderson, também não estão aqui para darem as suas. O que sabemos com certeza é que Jeff foi assassinado pelo tipo que lhe atraía na noite — jovem, magro, esguio, atlético (e negro). Scarver só era grandalhão. Todas as vítimas de Dahmer eram menores do que ele em estatura. É simbólico também a forma como ele foi morto, atingido na cabeça com um objeto usado para musculação. Similarmente, Steven Hicks levou uma pancada na cabeça com um haltere. Jeff foi morto da mesma forma que atacou Hicks, sua primeira vítima.

Sete meses depois, um relatório concluiu que os guardas Donovan Dittberner e Robert Theiler falharam em suas atribuições. Dittberner foi suspenso por seis meses, sem direito a remuneração, e Theiler por três meses, também sem remuneração. O guarda William Greene, que permitiu Dittberner realizar uma ligação para fora do presídio, foi suspenso por um dia. Já Steve Schneider, supervisor na Columbia e para quem Dittberner ligou e conversou durante quinze minutos, pegou três dias de gancho.

"Esta é uma grande violação de segurança. Concluímos que o homicídio de Jeffrey Dahmer poderia ter ocorrido mesmo que todas as regras e políticas tivessem sido cumpridas. A morte de Anderson, por outro lado, poderia ter sido evitada se todos os funcionários estivessem mais vigilantes e aderindo estritamente a todas as regras e políticas. O que teria acontecido de diferente se todos estivessem conscientes [de suas tarefas] é um palpite. O nosso é que talvez Scarver não tivesse matado naquele dia, mas pode ter certeza de que o [nome do] sr. Scarver seria ouvido novamente", escreveu o comitê que investigou o duplo assassinato. "Não pode ser concluído diretamente que qualquer um pudesse ter evitado a morte de Jeffrey Dahmer. Por outro lado, se Theiler e Dittberner estivessem fazendo o que eles supostamente deveriam fazer, observando e monitorando internos na área de recreação, é possível que o homicídio de Jesse Anderson não tivesse ocorrido." (Entretanto, de acordo com Scarver, ocorreria de qualquer jeito.)

O relatório é uma confissão absurda de incompetência, escrito para livrar a pele de pessoas de alta posição na hierarquia do sistema prisional e da secretaria de segurança pública do Wisconsin. Como sempre acontece, e para dar uma resposta à sociedade, punem-se os mais baixos na escala do trabalho e livram-se os de cima. Mas o mais absurdo é a deixa do relatório de que Scarver faria "de qualquer jeito", como se eles estivessem de mãos atadas à mercê de um fora da lei descontrolado. Uma afirmação simplesmente patética. Mas, para um sistema que falhou a vida inteira com as vítimas de Jeff e a sociedade, não é de se esperar que funcionaria agora para ele. No fim, sua morte foi o capítulo final, e mais um exemplo do fiasco estrutural e organizacional da sociedade.

Após uma vida que durou apenas 34 anos, Jeffrey Lionel Dahmer estava morto. Sua morte causou reações conflitantes. "Eu estou muito feliz e bastante animada que aquele monstro finalmente morreu, o demônio se foi", disse Janie Hagen, irmã de Richard Guerrero. Já Theresa Smith, irmã de Edward Smith, morto por Dahmer em 1990, chorou ao escutar as notícias vindas de Columbia. "Eu chorei por sua família. Chorei por ele. Ele não devia ter sido morto daquela maneira." Em uma prisão feminina do Wisconsin, quando a morte de Jeff foi confirmada na TV, uma gritaria generalizada se iniciou. As centenas de mulheres que ali cumpriam pena se abraçaram e se esgoelaram de felicidade, dando pulos e comemorando, como se a seleção de futebol tivesse ganho a Copa do Mundo. Uma das internas, porém, deixou o refeitório imediatamente, se recolheu em sua cela e começou a chorar copiosamente. Ela era Pamela Bass, vizinha de Jeff nos Apartamentos Oxford, que muitas vezes bebeu com ele e até quis arranjar uma namorada para o rapaz do 213. Na época cumprindo pena, Bass não conseguia entender como as pessoas podiam estar comemorando uma tragédia. Era um ser humano que se foi e Bass ficou enojada e emocionada. Richard Hicks, pai de Steven Hicks, ficou incomodado com o assédio da imprensa e pediu que a sua família fosse deixada em paz, tecendo um breve comentário: "Eu não sei o que dizer. Eu só acho que toda vez que uma vida é interrompida, é trágico". Gerald Boyle comentou que o seu medo havia se concretizado e Michael McCann disse em uma entrevista que "Isso não é justiça. Este é o último capítulo triste de uma vida muito triste. Tragicamente seus pais terão que passar pela mesma perda que as famílias de suas vítimas. Espero que não haja retorno econômico ou celebração como um herói popular para o homem que matou Jeffrey Dahmer".

A morte pode ter sido uma escapatória fácil para Jeff, mas para sua família, foi mais um capítulo de uma dolorosa existência terrena.

"Agora todos estão felizes? Agora que ele foi espancado até a morte, isso é suficiente para todos?", disse sua mãe em tom de desabafo em um comunicado. Lionel ficou petrificado com as notícias que assistia na TV. Seu amado, enigmático e doentio filho estava morto. Em 30 de novembro, ele e Shari chegaram até o Wisconsin e se dirigiram ao necrotério. A visão do cadáver de Jeff chocou Lionel. Não pelos ferimentos, mas pelo que representava: a morte. Seu filho estava machucado, inerte, morto — sem vida. O ser humano Jeffrey Dahmer não existia mais. Como em um sonho, ele se foi.

Tudo o que Lionel podia fazer naquele momento era chorar e contemplar o corpo do filho, dando o seu último adeus. Para sempre.

> "Eu espero agora que a imprensa esqueça quem somos, que o mundo nos esqueça e que não sejamos mais tratados como aberrações." (Shari Dahmer, 28 de novembro de 1994)

No final de dezembro foi a vez de Joyce, acompanhada do caçula David, dar o seu último adeus a Jeff, cujo cadáver estava sendo mantido no necrotério do Condado de Dane, em McFarland. Joyce e David adentraram na câmara fria e um funcionário abriu o saco contendo o corpo. Joyce colocou um buquê de flores e um cartão em cima do cadáver e pediu que fosse cortada uma mecha do seu cabelo.

Com o passar dos dias, e o natural esfriamento do nome Dahmer, uma pergunta ficou no ar: Poderia a morte de Jeffrey Lionel Dahmer representar o fim do pesadelo?

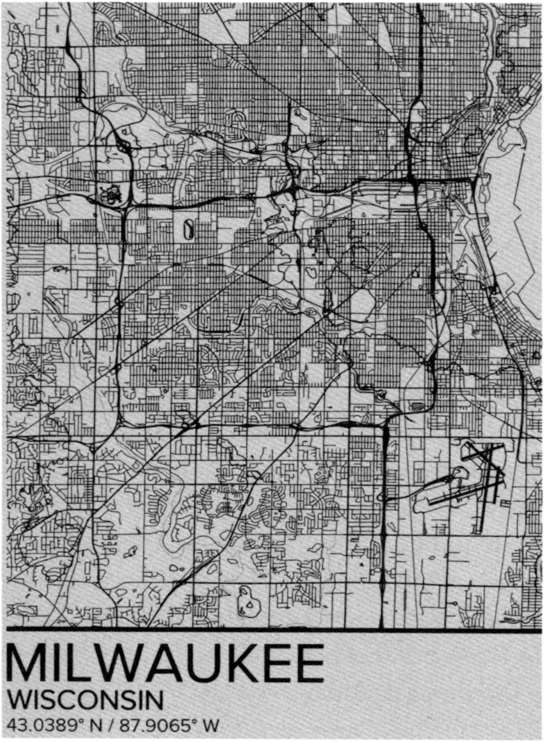

MILWAUKEE

WISCONSIN

43.0389° N / 87.9065° W

12

MILWAUKEE PÓS-DAHMER

> "A ironia final da vida do assassino em série Jeffrey Dahmer deve ser a sua mãe e seu pai — que dezesseis anos antes abandonaram ele sozinho na casa da família em Bath Township, quando brigavam em um divórcio amargo e longo — brigando um com o outro pela custódia de suas cinzas." (*The Akron Beacon Journal,* 29 de novembro de 1994)

A prisão de Jeff Dahmer e a revelação de seus doentios crimes, com os detalhes estampando todas as capas de jornais e programas de televisão, canal após canal, levaram sua família à beira do abismo. O sofrimento de seu pai, Lionel, sua madrasta, Shari, sua mãe, Joyce, e seu irmão, David, deve ter sido insuportável e está além da nossa compreensão. Descobrir que um ente querido tão próximo cometeu atrocidades que nem mesmo o cinema foi capaz de idealizar os colocou no limbo. A grande preocupação de Lionel, porém, foi com sua mãe, Catherine. O neto assassinou, desmembrou e desossou cinco homens dentro da sua própria casa e Lionel quis poupar a mãe de tudo. Uma tarefa que se tornou terrivelmente ingrata, dado que a casa vivia cercada por jornalistas e carros de TV, além de curiosos e peritos da polícia que a examinaram de ponta a ponta. Os quatro principais jornais de Milwaukee praticamente acamparam em frente à casa e Catherine teve que se mudar. Após décadas vivendo na casa em que construiu com o falecido marido, lugar em que passava seus dias repousando em uma cadeira de balanço, cuidando de plantas e da sua gata, Catherine se viu abruptamente tendo de sair para morar em um lugar completamente diferente. Ela nunca se recuperaria de tal mudança.

Lionel manteve a terrível verdade longe da mãe enquanto pôde, mas quando finalmente ela soube de tudo, a mulher entrou em choque e rapidamente sucumbiu à demência.

Catherine Jemima Hughes Dahmer viria falecer, aos 88 anos, apenas um ano e cinco meses depois da prisão do neto, em pleno dia de Natal de 1992. Lionel costumava gravar mensagens da mãe para mostrá-las a Jeff em suas visitas ao filho encarcerado. Na última mensagem gravada por Lionel, com a voz muito fraca, Catherine diz: "Eu amo você, Jeff".

Lionel e Shari quase foram à falência financeira após os crimes de Jeff. Eram processos vindos de todos os lados e a coisa só piorou com o lançamento de *Meu Filho Dahmer*, em março de 1994. Somente a família de Steven Hicks processou os Dahmer em 50 milhões. O casal Dahmer definitivamente passou por todos os círculos do inferno até o esgotamento físico e psicológico; eles se tornaram objetos do ridículo, pessoas a serem evitadas; eram como as aberrações humanas dos shows circenses antigos — pessoas para as quais as outras apontavam os dedos e cochichavam enquanto se distanciavam, olhando-as com medo, curiosidade e repulsa. A crença popular era que se Jeffrey Dahmer era um monstro, então ele nasceu de uma família de monstros. "Ambos, Shari e eu, somos torturados. Eu não posso te dizer o quanto torturados nós somos", desabafou Lionel a um jornal de Ohio, em agosto de 1994. Na mesma entrevista, Shari também se mostrou estressada e indignada com as pessoas. "Nós nunca seremos as mesmas pessoas novamente em nossas vidas. Nós não podemos sair. Eu usei um cartão de débito e a garota do caixa disse: 'Oh, nossa, você tem o mesmo nome do Jeffrey Dahmer. Eu nunca conheci ninguém como *aquilo*'. Eu não sou *aquilo*! Eu sou um ser humano!" Mas como dois lutadores que nunca desistem, Shari e Lionel se levantaram todas as vezes em que foram derrubados.

Na época, o casal estava no fogo cruzado de uma discussão sobre o dinheiro da venda de *Meu Filho Dahmer*. Praticamente falido, Lionel planejou usar o dinheiro para se reerguer e continuar pagando as despesas dos processos judiciais que se amontoavam em suas costas — nesse sentido, ajudou o fato de Jeff estar recebendo doações em dinheiro de pessoas ao redor do mundo. É possível que os quase 3 mil dólares que ele transferiu para duas firmas de advocacia, em 1993, tenha ocorrido a pedido de seu pai.

Lionel e Shari quase foram à falência financeira após os crimes de Jeff. Eram processos vindos de todos os lados e a coisa só piorou com o lançamento de *Meu Filho Dahmer*, em março de 1994. Somente a família de Steven Hicks processou os Dahmer em 50 milhões.

Quando a mídia sensacionalista começou a publicar sobre como Lionel ficaria com o dinheiro das vendas, as famílias das vítimas, seus advogados e a opinião pública se revoltaram. Lionel recebeu 150 mil adiantados da editora William Morrow & Co., em 1992, dinheiro que foi todo embora para pagar advogados e dois escritores fantasmas — o primeiro deles não deu certo, e o segundo, Thomas Cook, acabou sendo contratado para a função.

Enquanto contava os centavos para custear as viagens até Columbia para visitar o filho e pagar as custas legais dos processos contra Jeff, e contra ele próprio, Lionel se estranhava com Gerald Boyle. Dois anos e meio após o julgamento, o pai do réu ainda não havia pagado nenhum centavo pelo trabalho de Boyle e o advogado estava no seu direito de cobrar. A tensão cresceu a um ponto em que Boyle ameaçou entrar na justiça contra Lionel. Ele, por sua vez, ameaçou de volta: se o advogado o fizesse, Lionel daria o troco.

Em uma entrevista publicada na edição de 21 de agosto de 1994, no *The Akron Beacon Journal*, ficou claro o quanto Lionel estava errado. Suas palavras deixam a impressão de que a estratégia de defesa de Boyle foi errada e que por isso o advogado não foi pago. Boyle disse ao casal Dahmer que o melhor lugar para Jeff era um hospital psiquiátrico e Lionel concordou. Para que isso acontecesse, Jeff deveria se declarar insano. Quando o resultado não veio, Lionel sentiu-se no direito de não pagar pelo serviço. "Nós passamos por todo aquele julgamento com o entendimento de que o único lugar [para Jeff] era um hospital psiquiátrico. Você pode imaginar como me senti?", indagou Lionel.

Lionel, obviamente, estava distorcendo a situação. Sua condição financeira era um desastre; a vida e seu estado mental e emocional estavam destruídos, mas isso não era desculpa para ele não respeitar o compromisso firmado com Boyle. Ele pediu para o advogado assumir o caso em 1991. Boyle sugeriu que Lionel procurasse um defensor público, mas Lionel queria o melhor, um profissional comprometido até o pescoço para ajudar o seu filho. Boyle aceitou e fez o seu melhor. Tirando um adiantamento pequeno de Lionel, Boyle trabalhou por sete meses sem cobrar.

Três dias depois da publicação da entrevista de Lionel e Shari — onde Shari usou a palavra "falência" —, o *Wisconsin State Journal* publicou uma matéria intitulada "Contas legais de Dahmer não foram pagas". Nela, Gerald Boyle afirmou que o valor devido era considerável, mas "nós não estamos falando de um colchete de seis dígitos... Por que eles não me disseram sobre os problemas deles em vez de me deixar descobrir [sobre uma possível falência] em um jornal?".

Enquanto o imbróglio parecia estar longe do fim, mais acontecimentos negativos batiam à porta do casal, e um deles aconteceu com a ex-esposa de Lionel. Em 29 de março de 1994, uma vendedora da Avon bateu à porta da casa da mãe de Jeff, em Fresno, na Califórnia, e notou o característico cheiro de gás natural. Ela foi até a casa vizinha e ligou para a polícia. Uma viatura chegou minutos depois e dois policiais desligaram o gás do lado de fora da casa e entraram, encontrando Joyce caída no chão da cozinha, consciente, mas desorientada e incoerente.

"Restam poucas dúvidas de que ela estava tentando tirar sua vida", disse o sargento de polícia Tim McFadden a jornais na época. Joyce tomou uma overdose de medicamentos e ligou o gás do forno. Nenhuma nota de suicídio foi encontrada, mas em um bilhete escrito por ela lia-se palavras de amor aos seus dois filhos. O bilhete foi escrito inicialmente em 23 de agosto de 1991, um mês após a prisão de Jeff, indicando que ela já pensava em suicídio desde essa época. Ao longo dos anos, ela foi adicionando mais desejos ao papel. Ela escreveu sobre deixar seus bens para o filho David, mas o orientou a ajudar Jeff, caso ele necessitasse de dinheiro. "Por favor, me creme", escreveu.

Apesar dos pensamentos suicidas, Joyce foi capaz de superar os seus demônios e viver sua vida até março de 1994. É revelador que a sua tentativa de suicídio tenha ocorrido não com a prisão do filho ou as terríveis revelações que se seguiram, mas quando seu ex-marido publicou o seu livro, no qual a acusava de negligência e do uso de inúmeras drogas durante a gravidez. A publicação de *Meu Filho Dahmer* foi a gota d'água e Joyce tentou se matar dias após o lançamento da obra.

Em uma linha adicionada posteriormente ao bilhete, ela escreveu: "Tem sido uma vida solitária — especialmente hoje... Desde que eu me casei com Lionel Dahmer, ele tem abusado fisicamente e mentalmente de mim. Agora ele [está] colhendo recompensas financeiras ao continuar fazendo isso".

Joyce se recuperou e, pouco tempo depois, deu uma entrevista para o programa *Hard Copy*, onde revelou que a dor e a depressão eram fortes demais, e por isso atentou contra a própria vida. Ela disse se preocupar com o fato de Jeff não estar recebendo terapia na prisão e criticou o fato de ninguém o estar estudando, o que poderia ajudar na compreensão de indivíduos como ele e, por consequência, evitar o surgimento de novos Jeffrey Dahmer. "Ele não é um monstro, ele é um ser humano", disse. Joyce também revelou como foi difícil lidar com o julgamento das pessoas em relação ao filho e a ela. Em um momento, o seu chefe a proibiu de usar fotografias de Jeff em sua mesa e comunicou que não poderia mais representar a empresa devido a tudo o que havia acontecido. Para uma mulher perturbada como Joyce, tal comportamento só fez piorar seu estado mental.

Após a morte do filho, ela e Lionel brigaram na justiça pelo direito de poder enterrar o corpo de Jeff. Joyce queria doar o cérebro do primogênito para estudos. Seu ex-marido foi contra. Raivoso pela morte de Jeff, Lionel disse que a sociedade deveria ter aproveitado quando o filho ainda estava vivo. Ninguém se interessou em estudá-lo nos mais de dois anos em que ficou preso, e agora que ele estava morto, o interesse surgiu? Lionel se negou veemente à ideia e o destino do cérebro de Jeff parou nas mãos da justiça — o órgão foi preservado no formaldeído nos laboratórios da escola de medicina da Universidade do Wisconsin, sob os cuidados do médico e professor Robert Huntington III.

O corpo permaneceu sob custódia do Estado por quase um ano, congelado no necrotério do Condado de Dane. Em vida, Dahmer disse desejar que seu corpo fosse cremado, ele morria de medo de terminar como uma atração de zoológico em um museu qualquer, como Si Quey.* E assim foi feito. Em 18 de setembro de 1995, após acordo entre as partes, seu corpo foi cremado e cada pai recebeu metade de suas cinzas. Por toda vida, Lionel guardou as cinzas do filho e, segundo disse em uma entrevista, estão guardadas "em paz". Joyce colocou a sua metade em um bonito vaso de cerâmica de cerca de trinta centímetros de altura, em uma prateleira da sala de estar de sua humilde residência em Fresno.

Joyce também revelou como foi difícil lidar com o julgamento das pessoas em relação ao filho e a ela. Em um momento, o seu chefe a proibiu de usar fotografias de Jeff em sua mesa e comunicou que não poderia mais representar a empresa devido a tudo o que havia acontecido. Para uma mulher perturbada como Joyce, tal comportamento só fez piorar seu estado mental.

Já o cérebro de Jeff teve o destino selado em dezembro, quando um juiz de Portage decidiu pela cremação.

O estudo de cérebros de assassinos em série não é algo novo. Desde o século XIX especialistas médicos vêm estudando cérebros de homens e mulheres que cometeram assassinatos em série e os resultados são sempre os mesmos — cérebros de assassinos em série são fisicamente saudáveis e perfeitos, como os de qualquer outra pessoa. Do século XIX até os dias de hoje, nenhum pesquisador descobriu qualquer anomalia na estrutura visível do cérebro que pudesse lançar alguma luz sobre o comportamento distorcido e perverso dos assassinos em série.

* Imigrante chinês condenado, em 1958, na Tailândia, pelo assassinato de sete meninos. Foi acusado de remover os órgãos internos das vítimas, cozinhá-los e comê-los. Seu cadáver mumificado foi mantido em exposição em um museu de Bangkok por mais de sessenta anos, até ser cremado em 2020.

Quando o mutilador ucraniano Andrei Romanovich Chikatilo foi condenado à morte na Rússia, instituições psiquiátricas do mundo inteiro enviaram mensagens aos russos perguntando se eles não poderiam doar o cérebro dele para pesquisa. O interesse não era para menos, o comportamento aberrante de Chikatilo foi um caso raro, sem precedentes na história moderna. Estudiosos queriam saber se existia alguma coisa de errado com seu cérebro. Uma instituição no Japão chegou a oferecer um milhão de dólares pelo órgão, mas o governo russo sequer respondeu às requisições e executou Chikatilo em fevereiro de 1994. Se os próprios russos chegaram a dissecá-lo em prol da ciência, isso não se sabe.

Mais sorte teve a psiquiatra forense norte-americana Helen Morrison. Três meses após a execução de Andrei Chikatilo, outro notório e sinistríssimo assassino em série teve a sua vida ceifada pelo Estado. O palhaço assassino John Wayne Gacy morreu com uma injeção letal em 10 de maio de 1994. Horas após a execução, seu corpo foi secretamente levado para um hospital onde a dra. Helen extraiu o seu cérebro. "Basicamente havia muitas questões... O que houve com seu desenvolvimento? O que houve com o cérebro? Poderíamos começar algum experimento humano?", revelou a médica em um documentário do *Biography Channel*. Após exames minuciosos, o que ela descobriu? Nada. O cérebro do psicopata homicida era perfeitamente normal e saudável.

Os alemães fizeram o mesmo experimento com os assassinos em série Fritz Haarmann (1925) e Peter Kürten (1931). No século XIX, os franceses examinaram centímetro por centímetro o cérebro da "assassina monomaníaca" Hélène Jégado após sua decapitação em 1852. A autópsia e o exame do cérebro foram conduzidos pelo químico Faustino Malaguti, na Faculdade de Ciências de Rennes, em uma tentativa de provar a teoria do *bosse du crime* — expressão francesa para a frenologia. Como esperado, eles falharam. Não havia nada de errado com o cérebro da mulher.

Hoje sabemos que, sim, os cérebros de alguns homicidas condenados e psicopatas são diferentes, mas essas diferenças não são possíveis de se perceber a olho nu ou pelo microscópio. Tais diferenças são especialmente aparentes nas regiões cerebrais associadas ao processamento emocional, controle comportamental e cognição social, e só foram possíveis de se perceber a partir da década de 1990 graças à neurociência e ao uso da ressonância magnética no escaneamento cerebral.

Pesquisas de vanguarda, realizadas pelo neurocientista americano James Fallon, mostraram que psicopatas assassinos têm a conectividade diminuída entre a amídala — região do cérebro que processa estímulos negativos e aqueles que dão origem às reações de medo — e o córtex pré-frontal, que interpreta as respostas da amídala. Quando a conectividade entre essas duas regiões é baixa, o processamento de estímulos negativos na amídala não se traduz em emoções negativas sentidas. Isso poderia explicar por que os psicopatas assassinos não se sentem culpados por suas ações ou tristes quando suas vítimas sofrem. Eles também não sabem reconhecer a expressão de medo. É bom reforçar que esses estudos são realizados em indivíduos vivos. Um cérebro morto tem pouco, ou nada, a compartilhar com a ciência.

Alguns dos familiares das vítimas de Dahmer processaram seus pais e o Estado. A família de Konerak Sinthasomphone entrou com ações civis contra os policiais John Balcerzak e Joseph Gabrish e a cidade de Milwaukee. Oito famílias de vítimas esperavam realizar um leilão dos objetos de Dahmer, incluindo a geladeira onde ele armazenou partes de corpos, a furadeira usada para perfurar cabeças, vídeos pornográficos etc. Thomas Jacobson, advogado que representou as famílias das vítimas, disse na época que esperava arrecadar mais de 100 mil dólares com o leilão.

Jacobson trabalhou arduamente para fazer dinheiro para as vítimas. Ele até chegou a propor a Dahmer que ele escrevesse uma autobiografia e o dinheiro fosse revertido para as oito famílias. Jeff se negou veementemente ao projeto. "Eu não acho que resta mais alguma história a ser contada. [A história] foi escrita nessas espeluncas,* romances, livretos inúteis. Isso já foi contado inúmeras vezes. Não sobrou nenhuma história", escreveu Jeff em resposta a um jornal de Milwaukee, semanas antes de morrer. Sobre a ideia de tornar seus objetos pessoais e os instrumentos que usou para matar pessoas na dahmerabilia de alguém, Jeff escreveu: "Eu não gostaria que caíssem em mãos erradas e fossem usados para fins de exploração, como essas pessoas que inventaram os malditos cartões de

* Aqui, Jeff se referia às lojas que vendem produtos baratos, tipo as de R$1,99 no Brasil.

beisebol e os gibis". Theresa Smith, irmã de Edward Smith, disse na época ser contra o leilão e que não gostaria de fazer parte do show de horrores que cresceu junto ao caso. "Eu não quero alguém dizendo: 'Este é o machado que cortou a cabeça de Eddie'. É dinheiro de sangue, não importa a maneira que você olha para ele."

Quando a conectividade entre [amídala e córtex pré-frontal] é baixa, o processamento de estímulos negativos na amídala não se traduz em emoções negativas sentidas. Isso poderia explicar por que os psicopatas assassinos não se sentem culpados por suas ações ou tristes quando suas vítimas sofrem. Eles também não sabem reconhecer a expressão de medo.

Quando um juiz de Milwaukee autorizou que os objetos fossem a leilão, um rico empresário do ramo imobiliário da cidade, chamado Joseph Zilber, ficou horrorizado e agiu rápido. Temendo que os itens fossem realmente leiloados e mantidos como lembranças macabras por colecionadores, Zilber lançou um esforço para comprar todos os objetos e destruí-los. "Vender coisas que foram usadas para matar pessoas é errado, e seu impacto sobre a cidade de Milwaukee teria sido devastador", comentou o braço direito do empresário, Mike Mervis, em uma entrevista para o canal de TV TMJ4 em julho de 2011. Com a ajuda de amigos empresários, políticos e outras pessoas, o fundo liderado por Zilber arrecadou 407.225 dólares e fechou um acordo com as famílias das vítimas. Não houve leilão, o fundo ficou com os pertences de Dahmer e o dinheiro repartido entre as famílias e advogados. Cada uma das onze famílias cujos restos mortais foram encontrados no apartamento de Dahmer recebeu 32.500 dólares. Advogados envolvidos no processo dividiram 49.725 dólares— Jacobson ficou com 29 mil e revelou que doaria o dinheiro a uma entidade de caridade.

Um dia após o juiz Daniel George aprovar a liberação dos objetos ao fundo — nomeado Milwaukee Civic Pride Fund —, eles foram destruídos. Toda a ação foi filmada, mas a gravação mantida em segredo até 2011, quando trechos foram exibidos em uma reportagem do TMJ4.

Às cinco horas da manhã do dia 26 de junho de 1996, Mervis, policiais, promotores e técnicos reuniram-se na antiga sede do MPD e recolheram todas as "relíquias" do reinado da morte de Jeffrey Lionel Dahmer.

Na gravação, é possível ver um serrote, um martelo e uma furadeira, os instrumentos que Jeffrey Dahmer usou para matar suas vítimas. Até mesmo a calça jeans e um travesseiro de Dahmer foram destruídos. Vê-se também no vídeo drogas, o freezer usado para armazenar cabeças e a bicicleta amarela de Jeff. O objeto mais infame é o barril azul, retirado às 7h45 por um policial do depósito e ainda com as fitas de lacre. Os homens ficaram três horas fazendo a triagem do material. Os itens, então, foram colocados em um caminhão de lixo e, às 8h28, levados até um aterro secreto no estado de Illinois.

"Todos os itens usados como provas no julgamento, eu quero repetir, todos os itens e outros materiais que foram armazenados como provas foram retirados. Eles estavam em envelopes ou em papel de embrulho", diz Mike Mervis no vídeo.

Às 11h52, todos os objetos foram descarregados no chão do aterro e, no minuto seguinte, um rolo compactador pé de carneiro de noventa toneladas esmagou tudo, dando ré nos objetos e novamente esmagando-os. Na gravação, vê-se o barril azul e a bicicleta de Dahmer sendo destruídos. Por ser um aterro ativo, o que restou dos objetos ficaria sob camadas de lixo que seriam despejadas a seguir por outros caminhões.

Lixo sobre lixo. Para muitos, foi um epitáfio apropriado.

É possível que o nome Jeffrey Dahmer nunca seja totalmente esquecido. O tempo dissipará sua existência, mas acredito ser difícil o fazer por completo. Escritores do futuro continuarão a escrever sobre ele, assim como cientistas, vez ou outra, revisitarão o seu caso em seus estudos sobre a mente e o comportamento humano. A psicóloga Mary Ann Lyons disse certa vez que "existe uma atração muito poderosa para o arrepio negativo". De fato, assassinos que cometeram atrocidades chocantes ficaram marcados em nossa história e seus casos estudados e contados por historiadores e escritores do futuro. Erzsébet Báthory e Gilles de Rais são alguns exemplos. O estágio atual da literatura nos faz produzir obras contemporâneas dos malfeitores de nosso tempo, o que constitui uma bibliografia sem precedentes para as gerações das próximas décadas e séculos. Nós ainda não temos respostas para os comportamentos de Jeff Dahmer, mas acredito eu que as gerações do futuro poderão fornecer uma resposta qualificada do porquê Jeffrey Dahmers existirem.

Na morte ou na vida, o nome Jeffrey Lionel Dahmer sempre evocará uma imagem que atraiu todo o mundo em 1991: freezers e panelas cheias de partes de corpos humanos sendo removidas do apartamento 213, do prédio da rua 25th North em Milwaukee; a histórica fotografia dos jovens usando roupas especiais e máscaras de oxigênio descendo o seu barril azul preenchido de ácido e corpos; seu rosto pálido, sem vida, o olhar plano e vazio.

> "Ele era como o Cometa Halley. Um criminoso como ele aparece a cada 75 anos e, felizmente, não será visto novamente por outros 75." (Gerald Boyle)

AP photo
therine Lacy (right) and Rosa Colon are directed to their seats Tuesday
Milwaukee County Court to hear additional charges brought against
Dahmer, left, and her husband, Lionel, sit i
in Akronm Friday as their son, Jeffrey Dal
reground, is tried for the murder of Steve
in 1978. (AP Photo)
AP Phot
lice officers escort Jeffrey Dahmer, center, into court fo
entering of his plea Tuesday.
evere graduates
eceive diplomas
FIELD — Commencement
s for the 1978 graduating
Revere High School were
Coliseum.
beth Young was valedictori-
Rusanowsky was salutatori-
graduates were:
Young
Rusanows
ED SUBA JR./ Bea
pher Scarver listens to attorney Daniel
r changed his innocent plea in the beat
no contest and was given two life sente
MILWAUKE
WISCONSIN
43.0389° N / 87.9065° W

MONSTROS REAIS **CRIME SCENE**®

EXTRAS

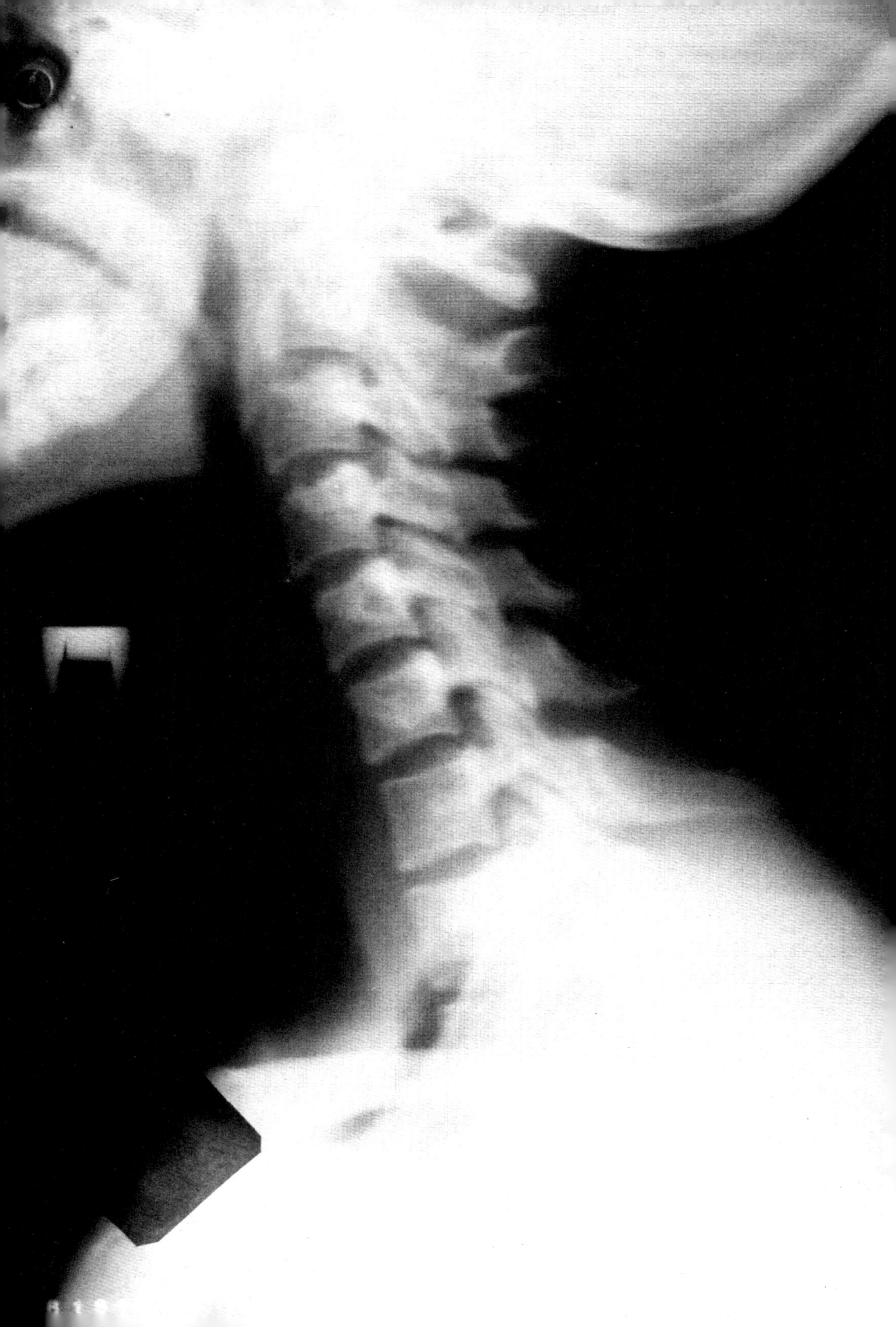

RAIO X

Conclusões do médico patologista **Jeffrey Jentzen**

Com base na autópsia e evidências da cena do crime, as seguintes conclusões foram confirmadas:

1. Que o réu estrangulou as vítimas após "contenção química".
2. Esse ácido ou algum material cáustico foi injetado no cérebro das vítimas antes da morte.
3. Que o réu provavelmente estava tentando diminuir o número de furos perfurados na tentativa de tornar as vítimas indefesas e usá-las como "zumbis" involuntários, como foi provado e corroborado por exame psiquiátrico.
4. O método de dissecação e eliminação das vítimas foi determinado com base no exame *post mortem* e na observação de fotografias.
5. A análise antropológica sugeriu que o réu era atraído por um determinado tipo de corpo e selecionou as vítimas pela semelhança de características craniofaciais.
6. O material presente na cena era consistente com o "desmembramento e retirada de lembranças" que foi descrito como potencializador do prazer sexual de um assassino em série.

CARACTERÍSTICAS ANTROPOLÓGICAS					
As 11 vítimas encontradas no apartamento 213					
CASO	**IDADE**	**ALTURA**	**PESO**	**RAÇA**	**NOME**
91-1501	23	1.70	61	Negra	Oliver Lacy
91-1502	25	1.77	67	Branca	Joseph Bradehoft
91-1503	23	1.75	63	Hispânica	Jeremiah Weinberger
91-1504	14	1.60	50	Asiático	Korenak Sinthasomphone
91-1505	31	1.82	74	Negra	Tony Hughes
91-1506	23	1.80	72	Negra	Ernest Miller
91-1507	26	1.75	72	Negra	Anthony Sears
91-1508	32	1.67	58	Negra	Raymond Smith
91-1509	19	1.75	68	Negra	Errol Lindsey
91-1511	18	1.82	72	Negra	Curtis Straughter
91-1512	21	1.70	68	Negra	Matt Turner

MÉTODO DE IDENTIFICAÇÃO			
As 11 vítimas encontradas no apartamento 213			
NOME	**DENTÁRIA**	**DIGITAL**	**OUTRA**
Oliver Lacy	Sim	Sim	Foto da identidade na cena
Joseph Bradehoft	Sim	Sim	Foto da identidade na cena Tatuagem na mão esquerda
J. Weinberger	Sim	Não	Família identificou por foto post mortem
K. Sinthasomphone	Sim	Não	Foto da família; antropologia forense
Tony Hughes	Sim	Não	Não
Ernest Miller	Sim	Não	Não
Anthony Sears	Sim	Não	Não
Raymond Smith	Sim	Não	Não
Errol Lindsey	Sim	Não	Não
Curtis Straughter	Sim	Não	Não
Matt Turner	Sim	Sim	Foto de identidade; família

LOCALIZAÇÃO DOS RESTOS MORTAIS NA CENA		
As 11 vítimas encontradas no apartamento 213		
NOME	**CABEÇA/CRÂNIO**	**VÍSCERAS**
Oliver Lacy	Geladeira da cozinha	Órgãos internos, pele e músculo no freezer
Joseph Bradehoft	Freezer da cozinha	-
Jeremiah Weinberger	Freezer da cozinha	-
Korenak Sinthasomphone	Armário do corredor, lado esquerdo	-
Tony Hughes	Armário do corredor, lado esquerdo	-
Ernest Miller	Gaveta no armário de arquivo no quarto	-
Anthony Sears	Gaveta no armário de arquivo no quarto	Cabelo e genitais
Raymond Smith	Gaveta no armário de arquivo no quarto	-
Errol Lindsey	Caixa do computador no quarto	-
Curtis Straughter	Caixa do computador no quarto	Armário do corredor — mãos e genitais
Matt Turner	Parte inferior do freezer da cozinha	Dois pedaços do coração e músculo esquelético no congelador da geladeira

AS 6 VÍTIMAS RESTANTES	
NOME	**CORPO**
Steven Hicks	Alguns restos ósseos encontrados na 4480 West Bath Road, em Bath Township, Ohio
Steven Tuomi	Restos mortais descartados na lixeira; nada foi encontrado
James Doxtator	Restos mortais descartados na lixeira; nada foi encontrado
Richard Guerrero	Restos mortais descartados na lixeira; nada foi encontrado
Edward Smith	Restos mortais descartados na lixeira; nada foi encontrado
David Thomas	Restos mortais descartados na lixeira; nada foi encontrado

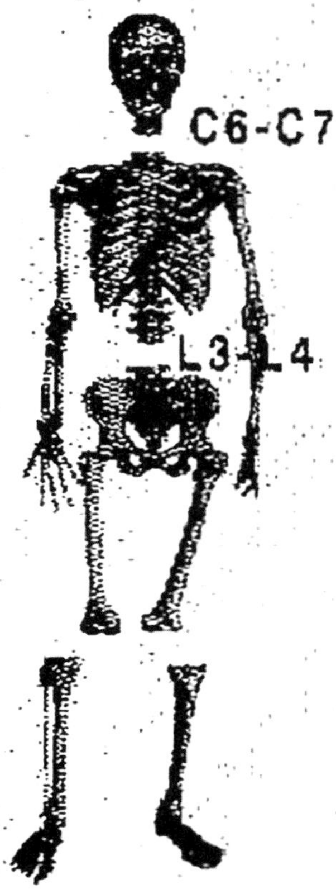

91-1501

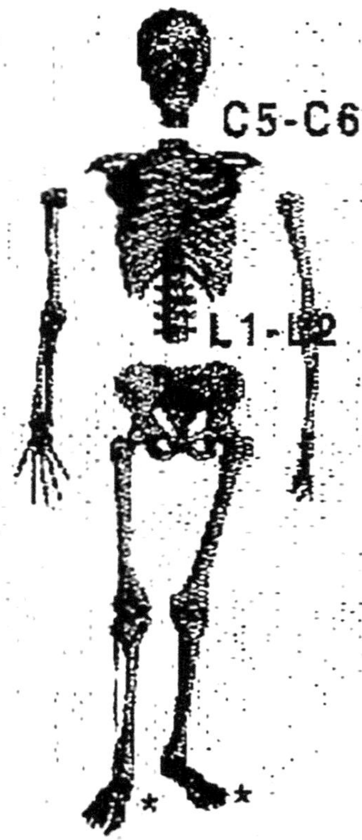

91-1502

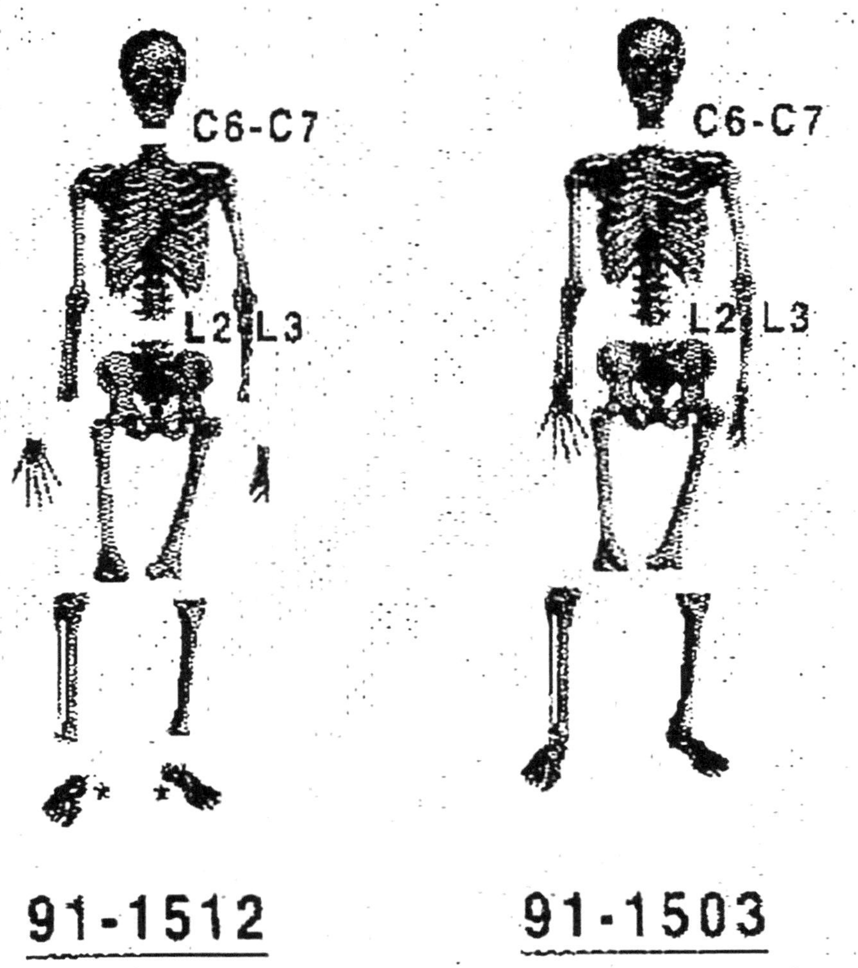

Foto: Jentzen et al.

Uma representação esquemática do padrão de desmembramento das quatro vítimas finais recuperadas na cena. Os asteriscos referem-se às áreas de tentativa de descarne dos aspectos plantares dos pés.

DADOS PESSOAIS	
Nascimento: 21/05/1960	**Cidade:** Milwaukee
Hora: 16h45	**Estado:** Wisconsin
Local: Hospital Deaconess	
Ascendência: Alemã e Norueguesa	

FAMÍLIA	
Pai: Lionel Dahmer (1936-2023)	**Mãe:** Joyce Flint (1936-2000)
Avós Paternos: Herbert Dahmer (1903-1971) e Catherine Hughes (1904-1992)	**Avós Maternos:** Floyd Flint (1911-1977), Lilian Rundberg (1915-1983)
Bisavós Paternos: John Dahmer (1866-1905), Rosa Seidel (1868-1920), Robert Hughes (1868-1920), Eunice Spears (1876-1945)	**Bisavós Maternos:** James Flint (1873-1942), Lottie White (1884-1978), Ole Rundberg (1870-1957) e Inga Kleven (1889-1980)

CARACTERÍSTICAS FÍSICAS*	
Altura: 1,83/1,85 m	**Peso:** 78,75 kg

CARACTERÍSTICAS PESSOAIS
Não tinha laços próximos, exceto com o pai e a avó. Não tinha amigos. Nunca teve um relacionamento amoroso sério. Preferência por relação sexual sem qualquer intimidade interpessoal.

PARCEIRO SEXUAL PERFEITO
"Cara branco bem desenvolvido. Totalmente condescendente, disposto a fazer o que eu quisesse. Apenas para mim. Corpo de 'nadador' ou 'tipo ginasta'."

ESCALA DE PREFERÊNCIA AMOROSA
1. Homem branco atlético totalmente submisso 2. Parceiro em um estado zumbi 3. Parceiro drogado 4. Parceiro morto 5. Vida celibatária — sem sexo

* Altura e peso medidos no dia de sua prisão — 22 de julho de 1991.

DIAGNÓSTICOS PSIQUIÁTRICOS	
Evelyn Rosen	Transtorno de Personalidade Esquizoide
Norman Goldfarb	Transtorno de Personalidade Mista
Frederick Berlin	Transtorno Parafílico (Necrofilia)
Judith Becker	Transtorno Parafílico (Necrofilia) Psicose*
Carl Wahlstrom	Transtorno Parafílico (Necrofilia) Psicose Transtorno de Personalidade Esquizotípica Transtorno de Personalidade Limítrofe
George Palermo	Transtorno de Personalidade Mista Transtorno de Personalidade Sádica
Samuel Friedman	Transtorno de Personalidade Mista Transtorno Parafílico (Necrofilia)† (Citou os abaixo como possíveis) Transtorno de personalidade obsessivo-compulsiva Transtorno de personalidade limítrofe Transtorno de personalidade sádica
Frederick Foscal	Transtorno Parafílico (Necrofilia)
Park Dietz	Transtorno Parafílico (dos tipos Necrofilia, Frotteurismo e Parcialismo) Transtorno por Uso de Substâncias Transtorno de Personalidade Esquizotípica‡ Transtorno de Personalidade Antissocial§

Nota do Autor: não foi diagnosticado, mas se envolveu nas seguintes parafilias: exibicionismo, pigmalionismo, vampirismo, erontofilia, antropofagia, necrosadismo e necrofetichismo.

* Não diagnosticou oficialmente Dahmer como psicótico, mas aventou a possibilidade.

† Admitiu no tribunal após questionamento do advogado de Dahmer.

‡ Não diagnosticou oficialmente Dahmer, mas aventou a possibilidade.

§ Não diagnosticou oficialmente Dahmer como psicopata, mas disse que ele tinha quatro sintomas vistos em adultos psicopatas: 1) falha em se adaptar às normas sociais; 2) nunca teve um relacionamento monogâmico por mais de um ano; 3) excesso de faltas no trabalho — que o levou a perder três empregos (Sunshine Sub Shop, Plasma Center, Ambrosia); 4) mentir e enganar pessoas para vantagem pessoal.

FATOS MARCANTES

1960

21 de maio de 1960: Nasce em Milwaukee, Wisconsin, dos pais Joyce Annette Flint, 24 anos, e Lionel Herbert Dahmer, 23.

1962 (2 anos): Fica fascinado ao descobrir ossos de animais que seu pai removeu de debaixo da casa da família.

1964 (4 anos): Teve um tipo de trauma ao acreditar que o seu pênis foi amputado após realizar uma cirurgia.

18 de dezembro de 1966 (6 anos): Nascimento do irmão David. Jeff passa a se sentir negligenciado e menos amado devido à atenção dispensada pelos pais ao irmão.

1967 (7 anos): Mata os girinos do seu amigo e vizinho Lee, despejando óleo de motor no recipiente dos animais.

1970

1972 (12 anos): Por volta dos 12, 13 anos, começa a coletar animais mortos. Tem fascínio ao abrir as carcaças e guarda, principalmente, os crânios.

1973 (13 anos): Um vizinho mais novo sugere que eles tirem a roupa. Ele e Jeff se tocam sexualmente e se beijam.

1974 (14 anos): Por volta dos 14 anos, obcecado por um corredor, planeja atacá-lo para usar sexualmente seu corpo. O plano não funciona.

Agosto de 1977 (17 anos): Após anos de brigas com a esposa, o pai, Lionel, sai de casa e vai morar em um motel de beira de estrada. Tem início o processo do divórcio.

Maio de 1978 (18 anos): Se gradua no ensino médio da Revere High School.

Junho de 1978 (18 anos): Joyce se muda para outro estado e leva David. Jeff é deixado para viver sozinho na casa da família, em Bath.

18 de junho de 1978 (18 anos): Homicídio de Steven Hicks na casa da família em Bath.

24 de julho de 1978 (18 anos): Divórcio de Joyce e Lionel é oficializado.

Outubro de 1978 (18 anos): Apontado pela polícia da Universidade Estadual de Ohio como suspeito de furtar um relógio, um rádio e dinheiro de colegas de quarto.

29 de dezembro de 1978 (18 anos): Se alista no Exército dos Estados Unidos.

13 de julho de 1979 (19 anos): Enviado para serviço militar em Baumholder, Alemanha Ocidental.

1980

24 de março de 1981 (20 anos): Dispensado do serviço militar após sucessivas advertências por indisciplina e embriaguez.

8 de outubro de 1981 (21 anos): Preso em Bath por conduta inapropriada, intoxicação pública (embriaguez) e resistência à prisão.

1982 (21 anos): Morando em West Allis com a avó, compra uma pistola Magnum .357. Seu pai descobre e confisca a arma, e pede para que um amigo a venda.

8 de agosto de 1982 (22 anos): Preso após abaixar as calças na presença de aproximadamente 25 pessoas, incluindo mulheres e crianças, em uma feira de Milwaukee.

14 de janeiro de 1985 (24 anos): É contratado para trabalhar na fábrica de chocolates Ambrosia como misturador de ingredientes, no turno da madrugada.

1985 (25 anos): Lendo na Biblioteca Pública de Wauwatosa, recebe o bilhete de um homem oferecendo sexo oral no banheiro masculino. Ele ignora a proposta.

1985 (25 anos): Rouba um manequim masculino de uma loja e o esconde em seu quarto para fazer sexo. Sua avó descobre e ele o joga fora.

1985 (25 anos): Descobre livrarias que vendem material pornográfico homossexual (revistas, vídeos e filmes), bares e saunas gay.

Junho de 1986 (26 anos): Começa a drogar homens em saunas para se satisfazer sexualmente.

Julho de 1986 (26 anos): Homens reclamam ao gerente da sauna Club Bath Milwaukee. Jeff é expulso da casa após drogar um homem, que vai parar no hospital.

Agosto de 1986 (26 anos): Volta a apresentar comportamento exibicionista, tirando o pênis para fora da calça e se masturbando em locais públicos.

8 de setembro de 1986 (26 anos): Preso em Milwaukee nas imediações do Rio Kinnickinnic após se masturbar na frente de dois meninos de 12 anos.

1987 (27 anos): Passa o ano levando homens para quartos de hotéis. As vítimas são drogadas e abusadas. O comportamento dura até novembro.

20 de novembro de 1987 (27 anos): Homicídio de Steven Tuomi no Hotel Ambassador.

16 de janeiro de 1988 (27 anos): Homicídio de James Doxtator na casa da avó em West Allis.

Fevereiro de 1988 (27 anos): Bobby Duane Simpson acompanha Dahmer até West Allis, é drogado, mas não é assassinado.

24 de março de 1988 (27 anos): Homicídio de Richard Guerrero na casa da avó em West Allis.

Abril de 1988 (27 anos): Ronald Flowers acompanha Dahmer até West Allis, é drogado, mas não é assassinado. A avó viu os dois juntos.

26 de setembro de 1988 (28 anos): Morando em um endereço de Avenues West, é preso por drogar e molestar sexualmente Somsack Sinthasomphone, de 13 anos.

4 de novembro de 1988 (28 anos): É atacado violentamente na rua por um desconhecido. O policial Gary Temp atende a ocorrência e Dahmer é levado para um hospital.

25 de março de 1989 (28 anos): Homicídio de Anthony Sears na casa da avó em West Allis.

23 de maio de 1989 (29 anos): Condenado a um ano de prisão em regime semiaberto e a cinco anos de liberdade condicional pelo abuso de Somsack Sinthasomphone.

23 de novembro de 1989 (29 anos): É abusado sexualmente por um homem chamado John Paul Ranieri, que conheceu no Club 219.

1990

2 de março de 1990 (29 anos): O juiz William Gardner autoriza a soltura de Dahmer.

20 de maio de 1990 (29 anos): Homicídio de Raymond Smith nos Apartamentos Oxford.

Final de maio de 1990 (30 anos): Leva um homem para o seu apartamento, mas, acidentalmente, bebe o café irlandês com Halcion. Ele adormece e é roubado.

27 de junho de 1990 (30 anos): Homicídio de Edward Smith nos Apartamentos Oxford.

Julho de 1990 (30 anos): Tentativa de homicídio de Luis Pinet. O garoto sobrevive e dá queixa na polícia. A queixa não é levada adiante.

2 de setembro de 1990 (30 anos): Homicídio de Ernest Miller nos Apartamentos Oxford. Inicia o comportamento de comer pedaços dos corpos.

24 de setembro de 1990 (30 anos): Homicídio de David Thomas nos Apartamentos Oxford.

18 de fevereiro de 1991 (30 anos): Homicídio de Curtis Straughter nos Apartamentos Oxford.

Março de 1991 (30 anos): Sumida há sete anos, Joyce telefona para o filho e, durante a conversa, diz que o ama e o aceita do jeito que ele é.

7 de abril de 1991 (30 anos): Homicídio de Errol Lindsey nos Apartamentos Oxford. Inicia as experiências com objetivo de criar zumbis, que lhes serviriam de escravos sexuais.

24 de maio de 1991 | 31 anos Homicídio de Tony Hughes nos Apartamentos Oxford.

27 de maio de 1991 (31 anos): Homicídio de Konerak Sinthasomphone nos Apartamentos Oxford.

30 de junho de 1991 (31 anos): Homicídio de Matt Turner nos Apartamentos Oxford.

5 de julho de 1991 (31 anos): Homicídio de Jeremiah Weinberger nos Apartamentos Oxford.

12 de julho de 1991 (31 anos): Compra um tambor azul de 215 litros para acelerar o descarte dos restos mortais das vítimas através da acidificação.

15 de julho de 1991 (31 anos): Homicídio de Oliver Lacy nos Apartamentos Oxford.

19 de julho de 1991 (31 anos):
Homicídio de Joseph Bradehoft. Demitido da Ambrosia.

22 de julho de 1991 (31 anos):
É preso pela polícia de Milwaukee após uma vítima, Tracy Edwards, conseguir fugir do apartamento.

17 de fevereiro de 1992 (31 anos):
Condenado a quinze prisões perpétuas consecutivas. Totalidade da pena chega a 940 anos de reclusão.

1 de maio de 1992 (31 anos):
Extraditado e julgado em Ohio pelo homicídio de Steven Hicks. Condenado à décima sexta prisão perpétua consecutiva.

10 de maio de 1994 (33 anos):
Batizado na prisão pelo ministro Roy Ratcliff, da Igreja de Cristo.

3 de julho de 1994 (34 anos):
É atacado na prisão pelo detento Osvaldo Durruthy, que tenta degolá-lo com uma navalha improvisada em uma escova de dente.

28 de novembro de 1994 (34 anos): É assassinado na prisão a golpes de barra de ferro pelo detento negro e esquizofrênico Christopher Scarver.

18 de setembro de 1995
Seu corpo é finalmente cremado e as cinzas divididas em partes iguais; metade é enviada para Joyce e a outra metade, para Lionel.

12 de dezembro de 1995
Após batalha judicial entre Joyce e Lionel, um juiz de Milwaukee decide pela cremação do seu cérebro.

26 de junho de 1996
Todos os seus pertences, incluindo roupas e objetos usados para matar as vítimas, são destruídos em um aterro no estado do Illinois.

2000

21 de setembro de 2022
O serviço de *streaming* Netflix lança uma minissérie baseada no caso. O sucesso mundial é estrondoso e bate recordes de audiência.

LOCAL DE ABORDAGEM DAS VÍTIMAS

VÍTIMA	CIDADE	ANO	LOCAL
Steven Hicks	Bath	1978	Rua | Shopping Summit Mall
Steven Tuomi	Milwaukee	1987	Boate Club 219
James Doxtator	Milwaukee	1988	Ponto de ônibus
Richard Guerrero	Milwaukee	1988	Boate The Phoenix
Anthony Sears	Milwaukee	1989	Boate La Cage
Raymond Smith	Milwaukee	1990	Boate Club 219
Edward Smith	Milwaukee	1990	Boate The Phoenix
Ernest Miller	Milwaukee	1990	Rua | Livraria na 27th State
David Thomas	Milwaukee	1990	Rua | Shopping Grand Avenue Mall
Curtis Straughter	Milwaukee	1991	Ponto de ônibus da Universidade Marquette
Errol Lindsey	Milwaukee	1991	Rua | 27th street
Tony Hughes	Milwaukee	1991	Boate Club 219
K. Sinthasomphone	Milwaukee	1991	Rua | Shopping Grand Avenue Mall
Matt Turner	Chicago	1991	Estação de ônibus
Jeremiah Weinberger	Chicago	1991	Bar Carol's Speakeasy
Oliver Lacy	Milwaukee	1991	Rua | Livraria na 27th State
Joseph Bradehoft	Milwaukee	1991	Ponto de ônibus da Universidade Marquette

NO RASTRO DE DAHMER

Milwaukee WI • 21 de maio de 1960: Nasce no Hospital Deaconess às 16h45.

West Allis, WI • maio a setembro de 1960: Morou na casa da avó, na 2357 South 57th Street.

Milwaukee, WI • setembro de 1960 a 1962: Morou em uma casa na Van Buren Street.

Ames, IA • 1962 a 1966: Morou na Pammel Court e nos Apartamentos Hawthorn.

Doylestown, OH • 1966: Morou em uma casa na Church Street.

Baberton, OH • 1967: Morou em uma casa na Baird Street.

Bath Township, OH • 1968 a 1978: Morou na casa 4480 da West Bath Road.

Columbus, OH • setembro a dezembro de 1978: Morou nos alojamentos da Universidade Estadual de Ohio.

Anniston, AL • janeiro a abril de 1979: Morou na Base Militar de Fort McClellan.

San Antonio, TX • maio a junho de 1979: Morou na Base Militar de Fort Sam Houston.

Baumholder, Alemanha • 13 de julho de 1979 a 24 de março de 1981: Morou na Base Militar de Baumholder.

Miami, FL • março a setembro de 1981: Morou em quarto de motel, e até dormiu na praia.

Bath Township, OH • setembro a dezembro de 1981: Voltou a morar na 4480 W. Bath Road.

West Allis, WI • dezembro de 1981 a setembro de 1988: Morou na casa da avó, na 2357 South 57th Street.

Milwaukee, WI • setembro de 1988: North 24th Street. Morou apenas um dia neste endereço (um apartamento).

Franklin, WI • março de 1989 a março de 1990: Encarcerado na Franklin House of Correction. Só saía para trabalhar.

West Allis, WI • março a maio de 1990: Morou na casa da avó, na 2357 South 57th Street.

Milwaukee, WI • maio de 1990 a 22 de julho de 1991: Morou nos Apartamentos Oxford, na 924 North 25th Street.

Portage, WI • fevereiro de 1992 a 28 de novembro de 1994: Encarcerado na Columbia Correctional Institution.

McFarland, WI • dezembro de 1994 a setembro de 1995: Corpo mantido no necrotério do Condado de Dane.

DECLARAÇÃO DE MARTHA HICKS

Na sexta-feira, primeiro de maio de 1992, Jeffrey Dahmer entrou novamente em um tribunal para ser julgado. Extraditado para Ohio, Dahmer adentrou no Tribunal Comum de Apelações do Condado de Summit, na cidade de Akron, e se declarou culpado do brutal homicídio de Steven Mark Hicks, ocorrido em 18 de junho de 1978.

Dahmer estava nervoso. Falando ao *The Akron Beacon Journal*, seu pai, Lionel, afirmou que "isso é muito pior para Jeff do que Milwaukee, porque foi em sua juventude, foi o seu primeiro. Foi o que começou tudo".

Lionel acompanhou o filho no julgamento — que foi apenas simbólico e durou 45 minutos. Lionel ventilou a possibilidade de falar no tribunal, mas não conseguiu. Nem mesmo Dahmer abriu a boca, como havia feito em Milwaukee. Uma declaração sua foi lida por seu advogado, Robert Mozenter: "Não há nada que eu possa dizer... para aliviar a tristeza e a dor e a perda que pesa sobre a família Hicks", leu Mozenter. O advogado, em seu discurso, citou que Lionel sentia muito pela família Hicks e pelas pessoas do condado. "Ele também perdeu um filho", disse, olhando para os pais de Steven Hicks, Martha e Richard. "Ele também viverá com essa dor pelo resto de sua vida."

Foi permitido à família Hicks falar ao tribunal.

Os dois irmãos da vítima, Jeff e Craig, revelaram o quanto a morte do irmão os deixou abalados. "Eu costumava ser capaz de ver a bondade em meus companheiros, agora eu vejo o mal. No passado, eu era capaz de aceitar a mão de um amigo, hoje eu questiono seus motivos", disse Jeff. Já Craig revelou que não podia perdoar Dahmer.

Mas foi a mãe de Steven, Martha, quem mostrou todo o seu ódio, repulsa e desprezo pelo assassino do filho. Em um longo discurso, apresentado (não em sua totalidade) a seguir, Martha disse desejar apertar o botão da cadeira elétrica que Dahmer sentaria, caso houvesse pena de morte em Ohio; desejou também que ele fosse recebido pelo diabo quando morresse e criticou os habitantes do Condado de Summit por reprovarem o gasto de dinheiro público com um julgamento simbólico.

Ao final dos 45 minutos de sessão, o juiz James Williams condenou Dahmer à sua décima sexta pena de prisão perpétua. A pena não poderia começar a ser cumprida enquanto Dahmer não terminasse as quinze penas perpétuas recebidas no Wisconsin.

Sexta-Feira, 1 de maio de 1992 | Akron, Ohio
Martha M. Case Hicks

Meritíssimo, eu sou Martha Hicks e, com meu marido, Richard, nós estamos muito orgulhosos em dizer que Steven Mark Hicks era nosso filho. Eu quero me dirigir ao tribunal antes de você sentenciar Dahmer porque Steve era mais do que um caronista que Dahmer pegou e matou. Quando ele desapareceu, em 18 de junho de 1978, Steve era um bisneto, um neto, um filho, um irmão, um sobrinho, um primo e um amigo de muitas pessoas. Ele estava apenas a quatro dias do seu aniversário de 19 anos, e estava realmente ansioso por isso. Então, Steven terá para sempre 18.

Steven era um adolescente comum dos anos 1970: engraçado, feliz e que confiava [nas pessoas], com amor pela vida. Ele também podia ser difícil às vezes, como a maioria dos adolescentes. Mas isso não é sobre Steven, é sobre a tristeza que o ato vicioso de Dahmer causou em nós por todos esses anos.

Eu não sei como explicar pelo que nós passamos nestes treze anos, um mês e oito dias, não sabendo o que aconteceu a Steve. Os atos de Dahmer me fizeram questionar a minha religião, minha sanidade, minha maternidade e minha própria razão de ser. Eu sou grata que Deus me deu um marido maravilhoso e carinhoso e três outros filhos amorosos...

Eu quero explicar pelo que nós passamos em nossa busca por Steve. Nós ligamos para o escritório do xerife no dia seguinte ao desaparecimento de Steve e nos foi dito que devíamos esperar 72 horas antes que qualquer coisa pudesse ser feita. Nós ligamos para todos os amigos dele, mas ninguém o havia visto naquele dia. Então nós ligamos para todos os hospitais dos condados de Summit e Medina, [perguntando] por pacientes com amnésia ou qualquer um inconsciente admitido em 18 de junho que se encaixasse em sua descrição.

[...] Nós ligamos para a WMMS [rádio de Cleveland que opera em grande parte do nordeste de Ohio], cujo dia de apreciação ele saiu para comparecer, para perguntar se eles podiam falar alguma coisa no noticiário sobre o desaparecimento de Steven, mas a garota que atendeu ao telefonema disse: "Não é nossa culpa se o seu rapaz não voltou para casa", e desligou.

[...] Então, nós finalmente preenchemos um registro de pessoa desaparecida no [escritório do] xerife do Condado de Summit. Nos foi dito pelo oficial que pegou o registro que ele provavelmente apenas fugiu. E porque ele tinha mais do que 18, ele podia desaparecer se quisesse, que era o que alguns de nossos parentes acreditavam, mas eles nunca puderam dizer por que ele sumiria. Nós conhecíamos Steve, e nós sabíamos que ele não faria isso conosco. Então, por todos esses anos, nós oramos, nós acreditamos, e nós choramos.

Em 23 de julho de 1991, o Departamento do Xerife nos ligou e nos disse que eles estavam enviando uma fotografia do Steve para Milwaukee. Eu perguntei se eles pensavam que poderiam encontrar Steven lá, então ele disse: "Não, mas nós podemos encontrá-lo aqui". Nós assistimos nos noticiários das 23h de 22 de julho sobre o horror lá, mas após conversarmos juntos a respeito, nós decidimos que, desta vez, nós não iríamos deixar o Departamento do Xerife enviar os arquivos de informações de Steve... Nós até enviamos informação para um psíquico, imprimimos pôsteres e demos eles a uma pessoa que localizava e trazia de volta pessoas sequestradas por cultos. Nós contratamos um detetive particular, nós tivemos o escritório do xerife enviando o arquivo deles para o *Unsolved Mysteries* [programa de TV] em janeiro de 1990. Eles nunca nos contactaram.

Nós oferecemos uma recompensa, mas isso também não funcionou. Então nós continuamos rezando para que algum dia, antes de morrermos, se fosse o desejo de Deus, nós descobríssemos o que aconteceu com Steve...

Em 26 de julho de 1991, nossa esperança morreu. Nós finalmente descobrimos quem, o que, quando e onde; mas não o porquê. O motivo de Dahmer, se for verdade, é o motivo mais egoísta que nós já ouvimos para um assassinato. Steven foi assassinado porque ele queria voltar para casa, para nós...

Dahmer afirma que Steve ficou com ele apenas noventa minutos. Ele diz que eles conversaram sobre a namorada de Steve. Eu aposto que conversaram sobre ser o Dia dos Pais e Steve disse a ele que também era o aniversário do seu pai, e ele tinha que estar em casa às 18h, para uma festa de aniversário em família.

Quando Dahmer identificou a fotografia de Steve e foi perguntado como ele poderia ter tanta certeza de quem era, ele disse ao policial: "Você sempre se lembra do seu primeiro".

Eu quero que ele saiba que nós também lembramos do nosso primeiro. Nenhum dia se passou sem que tenhamos pensado em Steve e nós sempre lembraremos do nosso primeiro...

Como todo mundo sabe, a casa de infância de Dahmer teve de ser revirada em um pente-fino... Nós vimos pedaços do nosso filho toda noite na TV, alguns menores do que um palito de dente... Quatro famílias não tiveram nada de volta, então nós somos agradecidos por ter de volta menos do que uma caixa de sapatos cheia, mas nós queríamos enterrar tudo o que foi encontrado do Steve...

Eu sempre acreditei na pena capital, mas como Ohio não a tinha em 1978, eu não serei capaz de apertar o botão da cadeira elétrica. Mas eu sei que poderia fazê-lo neste animal. Como não posso, eu espero que ele viva uma vida longa, se possível, todos os 800 anos ou o que seja.

E eu espero que toda noite seja preenchida com pesadelos dos quinze homens e dois garotos que ele matou, e que ele possa sofrer toda a dor que ele causou a todas famílias... E quando Dahmer finalmente morrer em idade avançada, eu espero que Satanás, seu deus, dê uma grande festa para ele no inferno.

Meritíssimo, eu sei que isso é longo, mas nossa espera também foi longa. Fará catorze anos mês que vem. Steven foi o primeiro assassinado, o último enterrado, e o último a ser vingado. Eu não quero ninguém mais tendo de dizer ao seu neto, como eu fiz, que Dahmer não irá pegá-lo. Nós sabemos em primeira mão como é amar um neto incondicionalmente. Como avós amigos, nós queremos expressar nossa simpatia pela avó de Dahmer. Ela obviamente amava seu neto. Para retribuí-la, ele assassinou três e desmembrou quatro outros netos na casa dela. Ele fez isso e ela não pôde nunca mais viver em sua própria casa novamente. Que maneira de retribuir a alguém, talvez a única, que realmente o amou, apenas porque ele era o seu neto...

Para terminar, meritíssimo, eu tenho três coisas mais a dizer.

Primeiro, às pessoas do Condado de Summit que acham que o dinheiro dos contribuintes está sendo desperdiçado: eu espero que vocês nunca tenham que passar pelo que aguentamos por quase catorze anos. Mas se alguém que vocês amam for assassinado, nós não iremos ficar de má vontade com qualquer dinheiro gasto para levar o assassino do seu ente querido à justiça.

Segundo, este monstro não foi trazido aqui a Akron para satisfazer a família Hicks. Nós não escrevemos as leis que ele transgrediu. Deus e o estado de Ohio escreveram as leis que ele transgrediu, e foi o estado de Ohio que fez acusações de homicídio contra ele, não a família Hicks. Ele deve responder ao Estado porque ele assassinou um residente deste Estado.

E terceiro, no testemunho de Dahmer no tribunal de Milwaukee, ele citou a bíblia. Eu gostaria de dar a ele uma citação da minha bíblia. É Lucas, Capítulo 6, Versículo 45: "O homem bom tira coisas boas do bom tesouro que está em seu coração, e o homem mau tira coisas más do mal que está em seu coração, porque a sua boca fala do que está cheio o coração".

Meritíssimo, este homem maligno contou dezessete volumes que nós sabemos. Então eu lhe peço novamente: imponha a pena máxima permitida pela lei de Ohio. Nós agradecemos ao tribunal por nos permitir esse tempo.

• • •

Steven Mark Hicks foi assassinado em 18 de junho de 1978, quatro dias antes de seu aniversário de 19 anos, e sua família esperou dolorosos treze anos e três meses para lhe dar um enterro digno. O velório de Steven ocorreu em 21 de setembro de 1991, e contou com a presença de mais de cem pessoas que se reuniram da Casa Funerária Kucko-Anthony-Kertesz, em Akron, para prestar suas últimas homenagens. Posteriormente, o caixão com seus restos mortais foi levado até a Igreja Católica St. Francis De Sales, onde uma missa foi realizada. "Ele se foi há muito tempo... mas [para] Deus é apenas um piscar de olhos", disse o Reverendo James R. Schleicher, adicionando que todos nós um dia estaremos em uma caixa "como esta [...] Mas essa não é a coisa importante. O importante é como nós vivemos a vida que Deus nos deu."

Steven Hicks foi sepultado na subida de um morro, jazigo D110, no Cemitério Greensburg, em Green, Ohio, cidade ao sul de Coventry e Bath.

Curiosidade: cerca de um ano antes da descoberta dos crimes de Dahmer, William Berger, um professor de arte que havia comprado a antiga casa de Jeff, em Bath, encontrou um pedaço de osso durante um trabalho de jardinagem. Ele o guardou e, no ano seguinte, ao escutar sobre os crimes de Jeffrey Dahmer e descobrir que o assassino vivera a infância em sua casa, contatou a polícia. Um exame forense apontou que o osso era humano (algumas fontes citam ser um pedaço do fêmur, já outras o úmero).

ARTIGO DE JOHN-HENRI DAMSKI

Jeffrey Dahmer deixou uma marca profunda nas comunidades LGBTQIAP+ de Milwaukee e Chicago. Antes dele, serial killers homossexuais como Dean Corll, Patrick Kearney e John Wayne Gacy já haviam espalhado terror, intensificando o medo dentro da própria comunidade. No entanto, Dahmer operava de forma mais discreta, com vítimas majoritariamente negras e asiáticas, o que contribuiu para a negligência policial. Enquanto outros assassinos descartavam corpos à vista do público, seus crimes permaneceram ocultos por anos, evidenciando como o racismo e a homofobia institucionalizada permitiram que tantas mortes fossem ignoradas.

Nesse cenário, a perspectiva de John-Henri Damski, ativista e colunista LGBTQIAP+, se torna essencial. Com mais de 700 artigos publicados, ele documentou a cena gay de Chicago, cidade que Dahmer frequentemente visitava. Seu texto, originalmente publicado na revista *In Step*, oferece um olhar de dentro da comunidade afetada, contrastando com a narrativa da grande mídia e revelando emoções e indignações que foram silenciadas.

O mundo já conhece o que veículos como *Newsweek* e *People* escreveram sobre Dahmer, mas as vozes que realmente vivenciaram esse terror foram esquecidas. Resgatar o relato de Damski é dar espaço a uma perspectiva marginalizada, trazendo à tona sentimentos e reações daqueles que foram diretamente impactados por essa tragédia.

DANE-SE, DAHMER!

Eu realmente sinto por Jeffrey Lionel Dahmer. Seu cérebro distorcido. Seus assassinatos diabólicos e sórdidos. Seu ódio dos gays e negros. Ele atraiu os mais vulneráveis em nossa comunidade, jovens homens que queriam ser Prince,* e os levou até o seu matadouro.

Eu sinto por sua doença. Um cara que desejava sexo com cadáveres em vez de corpos inteiros. Um cara que não tinha identidade sexual, mas estava bastante disposto em fazer de toda a comunidade a culpada por seus crimes.

Eu realmente sinto por Dahmer empilhando mais mortes em nossa comunidade, numa época em que nós não precisamos de mais mortes. Ao ler publicações Gay de Milwaukee e Chicago nas últimas duas semanas, vocês encontrarão mais mortes do que Dahmer causou. A aids é o assassino em série que ninguém tem a chance de parar. Eu não quero ver mais nenhum outro rosto de homens jovens mortos olhando para mim das páginas dos jornais. Eu realmente sinto por Dahmer pegar garotos do nosso corredor da pobreza e colocá-los em seu corredor da morte. Eu sinto por seu plano ardiloso de cometer homicídios em estados onde ele nunca irá se sentar no corredor da morte. Ele se sentará em acomodações seguras e será uma estrela da mídia pelo resto da sua vida "natural".

Eu realmente sinto que ele nunca possa encarar a pena de morte. Quando tantos dos meus amigos enfrentaram a sentença de morte da aids, da qual não existe apelação. PWAs† têm sorte se puderem viver dois ou cinco [anos]. Mas John Gacy tem estado no corredor da morte por treze anos, desde a época em que Dahmer cometeu seu primeiro assassinato, descartando o corpo de Steven Hicks, 18, [no] estilo-Gacy, no porão da casa dos seus pais divorciados.

Eu realmente sinto Dahmer apagando as reais conexões entre as comunidades Gay e Lésbica de Milwaukee e Chicago. Milwaukee sempre foi líder na vida Gay. Em bares, *softball* e comentário intelectual. Milwaukee

* O autor se refere ao astro do rock Prince.

† Iniciais de "People With Aids" (pessoas com aids, em tradução literal).

sempre mostrou o caminho para Chicago. Eles tiveram a primeira grande liga de *softball* para Gays e Lésbicas, o histórico Wreck Room Classic, no Memorial Day, e um dos primeiros Gay World Series nacionais.

Seus bares têm uma longa tradição de colocarem juntos homens e mulheres, jovens e maduros, cerveja e comida. Bares como o Roscoe e o Sidetrack, em Chicago, têm suas raízes arquitetônicas nos bares de Milwaukee, como o Bob Schmidt's M&M Club. O Wreck Room, Club 219, Phoenix e C'est La Vie têm sido populares para os visitantes de Chicago. A *Gay Peoples Union* (GPU) foi uma revista Gay e Lésbica de comentários ilustres nos anos 1970. Milwaukee tem sido um modelo para Chicago, coisas que começam lá muitas vezes são copiadas aqui em larga escala.

E Chicago tem influenciado Milwaukee. A revista *In Step* de Ron Geiman é uma filha da *Gay Chicago*, com Ralph Paul como padrinho e Erin Criss como parteira. A real história sobre Milwaukee e Chicago não é o conto sórdido de Dahmer, mas como essas duas subculturas têm ajudado uma a outra a crescer e se desenvolver em fortes centros de ativismo Gay e Lésbico.

Mas o que eu realmente sinto é como Dahmer veio do nada e dominou as manchetes. Como ele habilmente invadiu nossas psiques e roubou nossa atenção. Nós culpamos os três policiais de Milwaukee por aceitar a palavra de Dahmer quando ele segurou o garoto de 14 anos do Laos e disse que eles eram apenas "amantes homossexuais tendo uma briga". Agora, Dahmer pratica os mesmos truques, exceto que ele está segurando todo o departamento de polícia e toda a mídia em suas mãos. Ele controla as notícias. Nós supostamente devemos rastrear sua história, seguir suas pistas, acreditar em sua palavra. Ainda estamos sob o feitiço deste canibal astuto.

Tão chateado quanto eu estou com Dahmer — como muitos outros, eu não tenho dormido bem ultimamente —, eu devo dizer que a cobertura das notícias tem sido melhor do que a dos homicídios de Gacy e do julgamento de Eyler;* mostra o avanço em nossa comunidade.

Eu ainda posso sentir o horror pessoal pelo dia em que John Wayne Gacy foi preso, em 1978. Em todas as histórias, ele foi retratado como o "assassino homossexual, que cometeu homicídios homossexuais de 33 garotos e homens jovens". Mas suas vítimas não foram identificadas

* Morador de Chicago, Larry Eyler foi um assassino em série homossexual que, entre 1982 e 1984, assassinou por volta de 21 adolescentes e homens jovens nos estados de Illinois e Indiana.

como homossexuais. A mídia tirou fotografias de lojas e bares na Broadway,[†] onde Gacy perambulava, e os chamou de "lugares homossexuais". Qualquer homem solteiro andando por aquelas ruas foi manchado com o mesmo pincel que Gacy. Mas nós também éramos cordeiros silenciosos. A *Gaylife* não cobriu a história. Eu escrevi algumas colunas para a *Gay Chicago*, mas muito na defensiva; nós não somos Gacy. Larry Bush, um escritor Gay de Nova Iorque, cobriu o julgamento para a *Village Voice*. Gacy vem sempre negando ser 'Gay', mas nós, homens Gays, sofremos em silêncio pelos seus crimes.

Tem havido várias histórias cobrindo a reação de Lésbicas e Gays do ponto de vista da comunidade. A Lambda Rights Network, de Milwaukee, assim como a Força Tarefa de Gays e Lésbicas, de Illinois, vêm continuamente sendo citadas em novas histórias. A palavra está espalhada: "treinamento de sensibilidade para policiais fede!".[‡] Nossa sociedade tem que levar garotos Gays e fugidos de casa mais a sério quando eles fazem barulho. Se importar com suas queixas antes desses garotos terminarem com os crânios na geladeira de algum pederasta.

No que me diz respeito, Dahmer não deve ser o centro das atenções — Dane-se, Dahmer —, ao contrário, nós devemos centrar nossa atenção em como nós ensinamos jovens homens Gays que querem ser Prince a lidar com sua sexualidade.

John-Henri Damski. *In Step*. Edição 17. 1991

† Famosa avenida de Chicago que o assassino em série John Wayne Gacy costumava frequentar com seu carro à procura de garotos.

‡ Damski critica as mudanças apresentadas pelo MPD após os crimes de Dahmer. Na época, o chefe de polícia, Philip Arreola, revelou que a polícia de Milwaukee seria treinada em novas formas de abordagem policial, e teria também formação cultural e aulas de sensibilidade no contato polícia-cidadão. Para Damski, isso era apenas conversa fiada.

CURIOSIDADES E OUTRAS HISTÓRIAS

Apesar de seu curto período de vida, há um mar de informações desconhecidas ou perdidas sobre a vida de Dahmer. Um livro é a melhor forma de aprender sobre um personagem histórico, mas os escritores só podem trabalhar com aquilo que está documentado ou relatado. O caso de Dahmer conta com um vasto material para análise graças às colaborações do assassino com as autoridades que o prenderam.

Com essa base de pesquisa, combinei informações, opiniões e ciência para reconstruir sua história. Este material extra resgata episódios de sua juventude e vida cotidiana que ajudam a compor o perfil psicológico de Dahmer, como seus passeios familiares, as visões de sua mãe Joyce sobre fenômenos inexplicáveis, e o impacto de suas primeiras experiências com substâncias químicas. O texto também explora suas interações com vizinhos e amigos, revelando a surpresa de muitos ao descobrirem sua verdadeira natureza. Além dos crimes, aborda-se a complexidade das relações familiares, o impacto da mídia e as análises feitas por especialistas, como psiquiatras e detetives.

Aqui, reúno histórias que ficaram de fora da versão final do livro — algumas são informações relevantes para compreender os eventos, outras funcionam apenas como curiosidade para os investigadores de plantão. Este é um convite para mergulhar em um dos casos mais perturbadores e complexos da história criminal recente.

JEFF & FAMÍLIA

Os avós de Jeff, Catherine e Herbert Dahmer, pais de Lionel, construíram a casa em West Allis em 1939 para ambos morarem. Enquanto fazia a fundação da casa e demarcava com linha os cômodos, poderia Herbert imaginar que o espaço que ele imaginou para o porão seria usado, mais de quarenta anos depois, pelo seu neto para esquartejar, eviscerar e descarnar corpos? Herbert faleceu em 1971, e Catherine morou na casa por 51 anos, até ser obrigada a se mudar devido aos crimes de Jeff. Lionel colocou a casa à venda no final de 1991.

Herbert Dahmer era professor de matemática no ensino médio e barbeiro. Floyd Flint, avô materno de Jeff, era alcoólatra.

A tese de doutorado de Lionel Dahmer, intitulada "Chromatographic Separations of Niobium, Tantalum, Molybdenum and Tungsten" (Separações Cromatográficas de Nióbio, Tântalo, Molibdênio e Tungstênio, em tradução literal), defendida por ele em 1966, pode ser lida no site da Universidade Estadual de Iowa.

A primeira vez que Jeffrey Dahmer teve contato com substâncias químicas foi aos 2 anos, quando seu pai o levou até o seu laboratório na Universidade Estadual de Iowa. Lionel queria mostrar ao filho o seu trabalho e a magia da química. Ele realizou um teste de indicador ácido-base com papel tornassol e outros experimentos. Lionel lembra que o pequeno Jeff não ficou muito interessado e não acredita que tal evento possa ter influenciado o filho. Ele era pequeno demais.

Dois passeios que pai e filho costumavam fazer quando a família morava em Doylestown envolviam uma caminhada de mais de três quilômetros até uma fazenda para comprar ovos; Lionel, Jeff e e o cão Frisky voltavam cheios para o café da manhã. Já nas tardes de sábado, Lionel levava Jeff até a vizinha Barberton para a tradicional vaca-preta — bebida preparada à base de sorvete (Jeff e Lionel gostavam do sabor de chocolate) e refrigerante —, um hábito adquirido quando moraram em Ames, Iowa.

Durante sua juventude, Lionel teve pensamentos e sonhos em que matava alguém. Ele sempre acordava com a real sensação de que havia cometido um homicídio, mas logo a angústia passava ao perceber que tudo havia sido um sonho. Ele chegou a comparar seu sonho com a morte de Steven Tuomi, afirmando que seu filho passou pela mesma situação, mas acordou do pesadelo para algo muito pior. "A única diferença era que Jeff, de fato, havia feito uma coisa terrível. Enquanto eu havia acordado em uma crise de pânico, [...] Jeff havia despertado dentro de um pesadelo que nunca acabaria", disse ele em sua autobiografia.

A Alemanha não foi o único país que Jeff conheceu. Ele também esteve em Porto Rico, nos anos 1970, em viagem de férias com a família.

Lionel gostava de jogar tênis e até disputava torneios amadores em Akron. Seu nome aparece no jornal local entre os jogadores do The Akron District Adult Tennis Tournament, disputado em Perkins Wood, em 1977.

Por volta das 19h30 de 18 de outubro de 1973, Joyce Flint avistou "luzes verdes e vermelhas" pairando sobre o cruzamento da Bath Road com a Cleveland Massillon Road. Ela perseguiu as luzes até o final da Bath Road. Sua história apareceu na edição do dia seguinte do *Akron Beacon Journal*. "Ela, então, foi para casa e depois, junto ao marido e aos dois filhos, de 13 e 6 anos, dirigiram pela região tentando localizar [as luzes] novamente", escreveu o jornal. A família Dahmer ficou até as três da madrugada na rua, mas não viram mais nada.

Um garoto vizinho de Dahmer viu Joyce naquela noite, apontando para o céu e gritando sobre naves espaciais. No outro dia, a escola inteira estava sabendo da história.

Em março de 1977, uma reportagem sobre donas de casa que participavam de um programa de saúde mental da Portage Path Community Mental Health Center, na cidade de Akron, foi publicada no principal jornal da região. Joyce participou do programa inicial que contou com sete mulheres. "Ela [Joyce] se envolveu com o grupo após ver um anúncio [que buscava por] mulheres 'entediadas e insatisfeitas'", diz a reportagem. O objetivo do programa era ajudar mulheres a melhorar a autoestima e compartilhar seus problemas e frustrações. "Eu realmente estava muito doente e definitivamente insatisfeita com a maneira como as coisas estavam indo. Acho que o catalisador foi a casa dos 40", diz Joyce na reportagem. (Na época, Joyce contava 42 anos de idade). "A discussão em uma atmosfera de grupo a ajudou [Joyce] a ser mais consciente de práticas autodestrutivas. 'Eu senti que não tinha realizado o suficiente.' Após 22 anos longe dos estudos ela agora está matriculada na Universidade de Akron", escreveu o *The Akron Beacon Journal*.

Apesar do comportamento de coletar animais atropelados para cortá-los e examinar seus interiores, nunca passou pela cabeça de Jeff fazer algum mal ao seu bichinho de estimação, Frisky. Certa vez, Frisky brincava com um cão vizinho na rua, um doberman, quando um carro passou em alta velocidade e atropelou o doberman. Frisky escapou por pouco. Jeff presenciou o acidente. Ele poderia ter aproveitado para pegar o corpo do cão para dissecá-lo, mas não o fez. Ele correu em direção ao vizinho e o avisou do acontecido. Jeff conhecia o doberman e gostava dele. Da mesma forma que faria com seres humanos futuramente, Jeff só dissecava animais desconhecidos.

O famoso humorista político Art Buchwald estava na sala do vice-presidente dos Estados Unidos, Arthur Mondale, em 1977, quando estudantes da Revere High School adentraram no local. Ele conversou com Jeff e os outros estudantes e deu autógrafos. Cinco anos depois, Buchwald foi agraciado com o Prêmio Pulitzer, na categoria Comentário.

No ensino médio, Dahmer tinha um colega medonho e ambos fumavam maconha e bebiam juntos. Como o amigo morava perto da casa de Dahmer, costumava dar carona a Jeff. Delinquente e cruel, o grande barato do garoto era dirigir em alta velocidade e atropelar cães na rua, comportamento que causou repulsa em Dahmer. Num só dia, ele passou com o carro por cima de quatro cães, e Jeff, enojado, pediu para descer do carro.

Quando a esposa de John Backderf ligou para ele falando que um ex-colega dele, da época da Revere High School, havia sido preso e acusado de crimes macabros, o primeiro a vir em sua mente foi o medonho amigo maconheiro de Dahmer. Quando sua esposa disse que o nome não era aquele, Backderf, então, comentou: "Dahmer?".

Um dia antes de assassinar Steven Hicks, o nome de Jeffrey Dahmer foi publicado no *Akron Beacon Journal* na lista dos formandos da Revere High School. Seu nome foi grafado como "Jeff Dahmer". As oradoras da turma na cerimônia de formatura foram as estudantes Elisabeth Young e Barb Rusanowsky.

O Exército enviou os pertences pessoais de Jeff para o seu endereço em Bath após ele ser dispensado. Lionel recebeu os pertences e guardou. Tempos depois, David fuçou nas coisas do irmão e encontrou revistas pornográficas homossexuais que Jeff comprara na Alemanha. Foi a primeira vez que o garoto percebeu que o irmão mais velho podia ser gay.

Depois do dia 24 de julho de 1991, dia em que chegou em Milwaukee para tomar partido dos crimes do filho, Lionel só conseguiu voltar ao trabalho em 6 de agosto. O mesmo aconteceu com sua esposa Shari.

O tabloide sensacionalista *The Globe* [baseado na Flórida] ofereceu 10 mil dólares a Joyce por uma entrevista exclusiva. Cansada e enraivecida do sensacionalismo midiático em torno do seu filho e da família, ela disse não. Uma reportagem do *The Fresno Bee*, de 19 de setembro de 1995, informa que, após a negativa, o tabloide publicou uma matéria de três páginas sobre o caso, que Joyce "odiou". Zangada, Joyce revelou ao *Bee* que não tinha esperanças do mundo devido a tudo que passou. "A sociedade não se importa. Eles querem apenas sensacionalizar as coisas", disse ela.

Em seu testamento, Jeffrey Dahmer pediu para ser cremado. Ele não queria que seu corpo fosse aberto em uma autópsia; também não queria que fosse realizado um funeral, muito menos que seu corpo fosse colocado em um caixão aberto. Ele não queria ser enterrado e nem ter uma lápide. Seus desejos não foram totalmente atendidos, pois o seu cérebro foi extraído durante uma autópsia — curiosidade: o cérebro de Jeff pesava 1,650 quilos.

SOBRE STEVEN HICKS

No dia em que Dahmer abriu e esquartejou o cadáver de Hicks, seu vizinho e amigo do ensino médio, Neil, deu uma festa em sua casa. A casa de Neil ficava no alto de um morro, a cerca de noventa metros de distância da casa da família Dahmer. Ao mesmo tempo em que seus amigos imitavam os espasmos e faziam piadinhas do colega estranho que morava ali do lado, Jeff massacrava o corpo de sua primeira vítima enquanto descarregava suas doentias necessidades sexuais.

Steven Hicks usava no pescoço um colar com um aparelho ortodôntico pendurado. Dahmer guardou a corrente com o aparelho por uns dias e depois resolveu jogá-la fora em um riacho perto da sua casa. Incrivelmente, treze anos depois, quando peritos e policiais vasculhavam a antiga propriedade dos Dahmer em busca dos restos mortais de Hicks, um policial encontrou o colar e o aparelho exatamente onde Dahmer disse que havia jogado.

Na casa onde Dahmer cresceu, em Bath, peritos passaram vários dias remexendo a terra e recuperaram pequenos pedaços dos ossos de Steven Hicks, costelas e fragmentos da vértebra. Como afirmou a mãe de Hicks, os restos mortais não encheram uma caixa de sapatos.

Como agradecimento pela cooperação e ajuda na elucidação do desaparecimento de Steven Hicks, o detetive Richard Munsey, de Bath, presenteou Pat e Murphy com bonés de beisebol com o logotipo do departamento de polícia de Bath e duas canecas de café.

Richard e Martha Hicks, pais de Steven Hicks, faleceram em 2010 e 2008, respectivamente. Eles tinham 71 e 67 anos.

APARTAMENTOS OXFORD

Moradores dos Apartamentos Oxford descreveram Dahmer como quieto e solitário; ele sempre usava a mesma calça jeans e camiseta e raramente conversava com alguém.

James Poetz Jr., dono de uma empresa de limpeza, foi contratado por Dahmer para limpar uma grande mancha no carpete do quarto. Era 15 de novembro de 1990, e a mancha era o sangue de Ernest Miller, morto dois meses antes. Jeff afirmou ser chocolate derretido, mas Poetz suspeitou que aquela mancha era vinho ou sangue. Ele não conseguiu remover de jeito nenhum. Em meio à carnificina promovida por Dahmer em 1991, Poetz mais uma vez foi contratado, indo ao apartamento no dia 17 de junho. Ele foi embora rapidamente, mas dois de seus funcionários ficaram. Eles não conseguiram remover a mancha e, posteriormente, conversaram com Vernell Bass.

As câmeras de videovigilância adquiridas e instaladas por Jeff em seu apartamento não funcionavam e ele as colocou lá apenas para assustar eventuais intrusos. Ele comprou as câmeras e os sistemas de segurança em uma loja da RadioShack, no Grand Avenue Mall.

Em uma de suas visitas ao apartamento de Dahmer, Sopa Princewill, o síndico nigeriano dos Apartamentos Oxford, chegou a ver o tambor azul que Jeff alegou ser a possível causa do mau cheiro. Uma vez, Princewill abriu um recipiente cinza e viu uma substância pastosa esquisita. Ele sentiu um cheiro muito forte e seus olhos encheram d'água. "Se livre disso", disse o síndico ao morador do 213. Não se sabe se eram restos mortais humanos destruídos pelo ácido. No outro dia, Princewill viu o recipiente na lixeira.

Vernell Bass afirma em seu livro, *Across the Hall*, que Jeff costumava fazer piadas que ele só foi entender após a sua prisão, como o dia em que Vernell foi até o apartamento de Jeff oferecer comida e o morador do 213 disse que não se alimentava de comida tradicional.

Vernell conta que escutou os policiais fazendo piadas de alguma coisa que encontraram dentro do apartamento 213. "Pequeno, médio ou grande?" Uma voz masculina disse "médio" e então uma policial feminina disse alguma coisa e todos caíram na risada novamente.

Nas semanas subsequentes à descoberta dos crimes de Dahmer, uma mulher grávida, moradora dos Apartamentos Oxford, recebeu ajuda de um hospital para se mudar para outro lugar. Ela estava sofrendo de insônia e tendo pesadelos, além de não conseguir comer direito.

Assustados com os crimes descobertos no apartamento do vizinho do 213, muitos moradores dos Apartamentos Oxford passaram a dormir nos corredores, juntos uns aos outros.

Em meados de 1992, liderado pela Universidade Marquette, um projeto chamado Campus Circle foi lançado para revitalizar a vizinhança, transformando moradias baratas em lugares de qualidade média. Em agosto, o grupo comprou os Apartamentos Oxford — que contava com 49 apartamentos, 15 dos quais estavam ocupados na época. O grupo pagou 325 mil dólares pelo prédio, um valor bem abaixo do seu valor real — desvalorizado após a descoberta dos crimes do seu infame morador. Após inúmeras reuniões com a comunidade e autoridades, o grupo decidiu demolir o edifício e construir no lugar um parque ou memorial para as vítimas. Vizinhos e moradores reclamavam dos curiosos que não paravam de aparecer no local, fazendo piadas, tirando fotos e incomodando a vizinhança.

A demolição dos Apartamentos Oxford começou em 16 de novembro. O prédio era "símbolo de raiva, dor, violência e morte", por isso era necessária sua substituição, disse o porta-voz do Campus Circle, Patrick LeSage; em respeito às vítimas, o prédio deveria ser destruído. Mais de trinta anos depois, o local continua um lote baldio e destino de peregrinação de curiosos.

JEFF: VIDA CRIMINOSA & CURIOSIDADES

Quando trabalhava no Milwaukee Blood Plasma Inc., em 1982, Dahmer conseguiu o sangue de um bonito homem de origem indígena que foi até o local para realizar exames sanguíneos. No horário do lanche, dentro da empresa, Jeff bebeu o sangue do rapaz. Ele tinha curiosidade para saber qual era o gosto, mas não gostou do sabor. Ele levou o que sobrou para a casa da sua avó e posteriormente jogou fora. "Eu tenho tido ideias estranhas desde essa época", disse ele ao psiquiatra Park Dietz.

Em relação à aparência, Dahmer não se considerava indesejável, mas também não era o melhor tipo da noite. Seu referencial eram os dançarinos atléticos e musculosos das boates e revistas. Ele não tinha aqueles corpos perfeitos, mas também não era de se jogar fora.

Ao dr. Frederick Fosdal, Dahmer disse que o tamanho do pênis dos seus amantes e vítimas não importava para ele.

O ocultismo apareceu na vida de Jeffrey Dahmer em três oportunidades. A primeira, como um interesse ordinário adolescente nos tempos do ensino médio, época em que até levou alguns amigos até a sua casa para uma sessão de invocação do diabo. Na segunda vez, por volta de 1986, quando a religião não estava funcionando e ele se viu pensando na possibilidade de forças ocultas o estarem influenciando; ele comprou o livro *A Bíblia Satânica** para tentar entender melhor essa questão, mas não achou o conteúdo do livro de todo interessante. Então, em um terceiro momento, após a morte de Anthony Sears e da ideia de construir um templo. Nessa época, ele possuía dois grifos que ele acreditava representarem entidades malignas. Ao mesmo tempo, ele assistia cada vez mais ao filme *O Retorno de Jedi*.

Pouco depois de ser expulso da Bath Club Milwaukee, Dahmer começou a assistir ao filme *Faces da Morte*, um filme-documentário banido na maioria dos países por mostrar filmagens reais de pessoas mortas ou em processo de morte (como execuções, acidentes e suicídios). Sua parte preferida do filme era a cena da autópsia de um rapaz, que ele viu algumas vezes. Uma vez ele se masturbou assistindo à cena. "Ele era muito bonito e estava nu. Eu não sei porque eu tive fascinação por aquilo", disse Jeff a Park Dietz.

* *The Satanic Bible*, escrito por Szandor LaVey, em 1969.

Muitas vezes, Jeff não precisava pagar por sexo, mas costumava oferecer 50 dólares para homens nas saunas. Se alguém chamasse sua atenção, ele ofereceria dinheiro. Uma vez pagou 10 dólares a um homem de 60 anos em uma sauna e fez sexo oral nele. Com outro, ele fez sexo 25 vezes, pagando-o todas as vezes.

Antes de Matt Turner, a primeira vítima abordada em Chicago, ele levou vários homens de Chicago até Milwaukee; o sexo consistia de masturbação mútua e sexo oral; eles também assistiam a filmes.

Jeffrey Dahmer conseguiu 27 receitas de Halcion, cada uma comportando 60 comprimidos, de cinco médicos diferentes. Ele mudava de médico continuamente e sempre os enganava com a história de ser um trabalhador de madrugada incapaz de dormir durante o dia.

Um dos médicos que receitou Halcion a Jeffrey Dahmer se chamava Carroll R. Olson. O dr. Olson recebeu Dahmer em seu consultório por quatro anos, de 1986 a 1990. Ao médico, Jeff dizia trabalhar de madrugada e por isso tinha insônia. O médico nunca suspeitou de seu paciente.

Antes do incidente com Steven Tuomi, Dahmer já havia usado o Hotel Ambassador cinco ou seis vezes para levar homens, drogá-los e abusar deles.

O primeiro crânio que Jeff pintou para parecer falso foi o de James Doxtator.

Jeff foi preso na Ambrosia por dois detetives após abusar de Somsack Sinthasomphone, em 1988. Quando voltou novamente à empresa, Jeff procurou o gerente de recursos humanos Melvin Heaney e perguntou se ele queria saber o motivo da sua prisão. Heaney respondeu que escutaria Jeff apenas se ele realmente quisesse falar a respeito. Dahmer, então, inventou uma história de ter saído com uma garota e mantido relações sexuais com ela. Ele não sabia que ela era menor de idade, por isso foi preso.

As facas usadas para descarnar e desmembrar as vítimas de West Allis também eram jogadas no lixo após os crimes.

A afiada faca de caça usada por Dahmer para desmembrar suas vítimas nos Apartamentos Oxford era da marca Bushwhacker.

Jeff tomava qualquer cerveja; sua favorita era a Budweiser, "o Rei das Cervejas", como ele disse a Pat. Ele sempre tinha um pacote de Bud para tomar enquanto desmembrava suas vítimas.

O único ácido que Jeff usou para acidificar os restos mortais de suas vítimas foi o ácido muriático. Certa vez, ele experimentou usar ácido sulfúrico, mas a substância — conhecida por ser extremamente corrosiva e perigosa — causou uma nuvem de fumaça no quarto e esquentou o barril a um ponto que o deixou extremamente assustado.

A carne da sola do pé é terrivelmente dura e Jeff descobriu que se a cortasse fora, juntamente com o calcanhar, ficava mais fácil para o ácido muriático trabalhar na acidificação dos ossos e da carne dos pés.

Jeff comprava ácido muriático e Soilex na National Ace Hardware, localizada no número 1303 da North 4th Street. Dois dias antes de ser preso, Jeff comprou dezesseis galões de ácido. Quem fez a venda foi Steve Altman, que trabalhava na empresa havia oito meses.

Jeff comprou um martelo para matar Luis Pinet porque estava com a grana curta e era mais barato do que Halcion. Também, ele só precisava ir até uma loja de ferragens e comprar o objeto. Mais uma vez, isso prova o quanto Jeff podia ser assustador — planejar matar alguém com martelo. Arrepiante.

Jeff era membro da sauna The Unicorn Club, em Chicago. O número do seu cartão de sócio era 7799. Em pouco menos de um ano, Jeff visitou a casa dez vezes. Ele se tornou sócio da Unicorn Club em 31 de março de 1990. Durante um dia, a casa chegava a ser frequentada por mais de cem homens, sendo uma das principais e mais movimentadas saunas gay de Chicago. Era uma das preferidas de Jeff. O lugar tinha tudo e valia cada centavo gasto.

DATAS EM QUE JEFF DAHMER FREQUENTOU A THE UNICORN CLUB	
31 de março de 1990	30 de junho de 1990
1º de abril de 1990	22 de setembro de 1990
8 de abril de 1990	23 de setembro de 1990
13 de abril de 1990	4 de fevereiro de 1991
21 de abril de 1990	9 de fevereiro de 1991

Datas registradas nos arquivos de entrada/saída da sauna e reveladas no julgamento de Jeffrey Dahmer, em 1992, por Joseph Kareha, gerente da casa na época.

A partir de Raymond Smith, a primeira vítima morta nos Apartamentos Oxford, Jeff ficava nu para desmembrar suas vítimas. Era muita sujeira e sangue e ele não queria sujar suas roupas.

Muitas vezes, durante o processo de desmembramento e descarne das vítimas, Jeff era surpreendido com pessoas batendo em sua porta. Na maioria das vezes, ele fingia que não estava em casa, mas, em outros momentos, parava o desmembramento para atender à porta.

Um dos motivos de drogar suas vítimas antes de matá-las era para evitar um confronto físico — como o pai, Jeff era avesso a entrar em brigas.

Jeff estrangulava as vítimas no quarto, quando elas adormeciam na cama, ficando ao lado delas.

Para facilitar o descarte, Jeff usava uma serra para cortar o fêmur, o maior osso do corpo humano.

Na enorme lixeira que os moradores dos Apartamentos Oxford utilizavam para descarte de lixo, Jeff ficava de olho e apenas descartava os restos mortais das vítimas quando ela estava metade cheia, de forma que o lixo subsequente cobriria os sacos que ele colocava lá. Muitas vezes, pessoas reviravam o lixo à procura de latas ou outras coisas e isso deixou Jeff bastante apreensivo, de forma que ele decidiu acidificar suas vítimas para descartá-las na privada.

A câmera Polaroid usada para tirar fotografias das vítimas mortas no endereço dos Apartamentos Oxford foi comprada na loja Black's Photo, no número 125 da West Wisconsin Avenue.

Kyle Wahley trabalhava a apenas onze meses na Illing Company quando recebeu um telefonema, em 12 de julho de 1991. Era Jeffrey Dahmer e ele queria comprar um tambor industrial. Duas horas depois, Jeff foi até a empresa e Wahley vendeu um tambor azul com capacidade para 215 litros. Dez dias depois, Wahley viu a foto do seu cliente na televisão e ligou para a polícia.

No necrotério, mesmo morto, algemas foram deixadas nos tornozelos de Jeff e só foram tiradas quando o patologista forense, dr. Robert Huntington III, da Universidade do Wisconsin, começou a realizar a autópsia. "Tamanho era o medo desse homem, que as algemas foram deixadas nos pés, mesmo no *post mortem*", comentou o médico para a Associated Press.

MPD: INVESTIGAÇÃO & BASTIDORES

Mike Dubis, o parceiro de Pat Kennedy, foi o responsável por fazer todo o inventário relacionado ao caso Jeff Dahmer. Tudo o que foi encontrado nos Apartamentos Oxford, na casa da avó de Jeff, esgoto etc. preencheu 150 páginas do seu relatório final.

O policial Dubis ficou particularmente impressionado com o quão preservados estavam os pênis e escrotos; maleáveis, como se fossem de alguém "vivo".

Nas noites seguintes à prisão de Jeff, um jovem policial designado para vigiá-lo em sua cela começou a levar outros policiais para verem o famoso assassino que não saía dos noticiários da TV. Em uma manhã, esse policial apareceu com uma edição do jornal *Milwaukee Sentinel* com Jeff na capa e pediu para ele autografar. Sem graça, Jeff autografou, mas reclamou posteriormente com Pat e Murphy. O policial foi chamado na sala do seu superior e obrigado a apresentar o jornal autografado, que foi rasgado na sua frente.

Detetive novato no MPD, Kennedy fazia o pior horário do departamento, a madrugada. Mas foi esse horário que proporcionou a ele entrar no caso Dahmer, pois o assassino em série foi preso na madrugada de 23 de julho de 1991. No mesmo dia, ele foi promovido ao horário diurno.

"De Zé-Ninguém a herói" era a expressão usada pelos colegas de Pat Kennedy no MPD para descrever como, do nada, Pat foi de um zé-ninguém a uma das estrelas do departamento. (A expressão faz mais sentido no inglês, ocorrendo uma rima: "From zero to hero".)

Durante a investigação do MPD, 68 investigadores foram designados para o caso. Eles verificavam tudo o que Jeff contava a Pat e Murphy. Uma sala do MPD foi montada especialmente para o trabalho dos detetives e ficou conhecida como "Sala do Dahmer".

Como vemos nos filmes de Hollywood, os detetives locais de Milwaukee, Pat Kennedy e Dennis Murphy, tiveram um entrevero com agentes do FBI que apareceram querendo assumir o caso. Os especialistas em assassinos em série do FBI não conseguiram falar com Jeff (que somente falava com Pat e Dennis), e, de forma arrogante, afirmaram que os dois detetives estavam sofrendo da Síndrome de Estocolmo e que as informações dos dois não teriam utilidade ao FBI devido à relação que Pat e Dennis desenvolveram com Jeff. Murphy se irritou e o encontro terminou de forma tensa. Seguiram-se outros encontros e os agentes do FBI não perdiam a oportunidade de dizer aos detetives de Milwaukee que eles não tinham a *expertise* necessária para lidar com assassinos em série.

Os agentes do FBI chegaram a fazer uma apresentação sobre assassinos em série aos detetives, e Kennedy comentou que Jeff não se encaixava em nenhum dos perfis descritos pelos perfiladores. Eles podiam saber muita coisa sobre assassinos em série, mas Dahmer era um tipo nunca visto antes e eles não faziam ideia disso.

Enquanto trabalhava na identificação das vítimas com Dahmer e seu parceiro Murphy, Pat recebeu propostas tentadoras de entrevistas. Oprah Winfrey, Geraldo Rivera e a revista *Inside Edition* o assediaram com propostas de até 30 mil dólares. Como comparação, durante o ano inteiro ele recebia por volta de 50 mil de salário. Ele negou todas as entrevistas, mas ficou tentado.

Jeff Dahmer estava certo, e, do dia para a noite, Pat ficou famoso. O detetive até mesmo foi assediado por mulheres que queriam saber mais sobre Dahmer. Duas delas foram uma escrivã do escritório do promotor público de Milwaukee, e outra, do quadro da polícia de Milwaukee. Ele chegou a receber um beijo de uma delas.

Gloria, a escrivã do MPD, ligou para Pat um dia a respeito dos seus relatórios. Ela estava transcrevendo as confissões de Jeff e não acreditou no que estava lendo. "Ele realmente disse isso?", perguntou ela. Pat disse que sim, e Gloria confessou que aquilo era demais para a cabeça dela e que ela estava tendo problemas para comer e dormir a noite. Tudo era muito horripilante. Dias depois, ela foi encaminhada para um psiquiatra.

Preocupado com Pat e Murphy, o capitão do MPD, Don Domagalski chamou-os em sua sala para perguntar se eles estavam lidando bem com todas as coisas loucas que Jeff estava confessando. Eles disseram que com eles estava tudo bem. "Porra, se alguém precisa de um psiquiatra é Dahmer, e não você ou eu!", esbravejou o durão Murphy quando ele e Pat já estavam fora da sala. Dias depois, um psiquiatra foi contratado pelo departamento e Pat e Murphy foram obrigados a se consultar com ele.

A famosa camisa listrada que Jeff usou em sua primeira aparição pública era do filho de Pat Kennedy. Como Jeff estava sem roupas adequadas para se apresentar no tribunal, Kennedy pegou uma camisa que seu filho nunca gostou e uma calça jeans e deu a Dahmer. Fotos de Jeff com a camisa listrada foram capas de inúmeras revistas e jornais nos dias seguintes e, até hoje, estampam publicações sobre ele. O filho adolescente de Kennedy achou o máximo e contou para todos os amigos que a camisa usada por Dahmer era dele.

Após ouvir por dias as confissões horrorosas de Jeff, Pat e Murphy finalmente ouviram a voz de Wendy Patrickus quando Jeff contou sobre o processo de esfolamento de Errol Lindsey. Ela perguntou a Jeff se ele ouvia vozes, se havia alguma coisa dentro da cabeça dele pedindo para ele matar. Seria o diabo? Pat e Murphy sacaram na hora aonde ela queria chegar: alegação de insanidade.

O aspirante a modelo, Oliver Lacy, foi a primeira vítima encontrada no apartamento 213 a ser identificada pelo médico legista Jeffrey Jentzen. A identificação foi possível graças às impressões digitais tiradas dos seus dedos e fotos do seu portfólio encontradas no quarto.

Ajudando a identificar as vítimas, Jeff disse que a vítima de número três (James Doxtator, morto na casa da avó em janeiro de 1988) tinha uma cicatriz no abdômen e marcas no peito "engraçadas", que faziam parecer que a vítima tinha mamilos adicionais. Posteriormente, soube-se que Doxtator fizera uma cirurgia de apêndice. Já as marcas "engraçadas" no peito foram feitas com cigarros por um namorado da mãe de Doxtator. Ainda bebê, Doxtator sofreu abusos do namorado da mãe, que queimou "mamilos" adicionais em seu peito usando tocos de cigarro. "Este é o cara hispânico do ponto de ônibus, o que tem as cicatrizes engraçadas", disse Jeff, ao ver a foto de Doxtator e identificá-lo como a vítima três. Pat, então, contou a história triste de abusos sofridos pela vítima. Dahmer escutou silenciosamente, fumando o seu cigarro e olhando sem emoção. Ele não disse uma palavra.

A direção da Fábrica de Chocolates Ambrosia aventou a possibilidade de Jeff ter misturado partes de corpos humanos nos ingredientes dos chocolates. Quando Murphy relatou essa suspeita a ele, Jeff não reagiu bem. "O que você quer dizer? Eles acham que eu coloquei pedaços de corpos nos doces? Que tipo de monstro eles acham que eu sou? Não! Eu não coloquei nada nos doces!", disse ele a Murphy. Murphy e Pat se entreolharam e ficaram calados. As suspeitas sobre ele misturando pedaços de corpos nos doces da Ambrosia e o homicídio de Adam Walsh na Flórida foram as duas únicas acusações que Jeff ficou nervoso ao ouvir. Ele achou ultrajante.

O PERVERTIDO DA VELA LISTRADA

Durante os dias de investigação, e com os jornais diariamente publicando matérias sobre Jeff, Murphy leu certo dia uma matéria no *Milwaukee Journal* sobre um "pregador" de rua que supostamente pregava à população homossexual. O pregador contou a história de como uma vez tentou aconselhar Jeff no caminho do Senhor. Murphy levou o jornal para Jeff como curiosidade, para saber se era verdade mesmo. Ao ver a foto do pregador com atenção, Jeff exclamou: "Uau, eu não posso acreditar. É... Eu conheci esse cara uma vez!". Quem era o pregador? O "pervertido da vela listrada" que amarrou Jeff e enfiou uma vela listrada em seu ânus em 1989. "Sabe, Pat... Existe um monte de malucos lá fora", disse Jeff. Murphy não aguentou e caiu na risada.

Com a vela listrada inserida em seu canal retal, Jeff só conseguiu expeli-la por completo dias depois. O objeto permaneceu em seu reto por um tempo e, por sorte, ele não precisou ir a um médico.

O pregador-maníaco teve os seus quinze minutos de fama e, após a matéria do *Milwaukee Journal*, foi entrevistado por vários outros veículos de comunicação, incluindo a Associated Press (AP). Seu nome era John Paul Ranieri e ele afirmou ser um amigo de Jeff, que "tinha longas conversas com ele num bar gay de Milwaukee". "Ele odiava a comunidade gay com paixão... chamando a maioria deles de bichas", afirmou Ranieri na matéria da AP. Jeff também odiava negros, de acordo com o pregador, e cruzava Walker's Point tentando pegar homens, incluindo ele próprio. Uma vez, Dahmer estava tão bêbado que ficou doente e Ranieri teve que chamar um táxi para levá-lo para casa. "O garoto estava nervoso. Ele estava ansioso. Ele estava, eu não sei, chateado o tempo todo nos bares, como se ele não quisesse estar lá, como se ele fosse compelido a estar lá por algum sentimento interno que ele tentava reprimir, e por ele não conseguir lidar com isso, ele vagava por lá e ficava bêbado", finalizou o "psicólogo religioso".

Dois pontos a se observar aqui são a fala de Ranieri e a atenção dispensada pela mídia. Ranieri era um criminoso mentiroso que abusava de homossexuais. Jeff não tinha amigos e muito menos ficava de conversa fiada nos bares. Tudo o que Ranieri disse, ele leu nos jornais, então inventou uma história e misturou-a com suas próprias inadequações sexuais.

Ex-profissional do sexo e viciado em drogas, Ranieri usou uma falsa religiosidade para aliviar a culpa por suas perversões. Recebia doações de igrejas em Milwaukee para atuar na comunidade homossexual, enquanto pregava a "palavra de Deus" com velas listradas e ganchos no teto.

O problema não é Ranieri, mas o espaço que a mídia deu a um mentiroso. Em minhas pesquisas, encontrei Ranieri em jornais de todo os EUA, incluindo o *Chicago Tribune* e *The New York Times*, que destacaram suas falsas declarações sobre Jeff "odiar" gays e negros. Uma vez plantada, a fake news nunca é totalmente erradicada, e a busca sensacionalista por vendas ajudou a disseminar mentiras que podem ter influenciado o júri. Jornalistas acreditaram sem questionar em alguém que apareceu dizendo ser "amigo" de Jeff — e ele não foi o único. Lembro do acidente que vitimou Eduardo Campos em 2014, quando um homem, ao vivo na Globo, afirmou ter reconhecido o corpo pelo olho aberto, embora as vítimas só tenham sido identificadas por DNA. Em matérias escritas, o cuidado deveria ser maior. O caso Ranieri lembra o show de horrores da mídia sobre Lázaro Barbosa em 2021, rotulado de "serial killer" sem evidências. A mesma mídia que diz combater fake news protagonizou uma das coberturas mais irresponsáveis que já vi.

Ranieri é tipo um Forrest Gump do crime, do nada aparecendo e afirmando ser parte de histórias criminais famosas. Incrivelmente, ninguém sequer pesquisa sobre a veracidade de suas afirmações e ele facilmente consegue seus quinze minutos de fama. Além de Dahmer, ele também é um personagem a aparecer na história de outro notório assassino em série norte-americano e até já apareceu na Netflix. Ele é mostrado em uma entrevista no quarto episódio da minissérie sobre David Berkowitz, *Os Filhos de Sam: Loucura e Conspiração*.

O JULGAMENTO

Antes do seu julgamento, Jeff foi mantido preso numa cela especial na Prisão do Condado de Milwaukee (Milwaukee County Jail — 949 North 9th Street). A cela era protegida por um vidro à prova de balas e dois guardas monitoravam Dahmer em uma sala de comando através de uma câmera de videovigilância. Tal configuração guarda sinistras semelhanças com o filme *O Silêncio dos Inocentes* e seu personagem principal, o canibal Hannibal Lecter.

Pat Kennedy ficou frustrado quando soube que não testemunharia no julgamento de Jeffrey Dahmer, sendo preterido por Dennis Murphy. No primeiro dia, o promotor Michael McCann surpreendeu ao chamá-lo como primeira testemunha. Embora seu superior tentasse intervir, McCann foi firme: "Tenente, não é você quem decide quem eu vou ou não chamar", respondeu o promotor. Kennedy, que só estava lá para assistir, acabou no banco das testemunhas sem preparo, mas se saiu bem, apesar do nervosismo.

Em um dia, Pat Kennedy levou seu pai, um ex-policial de Detroit, para acompanhar o julgamento, e enquanto tentava convencer agentes judiciais a arranjarem um lugar para o pai se sentar, o promotor Michael McCann passou e reconheceu seu pai. Ambos estudaram juntos na Universidade de Detroit. McCann arranjou uma cadeira logo atrás de Jeffrey Dahmer, e o pai de Kennedy passou o resto da vida contando aos netos como sentou perto o suficiente para tocar o sinistro Jeffrey Dahmer, e como viu o mal em seus frios olhos azuis.

Durante um intervalo no julgamento de Jeff, a mãe de Tony Hughes, Shirley, se aproximou de Lionel e Shari e disse que não desejava mal a eles e que não os culpava pelas ações de Jeff.

Em testemunho, um homem chamado Michael Salinas disse que ele e um amigo foram com Dahmer, em 1987, até um hotel; beberam uma bebida e ficaram desacordados por mais de três horas. Quando Salinas acordou, percebeu que seu cinto estava desafivelado. Já a calça do seu amigo foi cortada da coxa até o bumbum e ele estava sem a cueca.

De dezembro de 1989 a julho de 1991, Jeff recebeu quatro advertências da Ambrosia sobre as suas sucessivas faltas. Todas foram assinadas pelo supervisor de Dahmer, Wayne Boening. "Isso mostra uma deterioração em seu trabalho", comentou Wendy Patrickus no julgamento de Jeff.

Gerald Boyle considerou a possibilidade de utilizar Jeffrey Dahmer como testemunha no julgamento. A ideia era mostrar ao público que Dahmer não era um monstro. Jeff não quis de jeito nenhum testemunhar, mas, após insistência do advogado, acabou cedendo. No fim, Boyle decidiu não expô-lo, pois ele não "sobreviveria" à *cross-examination*. "Isso não traria nada de bom a ele."

SOBRE AS VÍTIMAS E SEUS FAMILIARES

A namorada de Errol Lindsey, Joy Banks, de 16 anos, descobriu que estava grávida logo após ele desaparecer, em abril de 1991.

Errol Lindsey adorava pudim de banana e macarrão com queijo.

Anthony Hughes morava no endereço 715 Kottke Drive, em Madison, e trabalhava numa empresa chamada United Plastics Corp., onde ganhava sete dólares por hora.

Dee Konerak Sinthasomphone adorava os desenhos *Tom & Jerry* e *As Tartarugas Ninja*. Ele também sonhava em ter uma Lamborghini e gostava de praticar natação e futebol.

Matt Turner trabalhava na Style Pizza & Eatery, no endereço 120 South Michigan Avenue, em Chicago.

Jeremiah Weinberger trabalhava na loja de departamentos Image of the World, na 1349 North Wells Street, em Chicago.

No fim de semana que passou com Jeffrey Dahmer, Jeremiah Weinberger viu os crânios no apartamento do seu amante, mas Jeff disse que eram de mentira.

Oliver Lacy era carinhosamente chamado de "Birdie" (passarinho, em tradução literal) pela família. Em 1987, ele fez parte da equipe de atletismo da Oak Park-River Forest High School.

Aaron David Weinberger, pai de Jeremiah Weinberger, processou o estado do Wisconsin e Donna Chester por violar os direitos civis do filho. De acordo com o processo, Chester não fez bem o seu trabalho ao não visitar o apartamento de Dahmer. Sobrecarregada, Chester tinha a permissão dos seus superiores para não visitar vários dos seus supervisionados. Aaron perdeu o processo, que ficou conhecido como Weinberger vs. Wisconsin, 97-310.

Tracy Edwards processou a cidade de Milwaukee em 5 milhões de dólares. Ele alegou discriminação policial no caso Konerak Sinthasomphone, o que acabou colocando a sua vida em perigo. Ele perdeu a ação.

Pablo e Irene Guerrero, pais de Richard Guerrero, faleceram em 2009 e 2006, respectivamente. Eles tinham 76 e 77 anos.

SOBRE GERALD BOYLE

Muitos podem ficar surpresos, mas Jeffrey Dahmer não foi o assassino mais malvado que o advogado Gerald Boyle encontrou em sua carreira. Em 1967, quando ainda pertencia aos quadros do Ministério Público de Milwaukee, Boyle participou do julgamento de Michael Lee Herrington, um sádico homicida que ceifou a vida de uma criança e uma adolescente — duas outras escaparam. "Ele cometeu o ato mais egoísta que qualquer ser humano pode cometer. Ele antecipou Deus em tirar uma vida humana", disse Boyle durante o julgamento de Herrington.

Após perder a eleição para promotor público do Condado de Milwaukee, em 1968, Boyle decidiu advogar e, no ano seguinte, teve o primeiro embate com seu ex-colega, Michael McCann. No julgamento do milionário August Bergenthal, acusado de assassinar outro milionário, Russell Wirth, Boyle e McCann duelaram e travaram uma disputa tão feroz que o juiz Hugh O'Connell "passou uma boa parte do julgamento atuando como árbitro entre as duas estrelas jovens e ascendentes". No fim, McCann levou a melhor e o réu foi considerado culpado e sentenciado à prisão perpétua.

DE FRENTE COM PARK DIETZ

Além da sobriedade advinda da passagem dos efeitos do álcool e do cansaço, Park Dietz cita que, no caso Luis Pinet, Jeff pode ter se afeiçoado ao ser humano Pinet após passar horas conversando com ele, e por isso não o matou. Seria um tipo de Síndrome de Estocolmo inversa.

Park Dietz revelou que Jeffrey Dahmer usou preservativos nas relações sexuais anais, com vivos e mortos, o que indicaria racionalidade e capacidade de entender a ilicitude de suas ações nos momentos dos crimes.

Em sua confissão ao psiquiatra, Jeffrey Dahmer disse a Park Dietz que praticou canibalismo em dez ocasiões diferentes.

Dietz perguntou a Jeff se alguma vez ele leu sobre lobotomias. Ele disse que sim e revelou que era o que desejava fazer.

Acostumado às piores atrocidades que um ser humano pode cometer, Park Dietz não tinha problemas em ser exposto a uma infinidade de monstruosidades. Mas existiam duas coisas que o afetavam: imagens de crianças mutiladas e gravações de vítimas sendo torturadas.

O psiquiatra recebeu 39 mil dólares pelo seu trabalho. Dietz trabalhou apenas treze dias no caso Dahmer, cobrando três mil dólares diários para realizar o seu trabalho.*

A reputação do psiquiatra Park Dietz foi abalada em 2002, quando ele testemunhou no caso de Andrea Yates, que matou seus cinco filhos afogados. Dietz afirmou que, pouco antes do crime, a série *Law & Order* exibiu um episódio sobre uma mulher que afogava seus filhos e era inocentada por insanidade. O promotor usou isso para sugerir que Andrea se inspirou no episódio — mas o episódio nunca existiu. Dietz aparentemente inventou a história, e o julgamento foi anulado. Ele reconheceu o erro. (Lembram quando disse que confiar cegamente em testemunhas não é a melhor estratégia? Até alguém como Dietz pode mentir — ou ser traído pela própria mente.)

* A enorme quantia fez com que alguns advogados o comparassem a um "assassino de aluguel".

OUTRAS CURIOSIDADES

De herói a vilão. Em dezembro de 1985, o policial John Balcerzak ajudou a resgatar quatro crianças deficientes de um incêndio, recebendo homenagens pela bravura. Quase seis anos depois, ele seria demitido da polícia pela atuação no caso Konerak Sinthasomphone.

Em uma entrevista para o FBI em agosto de 1992, Jeff afirmou que roubou o manequim em uma loja da Boston Store, no shopping Southridge, em Greendale, subúrbio de Milwaukee. Na mesma entrevista, Jeff disse que o jovem Luis Pinet trabalhava na boate Club 219.

Durante os dias subsequentes à sua prisão, Jeff leu o livro *Killing for Company*, de Brian Masters, que conta a história do assassino em série inglês Dennis Nilsen (cuja história é assustadoramente parecida com a de Jeff). O livro foi enviado pela revista *Vanity Fair*, que desejava entrevistar Jeff. A revista, inclusive, publicou uma ótima reportagem de Masters sobre Dahmer. Dois anos depois, o próprio Masters publicaria o seu livro sobre Jeffrey Dahmer.

Jeff recebeu centenas de cartas de mulheres que desejavam se corresponder com ele. Muitas enviavam fotos em poses sensuais. Já uma mulher idosa, do estado de Montana, se ofereceu para pagar seus advogados. Outras pessoas enviavam fotos para ele autografar. Sobre as admiradoras, Jeff olhava as fotos com desdém, dado que ele não tinha interesse nenhum em mulheres. "Isso é inacreditável! Que tipo de pessoa quer se corresponder com Jeff Dahmer?", comentou Wendy Patrickus com Pat Kennedy. Já Dahmer comentou: "Eu pensei que quando meus atos fossem finalmente divulgados, eu seria difamado, mas essas pessoas querem ser minhas amigas. Eu não entendo".

O expert em assassinos em série Robert Ressler entrevistou Jeffrey Dahmer por dois dias e quase testemunhou em seu julgamento em 1992. Ao final de um encontro, Ressler brincou sobre o vício de Dahmer em cigarros. Jeff sorriu timidamente e disse que, com sorte, contrairia câncer de pulmão e morreria, resolvendo o problema de todos, inclusive o dele.

Em maio de 1994, o detetive Dennis Murphy foi até a Columbia Correctional Institution interrogar um detento e aproveitou para ver Jeff. De acordo com Murphy, Dahmer havia passado de um homossexual com trejeitos masculinos para alguém estereotipado, afeminado.

A Paramount Pictures suspendeu a propaganda do filme *Anatomia de Um Assassino* (em inglês, *Body Parts)* na cidade de Milwaukee no final de julho de 1991. Baseado no livro *Choice Cuts*, o filme mostrava um psicólogo que perdia o braço num acidente e recebia como enxerto o braço de um assassino em série.

No terceiro episódio da série *Turismo Macabro*, da Netflix, o apresentador David Farrier viajou até Milwaukee e participou do "Jeffrey Dahmer Tour: Cream City Cannibal", um passeio promovido por um bar da cidade que leva os participantes pelos locais onde Jeff capturou suas vítimas. A maioria é de mulheres jovens, na casa dos 20 aos 30 anos, todas admiradoras do assassino. Uma delas diz que "consertaria" Dahmer com abraços. Esse fascínio por criminosos violentos é conhecido como hibristofilia.

Farrier também visita Wendy Patrickus e conversa com a advogada sobre Dahmer. Ela mostra os desenhos originais de Jeff sobre o seu templo, os mesmos que foram mostrados durante o seu julgamento, em 1992, e toca uma fita gravada com uma das entrevistas que ela fez com o assassino, onde ele admite que gostava de ter a companhia de suas vítimas, não importando se elas estivessem mortas.

Como explicar o comportamento de Jeff com Ronald Flowers? Um ano após dopá-lo e abusá-lo, Jeff o reencontrou e não o reconheceu — ainda o convidou para um café. Talvez fosse uma fuga parafílica, embora ele lembrasse de detalhes, como a avó ter visto os dois juntos e tê-lo levado ao ponto de ônibus. Ou talvez alternasse entre identidades real e furtiva durante o crime. Outra hipótese é a despersonalização: Flowers pode ter sido apagado da mente de Jeff, como dados de um computador desligado. O mistério permanece.

Três dos mais sinistros assassinos em série do século XX morreram no mesmo ano: 1994 — Andrei Chikatilo (12 de fevereiro, Rússia); John Wayne Gacy (10 de maio, EUA) e Jeffrey Dahmer (28 de novembro, EUA). Os dois primeiros executados pelo Estado e o terceiro, assassinado dentro da prisão.

MATANDO POR COMPANHIA: DAHMER VS. NILSEN

"Enquanto o sádico ainda está realmente com outras pessoas, querendo controlá-las, e não as aniquilar, o necrófilo carece até mesmo desse grau de parentesco. Os necrófilos são mais narcisistas, mais hostis do que os sádicos. [Diz Fromm:]* 'O objetivo deles é transformar tudo o que está vivo em matéria morta; eles querem destruir tudo e todos, muitas vezes até eles próprios, seu inimigo é a própria vida'." (Brian Masters, *Killing for Company*)

Jeffrey Dahmer foi um assassino multirracial — um caçador de corpos, não de cores. Sua obsessão era a anatomia masculina: músculos, formas, presença. Nos fins de semana, ele vagava por boates de striptease, hipnotizado pelos corpos esculpidos. Não matava por ódio, mas por um desejo doentio de companhia — mesmo que isso significasse apenas um crânio na estante. Mas Dahmer não foi o primeiro.

Antes dele, Dennis Nilsen já espreitava em Londres, guiado pela mesma fome silenciosa. Ambos assassinos, ambos solitários, ambos presos às próprias fantasias macabras. As coincidências entre eles gelam a

* Erich Seligmann Fromm (1900-1980), psicanalista e filósofo nascido em Frankfurt, Alemanha. Em 1974, publicou o livro *Anatomia da Destrutividade Humana*, onde apresenta o necrófilo como um agressor em busca da destruição. O sádico não necessariamente é letal, já o necrófilo é movido pelo que não tem vida e um indivíduo "puramente mecanicista".

espinha. Em 9 de fevereiro de 1983, Nilsen foi preso após restos humanos entupirem o esgoto de sua casa. Confessou tudo com uma frieza quase rotineira, descrevendo cada crime como quem lista tarefas do dia.

Para Nilsen e Dahmer, o horror era um cárcere. Sabiam o quão repugnantes eram, mas, uma vez desmascarados, experimentaram um alívio estranho. "É um alívio ser forçado a endireitar as coisas na minha vida", disse Dahmer. Nilsen foi mais direto: "Eu vou te contar tudo. É um alívio limpar a minha mente".

Para alguns assassinos, ser capturado é um alívio. Andrei Chikatilo, o "assassino de luxúria" ucraniano, sentiu paz ao ser preso em 1990, após anos de violência brutal. Peter Kürten, o "Vampiro de Düsseldorf", confessou detalhadamente seus crimes em 1930, aliviado por se livrar do peso de seus segredos. Edmund Kemper, temendo perder o controle, entregou-se à polícia após onze meses de matança na Califórnia. "Eu pensei: 'Tenho que parar. Não aguento mais. Para o inferno com isso'", desabafou. Para eles, a prisão foi o fim de um tormento insuportável.

Tal epifania não tiveram Dahmer e Nilsen. Na verdade, comportamentos como o de Kemper são praticamente inexistentes. Assassinos de luxúria como Dahmer, Nilsen, Chikatilo e Kürten são viciados demais na morte (uns mais do que os outros) e escravos das próprias existências errantes. Eles têm consciência do quão desumanos são, mas optam por seguir em frente, adentrando cada vez mais num mundo inacreditável de horror, sem realmente se importar com as consequências. Tudo gira em torno da autogratificação. Eles preferem continuar destruindo tudo e todos, não se importando no quão grotescas suas ações se tornem à medida que suas vidas homicidas evoluem. Ao ser perguntado se seria capaz de parar caso não tivesse sido pego, Nilsen respondeu: "Se eu fosse preso aos 65 anos de idade, haveria centenas de corpos atrás de mim". Da mesma forma, Dahmer foi honesto ao responder a mesma pergunta: "Eu devo admitir que, se eu conseguisse outro apartamento, tivesse acesso a dinheiro e me fosse apresentada a oportunidade, eu mataria de novo. É como se eu tivesse uma compulsão me levando a cometer esses atos". A mesma coisa, mas usando palavras diferentes, disse o alemão Kürten ao psiquiatra Karl Berg: "Eu não teria parado os meus ataques. Eu fui impelido [a matar] inúmeras vezes".

O "impelido" dito por Kürten é um ponto importante que merece reflexão. Ao citar essa palavra, Kürten se referia a uma espécie de compulsão, e compulsão foi uma palavra muito usada por Dennis Nilsen na tentativa de explicar o que o levou a matar repetidamente. Tanto ele quanto Jeff — e outros assassinos de luxúria — descreveram a compulsão como um tipo de força irresistível que ao aparecer desligava o mundo como eles o conheciam, deixando-os num tipo de programação única, como um robô programado para executar apenas uma tarefa e da forma mais eficiente possível. Quando eles se viam nesse modo assassino — "a fuga parafílica", descrita por John Money em 1986 —, somente algum fator externo ou acontecimento não esperado poderia tirá-los do caminho natural do homicídio — como a avó de Dahmer, que o viu na companhia de Ronald Flowers ou na vez em que Jeff se afeiçoou ao ser humano Luis Pinet, o que "desligou" seu modo homicida; já no caso Nilsen, uma vez ele pensou ter assassinado um homem, mas descobriu que ele ainda estava vivo; como Dennis havia saído do seu modo homicida, matar já não fazia mais sentido, então ele fez de tudo para reviver a vítima e ela sobreviveu. "Minha única razão existencial era executar o ato naquele momento [...] compulsão absoluta do fazer...", explicou Nilsen. Jeff fez afirmações semelhantes sobre não conseguir pensar ou processar qualquer outra coisa *naquele momento.*

Sem compreender os próprios atos, muitos assassinos de luxúria recorrem à palavra *compulsão* no sentido de um tipo de força desconhecida que age sobre eles, sendo essa uma tônica em suas confissões. "Quanto mais eu penso a respeito, mais eu chego à conclusão de que eu sofro de algum tipo de doença. Era como se alguma coisa me atingisse, alguma coisa fora de mim, alguma coisa sobrenatural. Eu absolutamente não estava no controle de mim mesmo quando cometi estes assassinatos", disse o mutilador ucraniano Chikatilo, responsável por mais de cinquenta assassinatos em várias regiões da ex-União Soviética durante a década de 1980. Chikatilo chamou sua fuga parafílica de "eclipse", e ele só podia sair desse estado após matar a vítima. "Quando estou em um lugar deserto com uma vítima, algum tipo de eclipse terrível cai sobre mim. [O eclipse] recua apenas quando eu corto e despedaço uma pessoa", disse o maníaco — de acordo com Issa Kostoyev, investigador-chefe da força-tarefa que o prendeu.

Em alguns casos, especialistas da psiquiatria e psicologia concordaram que algo além da compreensão estava pressionando um homicida, como é o caso do alemão Jürgen Bartsch, que, entre 1962 e 1966, estuprou matou e desmembrou quatro crianças em Langenberg. Um laudo elaborado por especialistas afirmou que suas ações foram executadas sob um "impulso irresistível".

Em sua confissão, Nilsen afirmou que, em muitos crimes, estava embriagado demais para se lembrar de qualquer coisa. "Eu ficava sentado lá, em choque", disse a detetives. A frase é quase idêntica à usada por Dahmer para descrever o homicídio de Steven Tuomi. Da mesma forma, Dahmer bebeu tanto que teve um apagão — é bom dizer que em seu caso (e também no de Nilsen), acredito, o apagão não foi resultado apenas da bebida —, recobrando a consciência somente no dia seguinte, para descobrir um cadáver ao seu lado. "Quando você fica bêbado, não se lembra", disse Dennis. "Eu não lembro de nada... Eu devo ter espancando ele [Tuomi] até a morte em um apagão alcoólico", foi a fala de Dahmer.

O escocês e o norte-americano foram beberrões que durante a vida viveram embriagados com todo tipo de bebida — cerveja, gin, rum, uísque —, e o álcool desempenhou um papel importante nos assassinatos, deixando-os mais aptos a levar suas fantasias adiante e, eventualmente, matar. Mas houve diferenças: enquanto Dahmer foi um alcoólatra desde a adolescência, fato que prejudicou sua vida e o levou a ser visto como uma alma completamente perdida e arruinada — lembremos que, por causa da bebedeira crônica, ele não durou na universidade e no Exército, foi preso em Bath e Milwaukee por arruaça e exposição indecente e estava com a mente alterada no dia de sua captura, tanto que durante o seu interrogatório afirmou que "eu não teria sido pego se não bebesse tanto" — Nilsen pareceu ter um controle maior sobre a bebida. Ele bebia desde muito jovem e também no Exército ficou conhecido por seus excessos alcoólicos, mas ele não perdeu empregos, oportunidades ou foi encontrado caído desacordado na rua intoxicado por álcool. A bebida, porém, foi usada pelos dois como um tipo de aditivo no processo de caça e abate.

• • •

O perfil de vítimas de Nilsen era uma cópia exata das de Dahmer. Para o escocês, o homem ideal deveria ser jovem, esguio, atlético e, o mais importante, completamente passivo. Tais como as de Dahmer, as fantasias de Nilsen gradualmente evoluíram para a visão do parceiro inconsciente ou morto, somente assim ambos poderiam exercer controle e poder, colocando em prática seus desejos sem ter que perguntar ou convencer os parceiros, podendo usar seus corpos da maneira que desejassem. Um belo corpo masculino preenchia as fantasias do norte-americano e do escocês. Nilsen, por exemplo, após matar a sua primeira vítima, em 1978 — Stephen Dean Holmes, de 14 anos, conheceu Nilsen num bar e aceitou seu convite para beber em sua casa; ecoando Jeff, que também matara sua primeira vítima naquele ano, Nilsen ficou apavorado com a possibilidade de o garoto ir embora, então o matou —, decidiu desmembrá-lo, mas mudou de ideia. "Simplesmente não pude fazer nada para estragar aquele corpo maravilhoso", disse. Já sobre a vítima de número doze, Malcolm Barlow, a última a ser assassinada na Melrose Avenue, Dennis comentou: "Eu examinei de perto e devagar cada parte da sua anatomia... Seu corpo nu me fascinou. Eu me lembro de ter ficado emocionado de ter controle total e posse daquele lindo corpo". Algumas vezes, ele ficava tão fascinado pelo corpo da vítima que se negava a 'estragá-lo' com o "ritual patético do sexo comum". Ao psiquiatra Park Dietz, Jeff comentou sobre a sua terceira vítima, James Doxtator: "Eu ainda gostava do seu físico, mesmo estando morto, ele era muito atraente, tinha um corpo perfeito". Como Nilsen, Jeff, muitas vezes, ficou enfeitiçado pela visão dos corpos perfeitos de algumas vítimas. Se o físico de Malcolm Barlow fascinou Nilsen, o mesmo aconteceu com Jeff e Ernest Miller e outros

"A ideia de que poderia encontrar alguém que, então, como todos os outros, iria embora, fez com que ele visse a si mesmo com extremo vitimismo", escreveu o autor Brian Masters em seu livro sobre Dennis Nilsen. Jeff Dahmer também sofreu da mesma angústia, como se nota através dos registros de seus encontros com Donna Chester; vitimista absorto numa mente patologicamente deformada, Jeff não podia lidar com a visão de seus amantes virando as costas e caminhando para fora do seu apartamento. Já bastava a sociedade e o mundo conspirando contra ele, com isso ele não podia lidar, mas com os amantes insensíveis, sim. O mesmo pensamento podemos aplicar a Nilsen, que pouco antes de começar a matar experimentou a depressão e a solidão cada vez mais profunda, acreditando que era um completo inútil no mundo e que ninguém se importava com ele. Para ter suas companhias de forma a se sentirem menos sozinhos e mais vivos, o escocês e o norte-americano encontraram uma saída singular a cada um, mas compartilhada no resultado final.

Dennis e Jeff foram dois indivíduos sexualmente egoístas, cujos delírios distorcidos sobre relacionamentos os fizeram pessoas impossíveis de se conviver intimamente. Mesmo cercados de pessoas em seus trabalhos ou na noite, os dois viviam em desertos sociais. Uma vez sozinhos, dentro de suas casas, Dennis e Jeff ruminavam suas existências e a solidão na companhia do álcool e de pensamentos luxuriosos. Em seus íntimos, e por mais misterioso que isso seja, os dois não desejavam matar. Disse Nilsen ao investigador Peter Jay: "Eu sairia em busca de companhia. Quando eu voluntariamente saía para beber, eu não tinha a intenção no momento de fazer essas coisas. Coisas podiam acontecer depois de beber, não eram planejadas de antemão... Procurava companhia primeiro e esperava que tudo desse certo".

É interessante a fala de Nilsen e de como ele coloca a responsabilidade de suas ações para algo além dele. Ele (supostamente) tinha o livre-arbítrio* e a consciência necessária para entender a ilicitude de seus atos, assim como Jeff, mas mesmo assim foi em frente unicamente para satisfazer seu individualismo patológico. Ele esperava que "desse certo", mas dada a distorção de sua mente psicopata e doente, o "certo" era muito mais uma questão de aleatoriedade e disposição do que qualquer outra coisa. Lembremos que, em algumas oportunidades, Jeff Dahmer não matou porque estava cansado demais ou simplesmente queria passar um final de semana mais tranquilo, sem tensão e tarefas obrigatórias (como descartar um corpo).

• • •

* Neurocientistas renomados da atualidade, como o norte-americano Robert Sapolsky, afirmam que o livre-arbítrio é uma ilusão.

Entre Dennis e Jeff, o norte-americano foi o mais alienado. Jeff nunca buscou se inserir de alguma forma e aqueles que o conheceram o descreveram como "monótono". Um vislumbre dessa monotonia pode ser visto nos vídeos caseiros feitos por seu pai, nos quais Dahmer é filmado na casa de sua avó, em West Allis. Ele não interage e não conversa. Quando seu pai o filma, Jeff só abre a boca para responder as perguntas de Lionel enquanto folheia uma revista de trás para frente e de cabeça para baixo. Já Nilsen foi mais expansivo. Em seus vídeos caseiros — muitos gravados por companheiros e que podem ser vistos em documentários sobre ele —, ele sempre aparece falante. Nilsen aparenta ter uma necessidade extrema de atenção. Basta ver alguns segundos de seus vídeos para notar um indivíduo insuportável de se estar perto; Nilsen nunca para de falar, parecendo uma metralhadora giratória emendando um assunto inútil atrás do outro. Sua compulsão em conversar era tão intensa e despropositada, que homens que frequentaram o seu apartamento disseram que ele muitas vezes alternava entre conversar com eles e consigo mesmo.

Tagarela e acostumado a lidar com gente (ele era supervisor numa agência de empregos), Nilsen era capaz de realizar abordagens mais "sociais" quando procurava por companhia nos bares gays de West End — região de Londres povoada por estabelecimentos LGBTQIAP+. Ele conversava normalmente, perguntava sobre a vida da pessoa e, a partir daí, desenvolvia uma conversa amigável e interessante. Já Dahmer era introspectivo: ele ficava quieto, sentado, bebendo sozinho e observando o ambiente. Era a sua maneira de ser. A sua diversão era simplesmente estar presente naquele ambiente de música e gente, mesmo não interagindo com as pessoas ou indo até a pista dançar, balançar o esqueleto. Quando decidia abordar algum homem, ele era direto: no fim da festa, ao ir embora, ele chegaria em alguém, de preferência sozinho, e faria uma oferta em dinheiro por companhia. Seu jeito era o de alguém que gosta de estar atrás das cortinas. Dennis e Jeff, como quaisquer outras pessoas, frequentavam bares, mas eles não conheceram suas vítimas apenas nesses lugares. Os dois eram predadores oportunistas, que agiam conforme a situação era apresentada.

Voltando ao perfil das vítimas de Nilsen, ele não se importava com a cor da pele ou etnia, ele apenas queria corpos, os mais belos possíveis. Ele atacou brancos, asiáticos e latinos. Não há relatos de ataques a negros, e isso provavelmente se deu devido aos locais que ele visitava. Da mesma forma, a maioria de vítimas negras de Jeff aponta para o povoamento da região onde morou e perseguiu homens. Naquela época, Walker's Point era habitada pela população negra e asiática. Jeff, inclusive, era o único branco nos Apartamentos Oxford, e no bairro inteiro não havia muitos outros. Suponho que essa diferença racial entre Nilsen e Dahmer tenha a ver apenas com o povoamento de seus territórios de caça, pode-se afirmar que ambos eram homicidas multirraciais fascinados pelo físico masculino, Nilsen, principalmente, pelos membros; Dahmer, pelo conjunto.

A objetificação e despersonalização da vítima eram dois componentes de ambas personalidades. Em sua confissão, na noite em que foi preso, Dennis Nilsen foi incapaz de informar qualquer nome; ele não sabia o nome de nenhum dos homens que matou. "Eu nunca soube seu nome", "eu esqueci seu nome", foram frases usadas por ele ao descrever as vítimas. Por outro lado, e como Dahmer, Nilsen tinha em sua mente detalhes frescos dos atributos físicos e se lembrava mais daqueles que eram atraentes. "Cabelo meio crespo, tatuado", "um metro e setenta e dois", "cerca de um metro e setenta e cinco, sotaque irlandês", "pálido, tímido, encovado, magrelo", "cabelo castanho, 25, 30 anos", foram frases usadas por ele ao pormenorizar os crimes. Nilsen estava num "estranho estado de despersonalização", disse o psiquiatra James MacKeith, que testemunhou no julgamento do assassino, em 1983. Em uma entrevista para a *Inside Edition*, também em 1993, Dahmer afirmou que "quando você despersonaliza outra pessoa e a enxerga apenas como um objeto, um objeto de prazer em vez de um ser humano que respira... parece ficar mais fácil fazer coisas que você não deveria fazer". A frase de Dahmer evoca o próprio McKeith no julgamento de Nilsen ao afirmar que "o assassinato sem motivo de John Guardsman* mostra terrivelmente o efeito de tratar outra pessoa como se ela fosse apenas um objeto".

Na superfície, Jeffrey Dahmer e Dennis Nilsen não mataram por raiva ou ódio — internalizado ou latente —, mas para manter suas vítimas com eles. Por mais distorcido que seja, os dois amavam os homens que

* John Peter Howlett, 23 anos, foi a décima terceira vítima conhecida de Nilsen. Howlett foi estrangulado enquanto dormia. "Já está na hora de você ir", disse Nilsen enquanto estrangulava o rapaz.

mataram. Jeff e Dennis continuam a ser dois exemplos raros de assassinos em série que mataram por companhia, uma companhia que nunca seria capaz de deixá-los. A questão era não ficar ou se sentir sozinho. Nilsen manteve cadáveres por meses no seu endereço na Melrose Avenue, tanto que chegou a um ponto em que não cabia mais, mas eles eram sua companhia e Dennis não podia descartá-los. Certa vez, Nilsen matou um rapaz e o deixou sentado no sofá da sala por dois dias inteiros. Ele saía para trabalhar e, no fim do dia, voltava para encontrar a sua companhia o esperando, então conversava com o cadáver e agia como se ambos fossem amigos ou um casal. Já outra vez, ele tirou um cadáver que havia colocado sob o assoalho da casa e o sentou no sofá para que ambos assistissem à TV juntos. Para a coisa ficar mais íntima, ele passou o braço da vítima atrás da sua cabeça para parecer que a sua companhia o abraçava. Jeff teria ido pelo mesmo caminho se morasse num local que lhe propiciasse ficar mais tempo com seus amantes mortos. Morando num condomínio de apartamentos cheio de gente, o cheiro sempre foi um problema, um problema que, para Dennis, só ocorreu quando ele se mudou para Cranley Gardens.

No quesito descarte, Jeff Dahmer foi mais engenhoso e cuidadoso. Ele acidificava os restos mortais, sempre aprimorando seus processos com a experiência, descartando o líquido gosmento na privada aos poucos para evitar entupimentos ou outros problemas no encanamento. Quando morava na casa da sua avó, tomou muito cuidado para não descartar nenhum pedaço de corpo humano pelo ralo (como fazia com o sangue), exatamente para evitar problemas de entupimento, e ainda despejava água sanitária para disfarçar o cheiro. Os pedaços dos corpos eram triplamente ensacados e jogados na lixeira da rua pouco antes da passagem do caminhão de lixo.

Nilsen foi muito menos sofisticado e acabou pagando o preço por descartar suas vítimas de qualquer jeito, e isso é até de certa forma surpreendente, pois ele, em comparação a Dahmer, parecia ter um controle maior sobre si mesmo. Nilsen era um homem inteligente que predou homens vulneráveis, agindo sorrateiramente e com premeditação, mas, ao mesmo tempo, sabemos que tais indivíduos são limítrofes, eles agem inteligentemente num momento e, no segundo seguinte, realizam coisas totalmente estúpidas. Seu método de descarte quando morou no número 195 da Melrose Avenue não era eficaz, mas como ninguém nunca suspeitou de nada, tal ineficiência não foi um problema. Os órgãos internos como fígado e intestinos eram deixados entre a cerca dupla no jardim e em menos de dois dias desapareciam, comidos por organismos da terra e pequenos animais. Ele queimou as carcaças evisceradas e desmembradas e enterrou o que sobrou no quintal da casa. Vez ou outra vizinhos viam as enormes fogueiras de Nilsen, que podiam durar o dia inteiro. Para disfarçar o cheiro, ele jogava outras coisas na fogueira como madeiras e pneus. Uma vez, enquanto queimava os corpos, três crianças da vizinhança apareceram e começaram a brincar em volta. Nilsen as advertiu para não chegar perto e ficou observando aquela cena bizarra — a inocência infantil não as deixou perceber que se divertiam ao redor de uma pira funerária. Vez ou outra, ele voltava para dar uma olhada no que restou da queima e, em uma das aparições, encontrou um crânio intacto. Usando um rastelo, ele o espatifou em pedaços.

Quando se mudou para o número 23 de Cranley Gardens, e sem acesso a um jardim, o escocês passou a cortar suas vítimas e descartar alguns restos mortais, incluindo ossos pequenos, pela privada. As vítimas — três assassinadas nesse endereço — foram desmembradas e evisceradas na banheira; cortadas em pequenos pedaços, cujo destino era a panela fervente da cozinha. Mas nem tudo foi fervido. Dennis fez uso do processo de fervura para dissolver a carne dos ossos e o cérebro das cabeças, de forma a facilitar o descarte. Os ossos eram quebrados em pequenos pedaços e descartados na lixeira da rua. A carne que sobrava, cabelos e órgãos internos eram jogados diretamente no esgoto. Entretanto, não eram todos os restos mortais que acabavam em ossos e muitas partes ainda conservavam a carne. Da mesma forma, nem todos os ossos foram quebrados e jogados fora. Crânios e ossos grandes com alguma carne foram colocados em sacos plásticos e Nilsen os deixou num baú do quarto, esparramando sal por cima. Tais sacos plásticos permaneceram no quarto até o dia em que finalmente foi preso.

Seus crimes foram descobertos quando um engenheiro foi chamado para resolver um problema no sistema de esgoto e encontrou o que pareciam ser restos mortais humanos. Uma investigação rápida apontou que aqueles restos só podiam vir de um *flat* que ficava no sótão, exatamente onde Nilsen morava. Eles pertenciam à última vítima de Nilsen, assassinada duas semanas antes. O restante do seu corpo picado estava em dois sacos pretos dentro do armário.

Dennis e Jeff viveram vidas diferentes e isso contribuiu para o fato de Dahmer ter sido mais sofisticado no descarte de corpos. Em comparação, Jeff sempre esteve mais no limite do que Dennis. O rapaz de Milwaukee se tornou um assassino em série enquanto morava na casa da avó, e seu pai e madrasta, sempre que podiam, viajavam até West Allis, então seu ambiente de abate era o mesmo de moradia da família, e ele teve que ser extremamente ardiloso para cometer seus crimes sem que ninguém visse ou suspeitasse de nada. Agir sempre no fio da navalha lhe forneceu um apurado instinto assassino que, se não fosse pelo álcool, poderia tê-lo ajudado a matar por muitos e muitos anos mais. Mesmo quando se mudou para os Apartamentos Oxford, o lugar era um condomínio com inúmeros moradores, separados apenas por uma parede. Sua privacidade sempre foi limitada. Ao contrário, Dennis era um homem que tinha o seu próprio espaço quando começou a matar. Ainda que o endereço fosse compartilhado com outros inquilinos, era um bom espaço no térreo e ele detinha o uso exclusivo do jardim da propriedade, usado tempos depois para suas fogueiras e enterro dos restos mortais das vítimas. Ele não dividia o lugar com ninguém e não tinha familiares o visitando. Podemos afirmar também que Dahmer era um assassino mais experiente. Ele matou pela primeira vez aos 18 anos e Nilsen, aos 33. Muitos anos antes de tirar a vida de Steven Hicks, Jeff já fantasiava sobre agredir e matar, e sua infância com um pai químico lhe deu ideias do uso de substâncias no descarte das vítimas. Ao contrário de Dennis, o homicídio sempre esteve, de uma forma ou de outra, no radar de Jeff.

Como aconteceria em Milwaukee oito anos depois, os crimes de Nilsen chocaram a opinião pública e todos se perguntaram como um homem conseguiu matar quinze pessoas sem que ninguém percebesse. A resposta para tal questão, seja em Milwaukee ou Londres, passa pelo mesmo caminho, e, dependendo para onde for a resposta, basta mudar o nome do personagem principal.

Existe um grande problema para o homicida que é o descarte do corpo, e muitos são descobertos e identificados ao deixarem um cadáver para trás. Mesmo aqueles que agem friamente, esquartejando um corpo e dispersando os sacos plásticos com os pedaços em vários pontos de uma cidade, correm o risco de serem descobertos e identificados, e na maioria das vezes o são. Acontece o tempo inteiro e no mundo todo. Nilsen foi capaz de caçar e matar num dos corações do mundo, Londres, uma cidade com mais de seis milhões de habitantes na época, e, ainda assim, passar despercebido, isso porque suas vítimas faziam parte do contingente imperceptível comum às grandes cidades, pessoas vindas de famílias desestruturadas, migrantes sem rumo, sem perspectiva e sem moradia, que podem sumir e passar meses, até anos, sem que ninguém se importe. E o *não importar*, endêmico na humanidade, é a rachadura mais perceptível por onde os assassinos em série operam.

Se todos os dias ao voltar para casa alguém nota um pedinte em determinado semáforo, o rosto do pedinte se tornará familiar e aquele necessitado virará parte da rotina desse alguém. Se um belo dia o pedinte não estiver mais lá, isso não fará a menor diferença. Essa é uma das tragédias das grandes cidades: a indiferença — pessoas vulneráveis dentro de uma sociedade individualista, egoísta e que não tem nada a oferecer, a não ser o próprio desprezo, acabam se tornando presas fáceis para predadores que andam nas ruas, predadores que, diferentemente do restante das pessoas, os enxergam muito bem entre as esquinas, becos e casas de diversão. O "espanto" da sociedade ou das autoridades com o fato *de como* Nilsens e Dahmers são capazes de matar repetidamente debaixo dos narizes de todos soa estupendamente ridículo e falso porque eles são *autorizados* a isso. Em um dos melhores livros brasileiros a abordar o tema assassinato em série, o autor, Roldão Arruda, ao comentar sobre uma série de homicídios de homossexuais em São Paulo na década de 1980, escreveu que "esses crimes poderiam fazer parte de uma lista de crimes socialmente consentidos". O subtítulo de seu livro é uma descrição definitiva de como a sociedade que consente *serial killers* a matarem: "Uma História Verídica de Assassinatos *Autorizados*".*

* Arruda, Roldão. *Dias de Ira: uma história verídica de assassinatos autorizados*. São Paulo. Globo, 2001.

Os homicídios que Roldão descreve em seu livro eram todos conhecidos porque o assassino deixava os corpos para trás, mas a letargia das autoridades foi tamanha, que era como se eles tivessem dado autorização para matar a uma mente doentia. Em 1988, um famoso ativista* afirmou à revista *IstoÉ* que a "polícia não se empenha nas investigações, enquanto a opinião pública fecha os olhos". De acordo com as informações desse ativista, "cerca de 300 homossexuais foram assassinados no país entre 1984 e 1987". Jornalistas da época não tiveram dúvidas de que a "sequência de crimes era estimulada pela impunidade".

Se a insensibilidade diante do outro decorre de nossas falhas morais ou de outra interpretação óbvia, é uma questão em aberto. O fato é que a sociedade indignada com assassinos múltiplos é a mesma que banaliza preconceito, agressão e homicídio. Apenas uma sociedade dessensibilizada e egoísta lucra com a dor e a violência, como fazem programas de TV. Da mesma forma, só uma sociedade fragmentada aceita passivamente (no Brasil) cerca de 60 mil homicídios anuais, dos quais no máximo 4.800 são solucionados, ou mais de 60 mil desaparecimentos sem resposta.

Javed Iqbal assassinou cem crianças pobres e de rua no Paquistão. Já Samuel Little assassinou mais de noventa mulheres (incluindo mulheres transgênero) nos Estados Unidos, a maioria negras e marginalizadas. Em ambos os casos, ninguém jamais soou o alarme e a trágica e assustadora onda de crimes só foi descoberta porque, já no fim de sua vida, Little decidiu que era hora de contar o que havia feito e, Iqbal, ao chegar no assassinato de número cem, sentiu que atingira o seu limite e contou tudo ele mesmo à polícia.

> "Algumas de suas vítimas vinham das periferias da sociedade e eram tantas que ele não conseguia se lembrar de todas... Alguns deles eram como o próprio sr. Dahmer, pessoas em quem a sociedade não presta muita atenção." (*The New York Times*, 4 de agosto de 1991. Página 1)

* Paulo César Bonfim, fundador do Grupo de Apoio à Prevenção da Aids (GAPA). O GAPA foi a primeira ONG a promover o conhecimento sobre a aids no Brasil e Paulo Bonfim, um dos principais ativistas da causa. Ele faleceu em 1992, em decorrência da aids.

A maior parte das vítimas de Nilsen era de garotos e homens jovens vindos da Escócia, Irlanda e interior da Inglaterra, todos em busca de melhores condições de vida. Já outros tentavam encontrar nas ruas o futuro que não enxergavam em casa. Com exceção do jovem turista canadense Kenneth Ockenden, cujo desaparecimento, em 1979, foi investigado pela Scotland Yard, o restante eram homens em dificuldades financeiras, alguns com passagem pela polícia, já outros aceitavam dinheiro em troca de favores sexuais. Assim como as vítimas de Dahmer, alguns eram homossexuais, outros não. Dennis os conheceu nas ruas, nos bares, às vistas de todo mundo, sumiu com eles e ninguém notou. Mesmo quando garotos e jovens foram até a delegacia denunciá-lo por agressões após aceitarem seu convite para uma bebida em sua casa, autoridades fizeram pouco caso, e até piada.

Nilsen trabalhou na Polícia Metropolitana de Londres por oito meses em 1973, saindo em dezembro. Na época, poucos pediam demissão, mas ele o fez devido à homofobia no trabalho, que afetava sua saúde mental. Luis Pinet e Ronald Flowers tentaram alertar a polícia sobre Dahmer, mas casos como o de Konerak Sinthasomphone mostram a dificuldade disso. Outras vítimas, como Michael Salinas, preferiram o silêncio por medo do estigma e do desprezo policial. Vítimas de Nilsen também foram ignoradas. Muitas vezes, agressões eram tratadas como encontros homossexuais malsucedidos, e o medo impedia denúncias. Um garoto escapou pulando de uma janela de vidro, sobrevivendo com mais de cem pontos, mas seus pais, envergonhados, o impediram de denunciar. Um policial descreveu Nilsen como "um psicopata perigoso", mas o relatório ficou engavetado até anos depois, quando ele confessou diversos assassinatos. Não apenas Dennis e Jeff, mas grande parte dos assassinos em série têm suas carreiras homicidas alongadas não por suas habilidades ou inteligências, mas pelas falhas estruturais e morais de nossa sociedade.

O assassino em série não nasce do dia para a noite. É um longo processo de "fabricação" que começa, muitas vezes, antes do nascer.

A ciência hoje sabe que assassinos psicopatas têm uma falha de função no córtex orbital, região do cérebro acima dos olhos, responsável pela codificação da ética, moralidade e consciência. A atividade cerebral reduzida ou até mesmo morta nessa área torna o indivíduo não apenas imoral como também incapaz de frear seus impulsos. Ter um cérebro que não funciona apropriadamente, entretanto, não é determinante para o comportamento criminoso. Uma infância de maus tratos e abusos é terrivelmente prejudicial na formação do caráter e personalidade, e se a criança já vier "de fábrica" com um cérebro defeituoso, então temos uma boa chance dessa criança se tornar um adulto agressivo, cuja visão de mundo distorcida o guiará no cometimento de atrocidades.

Mas por mais que descobertas feitas ao longo dos tempos nos dessem *insights*, e por mais que estejamos descobrindo cada vez mais sobre o comportamento criminoso através das inúmeras pesquisas que cientistas fazem todos os anos, ainda não sabemos a lógica por trás do motor comportamental de indivíduos como Dennis Nilsen e Jeffrey Dahmer. Nem todo assassino em série é psicopata. Nem todos tiveram uma infância horrível. Uma predisposição genética mais um ambiente de desenvolvimento inapropriado também não leva o indivíduo, invariavelmente, a se tornar um assassino em série. Ainda estamos na superfície e, nesse sentido, uma série de características em nível comportamental parece comum, pelo menos em grande parte, a eles.

Tais características são visíveis desde a infância e fomentam a base para o suporte de comportamentos que surgirão na adolescência e idade adulta. Muitos assassinos em série são crianças com *vínculo parental fraco*, eles não experimentam o carinho ou afeição dos pais, não se sentem amados ou acolhidos e, como resultado, tendem a crescer introspectivos. Desde a década de 1960, estudos vêm demonstrando a ligação entre um vínculo parental precário e o desenvolvimento de comportamentos antissociais.

Eles nunca se encaixam; parecem nascer deslocados da sociedade, experimentando um doloroso isolamento que molda suas vidas. Quando criança, o francês Guy Georges nunca se sentiu parte da família. Adotado após ser abandonado, era o único negro entre onze irmãos brancos. Sentindo-se deslocado, encontrou refúgio na floresta ao redor da casa, onde iniciou um comportamento que levaria para a vida: primeiro caçando e matando animais, depois, já adulto, mulheres brancas — como suas irmãs — que acreditava nunca poder ter por ser negro e inferior. Da mesma forma, o sentimento de inferioridade levou Ted Bundy a se isolar na infância e viver em suas fantasias. Pesquisadores destacam como, desde cedo, ele era obcecado com sua pobreza e posição social. Enquanto outras crianças não se importavam, Ted desejava riqueza, brinquedos caros e uma casa melhor — algo que sua humilde família não podia oferecer. Sem esse poder, cresceu vulnerável e derrotado. Pessoas materialistas costumam ter uma autoimagem grandiosa, acreditando merecer mais sem agir para mudar. "A humilhação e o choque de não realizar suas expectativas o levaram a se retirar para aquele mundo secreto de fantasia para o qual os assassinos em série se refugiam", escreveu Peter Vronsky sobre Bundy.

Os garotos Dennis e Jeff também se refugiaram dentro das próprias mentes, vivendo tanto no mundo real como no imaginário, sendo este o início do processo de compartimentalização da mente tão presente nos assassinos em série e que os permite, no futuro, matar repetidamente sem que o ato lhes cause tanto desconforto. "Nos anos solitários, eu me tornei cada vez mais 'dentro de mim' e expressei minhas fantasias de amor físico em meu próprio corpo", citou Nilsen ao escritor Brian Masters. Crianças solitárias como Bundy, Georges e tantos outros, os meninos Dennis e Jeff cresceram sozinhos — sendo esta uma escolha inconsciente feita por eles próprios, pois ambos tinham famílias e não viviam isolados da sociedade — e eventualmente encontraram um lugar onde puderam se despir sem a preocupação de serem flagrados pelos adultos que os rodeavam — Nilsen nas areias desertas do mar da cidade escocesa de Fraserburgh, e Jeff, assim como Georges, sumindo dentro da floresta que cercava sua casa em Bath. Nesses momentos, eles *sonhavam acordados*, criando e desenvolvendo mundos paralelos, nos quais podiam se encaixar perfeitamente. Dahmer citou essa experiência várias vezes em suas entrevistas, sempre chamando-a de "meu mundinho", culminando numa transposição para a realidade: a criação de um cemitério de animais e de uma cabana na floresta cheia de potes de vidro contendo carcaças de bichos atropelados e que ele coletava nas estradas e floresta.

> "Eu era uma criança muito solitária e turbulenta. Eu habitava meu próprio mundo secreto, cheio de amigos ideais e imaginários." (Dennis Nilsen)

Sonhar acordado imerso em fantasias é característico da criança e não há mal nenhum nisso. Fantasias fazem parte do desenvolvimento do ser humano e nós nunca deixamos de fantasiar. Fantasias e pensamentos aparecem e somem o tempo todo e elas são tão variadas quanto (moralmente e legalmente) aceitáveis — o que comprar se eu ganhar na loteria; como me apresentarei à sociedade quando passar no concurso público; socar o rosto daquela garota ou garoto petulante; possuir sexualmente alguém desejado ou até mesmo ferir aquele sujeito que nos fez mal ou desrespeitou. Fantasiamos o tempo inteiro.

Fantasias se tornam perigosas nas mentes de indivíduos perturbados. No caso do assassino em série, o *sonhar acordado* coincide com o início de fantasias que ao longo do tempo se tornam mais elaboradas e, também, assustadoras.

Em algum ponto do caminho eles misturam às fantasias pensamentos que funcionam como um tipo de gasolina no fogo: imagens envolvendo violência. Essas fantasias agressivas podem surgir ainda na infância, mas o mais comum é o surgimento em idade pré-púbere ou na adolescência. Carroll Cole é um exemplo de um assassino em série assombrado por fantasias violentas e macabras desde muito novo. Nas cartas que ele trocou com o escritor Michael Newton enquanto aguardava sua execução no corredor da morte de uma prisão do estado norte-americano do Nevada, Cole afirmou que suas fantasias o perseguiam desde os 8, 9 anos de idade, época em que assassinou um amiguinho e tentou matar outro. Disse Cole: "Eu estava ficando cada vez mais cruel, lutando o tempo todo de uma maneira que machucava ou mutilava, e meus pensamentos não eram as ideias de uma criança inocente, acredite em mim".

Fantasias agressivas são uma das principais variáveis de formação do *serial killer*, "os assassinos em série se 'programam' ou se condicionam na infância em um ciclo de fantasias que se intensifica progressivamente", citou Peter Vronsky. Tais fantasias não param nunca, crescendo descontroladamente na mente imatura e descompensada do garoto perturbado. A combustão acontece na chegada da puberdade, época do despertar sexual, quando o indivíduo mistura suas fantasias violentas com a *masturbação compulsiva*,* erotizando as imagens idealizadas em sua mente, combinando-as com o prazer físico da ejaculação — causa e efeito no *timing* (im)perfeito.

* Em um estudo com 36 assassinos múltiplos (sendo a maioria assassinos em série), Burgess, Douglas e Ressler (1988) descobriram que 79% deles se engajaram na prática da masturbação compulsiva na puberdade. Esse número cresceu para 92% entre aqueles que foram molestados sexualmente na infância.

Em *Psychopathia Sexualis*, Richard von Krafft-Ebing já fizera essa ligação entre *fantasias agressivas + masturbação compulsiva* para criminosos com comportamentos sexuais aberrantes. Na obra, ele cita François Bertrand, de 25 anos, um "homem de constituição física delicada e de personalidade peculiar; desde a infância silencioso e inclinado à solidão". Aos 13 anos, o garoto se masturbava compulsivamente e suas fantasias incluíam sexo com mulheres antes de matá-las. A ruminação o levou a uma evolução cada vez mais sombria em suas fantasias e não demorou para colocá-las em prática, primeiramente com animais — abrindo suas barrigas, tirando as entranhas e se masturbando durante o ato —, e depois com corpos humanos. Cedendo a uma compulsão cada vez mais incontrolável, Bertrand desenterrava corpos recém-sepultados para abrir suas barrigas e se masturbar durante a evisceração. Após o deleite sexual, ele reenterrava o cadáver. Apesar de ter feito isso mais vezes com corpos femininos, o sexo do cadáver era indiferente. Bertrand continuou alimentando a sua luxúria e adicionou a violação do cadáver antes de dissecá-lo. Já o sr. X, um rapaz de 25 anos paciente do próprio Krafft-Ebing, quando jovem, misturou pensamentos de mulheres sangrando com a masturbação. A ejaculação só vinha através desses pensamentos e o garoto começou a se cortar para ver o próprio sangue enquanto se masturbava. O comportamento evoluiu para a agressividade quando ele violou duas primas e uma criada da família. Qualquer jovem mulher que ele visse, mesmo não atraente, poderia acender o fogo da sua luxúria se algo que elas estivessem usando lhe chamasse a atenção: podia ser alguma coisa em seus vestidos ou um colar de joias.

Bertrand e o sr. X cometeram crimes graves o suficiente para colocá-los atrás das grades (ou em uma instituição mental), mas ainda estão distantes de um dos crimes mais hediondos: o *lust murder*. Em *Psychopathia Sexualis*, Krafft-Ebing relata o caso do italiano Vincenzo Verzeni, que entre 1870 e 1872 assassinou duas mulheres na província de Bérgamo. Este assassino do século XIX apresentou sintomas que seriam observados em homicidas hedonistas do século seguinte — solidão, fantasias agressivas e masturbação compulsiva. O psiquiatra Cesare Lombroso estudou o caso e o descreveu como um jovem quieto e solitário.

O ponto de inflexão ocorreu aos 12 anos, quando o garoto se sentiu sexualmente excitado ao quebrar o pescoço de galinhas. Ele passaria o restante da adolescência se masturbando enquanto estrangulava os animais, e não demorou para suas fantasias evoluírem para a visão do estrangulamento de mulheres durante o coito. Seus ataques começaram quando ele tinha 21 anos. Ele estrangulava mulheres para ter ereção e atingir o orgasmo. Em dois casos, o orgasmo não veio antes das jovens estarem mortas. A primeira vítima, Giovanna Motta, de 14 anos, foi terrivelmente mutilada. Verzeni abriu seu abdômen e retirou os intestinos, jogando-os nas proximidades, juntamente com a genitália cortada. Um pedaço da panturrilha direita foi cortada, e Verzeni levou para casa com o intuito de comer, mas desistiu com medo da sua mãe descobrir. O rapaz também bebeu o sangue da vítima através de uma mordida dada em seu pescoço. Pela condição do corpo, ficou claro que Verzeni praticou piquerismo antes ou após a morte da adolescente. A segunda vítima, Elisabetta Pagnoncelli, foi encontrada em condições semelhantes à primeira: marcas de mordidas no pescoço, órgãos internos expostos e removidos e pedaços da carne rasgados.

"Eu não sou louco, mas no momento em que estrangulo minhas vítimas, eu não vejo mais nada", confessou Vincenzo em seu julgamento. ("Eclipse"?) O homicida também revelou que beber o sangue lhe dava um enorme prazer, assim como retirar os intestinos e cheirá-los; "sádico sexual, vampiro, devorador de carne humana", escreveu Lombroso em seu laudo psiquiátrico.

Vincenzo Verzeni não foi o primeiro assassino de luxúria em série a se apresentar como uma criança solitária que criou um mundo próprio de fantasias, tornando-se agressivas e erotizadas na puberdade por meio da masturbação. Esse padrão também aparece em outros serial killers, incluindo alguns que não eram assassinos de luxúria. John Joubert, por exemplo, na adolescência, se masturbava compulsivamente enquanto fantasiava estrangular e esfaquear garotos de cueca. Richard Ramirez, exposto desde cedo às atrocidades de um primo veterano do Vietnã, viu imagens de corpos mutilados e mulheres estupradas, associando-as à excitação física e incorporando-as às suas fantasias. Dennis Rader, na puberdade, matou animais como substitutos para suas fantasias de estrangulamento de mulheres. Ao mesmo tempo, consumia pornografia compulsivamente, escalando suas fantasias a ponto de observar mulheres enquanto se masturbava e, muitas vezes, voltando para casa com calcinhas e sutiãs roubados.

As fantasias de violência na puberdade e adolescência levam os assassinos em série a se isolarem ainda mais da sociedade, o que, por sua vez, cria uma maior dependência da fantasia. Eles geralmente ruminam essas fantasias de violência sexual e homicídio por anos antes de fazerem a primeira vítima. No caso Dahmer, como já relatado anteriormente, tem sido sugerido que seu gosto por corpos e entranhas de animais na puberdade se tornou sexualizado na medida em que ele começou o comportamento da masturbação, um processo parecido com o do italiano Vincenzo Verzeni. Da mesma forma, assim como Guy Georges, Jeff cresceu sozinho em seu refúgio na floresta, lugar onde se sentia em casa, longe da sociedade e mais perto de si mesmo.

Nilsen não foge a esse entendimento. Durante a puberdade, o componente sexual agiu como força motriz, gerando energia para a ignição do seu motor homicida, e suas fantasias violentas começaram nessa fase da vida. Como Dahmer, incapaz de se aproximar de um garoto que achava atraente, Nilsen imaginou surpreendê-lo e bater em sua cabeça até a inconsciência, tendo um corpo para acariciar. "Esses pensamentos começaram a estimular minhas ereções cada vez mais e eu lutei, e envergonhado tentei expulsá-los de minha mente", escreveu em sua autobiografia.

Aos 5 anos, Nilsen viu seu querido avô, morto, dentro de um caixão. Apesar de não ter entendido o significado da cena, naquele exato momento o conceito de amor e morte se fundiram e ele cresceria buscando respostas sobre o que, de fato, era a morte. A morte do seu avô — sua única figura paterna, pois o seu pai abandonara a família — o levou junto, deixando para trás apenas a carcaça de uma criança sem alma, que se introverteu num mundo particular de segredos e fantasias. Refugiando-se no mar que banhava sua cidade natal (e também em florestas no entorno de Strichen), Nilsen adentrou em um mundo de fantasias tão poderoso que o acompanharia por toda vida. Seu mundo fantástico parecia tão real que, após seus crimes, psiquiatras e autoridades tiveram dificuldades em saber se algumas de suas histórias eram verdadeiras ou imaginárias (ou uma mistura dos dois). Nem mesmo Nilsen pôde dizer ao certo. Sobraram interrogações (e muitas).*

* Uma das histórias foi o homicídio de um taxista quando servia o Exército em Adem, no Iêmen. Um psiquiatra disse acreditar que o episódio não existiu. Já outros disseram que o evento foi real, mas com detalhes aprimorados por uma edição do subconsciente. Na outra, ele tinha 10 anos quando, em suas vagueações pelo mar, se afogou e foi resgatado por outra criança mais velha, que se aproveitou para ejacular em seu corpo.

Fascinado pela morte, Nilsen imaginava-se como um cadáver, inerte como seu avô, que faleceu no mar. Fantasiava se afogar e ser resgatado, limpo pelas águas misteriosas. Décadas depois, afogava vítimas na banheira e lavava seus corpos no chuveiro. Antes de matar, suas fantasias sobre sexo, morte e cadáveres o levaram a fingir estar desacordado após beber, esperando que algum colega do Exército abusasse dele. Quando isso não aconteceu, criou um ritual de masturbação com espelhos, deitando-se nu para ver o próprio corpo, mas ocultando a cabeça. Para intensificar a fantasia, branqueava o corpo com talco, buscando parecer um cadáver. Ao matar, procurava por companhia e alívio sexual no toque e na masturbação sobre os corpos — similar ao "sexo *light*" de Dahmer. Se observássemos Dahmer e Nilsen na juventude, veríamos dois garotos estranhos, mas isso é fácil dizer com o conhecimento que temos hoje. "Eu era um garoto perturbado por dentro, só que ninguém notava", disse Nilsen. O mesmo valia para Dahmer. A verdade é que o ser humano ainda não desenvolveu a capacidade de ler mentes ou perceber o abismo psíquico do outro. Nilsen e Dahmer eram camaleões. Suas confissões só vieram após serem desmascarados e presos com provas incontestáveis. Em liberdade, escondiam suas perturbações. "Eu era perturbado por dentro", disse Nilsen — um horror invisível para quem estava ao redor. Nem família, colegas ou amantes suspeitaram. Dahmer, com seu rosto inexpressivo, também ocultou sua depravação, omitindo detalhes até mesmo em seus primeiros relatos à polícia.

A não ser que façam ou sejam pegos em flagrante fazendo algo estupidamente bizarro quando criança ou adolescente, não existe a possibilidade de ninguém da família suspeitar que algo está terrivelmente errado. Nesse sentido, e citando novamente o russo Igor Elizarov, o garoto foi flagrado aos 12 anos por sua mãe se masturbando enquanto matava um animal. Levado a uma das melhores clínicas psiquiátricas da cidade de Rostov-on-Don, Igor foi tratado por uma junta médica liderada por Alexander Bukhanovsky, o maior especialista russo em assassinos em série do século XX. O menino foi diagnosticado sofrendo de necrofilia e teve sua patologia controlada por algum tempo. Mas uma vez nas ruas, e longe de supervisão médica, Elizarov evoluiu para um necrófilo assassino em série. Seu caso é o exemplo máximo da impossibilidade quase total de mudar o curso da linha evolutiva do *serial killer*.

NO QUE DAHMER & NILSEN ERAM IGUAIS

Tímido e introvertido na infância; Gostava de escutar rock; Gostava de escutar música clássica; Evitava contato visual; Solitário; Homossexual; Problema com a homossexualidade; Escondeu a homossexualidade; Compulsivo; Alcoólatra; Fumante crônico; Masturbação compulsiva; Perdeu a virgindade em idade tardia; Necrófilo; Estrangulador; Esquartejador; Dissecador; *Lust murderer*; Matou por companhia; Música/filme fazia parte do ritual homicida; Guardava corpos; Se masturbava em cima dos cadáveres; Se masturbava enquanto segurava o pênis do cadáver; Fervia as cabeças; Fervia as cabeças em grandes panelas de alumínio; Fixação por cabeças e mãos; Fascinação por cadáveres; Matou em episódios impulsivos; Matou em apagões; Acumulou cadáveres; Descarte dos restos mortais pela privada; Faltou a dias de trabalho para dissecar vítimas; Ficava nu para dissecar a vítima; Desmembrou vítimas na banheira; Quebrou ossos das vítimas com objetos pesados; Tirava fotos Polaroids das vítimas; Enxergava as vítimas como objetos; Não sabia o nome de nenhuma vítima; Interessado em poder; Interessado em controle; Guardava troféus; Gostava de homens másculos; Obsessão pelo corpo masculino perfeito; Abordou vítimas em bares gays; Abordou vítimas após o fechamento dos bares; Abordou vítimas nas ruas; Abordou vítimas em pontos/estações de ônibus/trens; Abordou vítimas na região onde morava; Serviu o Exército na Alemanha Ocidental; Tinha animal de estimação; Vizinhos reclamavam do mau cheiro; Poderia ter sido parado antes; Caso teve homofobia policial; Foi sincero após ser desmascarado; Via no suicídio uma saída para os seus problemas; Contribuiu para o estudo de sua mente após condenado; Favorável que a justiça lhe aplicasse a pena de morte.

NO QUE DAHMER & NILSEN ERAM DIFERENTES

CARACTERÍSTICAS DE DAHMER

Alcoolismo causava problemas na vida pessoal; Dificuldades em conseguir emprego; Abordou vítimas em shoppings; Todas as vítimas foram identificadas; Acidificou as vítimas; Guardou pênis, cabeças e mãos; Agiu descontroladamente; Estava desorientado nos dias que antecederam a prisão; Reagiu à prisão; Tentou enganar os policiais; Passivo socialmente; Penetrava analmente o cadáver; Praticava sexo oral no cadáver; O ato sexual comum era importante; Desejou a morte após a prisão; Objetos da cena do crime foram destruídos; Castrou os cadáveres;* Praticou canibalismo.**

CARACTERÍSTICAS DE NILSEN

Refém de uma figura paterna; Visão de uma infância infeliz; Família se fazia presente; Teve experiência sexual com mulher; Enamorou por uma mulher; Tinha algum hobby comum; Teve evolução no emprego; Teve evolução no Exército; Usou a banheira para afogar as vítimas; Tinha prazer no despimento da vítima; Lavava e secava os cadáveres; Assistia à televisão com cadáveres; Manteve cadáveres por meses sem desmembrar; Queimou cadáveres; Ferveu mãos e pés; Tinha fixação por pés; Metido, arrogante; Falante, eloquente; Aparentava extroversão; Tentou formar relacionamentos; Se maquiava para parecer um cadáver; Aplicava talco no cadáver; Praticava sexo intercrural; Usava espelhos como parte da fantasia; Sofreu abuso infantil;*** Teve relacionamento sério.****

* Num tipo de curiosidade, Nilsen decepou a genitália de uma vítima. Ele fez isso apenas uma vez e se arrependeu, enxergando no ato cometido um tipo de pecado (o que não deixa de ser incoerente, pois ele assassinava, eviscerava e desmembrava as vítimas).

** Em sua autobiografia, Nilsen nega ter praticado canibalismo, mas afirma ter refletido sobre possibilidades "culinárias canibais".

*** Em sua autobiografia, Nilsen alega ter sofrido abuso sexual. Tal revelação é algo que jamais poderá ser comprovado (ou desmentido).

**** Nilsen foi capaz de morar com um homem por alguns meses

QUADRO COMPARATIVO:	DAHMER	NILSEN
Nascimento	1960	1945
Cidade	Milwaukee	Londres
País	Estados Unidos	Inglaterra
Região de caça	Walker's Point	West End
Perfil de vítima	Homens jovens, magros, esguios e atléticos	
Vítima mais nova	14 anos	
Vítima mais velha	32 anos	27 anos*
Principais bares ou boates gays frequentados e onde que conheceu várias vítimas	Club 219 La Cage Partners The Phoenix The Wreck Room This is It Triangle	Blue Cap Coleherne Cricklewood Arms Golden Lion Salisbury The Champion The King William IV
Idade em que foi preso	31 anos	37 anos
Idade do 1º homicídio	18 anos	33 anos
Data do 1º homicídio	junho de 1978	dezembro de 1978
Período de matança	1978 a 1991	1978 a 1983

> "A maioria dos homossexuais têm que levar uma vida sombria e secreta. A última coisa que alguém admite no mundo é ser gay [...] Quando eu estava com as pessoas, eu estava no mundo 'real' e, [quando eu estava] na minha vida privada, eu imediatamente mudava para minha vida de fantasia. Eu podia oscilar entre as duas com [uma] facilidade instantânea." (Dennis Nilsen)

Os crimes cometidos por Jeffrey Dahmer estão entre os mais hediondos e escrutinados do século XX. Quando sua história foi escancarada nos jornais mundo afora, muitos se lembraram de um homem que havia anos estava preso numa prisão do outro lado do oceano. Seu nome era Dennis Nilsen, e algumas pessoas estavam ávidas para saber o que o escocês pensava sobre a sua imagem no espelho, que dessa vez refletia um homem loiro e mais jovem.

* Sete vítimas de Dennis Nilsen nunca foram identificadas. Destas, ele estima que algumas tinham por volta dos 30 anos.

Preso há oito anos, Nilsen estava na época encarcerado em uma prisão da Ilha de Wight, no Sul da Inglaterra. Quem o visitou foi o escritor Brian Masters, que, em 1985, publicou um elogiado livro sobre Nilsen chamado *Killing for Company*. Masters ficou intrigado com as similaridades entre o norte-americano e o escocês e quis ouvir da boca do próprio Nilsen o que ele achava de Jeff. De início, Dennis não se mostrou muito interessado, mas, depois de um tempo em silêncio, fez uma comparação deles com Hannibal Lecter, o sinistríssimo vilão do livro *O Silêncio dos Inocentes*. "Ele [Hannibal Lecter] é mostrado como uma figura potente, o que é puro mito. São seu poder e manipulação que seduzem o público. Mas não é nada disso. Minhas ofensas surgiram de um sentimento de inadequação, não de potência. Eu nunca tive nenhum poder em minha vida", escreveu.

Em uma comparação simples e direta, Nilsen usou o vilão de *O Silêncio dos Inocentes*, cuja versão cinematográfica estava em alta na época, para apontar que indivíduos como ele e Dahmer eram, no fundo, derrotados que se perderam na trilha da loucura, à procura de direção.

Nilsen leu sobre Dahmer em jornais que os guardas deixavam jogados e escutou sobre a sua história na rádio BBC. No encontro com Masters e na troca de cartas que se seguiu, Nilsen avalia Dahmer como um espelho dele mesmo: "O solitário precisa alcançar sozinho a realização dentro de si mesmo. Tudo o que ele tem são seus próprios atos extremos. Pessoas são meramente complementares à realização desses atos. Ele é anormal e ele sabe disso", escreveu Dennis. O escocês não acreditou nas alegações de canibalismo e, mais uma vez, espelhou-se em si para explicar: "Ele está falando inconscientemente. É uma espécie de pensamento positivo. O que ele realmente quer é a ingestão espiritual, levar a essência da pessoa para dentro de si e, assim, se sentir maior. É quase que uma coisa paternal, de uma forma estranha". (Ou maternal, Nilsen.)

Nilsen não errou em sua avaliação e o próprio Dahmer revelou que comeu a carne de algumas vítimas para que elas se tornassem parte dele. Nilsen, em várias cartas, em sua autobiografia e na famosa entrevista para a *Central Television*, em 1992, falou sobre o mesmo conceito de absorver as vítimas, no seu caso, não através do canibalismo, mas do assassinato. "Os cadáveres se foram todos. Tudo se foi. Não sobrou nada. Mas ainda sinto a comunicação espiritual com essas pessoas... Ele [vítima] agora sou eu. Ele é agora meu corpo nas fantasias", disse na entrevista. Sobre a sua última vítima, ele escreveu a Masters que "Aqui, nesta cela ele ainda está comigo. De fato, eu acredito que ele sou eu, ou parte de mim".

Para o escocês, da mesma forma que aconteceu com ele, Jeff provavelmente sentiu uma sensação de alívio ao ser preso. "Ele não podia sair do apartamento. Ele estava preso, preso naquela prisão como em uma tumba. Havia atração e repulsa e, no momento, é a repulsa que vai predominar. Ele sentirá uma sensação imediata de alívio por tudo ter acabado, seguido por culpa e vergonha opressivas. Ele precisará superar isso de alguma forma e encontrar um pouco de autoestima para ajudá-lo a crescer em direção à maturidade. Qualquer que seja a instituição que frequente, será melhor do que a prisão que carrega consigo, porque as pessoas estarão lá e ele não estará mais sozinho."

Nilsen também acreditava que Dahmer demoraria a se assumir homossexual, e que se ele não tivesse tantos problemas com a sua sexualidade, é provável que os homicídios não tivessem ocorrido. Para Nilsen, a perda do emprego foi o golpe fatal na vida de Jeff. "Quando Dahmer perdeu seu emprego, ele perdeu o único meio visível de normalidade. Depois disso, as coisas só poderiam piorar. Se ele não tivesse sido pego, corpos estariam saindo pela janela. Ele estava se sentindo um alien em um ambiente hostil, sem quaisquer raízes."

A seguir, reproduzo uma carta de Dennis Nilsen a Brian Masters, na qual o assassino escocês compartilha sua visão sobre Jeffrey Dahmer. Vale lembrar que Nilsen tinha pouco acesso ao mundo exterior. Suas informações sobre Dahmer vieram de jornais, rádio e do próprio Masters. A carta foi escrita um mês após a prisão de Dahmer, e muito mais foi descoberto depois. Apesar disso, as palavras de Nilsen oferecem uma perspectiva única. Sua opinião não era a de um escritor, psicólogo ou cidadão comum, mas a de um raro assassino em série hedonista, semelhante a Dahmer. Muitos acreditam que assassinos como Nilsen e Dahmer deveriam ser executados e que ouvi-los é dar voz aos "direitos humanos". Já ouvi comentários como: "Um cara desses deveria ser morto", sobre o assassino em série Tiago da Rocha. Discordo, e, nesse sentido, cito Baruch Spinoza.

"Tenho me esforçado por não rir das ações humanas, nem lamentá-las ou odiá-las, mas entendê-las", escreveu o filósofo holandês. Assim, alguns preferem compreender em vez de julgar. Despimo-nos de preconceitos e preparamos a mesa para apresentar as cartas. Uma delas, tão podre, poderia ser descartada e esquecida, como fazem a maioria dos jogadores. A minoria, discordante, apenas acata. No mundo real, Joseph Vacher, Albert Fish, Peter Kürten, Fritz Haarmann, Richard Chase, Andrei Chikatilo, Dennis Nilsen, Jeffrey Dahmer e outros foram descartados, embora a chave do enigma estivesse neles. Bani-los talvez revele o medo inconsciente do que descobriríamos, ou apenas o comportamento esperado de uma espécie ainda presa ao primitivismo moral e intelectual. A humanidade está longe de sua infância e tem muito a evoluir. Enquanto fingirmos que eles não existem, eles continuarão a surgir. O enigma do assassinato em série é tão fascinante que instiga até mesmo aqueles que o cometeram. Foram muitos ao longo da nossa história recente que, após serem presos, deram um passo para trás e aceitaram ajuda. Muitos outros fizeram autoanálises sinceras em busca de respostas. É bem verdade que suas mentes distorcidas poderiam levá-los por caminhos estranhos nessas buscas, mas, ainda assim, foram exercícios extremamente válidos, porque tudo o que sai deles é importante para formularmos nossas teorias na direção do conhecimento sólido. Quando eles aceitam compartilhar com o mundo exterior seus achismos e conclusões, sejam eles sinceros ou mentirosos, temos ainda mais documentos a preencher para adicionarmos no arquivo desse enigma. Tudo o que sabemos sobre assassinos em série saiu de suas bocas ou penas e, também, das análises empíricas e psicológicas de seus crimes. Entendê-los significa pará-los antes que a contagem de corpos suba vertiginosamente. Rostov-on-Don é um exemplo.*

"A maioria dos assassinos em série são mentirosos patológicos. Dahmer era diferente. Ele estava disposto a revelar suas experiências com as mortes, e nós pudemos aprender muito com ele", disse o criminólogo Jack Levin.

O mesmo podemos afirmar sobre Dennis Nilsen.

* Na virada do século, a cidade russa ficou conhecida como a "capital mundial dos assassinos em série", não porque a região era violenta ou habitada por pessoas ruins, mas devido à *expertise* das autoridades na identificação precoce desse tipo de assassino.

DAHMER POR DENNIS NILSEN

Sexta-Feira, 23 de agosto de 1991

Querido Brian,

Obrigado pela visita (muito breve). Minha primeira observação de D é que ele tinha dois fatores sociais primários trabalhando contra ele. O primeiro, é o tema obviamente recorrente de ser "um solitário". O segundo, é que (para usar a expressão americana) ele nasceu do lado errado dos trilhos. Eu acho que em seus primeiros anos de formação seu lar deve ter sido dominado pela [figura] feminina (com ou sem a presença de um adulto passivo masculino). Como costuma acontecer com os assassinos em série, "ele secretamente sempre quis ser alguém", como um complemento do seu mundo de fantasia perpétuo (onde ele já é poderoso e potente). Na sociedade "real", ele se sente um "ninguém" dispensável, tão insignificante quanto aqueles cujos restos mortais adornam seu mundo privado (seu apartamento).

A dicotomia é que suas aspirações de poder não são facilmente transferíveis para o mundo real porque ele não foi dotado com os poderes evidentes — objetivos e ambições viáveis — das relações interpessoais no mundo real. Ele alcança a satisfação "sexual" por meio de atos de poder de conquista para tornar a potência ameaçadora de outro homem em um estado de passividade absoluta e controlável. Ele "teme" a potência dos homens reais porque é, por natureza, uma personalidade pálida e socialmente tímida. Sua necessidade de sentimentos de autoestima geralmente é satisfeita apenas em suas fantasias (imaginação) porque ele não pode colher tais frutos de pessoas vivas. Ele necessita de um modelo de ser humano totalmente passivo e sem resistência para temporariamente "cruzar a ponte" até a "sociedade". (Sendo humano, ele precisa de "realização" no mundo tridimensional humano de carne e sangue real.)

É significativo que uma visão comum da Idade da Pedra retrate um homem potente golpeando uma mulher sexualmente desejável até a inconsciência, e "casando-se" com ela através de um ato de cópula com seu corpo passivo. Aqui nós temos os ingredientes de poder/violência que colocam a pessoa desejada em um estado de extrema passividade seguido de libertação sexual para o conquistador. São os polos de ação grosseira e passividade grosseira que se atraem. Essa é a constante no enigma do assassinato em série, seja a vítima do sexo masculino, feminino ou criança. O "zumbido" de Dahmer vem de toda a exploração ritual contínua da passividade da vítima. Cada sequência expressiva no ritual fornece satisfação sexual e de autoestima. É um ato psicossexual grosseiramente pervertido de cópula e, como os atos normais de cópula, a satisfação tem uma duração relativamente temporária. A ejaculação é meramente a liberação biológica da pressão interna necessária para este ciclo humano de altos e baixos.

D está zumbindo de excitação e poder (sua frequência cardíaca está batendo na velocidade máxima) enquanto ele "vive" sua onipotência. (É o único momento em sua vida em que ele se sente em suas fantasias.) Isto é, quando ele está tirando a roupa, lavando e manuseando seu cônjuge, que não opõe resistência. Todos esses são atos de posse e expressão de domínio extremo. Talvez, subconscientemente, ele esteja regredindo às suas primeiras (e únicas) memórias de toque humano, dependência, segurança e conforto. (Como um menino muito pequeno sendo sujo, despido, lavado, empoado, vestido e "deitado".) Após este breve e inicial período de clara identidade e segurança, ele se afasta do menininho que está em crescimento, desprovido de calor, toque e conforto. Como todos os humanos farão se não puderem satisfazer suas necessidades na realidade, ele se desviou para um mundo substituto, onde sua imaginação cria uma falsa forragem para alimentar sua fome. À medida que o condicionamento avança, ele acha cada vez menos fácil se relacionar com outras pessoas. Psicologicamente falando, Dahmer se torna vítima e predador (uma realização fácil no mundo imaginário de uma pessoa). Brian, isso é o que você descreveu em mim como "homem viril na performance e [uma] mulher passiva no espírito" (uma confusão ingovernável de contradições).

Seu desdobramento de aberração aumenta de acordo com o grau que ele está separado da realidade (por exemplo, o que é denominado NECROFAGIA é um exemplo extremo de separação). Isso se manifesta em "ir até o fim" ao comer o coração de um/uma vítima/cônjuge. (Se você tem o poder de comer o coração de um homem, isso demonstra seu extremo poder de possuir e a extrema passividade dele.) A pintura e exibição do crânio da vítima é um lembrete constante da sua potência.

O paradoxo é que D não pode odiar suas vítimas porque seu objetivo é alcançado no exercício de sua vontade para o poder e potência sexual. A necessidade é [o] "amor" para ele e [a] morte para sua vítima infeliz. Dahmer é "forçado" a buscar de forma não natural ceder às demandas de seus impulsos naturais e instintivos. Ele talvez esteja parcialmente ciente de que seu "amor" é realmente por si mesmo ou por uma entidade criada dentro da sua personalidade perturbada. Parece claro que a sua personalidade permanecerá desordenada na ausência de um eu ou de uma terapia para ajudá-lo a chegar a um acordo com o motor dos seus atos.

Obs. Eu ainda estou na masmorra.

DRAMATIS PERSONAE

Bradley Babush: bastante conhecido na comunidade gay de Milwaukee, Babush era gerente na sauna Milwaukee Club quando Jeff a frequentava. Foi ele quem expulsou Jeff da casa. Babush faleceu em 23 de julho de 1992, aos 37 anos, de complicações decorrentes da aids.

Carl Wahlstrom: o médico que se interessou pela psiquiatria forense após o caso de John Wayne Gacy, atualmente atende em Chicago e regularmente avalia a sanidade mental de criminosos para o tribunal do Condado de Cook.

Carroll Olson: o médico teve Jeffrey Dahmer como paciente de julho de 1986 a abril de 1990. Ao médico, Jeff dizia ter dificuldades para dormir, então Olson receitou a mesma droga — Halcion — a ele durante quatro anos. O dr. Olson praticou a medicina em Milwaukee por sessenta anos e faleceu aos 90 anos, em 4 de novembro de 2009.

Christopher Scarver: após matar Dahmer e Anderson, foi transferido para a ADX Florence, no Colorado, onde manteve bom comportamento por cinco anos. Em 2000, foi levado à Supermax de Wisconsin, onde sua condição mental piorou, levando-o a processar a prisão. Posteriormente, foi transferido para uma unidade no Colorado, onde está até hoje. Da prisão, mantém o site *414Scarversolutions*.

David Dahmer: após a prisão do irmão mais velho, David alterou o seu sobrenome e, desde então, vive no anonimato. Ele nunca deu entrevistas, mas, em setembro de 2023, foi abordado por um jornalista e desconversou, incomodado. David formou-se na Universidade de Cincinnati, casou-se e teve dois filhos.

Dennis Murphy: aposentou-se do MPD em 2000. Ele também foi entrevistado para o documentário *Conversando Com Um Serial Killer*, da Netflix.

Derf Backderf: o colega de ensino médio de Dahmer se tornou um cartunista premiado e atingiu a fama com sua graphic novel *Meu Amigo Dahmer*, transformada em filme em 2017. Atualmente vive em Cleveland, Ohio.

Ellen Ryan: graduada em Direito pela Universidade Marquette, Ellen se juntou ao escritório de Gerald Boyle e passou centenas de horas com Jeffrey Dahmer. Após a condenação de Dahmer, ela e o marido o visitaram ocasionalmente em Columbia. Atualmente, ela advoga em Chicago.

Frederick Fosdal: um dos principais médicos psiquiatras do estado do Wisconsin, Fosdal foi reconhecido ainda em vida por suas contribuições para a psiquiatria forense. Ele faleceu aos 83 anos, em 14 de maio de 2021.

Gerald Boyle: um dos mais notórios advogados criminais de Wisconsin, Boyle seguiu na advocacia após o caso Dahmer, mas no fim da carreira enfrentou processos de clientes insatisfeitos e foi acusado de má conduta pelo Office of Lawyer Regulation. Com problemas de saúde, mal conseguiu se defender e, em 2018, aos 82 anos, teve sua licença cassada pela Suprema Corte do Wisconsin. Em 2022, já idoso e debilitado, apareceu no documentário *Conversando Com Um Serial Killer: O Canibal de Milwaukee*, da Netflix.

Glenda Cleveland: a vizinha de bairro de Jeff Dahmer que tentou de todas as formas salvar a vida de Konerak Sinthasomphone dois meses antes de Dahmer ser preso, se tornou um símbolo da "boa vontade" em Milwaukee. Foi homenageada pelo prefeito, grupos de mulheres e até pelo MPD. Anos depois, foi convidada pelos Sinthasomphone para o casamento de um dos filhos. Glenda faleceu em 24 de dezembro de 2010, aos 56 anos, em decorrência de problemas cardíacos agravados pelo tabagismo crônico.

Jeffrey Jentzen: o médico legista do Condado de Milwaukee, doutor pela Universidade de Wisconsin e autor do livro *Death Investigation in America*, publicado pela Universidade de Harvard. Desde 2008, é professor de patologia forense na Universidade de Michigan e atua como legista no Condado de Washtenaw.

John Balcerzak: demitido do MPD em 1991 após o caso Konerak Sinthasomphone, abriu um bar e processou a polícia. Em 1994, foi reintegrado após decisão judicial e, em 2005, eleito presidente da Associação de Policiais de Milwaukee. Sua gestão foi polêmica, e ele se aposentou em 2017.

Joseph Gabrish: demitido com Balcerzak do MPD em setembro de 1991, foi contratado pelo Departamento de Polícia de Grafton em 1993. Com mestrado em Justiça Criminal, teve uma carreira exemplar, sendo eleito Policial do Ano em 2011. Aposentou-se em 2019 como capitão.

Joyce Flint: mãe de Dahmer, trabalhou como gestora em uma casa para pacientes com aids em 1991. Após a prisão e morte de Jeff, enfrentou culpa e dificuldades. Recebeu pensão por invalidez a partir de 1995 e faleceu de câncer em 2000, aos 64 anos, e foi enterrada em Atlanta, Georgia.

Judith Becker: a psicóloga que testemunhou no julgamento de Dahmer e de Gary Ridgway, Becker lecionou Psicologia Anormal e Psicologia Forense na Universidade do Arizona por quarenta anos. Publicou mais de 170 artigos científicos e se aposentou em maio de 2017.

Kenneth Bennett: doutor em Antropologia Biológica, foi professor na Universidade do Wisconsin de 1970 a 1998. Ajudou na identificação das vítimas de Dahmer em 1991 e escreveu um artigo sugerindo que o assassino escolhia vítimas com base em semelhanças craniofaciais. Faleceu em 2014, aos 78 anos, após lutar contra o mieloma múltiplo

Laurence Gram: juiz no mais famoso julgamento de homicídio da história do estado do Wisconsin, Gram se aposentou em 1999, mas continuou trabalhando como juiz substituto. Ele faleceu de ataque cardíaco, aos 75 anos, em 29 de agosto de 2007.

Lionel Dahmer: doutor em Química, viveu em Ohio até falecer em 5 de dezembro de 2023, aos 87 anos. Sua última aparição foi em um documentário do Investigation Discovery, em junho de 2020. Após a morte da esposa, em janeiro de 2023, sua saúde se debilitou.

Marty Schmidt: a colega de classe de Jeff Dahmer na Revere formou-se na Universidade Estadual de Ohio e se tornou especialista em abuso sexual e terrorismo político, ministrando aulas de sociologia na Universidade Capital em Columbus, Ohio.

Michael McCann: promotor de Milwaukee de 1969 a 2007, tornou-se professor de Direito na Universidade Marquette. Foi criticado por suposta inação diante de abusos sexuais na Igreja Católica. Em 2002, admitiu saber que seu amigo, o arcebispo Rembert Weakland, ocultou abusos e pagou para silenciar um ex-amante.

Mike Kukral: enquanto seu colega de ensino médio Jeff Dahmer lutava contra seus demônios bebendo e servindo o Exército, Mike cursava geografia na Universidade do Kentucky. Ele teve uma carreira como professor universitário e, atualmente, mora em Rockaway Beach, Oregon.

Osvaldo Durruthy: tentou matar Dahmer em 1994 e foi libertado em 2016 após cumprir 25 anos. Em 2022, afirmou ao *Daily Mail* que não se arrepende do atentado e que o repetiria, considerando o ato uma forma de justiça para a comunidade negra.

Pamela Bass: vizinha de Dahmer, revelou no documentário *The Jeffrey Dahmer Files* que se aproximou dele por curiosidade a respeito do homem branco vivendo naquelas redondezas. Frequentemente entrevistada sobre o caso, vive atualmente em Milwaukee.

Park Dietz: celebridade no campo forense, Dietz foi consultor em casos icônicos, incluindo Dahmer e o Unabomber, além de colaborar com filmes e séries como *Law & Order*. Atualmente, gerencia a consultoria forense Park Dietz & Associates (PD&A).

Patrick Kennedy: detetive de homicídios por doze anos, aposentou-se em 2001, aos 47 anos. Lecionou em universidades, realizou trabalhos voluntários e participou do documentário *The Jeffrey Dahmer Files*. Faleceu em 2013, aos 59 anos, de ataque cardíaco.

Rita Isbell: a irmã de Errol Lindsey é muito lembrada por confrontar Dahmer no tribunal (a cena ficou famosa a ponto de ser reproduzida de várias formas na internet mesmo décadas depois). Após a morte do irmão, teve uma vida conturbada, com registros policiais em cinco estados dos EUA

Rolf Mueller: um dos policiais que descobriram o apartamento de Dahmer, imigrou da Alemanha para Milwaukee. Faleceu em 6 de maio de 2020, aos 67 anos.

Samuel Friedman: o psicólogo faleceu aos 90 anos, em 16 de dezembro de 2012, em sua casa na cidade de Mequon, Wisconsin.

Shari Dahmer: Shari viveu com o marido Lionel na vila de Seville, no Condado de Medina até sua morte, em 13 de janeiro de 2023, aos 81 anos.

Tracy Edwards: última vítima de Dahmer, Edwards sobreviveu para contar sua história. Após o encontro com o assassino, enfrentou uma vida difícil, marcada por prisões e situação de rua. Em 2012, foi condenado a um ano e meio de prisão por envolvimento na morte de uma pessoa em situação de rua. Ele cumpriu sua pena e seu paradeiro é desconhecido.

Vernell Bass: após casar-se novamente, Bass se mudou para Crescent City, na Flórida. Em 2013, publicou *Across the Hall*, um livro que conta a sua experiência como vizinho de Jeff Dahmer. Ele continua a viver na Flórida.

Wendy Patrickus: iniciou sua carreira no escritório de advocacia de Gerald Boyle, onde trabalhou por seis anos. Em 2005, abriu seu próprio escritório. Lançou o livro *Defending the Devil* em 2022 e participou de documentários da Netflix sobre Dahmer.

William Crowley: psiquiatra forense, tratou Dahmer enquanto ele estava em liberdade condicional. Passou a maior parte da carreira em Milwaukee e faleceu em 27 de maio de 2018, aos 91 anos.

BIBLIOGRAFIA & NOTAS

O JULGAMENTO DE JEFFREY DAHMER

Muitos detalhes dos crimes de Dahmer usados neste livro, além da cronologia de sua vida e citações, foram tiradas do seu julgamento, em fevereiro de 1992. Recentemente, grande parte das gravações foi disponibilizada pela Court TV em seu site oficial. WI v. DAHMER (1992). Court TV. www.courttv.com/trials/wi-v-dahmer-1992

ARQUIVOS DO FBI

O FBI disponibilizou sua documentação sobre o caso, incluindo uma extensa entrevista concedida por Dahmer em 13 ago 1992. FBI Records: *The Vault. Jeffrey Lionel Dahmer*. FBI. www.vault.fbi.gov/jeffrey-lionel-dahmer

LIVROS

Informações diversas, citações e diálogos foram encontrados nos livros a seguir, cuja leitura é indicada para quem deseja se aprofundar no caso Jeffrey Dahmer ou no fenômeno serial killer.

DAHMER, Lionel *Meu Filho Dahmer*, DarkSide Books, 2023.

> *Simples e coeso, o livro de Lionel é uma referência poderosa. Suas palavras vêm de uma mente esclarecida, de um pai que faz uma busca íntima do porquê seu filho chegou até aquele ponto. Ele mostra como é importante se comunicar com a família e amigos, e não ter medo ou vergonha de demonstrar suas emoções.*

KENNEDY, Patrick; MAHARAJ, Robyn. *Dahmer Detective: The Interrogation and Investigation That Shocked The World.* Poison Berry Press. 2016.

> *O simpático Pat Kennedy estava trabalhando em seu livro quando faleceu repentinamente, em 2013. Seus escritos foram publicados postumamente e contam com introdução e conclusão do jornalista Robyn Maharaj. O livro é imperdível, uma narração em primeira pessoa de alguém que se sentou frente a frente com Jeffrey Dahmer e conviveu com ele por seis semanas. Pat conta tudo o que se passou.*

BACKDERF, Derf. *Meu Amigo Dahmer*. DarkSide Books. 2017.

> *Quadrinho bem interessante (que virou filme), conta a amizade entre Derf Backderf e Jeffrey Dahmer quando ambos estudaram na Eastview e Revere. Fundamental.*

VRONSKY, Peter. *Serial Killers: The Method and Madness of Monsters*. Berkley. 5 out 2004. Edição do Kindle.

> *O estudo do psicólogo canadense Peter Vronsky sobre assassinos em série continua a ser uma ótima fonte de pesquisa. Uma extensa parte das citações de Vronsky relatadas ao longo do livro vêm desta obra.*

BASS, Vernell. *Across The Hall*. Lulu. 2011.

> *O livro do vizinho do 214 não traz nada de revelador, mas é uma boa leitura por trazer as experiências mundanas da relação de Vernell com Jeff Dahmer no período em que eles moraram nos Apartamentos Oxford.*

Outros livros

BAUMANN, Edward. *Step into My Parlor: The Chilling Story of Serial Killer Jeffrey Dahmer*. Unkno. 1991.

BRITTAIN, Robert P. *The Sadistic Murderer*. Medicine, Science and the Law. 1970;10(4):198-207.doi: 10.1177/0025802470 01000402

DAVIS, Don. *The Jeffrey Dahmer Story: An American Nightmare*. St. Martin's Press. 1991.

KING, Gary C. *CRIME SCENE: True Stories of Crime and Detection*. Createspace. 2013. Edição do Kindle.

MAHLER, Margaret S., PINE, Fred, BERGMAN, Anni. *The Psychological Birth of the Human Infant Symbiosis and Individuation*. Basic Books. Illustrated Edition. 2000. Edição do Kindle.

MASTERS, Brian. *The Shrine of Jeffrey Dahmer*. Coronet Books. 1993.

NORRIS, Joel. *Jeffrey Dahmer: A bizarre journey into the mind of America's most tormented serial killer!* Constable. 1992.

OATES, Joyce Carol. *Where I've Been, and Where I'm Going: Essays, Reviews, and Prose*. New York: Plume, 1999.

PRICE, David. *Justice? Or Just Us*. Page Publishing, Inc. 17 jun 2019. Edição do Kindle.

SCHWARTZ, Anne. *The Man Who Could Not Kill Enough*. Carol Pub. Group. 1992.

VON KRAFFT-EBING, Richard. *Psychopathia Sexualis*. Edição 1894. www.archive.org/details/ PsychopathiaSexualis 1000006945

JORNAIS

As seguintes reportagens publicadas em jornais foram consultadas e serviram como fonte:

Cronaca delle Città Italiane. L'Italia. 27 dez 1902. Página 6.

"Functional Living Brings Outdoors Indoors". *The Akron Beacon Journal*. Roto Section. 12 abr 1953. Páginas 12-14.

"Milwaukee Jury Finds Herrington Guilty of Murder in 2 Girls' Deaths". *The Journal Times*. 6 jul 1967. Página 11.

"One UFO Mystery Deflated". *The Akron Beacon Journal*. 19 out 1973. Página A3.

"Winners. 'Just housewives' topple the pros". *The Akron Beacon Journal*. 24 mar 1977. Página B-10.

"Tennis tourney starts Saturday". *The Akron Beacon Journal*. 22 jul 1977. Seção de Esportes. Página A18.

"Revere graduates receive diplomas". *The Akron Beacon Journal*. 17 jun 1978. Página A12.

"WCC worker killed". *Wisconsin State Journal*. 3 jun 1990. Seção State. Página 2B.

"A grisly discovery in Milwaukee apartment." *The Sacramento Bee*. 24 jul 1991. Páginas 1,15.

"Police find mutilated body parts, acid in Milwaukee apartment." *South Florida Sun Sentinel*. 24 jul 1991. Páginas 1, 7.

"Suspect's father feared problem." *Leader-Telegram*. 24 jul 1991. Página 4A.

"Neighbors heard buzz saw, crying." *The post-Crescent*. 24 jul 1991. Página 1.

"Body parts found in Milwaukee flat." *The Akron Beacon Journal*. 24 jul 1991. Páginas A1 e A4.

"Revere High classmates remember Milwaukee man as a 'class clown'." *The Akron Beacon Journal*. 24 jul 1991. Páginas A1 e A4.

"Area was 'apathetic, weird." *Wausau Daily Herald*. 25 jul 1991. Página 2A.

"Probation visits waived." *Wisconsin State Journal*. 25 jul 1991. Página 1.

"Ex-Bath man admits grisly slayings." *The Akron Beacon Journal*. 25 jul 1991. Página A1.

"Slayings." *The Akron Beacon Journal*. 25 jul 1991. Página A16.

"Dahmer pattern all-too familiar." *The Akron Beacon Journal*. 25 jul 1991. Página A16.

"Loner." *The Akron Beacon Journal*. 25 jul 1991. Página A16.

"Suspect was known as a jokester, had few pals in Bath neighborhood." *The Akron Beacon Journal*. 25 jul 1991. Página A16.

"'A very sick young man'." *Dayton Daily News*. 25 jul 1991. Páginas 1A, 6A.

"Witnesses: Pleas ignored." *Green Bay Press-Gazette*. 26 jul 1991. Páginas A-1, A-2.

"Minister claims Dahmer hated blacks, homossexuals." *The Capital Times*. 26 jul 1991. Página 3A.

"Dahmer insane, father says." *The Akron Beacon Journal*. 26 jul 1991. Páginas A1 e A12.

"Dahmer puts new focus on area's old cases." *The Akron Beacon Journal*. 26 jul 1991. Página A12.

"Caso de 'canibal' afeta lançamento de filme." *Folha de São Paulo*. 27 jul 1991. Mundo. Páginas 2-4.

"Profiles of identified victims of alleged killer Jeffrey Dahmer." *Kenosha News*. 27 jul 1991. Página 29.

"Dahmer's dad: I didn't realize how ill he was." *The Capital Times*. 27 jul 1991. Páginas 1A e 12A.

"Family victimized twice." *The Capital Times*. 27 jul 1991. Página 3A.

"Horror and Grief/The Dahmer File." *The Akron Beacon Journal*. 28 jul 1991. Página A6.

"Families struggle with 'why' — and other unanswered questions." *The Akron Beacon Journal*. 28 jul 1991. Página A6.

"Killing road starts with hitchhiker." *The Akron Beacon Journal*. 28 jul 1991. Páginas A1 e A8.

"Milwaukee's gay community suffers loss — and harassment." *The Akron Beacon Journal*. 28 jul 1991. Página A8.

"From class oddball to 'lost soul'." *Chicago Tribune*. 28 jul 1991. Página 12.

"Details surface from man who fled Dahmer." *Leader-Telegram*. 29 jul 1991. Página 1.

"The Dahmer File." *The Akron Beacon Journal*. 30 jul 1991. Páginas A1 e A5.

"Councilman criticizes cost of bone search." *The Akron Beacon Journal*. 1 ago 1991. Página A16.

"Serial Killer as a boy: Eerie gaze in his eyes." *The Des Moines Register*. 31 jul 1991. Páginas 1, 7.

"Victimized twice by Dahmer, family grieves." *Chicago Tribune*. 1 ago 1991. Página 5.

"After he missed Christmas, Hicks' family gave up hope." *The Akron Beacon Journal*. 1 ago 1991. Páginas A1 e A16.

"More bone fragments found in Bath, but no clues turned up inside house." *The Akron Beacon Journal*. 1 ago 1991. Página A16.

"Man, who got away begged for life, then ran from Dahmer's apartment." *The Spokesman-Review*. 2 ago 1991. Página 10.

"Transcript of officer's conversations." *Wisconsin State Journal*. 2 ago 1991. Página 25. 3C.

"Memories Haunt Kin of Dahmer Victims." *Los Angeles Times*. 2 ago 1991. Página 37.

"Concerned: Woman draws praise for reporting Dahmer assault to police." *The post-Crescent*. 3 ago 1991. Página 5.

"Hospital pays to move Dahmer's neighbor." *The Post-Crescent*. 3 ago 1991. Página 5.

"Probation officer duly noted Dahmer's battle with demons." *Chicago Tribune*. 4 ago 1991. Páginas 3, 27.

"17 Killed, and a Life Is Searched for Clues." *New York Times*. 4 ago 1991. Seção 1, Página 1.

"Society to blame for Dahmer murders." *York Daily Record*. 5 ago 1991. Página 6.

"Dahmer confesses to 17th killing; judge increases bail to $5 million." *Chippewa Herald-Telegram*. 7 ago 1991. Página 7.

"Dahmer case evokes horrified responses." *The Akron Beacon Journal*. 7 ago 1991. Página A9.

"UP man among 17 victims, confessed killer tells cop." *Detroit Free Press*. 7 ago 1991. Página 16.

"The Dahmer Chronicles." *The Akron Beacon Journal*. 11 ago 1991. Section D. Páginas D1 a D8.

"Dahmer's life trail twisted and lonely." *News-Press*. 11 ago 1991. Páginas 1, 10.

"Obituaries. Oliver 'Birdie' Lacy, custodian, ex-sprinter, and Dahmer Victim." *Chicago Tribune*. 24 ago 1991. Página 43.

"Mortal man wrong target in this case." *Wausau Daily Herald*. 16 set 1991. Página 8.

"For Steven, a fitting place of rest." *The Akron Beacon Journal*. 22 set 1991. Páginas B1 e B7.

"The man defending Dahmer." *The Akron Beacon Journal*. 21 out 1991. Página A2.

"Dahmer pleads guilty but insane." *The Californian*. 14 jan 1992. Página 2.

"Drug dealer faces stiff penalties." *Wisconsin State Journal*. 23 jan 1992. Seção Metro. Página 2B.

"Is Dahmer insane? No way, victim's family says." *Wisconsin State Journal*. 26 jan 1992. Páginas 1,10.

"Jury: 13 whites, 1 black, a few horror fans." *The Reporter*. 30 jan 1992. Página 2.

"Dahmer trial opens with lurid detail." *Chicago Tribune*. 30 jan 1992. Página 25.

"Final jury selection made to hear killer's sanity case." *Northwest Herald*. 30 jan 1992. Página 3.

"Victims' mothers vow to listen to what happened to their sons." *The Sheboygan Press*. 30 jan 1992. Página 28.

"'Hey, I'll trade you a Bundy for a Dahmer'." *The Reporter*. 31 jan 1992. Página 2.

"Dahmer called sick but not evil by his attorney at sanity trial." *Daily Record*. 31 jan 1992. Página 2.

"Dahmer's grisly motivation is debated." *Chicago Tribune*. 31 jan 1992. Página 3.

"Dahmer froze body arts to pace disposal." *The Dispatch*. 31 jan 1992. Página 3.

"Dahmer nearly halted by an incorrect address." *Green Bay Press-Gazette*. 1 fev 1992. Página 2.

"Childhood friend saw Dahmer's pain early." *Chicago Tribune*. 3 fev 1992. Página 2.

"Doctor tells of uncontrolled necrophilia." *The Pantagraph*. 4 fev 1992. Página 5.

"A look at Dahmer's 'cancer of mind'." *Chicago Tribune*. 4 fev 1992. Página 8.

"Dane County. Drug sentence." *Wisconsin State Journal*. 4 fev 1992. Seção State. Página 2B.

"Milwaukee Murders." *Wausau Daily Herald*. 5 fev 1992. Página 6B.

"Expert finds few clues in Dahmer 'temple'." *Chicago Tribune*. 5 fev 1992. Página 4.

"Psychologist says Dahmer unable to control behavior." *The Dispatch*. 5 fev 1992. Página 2.

"Expert: Dahmer drilled hole in Laotian teenager's head." *Herald and Review*. 5 fev 1992. Página 8.

"Dahmer got 'sexual thrill' from eating body parts." *Southern Illinoisan*. 5 fev 1992. Página 5.

"Psychologist: Dahmer drilled holes in Laotian boy's head." *Northwest Herald*. 5 fev 1992. Página 6.

"Dahmer judge to call own experts." *Chicago Tribune*. 6 fev 1992. Página 6.

"Psychiatrist called by judge says Dahmer is sick but sane." *Chicago Tribune*. 6 fev 1992. Página 26.

"Psychiatrist says Dahmer was driven by hostility." *The Dispatch*. 6 fev 1992. Página 3.

"Dahmer sane but 'very sick', psychiatrist for court testifies." *Chicago Tribune*. 7 fev 1992. Página 21.

"Psychiatrist: Dahmer is sick, but he's sane, loney murderer." *Northwest Herald*. 7 fev 1992. Página 7.

"Psychologist testifies corpses in Dahmer home were 'trophies'." *The Daily Chronicle*. 7 fev 1992. Página 5.

"Dahmer claim disputed." *The Leader-Post*. 8 fev 1992. Página 8.

"Dahmer victims testify. Witness: Dahmer 'not psychotic'." *Wausau Daily Herald*. 8 fev 1992. Página 2.

"Dahmer's note disputes psychiatrist statements." *Stevens Point Journal*. 8 fev 1992. Página 8.

"Testimony: Dahmer plotted 15 killings." *Pensacola News Journal*. 8 fev 1992. Página 6.

"Three testify about escape from Dahmer's apartment." *Northwest Herald*. 8 fev 1992. Página 6.

"The trial of Jeffrey Dahmer." *The Sheboygan Times*. 9 fev 1992. Página 6.

"Dahmer note disputes a psychiatrist testimony." *The Sheboygan Press*. 9 fev 1992. Página 6.

"Witnessess: Dahmer calm during spree." *Chicago Tribune*. 12 fev 1992. Página 5.

"Psychiatrist who evaluated Hinkley takes the stand against Dahmer." *The Sheboygan Press*. 12 fev 1992. Página 9.

"Some Dahmer jurors felt trauma of duty." *Steven Point Journal*. 15 fev 1992. Página 18.

"Man who killed former area W.C.C. worker found sane by jury." *The Boscobel Dial*. 9 abr 1992. Página 13.

"Couple leaving eatery stabbed." *Green Bay Press-Gazette*. 23 abr 1992. Página B-5.

"Dahmer Comes Back." *The Akron Beacon Journal*. 2 maio 1992. Páginas A1 e A6.

"Waupun guards hurt when inmate attacks." *Wisconsin State Journal*. 9 jul 1992. Seção State. Página 6C.

"A year later, Dahmer still object of curiosity." *The La Crosse Tribune*. 24 jul 1992. Página B-3.

"Obituaries. Bradley Scott Babush." *The Wisconsin Jewish Chronicle*. 7 ago 1992. Página 10.

"Witness contradicts husband." *The Capital Times*. 7 ago 1992. Página 4B.

"Appeal likly in slaying." *The Capital Times*. 14 ago 1992. Página A.

"Dahmer building will be razed." *Stevens Point Journal*. 14 ago 1992. Página 8.

"Ellis, Cowles will seek law taking parental rights from spouse slayers." *The post-Crescent*. 27 ago 1992. Página B-3.

"Wreckers demolish apartment building where Dahmer lived." *Stevens Point Journal*. 17 nov 1992. Página 15.

"Fired officer gets new job." *The Sheboygan Press*. 20 ago 1993. Página A4.

"Dahmer not sharing $12,000 he was sent." *The post-Crescent*. 6 mar 1994. Páginas B-1, B-7.

"Dahmer's mother attempt suicide." *Green Bay Press-Gazette*. 31 mar 1994. Página B-3.

"Dahmer's mom recovers from suicide attempt." *Santa Cruz Sentinel*. 1 abr 1994. Página A-8.

"Dahmer's mother to recover." *Tulare Advance-Register*. 3 abr 1994. Página 2.

"Acting Out His Darkest Dreams, He Had Nothing Left to Hide." *Los Angeles Times*. 4 abr 1994. Página B13.

"Dahmer cop in dispatch." *The Capital Times*. 5 jul 1994. Página 4A.

"Fellow inmate attacks Dahmer." *The Capital Times*. 5 jul 1994. Página 4A.

"Durruthy appears in court." *Portage Daily Register*. 28 jul 1994. Página 1.

"Killer's parents lead lives of private torment." *The Akron Beacon Journal*. 21 ago 1994. Páginas A1, A9.

"Dahmer's legal bills unpaid." *Wisconsin State Journal*. 24 ago 1994. Página 3D

"Laying." *The Sydney Morning Herald*. 3 set 1994. Spectrum 4A, 5A.

"Attorney makes Dahmer look good." *The Oshkosh Northwestern*. 9 nov 1994. Página A6.

"Death of a Monster. Is Killed in Jail." *Daily News*. 29 nov 1994. Páginas 3, 38.

"Who killed Dahmer?" *The Akron Beacon Journal*. 29 nov 1994. Páginas A1, A8 e A9.

"No motive in Dahmer killing." *The Oshkosh Northwestern*. 30 nov 1994. Página B4.

"Pastor says Dahmer found peace." *The Akron Beacon Journal*. 4 dez 1994. Páginas A1, A9.

"Man serving life term charged with killing Dahmer." *The Orlando Sentinel*. 16 dez 1994. Página A-3.

"Mental exam ordered for Dahmer killer." *Wisconsin State Journal*. 16 dez 1994. Páginas 1C, 2C.

"Inmate sentenced in July attack on Dahmer." *Wisconsin State Journal*. 8 jan 1995. Seção Local. Página 7E.

"Dahmer guards still on job." *Kenosha News*. 22 maio 1995. Página 10.

"Dahmer estate deal delayed." *Wisconsin State Journal*. 15 jun 1996. Página 3B.

"Police records offer gruesome account of CCI prison slayings." *Portage Daily Register*. 16 jun 1995. Página 3A

"Guards face suspensions for violating security in Dahmer death." *Daily Citizen*. 21 jun 1995. Página 10.

"Panel investigating Dahmer disciplines 4 prison workers." *Wisconsin State Journal*. 21 jun 1995. Página 4.

"Dahmer's mom wants his brain to be studied." *The La Crosse Tribune*. 2 set 1995. Página 8.

"One person grieves for 'Jeff' Dahmer: His mom." *The Fresno Bee*. 19 set 1995. Páginas A1 e A10.

"Dahmer brain hearing postponed." *Portage Daily Register*. 4 out 1995. Páginas 1 e 2.

"Judge orders cremation of Dahmer's brain." *The Journal Times*. 13 dez 1995. Página 7A.

"Judge settles dispute over fate of Dahmer's brain." *Wisconsin State Journal*. 13 dez 1995. Página 1.

"Judge: Dahmer's brain will be cremated." *Portage Daily Register*. 13 dez 1995. Páginas 1A e 2A.

"Criminal lawyer keeps sense of humor." *The Daily Tribune*. 19 abr 1997. Página 26.

"Dahmer's image haunts Milwaukee." *Green Bay Press-Gazette*. 15 jul 2001. Página A-12.

REVISTAS & WEBSITES

"Dahmer, be damned!" *In Step*. Volume 8. Edição 17. 29 ago a 11 set 1991. Páginas 38-39. www.mkelgbthist.org/media/print/instep/issues-v06-10/instep_v08-17.pdf

"In Memoriam." *In Step*. Edição 15. Volume 9. 30 jul a 12 ago 1992. Página 28. www.mkelgbthist.org/media/print/instep//issues-v06-10/instep_v09-15.pdf

"Community cringes as massacre details unfold." *In Step*. Edição 15. Volume 8. 1 a 14 ago. Páginas 4-12. www.mkelgbthist.org/media/print/ instep/issues-v06-10/instep_v08-15.pdf

"Dahmer's Inferno." *Vanity Fair*. nov 1991. www.vanityfair.com/style/1991/11/jeffrey-dahmer-dennis-nilsen-serial-killer

Secrets of a Serial Killer. *Newsweek*. 2 fev 1992. Disponível em www.newsweek.com/ secrets-serial-killer-200472

"Sins of the Son." *People*. 28 mar 1994. Disponível em www.people.com/archive/sins-of-the-son-vol-41-no-11

Sobre a história LGBTQIAP+ de Milwaukee e Wisconsin, esta é uma ótima fonte a ser consultada. O projeto é de autoria de Don Schwamb. *Wisconsin LGBT History Project*. www.mkelgbthist.org

Walker's Point. *Visit Milwaukee*. www.visitmilwaukee.org/neighborhoods/walkers-point

Walker's Point. *Encyclopedia of Milwaukee*. www. emke.uwm.edu/entry/walkers-point

George H. Walker. *Encyclopedia of Milwaukee*. www.emke.uwm.edu/entry/george-h-walker

Historical Essay. Walker, George H. (1811-1866). *Wisconsin Historical Society*. www.wisconsinhistory.org/Records/Article/CS1625

Menominee Indian Tribe of Wisconsin. *Wisconsin Department of Public Instruction*. dpi.wi.gov/ amind/tribalnationswi/menominee

"Early Life in Wisconsin." *Milwaukee Public Museum*. www.mpm.edu/educators/wirp/nations/ menominee/history

"A Gruesome Pattern Unfolds." *Chicago Tribune*. 26 jul 1991. www.chicagotribune.com/news/ct-xpm-1991-07-269103230099-story.html

"Suspect's Behavior Raised Few Questions, Chicago Bar Patrons Say." *Chicago Tribune*. 26 jul 1991. www. chicagotribune.com/news/ct-xpm-1991-07-269103230092-story.html

"Profiles of victims in Milwaukee Slaughter." *The Journal Times*. 28 jul 1991. www.journaltimes.com/news/national/profiles-of-vic-tims-in-milwaukeeslaughter/article_8447214c-4002-5490-833d-a0359d99220d.html

"Mother of Alleged Jeffrey Dahmer Victim 'Just Wants to Forget'." Associated Press. 17 ago 1991. www.apnews.com/ article/a6b7e65b1e279970 ba3e5b6f45ad9095

"Dahmer Tells Judge He Blames Nobody But Himself With PM-, AM-Dahmer Sentencing, Bjt." Associated Press. 17 fev 1992. www.apnews.com/ article/49045923cf0d3c1a0ffc82eda398b935

"The Inner Life of a Psycho Killer." *Chicago Reader*. 27 ago 1992. www.chicagoreader.com/ news-politics/the-inner-life-of-a-psycho-killer

"Column One: Probing the Dark Side of the Mind: Psychiatrist Park Dietz helps catch and convict criminals by unraveling twists of human behavior. Stalkers and serial killers are among his specialties." *Los Angeles Times*. 20 out 1993. www.latimes.com/archives/la-xpm-199310-20-mn-47763-story.html

"Dahmer's Belongings Destroyed." Associated Press. 27 jun 1996. www.apnews.com/article/ad884a9b2510b1375b83 dd097298e06a

"Dad of Killer's Victim Loses Appeal." Associated Press. 20 out 1997. www.apnews.com/article/37299924b92d571d5ce 9a42bbd91a52b

"Gay History: Chicago Whispers. Memories of gay bars' openings." *Windy City Times*. 14 maio 2003. www.windycitytimes.com/m/APPredirect.php?AID=2523

"Doctor's reputation takes a hit in Yate's testimony." *Chron*. 7 jan 2005. www.chron.com/ news/article/Doctor-s-reputation-takes-a-hit-in-Yate-s-1948489.php

"WPA Member Honored." *The Wisconsin Psychiatrist*. 2008. Vol. 48 No. 3. www.cdn.ymaws.com/

www.thewpa.org/resource/resmgr/Newsletter/ WPA_Fall08_FN.pdf

"Cleveland tried to stop Dahmer from killing." *Milwaukee Sentinel*. 4 jan 2011. https://archive.jsonline.com/news/ milwaukee/112910479.html

"The tragic life of Winnie Johnson who refused to give up in the search for her son's body." *Daily Mail*. 18 ago 2012. www.dailymail. co.uk/news/article-2190192/Winnie-Johnson-The-mother-refused-search-sons-body.html

"Moors Murder victim Keith Bennett's mother dies." *BBC News*. 18 ago 2012. www.bbc. com/news/uk-england-manchester-19305055

"Psychologist Samuel Friedman testified at Dahmer trial." *Milwaukee Journal Sentinel*. 23 dez 2012. www.archive.jsonline.com/news/ obituaries/psychologist-friedman-was-expert-at-dahmer-trial-ar85181-184614361.html

"Cozinheiros precisam de licença para preparar peixe venenoso no Japão." *Jornal Hoje*. 15 jan 2013. www.g1.globo.com/jornal-hoje/noticia/2013/01/cozinheiros-precisam-de-licenca-para-preparar-peixe-venenoso-no-japao.html

"Former detective Pat Kennedy on The Jeffrey Dahmer Files." *Westword*. 15 mar 2013. www.westword.com/arts/former-detective-pat-kennedy-on-the-jeffrey-dahmer-files-5806572

"Patrick Kennedy made a surprise connection with Jeffrey Dahmer." *Milwaukee Journal Sentinel*. 19 abr 2013. www.archive.jsonline.com/news/obituaries/patrick-kennedy-made-a-surprise-connection-with-jeffrey-dahmer-bt9kgls-203865411.html

"'Era delinquente sexual', afirma psicólogo sobre maníaco de Luziânia." *Correio Braziliense*. 17 mar 2014. www.bit.ly/3whySjx

"Why I killed Jeffrey Dahmer." *The New York Post*. 28 abr 2015.www.nypost.com/2015/04/28/meet-the-prisoner-who-murdered-killer-cannibal-jeffrey-dahmer

"Retired warden wants Jeffrey Dahmer's homicide re-examined." *The New York Post*. 30 abr 2015. www.nypost.com/2015/04/30/retired-warden-wants-jeffrey-dahmers-homicide-re-examined

"Why Dahmer's killer murdered second 'racist' inmate." *The New York Post*. 4 maio 2015. www.nypost.com/2015/05/04/why-dahmers-killer-murdered-second-racist-inmate/

"The Jared Fogle case: Why we understand so little about child sex abuse." *The Washington Post*. 20 ago 2015. www.washingtonpost.com/news/morning-mix/wp/2015/08/20/why-we-understand-so-little-about-pedophilia-and-sex-crimes-against-children

Department Newsletter | Faculty Spotlight. College of Science Psychology. www.psychology. arizona.edu/newsletter/faculty-spotlight-judith

"Gerald Boyle is too ill to practice law, sidesteps possible discipline from the Wisconsin Supreme Court." *Milwaukee Journal Sentinel*. 30 nov 2018. www.jsonline.com/story/news/local/ wisconsin/2018/11/29/gerry-boyle-suspended-law-practice-health-reason/2138090002/

"Dahmer's attorney's law license suspended indefinitely (UPDATE)." *Wisconsin Law Journal*. 30 nov 2018. www.wislawjournal.com/2018/11/30/dahmers-attorneys-law-license-suspended-indefinitely

"Gerry Boyle, lawyer who represented Jeffrey Dahmer, facing bank foreclosure on his Mequon home." *Milwaukee Journal Sentinel*. 15 mar 2019. www.jsonline.com/story/news/local/2019/03/15/dahmer-lawyer-gerald-boyle-could-lose-mequon-home-foreclosure/3132380002

"Scientists studied the brains of more than 800 prisoners. Here's what they found." *News Chicago University*. 23 jul 2019. www.news.uchicago.edu/story/scientists-studied-brains-more-800-prisoners-heres-what-they-found

"Frederick Fosdal." *Legacy*. 16 maio 2021. www.legacy.com/us/obituaries/madison/name/frederick-fosdal-obituary?pid=198671958

"Carroll R. Olson." *Legacy*. www.legacy.com/us/ obituaries/jsonline/name/carroll-olson-obi-tuary?id=3340624

"Laurence C. 'Larry' Gram." *Legacy*. www.legacy. com/us/obituaries/jsonline/name/laurence-gram-obituary?id=3158011

"Rolf Helmut Mueller." *Legacy*. www.legacy.com/ us/obituaries/jsonline/name/rolf-mueller-obituary?id=3353674

"Obituary. Kenneth Alan Bennett." *Informed Choice*. www.informedchoicefunerals.com/obituary/122525/Kenneth-Bennett

"A Resolution Commending Police Captain Joseph T. Gabrish On His Retirement and For His Years of Service To The Village of Grafton." *Grafton*. www.village.grafton.wi.us

Jeffrey Jentzen. Uncovering the Truth. University of Michigan. www.pathology.med.umich.edu/ news/262

"Chattanooga Arrest Records for Inmate Rita Rebecca Isbell." *Public Police Records*. www.publicpolicerecord.com/tennessee/chattanooga-jail/ Isbell_Rita/117398

"Como cientistas desvendaram mistério de poção que criava 'zumbis' no Haiti." BBC. 14 maio 2021. www.bbc.com/portuguese/geral-56255674

"EXCLUSIVE: 'No regrets. I'd do it again.' Inmate who tried to kill Jeffrey Dahmer in prison with a makeshift shank speaks of the botched attack for the first time and reveals how he even feigned insanity to get close to the serial killer." *Daily Mail*. 5 out 2022. www.dailymail.co.uk/news/article-11283449/Inmate-tried-kill-Jeffrey-Dahmer-prison-says-no-regrets.html

PODCAST

Ellen. "10 Things That Scare Me." WNYC Studios. 17 fev 2010. Spotify.

ASSASSINOS EM SÉRIE CITADOS

Albert Fish

BOROWSKI, John. *Albert Fish in His Own Words*. Unknown. Edição do Kindle.

Andrei Chikatilo

CULLEN, Robert. *The Killer Department*. Orion. 1993.

LOURIE, Richard. *Hunting The Devil: The Pursuit, Capture and Confession of the Most Savage Serial Killer in History*. HarperCollins. Reprint Edition. 1994.

Andrés Mendoza

"'El Monstruo de Atizapán': Hallan restos de 17 personas en casa de feminicida serial." *La Prensa*. 12 jun 2021. www.laprensa.hn/mundo/1470290-410/monstruo-atizapan-encuentran-restos-17-personas

"Vinculan a proceso a presunto feminicida de Atizapán." *Diario de México*. 20 maio 2021. www.diariodemexico.com/mi-ciudad/vinculan-proceso-presunto-feminicida-de-atizapan

"'Le quité la piel del rostro porque estaba muy guapa', la confesión del asesino serial de 72 años." *La Opinion*. 21 maio 2021. Disponível em: www.laopinion.com/2021/05/21/le-quite-la-piel-del-rostro-porque-estaba-muy-guapa-la-confesion-del-canibal-serial-de-72-anos

Arthur Shawcross

"Shawcross calls himself a victim." *Star--Gazette*. 18 dez 1990. Página 4B.

Dennis Nilsen

MASTERS, Brian. *Killing for Company*. Arrow. 1995.

NILSEN, Andrew. *History of a Drowning Boy*. RedDoor Press. 2021. Edição do Kindle.

Dennis Rader

DODD, Johnny; DOUGLAS, John. *Inside the Mind of BTK: The True Story Behind the Thirty-Year Hunt for the Notorious Wichita Serial Killer*. Jossey-Bass. 2008. Versão do Kindle.

RAMSLAND, Katherine. *Confession of a Serial Killer: The Untold Story of Dennis Rader, the BTK Killer*. Foreedge. 1ª edição. 2016. Versão do Kindle.

WENZL, Roy; POTTER, Tim; LAVIANA, Hurst; KELLY, L. *BTK Profile: Máscara da Maldade*. DarkSide Books. 2019.

"The serial killer who returned to haunt Wichita." *The Independent*. 12 fev 2005. Página 33.

Carroll Cole

NEWTON, *Michael. Silent Rage: Inside the Mind of a Serial Killer*. The Write Thought. Edição do Kindle.

Edmund Kemper

CHENEY, Margaret. *The Co-Ed Killer: A Study of the Murders, Mutilations, and Matricide of Edmund Kemper III*. Goodreads Press. Edição do Kindle.

Edward Gein

SCHECHTER, Harold. *Ed Gein: Silêncio Psicótico*. DarkSide Books. 2025.

Gilles de Rais

BATAILLE, George. *Trial of Gilles De Rais*. Amok Books. Annotated Edition. 30 junho de 2010. Edição do Kindle.

Hélène Jégado

MANGIN, Arthur. *Les Poisons*. 1869. Páginas 145 a 151. Gallica.

Patrimoines Et Archives Morbihan. www.patrimoines-archives.morbihan.fr/decouvrir/instants-dhistoire/zoom-sur-un-personnage/helene-jegado

Israel Keyes

CALLAHAN, Maureen. *Predador Americano*. Darkside Books. 1ª edição. 2023.

John Wayne Gacy

SULLIVAN, Terry; MAIKEN, Peter. *Killer Clown Profile: Retrato de um Assassino*. Darkside. 1ª edição. 2019.

Jurgen Bartsch

MILLER, Alice. *Am Anfang War Erziehung*. Suhrkamp. 1983. Edição do Kindle.

"Kirmesmorder Jurgen Bartsch verhalf Langenberg zu trauriger Beruhmtheit." *Waz*. 13 abr 2012. www.waz.de/staedte/velbert/kirmesmoerder-juergen-bartsch-verhalf-langenberg-zu-trauriger-beruehmtheit-id6550063.html.

"Der sadistische Metzgergeselle zerstückelte seine jungen Opfer." *Welt*. 19 jun 2016. www.welt. de/geschichte/article156300825/Als-der-sadistische-Metzgergeselle-Jungen-zerstueckelte.html.

"Also du bist die Gisela." *Der Spiegel*. 31 jul 1977. www.spiegel.de/kultur/also-du-bist-die-gisela-a-79eb8b5f-0002-0001-0000-0000 40859404

Peter Kurten

BERG, Karl. *The Sadist*. London: The Acron Press. 1938. Edição do Kindle.

Richard Chase

SULLIVAN, Kevin. *Vampire: The Richard Chase Murders*. WildBlue Press. Edição do Kindle.

Ted Bundy

RULE, Ann. *Um Estranho ao Meu Lado*. DarkSide Books. 2019.

ARQUIVOS & NOTAS

FOUCHÉ, Paul; HOWCROFT, Greg; CHÉZE, Eldon; ELIZABETH, Port. "An analysis of a serial killer: Jeffrey Dahmer on the psychobiographical couch." 2013.

GAO, Yu; RAINE, Adrian; CHAN, Fiona; VENABLES, Peter; MEDNICK, Sarnoff. "Early maternal and paternal bonding, childhood physical abuse and adult psychopathic personality." *Psychol Med*. 2010;40(6):1007-1016. doi:10.1017/S0033291709991279

JENTZEN, Jeffrey; PALERMO, George; JOHNSON, L. Thomas; KANG-CHANG, Ho; STORMO, K. Allan; TEGGATZ, John. "Destructive hostility: The Jeffrey Dahmer case: A psychiatric and forensic study of a serial killer." *The American Journal of Forensic Medicine and Pathology*. 1995. 15. 283-94.

LACHMANN, Annette; LACHMANN, Frank M. "The Personification of Evil: Motivations and Fantasies of the Serial Killer." *International Forum of Psychoanalysis*. 1995; 4:17-23. Stockholm. ISSN 0803-706X.

MARTENS, Willem. H. J. "Sadism Linked to Loneliness: Psychodynamic Dimensions of the Sadistic Serial Killer Jeffrey Dahmer." *The Psychoanalytic Review*. 2011. 98(4), 493–514. doi:10.1521/prev.2011.98.4.493.

PISTORIUS, Micki. *A Psychoanalytical approach to serial killers*. University of Pretoria, 1996. hdl.handle.net/2263/32402

SAJOUS-TURNER et al. "Aberrant brain gray matter in murderers." *Brain Imaging and Behavior*, July 5, 2019. DOI: 10.1007/s11682-019-00155-

SILVA, J. Arturo; FERRARI, Michelle; LEONG, Gregory. "The Case of Jeffrey Dahmer: Sexual Serial Homicide from a Neuropsychiatric Developmental Perspective." *Journal of Forensic Sciences*. 2002. 47. 1347-59. 10.1520/JFS15574J.

"Olá, algum problema com a máquina?": Este diálogo foi inventado para se encaixar na situação ocorrida entre Flowers e Dahmer.

"SEU FILHO DA PUTA": citado por Vernell Bass em seu livro, página 63.

Alex, um jovem alto e atlético: esse episódio é contado na reportagem da *Newsweek*, fev 1992. Em sua reportagem sobre o caso, por exemplo, a *Time* chegou a chamar James Doxtator de um "prostituto nativo americano" — além do menino não ser "prostituto", a citação carrega uma velada dose de racismo. Se por um lado é estranho imaginar Jeff Dahmer abordando A. na pista de dança, flertando e conversando sobre questões pessoais, por outro, é importante lembrar que nem todos que ele levou para casa foram mortos. Talvez ele quisesse apenas conversar (ou estivesse sem Halcion). Optei por incluir essa história porque o que não sabemos sobre os encontros amorosos de Dahmer é muito maior do que o que sabemos. (Ele chegou a confessar a um psiquiatra ter se envolvido intimamente com mais de cem homens entre 1985 e 1991.)

"MAS QUE DIABOS?": este diálogo (situação envolvendo Tracy Edwards) foi inventado para a ocorrência descrita.

Origem na língua Potawatomi: "The Origin of Milwaukee." Wisconsin Historical Society. www.wisconsinhistory.org/Records/Article/CS10640

"Para o Sul": Shawano. Wisconsin Historical Society. www.wisconsinhistory.org/Records/Article/ CS12891

Orfanatos da Romênia: A tragédia na Romênia comunista que revelou à ciência os danos da negligência na infância. BBC News Brasil. 21 dez 2019. www.bbc.com/portuguese/internacional-50790315

Marcelo Gleiser em um de seus livros: GLEISER, Marcelo. *A Dança do Universo*. Companhia de Bolso. 2006.

Compartilhada por Viktor Burakov: *The Butcher of Rostov: Andrei Chikatilo.* Biography. A&E Networks. 2004.

Artigo científico publicado exatamente: MONEY, John. "Forensic Sexology: Paraphilic Serial Rape (Biastophilia) and Lust Murder (Erotophonophilia)." *American Journal of Psychotherapy.* 1990. 44. 26-36. 10.1176/appi. psychotherapy.1990.44.1.26.

Desde a década de 1960: Bowlby J. *Attachment and Loss: I. Attachment.* New York: Hogarth Press; 1969.

Em um artigo escrito em 1993: BENNETT, K. A. (1993). "Victim selection in the Jeffrey Dahmer slayings: An example of repetition in the paraphilias?" *Journal of Forensic Sciences*, 38(5), 1227–1232.

Em um artigo publicado em 1980: HAZELWOOD, Robert; DOUGLAS, John. "The Lust Murderer." *FBI Law Enforcement Bulletin* Volume: 49 Issue: 4. abril de 1980. Páginas: 18-22. www.ojp.gov/ncjrs/ virtual-library/ abstracts/lust-murderer

MacCulloch et al reportou: MACCULLOCH, M., SNOWDEN, P., WOOD, P., MILLS, H. (1983) 'Sadistic Fantasy, Sadistic Behaviours and Offending'. British Journal of Psychiatry. 143: 20-9.

Dois psicólogos suecos: Christer Claus, Lars Lidberg. "Serial murder as a 'Schahriar Syndrome'." 1999. *The Journal of Forensic Psychiatry*, 10:2, 427-435, DOI: 10.1080/ 0958518990840 3694

Um funcionário do Club 219: "Murder Grief Compounded by Gay-Bashing: 'He Used Us as Feeding Ground'." Associated Press. 31 jul 1991. apnews. com/article/7c01decda952130 aedfe86c240c2d4d2

Disse Tavares em uma entrevista: "Os viciados são 'personalidades psicopáticas'." Revista *Manchete.* Edição 172. 6 ago 1955. Página 26.

Em um texto de 1931: AURELI, Willy. COCAINA. "O Flagello dos Tóxicos." *Folha da Noite.* 13 jul 1931. Página 11.

Se Jeffrey Dahmer falhou no teste legal: RESSLER, Robert. *I Have Lived in the Monster.* Simon & Schuster. 1997.

Eu não conheço o cara pessoalmente: *John Wayne Gacy Speaks.* CBS 2 Vault. 1992. Entrevista para Walter Jacobs.

"Pode um assassino ir para o céu?": "Can a murderer go to heaven?" *Wisconsin State Journal.* 10 jul 1994. Páginas 1G e 6G.

Disse para o jornal goiano: "Presos ainda ameaçam Tiago." *O Popular.* 28 out 2014. www.opopular.com. br/noticias/cidades/presos-ainda-amea%C3%A7am-tiago-1.697215

Objetivo era ver o Estrangulador: "The Strangler Takes the Stand-and Gets Life." *Philadelfia Daily News.* 10 fev 1972. Página 22.

Joyce colocou um buquê de flores: "Guards in Dahmer death reassigned; not disciplined." *The Reporter.* 22 maio 1995. Página A5.

Algemas foram deixadas nos tornozelos: "Report Says Dahmer's Legs Shackled Until Autopsy; His Brain Preserved." Associated Press. 17 mar 1995. www.apnews.com/article/9 ec6316a7c551459e510477acb3314f5

A psicóloga Mary Ann Lyons: "Serial kille's estate settled." *Wisconsin State Journal.* 26 jul 1996. Páginas 1A, 2A.

Para Freud, "o horror": LIMA, Graziele Gonçalves de. Interpretação psicanalítica e criação literária: "A cabeça da Medusa" de Freud. Universidade Federal de São Carlos. www.repositorio. ufscar.br/handle/ ufscar/13719

A dra. Helen extraiu: *John Wayne Gacy: A Monster in Disguise.* A&E Biography. 1999.

Em um livro publicado em 1986: MONEY, John. *Lovemaps: Sexual/Erotic Health and Pathology, Paraphilia, and Gender Transposition In*. Prometheus Books. A. Edição do Kindle.

"Descarregava seu psiquismo": [Meu Mundo Maravilhoso, ou Chikatilo ao fundo]. Mikhail Serkov. 1993. YouTube: @user-rg8te8ii2z. www.youtube.com/watch?v=Ald_3tExBuY.

De acordo com Issa Kostoyev: Ele caçava crianças com muita habilidade. Há trinta anos, o maníaco Chikatilo foi condenado à morte. Que segredos ele levou consigo?. Lenta. 15 out 2022. www.lenta.ru/articles/2022/10/15/chikatilo

"O que tem aí dentro, um corpo?": *Conversando com um serial killer: O Canibal de Milwaukee*. Netflix. 2022.

Criticado por suposta inação: "DA failed to charge Murphy in abuse case, victim says." *Milwaukee Journal Sentinel*. 31 mar 2010. archive.jsonline.com/news/religion/89657772.html

Seu amigo, o arcebispo: WEAKLAND, Rembert. *A Pilgrim in a Pilgrim Church: Memoirs of a Catholic Archbishop*. Eerdmans. 2009. Edição do Kindle.

[McCann] admitiu saber: "Milwaukee archbishop expected to apologize for abuse settlement." *The Baltimore Sun*. 25 maio 2002. www.baltimoresun.com/bal-te.archbishop25may25-story.html

A casa de Neil ficava no alto: "Jeffrey Dahmer's Friend Derf: A Q&A About His Classmate the Serial Killer." *Phoenix New Times*. 6 nov 2017. www.phoenixnewtimes.com/arts/ jeffrey-dahmers-friend-john-backderf-serial-killer-9840589

Dr. James Alan Fox, que se especializou: FOX, James, LEVIN, Jack, FRIDEL, Emma. *Extreme Killing: Understanding Serial and Mass Murder*. 2018. Sage Publications, 4ª edição. Edição Kindle.

O FBI descobriu que 81% deles: BURGESS, Ann W.; DOUGLAS, John E.; RESSLER, Robert K. *Sexual Homicide: Patterns and Motives*. Free Press; Reprint Edição. 30 jun 2008. Pág. 39. Edição do Kindle.

Mesma porcentagem foi encontrada por Burgess et al: ibid.

Katherine Ramsland descreve: RAMSLAND, Katherine. *Inside the Minds of Serial Killers: Why They Kill*. Praeger. 1ª Edição. 2006.

"Há uma teoria": Unabomber Suas Próprias Palavras. Netflix. 2020.

O diplomata que melhoraria as relações: CARLISLE, Al. *Violent Mind: The 1976 Psychological Assessment of Ted Bundy*. Genius Book Publishing. Edição do Kindle.

Disse o psicólogo espanhol: GENOVES, Garrido. *Perfiles Criminales*. Planeta Publishing. 2015.

Os autores Keppel e Birnes: KEPPEL, Robert, BIRNES, William. *The Psychology of Serial Killer Investigations: The Grisly Business Unit*. Academic Press. 1ª edição. 2003.

Philip Zimbardo comparou: ZIMBARDO, Philip. *The Lucifer Effect: Understanding How Good People Turn Evil*. Random House Trade Paperbacks. 2008.

DOCUMENTÁRIOS

Jeffrey Dahmer: The Monster Within. A&E Biography. 1996. YouTube: @Qemetiel218. www.youtube.com/watch?v=hxTcS5BFdaE

The Jeffrey Dahmer Files. Amazon. Distribuição: IFC Films. Estados Unidos. 2013.

Dahmer on Dahmer: A Serial Killer Speaks. Oxygen. 2017.

A Mente de um Monstro. Jeffrey Dahmer, o Canibal. Investigation Discovery. 2020. Discovery Plus.

Turismo Macabro. "United States". Netflix. 2018.

Conversando com um serial killer: O Canibal de Milwaukee. Netflix. 2022.

VÍDEOS DIVERSOS

As seguintes reportagens de época, matérias e entrevistas consultadas para este livro estão disponíveis no site do *OAV Crime*: oavcrime.com.br/category/jeffrey-dahmer-videos

"Jeffrey Dahmer se declara culpado da morte de Steven Hicks." *OAV Crime*.

"Jeffrey Dahmer: As primeiras reportagens do caso." *Today's TMJ4*. 1991.

"Jeffrey Dahmer: Vídeo caseiro mostra feriado em família do serial killer." *OAV Crime*.

"Jeffrey Dahmer primeira aparição pública." WISN-TV. 25 jul 1991.

"Jeffrey Dahmer: Matéria com o detetive Patrick Kennedy." *Today's TMJ4*. 2014.

"Jeffrey Dahmer: apelo de insanidade." *Today's TMJ4*. 1991.

"Jeffrey Dahmer: as três últimas acusações. *Today's TMJ4*. 1991.

"Jeffrey Dahmer: Júri considera assassino em série mentalmente são." *Today's TMJ4*. 1991.

"Jeffrey Dahmer: objetos do assassino em série são destruídos." *Today's TMJ4*. 2014.

"Jeffrey Dahmer: A Morte de Glenda Cleveland." *Today's TMJ4*. 2014.

"Jeffrey Dahmer: primeiro repórter na cena do crime fala sobre o caso." *Today's TMJ4*. 2014.

"Chris Scarver: meu pai matou Jeffrey Dahmer." Original: "Teen: My father killed a serial killer." YouTube: @CNN.www.youtube.com/watch?v=Fyzh24yTdPA

"Christopher Scarver: cartas de um assassino." *Today's TMJ4*. 2014.

"Jeffrey Dahmer: John Balcerzak e Joseph Gabrish são demitidos da polícia." *Today's TMJ4*. 1991.

"Jeffrey Dahmer: Pat Kennedy e Dennis Murphy falam sobre o assassino em série." *Today's TMJ4*. 2014.

"Jeffrey Dahmer: matéria com Gerald Boyle e Michael McCann." *Today's TMJ4*. 2014.

"Jeffrey Dahmer: entrevista para Nancy Glass — Inside Edition." *Inside Edition*. CBS. 1993.

"Jeffrey Dahmer: entrevista com Pat Kennedy." Original: "Jeffrey Dahmer The Arrest and Questioning of a Serial killer with Detective Patrick Kennedy BYOD." YouTube: @TheLipTV. www.youtube.com/watch?v=pWJF5rb7s9M

"Jeffrey Dahmer: entrevista com Joyce Flint." *Hard Copy*. 1994.

"Jeffrey Dahmer: Milwaukee 20 anos depois." *Today's TMJ4*. 2014.

QUATRO ESTUDOS SOBRE JEFFREY DAHMER

Estados Unidos • 1995
Autores: Jeffrey Jentzen, George Palermo, Thomas Johnson, Khang-Cheng Ho, Alan Stormo, John Teggatz

Os autores afirmam que na base do comportamento de Dahmer repousavam sentimentos inconscientes de ódio primitivo que ele canalizou "para uma destruição programada sádica de dezessete homens jovens". Jeff não era psicótico, mas um homem sofrendo de uma profunda perturbação do seu eu interior. Ao destruir sadicamente os corpos de suas vítimas, ele estava se livrando da sua tortura emocional e indesejada atração homossexual. O canibalismo estava enraizado na antropofagia tribal e "suas ações podem ter, de alguma forma, o salvado de cometer suicídio". Seu sadismo seria um exercício de poder e violência sobre outra pessoa, para autoafirmação e autopreservação.

Estados Unidos • 2002
Autores: Arturo Silva, Michelle Ferrari, Gregory Leong

Os autores propõem que o comportamento homicida de Jeffrey Dahmer estava intrinsecamente associado à psicopatologia do espectro autista, especificamente o transtorno de Asperger. Ele se tornou disfórico quando experimentou, simultaneamente, solidão, sentimentos de rejeição e perda de controle de seu ambiente pessoal. Sua depressão poderia estar ligada geneticamente à sua mãe, Joyce. Jeff exibiu um grande número de sintomas de Asperger e transtorno de personalidade esquizoide (TPE), mas não poderia ser diagnosticado com TPE porque o DSM-IV *impede que alguém diagnosticado com Asperger seja também diagnosticado com TPE. Seu pensamento mágico sugere transtorno de personalidade esquizotípica. Apesar de atingir a pontuação 22 na escala de psicopatia de Hare, isso não o qualificaria como psicopata.*

Holanda • 2011
Autor: Willem Martens

Segundo o autor, as dimensões psicodinâmicas da ligação entre solidão severa e sadismo são evidentes no caso Dahmer. Inveja, mecanismo de vergonha/raiva, medo de castração e sentimentos graves de inferioridade, a convicção de não ser amado e ser dispensável, a necessidade de diminuir a tensão, fantasias poderosas e sádicas como consequências de uma paternidade/maternidade inadequada e frustrada, e a realidade distorcida estariam envolvidas na etiologia sádica de Jeffrey Dahmer.

África do Sul • 2013
Autores: Paul Fouché, Greg Howcroft, Eldon Chéze, Elizabeth Port

Utilizando a psicologia adleriana, os autores afirmam que Dahmer se alinhou ao lado inútil da vida. Ele tinha uma lógica particular de que: a) não tinha valor e não era amado; b) o mundo estava cheio de inimigos hostis a serem vencidos; c) os outros não eram confiáveis. Como cresceu para dentro de si, suas ações eram motivadas por um sentimento de poder pessoal e superioridade, em vez de interesse social. A análise psicobiográfica, indicou que o comportamento de Dahmer ao longo de sua vida apontava para um evitamento proposital das tarefas da vida, sendo o seu movimento em direção à superioridade pessoal, atingida por meio da subjugação dos outros.

DANIEL CRUZ é escritor, tradutor e autor do site *OAV*. Escreveu mais de mil casos criminais para o site, pioneiro de *true crime* na internet brasileira. Seus textos foram publicados em revistas especializadas e usados como fontes de pesquisa e estudos na academia e em filmes e séries de TV, como *Dupla Identidade*, da Rede Globo. Além de *Monstros Reais: Jeffrey Dahmer*, Daniel Cruz é autor de *Anjos Cruéis*, sua primeira publicação pela DarkSide®, sobre crianças assassinas e cruéis. Ele traduziu livros e participou da organização de projetos especiais com a DarkSide® ao longo dos anos. Saiba mais em oavcrime.com.br

MON

REAIS

TROS

MONSTROS REAIS **CRIME SCENE**®

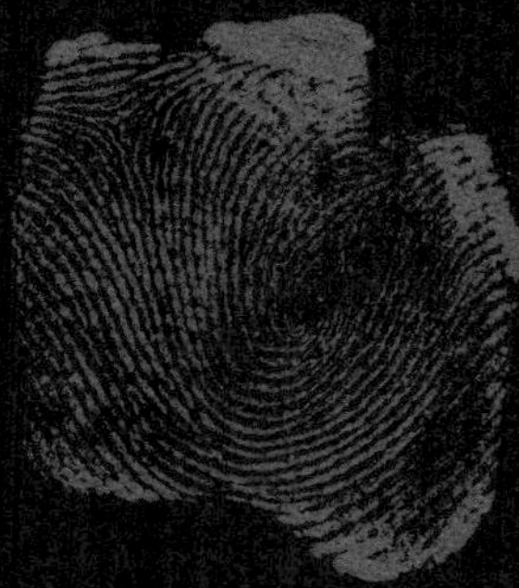

CRIME SCENE®
DARKSIDE

DARKSIDEBOOKS.COM